혼자서도 해결 할 수 있는

부동산등기
쉽게하는법

편저 : 김 만 기

 법문 북스

혼자서도 해결 할 수 있는

부동산등기
쉽게하는법

편저 : 김 만 기

법문 북스

| 머리말

　인간은 사회적인 공동생활을 하면서 많은 거래를 하고 있습니다. 특히 빈번하게 거래를 하는 것으로는 주택 및 토지 즉, 부동산에 관한 거래가 상당히 많은 비중을 차지하고 있습니다. 이러한 거래관계는 공시가 되어 있지 않으면 매우 불안하기 때문에 국가에서는 부동산의 권리관계를 모든 사람에게 알려주기 위한 방법으로 등기부라고 하는 공적인 장부를 만들어 놓고 등기공무원으로 하여금 부동산의 표시와 권리관계를 기재하도록 하는 부동산등기제도를 마련하였습니다.

　이 부동산등기제도의 등기의 대상에는 토지, 건물, 입목, 공장재단, 광업재단, 선박, 부부재산약정, 각종 상업등기 등이 있으나 보통 등기라고 할 때에는 부동산등기법에 따른 토지등기와 건물등기를 말합니다. 그런데 이 제도는 일반인이 쉽게 이해할 수 없는 어려운 절차를 거쳐야 하는 법 규정이 대단히 복잡하여 대부분 전문법조인을 통해서 해결하여 왔습니다.

　이 책은 이와 같은 복잡한 부동산등기를 하는 데 있어 절차와 제출서류, 개념 및 신청인, 신청서 작성 등에 이르기까지 상세한 내용을 등기선례, 등기서식 및 상담사례를 관련판례와 함께 누구나 쉽게 이해할 수 있도록 엮었습니다.

　이러한 자료들은 대법원의 최신 등기선례, 판결례와 법제처의 생활법령, 대한법률구조공단의 상담사례 및 서식 등을 참고하였으며, 이를 종합적으로 정리, 분석하여 일목요연하게 편집하였습니다.

　이 책이 등기관련 실무자와 까다롭고 복잡한 절차를 밟아야 하는 부동산등기를 직접해 보려는 분들에게 큰 도움이 되리라 믿으며, 열악한 출판시장임에도 불구하고 흔쾌히 출간에 응해 주신 법문북스 김현호 대표에게 감사를 드립니다.

2018. 5.
편저자 드림

| 목 차

제2장　소유권 보존등기는 어떻게 해야 하나요?

제3장 소유권 이전등기는 어떤 절차로 하나요?

제4장   근저당권 설정등기는 어떻게 하나요?

제5장 전세권은 어떤 절차로 등기하나요?

제6장   지상권 설정등기는 어떻게 하나요?

제7장   등기명의인 표시변경등기는 어떤 절차로 하나요?

제8장   건물 멸실등기는 어떻게 하나요?

제9장 가등기는 어떤 절차로 하나요?

제10장 특수등기에는 어떤 종류가 있나요?

- 부 록 -

제1장

부동산등기의 종류와
그 절차는 어떻게 되나요?

제1장 부동산등기의 종류와 그 절차는 어떻게 되나요?

1. 부동산등기의 개념 및 종류

1-1. 부동산등기의 개념

부동산등기란 부동산의 귀속과 그 귀속의 형태를 외부에서 인식할 수 있도록 공시하는 방법을 말합니다(민법 제186조).

1-2. 부동산 및 부동산물권의 개념

① 부동산

부동산이란 토지 및 그 정착물을 말하며, 정착물은 계속적으로 토지에 부착된 물건을 의미합니다(민법 제99조제1항).

② 부동산물권

부동산물권이란 부동산을 직접 지배해 이익을 얻는 배타적인 권리를 말하는 것으로서, 재산권이고 지배권이며 절대권입니다.

1-3. 부동산등기의 효력

1-3-1. 권리변동적 효력

① 물권변동이란 물권의 발생·변경·소멸을 통틀어서 일컫는 말입니다. 이를 물권의 주체를 중심으로 해서 말한다면 물권의 득실변경이라고 표현합니다.

② 부동산에 관한 법률행위로 인한 물권의 득실변경은 등기해야 그 효력이 발생합니다(민법 제186조). 따라서 등기공무원이 접수 후 등기필증까지 교부했다 하더라도 등기부에 기재되지 않았다면 권리가 변동되는 효력은 발생하지 않습니다(대법원 1972. 8. 22. 선고, 72다1059 판결).

1-3-2. 대항력

부동산물권은 등기를 해야 제3자에게 대항할 수 있습니다(민법 제621조제2항 참조).

1-3-3. 순위확정적 효력

같은 부동산에 관해 등기한 권리의 순위는 법률에 다른 규정이 없으면 등기한 순서에 따라 정해집니다(부동산등기법 제4조제1항).

1-3-4. 권리추정적 효력

부동산등기는 그것이 형식적으로 존재하는 것 자체가 적법한 등기원인에 의해 등기가 이루어진 것으로 추정됩니다(대법원 1997. 9. 30. 선고, 95다39526 판결).

1-4. 부동산등기의 종류

1-4-1. 가등기와 본등기

① 가등기

가등기란 부동산물권(부동산등기법 제3조)에 해당하는 권리의 설정, 이전, 변경, 소멸의 청구권을 보전하기 위해 예비로 하는 등기를 말합니다(부동산등기법 제88조).

② 본등기

가등기에 대응되는 개념으로서 가등기에 의해 그 순위가 보존되는 종국등기를 말합니다. 종국등기는 등기의 본래의 효력, 즉 물권변동의 효력을 발생시키는 등기를 말합니다.

1-4-2. 본등기 중 소유권에 관한 등기

① 소유권 보존등기(부동산등기법 제3조제1호)

- 토지 소유권 보존등기: 미등기 토지에 최초로 등기부를 개설하는 것
- 건물 소유권 보존등기: 미등기 건물에 최초로 등기부를 개설하는 것
- 직권에 의한 소유권 보존등기: 미등기부동산에 소유권처분제한의 등기 촉탁이 있는 경우 등기관이 직권으로 보존등기를 실행하는 것

② 소유권 이전등기(부동산등기법 제3조제1호)

- 법률행위를 원인으로 한 소유권 이전등기

매매, 증여, 사인증여, 재산분할, 양도담보, 교환, 계약의 해제, 현물출자, 대물변제 등을 원인으로 한 소유권 이전등기

- 법률규정에 의한 소유권 이전등기

　「공익사업을 위한 토지 등의 취득 및 보상에 관한 법률」에 의한 토지 등의 수용, 「자산유동화에 관한 법률」에 의한 유동화자산의 양도 등의 설정, 상속, 판결, 경매를 원인으로 한 소유권 이전등기

1-4-3. 본등기 중 소유권 외의 권리에 관한 등기

① 지상권(부동산등기법 제3조제2호)

　지상권이란 타인의 토지에 건물 기타 공작물이나 수목을 소유하기 위해 그 토지를 사용하는 권리를 말하며(민법 제279조), 토지소유자와 지상권자의 지상권 설정계약과 등기에 의해 취득됩니다.

- 설정등기: 지상권을 설정하는 등기
- 변경등기: 지상권 설정의 목적(공작물 또는 수목), 존속기간, 지료, 지료의 지급시기 등을 변경할 경우에 하는 등기
- 말소등기: 존속기간의 만료, 혼동(민법 제191조), 소멸시효의 완성(민법 제162조제2항), 선순위 담보권의 실행으로 인한 경매, 당사자 간의 약정소멸사유 발생(민법 제43조의2), 지상권 설정자의 소멸청구(민법 제287조) 등으로 지상권이 소멸한 경우에 하는 등기

② 지역권(부동산등기법 제3조제3호)

　지역권은 일정한 목적을 위해 타인의 토지를 자기토지의 편익에 이용하는 권리로(민법 제291조), 토지소유자와 지역권자의 지역권 설정계약과 등기에 의해 취득됩니다.

- 설정등기: 지역권을 설정하는 등기
- 변경등기: 지역권 설정의 목적(타인의 토지) 또는 범위의 변경, 임의적 기재사항(민법 제292조제1항 후단)의 폐지 또는 시설 등의 변경이 있는 경우에 하는 등기
- 말소등기: 혼동(민법 제191조), 소멸시효의 완성(민법 제162조제2항), 선순위 담보권의 실행으로 인한 경매, 당사자 간의 약정소멸사유 발생(민법 제43조의2) 등으로 지역권이 소멸한 경우에 하는 등기

③ 전세권(부동산등기법 제3조제4호)

　㉮ 전세권이란 전세금을 지급하고 타인의 부동산을 점유해 그 부동산의 용도에 좇

아 사용·수익하는 권리를 말합니다(민법 제303조제1항).

ⓘ 전세권은 그 부동산 전부에 대해 후순위권리자 기타 채권자보다 전세금을 우선
변제받을 권리가 있습니다(민법 제303조제1항).

- 설정등기: 전세권을 설정하는 등기
- 변경등기: 전세금의 증감, 존속기간의 변경, 위약금의 증감이나 폐지·신설 등의
변경이 있는 경우에 하는 등기
- 말소등기: 혼동(민법 제191조), 소멸시효의 완성(민법 제162조제2항), 당사자
간의 약정소멸사유 발생(민법 제43조의2) 등으로 전세권이 소멸한 경우에 하
는 등기

④ 저당권(부동산등기법 제3조제5호)

㉮ 저당권은 채무자 또는 제3자가 점유를 이전하지 않고 채무의 담보로 제공한 부
동산에 대해 다른 채권자보다 자기채권의 우선변제를 받을 권리를 말합니다(민
법 제356조).

㉯ 근저당권은 계속적인 거래관계로부터 발생·소멸하는 불특정다수의 장래채권을
결산기에 계산한 후 잔존하는 채무를 일정한 한도액의 범위 내에서 담보하는
저당권을 말합니다(민법 제357조).

- 설정등기: 저당권·근저당권을 설정하는 등기
- 이전등기: 채권양도, 회사합병 등으로 저당권·근저당권의 이전이 있는 경우 하
는 등기
- 변경등기: 채권최고액의 변경, 채무자의 변경, 근저당권자의 표시변경, 근저당권
의 목적 변경 등이 있는 경우에 하는 등기
- 말소등기: 혼동(민법 제191조), 소멸시효의 완성(민법 제162조제2항), 당사자
간의 약정소멸사유 발생(민법 제43조의2) 등으로 저당권·근저당권이 소멸한 경
우에 하는 등기

⑤ 권리질권(부동산등기법 제3조제6호)

권리질권이란 동산 외의 재산권을 목적으로 하는 질권을 말합니다(민법 제345조
전단).

- 설정등기: 권리질권을 설정하는 등기

⑥ 임차권(부동산등기법 제3조제8호)

㉮ 임대차란 당사자 일방이 상대방에게 목적물을 사용, 수익하게 할 것을 약정하고 상대방이 이에 대해 차임을 지급할 것을 약정함으로 성립하는 계약을 말합니다(민법 제618조).

㉯ 임차권이란 임차인이 목적물을 사용·수익할 수 있는 권리를 말합니다(민법 제618조).

 - 설정등기: 임차권을 설정하는 등기
 - 말소등기: 혼동(민법 제191조), 소멸시효의 완성(민법 제162조제2항), 당사자 간의 약정소멸사유 발생(민법 제43조의2) 등으로 임차권이 소멸한 경우에 하는 등기

2. 부동산등기 절차 개관

2-1. 부동산등기 신청의 일반원칙

2-1-1. 당사자 신청주의

등기는 법률에 다른 규정이 있는 경우 외에는 당사자의 신청 또는 관공서의 촉탁이 없으면 하지 못하므로(부동산등기법 제22조제1항), 당사자의 신청이 있을 경우 비로소 등기절차가 개시됩니다.

2-1-2. 공동 신청주의

① 등기는 등기권리자와 등기의무자 또는 대리인이 공동으로 신청해야 합니다(부동산등기법 제23조제1항).

 - 등기권리자: 등기부상의 권리를 취득하거나 또는 그 권리가 증대되는 자(예를 들어, 부동산의 매수인, 저당권자 등)
 - 등기의무자: 등기가 이루어지면 실체적 권리관계에서 권리의 상실 또는 기타의 불이익을 받는 자(예를 들어, 부동산의 매도인, 저당권설정자 등)

② 공동 신청주의의 예외

 - 판결에 의한 등기 : 판결에 의한 등기는 승소한 등기권리자 또는 등기의무자가

　　　단독으로 신청할 수 있습니다(부동산등기법 제23조제4항).
　- 상속에 의한 등기 : 상속으로 인한 등기는 등기권리자 단독으로 신청할 수 있습니다(부동산등기법 제23조제3항).

③ 등기명의인 표시변경등기

　등기명의인표시의 변경이나 경정(更正) 등기는 등기명의인 단독으로 신청할 수 있습니다(부동산등기법 제23조제6항).

④ 촉탁에 의한 등기

　- 국가 또는 지방자치단체가 등기권리자인 경우 국가 또는 지방자치단체는 등기의무자의 승낙을 받아 해당 등기를 지체 없이 등기소에 촉탁해야 합니다(부동산등기법 제98조제1항).
　- 국가 또는 지방자치단체가 등기의무자인 경우 국가 또는 지방자치단체는 등기권리자의 청구에 따라 지체 없이 해당 등기를 등기소에 촉탁해야 합니다(부동산등기법 제98조제2항).

⑤ 가등기

　가등기는 신청서에 가등기의무자의 승낙서 또는 가처분명령의 정본을 첨부해 가등기권리자가 단독으로 신청할 수 있습니다(부동산등기법 제89조).

⑥ 부동산의 표시변경등기

　부동산표시의 변경이나 경정(更正)의 등기는 소유권의 등기명의인이 단독으로 신청할 수 있습니다(부동산등기법 제23조제5항).

⑦ 수용으로 인한 소유권 이전등기

　수용으로 인한 소유권 이전등기는 등기권리자가 단독으로 신청할 수 있습니다(부동산등기법 제99조제1항).

⑧ 부동산의 신탁등기

　부동산의 신탁등기는 수탁자가 단독으로 신청할 수 있습니다(부동산등기법 제82조제3항).

⑨ 미등기 부동산의 소유권 보존등기

　미등기의 토지 또는 건물에 관한 소유권보존등기는 다음 중 어느 하나에 해당하는 자가 신청할 수 있습니다(부동산등기법 제65조).
　- 토지대장, 임야대장 또는 건축물대장에 최초의 소유자로 등록되어 있는 자 또는

　　　그 상속인, 그 밖의 포괄승계인
- 확정판결로 자기의 소유권을 증명하는 자
- 수용(收用)으로 소유권을 취득하였음을 증명하는 자
- 특별자치도지사, 시장, 군수 또는 구청장(자치구의 구청장을 말함)의 확인을 받아 자기의 소유권을 증명하는 자(건물로 한정)

2-1-3. 당사자 출석주의

① 등기는 등기권리자와 등기의무자 또는 대리인이 등기소에 출석해 신청해야 합니다(부동산등기법 제24조제1항제1호 본문).

② 다만, 대리인이 변호사(법무법인·법무법인(유한) 및 법무조합 포함)나 법무사(법무사법인 및 법무사법인(유한) 포함)인 경우에는 대법원규칙으로 정하는 사무원을 등기소에 출석하게 해 등기를 신청할 수 있습니다(부동산등기법 제24조제1항제1호 단서).

2-2. 등기소 및 등기부

2-2-1. 등기소

① 등기소란 등기사무를 취급하는 국가기관을 말합니다.

② 관할등기소

　구체적인 등기절차에 관해 현실적으로 어느 등기소가 그 등기사무를 처리할 것이냐 하는 것이 관할의 문제입니다. 등기사무는 부동산의 소재지를 관할하는 지방법원, 그 지원(支院) 또는 등기소에서 담당합니다(부동산등기법 제7조제1항).

2-2-2. 등기부

① 등기부란 전산정보처리조직에 의해 입력·처리된 등기정보자료를 대법원규칙으로 정하는 바에 따라 편성한 것을 말합니다(부동산등기법 제2조제1호).

② 등기부의 종류

　등기부는 토지 등기부와 건물 등기부로 구분됩니다(부동산등기법 제14조제1항).

③ 전산 등기부의 양식

㉮ 등기부의 좌측 상단: 부동산의 소재지번(집합건물의 경우에는 건물 명칭 및 번호까지)

㉯ 등기부의 우측 상단: 각 부동산별로 고유번호 기재

㉰ 표제부

- 토지등기기록의 표제부에는 표시번호란, 접수란, 소재지번란, 지목란, 면적란, 등기원인 및 기타사항란(부동산등기규칙 제13조제1항)

- 건물등기기록의 표제부에는 표시번호란, 접수란, 소재지번 및 건물번호란, 건물내역란, 등기원인 및 기타사항란(부동산등기규칙 제13조제1항)

- 구분건물 1동의 건물 표제부에는 표시번호란, 접수란, 소재지번·건물명칭 및 번호란, 건물내역란, 등기원인 및 기타사항란(부동산등기규칙 제14조제2항)

㉱ 갑구

- 소유권에 관한 사항 기재(부동산등기법 제15조제2항)

㉲ 을구

- 소유권 외의 권리에 관한 사항 기재(부동산등기법 제15조제2항)

㉳ 갑구 또는 을구의 기재 사항(부동산등기법 제48조)

- 순위번호

- 등기의 목적

- 접수연월일 및 접수번호

- 등기원인 및 등기연월일

- 등기권리자의 성명(명칭), 주소(사무소 소재지), 주민등록번호(부동산등기용등록번호)

④ 1부동산 1등기용지

등기부를 편성할 때 1필의 토지 또는 1개의 건물에 대해 1개의 등기기록을 둡니다. 다만 1개의 건물을 구분한 건물에 있어서는 1개의 건물에 속하는 전부에 대해 1개의 등기기록을 사용합니다(부동산등기법 제15조제1항).

⑤ 부동산등기부의 열람

㉮ 누구든지 수수료를 내고 등기소에 등기기록의 열람을 청구할 수 있습니다(부동산등기법 제19조제1항).

㉯ 등기기록의 열람은 등기기록에 기록된 등기사항을 전자적 방법으로 그 내용을 보게 하거나 그 내용을 기록한 서면을 교부하는 방법으로 합니다(부동산등기규

칙 제31조제1항).

　㉯ 신청서나 그 밖의 부속서류의 열람은 등기관이 보는 앞에서 해야 합니다. 다만, 신청서나 그 밖의 부속서류가 전자문서로 작성된 경우에는 전자적 방법으로 그 내용을 보게 합니다(부동산등기규칙 제31조제2항).

　㉰ 민원인은 대법원 인터넷등기소에서 등기기록을 열람할 수 있습니다.

2-3. 등기부의 구조와 등기부를 보는 방법

① 구 등기부는 한자를 사용하고 세로쓰기를 하여 읽기가 불편했으나 새로이 편성된 등기부는 한글과 가로쓰기를 사용하므로 읽기가 매우 쉬워졌습니다.

② 신 등기부에는 그 작성당시 효력이 없는 과거의 권리관계는 기재하지 아니하고 있으므로 오래된 권리관계까지 알아보려면 폐쇄된 등기부를 열람하여야 합니다.

③ 토지등기부와 건물등기부는 따로 있으므로 집을 사려면 양쪽을 다 보아야 합니다.

④ 등기부는 등기번호란, 표제부(아파트등 집합건물의 경우에는 표제부가 2개임), 갑구, 을구의 4부분으로 되어 있습니다.

2-3-1. 표 제 부

표제부에는 토지와 건물의 내용 즉 소재지(예 : 서울특별시 중구 서소문 1), 면적(예 : 100㎡), 용도(예 : 대지, 임야, 주택, 창고), 구조(예 : 2층, 목조건물)등이 변경된 순서대로 적혀 있습니다.

표 제 　　　부(부동산의 표시)				
표시번호	표 　시 　란		표시번호	표 　시 　란
1	① 접수 20○○년 ○월 ○○일 ② ○○시 ○○구 ○○동 ○○ ③ 대 ○○○㎡ ④ 대법원 예규 제218호에 의하여 구 등기부 제59책 제12장(구등기번호 5149호)에서 이기 20○○년 ○월 ○○일			

① 접수 19○○년 ○월 ○○일 : 등기접수 연월일

② ○○시 ○○구 ○○동 ○○ : 부동산소재지

③ 대 ○○○㎡ : 지목(대) 및 면적 (○○○㎡)

④ 대법원 예규 제218호에 의하여 구 등기부 제59책 제12장(구 등기번호 5149호)에서 이기 20○○년 ○월 ○○일 : 이것은 원래 등기부가 부책식으로 되어 있던 것을 대법원 예규 제218호에 의하여 현재의 카드식으로 바꾸어 기재하였다는 뜻입니다.

<단일건물의 표제부>

표 제 부(부동산의 표시)			
표시번호	표 시 란	표시번호	표 시 란
1	① 접수 20○○년 ○월 ○일 ② ○○시 ○○구 ○○동 ○○ ③ 시멘트벽돌조 기와지붕 ④ 단층주택 ⑤ ○○○㎡		

① 접수 20○○년 ○월 ○○일 : 등기접수 연월일

② ○○시 ○○구 ○○동 ○○ : 부동산소재지

③ 시멘트벽돌조 기와지붕 : 건물 및 지붕구조

④ 단층주택 : 건물층수 및 용도

⑤ ○○○㎡ : 건물면적

<집합건물의 표제부> (공통표제부)

표 제 부			
표시번호	표 시 란 (1동의 건물의 표시)	표시번호	표 시 란 (대지권의 목적인 토지의 표시)
1	① 접수 20○○년 ○월 ○일 ② ○○시 ○○구 ○○동 ○ ③ ○○아파트 ④ 철근콘크리트조 슬래브지붕 ⑤ 5층 아파트 ○○○동 ⑥ 1층 518㎡ ⑦ 2층 518㎡ ⑧ 3층 518㎡ ⑨ 4층 518㎡ ⑩ 5층 518㎡ ⑪ 지하실 234.8㎡ ⑫ 옥탑 153㎡ ⑬ 도면 편철장 제 18책 2장		⑭ ○○시 ○○구 ○○동 ○○ ⑮ 대 ○○○○㎡ ⑯ 20○○년 ○월 ○○일

※ 이 등기부는 아파트의 공통표제부로써 ○○동 ○○번지 소재 ○○아파트 ○○○동 전체의 건물크기를 알 수 있게 표시되어 있습니다.

①, ⑯ 접수 20○○년 ○월 ○○일 : 등기접수 연월일

②, ⑭ ○○시 ○○구 ○○동 ○○ : 부동산소재지

③ ○○아파트 : 아파트 명칭

④ 철근콘크리트조 슬래브지붕 : 건물 및 지붕구조

⑤ 5층 아파트 ○○○동 : 아파트 층수 및 동

⑥ ~ ⑪ 1층 518㎡ 등 : 각 층의 면적

⑫ 옥탑 153㎡ : 옥탑의 면적

⑬ 도면 편철장 제 18책 2장 : 건물도면이 철해진 장부의 위치

⑮ 대 ○○○○㎡ : 아파트가 건축되어 있는 땅의 넓이입니다.

<집합건물의 표제부> (구분건물의 표제부)

표 제 부			
표시번호	표 시 란 (전유부분의 건물의 표시)	표시번호	표 시 란 (대지권의 표시)
1	① 접수 20○○년 ○월 ○일 ② 철근콘크리트조 ③ 3층 306호 ④ 73㎡ ⑤ 도면 편철장 제18책 2장		⑥ 소유권 ○○○○분의 ○○○ ⑦ 20○○년 ○월 ○○일 대지권

①, ⑦ 접수 20○○년 ○월 ○○일 : 구분건물 및 대지권 등기 접수연월일

② 철근콘크리트조 : 건물구조

③ 3층 306호 : 구분건물의 표시

④ 73㎡ : 구분건물의 면적

⑤ 도면 편철장 제18책 2장 : 건물도면이 철해진 장부 위치

⑥ 소유권 ○○○○분의 ○○○ : 대지권 지분

2-3-2. 갑 구

① 갑구는 소유권에 관한 사항이 접수된 일자 순으로 적혀 있습니다.

② 맨 처음 기재된 것이 소유권 보존등기(최초의 소유자)이고 소유권이전등기가 계속되어 갑니다.

③ 각 등기사항 중 변경되는 것이 있으면(예컨대 소유자의 주소변경) 변경등기(부기등

기)를 합니다. 만약에 소유권이전등기가 무효라고 하여 제3자가 소송을 제기하면 법원에서 등기부에 예고등기를 해두는 것이 보통입니다.

④ 소송결과 무효가 확정되어 소유권이전등기의 말소등기를 하면 이전등기 하기 전의 상태로 돌아갑니다.

⑤ 그 외에 압류등기, 가처분등기 등이 있습니다. 주의할 것은 가등기입니다. 가등기는 순위보전의 효력이 있으므로 나중에 본등기를 하게 되면 가등기보다 늦게 된 등기는 원칙적으로 무효가 됩니다.

갑 구(소유권)		순위번호	사 항 란
순위번호	사 항 란		
1	① 소유권보존 ② 접수 20○○년 ○월 ○○일 제 ○호 ③ 소유자 ○○○, 111111-1111111, ○○시 ○○구 ○○동 ○○		
2	④ 소유권이전 ⑤ 접수 20○○년 ○월 ○일 제○호 ⑥ 원인 20○○년 ○월 ○○일 매매 ⑦ 소유자 ○○○, 111111-1111111, ○○시 ○○구 ○○동 ○○		

[순위번호 1번]
① 소유권보존 : 등기의 종류
② 접수 19○○년 ○월 ○○일 제 ○○○○호 : 등기접수 연월일 및 등기번호
③ 소유자 ○○○ 111111-1111111, ○○시 ○○구 ○○동 ○○ : 소유자의 이름, 주민등록번호, 주소

[순위번호 2번]
④ 소유권이전 : 등기의 종류(매매에 의해 소유권이 이전됨)
⑤ 접수 19○○년 ○월 ○일 제○○○○호 : 등기접수연월일 및 등기번호
⑥ 원인 19○○년 ○월 ○○일 매매 : 등기원인 발생일 및 원인
⑦ 소유자 ○○○ 111111-1111111, ○○시 ○○구 ○○동 ○○ : 소유자의 이름, 주민등록번호, 주소

2-3-3. 을 구

① 을구는 소유권 이외의 권리, 즉 저당권, 지상권 같은 제한물권에 관한 사항을 기재합니다.

② 특히 주의할 점은 근저당권 설정등기인데 채권최고액이란 것이 있어서 등기부에 기

재된 최고액을 한도로 부동산의 가격에서 담보책임을 지게 되므로 실제 채무액이 얼마인가를 따로 파악하여야 합니다.

을	구(소유권 이외의 권리)		
순위번호	사 항 란	순위번호	사 항 란
1	① 근저당권 설정 ② 접수 20○○년 ○월 ○○일 제 ○○○○호 ③ 원인 20○○년 ○월 ○○일 설정계약 ④ 채권최고액 금 50,000,000원 ⑤ 채무자 △△△ ○○시 ○○구 ○○동 ○○ ⑥ 근저당권자 주식회사 ○○은행 11111-1111111, ○○시 ○○구 ○○동 ○○ 취급점 : ○○동 지점		
2	⑦ 1번 근저당권 말소 ⑧ 접수 20○○년 ○월 ○○일 제 ○○○○호 ⑨ 원인 20○○년 ○월 ○일 해지		
3	⑩ 임차권 설정 ⑪ 접수 20○○년 ○월 ○○일 제 ○○○○호 ⑫ 원인 20○○년 ○월 ○일 설정계약 ⑬ 임차보증금 50,000,000원 차임 월 100,000원 ⑭ 차임지급시기 매월 20일 ⑮ 존속기간 20○○년 ○월 ○일까지 ⑯ 임차권자 ○○○, 111111-1111111 ○○시 ○○구 ○○동 ○○		

[순위번호 1번]
① 근저당권 설정 : 등기의 종류
② 접수 19○○년 ○월 ○○일 제 ○○○○호 : 등기접수 연월일 및 등기번호
③ 원인 19○○년 ○월 ○○일 설정계약 : 등기원인사실 발생일 및 원인
④ 채권최고액 금 50,000,000원 : 차용금액
⑤ 채무자 △△△, ○○시 ○○구 ○○동 ○○ : 돈을 빌린 사람의 이름 및 주소
⑥ 근저당권자 주식회사 ○○은행, 111111-1111111, ○○시 ○○구 ○○동 ○○
 취급점 : ○○동 지점 : 돈을 빌려준 사람의 이름 및 주소
 즉, 19○○년 ○월 ○○일 당시 소유자인 "△△△"이 ○○은행으로부터 돈 5,000만원을
  빌리고 본 부동산에 근저당권을 설정한 내용임

[순위번호 2번]

⑦ 1번 근저당권 말소 : 등기의 종류

⑧ 접수 20○○년 ○월 ○○일 제 ○○○○호 : 등기접수 연월일 및 번호

⑨ 원인 20○○년 ○월 ○○일 해지 : 등기원인사실 발생일 및 원인

 즉, 1순위 근저당 계약을 해지하여 말소시킴

[순위번호 3번]

⑩ 임차권 설정 : 등기의 종류

⑪ 접수 20○○년 ○월 ○○일 제 ○○○○호 : 등기접수 연월일 및 등기번호

⑫ 원인 20○○년 ○월 ○○일 설정계약 : 등기원인사실 발생일 및 원인

⑬ 임차보증금 50,000,000원, 차임 월 100,000원 : 계약 내용

⑭ 차임지급시기 매월 20일 : 계약 내용

⑮ 존속기간 20○○년 ○월 ○○일까지 : 계약 존속기간

⑯ 임차권자 ○○○, 111111-1111111, ○○시 ○○구 ○○동 ○○ : 권리자의 성명, 주민
 등록번호, 주소

 즉, ○○○는 △△△와 △△△소유의 부동산을 임차보증금 5,000만원, 월차임 10만원에
 임차한 내용임.

2-3-4. 기 타

① 등기부를 볼 적에 가장 중요한 점은 갑구와 을구에 기재된 가등기, 소유권이전등
 기, 저당권설정등기 등의 등기의 전후와 접수일자(접수번호)를 잘 살펴보아야 한다
 는 것입니다.

② 등기된 권리의 우선순위는 같은 갑구나 을구에서는 등기의 전후(순위번호)에 의하
 여, 갑구와 을구 간에서는 접수번호에 의하여 결정되기 때문입니다.

2-4. 등기 신청 접수 절차

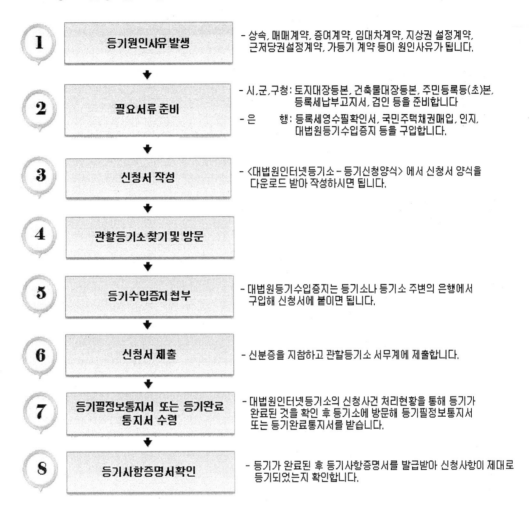

1. 등기원인사유 발생 - 상속, 매매계약, 증여계약, 임대차계약, 지상권 설정계약, 근저당권설정계약, 가등기 계약 등이 원인사유가 됩니다.

2. 필요서류 준비 - 시,군,구청: 토지대장등본, 건축물대장등본, 주민등록등(초)본, 등록세납부고지서, 검인 등을 준비합니다
   - 은　　행: 등록세영수필확인서, 국민주택채권매입, 인지, 대법원등기수입증지 등을 구입합니다.

3. 신청서 작성 - <대법원인터넷등기소 - 등기신청양식>에서 신청서 양식을 다운로드 받아 작성하시면 됩니다.

4. 관할등기소 찾기 및 방문

5. 등기수입증지 첨부 - 대법원등기수입증지는 등기소나 등기소 주변의 은행에서 구입해 신청서에 붙이면 됩니다.

6. 신청서 제출 - 신분증을 지참하고 관할등기소 서무계에 제출합니다.

7. 등기필정보통지서 또는 등기완료통지서 수령 - 대법원인터넷등기소의 신청사건 처리현황을 통해 등기가 완료된 것을 확인 후 등기소에 방문해 등기필정보통지서 또는 등기완료통지서를 받습니다.

8. 등기사항증명서확인 - 등기가 완료된 후 등기사항증명서를 발급받아 신청사항이 제대로 등기되었는지 확인합니다.

2-5. 등기관의 결정 또는 처분에 대한 이의

2-5-1. 등기관의 결정 또는 처분에 대한 이의

등기관의 결정 또는 처분에 이의가 있는 자는 관할 지방법원에 이의신청을 할 수 있습니다(부동산등기법 제100조).

2-5-2. 등기관의 결정 또는 처분

① 등기관의 결정은 등기 신청의 각하결정을 말합니다(등기관의 처분에 대한 이의신청

절차 등에 관한 업무처리지침).
- 등기공무원의 각하결정이 부당하다는 사유만으로 이의신청이 가능합니다(등기 관의 처분에 대한 이의신청절차 등에 관한 업무처리지침 제3조제1항).
- 등기관의 결정에 대한 이의신청은 등기 신청인인 등기권리자 및 등기의무자에 한해 가능하고, 제3자는 이의신청을 할 수 없습니다.
- 등기공무원의 각하결정이 부당하다는 사유만으로 이의신청이 가능합니다(등기 관의 처분에 대한 이의신청절차 등에 관한 업무처리지침 제3조제1항).

② 등기관의 처분은 등기를 실행한 처분을 말합니다(등기관의 처분에 대한 이의신청 절차 등에 관한 업무처리지침 제2조제1항).
- 등기관의 처분에 대한 이의신청은 등기상 이해관계 있는 제3자도 할 수 있습니다.
- 등기 신청이 다음의 경우에 해당되어 각하해야 함에도 등기공무원이 각하하지 않고 등기를 실행한 경우에는 이의신청을 할 수 있습니다.
  가. 사건이 그 등기소의 관할이 아닌 경우
  나. 사건이 등기할 것이 아닌 경우
- 예를 들어 채권자가 채무자를 대위해 경료한 등기가 채무자의 신청에 의해 말소 된 경우 그 말소처분에 대해 채권자는 등기상 이해관계인으로서 이의신청을 할 수 있습니다(등기관의 처분에 대한 이의신청절차 등에 관한 업무처리지침 제2조 제1항제1호).

③ 등기관의 처분에 대해 이의신청할 수 없는 경우는 다음과 같습니다(등기관의 처분 에 대한 이의신청절차 등에 관한 업무처리지침 제2조제1항제2호·제3호·제4호).
- 상속인이 아닌 자는 상속등기가 위법해도 이의신청을 할 수 없습니다.
- 저당권설정자는 저당권의 양수인과 양도인 사이의 저당권 이전의 부기등기에 대해 이의신청을 할 수 없습니다.
- 등기의 말소신청에서 등기상 이해관계 있는 제3자의 승낙서 등 서면이 첨부되어 있지 않다는 사유는 제3자의 이해에 관한 것이므로, 말소등기의무자는 등기상 이 해관계인에 해당되지 않아 이의신청을 할 수 없습니다.

2-5-3. 등기관의 결정 또는 처분에 대한 이의신청 절차

① 이의신청의 접수

이의신청은 구술로는 할 수 없고 이의신청서를 해당 등기소에 제출해야 합니다(부동산등기법 제101조 및 등기관의 처분에 대한 이의신청절차 등에 관한 업무처리지침 제1조제1항).

② 통지

등기를 마친 후에 이의신청이 있는 경우에는 3일 이내에 의견을 붙여 이의신청서를 관할 지방법원에 보내고 등기상 이해관계 있는 자에게 이의신청 사실을 알려야 합니다(부동산등기법 제103조제3항).

③ 등기관의 각하결정에 대한 이의신청이 이유가 있다고 인정한 경우

등기관은 등기 신청을 각하한 결정이 부당하다고 인정한 경우 그 등기 신청에 의한 등기를 실행합니다(등기관의 처분에 대한 이의신청절차 등에 관한 업무처리지침 제4조제1항제2호).

④ 등기신청을 수리해 완료된 등기에 대한 이의신청이 이유가 있다고 인정한 경우

- 등기관은 이의신청이 이유 있다고 인정한 경우 등기권리자, 등기의무자와 등기상 이해관계가 있는 제3자에게 1개월 내의 기간을 정해 그 기간에 이의를 진술하지 않으면 등기를 말소한다는 뜻을 통지해야 합니다(부동산등기법 제58조제1항 및 등기관의 처분에 대한 이의신청절차 등에 관한 업무처리지침 제4조제2항제2호).

- 등기관은 이의를 진술한 자가 있으면 그 이의에 대해 결정을 해야 합니다(부동산등기법 제58조제3항).

- 등기관은 기간 내에 이의를 진술한 자가 없거나 제기된 이의를 각하한 경우 완료된 등기를 직권으로 말소해야 합니다(부동산등기법 제58조제4항).

⑤ 등기관의 결정이나 처분에 이의신청 이유가 없다고 인정한 경우

- 등기신청의 각하결정에 대한 이의신청이 있는 경우 : 이의신청서가 접수된 날로부터 3일 이내에 의견서를 첨부하여 사건을 관할지방법원에 송부해야 합니다(등기관의 처분에 대한 이의신청절차등에 관한 업무처리지침 제4조제1항제1호).

- 등기신청을 수리하여 완료된 등기에 대한 이의신청이 있는 경우 : 그 등기에 대하여 이의신청이 있다는 사실을 등기상 이해관계인에게 통지하고, 이의신청서가 접수된 날로부터 3일 이내에 의견서를 첨부하여 사건을 관할지방법원에 송부해야 합니다(등기관의 처분에 대한 이의신청절차등에 관한 업무처리지침 제4조제2항제1호).

■ 잘못된 등기신청서 기재사항으로 등기가 마쳐진 경우 정정방법은 없나요?

Q. 甲은 乙을 상대로 A부동산에 관한 8분의7 지분에 대한 소유권이전등기말소소송을 제기한 결과, 일부승소 하여 乙은 甲에게 8분의6 지분에 대한 말소등기절차를 이행하라는 취지의 확정판결을 받았고, 위 판결에 기초하여 말소등기신청을 하면서 신청서의 말소할 사항란에는 '乙의 지분 8분의7' 이라고 표기하였습니다. 한편, 등기관은 위와 같이 판결내용과 신청서기재가 다른 것을 간과하고, 乙의 지분 8분의7 전부를 말소하였습니다. 이러한 경우 乙은 어떠한 방법으로 잘못된 말소등기를 바로잡을 수 있는지요?

A. 등기신청의 각하에 관하여 부동산등기법에서 등기관은 ①사건이 그 등기소의 관할이 아닌 경우, ②사건이 등기할 것이 아닌 경우, ③신청할 권한이 없는 자가 신청한 경우, ④제24조 제1항 제1호에 따라 등기를 신청할 때에 당사자나 그 대리인이 출석하지 아니한 경우, ⑤신청정보의 제공이 대법원규칙으로 정한 방식에 맞지 아니한 경우, ⑥신청정보의 부동산 또는 등기의 목적인 권리의 표시가 등기기록과 일치하지 아니한 경우, ⑦신청정보의 등기의무자의 표시가 등기기록과 일치하지 아니한 경우. 다만, 제27조에 따라 포괄승계인이 등기신청을 하는 경우는 제외, ⑧신청정보와 등기원인을 증명하는 정보가 일치하지 아니한 경우. ⑨등기에 필요한 첨부정보를 제공하지 아니한 경우, ⑩취득세(지방세법 제20조의2에 따라 분할납부하는 경우에는 등기하기 이전에 분할납부하여야 할 금액을 말함), 등록면허세(등록에 대한 등록면허세만 해당) 또는 수수료를 내지 아니하거나 등기신청과 관련하여 다른 법률에 따라 부과된 의무를 이행하지 아니한 경우, ⑪신청정보 또는 등기기록의 부동산의 표시가 토지대장·임야대장 또는 건축물대장과 일치하지 아니한 경우의 어느 하나에 해당하는 경우에만 이유를 적은 결정으로 신청을 각하(却下)하여야 하고 다만, 신청의 잘못된 부분이 보정(補正)될 수 있는 경우로서 신청인이 등기관이 보정을 명한 날의 다음 날까지 그 잘못된 부분을 보정하였을 때에는 그러하지 아니하다고 규정하고 있습니다(부동산등기법 제29조). 또한, 등기관의 결정 또는 처분에 이의가 있는 자는 관할지방법원에 이의신청을 할 수 있다고 규정하고 있습니다(부동산등기법 제100조).

그런데 등기신청이 위 각하사유에 해당되어 각하되어야 함에도 등기관이 각하하지 아니하고 등기를 실행한 경우, 비록 그 처분이 부당한 것이었더라도 그 등기가 ①사건이 그 등기소의 관할이 아닌 경우, ②사건이 등기할 것이 아닌 경우에 해당하는 경우에 한하여 이의신청을 할 수 있고, 그에 해당하지 아니하는 한 소송으로 그 등기의 효력을 다투는 것은 별론으로 하고, 부동산등기법 제100조에 따른 이의의 방법으로는 그 말소를 청구할 수 없다고 할 것입니다(대법원 1996. 3. 4. 선고 95마1700 결정).

위 사안과 관련된 판례를 보면, 등기신청서의 기재사항이 등기원인을 증명하는 서면과 부합하지 아니함에도 신청서대로 등기가 마쳐졌다면 이것은 부동산등기법 제29조 제1호, 제2호에 해당하는 것이 아니므로 일단 등기가 마쳐진 후에는 등기관이 이를 직권으로 말소할 수 없고, 등기의무자가 불응하는 경우 그를 상대로 말소등기회복등기절차의 이행을 명하는 판결을 받아 부적법하게 말소된 등기를 회복하여야 한다고 하였습니다(대법원 2004. 5. 14. 선고 2004다11896 판결).

따라서 乙은 甲에게 잘못 행해진 등기의 말소를 요구하고 甲이 이에 응하지 않으면 말소등기의 회복등기절차이행을 청구하는 소를 제기해야 할 것으로 보입니다.

참고로 '사건이 등기할 것이 아닌 때'란 등기신청이 그 신청취지 자체에 의하여 법률상 허용될 수 없음이 명백한 경우를 말합니다(대법원 2000.1.7. 자 99재마4 결정).

(관련판례)

소유권이전 청구권 보전의 가등기 이후에 국세·지방세의 체납으로 인한 압류등기가 마쳐지고 위 가등기에 기한 본등기가 이루어지는 경우, 등기관은 체납처분권자에게 부동산등기법 제175조에 따른 직권말소 통지를 하고, 체납처분권자가 당해 가등기가 담보 가등기라는 점 및 그 국세 또는 지방세가 당해 재산에 관하여 부과된 조세라거나 그 국세 또는 지방세의 법정기일이 가등기일보다 앞선다는 점에 관하여 소명자료를 제출하여, 담보 가등기인지 여부 및 국세 또는 지방세의 체납으로 인한 압류등기가 가등기에 우선하는지 여부에 관하여 이해관계인 사이에 실질적으로 다툼이 있으면, 가등기에 기한 본등기권자의 주장 여하에 불구하고 국세 또는 지방세 압류등기를 직권말소할 수 없고, 한편 이와 같은 소명자료가 제출되지 아니한 경우에는 등기관은 가등기 후에 마쳐진 다른 중간 등기들과 마찬가지로 국세 또는 지방세 압류등기를 직권말소하여야 한다고 봄이 상당하다(대법원 2010. 4. 15. 자 2007마327 결정).

■ 확정판결에 기하여 소유권이전등기 신청을 하였는데, 등기공무원이 법에 정한 특례에 해당하는지 여부에 관하여 다시 심사를 하는 것이 맞는지요?

Q. 저는 확정판결에 기하여 소유권이전등기 신청을 하였는데, 등기공무원이 부동산실권리자명의등기에관한법률 제8조 제2호의 특례에 해당하는지 여부에 관하여 다시 심사를 하겠다고 합니다. 등기공무원이 이와 같은 심사를 하는 것이 맞는지요?

A. 심사에 대한 입법례로는 형식적 심사주의와 실질적 심사주의가 있습니다. 형식적 심사주의는 신청에 대한 심사의 범위를 등기절차상의 적법성 여부에 한정하는 태도이고, 실질적 심사주의는 그 외에 등기신청의 원인의 존재 여부와 유효요건까지도 심사하게 하는 태도입니다.

우리 부동산등기법상 등기공무원에게는 형식적 심사권만 인정됩니다. 대법원은 건물에 대한 소유권보존등기사무를 처리하는 등기공무원은 이미 등기된 건물과 동일한 경우인지 여부를 심사할 실질적 심사권한은 없고 오직 신청서류와 등기부에 의하여 등기요건에 합당한지 여부를 심사할 형식적 심사권한밖에 없다고 한 바 있습니다. (대법원 1995. 5. 12. 선고 95다9471 판결) 따라서 등기공무원은 등기신청에 관하여 조사를 할 수 없고, 형식적 요건만 구비되어 있으면 실질적 등기원인에 하자가 있더라도 등기를 하여야 합니다. (대법원 1990. 10. 29. 선고 90마772 판결)

질문자분과 유사한 사안에 대하여 대법원은 등기공무원은 등기신청이 있는 경우 당해 등기원인의 실질적 요건을 심사함이 없이 신청서 및 그 첨부서류와 등기부에 의하여 등기요건의 충족 여부를 형식적으로 심사할 권한만을 가지고 있어서 이 사건에 있어서와 같이 신청인이 그 확정판결에 기하여 소유권이전등기를 신청하고 있는 경우에는 등기관이 부동산실명법 제8조 제2호의 특례에 해당하는지 여부에 관하여 다시 심사를 하여 명의신탁약정 및 그 명의신탁등기의 유·무효를 가리는 것은 등기관의 형식적 심사권의 범위를 넘어서는 것이어서 허용될 수 없다고 한 바 있습니다. (대법원 2002. 10. 28. 자 2001마1235 결정) 따라서 질문자분의 경우 등기관이 형식적 심사범위는 넘는 심사를 할 수는 없다 할 것입니다.

(관련판례)

원칙적으로 등기공무원은 등기신청에 대하여 실체법상의 권리관계와 일치하는지 여부를 심사할 실질적 심사권한은 없고 오직 신청서 및 그 첨부서류와 등기부에 의하여 등기요건에 합당하는지 여부를 심사할 형식적 심사권한밖에는 없다. 따라서 등기관이 구 비송사건절차법(2007. 7. 27. 법률 제8569호로 개정되기 전의 것) 제159조 제10호에 의하여 등기할 사항에 관하여 무효 또는 취소의 원인이 있는지 여부를 심사할 권한이 있다고 하여도 그 심사방법에 있어서는 등기부 및 신청서와 법령에서 그 등기의 신청에 관하여 요구하는 각종 첨부서류만에 의하여 그 가운데 나타난 사실관계를 기초로 판단하여야 하고, 그 밖에 다른 서면의 제출을 받거나 그 외의 방법에 의해 사실관계의 진부를 조사할 수는 없다. (대법원 2008. 12. 15. 자 2007마1154 결정)

■ 등기공무원의 착오로 토지의 지번에 명의가 잘못 기재된 경우, 말소등기청구를 할 수 있을까요?

Q. 분필등기 과정에서 등기공무원의 착오로 甲소유의 토지의 지번에 乙명의의 등기가 기재된 경우 甲이 물권적청구권에 기하여 말소등기청구를 할 수 있을까요?

A. 甲이 자기 소유의 전 594평에 관하여 진정한 소유자로 등기되어 있는데 을의 소유로 있던 다른 지번은 답 999평 중 389평이 분할되면서 그 분필등기 과정에서 등기공무원의 착오로 인하여 그 등기부상의 표시가 甲소유 토지와 같은 지번으로 잘못 기재되고 그 지목은 분할 전과 같은 답으로 되었으며 그 후 전 389평으로 되었다면 甲소유인 전 594평과 을명의의 전 389평은 그 지번만 동일할 뿐 그 위치 및 지적등 등기가 표상하는 대상이 전혀 다른 것이므로 을명의의 등기가 甲소유의 토지에 대한 등기라 할 수 없고, 따라서 甲으로서는 을명의의 등기로 인하여 그 권리행사에 어떤 방해를 받거나 받을 우려도 없다고 할 것이고, 甲이 이미 그 명의의 유효한 등기를 보유하고 있는 이상 위와 같은 경위로 동일지번에 을명의의 등기가 있다고 하여 실질상의 권리와 등기가 일치하지 않게 되었다고 할 수도 없는 것이므로 물권적청구권에 기한 말소등기도 할 수 없다는 것이 대법원의 입장입니다(대법원 1990. 3. 13. 선고 87다카2528 판결). 따라서 甲은 물권적청구권에 기해 말소등기청구를 할 수 없습니다.

(관련판례)

소유권이전청구권의 보전을 위한 가등기는 부동산의 물권변동에 있어 순위보전의 효력이 있는 것이므로, 그 가등기에 의한 소유권이전의 본등기가 마쳐진 경우에는 그 가등기 후 본등기 전에 행하여진 가압류등기는 가등기권자의 본등기 취득으로 인한 등기순위 보전 및 물권의 배타성에 의하여 실질적으로 등기의 효력을 상실하게 되는 것이다. 따라서 등기공무원은 부동산등기법 제175조 내지 제177조 및 제55조 제2호에 의하여 위 가압류등기를 직권으로 말소할 수 있다 (대법원 1962. 12. 24.자 4294민재항675 전원합의체 결정, 대법원 1981. 10. 6.자 81마140 결정 등 참조). 이러한 법리에 의하면, 이 사건 가등기가 마쳐진 후에 이 사건 가압류등기가 행하여졌고 다시 이 사건 가등기에 기한 본등기가 행하여졌으므로 이 사건 가압류등기는 등기의 효력을 상실하게 되었고, 따라서 등기공무원은 부동산등기법 제175조 내지 제177조 및 제55조 제2호에 의하여 이 사건 가압류등기를 직권으로 말소할 수 있다고 할 것이다. (대법원 2010. 3. 19. 자 2008마1883 결정)

3. 부동산등기 법제 개관

3-1. 부동산등기 관련 법률

3-1-1. 「부동산등기법」

① 등기할 사항

부동산등기는 부동산의 표시와 다음 중 어느 하나에 해당하는 권리의 보존, 이전, 설정, 변경, 처분의 제한 또는 소멸에 대한 사항을 기재합니다(부동산등기법 제3조).

- 소유권
- 지상권
- 지역권
- 전세권
- 저당권
- 권리질권
- 채권담보권
- 임차권

② 등기사무의 처리

㉮ 등기사무는 등기소에 근무하는 법원서기관·등기사무관·등기주사 또는 등기주사

보 중에서 지방법원장(등기소의 사무를 지원장이 관장하는 경우에는 지원장)이 지정한 사람이 처리합니다(부동산등기법 제11조제1항).

㉯ 등기관은 등기사무를 전산정보처리조직을 이용해 등기부에 등기사항을 기록하는 방식으로 처리합니다(부동산등기법 제11조제2항).

③ 등기부

등기부는 토지 등기부와 건물 등기부로 구분되며, 1필의 토지 또는 1개의 건물은 1개의 등기기록을 사용합니다. 그러나 1개의 건물을 구분한 건물은 1개의 건물에 속하는 전부에 대해 1개의 등기기록을 사용합니다(부동산등기법 제14조제1항 및 제15조제1항).

④ 등기의 신청

등기는 법률에 다른 규정이 없으면 당사자의 신청이나 관공서의 촉탁으로 이루어집니다(부동산등기법 제22조제1항).

⑤ 등기의 완료

㉮ 등기관은 등기를 마치면 신청인 등에게 그 사실을 알려야 합니다(부동산등기법 제30조).

㉯ 등기관은 새로운 권리에 관한 등기를 마친 경우 등기필정보통지서를 작성해 등기권리자에게 통지해야 합니다(부동산등기법 제50조제1항).

3-1-2. 「부동산등기 특별조치법」

① 등기의 신청기간

부동산의 소유권 이전을 내용으로 하는 계약을 체결한 자는 다음 중 어느 하나에 정해진 날부터 60일 내에 소유권 이전등기를 신청해야 합니다. 다만, 그 계약이 취소·해제되거나 무효인 경우에는 그렇지 않습니다(부동산등기 특별조치법 제2조제1항).

- 계약의 당사자가 서로 대가적인 채무를 부담하는 경우 반대급부의 이행이 완료된 날

- 계약당사자의 일방만이 채무를 부담하는 경우 그 계약의 효력이 발생한 날

② 위반 시 제재

등기권리자가 적절한 이유 없이 등기 신청을 하지 않은 경우 하지 않은 날 당시의 부동산에 대해 취득세의 과세표준에 부동산 취득 시 표준세율(부동산등기 특별조

치법 제14조에 따라 조례로 세율을 달리 정하는 경우에는 그 세율을 말함)을 적용한 부분에서 1천분의 20을 뺀 세율(지방세법 제11조제1항제8호의 경우에는 1천분의 20의 세율)을 적용하여 산출한 금액(지방세법 제13조제2항·제3항·제6항 또는 제7항에 해당하는 경우에는 그 금액의 100분의 300)의 5배 이하에 상당하는 금액의 과태료가 부과됩니다(부동산등기 특별조치법 제11조제1항).

3-1-3.「민법」

① 부동산등기

부동산에 관한 법률행위로 인한 물권의 득실변경은 등기해야 그 효력이 생깁니다(민법 제186조).

② 부동산등기의 대상

㉮ 소유권이란 소유자가 그 소유물을 법률의 범위 내에서 사용, 수익, 처분할 수 있는 권리를 말합니다(민법 제211조).

㉯ 지상권이란 타인의 토지에 건물 기타 공작물이나 수목을 소유하기 위해 그 토지를 사용하는 권리를 말합니다(민법 제279조).

㉰ 지역권은 일정한 목적을 위해 타인의 토지를 자기토지의 편익에 이용하는 권리를 말합니다(민법 제291조).

㉱ 전세권이란 전세금을 지급하고 타인의 부동산을 점유해 그 부동산의 용도에 좇아 사용·수익하는 권리를 말합니다(민법 제303조제1항).

㉲ 저당권은 채무자 또는 제3자가 점유를 이전하지 않고 채무의 담보로 제공한 부동산에 대해 다른 채권자보다 자기채권의 우선변제를 받을 권리를 말합니다(민법 제356조).

㉳ 권리질권이란 동산 외의 재산권을 목적으로 하는 질권을 말합니다(민법 제345조 전단).

㉴ 임차권이란 임차인이 목적물을 사용·수익할 수 있는 권리를 말합니다(민법 제618조).

3-1-4.「집합건물의 소유 및 관리에 관한 법률」

대지 및 대지사용권의 처분일체성

① 구분건물의 대지란 전유 부분이 속하는 1동의 건물이 있는 토지 및 규약에 따라 건물의 대지가 된 토지를 말합니다(집합건물의 소유 및 관리에 관한 법률 제2조제5호).

② 대지사용권이란 구분소유자가 전유 부분을 소유하기 위해 건물의 대지에 대해 가

지는 권리를 말합니다(집합건물의 소유 및 관리에 관한 법률 제2조제6호).

③ 구분소유자는 그가 가지는 전유 부분과 분리해 대지사용권을 처분할 수 없습니다. 다만, 규약으로 달리 정한 경우에는 그러하지 않습니다(집합건물의 소유 및 관리에 관한 법률 제20조제2항).

3-2. 세금 관련 법률

3-2-1. 「지방세법」

① 부동산의 취득 시에는 취득세를 납부해야 합니다(지방세법 제7조제1항).

② 재산권과 그 밖의 권리의 설정·변경 또는 소멸에 관한 사항을 공부에 등기하거나 등록하는 경우(취득을 원인으로 하는 등기 또는 등록 제외)에는 등록면허세를 납부해야 합니다(지방세법 제23조제1호 및 제24조제1호).

③ 지방교육의 질적 향상에 필요한 지방교육재정의 확충에 소요되는 재원을 확보하기 위해 「지방세법」에 따른 취득세의 납세의무자는 지방교육세도 납부해야 합니다(지방세법 제149조 및 제150조제1호).

3-2-2. 「농어촌특별세법」

농어업의 경쟁력강화와 농어촌산업기반시설의 확충 및 농어촌지역 개발사업에 필요한 재원을 확보하기 위해 「지방세법」에 따른 취득세의 납세의무자는 농어촌특별세를 납부해야 합니다(농어촌특별세법 제1조 및 제3조제5호).

3-2-3. 「주택도시기금법」

부동산 등기를 신청하는 자는 정부가 국민주택사업에 필요한 자금을 조달하기 위해 주택도시기금의 부담으로 발행한 채권인 국민주택채권을 매입해야 합니다(주택도시기금법 제7조제1항 및 제8조제1항제2호).

3-2-4. 「인지세법」

① 국내에서 재산에 관한 권리 등의 창설·이전 또는 변경에 관한 계약서나 이를 증명하는 그 밖의 문서를 작성하는 자는 계약서에 기재된 거래금액이 1,000만원을 초

과하는 경우에는 그 문서에 대한 인지세를 납부할 의무가 있습니다(인지세법 제1
조제1항 및 제3조제1항).

② 다만, 주택 소유권 이전에 관한 증서의 기재금액이 1억원 이하인 주택에 대해서는
인지세를 납부하지 않아도 됩니다(인지세법 제6조제5호).

제2장

소유권 보존등기는
어떻게 해야 하나요?

제2장 소유권 보존등기는 어떻게 해야 하나요?

제1절 토지 소유권 보존등기

1. 토지 소유권 보존등기의 개념

① 토지 소유권 보존등기란 토지 소유자의 신청에 의해 미등기의 토지에 처음으로 행해지는 소유권 등기를 말합니다.
② 토지 소유권은 정당한 이익이 있는 범위 내에서 토지의 상하(지면, 공중, 지하)까지 인정됩니다(민법 제212조).
③ 무주(無主)의 토지 소유권 보존등기는 공유수면매립, 간척 등의 경우에 합니다.

2. 토지 소유권 보존등기의 신청인

미등기토지의 소유권 보존등기는 단독으로 다음 중 어느 하나에 해당하는 자가 신청할 수 있습니다(부동산등기법 제65조).
① 토지대장, 임야대장에 최초의 소유자로 등록되어 있는 자 또는 그 상속인, 그 밖의 포괄승계인
② 확정판결에 의해 자기의 소유권을 증명하는 자
  1. 판결은 소송이유가 보존등기 신청인의 소유임을 확정하는 확정판결이면 족하고, 반드시 확인판결일 필요는 없습니다.
  2. 확정판결에 준하는 화해조서, 제소전화해조서, 인낙조서, 조정조서도 포함됩니다.
  3. 보존등기가 가능한 판결에는 다음과 같은 것들이 있습니다.
  - 해당 부동산이 보존등기 신청인의 소유임을 이유로 소유권 보존등기의 말소를 명한 판결
  - 토지대장상 공유인 미등기토지에 대한 공유물 분할의 판결
  4. 판결의 상대방
  - 보존등기의 명의인 : 보존등기가 마쳐진 토지의 명의인을 상대로 말소신청을 해

판결을 얻은 경우 자기 명의로 새로이 보존등기를 신청할 수 있습니다).

- 대장상 등록명의자가 없거나 누구인지 모르는 경우: 국가를 상대로 소유권확인판결을 받아야 합니다.

③ 수용(收用)으로 인해 소유권을 취득하였음을 증명하는 자

3. 토지 소유권 보존등기의 신청기한

3-1. 미등기 부동산을 매매한 경우 보존등기의 신청기한

① 소유권 보존등기가 되어 있지 않은 부동산에 대해 소유권 이전계약을 체결한 자는 다음 중 어느 하나에 정해진 날부터 60일 내에 소유권 보존등기를 신청해야 합니다(부동산등기 특별조치법 제2조제5항).

1. 「부동산등기법」에 의해 소유권 보존등기를 신청할 수 있음에도 이를 하지 않은 채 계약을 체결한 경우 그 계약을 체결한 날(부동산등기 특별조치법 제2조제5항제1호).

2. 계약을 체결한 후 「부동산등기법」에 의해 소유권 보존등기를 신청할 수 있게 된 경우에는 소유권 보존등기를 신청할 수 있게 된 날(부동산등기 특별조치법 제2조제5항제2호).

② 위반 시 제재

등기권리자가 적절한 이유 없이 등기 신청을 하지 않은 경우 하지 않은 날 당시의 부동산에 대해 취득세의 과세표준에 부동산 취득 시 표준세율(부동산등기 특별조치법 제14조에 따라 조례로 세율을 달리 정하는 경우에는 그 세율을 말함)을 적용한 부분에서 1천분의 20을 뺀 세율(지방세법 제11조제1항제8호의 경우에는 1천분의 20의 세율)을 적용하여 산출한 금액(지방세법 제13조제2항·제3항·제6항 또는 제7항에 해당하는 경우에는 그 금액의 100분의 300)의 5배 이하에 상당하는 금액의 과태료가 부과됩니다(부동산등기 특별조치법 제11조제1항).

4. 토지 소유권 보존등기 신청 시 제출서류

4-1. 시·군·구청을 통해 준비해야 하는 서류

4-1-1. 신청인의 소유권을 증명하는 서면

① 토지대장등본이나 임야대장등본(부동산등기규칙 제121조제2항)

② 판결 및 확정증명 : 판결에 의해 소유권을 증명한 경우에 한하며 해당 법원에서 판결문 및 확정증명원을 발급받으면 됩니다.

4-1-2. 신청인의 주소를 증명하는 서면

① 주민등록등(초)본

> ※ 법인의 경우에는 주민등록등(초)본 대신 등기소에서 법인등기사항증명서를 발급받아 제출하면 됩니다. 법인등기사항증명서가 없는 법인의 경우에는 부동산등기용등록번호 증명서를 발급받아 제출할 수 있습니다.
>
> ※ 주민등록번호가 없는 경우 제출하는 서류
>
> 1. 부동산등기용등록번호증명서
> - 부동산등기용등록번호는 주민등록번호가 없는 등기권리자가 등기를 할 수 있도록 부여하는 등록번호를 말합니다.
> 2. 주민등록번호가 없는 등기권리자는 다음의 기관에서 부동산등기용등록번호를 부여받을 수 있습니다(부동산등기법 제49조제1항)
> ㉮ 국가·지방자치단체·국제기관 및 외국정부 : 국토교통부장관이 지정·고시
> ㉯ 주민등록번호가 없는 재외국민 : 대법원 소재지 관할 등기소의 등기관
> ㉰ 법인 : 법인의 주된 사무소(회사-본점, 외국법인-국내에 최초로 설치 등기를 한 영업소나 사무소) 소재지 관할 등기소의 등기관
> ㉱ 법인 아닌 사단이나 재단 및 국내에 영업소나 사무소의 설치 등기를 하지 않은 외국법인 : 시장(제주특별자치도의 행정시 시장 포함, 자치구가 아닌 구를 두는 시의 시장 제외), 군수 또는 구청장(자치구가 아닌 구의 구청장 포함)
> ㉲ 외국인: 체류지(체류지가 없는 경우 대법원 소재지에 체류지가 있는 것으로 봄) 관할 지방출입국·외국인관서의 장

② 취득세납부고지서(지방교육세 및 농어촌특별세 포함)

  ㉮ 취득세란 부동산의 취득 시 납부해야 하는 세금을 말합니다(지방세법 제7조제1항).
  - 취득세: 토지의 시가표준액(토지 가격공시 및 개별공시지가) × 28/1,000(지방세법 제11조제1항제3호)

ⓑ 지방교육세란 지방교육의 질적 향상에 필요한 지방교육재정의 확충에 소요되는 재원을 확보하기 위해 「지방세법」에 따른 취득세의 납부의무자에게 함께 부과되는 세금을 말합니다(지방세법 제149조 및 제150조제1호).

- 지방교육세: [토지의 시가표준액(토지 가격공시 및 개별공시지가)× 8/1,000]× 20/100(지방세법 제151조제1항제1호)

ⓒ 농어촌특별세란 농어업의 경쟁력강화와 농어촌산업기반시설의 확충 및 농어촌지역 개발사업에 필요한 재원을 확보하기 위해 「지방세법」에 따른 취득세의 납부의무자에게 함께 부과되는 세금을 말합니다(농어촌특별세법 제1조 및 제3조제5호).

- 농어촌특별세: 토지의 시가표준액(토지 가격공시 및 개별공시지가) × 2/100 ×10/100 (농어촌특별세법 제5조제1항제6호)

ⓓ 시, 군, 구청 세무과를 방문해 취득세납부고지서를 발부받고 세금을 은행에서 납부하면 됩니다.

4-2. 은행을 통해 준비해야 할 서류

4-2-1. 등록면허세영수필확인서

시·군·구청 세무과에서 등록면허세납부고지서를 받아와서 은행에 등록면허세 및 지방교육세를 지불하면 등록면허세영수필확인서를 받을 수 있습니다.

4-2-2. 국민주택채권의 매입

① 국민주택채권이란 정부가 국민주택사업에 필요한 자금을 조달하기 위해 주택도시기금의 부담으로 발행한 채권을 말합니다.

② 등기를 신청하는 자는 국민주택채권을 매입해야 합니다.

③ 국민주택채권의 매입기준은 다음과 같습니다.

등기종류	시가표준액	지역	매입률
토지 소유권보 존등기	5백만원 이상 5천만원 미만	서울특별시,광역시	시가표준액의 25/1,000
		기타 지역	시가표준액의 20/1,000
	5천만원 이상 1억원 미만	서울특별시,광역시	시가표준액의 40/1,000
		기타 지역	시가표준액의 35/1,000
	1억원 이상	서울특별시,광역시	시가표준액의 50/1,000
		기타 지역	시가표준액의 45/1,000

④ 국민주택채권의 최저매입금액은 1만원으로 합니다. 다만, 1만원 미만의 단수가 있을 경우에 그 단수가 5천원 이상 1만원 미만인 때에는 이를 1만원으로 하고, 그 단수가 5천원 미만인 때에는 단수가 없는 것으로 합니다(주택도시기금법 시행령 별표 제4호).

⑤ 국민주택채권의 매입 후 매입자가 즉시매도를 원할 경우 은행(우리은행, 농협, 하나은행, 중소기업은행, 신한은행)은 일정할인료(매일 변경, 은행에 확인해야 함)만 내도록 하고 채권발행번호가 기재된 영수증을 발급해 주고 있습니다.

4-2-3. 대법원등기 수입증지의 구입

① 대법원등기 수입증지(등기신청 수수료)
　㉮ 등기를 하려는 사람은 수수료를 내야 합니다(부동산등기법 제22조제3항).
　㉯ 대법원등기 수입증지를 은행이나 등기소에서 매입을 해 이를 신청서에 붙이면 등기신청 수수료를 낸 것이 됩니다.
　㉰ 대법원등기 수입증지는 등기소나 등기소 주변의 은행(농협, 우체국, 신한은행 등)에서 구입하실 수 있습니다.
② 토지 소유권 보존등기 한 건당 대법원등기 수입증지
　㉮ 서면방문신청: 15,000원
　㉯ 전자표준양식신청(e-form양식으로 작성한 후 등기소 방문신청): 13,000원
　㉰ 전자신청: 10,000원
③ 등기신청수수료의 납부는 그 수수료 상당액을 전자적 방법으로 납부하거나, 법원행정처장이 지정하는 금융기관에 현금으로 납부한 후 이를 증명하는 서면을 등기신청서에 첨부하여 제출하는 방법으로 합니다(등기사항증명서 등 수수료규칙 제6조제3항).

5. 신청서 작성

5-1. 신청서 및 첨부서류의 순서

① 신청서, 취득세영수필확인서, 등기 수입증지 영수필확인서(해당자에 한함), 주민등

록표등(초)본, 토지(임야)대장등본 등의 순으로 준비합니다.

② 판결에 의한 소유권 보존등기일 경우 신청서식은 위와 같이 작성한 후 첨부서면 기재란에 "판결정본 및 확정증명원"을 기재하고 첨부서류로 제출하면 됩니다.

5-2. 신청서 양식

[서식 예] 토지(임야)소유권보존등기신청

<table>
<tr><td colspan="5" align="center">토지(임야)소유권보존등기신청</td></tr>
<tr>
<td rowspan="2">접
수</td>
<td>년 월 일</td>
<td rowspan="2">처
리
인</td>
<td>등기관 확인</td>
<td>각종통지</td>
</tr>
<tr>
<td>제   호</td>
<td></td>
<td></td>
</tr>
<tr>
<td colspan="5" align="center">① 부동산의 표시</td>
</tr>
<tr>
<td colspan="5">

서울특별시 서초구 서초동 100

　　　대 100m²

　　　　　이　　　　　　　　상

</td>
</tr>
<tr>
<td colspan="2">② 등기의 목적</td>
<td colspan="3">소유권 보존</td>
</tr>
<tr>
<td colspan="2">③ 신청 근거 규정</td>
<td colspan="3">부동산등기법 제65조 제1호</td>
</tr>
<tr>
<td>구분</td>
<td>성 명
(상호·명칭)</td>
<td>주민등록번호
(등기용등록번호)</td>
<td>주 소 (소 재 지)</td>
<td>지 분
(개인별)</td>
</tr>
<tr>
<td>④
신청인</td>
<td>이 대 백</td>
<td>XXXXXX-XXXXXXX</td>
<td>서울특별시 서초구 서초대
로 88길 20 (서초동)</td>
<td></td>
</tr>
</table>

⑤ 시가표준액 및 국민주택채권매입금액		
부동산 표시	부동산별 시가표준액	부동산별 국민주택채권매입금액
1. 토 지	금 ○○,○○○,○○○원	금 ○○○,○○○ 원
2.	금 원	금 원
3.	금 원	금 원
⑤ 국 민 주 택 채 권 매 입 총 액		금 ○○○,○○○ 원
⑤ 국 민 주 택 채 권 발 행 번 호		○ ○ ○
⑥ 취득세(등록면허세) 금○○○,○○○원		⑥ 지방교육세 금 ○○,○○○원
		⑥ 농어촌특별세 금 ○○,○○○원
⑦ 세 액 합 계	금 ○○○,○○○ 원	
⑧ 등 기 신 청 수 수 료	금 15,000 원	
	납부번호 : ○○-○○-○○○○○○○○-○	
	일괄납부 : 건 원	
⑨ 첨 부 서 면		

·취득세(등록면허세)영수필확인서   1통
·등기신청수수료 영수필확인서   1통
·토지·임야대장등본   1통
·주민등록표등(초)본   1통

\<기타\>

2014년   1월   2일

⑩ 위 신청인   이 대 백   ㉑ (전화 : 300-7766)
   (또는)위 대리인   (전화 :   )

서울중앙 지방법원   등기국 귀중

- 신청서 작성요령 -
1. 부동산표시란에 2개 이상의 부동산을 기재하는 경우에는 그 부동산의 일련번호를 기재하여야 합니다.
2. 신청인란 등 해당란에 기재할 여백이 없을 경우에는 별지를 이용합니다.
3. 담당 등기관이 판단하여 위의 첨부서면 외에 추가적인 서면을 요구할 수 있습니다.

등기신청안내서 - 소유권보존등기신청

■ 토지소유권보존등기란

　미등기 토지(임야)에 대하여 처음으로 하는 등기로서, 토지대장, 임야대장에 최초의 소유자로 등록되어 있는 자 또는 그의 상속인이나 포괄승계인, 판결에 의하여 자기의 소유권을 증명하는 자, 수용으로 인하여 소유권을 취득하였음을 증명하는 자가 단독으로 신청합니다.

■ 등기신청방법

　신청인 본인 또는 법무사 등 그 대리인이 신분을 확인할 수 있는 주민등록증 등을 가지고 직접 등기소에 출석하여 신청합니다.

■ 등기신청서 기재요령

　※ 신청서는 한글과 아라비아 숫자로 기재합니다. 부동산의 표시란이나 신청인란 등이 부족할 경우에는 별지를 사용하고, 별지를 포함한 신청서의 각 장 사이에는 간인(신청서에 서명을 하였을 때에는 각 장마다 연결되는 서명)을 하여야 합니다.

　① 부동산의 표시란

　　대장등본에 등록된 토지(임야)의 소재와 지번, 지목, 면적을 기재합니다.

　② 등기의 목적란

　　" 소유권보존 " 이라고 기재합니다.

　③ 신청근거규정란

　　㉮ 대장등본에 의할 경우에는 " 부동산등기법 제65조 제1호 ",

　　㉯ 판결에 의할 경우에는 " 부동산등기법 제65조 제2호 ",

　　㉰ 수용에 의할 경우에는 " 부동산등기법 제65조 제3호 " 라고 기재합니다.

　④ 신청인란

　　소유자의 성명, 주민등록번호, 주소를 기재하되, 소유자가 수인인 경우에는 공유자별로 성명, 주민등록번호, 주소를 기재하고, 각자의 지분을 표시합니다. 그러나 신청인이 법인인 경우에는 상호(명칭), 본점(주사무소 소재지), 등기용등록번호 및 대표자의 성명과 주소를 기재하고, 법인 아닌 사단이나 재단인 경우에는 상호(명칭), 본점(주사무소 소재지), 등기용등록번호 및 대표자(관리인)의 성명, 주민등록번호, 주소를 각 기재합니다.

　⑤ 시가표준액 및 국민주택채권매입금액, 국민주택채권매입총액란, 국민주택채권발행번호란

　　㉮ 부동산별 시가표준액란은 취득세(등록면허세)납부서(OCR용지)에 기재된 시가표준액을 기재하고 부동산별 국민주택채권매입금액란에는 시가표준액의 일정비율에 해당하는 국민주택채권매입금액를 기재합니다.

　　㉯ 부동산이 2개 이상인 경우에는 각 부동산별로 시가표준액 및 국민주택채권 매입금액을 기재한 다음 국민주택채권 매입총액을 기재합니다.

　　㉰ 국민주택채권발행번호란에는 국민주택채권 매입시 국민주택채권사무취급기관에서 고지하는 채권발행번

호를 기재하며, 하나의 신청사건에 하나의 채권발행번호를 기재하는 것이 원칙이며, 동일한 채권발행번호를 수 개 신청사건에 중복 기재할 수 없습니다.

㉮ 취득세(등록면허세)영수필확인서에 기재된 토지의 시가표준액이 500만원 이상일 때에 국민주택채권을 매입합니다.

⑥ 취득세(등록면허세)·지방교육세·농어촌특별세란

취득세(등록면허세)영수필확인서에 의하여 기재하며, 농어촌특별세는 납부액이 없는 경우 기재하지 않습니다.

⑦ 세액합계란

취득세(등록면허세)액, 지방교육세액, 농어촌특별세액의 합계를 기재합니다.

⑧ 등기신청수수료란

㉮ 부동산 1개당 15,000원의 등기신청수수료 납부액을 기재하며, 등기신청수수료를 은행 현금납부, 전자납부, 무인발급기 납부 등의 방법에 따라 납부한 후 등기신청서에 등기신청수수료 영수필확인서를 첨부하고 납부번호를 기재하여 제출합니다.

㉯ 여러 건의 등기신청에 대하여 수납금융기관에 현금으로 일괄납부하는 경우 첫 번째 등기신청서에 등기신청수수료 영수필확인서를 첨부하고 해당 등기신청수수료, 납부번호와 일괄납부 건수 및 일괄납부액을 기재하며, 나머지 신청서에는 해당 등기신청수수료와 전 사건에 일괄 납부한 취지를 기재합니다(일괄납부는 은행에 현금으로 납부하는 경우에만 가능함).

⑨ 첨부서면란

등기신청서에 첨부한 서면을 각 기재합니다.

⑩ 신청인등란

㉮ 신청인의 성명 및 전화번호를 기재하고 인장을 날인 또는 서명을 하되, 신청인이 법인이나 법인 아닌 사단 또는 재단인 경우에는 상호(명칭)와 대표자(관리인)의 자격 및 성명을 기재하고 대표자(관리인)의 인장을 날인 또는 서명을 합니다.

㉯ 대리인이 등기신청을 하는 경우에는 그 대리인의 성명, 주소, 전화번호를 기재하고 대리인의 인장을 날인 또는 서명을 합니다.

▣ 등기신청서에 첨부할 서면

< 신청인 >

위임장

등기신청을 법무사 등 대리인에게 위임하는 경우에 첨부합니다.

< 시·구·군청, 읍·면 사무소, 동 주민센터 >

① 취득세(등록면허세)영수필확인서

시장, 구청장, 군수 등으로부터 취득세(등록면허세)납부서(OCR용지)를 발급받아 납세지를 관할하는 해당 금융기관에 세금을 납부한 후 취득세(등록면허세)영수필확인서와 영수증을 교부받아 영수증은 본인이 보관하고 취득세(등록면허세)영수필확인서만 신청서의 취득세(등록면허세)액표시란의 좌측상단 여백에 첨부하거나, 또는 지방세인터넷납부시스템에서 출력한 시가표준액이 표시되어 있는 취득세(등록면허세)납부확인서를 첨부합니다.

② 토지(임야)대장등본

등기하고자 하는 토지 또는 임야의 대장등본(발행일로부터 3월 이내)을 첨부합니다. 대장의 소유자란에
는 신청인 명의로 등록되어 있어야 합니다.

③ 주민등록표등(초)본

신청인의 주소를 증명하기 위한 서면으로 주민등록표등본 또는 초본(각, 발행일로부터 3월 이내)을 첨부
합니다.

④ 기타

상속인이 신청하는 경우에는 상속을 증명하는 서면인 제적등본, 가족관계증명서, 기본증명서, 친양자입
양관계증명서 등(발행일로부터 3월 이내)을 첨부합니다.

< 대한민국법원 인터넷등기소, 금융기관 등 >

등기신청수수료

대한민국법원 인터넷등기소(http://www.iros.go.kr/PMainJ.jsp)를 이용하여 전자적인 방법(신용카드, 계좌
이체, 선불형지급수단)으로 납부하고 출력한 등기신청수수료 영수필확인서를 첨부하거나, 법원행정처장이 지정
하는 수납금융기관(인터넷등기소 홈페이지 하단 '등기비용안내'에서 확인) 또는 전국 등기국·과·소에 설치된
무인발급기에 현금으로 납부한 후 발급받은 등기신청수수료 영수필확인서를 첨부합니다.

< 등기과 · 소 >

법인등기사항전부(일부)증명서

신청인이 법인인 경우에는 법인등기사항전부증명서 또는 법인등기사항일부증명서(각, 발행일로부터 3월 이내)
를 첨부합니다.

< 기   타 >

신청인이 재외국민이나 외국인 또는 법인 아닌 사단 또는 재단인 경우에는 신청서의 기재사항과 첨부서면이
다르거나 추가될 수 있으므로, "대법원 종합법률정보(http://glaw.scourt.go.kr)"의 규칙/예규/선례에서『외
국인 및 재외국민의 국내 부동산 처분 등에 따른 등기신청절차, 등기예규 제1393호』및『법인 아닌 사단의 등
기신청에 관한 업무처리지침, 등기예규 제1435호』등을 참고하시고, 기타 궁금한 사항은 변호사, 법무사 등
등기와 관련된 전문가나 등기과·소의 민원담당자에게 문의하시기 바랍니다.

■ 등기신청서류 편철순서

신청서, 취득세(등록면허세)영수필확인서, 등기신청수수료 영수필확인서, 위임장, 주민등록표등(초)본, 토지(임
야)대장등본 등의 순으로 편철해 주시면 업무처리에 편리합니다.

[서식 예] 소유권보존등기(토지건물일괄신청)

			소유권보존등기신청	

접수	년 월 일	처리인	등기관 확인	각종 통지
	제 호			

부동산의 표시

1. ○○시 ○○구 ○○동 ○○
　　　대 36㎡

2. 위 지상
　　연와조 슬래브지붕 2층 주택
　　1층 56㎡
　　2층 56㎡

이　상

등기의 목적	소유권 보존
신청 근거 규정	부동산등기법 제65조 제1호

구분	성 명 (상호·명칭)	주민등록번호 (등기용등록번호)	주　소 (소재지)	지분 (개인별)
신청인	이 대 백	XXXXXX-XXXXXXX	서울특별시 서초구 서초대로 88길 20 (서초동)	

시가표준액 및 국민주택채권매입금액		
부동산 표시	부동산별 시가표준액	부동산별 국민주택채권매입금액
1. 토 지	금 ○○,○○○,○○○원	금 ○○○,○○○ 원
2.	금 원	금 원
3.	금 원	금 원
국 민 주 택 채 권 매 입 총 액		금 ○○○,○○○ 원
국 민 주 택 채 권 발 행 번 호		○ ○ ○

취득세(등록면허세) 금○○○,○○○원	⑥ 지방교육세 금 ○○,○○○ 원
	⑥ 농어촌특별세 금 ○○,○○○ 원

세 액 합 계	금 ○○○,○○○ 원	
등 기 신 청 수 수 료	금 15,000 원	
	납부번호 : ○○-○○-○○○○○○○○-○	
	일괄납부 : 건 원	

첨 부 서 면	
·취득세(등록면허세)영수필확인서 1통	<기타>
·등기신청수수료 영수필확인서 1통	
·토지·임야대장등본 1통	
·주민등록표등(초)본 1통	
·위임장 통	

2014년   1월   2일

위 신청인   이   대   백   ㉑   (전화 : 300-7766)

(또는)위 대리인   (전화 :   )

서울중앙 지방법원   등기국 귀중

- 신청서 작성요령 -
1. 부동산표시란에 2개 이상의 부동산을 기재하는 경우에는 그 부동산의 일련번호를 기재하여야 합니다.
2. 신청인란 등 해당란에 기재할 여백이 없을 경우에는 별지를 이용합니다.
3. 담당 등기관이 판단하여 위의 첨부서면 외에 추가적인 서면을 요구할 수 있습니다.

[서식 예] 소유권보존등기(공유자중 1인이 신청)

소유권보존등기신청			
접수	년 월 일 제 호	처리인	등기관 확인

(각종 통지 column)

부동산의 표시

○○시 ○○구 ○○동 ○○

　　대 100㎡

이 　 상

등 기 의 목 적	소유권 보존
신청 근거 규정	부동산등기법 제65조 제1호

구분	성 명 (상호·명칭)	주민등록번호 (등기용등록번호)	주 소 (소 재 지)	지 분 (개인별)
신청인	○○○	111111-1111111	○○시 ○○구 ○○길 ○○	2분의1
	□□□	111111-111111	□□시 □□구 □□길 □□	2분의1

시가표준액 및 국민주택채권매입금액		
부동산 표시	부동산별 시가표준액	부동산별 국민주택채권매입금액
1. 토 지	금 ○○○ 원	금 ○○○ 원
2. 건 물	금 ○○○ 원	금 ○○○ 원
3.	금 ○○○ 원	금 ○○○ 원
국 민 주 택 채 권 매 입 총 액		금 ○○○ 원
국 민 주 택 채 권 발 행 번 호		

취득세(등록면허세) 금 ○○○원	지방교육세 금 ○○○ 원
	농어촌특별세 금 ○○○ 원

세 액 합 계	금 ○○○ 원
등 기 신 청 수 수 료	금 ○○○ 원
	납부번호 :
	일괄납부 : 건 ○○○ 원

첨 부 서 면	
·취득세(등록면허세)영수필확인서 1통 ·등기신청수수료 영수필확인서 1통 ·토지대장 1통 ·건축물관리대장 1통 ·주민등록표등(초)본 1통 ·신청서부본 2통	·위임장(위임한 경우) 1통

20○○년   ○월   ○○일

위 신청인   ○○○   ㊞ (전화 : ○○○-○○○○)

(또는)위 대리인   ㊞ (전화 : ○○○-○○○○)

○ ○ 지 방 법 원 등기과 귀중

- 신청서 작성요령 및 등기수입증지 첨부란 -

1. 부동산표시란에 2개 이상의 부동산을 기재하는 경우에는 부동산의 일련번호를 기재하여야 합니다.
2. 신청인란등 해당란에 기재할 여백이 없을 경우에는 별지를 이용합니다.
3. 등기신청수수료 상당의 등기수입증지를 이 난에 첨부합니다.

(등기선례)

■ 공유자 중 1인 지분만의 소유권보존등기 가부

【선례요지】토지대장상 공유자로 등록되어 있는 경우 그 중 1인이 공유자 전원을 위하여 소유권보존등기를 신청할 수는 있으나, 그 중 1인의 지분만에 관한 소유권보존등기를 신청할 수 없다.〔1994. 5. 11. 등기 3402-419 질의회답, 선례요지집Ⅳ 297〕

『유사선례』 1. 1994. 7. 8. 등기 3402- 627 질의회답, 선례요지집Ⅳ 288
　　　　　 2. 1996. 11. 6. 등기 3402- 852 질의회답, 선례요지집Ⅴ 226
　　　　　 3. 1997. 12. 27. 등기 3402-1051 질의회답, 선례요지집Ⅴ 234

《해 설》

1. 여러 사람이 하나의 물건을 각자의 지분에 의하여 공동으로 소유하는 것을 공유라고 하는바(민법 제262조 제1항), 공유의 법적 구성에 대하여 소유권이 각 공유자의 수만큼 존재하는지, 아니면 하나의 소유권만이 존재하고 그것이 여러 사람에게 양적으로 분할되는지에 대하여 논란이 있었으나, 현재는 공유는 1개의 소유권이 분량적으로 분할되어 수 인에게 속하는 상태라고 보는 소위 양적분할설이 통설로 되어 있다. 이 견해에 의하면 지분이란 1개의 소유권의 분할된 부분이라고 이해하여, 각 공유자의 지분은 완전히 독립적인 것이 아니므로 공유물의 사용과 관리에 관하여 공유자간에 제한을 받게 된다. 즉 공유란 여러 공유자 사이의 소유권을 둘러싼 법률관계를 총체적으로 파악한 것인 반면, 지분은 각 공유자의 개별적인 권리를 표현하는 개념이다. 그러므로 각 공유자의 지분은 완전히 독립적인 것이 아니라 상호제한성과 탄력성을 갖는다.

  공유물의 관리에 관한 사항은 공유자의 지분의 과반수로 결정하지만, 보존행위는 각자가 할 수 있는바(민법 제265조), 공유물의 보존행위란 공유물의 멸실, 훼손을 방지하고 그 현상을 유지하기 위하여 하는 사실적 법률행위로서 이러한 공유물의 보존행위를 각 공유자가 단독으로 할 수 있도록 한 취지는 그 보존행위가 긴급을 요하는 경우가 많고 다른 공유자에게도 이익으로 되는 것이 보통이기 때문이다. 그러나 어느 공유자가 보존권을 행사하는 때에 그 행사의 결과가 다른 공유자의 이해와 충돌할 때에는 그 행사는 보존행위로 될 수 없다(대법원 1995.4. 7. 선고 93다54736 판결).

  미등기의 공유부동산이 있는 경우 공유자 전원이 소유권보존등기를 신청할 수 있음은 물론이나, 소유권보존등기의 신청은 공유물의 보존행위로 보기 때문에 각 공유자가 단독으로 전원을 위하여 소유권보존등기를 신청할 수도 있다. 그렇다면 공유자 중의 1인이 자기의 지분만에 관하여 소유권보존등기를 신청할 수 있는가 하는 것이 문제된다.

2. (1) 우리 민법은 一物一權主義를 물권법상의 원칙으로 하고 있다. 일물일권주의란 한 개의 물건에 관하여 한 개의 소유권만이 성립할 수 있다는 것을 말한다. 지분이란 1개의 소유권이 분량적으로 분할되어 수인에게 속하는 상태의 것이므로, 공유인 부동산에 대하여 공유자 중 1인의 지분만에 대한 소유권보존등기를 인정하는 것은 하나의 물건에 대하여 소유권의 일부만이 성립하는 것을 인정하는 것으로 일물일권주의에 반하게 된다. 등기절차상으로도 1부동산 1등기용지의 원칙(법 제15조 제1항 본문)에 비추어, 각자의 지분권만을 독립으로 등기절차면에 반영시키는 것은 권리관계를 공시하는 등기제도의 방식에 어긋나게 된다. 즉 각 공유자가 따로 따로 자기 지분에 대한 보존등기를 하게 되면 공유물이 누구와 누구의 공유로 되어 있는 것인지 등기부상 확실하게 밝

혀지지 않기 때문에 그것은 물권의 실정을 반영 시켜야 할 등기제도의 취지에 합치되지 않는 것이다.

그러므로 소유권 중 2분의 1 지분에 관하여는 갑 명의로 복구등록이 되고 나머지 2분의 1에 관하여는 복구등록이 되지 않은 토지대장등본에 의하여는 복구등록된 갑의 지분만에 관한 소유권보존등기신청을 할 수 없고, 토지대장의 소유권란에 ○○○ 외 2인으로 등록되어 있으나 공유자연명부의 소유자란에는 ○○○에 관하여만 소유자복구가 되어 있고 나머지 2인에 관하여는 소유자 미복구로 등록되어 있는 토지대장등본에 의하여서도 소유권보존등기를 신청할 수 없다. 또한 공유토지의 일부 지분에 대하여만 공유지분권확인의 판결을 받았다 하더라도 그 지분권에 대한 소유권보존등기신청은 이를 할 수 없다.

(2) 공유자 중 1인이 자기 지분만에 대한 소유권보존등기를 신청하는 것이 아니라, 공유물 전부에 대한 소유권보존등기를 단독으로 신청하는 것은 가능하다.

공유물에 대한 보존행위는 다른 공유자와 이해관계가 충돌하지 않는 한 각 공유자 각자가 할 수 있는 것이므로, 미등기 부동산인 공유물에 대한 소유권보존등기는 다른 공유자에게 불이익이 없으므로 공유자 중 1인이 자기의 지분권에 기하여 할 수 있다고 할 것이다. 공유물의 소유권보존등기신청에는 신청서에 공유자의 지분을 기재하여야 하고(법 제44조 제1항), 각 공유자의 주소를 증명하는 서면을 첨부하여야 한다. 이 경우 다른 공유자들의 동의나 위임이 없어도 된다.

건축물대장상 소유명의인이 갑과 을로 등재되어 있으나 그 공유지분의 표시가 없는 건물에 대하여는 신청서에 갑과 을의 공유지분이 각 2분의 1인 것으로 기재하여 소유권보존등기를 신청하여야 할 것이나, 만약 갑과 을의 실제 공유지분이 균등하지 않다면 갑과 을이 공동으로 작성한 공유지분을 증명하는 서면과 실제의 지분이 균등하게 산정한 지분보다 적은 자의 인감증명을 첨부 하여 실제의 지분에 따른 소유권보존등기를 신청할 수 있다(등기예규 제724호참조).

3. 공유자 중 1인이 공유자 전원을 위하여 보존등기를 하지 않고, 제멋대로 자기 단독명의로 소유권보존등기를 경료한 경우에 실체적 공유지분권을 가지는 다른 공유자들은 단독소유로 등기되어 있는 공유자에 대하여 어떠한 등기청구권을 가지는가의 문제가 있다. 이에 대하여 판례(대법원 1965. 4. 22. 선고 65다268 전원합의체판결)는 공유부동산에 대하여 공유자 1인의 단독명의로 등기되어 있는 경우 다른 공유자들이 그 등기 전체의 말소를 청구할 수는 없다고 하고 있다. 즉 공유부동산에 대하여 공유자 1인이 자기의 단독명의로 소유권등기를 한 것은 불법하다고 하더라도 그 사람의 지분에 관한 것은 실체관계에 부합하는 등기이므로 그 부분까지 말소등기를 명할 수는 없다는 것이다. 공유지분에 대한 일부 말소를 명하는 판결이 확정되면 경정등기의 방식에 의하게 된다. 원래 말소등기의 대상이 되는 것은 등기사항의 전부가 부적법한 경우이며, 등기사항의 일부만이 부적법한 때에는 경정등기, 변경등기 등의 대상은 되어도 말소등기의 대상이 아니기 때문이다.

다만 위 경정등기를 신청함에 있어 등기상 이해관계 있는 제3자가 있는 경우에는 판결에 의한 단독신청이거나 공유자들의 공동신청이거나 간에 제3자의 승낙서 또는 그에 대항할 수 있는 재판의 등본을 첨부하여야 한다.

[서식 예] 소유권보존등기(판결)

<table>
<tr><td colspan="5" style="text-align:center">소유권보존등기신청</td></tr>
<tr><td rowspan="2">접
수</td><td>년 월 일</td><td rowspan="2">처
리
인</td><td>등기관 확인</td><td>각종 통지</td></tr>
<tr><td>제   호</td><td></td><td></td></tr>
</table>

부동산의 표시
1. ○○시 ○○구 ○○동 ○○ 　　　　대지 500㎡ 2. ○○시 ○○구 ○○동 ○○ 　　[도로명주소] ○○시 ○○구 ○○로 ○○ 　　시멘트 벽돌조 슬래브지붕 2층 주택 　　1층 500㎡ 　　2층 500㎡ 　　　　　　　　　이　　　　　　상

등 기 의 목 적	소유권 보존
신청근거 규정	부동산등기법 제65조 제2호

구분	성 명 (상호·명칭)	주민등록번호 (등기용등록번호)	주 소 (소 재 지)
등 기 의 무 자	△△△	111111-1111111	○○시 ○○구 ○○길 ○○
등 기 권 리 자	○○○	111111-1111111	○○시 ○○구 ○○길 ○○

시가표준액 및 국민주택채권매입금액		
부동산 표시	부동산별 시가표준액	부동산별 국민주택채권매입금액
1. 토 지	금 ○○○ 원	금 ○○○ 원
2. 건 물	금 ○○○ 원	금 ○○○ 원
3.	금 ○○○ 원	금 ○○○ 원
국 민 주 택 채 권 매 입 총 액		금 ○○○ 원
국 민 주 택 채 권 발 행 번 호		

취득세(등록면허세) 금 ○○○원	지 방 교 육 세 금 ○○○ 원
	농어촌특별세 금 ○○○ 원

세 액 합 계	금 ○○○ 원

등 기 신 청 수 수 료	금 ○○○ 원
	납부번호 :
	일괄납부 : 건 ○○○ 원

첨 부 서 면	
·취득세(등록면허세)영수필확인서 1통	·판결문 1통
·등기신청수수료 영수필확인서 1통	·확정증명원 1통
·토지대장 1통	·위임장(위임한 경우) 1통
·건축물관리대장 1통	
·주민등록표등(초)본 1통	
·신청서부본 2통	

20○○년   ○월   ○○일

위 신청인   ○○○   ㊞ (전화 : ○○○-○○○○)

(또는)위 대리인   ㊞ (전화 : ○○○-○○○○)

○ ○ 지 방 법 원 등기과 귀중

- 신청서 작성요령 및 등기수입증지 첩부란 -
1. 부동산표시란에 2개 이상의 부동산을 기재하는 경우에는 부동산의 일련번호를 기재하여야 합니다.
2. 신청인란등 해당란에 기재할 여백이 없을 경우에는 별지를 이용합니다.
3. 등기신청수수료 상당의 등기수입증지를 이 난에 첩부합니다.

[서식 예] 소유권보존등기(상속)

<table>
<tr><td colspan="5" align="center">소유권보존등기신청</td></tr>
<tr><td rowspan="2">접
수</td><td>년 월 일</td><td rowspan="2">처
리
인</td><td>등기관 확인</td><td>각종 통지</td></tr>
<tr><td>제   호</td><td></td><td></td></tr>
</table>

<table>
<tr><td colspan="5" align="center">부동산의 표시</td></tr>
<tr><td colspan="5">○○시 ○○구 ○○동 ○○○

　　　　대 300㎡</td></tr>
<tr><td colspan="2">등기의 목적</td><td colspan="3">소유권 보존</td></tr>
<tr><td colspan="2">신청 근거 규정</td><td colspan="3">부동산등기법 제65조 제1호</td></tr>
<tr><td>구
분</td><td>성   명
(상호·명칭)</td><td>주민등록번호
(등기용등록번호)</td><td>주   소 (소 재 지)</td><td>지 분
(개인별)</td></tr>
<tr><td rowspan="4">신
청
인</td><td>망 □□□

상속인
○○○</td><td>111111-1111111</td><td>○○시 ○○구 ○○길 ○○</td><td></td></tr>
<tr><td>○○○</td><td>111111-1111111</td><td>○○시 ○○구 ○○길 ○○</td><td>7분지2</td></tr>
<tr><td>○○○</td><td>111111-1111111</td><td>○○시 ○○구 ○○길 ○○</td><td>7분지2</td></tr>
<tr><td>○○○</td><td>111111-1111111</td><td>○○시 ○○구 ○○길 ○○</td><td>7분지3</td></tr>
</table>

시가표준액 및 국민주택채권매입금액		
부동산 표시	부동산별 시가표준액	부동산별 국민주택채권매입금액
1. 건 물	금 원	금 원
2.	금 원	금 원
3.	금 원	금 원
국 민 주 택 채 권 매 입 총 액	금 원	
국 민 주 택 채 권 발 행 번 호		

취득세(등록면허세) 금 ○○○,○○○원	⑥ 지방교육세 금 원
	⑥ 농어촌특별세 금 원

세 액 합 계	금 원
등 기 신 청 수 수 료	금 원
	납부번호 :
	일괄납부 : 건 원

첨 부 서 면	
·가족관계증명서 1통	·취득세(등록면허세)영수필확인서 통
·기본증명서 1통	·등기신청수수료 영수필확인서 통
·친양자입양관계증명서 1통	·토지·임야·건축물대장등본 각 통
··피상속인 및 상속인의 주민등록표등(초)본 각 1통	·제적등본 통 〈기 타〉

년   월   일

위 신청인   ㊞   (전화 :   )

(또는)위 대리인   (전화 :   )

○ ○ 지방법원   등기과 귀중

- 신청서 작성요령 -

1. 부동산표시란에 2개 이상의 부동산을 기재하는 경우에는 그 부동산의 일련번호를 기재하여야 합니다.
2. 신청인란 등 해당란에 기재할 여백이 없을 경우에는 별지를 이용합니다.
3. 피상속인의 사망한 사실 및 상속권자와 상속인을 확인할 수 있는 제적등본, 가족관계증명서, 기본증명서, 친양자입양관계증명서 등을 첨부합니다.

6. 신청 절차

6-1. 토지 소유권 보존등기 신청 절차

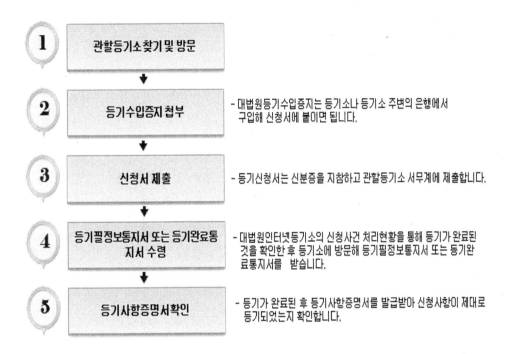

1 관할등기소 찾기 및 방문

2 등기수입증지 첩부
- 대법원등기수입증지는 등기소나 등기소 주변의 은행에서 구입해 신청서에 붙이면 됩니다.

3 신청서 제출
- 등기신청서는 신분증을 지참하고 관할등기소 서무계에 제출합니다.

4 등기필정보통지서 또는 등기완료통지서 수령
- 대법원인터넷등기소의 신청사건 처리현황을 통해 등기가 완료된 것을 확인한 후 등기소에 방문해 등기필정보통지서 또는 등기완료통지서를 받습니다.

5 등기사항증명서 확인
- 등기가 완료된 후 등기사항증명서를 발급받아 신청사항이 제대로 등기되었는지 확인합니다.

6-2. 인터넷 신청 절차

6-2-1. 신청대상자

① 전자신청은 당사자가 직접 하거나 변호사나 법무사[법무법인·법무법인(유한)·법무조합 또는 법무사합동법인을 포함, 이하 "자격자대리인"이라 한다]가 당사자를 대리해서 합니다(부동산등기규칙 제67조제1항 본문).

② 다만, 법인이 아닌 사단이나 재단은 전자신청을 할 수 없으며, 외국인의 경우에는 다음 중 어느 하나에 해당하는 요건을 갖추어야 합니다(부동산등기규칙 제67조제1항 단서).
-외국인등록(출입국관리법 제31조)
-국내거소신고(재외동포의 출입국과 법적 지위에 관한 법률 제6조 및 제7조)

6-2-2. 공인인증서(범용, 용도제한용 불문)의 발급

시중금융기관(증권 및 우체국 포함)을 방문해 공인인증서를 만들면 됩니다. 법인의 경우에는 등기소로부터 전자증명서를 발급받아 인터넷등기소에서 이용등록을 해야 합니다(상업등기규칙 제46조제2항).

6-2-3. 사용자등록

① 전자신청을 하기 위해서는 그 등기신청을 하는 당사자 또는 등기신청을 대리할 수 있는 자격자대리인이 최초의 등기신청 전에 사용자등록을 해야 합니다(부동산등기규칙 제68조제1항).
② 본인 또는 자격자대리인이 직접 등기과(소)를 방문해 사용자등록신청을 해야 합니다(전국 등기소 어느 곳에서나 가능(부동산등기규칙 제68조제2항).
③ 사용자등록신청 시 주의사항
   등기권리자와 등기의무자가 공동으로 신청할 사항인 경우 등기권리자와 등기의무자 모두 사용자 등록신청을 해야 하나 소유권 보존등기는 단독신청이므로 신청인만 사용자 등록을 하면 됩니다.

6-2-4. 신청서 및 첨부서류의 제출

① 사용자등록신청서
② 첨부서류: 신분증, 인감증명서, 주민등록등본, 인감도장(지참), 신청인이 자격자대리인인 경우에는 그 자격을 증명하는 서면의 사본
③ 사용자등록의 유효기간은 3년입니다(부동산등기규칙 제69조제1항).
④ 유효기간이 경과하면 사용자등록을 다시 해야 합니다(부동산등기규칙 제69조제2항).
⑤ 유효기간의 연장
   ㉮ 만료일 3개월 전부터 만료일까지 그 유효기간의 연장을 신청할 수 있으며, 그 연장기간은 3년으로 합니다(부동산등기규칙 제69조제3항).
   ㉯ 유효기간의 연장은 전자문서로 신청할 수 있습니다(부동산등기규칙 제69조제4항).

6-2-5. 접근번호의 부여

사용자등록신청을 하면 등기소에서 접근번호를 부여해 줍니다.

6-2-6. 사용자등록하기

접근번호를 부여받은 날로부터 10일 내에 대법원인터넷등기소 홈페이지에서 공인인증서와 접근번호 등을 입력해 사용자등록을 해야 합니다.

6-3. 전자표준양식(e-form)을 신청하는 경우

① 전자표준양식(e-form)은 인터넷등기소에서 전자적으로 등기 신청정보를 입력 및 저장할 수 있는 표준화된 등기 신청서 양식으로서, 작성해 출력, 날인한 후 첨부서면과 함께 등기소에 제출해야 합니다.

② 전자표준양식을 사용한 등기 신청의 접수는 e-Form신청서를 작성해 출력한 시점이 아니라 등기소를 방문해 e-Form등기 신청서와 등기 신청에 필요한 첨부서면을 등기소 공무원에게 제출해 전산정보처리조직에 저장된 때 등기신청이 접수된 것으로 봅니다(부동산등기법 제6조제1항).

■ 토지소유권보존등기를 신청할 수 있는지요?

Q. 저는 토지대장 또는 임야대장상 소유권이전등록을 받은 사람입니다. 제 앞으로 바로 소유권보존등기를 신청할 수 있는지요?

A. 법원은 소유권보존등기는 토지대장등본 또는 임야대장등본에 의하여 자기 또는 피상속인이 토지대장 또는 임야대장에 소유자로서 등록되어 있는 것을 증명하는 자(부동산등기법 제130조 제1호),판결에 의하여 자기의 소유권을 증명하는 자(같은 조 제2호),수용으로 소유권을 취득한 자(같은 조 제3호)가 신청할 수 있는데,대장(토지대장,임야대장)등본에 의하여 자기 또는 피상속인이 대장에 소유자로서 등록되어 있는 것을 증명하는 자는 대장에 최초의 소유자로 등록되어 있는 자 및 그 자를 포괄승계한 자이며, 대장상 소유권이전등록을 받았다 하더라도 물권변동에 관한 형식주의를 취하고 있는 현행 민법상 소유권을 취득했다고 할 수 없고, 따라서 대장상 소유권

이전등록을 받은 자는 자기 앞으로 바로 보존등기를 신청할 수는 없으며, 대장상 최초의 소유명의인 앞으로 보존등기를 한 다음 이전등기를 하여야 한다고 합니다.(대법원 2009. 10. 15. 선고 2009다48633 판결) 따라서 토지대장 또는 임야대장상 소유권이전등록을 받았다고 하더라도 곧바로 자기 앞으로 소유권보존등기를 신청할 수는 없으며, 대장상 최초의 소유명의인 앞으로 보존등기를 한 다음 이전등기를 하여야 합니다.

■ 토지대장상 소유자의 주소를 모르는 미등기토지의 직접 소유권보존등기를 할 수 있는 방법은 없는지요?

Q. 저는 甲소유 미등기 토지 1필지 369㎡를 매수하여 점유·관리하고 있던 중, 최근에 甲이 사망하였다는 사실을 알게 되어 甲으로부터 매수한 미등기 토지를 등기하려고 하는데, 토지대장상 소유자는 甲으로 되어 있으나 주소란이 공란으로 되어 있고, 소유자의 성명 등이 가족관계등록부(또는 제적부)와 상이한 경우 등기를 할 수 없다고 하므로, 제가 직접 소유권보존등기를 할 수 있는 방법은 없는지요?

A. 미등기부동산에 관하여 그 소유자의 신청에 의해서 처음으로 행하여지는 소유권등기를 '보존등기'라고 하며, 어떤 부동산에 관하여 보존등기를 하면 그 부동산을 위하여 등기용지가 새로이 개설되고, 이후 그 부동산에 관한 권리변동은 모두 그 보존등기를 기초로 하여 행해지게 됩니다(부동산등기법 제64조, 제65조).

미등기토지의 소유권보존등기는 ①토지대장, 임야대장에 최초소유자로 등록되어 있는 자 또는 그 상속인, 그 밖의 포괄승계인, ②확정판결에 의하여 자기의 소유권을 증명하는 자, ③수용으로 인하여 소유권을 취득하였음을 증명하는 자가 이를 신청할 수 있습니다(부동산등기법 제65조).

위 사안의 경우 토지대장상의 소유자가 성명이 제적부와 서로 다르고 주소기재도 없어 토지대장상의 소유자를 특정할 수 없으므로, 그러한 상태에서는 소유권보존등기가 불가능하므로 귀하에게로의 소유권이전등기도 역시 불가능합니다.

이러한 경우 소유권보존등기를 하는 방법을 살펴보면 첫째로, 부동산등기

법 제65조 제1호에 의한 것으로서 토지대장상의 소유자인 甲의 상속인명의
로 소유권보존등기를 대위신청한 후 나중에 매매를 원인으로 소유권이전등
기를 신청하는 방법이 있는데, 이 경우 먼저 토지대장상 명의자인 甲명의를
정확하게 경정하는 것이 필요합니다. 이에 관련된 판례를 보면, 부동산등기
법에 따른 토지대장등본에 의하여 자기 또는 피상속인이 토지대장상 소유
자로 등록되어 있는 것을 증명하여 소유권보존등기를 신청함에 있어서 그
토지대장 등재당시의 과오로 그 소유자의 성명·주소 등의 일부누락 또는 착
오가 있는 경우, 그 등재당시의 오류를 증명할 수 있는 권한이 있는 관서는
지적공부의 소관청뿐이므로 그 소관청의 조사결정 또는 당사자신청에 의하
여 경정등록을 한 후 그 등본을 첨부하여 소유권보존등기신청을 하여야 하
고, 소관청이 아닌 행정청이나 이웃사람 등이 작성한 신청인 또는 그 피상
속인이 토지대장상 소유자로 등재된 사람과 동일하다는 취지의 확인서나
증명서를 첨부하는 것만으로는 부동산등기법에서 정한 요건을 갖추었다고
볼 수 없다고 하였습니다(대법원 1994. 9. 8. 선고 94마1373 결정).

따라서 귀하가 토지대장소관청의 조사결정 등에 의하여 甲을 토지대장상
소유자로서 특정할 수 있을 정도로 성명·주소를 경정할 수 있다면, 甲의
상속인명의로 대위 소유권보존등기를 한 후 甲의 상속인으로부터 소유권
을 이전받는 절차를 마쳐야 할 것입니다.

둘째로, 부동산등기법 제65조 제2호에 의한 것으로서 위와 같은 방법으로
토지대장상의 명의자인 甲을 소유자로 특정할 수 없을 경우에는 甲의 상속
인을 대위하여 국가를 상대로 그 토지가 甲의 상속인의 소유임을 확인하는
판결과 甲의 상속인들을 상대로 ... 없거나 등록명의자가 누구인지 알 수 없
을 때와 그 밖에 국가가 등기 또는 등록명의자인 제3자의 소유를 부인하면
서 계속 국가소유를 주장하는 등 특별한 사정이 있는 경우에 한하여 그 확
인의 이익이 있고, 대장상 소유권이전등록을 받았더라도 물권변동에 관한 형
식주의를 취하고 있는 현행 민법상 소유권을 취득했다고 할 수 없고, 따라서
대장상 소유권이전등록을 받은 자는 자기 앞으로 바로 보존등기를 신청할
수는 없으며, 대장상 최초의 소유명의인 앞으로 보존등기를 한 다음 이전등
기를 하여야 하는데, 미등기토지에 관한 토지대장에 소유권을 이전받은 자는

등재되어 있으나 최초의 소유자는 등재되어 있지 않은 경우, 그 토지대장상 소유권이전등록을 받은 자에게 국가를 상대로 토지소유권확인청구를 할 확인의 이익이 있다고 본 사례가 있습니다(대법원 2009. 10. 15. 선고 2009다48633 판결). 또한, 토지대장 또는 임야대장의 소유자에 관한 기재의 권리추정력이 인정되지 아니하는 경우에도 국가를 상대로 소유권확인청구를 할 수밖에 없다고 하였습니다(대법원 2010. 11. 11. 선고 2010다45944 판결).

■ 이중으로 마쳐진 부동산 소유권보존등기는 어떤 효력이 있는지요?

Q. 甲은 국가로부터 농지개혁법에 의한 토지분배를 받아 1961. 8. 30. 그 대금을 상환 완료하고 1964. 9. 18. 소유권이전을 받았으며, 저는 위 토지를 1979. 7. 13. 매수하여 소유권을 취득하였습니다. 즉, 위 토지는 1964. 9. 18. 소유자를 대한민국으로 하여 소유권보존등기가 됨과 동시에 甲에게 소유권이전등기가 넘어왔고 다시 저에게 소유권이전등기가 된 것입니다. 그런데 같은 토지에 대하여 1964. 8. 21. 대한민국을 소유자로 하여 다른 소유권보존등기가 마쳐져 있는데, 실질적으로 중복등기 된 상태입니다. 이 경우 제가 국가를 상대로 보존등기말소를 청구할 수 있는지요?

A. 부동산등기법에서 1개의 부동산 1개의 등기기록주의를 채택하고 있으므로(부동산등기법 제15조 제1항 본문), 하나의 부동산에 관하여 이중으로 등기가 마쳐진 경우 그 중 하나는 무효가 되어야 할 것입니다. 그리고 중복등기기록정리에 관하여 부동산등기법에서 등기관이 같은 토지에 관하여 중복하여 마쳐진 등기기록을 발견한 경우에는 대법원규칙으로 정하는 바에 따라 중복등기기록 중 어느 하나의 등기기록을 폐쇄하여야 하고, 이 경우 폐쇄된 등기기록의 소유권등기명의인 또는 등기상 이해관계인은 대법원규칙으로 정하는 바에 따라 그 토지가 폐쇄된 등기기록의 소유권등기명의인의 소유임을 증명하여 폐쇄된 등기기록부활을 신청할 수 있다고 규정하고 있습니다(부동산등기법 제21조).

그런데 동일인명의로 중복된 소유권보존등기효력에 관하여 판례를 보면, 동일인명의로 중복하여 소유권보존등기가 된 경우에 후등기는 실체적 권리관계에 부합되는 여부를 가려볼 필요도 없이 무효의 등기로서 말소되어야 한다고 하였습니다(대법원 1990. 5. 22. 선고 89다카19900,19917 판결).

그리고 동일부동산에 관하여 등기명의인을 달리하여 중복된 소유권보존등기효력에 관한 판례를 보면, 동일부동산에 관하여 등기명의인을 달리하여 중복된 소유권보존등기가 마쳐진 경우에는 먼저 이루어진 소유권보존등기가 원인무효가 아닌 한 뒤에 된 소유권보존등기는 실체관계에 부합하더라도 1 부동산 1등기용지주의의 법리에 비추어 무효이고, 이러한 법리는 뒤에 된 소유권보존등기의 명의인이 그 부동산소유권을 원시취득 한 경우에도 그대로 적용된다고 하였습니다(대법원 2008. 2. 14. 선고 2007다63690 판결).

따라서 귀하는 먼저 된 보존등기권리자인 국가를 상대로 중복등기말소를 구할 수 없다 할 것입니다. 또한, 이 경우 등기부취득시효가 가능한지 판례를 보면, 어느 부동산에 관하여 등기명의인을 달리하여 소유권보존등기가 이중으로 마쳐진 경우 먼저 이루어진 소유권보존등기가 원인무효가 아니어서 뒤에 된 소유권보존등기가 무효로 되는 때에는, 뒤에 된 소유권보존등기나 이에 터 잡은 소유권이전등기를 근거로 하여서는 등기부취득시효완성을 주장할 수 없다고 하였습니다(대법원 1996. 10. 17. 선고 96다12511 판결).

(관련판례)

토지 소유권보존등기의 일부 지분만을 말소하기 위하여 잔존 지분권자와 말소를 구하는 진정한 권리자와의 공유로 하는 경정등기를 경료한 경우 위 소유권보존등기 경정의 부기등기는 기존의 주등기인 소유권보존등기에 종속되어 주등기와 일체를 이루는 것이고 주등기와 별개의 새로운 등기는 아니라 할 것이므로 소유권보존등기 및 이에 기하여 경료된 경정등기가 원인무효인 경우 위 주등기의 말소만을 구하면 되고 그에 기한 부기등기는 별도로 말소를 구하지 않더라도 주등기가 말소되는 경우에는 직권으로 말소되어야 할 성질의 것이므로, 위 부기등기의 말소청구는 소의 이익이 없는 부적법한 청구이다.(대법원 2001. 4. 13. 선고 2001다4903 판결)

■ 부동산소유자 행방불명 시 국유재산법상 공고만으로 국유화 가능한지요?

Q. 1950년대에 행방불명된 甲명의로 1913. 6. 7. 사정(査定)된 토지에 관하여 국가가 그 토지를 소유자가 없는 부동산으로 파악하여 국유재산법에 따른 무주부동산 국유화처리절차를 거친 뒤 토지대장에 국가명의의 등록을 하고, 국가명의로 소유권보존등기를 마쳤습니다. 이 경우 甲의 아들이 甲에 대한 실종선고를 받은 후 甲의 상속인으로서 위 토지를 되찾을 수 있는지요?

A. 소유자 없는 부동산의 귀속에 관하여 「민법」 제252조 제2항에서 무주(無主)의 부동산은 국유로 한다고 하고 있으며, 「국유재산법」 제12조 제1항 내지 3항에서 총괄청(기획재정부장관)이나 중앙관서의 장은 소유자 없는 부동산을 국유재산으로 취득하고, 그 경우 대통령령으로 정하는 바에 따라 6개월 이상의 기간을 정하여 그 기간에 정당한 권리자나 그 밖의 이해관계인이 이의를 제기할 수 있다는 뜻을 공고하여야 하며, 소유자 없는 부동산을 취득하려면 위 기간에 이의가 없는 경우에만 위 공고를 하였음을 입증하는 서류를 첨부하여 공간정보의 구축 및 관리 등에 관한 법률에 따른 지적소관청에 소유자등록을 신청할 수 있다고 규정하고 있습니다. 그리고 판례를 보면, 무주의 토지는 민법 제252조 제2항에 의하여 국유로 되는 것이고, 토지소유자가 존재하였으나 그의 상속인의 존부가 분명하지 아니한 경우에 적용되는 민법 제1053조 내지 제1058조에서 정한 절차를 밟아야만 국유로 되는 것은 아니므로, 무주의 토지라고 인정을 한 이상 그 토지를 국유라고 하기 위하여 상속인부존재의 경우에 필요한 절차를 밟았는지를 별도로 심리할 필요는 없다고 하였습니다(대법원 1997. 11. 28. 선고 96다30199 판결).

그런데 위 사안은 甲이 위 토지에 관하여 사정(査定)을 받았으나 행방불명되어 장기간 방치된 상태에서 국유화된 경우이므로, 이러한 경우에도 국가가 정당한 소유권자가 될 수 있는지 문제되는데, 이에 관련된 판례를 보면, 구 토지조사령(1912. 8. 13. 제령 제2호)에 의한 토지의 사정명의인은 당해 토지를 원시취득 하므로 적어도 구 토지조사령에 따라 토지조사부가 작성되어 누군가에게 사정되었다면 그 사정명의인 또는 그의 상속인이 토지소유자가 되고, 설령 국가가 이를 무주부동산으로 취급하여 국유재산법령의 절차를 거쳐 국유재산으로 등기를 마치더라도 국가에게 소유권이 귀속되지 않는다고 하였으며(대법원 2005. 5. 26. 선고 2002다43417 판결), 특정인명의로 사정된 토지는 특별한 사정이 없는 한 사정명의자나 그 상속인소유로 추정되고, 토지소유자가 행방불명되어 생사여부를 알 수 없더라도 그가 사망하고 상속인도 없다는 점이 입증되거나, 그 토지에 대하여 민법 제1053조 내지 제1058조에 따른 국가귀속절차가 이루어지지 아니한 이상, 그 토지가 바로 무주부동산이 되어 국가소유로 귀속되는 것이 아니며, 무주부동산이 아닌 한 국유재산법에 의한 무주부동산의 처리절차를 밟아 국유재산으로 등록되었다 하여 국가소유로 되는 것도 아니라고 하였고(대법원 1999. 2. 23. 선고 98다59132 판결), 국유재산법에서 무주부동산을 국유재산으로 취득하는 절차를 규정하고 있으나 이는 단순히 지적공부상의 등록절차에 불과하고 이로써 권리의 실체관계에 영향을 주는 것은 아니라고 하였습니다(대법원 2008. 10. 23. 선고 2008다45057 판결).

위 사안에서 위 토지에 대하여 甲이 토지사정을 받았으므로 특별한 사정이 없는 한 위 토지는 무주부동산이 아니며 그 소유자는 사정명의자인 甲이고, 甲이 사망하였다면 甲의 상속인이 그 소유자라 할 것입니다.

따라서 甲에 대한 실종선고가 되었다면 甲의 아들은 甲의 상속인으로서 국가를 상대로 원인무효를 이유로 한 위 토지의 소유권보존등기말소절차 이행청구의 소송을 제기하여 승소한 다음 그 보존등기를 말소한 후, 다시 甲의 상속인 명의로 소유권보존등기를 신청하여야 할 것으로 보입니다.

■ 개방형 축사도 소유권보존등기를 할 수 있는지요?

Q. 저는 이번에 소의 질병을 예방하고 통기성을 확보할 수 있도록 둘레에 벽을 갖추지 아니한 축사를 신축하였는데 소유권보존등기를 할 수 있는지요?

A. 소의 질병을 예방하고 통기성을 확보할 수 있도록 둘레에 벽을 갖추지 아니하고 소를 사육하는 용도로 사용할 수 있는 건축물을 개방형 축사라고 합니다.

종전의 등기실무에 의하면 건물로서의 소유권보존등기를 하기 위해서는 건축법의 독립성, 정착성, 용도성을 갖추고 있어야 하는데 개방형 축사는 벽이 없어 건물의 독립성을 갖추지 못했기 때문에 등기능력의 인정 여부에 대하여 논란이 있었습니다.

하지만「축사의 부동산등기에 관한 특례법」이 제정되어 독립성을 갖추지 못한 개방형 축사도 별도의 요건을 갖추면 등기능력이 인정되게 되었습니다.

따라서 ① 토지에 견고하게 정착되어 있을 것 ② 소를 사육할 용도로 계속 사용할 수 있을 것 ③ 지붕과 견고한 구조를 갖출 것 ④ 건축물대장에 축사로 등록되어 있을 것 ⑤ 연면적이 200제곱미터를 초과할 것의 등기요건을 모두 갖춘 개방형 축사는 부동산등기법에서 정한 절차에 따라 건물

등기부에 등기할 수 있습니다.

■ 미등기·미등록토지에 대하여 점유시효취득자로서 소유권을 주장하려면, 국가를 상대로 한 소유권확인의 소송이 가능한지요?

Q. 미등기·미등록토지에 대하여 점유시효취득자로서 소유권을 주장하고자 합니다. 이 경우 국가를 상대로 한 소유권확인의 소송이 가능한지요?

A. 소유권보존등기는 토지대장 또는 임야대장에 최초소유자로 등록되어 있는 자 또는 그 상속인, 그 밖의 포괄승계인, 확정판결에 의하여 자기소유권을 증명하는 자, 수용으로 인한 소유권취득을 증명하는 자가 신청할 수 있는데(부동산등기법 제65조), 그 중 '확정판결에 의하여 자기소유권을 증명하는 자'가 되기 위해서 하는 국가에 대한 토지소유권확인청구는 그 토지가 미등기이고 토지대장이나 임야대장상에 등록명의자가 없거나, 등록명의자가 누구인지 알 수 없을 경우, 그 밖에 국가가 등기 또는 등록명의자인 제3자의 소유를 부인하면서 계속 국가소유를 주장하는 등 특별한 사정이 있는 경우에 한하여 그 확인의 이익이 있는데(대법원 2009. 10. 15. 선고 2009다48633 판결), 미등기부동산 점유취득시효의 효과에 관하여 판례를 보면, 민법 제245조 제1항의 취득시효기간완성만으로 소유권취득효력이 바로 생기는 것이 아니라, 이를 원인으로 하여 소유권취득을 위한 등기청구권이 발생할 뿐이고, 미등기부동산의 경우라고 하여 취득시효기간완성만으로 등기 없이도 점유자가 소유권을 취득한다고 볼 수 없다고 하였으므로(대법원 2006. 9. 28. 선고 2006다22074, 22081 판결), 미등기부동산에 대한 점유시효취득자는 채권적 청구권인 부동산소유권이전등기청구권을 가진 자에 불과하고 소유자가 아니므로 국가를 상대로 소유권확인소송을 제기할 수 없다고 할 것입니다.

나아가 미등기토지의 점유시효취득자가 위와 같은 취득시효완성을 이유로 소유권이전등기청구를 하려면 시효완성당시 소유자를 상대로 하여야 하므로(대법원 1999. 2. 23. 선고 98다59132 판결 등), 미등기부동산의 경우에도 토지(또는 임야)조사서, 일제시대 관보 등의 가능한 자료를 모두 찾아서라도 현재소유자(또는 상속인)를 찾아낸 다음 그 소유자를 대위하여 소유권보존등기를 하여야 하는 것이 원칙적인 방법일 것입니다.(구체적으로 소유자 및 국가 양쪽 모두를 피고로 국가에게는 소유자를 대위하여 소유권확인청구의 소를, 소유자에게는 소유권이전등기청구의 소를 제기해야 할 것임)

문제는 가능한 모든 자료를 찾아보아도 소유자 또는 그 상속인이 누구인지 알 수 없는 등 사정으로 인하여 위 원칙적인 방법이 불가능할 경우, 그 토지소유권을 취득할 다른 방법이 있는지 여부입니다.

한편 소유자 없는 부동산은 국유로 되고(민법 제252조 제2항), 그러한 부동산이 국유재산법상 "무주부동산"의 요건을 갖춘 이상(예컨대 소유자가 행방불명인 경우, 민법 제1053 내지 1058조의 국가귀속절차를 거쳐야 함) 총괄청이나 중앙관서의 장은 소유자 없는 부동산을 국유재산으로 취득하는데(국유재산법 제12조 제1항, 제2항), 이러한 국유재산은 행정재산(공용재산, 공공용재산, 기업용재산, 보존용재산)과 일반재산으로 구분되고(국유재산법 제6조) 이 중 행정재산은 민법 제245조에도 불구하고 시효취득대상이 되지 아니합니다(국유재산법 제7조 제2항).

그런데 판례를 보면, 구 부동산등기법 제130조 제2호(법률 제10580호로 전부 개정되어 2011. 10. 13.부터 시행되는 현행 부동산등기법 제65조 제2호)에서 정한 판결은 그 내용이 신청인에게 소유권이 있음을 증명하는 확정판결이면 족하고, 그 종류에 관하여 아무런 제한이 없어 반드시 확인판결이어야 할 필요는 없고, 이행판결이든 형성판결이든 관계가 없으며, 또한 화해조서 등 확정판결에 준하는 것도 포함한다고 하였고(대법원 1994. 3. 11. 선고 93다57704 판결), 등기선례는 대장상 소유자미복구인 미등기토지에 대하여 국가를 상대로 한 소송에서 시효취득을 원인으로 한 소유권이전등기절차이행판결이 확정된 경우 원고는 그 판결에 따라서 국가를 대위할 필요 없이 직접 자기명의로 소유권보존등기를 신청할 수 있다고 한 바 있습니다(등기선례 4-220 1994. 3. 16. 제정).

요컨대 소유자 또는 그 상속인이 누구인지 알 수 없는 등의 경우에는, 만일 당해 부동산이 적법한 절차에 의해 행정재산이 된 경우라면 애초에 점유취득시효가 성립할 수 없어 그에 기한 권리를 행사할 여지가 없는 것이며, 다만 당해 부동산이 국유재산법 제40조에 기해 용도폐지가 되었다면 다시 시효취득의 대상이 될 수 있습니다.

(관련판례)

민법 제197조 제1항에 의하면 물건의 점유자는 소유의 의사로 점유한 것으로 추정되므로 점유자의 점유가 소유의 의사 없는 타주점유임을 주장하는 상대방에게 타주점유에 대한 입증책임이 있는 것이고, 점유자가 스스로 매매 등과 같은 자주점유의 권원을 주장한 경우 이것이 인정되지 않는다는 이유만으로 자주점유의 추정이 번복된다거나 또는 점유권원의 성질상 타주점유로 볼 수는 없다 할 것이나, 점유자가 성질상 소유의 의사가 없는 것으로 보이는 권원에 바탕을 두고 점유를 취득한 사실이 증명되었거나, 점유자가 타인의 소유권을 배제하여 자기의 소유물처럼 배타적 지배를 행사하는 의사를 가지고 점유하는 것으로 볼 수 없는 객관적 사정, 즉 외형적·객관적으로 보아 점유자가 타인의 소유권을 배척하고 점유할 의사를 갖고 있지 아니하였던 것이라고 볼 만한 사정이 증명된 경우에 그 추정은 깨어지는 것이고, 점유자가 점유 개시 당시 소유권 취득의 원인이 될 수 있는 법률행위 기타 법률요건 없이 그와 같은 법률요건이 없다는 사실을 잘 알면서 타인 소유의 부동산을 무단점유한 것이 입증된 경우에도 특별한 사정이 없는 한 점유자는 타인의 소유권을 배척하고 점유할 의사를 갖고있지 않다고 보아야 할 것이므로 이로써 소유의 의사가 있는 점유라는 추정은 깨어졌다고 보아야 한다.(대법원 2003. 8.22. 선고 2001다23225,23232 판결)

■ 미등기 부동산에 대하여 포괄적 유증을 받은 경우 소유권보존등기는 어떤 절차를 거쳐야 하나요?

Q. 저는 미등기 부동산에 대하여 포괄유증을 받았는데 제 명의로 바로 소유권보존등기를 할 수 있는지요?

A. 부동산등기법 제65조 에서 "미등기의 토지 또는 건물에 관한 소유권보존등기는 토지대장, 임야대장 또는 건축물대장에 최초의 소유자로 등록되어 있는 자 또는 그 상속인, 그 밖의 포괄승계인이 신청할 수 있다." 규정하고 있고, 한편 민법 제1078조는 "포괄적 유증을 받은 자는 상속인과 동일한 권리의무가 있다."고 규정하고 있고 민법 제1005조 본문은 "상속인은 상속개시된 때로부터 피상속인의 재산에 관한 포괄적 권리의무를 승계한다."고 규정하고 있습니다.

　이러한 부동산등기법의 개정취지와 내용 및 관련 법률규정 등을 종합하면, 부동산등기법 제65조 제1호에서 정한 미등기의 토지 또는 건물에 관한 소유권보존등기를 신청할 수 있는 '그 밖의 포괄승계인'에는 '포괄적 유증을 받은 자'도 포함된다고 할 것입니다.(대법원 2013.01.25.자 2012마1206

결정, 2014.04.09 등기예규 제1512호)

　따라서 포괄유증을 받은 귀하도 미등기 부동산에 관하여 상속인과 같이 자기 명의로 직접 소유권보존등기를 신청할 수 있다고 할 것입니다.

■ 포괄유증자가 미등기부동산 소유권보존등기를 신청할 수 있는지요?

Q. 甲은 법정상속인 없이 사망하면서 유언으로 乙에게 자신의 모든 재산을 넘기겠다고 하였습니다. 甲의 재산 중에는 미등기 부동산이 있었고, 乙은 해당 부동산을 증여받았으므로 소유권 이전등기를 하고자 합니다. 이 경우 乙은 소유권보존등기를 신청할 수 있나요?

A. 부동산등기법 제65조는 "미등기의 토지 또는 건물에 관한 소유권보존등기는 다음 각 호의 어느 하나에 해당하는 자가 신청할 수 있다."고 규정하면서 제1호에 "토지대장, 임야대장 또는 건축물대장에 최초의 소유자로 등록되어 있는 자 또는 그 상속인, 그 밖의 포괄승계인"을 규정하고 있습니다. 한편 민법 제1078조는 "포괄적 유증을 받은 자는 상속인과 동일한 권리의무가 있다."고 규정하고 있고, 민법 제1005조 본문은 "상속인은 상속개시된 때로부터 피상속인의 재산에 관한 포괄적 권리의무를 승계한다."고 규정하고 있습니다. 이러한 부동산등기법의 개정취지와 내용 및 관련 법률규정 등을 종합하면, 부동산등기법 제65조 제1호에서 정한 미등기의 토지 또는 건물에 관한 소유권보존등기를 신청할 수 있는 '그 밖의 포괄승계인'에는 '포괄적 유증을 받은 자'도 포함된다고 보아야 할 것입니다. 따라서, 乙은 甲으로부터 '포괄적 유증을 받은 자'로써 부동산등기법 제65조 제1호의 '그 밖의 포괄승계인'에 해당하여 부동산등기법에 따라 소유권보존등기를 할 수 있습니다.

[서식 예] 토지소유권확인 등 청구의 소

소   장

원 고   ○○○ (주민등록번호)

　　　　　○○시 ○○구 ○○길 ○○(우편번호 ○○○-○○○)

　　　　　전화·휴대폰번호:

　　　　　팩스번호, 전자우편(e-mail)주소:

피 고   대한민국

　　　　　위 법률상 대표자 법무부장관 ◇◇◇

토지소유권확인의 소

청 구 취 지

1. ○○시 ○○구 ○○동 ○○○-○○ 대 357㎡는 원고의 소유임을 확인한다.
2. 소송비용은 피고의 부담으로 한다.

라는 판결을 구합니다.

청 구 원 인

1. ○○시 ○○구 ○○동 ○○○-○○ 대 357㎡의 종전 토지는 ○○시 ○○구 ○○동 ○○○ 대 400㎡이었는데 소외 ○○시에 의하여 19○○. ○. ○.자로 환지처분되어 ○○시 ○○구 ○○동 ○○○-○○ 대 357㎡으로 환지확정된 토지인바, 위 종전 토지의 원 소유자이었던 소외 김◆◆가 19○○. ○. ○○. 위 토지를 소외 이◆◆에게 매도하고, 소외 이◆◆는 19○○. ○○. ○. 다시 원고에게 위 토지를 금 30,000,000원에 매도하여 원고는 위 토지에 대한 소유권을 취득하였습니다.

2. 그런데 그 무렵 위 토지를 비롯한 ○○동 일대에 소외 ○○시가 토지구획정리사업을 시행 중에 있었는데, 위 토지에 대하여 소외 김◆◆가 소유자 복구를 하지 못한 상태에서 소외 이◆◆, 원고 순으로 전전 매매된 것이라 원고가 소유권이전등기를 마치지 못하고 있는 사이에 위 토지는 이 사건 토지로의 환지가 확정되었습니다.

3. 한편, 원고는 환지처분확정 전에 위 토지구획정리사업을 담당하는 위 ○○시에 대하여 여러 차례 자신이 종전토지인 ○○시 ○○구 ○○동 ○○○ 대 400㎡의 진정한 소유자임을 밝히고, 환지 되는 토지에 대하여 바로 원고의 이름으로 소유권등기가 되도록

하여 줄 것을 요구하였는바, 위 ○○시는 19○○년부터 이 사건 토지에 대하여 원고에게 과세를 하고 있으며, 19○○. ○.에는 원고로부터 청산금 ○○○원을 수령하였음에도 불구하고 토지대장 상에 소유명의가 피고 앞으로 되어 있다는 이유로 원고 명의로 소유권이전등기를 하여 주지 않고 있으므로 원고는 피고에 대하여 이 사건 토지의 소유권이 원고에 있다는 확인을 구하기 위하여 이 사건 청구에 이르게 된 것입니다.

입 증 방 법

1. 갑 제1호증　　　　　　　　토지대장등본
1. 갑 제2호증　　　　　　　　폐쇄지적공부등본
1. 갑 제3호증　　　　　　　　지적도등본
1. 갑 제4호증의 1, 2　　　　각 대지매매계약서
1. 갑 제5호증　　　　　　　　환지대장사본
1. 갑 제6호증　　　　　　　　영수증

첨 부 서 류

1. 위 입증서류　　　　　　　　각 1통
1. 소장부본　　　　　　　　　　1통
1. 송달료납부서　　　　　　　　1통

20○○.　○.　○.

위 원고　○○○　(서명 또는 날인)

○○지방법원　귀중

제2절 건물 소유권 보존등기

1. 건물 소유권 보존등기의 개념

건물 소유권 보존등기란 소유자의 신청에 의해 미등기의 건물에 처음으로 행해지는 소유권 등기를 말합니다.

2. 건물 소유권 보존등기의 신청인

미등기건물의 소유권 보존등기는 단독으로 다음 중 어느 하나에 해당하는 자가 신청할 수 있습니다(부동산등기법 제65조).

① 건축물대장에 최초의 소유자로 등록되어 있는 자 또는 그 상속인, 그 밖의 포괄승계인

② 확정판결에 의해 자기의 소유권을 증명하는 자

- 판결은 소송이유가 보존등기 신청인의 소유임을 확정하는 확정판결이면 족하고, 반드시 확인판결일 필요는 없습니다(대법원 1994. 3. 11. 선고, 93다57704 판결).

- 확정판결에 준하는 화해조서, 제소전화해조서, 인낙조서, 조정조서와 부동산이 보존등기 신청인의 소유임을 이유로 소유권 보존등기의 말소를 명한 판결도 포함됩니다.

③ 수용(收用)으로 인해 소유권을 취득하였음을 증명하는 자

④ 특별자치도지사, 시장, 군수 또는 구청장(자치구의 구청장)의 확인에 의해 자기의 소유권을 증명하는 자(건물의 경우 한정)

3. 미등기 부동산을 매매한 경우 보존등기의 신청기한

① 소유권 보존등기가 되어 있지 않은 부동산에 대해 소유권 이전계약을 체결한 자는 다음 중 어느 하나에 정해진 날부터 60일 내에 소유권 보존등기를 신청해야 합니다(부동산등기 특별조치법 제2조제5항).

1. 「부동산등기법」에 의해 소유권 보존등기를 신청할 수 있음에도 이를 하지 않은 채 계약을 체결한 경우 그 계약을 체결한 날(부동산등기 특별조치법 제2조제5항제1호).

2. 계약을 체결한 후 「부동산등기법」에 의해 소유권 보존등기를 신청할 수 있게 된 경우에는 소유권 보존등기를 신청할 수 있게 된 날(부동산등기 특별조치법 제2조제5항제2호).

② 위반 시 제재

등기권리자가 적절한 이유 없이 등기 신청을 하지 않은 경우 하지 않은 날 당시의 부동산에 대해 취득세의 과세표준에 부동산 취득 시 표준세율(부동산등기 특별조치법 제14조에 따라 조례로 세율을 달리 정하는 경우에는 그 세율을 말함)을 적용한 부분에서 1천분의 20을 뺀 세율(지방세법 제11조제1항제8호의 경우에는 1천분의 20의 세율)을 적용하여 산출한 금액(지방세법 제13조제2항·제3항·제6항 또는 제7항에 해당하는 경우에는 그 금액의 100분의 300)의 5배 이하에 상당하는 금액의 과태료가 부과됩니다(부동산등기 특별조치법 제11조제1항).

4. 건물 소유권 보존등기 신청 시 제출서류

4-1. 시·군·구청을 통해 준비해야 하는 서류

4-1-1. 신청인의 소유권을 증명하는 서면

① 건축물대장등본(부동산등기규칙 제121조제2항)

② 판결 및 확정증명 : 판결에 의해 소유권을 증명한 경우에 한하며 해당 법원에서 판결문 및 확정증명원을 발급받으면 됩니다.

4-1-2. 신청인의 주소를 증명하는 서면

① 주민등록등(초)본

※ 법인의 경우에는 주민등록등(초)본 대신 등기소에서 법인등기사항증명서를 발급받아 제출하면 됩니다. 법인등기사항증명서가 없는 법인의 경우에는 부동산등기용등록번호증명서를 발급받아 제출할 수 있습니다

② 취득세납부고지서(지방교육세 및 농어촌특별세 포함)

㉮ 취득세란 부동산의 취득 시 납부해야 하는 세금을 말합니다(지방세법 제7조제1항).

- 취득세: 건물의 시가표준액(공시지가) × 28/1,000(지방세법 제11조제1항제3호)

※ 개인이 건축공사를 건축업자에게 맡겨 건물을 신축할 때 취득가격 중 100분의 90을 넘는 가격이 법인장부에 따라 입증되는 경우(건축업자가 법인인 경우)에는 취득가격이 과세표준이 됩니다(지방세법 제10조제6항).

㉯ 지방교육세란 지방교육의 질적 향상에 필요한 지방교육재정의 확충에 소요되는 재원을 확보하기 위해 「지방세법」에 따른 취득세의 납부의무자에게 함께 부과되는 세금을 말합니다(지방세법 제149조 및 제150조제1호).

- 지방교육세: [건물의 시가표준액(공시지가)× 8/1,000]× 20/100(지방세법 제151조제1항제1호)

㉰ 농어촌특별세란 농어업의 경쟁력강화와 농어촌산업기반시설의 확충 및 농어촌지역 개발사업에 필요한 재원을 확보하기 위해 「지방세법」에 따른 취득세의 납부의무자에게 함께 부과되는 세금을 말합니다(농어촌특별세법 제1조 및 제3조제5호).

- 농어촌특별세: 건물의 시가표준액(공시지가) × 2/100 × 10/100(농어촌특별세법 제5조제1항제6호)

㉱ 시, 군, 구청 세무과를 방문해 취득세납부고지서를 발부받고 세금을 은행에서 납부하면 됩니다.

4-1-3. 건물 소유권 보존등기 시 국민주택채권의 매입 불필요

건축허가 신청 시 국민주택채권을 매입한 자가 사용승인을 마친 건축물에 대해 소유권 보존등기를 할 경우에는 국민주택채권을 매입하지 않습니다(주택도시기금법 시행령 제8조제2항 및 별표 제3호라목).

4-2. 은행을 통해 준비해야 할 서류

4-2-1. 취득세영수필확인서

시·군·구청 세무과에서 취득세납부고지서를 받아와서 은행에 취득세, 지방교육세 및 농어촌특별세를 지불하면 취득세영수필확인서를 받을 수 있습니다.

4-2-2. 대법원등기 수입증지의 구입

① 대법원등기 수입증지(등기신청 수수료)

  ㉮ 등기를 하려는 사람은 수수료를 내야 합니다(부동산등기법 제22조제3항).

  ㉯ 대법원등기 수입증지를 은행이나 등기소에서 매입을 해 이를 신청서 에 붙이면 등기신청 수수료를 낸 것이 됩니다.

  ㉰ 대법원등기 수입증지는 등기소나 등기소 주변의 은행(농협, 우체국, 신한은행 등)에서 구입하실 수 있습니다.

② 건물 소유권 보존등기 한 건당 대법원등기 수입증지

- 서면방문신청: 15,000원

- 전자표준양식신청(e-form양식으로 작성한 후 등기소 방문신청): 13,000원

- 전자신청: 10,000원

③ 등기신청수수료의 납부는 그 수수료 상당액을 전자적 방법으로 납부하거나, 법원행정처장이 지정하는 금융기관에 현금으로 납부한 후 이를 증명하는 서면을 등기신청서에 첨부하여 제출하는 방법으로 합니다(등기사항증명서 등 수수료규칙 제6조제3항).

5. 신청서 작성

5-1. 신청서 및 첨부서류

① 신청서, 취득세영수필확인서, 등기 수입증지 영수필확인서(해당자에 한함), 주민등록표등(초)본, 건축물대장등본 등의 순으로 준비합니다.

② 판결에 의한 소유권 보존등기일 경우 신청서식은 위와 같이 작성한 후 첨부서면 기재란에 '판결정본 및 확정증명원'을 기재하고 첨부서류로 제출하면 됩니다.

5-2 신청서 양식

[서식 예] 건물 소유권 보존등기 신청서

<table>
<tr><td colspan="5" align="center">건물소유권보존등기신청</td></tr>
<tr>
<td rowspan="2">접
수</td>
<td>년 월 일</td>
<td rowspan="2">처
리
인</td>
<td>등기관 확인</td>
<td>각종 통지</td>
</tr>
<tr>
<td>제   호</td>
<td></td>
<td></td>
</tr>
</table>

<table>
<tr><td colspan="5" align="center">① 부동산의 표시</td></tr>
<tr><td colspan="5">

서울특별시 서초구 서초동 100

[도로명주소] 서울특별시 서초구 서초대로 88길 10

시멘트 벽돌조 스레트지붕 단층 주택 100㎡

부속건물 시멘트 벽돌조 슬래브지붕 단층 창고 50㎡

                    이   상
</td></tr>
<tr><td colspan="2">② 등기의 목적</td><td colspan="3">소유권 보존</td></tr>
<tr><td colspan="2">③ 신청 근거 규정</td><td colspan="3">부동산등기법 제65조 제1호</td></tr>
<tr>
<td>구
분</td>
<td>성 명
(상호·명칭)</td>
<td>주민등록번호
(등기용등록번호)</td>
<td>주 소 (소재지)</td>
<td>지 분
(개인별)</td>
</tr>
<tr>
<td>④

신

청

인</td>
<td>이 대 백</td>
<td>XXXXXX-XXXXXXX</td>
<td>서울특별시 서초구 서초대로
88길 20 (서초동)</td>
<td></td>
</tr>
</table>

⑤ 시가표준액 및 국민주택채권매입금액		
부동산 표시	부동산별 시가표준액	부동산별 국민주택채권매입금액
1. 건　물	금　　　　　　　　　원	금　　　　　　　　원
2.	금　　　　　　　　　원	금　　　　　　　　원
3.	금　　　　　　　　　원	금　　　　　　　　원
⑤ 국 민 주 택 채 권 매 입 총 액	금　　　　　　　　원	
⑤ 국 민 주 택 채 권 발 행 번 호		

⑥ 취득세(등록면허세) 금○○○,○○○원	⑥ 지방교육세 금 ○○,○○○원
	⑥ 농어촌특별세 금 ○○,○○○원

⑦ 세　액　합　계	금　　　　　　○○○,○○○　　원	
⑧ 등 기 신 청 수 수 료	금　　　　　　15,000　　　　원	
	납부번호 : ○○-○○-○○○○○○○○-○	
	일괄납부 :　　　　건　　　　　　원	

⑨ 첨 부 서 면	
·취득세(등록면허세)영수필확인서　1통	<기타>
·등기신청수수료 영수필확인서　　1통	
·건축물대장등본　　　　　　　　1통	
·주민등록표등(초)본　　　　　　1통	

2013년　5월　1일

⑩ 위 신청인　　　이 대 백　㉑　(전화 : 300-7766)
　(또는)위 대리인　　　　　　　(전화 :　　　　)

서울중앙 지방법원　　　　　　등기국 귀중

- 신청서 작성요령 -
1. 부동산표시란에 2개 이상의 부동산을 기재하는 경우에는 그 부동산의 일련번호를 기재하여야 합니다.
2. 신청인란 등 해당란에 기재할 여백이 없을 경우에는 별지를 이용합니다.

등기신청안내서 - 건물소유권보존등기신청

■ 건물소유권보존등기란

　등기되어 있지 않은 건물의 등기기록을 개설하기 위하여 하는 최초의 등기로 건축물대장에 최초의 소유자로 등록되어 있는 자 또는 그의 상속인이나 포괄승계인, 판결 또는 특별자치도지사·시장·군수·자치구의 구청장의 확인에 의하여 자기의 소유권을 증명하는 자, 수용으로 인하여 소유권을 취득하였음을 증명하는 자가 신청할 수 있습니다.

■ 등기신청방법

　신청인 본인 또는 법무사 등 그 대리인이 신분을 확인할 수 있는 주민등록증 등을 가지고 직접 등기소에 출석하여 신청합니다.

■ 등기신청서 기재요령

　※ 신청서는 한글과 아라비아 숫자로 기재합니다. 부동산의 표시란이나 신청인란 등이 부족할 경우에는 별지를 사용하고, 별지를 포함한 신청서의 각 장 사이에는 간인(신청서에 서명을 하였을 때에는 각 장마다 연결되는 서명)을 하여야 합니다.

　① 부동산의 표시란

　　건축물대장 등 소유권을 증명하는 서면에 표시된 건물의 표시와 일치되게 기재하여야 하며, 건물의 소재와 지번, 같은 지번 위에 여러 개의 건물이 있는 때에는 건물번호, 도로명주소, 구조, 종류, 면적, 부속건물이 있는 때에는 그 구조와 종류, 면적 순으로 기재합니다.

　② 등기의 목적란

　" 소유권보존 " 이라고 기재합니다.

　③ 신청근거규정란

　　㉮ 건축물대장등본에 의할 경우에는 " 부동산등기법 제65조 제1호 ",

　　㉯ 판결에 의할 경우에는 " 부동산등기법 제65조 제2호 ",

　　㉰ 수용에 의할 경우에는 " 부동산등기법 제65조 제3호 ",

　　㉱ 특별자치도지사·시장·군수·자치구의 구청장의 확인에 의할 경우에는 "부동산등기법 제65조 제4호"라고 기재합니다.

　④ 신청인란

　　소유자의 성명, 주민등록번호, 주소를 기재하되, 소유자가 수인인 경우에는 공유자별로 성명, 주민등록번호, 주소를 기재하고, 각자의 지분을 표시합니다. 그러나 신청인이 법인인 경우에는 상호(명칭), 본점(주사무소 소재지), 등기용등록번호 및 대표자의 성명과 주소를 기재하고, 법인 아닌 사단이나 재단인 경우에는 상호(명칭), 본점(주사무소 소재지), 등기용등록번호 및 대표자(관리인)의 성명, 주민등록번호, 주소를 각 기재합니다.

　⑤ 시가표준액 및 국민주택채권매입금액, 국민주택채권매입총액란, 국민주택채권발행번호란

건물의 소유권보존등기시 국민주택채권은 매입하지 않으므로 이 란은 기재하지 않습니다.

⑥ 취득세(등록면허세)·지방교육세·농어촌특별세란

　취득세(등록면허세)영수필확인서에 의하여 기재하며, 농어촌특별세는 납부액이 없는 경우 기재하지 않습니다.

⑦ 세액합계란

　취득세(등록면허세)액, 지방교육세액, 농어촌특별세액의 합계를 기재합니다.

⑧ 등기신청수수료란

　㉮ 부동산 1개당 15,000원의 등기신청수수료 납부액을 기재하며, 등기신청수수료를 은행 현금납부, 전자납부, 무인발급기 납부 등의 방법에 따라 납부한 후 등기신청서에 등기신청수수료 영수필확인서를 첨부하고 납부번호를 기재하여 제출합니다.

　㉯ 여러 건의 등기신청에 대하여 수납금융기관에 현금으로 일괄납부하는 경우 첫 번째 등기신청서에 등기신청수수료 영수필확인서를 첨부하고 해당 등기신청수수료, 납부번호와 일괄납부 건수 및 일괄납부액을 기재하며, 나머지 신청서에는 해당 등기신청수수료와 전 사건에 일괄 납부한 취지를 기재합니다(일괄납부는 은행에 현금으로 납부하는 경우에만 가능함).

⑨ 첨부서면란

　등기신청서에 첨부한 서면을 각 기재합니다.

⑩ 신청인등란

　㉮ 신청인의 성명 및 전화번호를 기재하고 인장을 날인 또는 서명을 하되, 신청인이 법인이나 법인 아닌 사단 또는 재단인 경우에는 상호(명칭)와 대표자(관리인)의 자격 및 성명을 기재하고 대표자(관리인)의 인장을 날인 또는 서명을 합니다.

　㉯ 대리인이 등기신청을 하는 경우에는 그 대리인의 성명, 주소, 전화번호를 기재하고 대리인의 인장을 날인 또는 서명을 합니다.

▣ 등기신청서에 첨부할 서면

< 신청인 >

① 위임장

　등기신청을 법무사 등 대리인에게 위임하는 경우에 첨부합니다.

② 도면(건물의 소재도)

　㉮ 동일 지번의 대지 위에 수개의 건물이 있고 등기의 목적건물에 관한 건축물대장등본이 첨부되지 않았을 때에는 등기의 목적건물을 특정하기 위하여 그 대지상의 건물들이 모두 표시되어 있는 도면을 첨부해야 합니다.

　㉯ 도면의 작성방법은 건물의 소재와 지번, 건물의 종류·구조·면적, 택지의 방위, 건물의 번호, 건물의 형상, 길이, 위치를 기재하며 전부 검은 선과 검은 글씨로 하되 등기의 목적 외의 건물이 있을 때에는 붉은 선, 붉은 글씨로 작성합니다.

　㉰ 도면은 인터넷등기소 영구보존문서 등록에서 도면을 전자문서로 변환한 후 신청인 또는 대리인의 전자서명을 부여하여 등록하고, 부여된 등록문서번호를 신청서의 부동산의 표시란에 기재(예 : [등록문서번호 : 100번])하는 방법으로 제출합니다. 단, 자연인 또는 법인 아닌 사단이나 재단이 등기신청을 직접 또는 자격자대리인이 아닌 사람에게 위임하여 하는 경우에는 신청인 또는 대리인이 기명날인이나 서명

을 한 도면을 서면으로 제출할 수 있습니다.

< 시 · 구 · 군청, 읍 · 면 사무소, 동 주민센터 >

① 취득세(등록면허세)영수필확인서

시장, 구청장, 군수 등으로부터 취득세(등록면허세)납부서(OCR용지)를 발급받아 납세지를 관할하는 해당 금융기관에 세금을 납부한 후 취득세(등록면허세)영수필확인서와 영수증을 교부받아 영수증은 본인이 보관하고 취득세(등록면허세)영수필확인서만 신청서의 취득세(등록면허세)액표시란의 좌측상단 여백에 첨부하거나, 또는 지방세인터넷납부시스템에서 출력한 취득세(등록면허세)납부확인서를 첨부합니다.

② 건축물대장등본

등기하고자 하는 건물의 대장등본(발행일로부터 3월 이내)을 첨부합니다. 대장의 소유자란에는 신청인 명의로 등록되어 있어야 합니다.

③ 주민등록표등(초)본

신청인의 주소를 증명하기 위한 서면으로 주민등록표등본 또는 초본(각, 발행일로부터 3월 이내)을 첨부합니다.

④ 기타

상속인이 신청하는 경우에는 상속을 증명하는 서면인 제적등본, 가족관계증명서, 기본증명서, 친양자입양관계증명서 등(발행일로부터 3월이내)을 첨부합니다.

< 대한민국법원 인터넷등기소, 금융기관 등 >

등기신청수수료

대한민국법원 인터넷등기소(http://www.iros.go.kr/PMainJ.jsp)를 이용하여 전자적인 방법(신용카드, 계좌이체, 선불형지급수단)으로 납부하고 출력한 등기신청수수료 영수필확인서를 첨부하거나, 법원행정처장이 지정하는 수납금융기관 또는 신청수수료 납부기능이 있는 무인발급기에 현금으로 납부한 후 발급받은 등기신청수수료 영수필확인서를 첨부합니다.

< 등기과 · 소 >

법인등기사항전부(일부)증명서

신청인이 법인인 경우에는 법인등기사항전부증명서 또는 법인등기사항일부증명서(각, 발행일로부터 3월 이내)를 첨부합니다.

< 기   타 >

신청인이 재외국민이나 외국인 또는 법인 아닌 사단 또는 재단인 경우에는 신청서의 기재사항과 첨부서면이 다르거나 추가될 수 있으므로, "대법원 종합법률정보(http://glaw.scourt.go.kr)"의 규칙/예규/선례에서『외국인 및 재외국민의 국내 부동산 처분 등에 따른 등기신청절차, 등기예규 제1393호』및『법인 아닌 사단의 등기신청에 관한 업무처리지침, 등기예규 제1435호』등을 참고하시고, 기타 궁금한 사항은 변호사, 법무사 등 등기와 관련된 전문가나 등기과·소의 민원담당자에게 문의하시기 바랍니다.

▣ 등기신청서류 편철순서

신청서, 취득세(등록면허세)영수필확인서, 등기신청수수료 영수필확인서, 위임장, 주민등록표등(초)본, 건축물대장등본 등의 순으로 편철해 주시면 업무처리에 편리합니다.

[서식 예] 소유권보존등기 말소등기(신청착오의 경우)

<table>
<tr><td colspan="5" align="center">소유권보존등기신청</td></tr>
<tr><td rowspan="2">접
수</td><td>년 월 일</td><td rowspan="2">처
리
인</td><td>등기관 확인</td><td>각종 통지</td></tr>
<tr><td>제   호</td><td></td><td></td></tr>
</table>

<table>
<tr><td colspan="3" align="center">부동산의 표시</td></tr>
<tr><td colspan="3">

○○시 ○○구 ○○동 ○○

　[도로명주소] ○○시 ○○구 ○○로 ○○

시멘트 벽돌조 스레트지붕 단층주택 100㎡

이　　　　　　　　상

</td></tr>
<tr><td>등기원인과 그 연월일</td><td colspan="2">20○○년　○월　○○일　　신청착오</td></tr>
<tr><td>등 기 의 목 적</td><td colspan="2">소유권보존등기의 말소</td></tr>
<tr><td>말소할 등기</td><td colspan="2">20○○년 ○월○○일 접수 제○○호로서 등기한 소유권보존등기</td></tr>
<tr><td></td><td colspan="2"></td></tr>
<tr><td rowspan="2">신

청

인</td><td>성　　명
(상호·명칭)</td><td>주민등록번호
(등기용등록번호)</td><td>주　　소 (소 재 지)</td></tr>
<tr><td>○ ○ ○</td><td>111111-1111111</td><td>○○시 ○○구 ○○길 ○○</td></tr>
</table>

등 록 면 허 세	금 ○○○원
지 방 교 육 세	금 ○○○원(등록면허세×20/100)
세 액 합 계	금 ○○○원
등 기 신 청 수 수 료	금○○○원(☞부동산등기신청수수료액)

첨 부 서 면

·건축물대장등본	1통	
·등록면허세영수필확인서	1통	
·신청서부본	1통	
·위임장(위임한 경우)	1통	

20○○년 ○월 ○○일

위 신청인   ○ ○ ○ ⑩ (전화 : ○○○ - ○○○○)

(또는)위 대리인   ⑩ (전화 : ○○○ - ○○○○)

○ ○ 지 방 법 원 등기과 귀중

- 신청서 작성요령 및 등기수입증지 첩부란 -
1. 부동산표시란에 2개 이상의 부동산을 기재하는 경우에는 부동산의 일련번호를 기재하여야 합니다.
2. 신청인란등 해당란에 기재할 여백이 없을 경우에는 별지를 이용합니다.
3. 등기신청수수료 상당의 등기수입증지를 이 난에 첩부합니다.

■ 소유권보존등기 된 건물, 건축주명의변경이행청구가 가능한가요?

Q. 甲은 그의 명의로 건축허가를 받아 지하 2층, 지상 6층 규모의 건물을 신축하여 지상 6층 골조공사가 완성되고, 옥탑 2층과 옥상 난간 정도만 완성되지 않아 기성고 70% 이상으로 독립된 건물로 볼 수 있는 정도에서 乙에게 2억 4천만원을 지급받고 그 건물에 관한 모든 권리를 양도하기로 하는 계약을 체결하고, 잔금 1억 4천만원을 수령하지 않은 상태에서 건축주명의변경을 해주었는데 乙은 위 잔금을 지급하지 않았고, 乙의 채권자 丙의 가압류신청에 따른 가압류등기촉탁으로 위 건물의 소유권보존등기가 되었으나, 사용승인을 받지 못한 상태입니다. 지금 위 가압류는 해제된 상태이므로 甲이 잔금미지급을 이유로 위 계약을 해제하면서 소유권보존등기말소 및 건축주명의변경청구를 할 수 있는지요?

A. 건축허가의 법적 성격 등에 관한 판례를 보면, 건축허가는 시장·군수 등의 행정관청이 건축행정상 목적을 수행하기 위하여 허가를 받는 자에게 일반적으로 행정관청의 허가 없이는 건축행위를 하여서는 안 된다는 상대적 금지를 관계법규에 적합한 일정한 경우에 해제함으로써 일정한 건축행위를 하도록 회복시켜 주는 행정처분일 뿐, 허가받은 자에게 새로운 권리나 능력을 부여하는 것이 아니고, 건축허가서는 허가된 건물에 관한 실체적 권리의 득실변경의 공시방법이 아니며 그 추정력도 없으므로 건축허가서에 건축주로 기재된 자가 그 소유권을 취득하는 것은 아니며, 건축 중인 건물의 소유자와 건축허가의 건축주가 반드시 일치하여야 하는 것도 아니라고 하였습니다(대법원 2009. 3. 12. 선고 2006다28454 판결). 그리고 건축 중인 건물 양수인이 양도인을 상대로 건축주명의변경절차이행청구를 할 수 있는지 판례를 보면, 건축공사가 완료되고 소유권보존등기까지 마쳐진 건물의 경우에는 이미 허가된 내용에 따른 건축이 더 이상 있을 수 없어 건축주명의변경이 필요 없을 뿐 아니라, 건축허가서는 허가된 건물에 관한 실체적 권리의 득실변경의 공시방법이 아니며 추정력도 없어 건축주명의를 변경한다고 하더라도 그 건물의 실체적 권리관계에 아무런 영향을 미치는 것이 아니므로 그와 같은 건물에 관해서는 건축주명의변경을 청구할 소의 이익이 없다고 할 것이나, 건축허가에 관한 건축주명의변경은 미완성건물에 대하여 건축공

사를 계속하거나 건축공사를 완료한 후 부동산등기법 등에 따른 소유권보존등기를 하는 데에 필요한 것이므로 건축 중인 건물을 양수한 자가 양도인을 상대로 건축주명의변경절차이행을 청구하는 소는 소의 이익이 있다고 하였습니다(대법원 2007. 12. 27. 선고 2006다60229 판결).

그러므로 일반적인 경우 건축공사가 완료되고 소유권보존등기까지 마쳐진 건물의 경우에는 건축주명의변경을 청구할 소의 이익이 없다고 보고 있으나, 위 사안과 같이 소유권보존등기는 이루어졌으나 그 적법한 사용을 위해 필요한 건축법상의 각종신고나 신청 등의 모든 절차를 마치지 않은 건물에 대한 건축주명의변경절차이행을 청구할 소의 이익이 있는지 문제되는데 판례를 보면, 건축공사가 완료되어 건축법상 최종적인 절차로서 건축허가상 건축주명의로 사용검사승인까지 받아 소유권보존등기가 마쳐진 경우와는 달리, 비록 건축공사자체는 독립한 건물로 볼 수 있을 만큼 완성되었으나 그 적법한 사용에 이르기까지 필요한 건축법상의 각종신고나 신청 등의 모든 절차를 마치지 않은 채 소유권보존등기가 이루어진 경우에는, 그 건물의 원시취득자는 자신 앞으로 건축주명의를 변경하여 그 명의로 건축법상 남아 있는 각종신고나 신청 등의 절차를 이행함으로써 건축법상 허가된 내용에 따른 건축을 완료할 수 있을 것이므로, 이러한 경우 그 건물의 정당한 원시취득자임을 주장하여 건축주명의변경절차이행을 청구하는 소는 그 소의 이익을 부정할 수 없다고 하였습니다(대법원 2009. 2. 12. 선고 2008다72844 판결).

따라서 위 사안에서도 甲은 乙에게 상당기간을 정하여 잔금지급을 최고한 뒤 이행하지 않을 경우 계약해제를 하면서 소유권보존등기말소청구 및 건축허가상의 건축주명의변경절차이행청구의 소를 제기해볼 수 있을 것으로 보입니다.

■ 채무자의 비용으로 신축한 건물의 건축허가명의를 채권자로 한 경우 소유권보존등기 말소를 청구할 수는 없는지요?

Q. 甲은 다세대주택의 신축과 분양을 목적으로 乙로부터 그의 토지 330㎡를 매수하되 그 대금은 甲이 그 토지에 다세대주택을 신축·분양한 후 그 분양대금을 받아 지급하기로 하였는데, 그 후 甲은 그 토지소유명의자 乙의 명의로 건축허가를 받아 다세대주택 1동을 건축하다가 전기조명, 씽크대,

욕조, 도배, 보일러장치 등의 공사를 하지 못한 채 전체공정의 약 80%에 이른 상태에서 자금난으로 공사를 중단하였습니다. 이에 乙은 그 건물의 잔여공사를 마무리한 뒤 각 세대별로 乙앞으로 소유권보존등기와 함께 그 토지에 관한 대지권등기를 마쳤습니다. 이 경우 甲이 비록 위 건물을 완공한 것은 아니지만 일부 내부공사를 제외하고는 그 공사대부분을 마침으로써 이를 원시취득 하였으므로 乙을 상대로 위 소유권보존등기말소를 청구할 수는 없는지요?

A. 건물건축도급계약에 따라서 신축된 건물의 소유권귀속관계에 관한 판례를 보면, 신축건물소유권은 원칙적으로 자기의 노력과 재료를 들여 이를 건축한 사람이 원시적으로 취득하는 것이나, 건물신축도급계약에서 수급인이 자기의 노력과 재료를 들여 건물을 완성하여도 도급인과 수급인 사이에 도급인명의로 건축허가를 받아 소유권보존등기를 하기로 하는 등 완성된 건물소유권을 도급인에게 귀속시키기로 합의한 경우에는 그 건물소유권은 도급인에게 원시적으로 귀속된다고 하였습니다(대법원 2010. 1. 28. 선고 2009다66990 판결).

그런데 건축업자가 타인의 대지를 매수하여 그 대금을 지급하지 아니한 채, 자기의 노력과 재료를 들여 건물을 건축하면서 건축허가명의를 대지소유자로 한 경우에 관하여 판례를 보면, 건축업자가 타인의 대지를 매수하여 계약금만 지급하거나 대금을 전혀 지급하지 아니한 채 그 지상에 자기의 노력과 재료를 들여 건물을 건축하면서 건축허가명의를 대지소유자로 하는 경우에는 그 목적이 대지대금채무를 담보하기 위한 경우가 일반적이고, 채무담보를 위하여 채무자가 자기의 비용과 노력으로 신축하는 건물의 건축허가명의를 채권자명의로 하였다면, 이는 완성될 건물을 담보로 제공하기로 하는 합의로서 법률행위에 의한 담보권설정이라 할 것이므로, 완성된 건물소유권은 일단 이를 건축한 채무자가 원시적으로 취득한 후 채권자명의로 소유권보존등기를 마침으로써 담보목적범위 내에서 채권자에게 그 소유권이 이전된다고 보아야 한다고 하였으며(대법원 2001. 3. 13. 선고 2000다48517, 48524, 48531 판결), 대금채무담보를 위하여 대지소유자명의로 건축허가를 받은 것이라면 비록 건축업자가 건물을 원시취득 하였을지라도 대지소유자명의로 소유권보존등기가 마쳐짐으로써 법률행위에 의하여 담보물권이 설정되었다고 할 것이므로, 피담보채무인

대금채무가 변제되지 않는 한 대지소유자에 대하여 건물소유권보존등기말소를 청구할 수 없다고 하였습니다(대법원 1997. 4. 11. 선고 97다1976 판결).

따라서 위 사안의 경우 甲이 위 건물을 원시취득 하였을지라도 乙에게 토지매매대금을 담보하는 담보물권이 설정된 것으로 보아야 할 것이고, 甲이 나머지 토지매매대금을 지급하지 않는 한 위 건물에 대한 乙의 소유권보존등기말소청구를 하기는 어려울 것으로 보입니다.

■ 신축건물의 보존등기를 건물 완성 전에 하였고, 그 후에 건물이 완성되었다면 해당 보존등기는 유효한가요?

Q. 甲시행사가 신축건물의 보존등기를 건물 완성 전에 하였고 그 후에 건물이 완성되었다면 해당 보존등기는 유효한가요? 만약 甲시행사가 구조상 독립성을 갖추지 못한 상태에서 구분소유권 등기를 하였다면 그 등기는 구분소유 등기로서 유효한가요?

A. 신축건물의 보존등기를 건물 완성 전에 한 경우, 그 후에 건물이 완성된 경우 그 등기를 무효라고 볼 수 없습니다. 대법원은 구분소유권에 관하여서도 이와 같은 법리를 적용하여 『신축건물의 보존등기를 건물 완성 전에 하였더라도 그 후 건물이 완성된 이상 등기를 무효라고 볼 수 없다. 이러한 법리는 1동 건물의 일부분이 구분소유권의 객체로서 적합한 구조상 독립성을 갖추지 못한 상태에서 구분소유권의 목적으로 등기되고 이에 기초하여 근저당권설정등기나 소유권이전등기 등이 순차로 마쳐진 다음 집합건물의 소유 및 관리에 관한 법률 제1조의2, '집합건물의 소유 및 관리에 관한 법률 제1조의2 제1항의 경계표지 및 건물번호표지에 관한 규정'에 따라 경계를 명확하게 식별할 수 있는 표지가 바닥에 견고하게 설치되고 구분점포별로 부여된 건물번호표지도 견고하게 부착되는 등으로 구분소유권의 객체가 된 경우에도 마찬가지이다(대법원 2016. 1. 28. 선고 2013다59876 판결).』라고 판시하였습니다. 결국 甲시행사의 보존등기 및 구분소유등기는 그 후에 건물이 구조상 독립성을 갖추어 완성된 경우 유효합니다.

■ 소유권보존등기를 마쳤을 경우, 분양을 이유로 한 건물의 소유권이전등기를 구할 수 있는가요?

Q. A토지의 소유자인 甲은 건축업자 乙에게 A토지를 매도하고 乙은 매매대금의 담보를 위하여 甲명의로 건축허가를 받아 B건물을 완성하였습니다. 乙은 B건물을 丙에게 분양한 뒤 甲명의로 B건물에 대한 소유권보존등기를 마쳤습니다. 이 경우 丙은 甲에 대하여 분양을 이유로 한 B건물의 소유권이전등기를 구할 수 있는가요?

A. 건축업자가 대지를 매수하고 그 대금의 담보를 위하여 대지 소유자 명의로 건축허가를 받아 건물을 완성하여 타에 분양한 후 대지 소유자 명의로 건물에 대한 소유권보존등기가 경료된 경우, 건축업자로부터 건물을 분양받은 자가 대지 소유자에 대하여 분양을 이유로 한 소유권이전등기를 구할 수 있는지 여부에 대하여 대법원 판례는, "대지 소유자가 건축업자에게 대지를 매도하고 건축업자는 대지 소유자 명의로 건축허가를 받았다면 이는 완성될 건물을 대지 매매대금의 담보로 제공키로 하는 합의로서 법률행위에 의한 담보물권의 설정에 다름 아니어서, 완성된 건물의 소유권은 일단 이를 건축한 채무자가 원시적으로 취득한 후 대지 소유자 명의로 소유권보존등기를 마침으로써 담보목적의 범위 내에서 대지 소유자에게 그 소유권이 이전된다고 할 것이므로, 그 경우 건축업자가 건물을 타에 분양하였다 할지라도 그 후 대지 소유자 명의로 건물에 대한 소유권보존등기가 경료된 경우에는, 건축업자가 담보물인 위 건물을 타에 분양하고 그 분양대금 중 일부로 매매대금을 대지 소유자에게 지급하기로 약정하는 등 건축업자가 건물을 타에 분양하는 것을 대지 소유자가 허용한 경우가 아닌 한, 건축업자의 분양 등 처분행위는 대지 소유자의 담보권에 반한다 할 것이고, 따라서 건축업자로부터 건물을 분양받고 소유권이전등기를 경료받지 못한 자는 그보다 앞서 건물에 관하여 담보 목적으로 소유권보존등기를 경료한 대지 소유자에 대하여 분양을 이유로 한 소유권이전등기를 구할 수 없다."고 판시하였습니다(대법원 2002. 7. 12. 선고 2002다19254 판결). 그러므로 사안의 경우, 완성된 B건물의 소유권은 일단 이를 건축한 乙이 원시적으로 취득한 후 甲 명의로 소유권보존등기가 경료됨으로써 담보목적의 범위 내에서 甲에게 그 소유권이 이전된다고 할 것입니다.

乙이 B건물을 丙에게 분양하였다 할지라도 그 후 甲 명의로 B건물에 대한 소유권보존등기가 경료되었다면, 乙이 담보물인 B건물을 다른 사람에게 분양하고 그 분양대금 중 일부로 매매대금을 甲에게 지급하기로 약정하는 등 乙이 B건물을 다른 사람에게 분양하는 것을 甲이 허용한 경우가 아닌 한, 乙의 분양 등 처분행위는 甲의 담보권에 반한다고 할 것입니다. 따라서 乙로부터 B건물을 분양받고 소유권이전등기를 경료받지 못한 丙은 그보다 앞서 B건물에 관하여 담보 목적으로 소유권보존등기를 경료한 甲에 대하여 분양을 이유로 한 소유권이전등기를 구할 수 없을 것으로 보입니다.

(관련판례)

건물 신축공사에 있어서 그 건축허가 명의가 도급인측으로 되어 있고, 공사도급계약상 도급인이 공사대금을 미지급할 때에는 그 미지급한 금액에 대하여 완성된 건물로 대물변제하거나 또는 수급인에게 그 건물 소유권에 대한 가등기를 하여 주기로 하는 등 도급인이 완성된 건물의 소유권을 취득함을 전제로 한 약정이 있다면 수급인이 그의 노력과 재료를 들여 위 공사를 80% 가량 진행하고 중단할 당시 사회통념상 독립한 건물의 형태를 갖추고 있었다 하더라도 그 건물의 원시적 소유권은 그 인도 여부나 공사대금의 지급 여부에 관계없이 도급인에게 귀속시키기로 합의한 것이라고 한 사례.(대법원 1992. 3. 27. 선고 91다34790 판결)

■ 건물의 소유를 목적으로 한 토지의 임차권도 건물의 소유권과 함께 경락인에게 이전되는지요?

Q. 甲은 건물의 소유를 목적으로 하여 토지를 임차하였습니다. 그 후 甲은 건물을 신축하고 소유권보존등기보 마쳤고 乙에게 그 건물에 대하여 저당권을 설정하여 주었습니다. 이 때 저당권이 실행되어 경락인이 건물의 소유권을 취득하는 경우 건물의 소유를 목적으로 한 토지의 임차권도 경락인에게 이전되는 것인가요?

A. 판례는 '건물의 소유를 목적으로 하여 토지를 임차한 사람이 그 토지 위에 소유하는 건물에 저당권을 설정한 때에는 민법 제358조 본문에 따라서 저당권의 효력이 건물뿐만 아니라 건물의 소유를 목적으로 한 토지의 임차권에도 미친다고 보아야 할 것이므로, 건물에 대한 저당권이 실행되어 경락인이 건물의소유권을 취득한 때에는 특별한 다른 사정이 없는 한 건물의 소

유를 목적으로한 토지의 임차권도 건물의 소유권과 함께 경락인에게 이전
된다.(대법원 1993. 4. 13. 선고 92다24950 판결)'고 판시하고 있습니다.

따라서 위 건물의 경락인은 토지의 임차권도 취득할 수 있을 것입니다. 그
러나 이 경우에도 민법 제629조가 적용되기 때문에 토지의 임대인에 대한
관계에서는 그의 동의가 없는 한 경락인이 그 임차권의 취득을 대항할 수
없을 것입니다. 다만 임차인의 변경이 당사자의 개인적인 신뢰를 기초로 하
는 계속적 법률관계인 임대차를 더 이상 지속시키기 어려울 정도로 당사자
간의 신뢰관계를 파괴하는 임대인에 대한 배신행위가 아니라고 인정되는 특
별한 사정이 있는 때에는, 임대인은 자신의 동의없이 임차권이 이전되었다
는 것만을 이유로 민법 제629조 제2항에 따라서 임대차계약을 해지할 수
없고, 그와 같은 특별한 사정이 있는 때에 한하여 경락인은 임대인의 동의
가 없더라도 그 임차권의 이전을 임대인에게 대항할 수 있으며, 위와 같은
특별한 사정이 있는 점은 경락인이 주장 입증하여야(대법원 1993. 4. 13. 선
고 92다24950 판결) 합니다.

(관련판례)

건물에 관한 소유권보존등기가 제3자에 대한 채권을 담보하기 위하여 한 것이라고 하여도 건물
이 서 있는 토지의 소유자에 대한 관계에 있어서는 보존등기명의인이 건물의 소유권자이고 그
부지의 점유자라고 할 것이고, 위 제3자가 그 건물에 거주하고 있다고 하여도 마찬가지이다.
건물부지의 소유자가 그 토지를 취득하기 이전에는 담보권자였고, 건물의 소유권보존등기가
제3자에 대한 채권을 담보하기 위한 것이며 위 제3자가 그 건물에 거주하고 있다는 사정을
알고 그 토지를 매수하였다고 하여 건물의 보존등기명의자에게 임료상당의 손해배상청구를
할 수 없는 것이 아니다.(대법원 1991. 6. 25. 선고 91다10329 판결)

[서식 예] 건물소유권보존등기말소청구의 소(이중등기)

소   장

원   고   ○○○ (주민등록번호)

　　　　　○○시 ○○구 ○○길 ○○(우편번호 ○○○-○○○)

　　　　　전화·휴대폰번호:

　　　　　팩스번호, 전자우편(e-mail)주소:

피   고   ◇◇◇ (주민등록번호)

　　　　　○○시 ○○구 ○○길 ○○(우편번호 ○○○-○○○)

　　　　　전화·휴대폰번호:

　　　　　팩스번호, 전자우편(e-mail)주소:

건물소유권보존등기말소청구의 소

청 구 취 지

1. 피고는 원고에게 ○○ ○○군 ○○읍 ○○리 ○○○-○ 지상 시멘트블록조 슬래브지
   붕 단층주택 62㎡에 대한 ○○지방법원 ○○등기소 20○○. ○. ○. 접수 제○○○○
   호로 마친 소유권보존등기의 말소등기절차를 이행하라.
2. 소송비용은 피고의 부담으로 한다.
라는 판결을 구합니다.

청 구 원 인

1. ○○ ○○군 ○○읍 ○○길 ○○○-○ 지상 시멘트블록조 슬래브지붕 단층주택 62㎡
   (다음부터 이 사건 건물이라고 함)는 원고가 20○○. ○. ○. ○○ ○○군 ○○읍 ○
   ○길 ○○○-○ 지상에 이 사건 건물을 신축하여 ○○지방법원 ○○등기소 19○○.
   ○. ○. 접수 제○○○호로써 원고 명의로 소유권보존등기가 되어 있습니다.
2. 그런데 이 사건 건물은 원고명의의 소유권보존등기가 된 뒤 어떤 이유에서인지 ○○지
   방법원 ○○등기소 20○○. ○○. ○○. 접수 제○○○○호로써 피고 명의로 또 다시
   이중으로 소유권보존등기가 되어 있습니다.
3. 그러나 이중으로 등기된 건물이 동일성이 있는 경우에 먼저 이루어진 소유권보존등기가
   원인무효가 되지 않는 한, 그 건물에 대하여 다시 마쳐진 보존등기는 이중등기로서 무
   효라고 할 것입니다.
4. 따라서 원고는 이 사건 건물의 진정한 소유자로서 이 사건 건물에 관하여 나중에 등기

된 피고 명의의 ○○지방법원 ○○등기소 20○○. ○○. ○○. 접수 제○○○○호로 마친 소유권보존등기의 말소등기절차의 이행을 구하고자 이 사건 소를 제기합니다.

입 증 방 법

1. 갑 제1호증의 1, 2   각 부동산등기사항전부증명서
1. 갑 제2호증   건축물대장등본

첨 부 서 류

1. 위 입증방법   각 1통
1. 소장부본   1통
1. 송달료납부서   1통

20○○. ○. ○.

위 원고   ○○○   (서명 또는 날인)

○○지방법원 귀중

제3절 구분건물 소유권 보존등기

1. 구분건물 소유권 보존등기의 개념

구분건물 소유권 보존등기란 소유자의 신청에 의해 미등기의 구분건물에 처음으로 행해지는 소유권 등기를 말합니다.

2. 구분건물 소유권 보존등기의 신청인

미등기구분건물의 소유권 보존등기는 단독으로 다음 중 어느 하나에 해당하는 자가 신청할 수 있습니다(부동산등기법 제65조).

① 건축물대장에 최초의 소유자로 등록되어 있는 자 또는 그 상속인, 그 밖의 포괄 승계인

② 확정판결에 의해 자기의 소유권을 증명하는 자

 - 판결은 소송이유가 보존등기 신청인의 소유임을 확정하는 확정판결이면 족하고, 반드시 확인판결일 필요는 없습니다(대법원 1994. 3. 11. 선고, 93다57704 판결).

 - 확정판결에 준하는 화해조서, 제소전화해조서, 인낙조서, 조정조서와 부동산이 보존등기 신청인의 소유임을 이유로 소유권 보존등기의 말소를 명한 판결도 포함됩니다.

③ 수용(收用)으로 인하여 소유권을 취득하였음을 증명하는 자

④ 특별자치도지사, 시장, 군수 또는 구청장(자치구의 구청장)의 확인에 의해 자기의 소유권을 증명하는 자(건물의 경우 한정)

3. 소유권 보존등기의 신청기한

3-1. 미등기 부동산을 매매한 경우 보존등기의 신청기한

소유권 보존등기가 되어 있지 않은 부동산에 대해 소유권 이전계약을 체결한 자는 다음 중 어느 하나에 정해진 날부터 60일 내에 소유권 보존등기를 신청해야 합니다(부동산등기 특별조치법 제2조제5항).

1. 「부동산등기법」에 의해 소유권 보존등기를 신청할 수 있음에도 이를 하지 않은 채 계약을 체결한 경우 그 계약을 체결한 날(부동산등기 특별조치법 제2조제5항제1호).
2. 계약을 체결한 후 「부동산등기법」에 의해 소유권 보존등기를 신청할 수 있게 된 경우에는 소유권 보존등기를 신청할 수 있게 된 날(부동산등기 특별조치법 제2조제5항제2호).

3-2. 위반 시 제재

등기권리자가 적절한 이유 없이 등기 신청을 하지 않은 경우 하지 않은 날 당시의 부동산에 대해 취득세의 과세표준에 부동산 취득 시 표준세율(부동산등기 특별조치법 제14조에 따라 조례로 세율을 달리 정하는 경우에는 그 세율을 말함)을 적용한 부분에서 1천분의 20을 뺀 세율(지방세법 제11조제1항제8호의 경우에는 1천분의 20의 세율)을 적용하여 산출한 금액(지방세법 제13조제2항·제3항·제6항 또는 제7항에 해당하는 경우에는 그 금액의 100분의 300)의 5배 이하에 상당하는 금액의 과태료가 부과됩니다(부동산등기 특별조치법 제11조제1항).

4. 구분건물 소유권 보존등기 시 유의사항

4-1. 구분소유자 전원(全員)의 동시신청

① 1동의 건물에 속하는 구분건물 중 일부만에 관해 소유권 보존등기를 신청하는 경우 그 나머지 구분건물의 표시에 관한 등기를 동시에 신청해야 합니다(부동산등기법 제46조제1항).
② 구분건물 소유권 보존등기는 아파트와 같이 1동의 건물 전체에 대한 등기와 전유부분(각 부분)에 대한 등기를 함께 해야 합니다.
③ 구분건물의 소유자가 각자 소유권 보존등기를 신청할 수 있으나, 구분건물의 표시에 관한 등기는 동시에 신청해야 하므로, 구분건물의 소유자는 1동의 건물에 속하는 다른 구분건물의 소유자를 대위해 그 건물의 표시에 관한 등기를 신청할 수 있습니다(부동산등기법 제46조제2항).

4-2. 건물과 대지권의 처분 일체성

4-2-1. 대지 및 대지사용권의 개념

① 구분건물의 대지란 전유 부분이 속하는 1동의 건물이 있는 토지 및 규약에 따라 건물의 대지가 된 토지를 말합니다(집합건물의 소유 및 관리에 관한 법률 제2조제5호).

② 대지사용권이란 구분소유자가 전유 부분을 소유하기 위해 건물의 대지에 대해 가지는 권리를 말합니다(집합건물의 소유 및 관리에 관한 법률 제2조제6호).

③ 여러 개의 전유 부분으로 통하는 복도, 계단, 그 밖에 구조상 구분소유자 전원 또는 일부의 공용(共用)에 제공되는 건물부분은 구분소유권의 목적이 될 수 없으므로(집합건물의 소유 및 관리에 관한 법률 제3조제1항), 대지사용권에 해당되지 않습니다.

4-2-2. 대지권의 등기

① 등기할 건물이 구분건물(區分建物)인 경우에 등기관은 1동 건물의 등기기록의 표제부에 소재와 지번, 건물명칭 및 번호를 기록하고 전유부분의 등기기록의 표제부에는 건물번호를 기록합니다(부동산등기법 제40조제2항).

② 구분건물에 대지사용권(垈地使用權)으로서 건물과 분리하여 처분할 수 없는 것[이하 "대지권"이라 한다]이 있는 경우 등기관은 1동 건물의 등기기록의 표제부에 대지권의 목적인 토지의 표시에 관한 사항을 기록하고 전유부분의 등기기록의 표제부에는 대지권의 표시에 관한 사항을 기록합니다(부동산등기법 제40조제3항).

③ 등기관이 대지권등기를 한 경우 직권으로 대지권의 목적인 토지의 등기기록에 소유권, 지상권, 전세권 또는 임차권이 대지권이라는 뜻을 기록합니다(부동산등기법 제40조제4항).

4-2-3. 전유 부분과 대지사용권의 처분일체성

① 구분소유자의 대지사용권은 전유 부분의 처분에 따릅니다(집합건물의 소유 및 관리에 관한 법률 제20조제1항).

② 구분소유자는 그가 가지는 전유 부분과 분리해 대지사용권을 처분할 수 없습니다.

다만, 규약으로 달리 정한 경우에는 그러하지 않습니다(집합건물의 소유 및 관리에 관한 법률 제20조제2항).

5. 구분건물 소유권 보존등기 신청 시 제출서류

5-1. 시·군·구청을 통해 준비해야 하는 서류

5-1-1. 신청인의 소유권을 증명하는 서면

① 건축물대장등본 (부동산등기규칙 제121조제2항)
② 판결 및 확정증명
판결에 의해 소유권을 증명한 경우에 한하며, 해당 법원에서 판결문 및 확정증명원을 발급받으면 됩니다.

5-1-2. 신청인의 주소를 증명하는 서면

① 주민등록등(초)본
　㉮ 법인의 경우에는 주민등록등(초)본 대신 등기소에서 법인등기사항증명서를 발급받아 제출하면 됩니다. 법인등기사항증명서가 없는 법인의 경우에는 부동산등기용등록번호증명서를 발급받아 제출할 수 있습니다.
　㉯ 소재도
　　1동의 건물의 소재도, 각 층의 평면도와 전유부분의 평면도 : 구분건물에 대한 소유권보존등기를 신청하는 경우(다만, 건물의 표시를 증명하는 정보로서 건축물대장 정보를 제공한 경우 제외)[부동산등기규칙 제121조제4항]
　㉰ 규약 또는 공정증서
　　규약 또는 공정증서는 집합건물의 관리 등에 관해 정한 것으로, 다음과 같은 내용을 규정했다면 소유권 보존등기 시 첨부해야 합니다(부동산등기규칙 제46조제2항).
　　- 대지권의 목적인 토지가 통로, 주차장, 정원, 부속건물의 대지, 그 밖에 전유부분이 속하는 1동의 건물 및 그 건물이 있는 토지와 하나로 관리되거나 사용되는 토지로 건물의 대지일 경우
　　- 각 구분소유자가 가지는 대지권의 비율이 규약 또는 공정증서에 달리 정해진 경우
　　- 구분소유자가 대지사용권을 전유 부분과 분리해 처분할 수 있도록 규약으로

정한 경우(집합건물의 소유 및 관리에 관한 법률 제20조제2항)
- 규약에 의해 전유 부분이 아닌 공용부분으로 정해진 부분에 대한 등기를 신청할 경우(집합건물의 소유 및 관리에 관한 법률 제10조제2항)
- 규약을 제정한 관리단 등에서 규약 또는 공정증서를 받을 수 있습니다.

② 취득세납부고지서(지방교육세 및 농어촌특별세 포함)

㉮ 취득세란 부동산의 취득 시 납부해야 하는 세금을 말합니다(지방세법 제7조제1항).
- 취득세: 구분건물의 소유부분 시가표준액(공시지가) × 28/1,000[지방세법 제11조제1항제3호]

㉯ 지방교육세란 지방교육의 질적 향상에 필요한 지방교육재정의 확충에 소요되는 재원을 확보하기 위해 「지방세법」에 따른 취득세의 납부의무자에게 함께 부과되는 세금을 말합니다(지방세법 제149조 및 제150조제1호).
- 지방교육세: [구분건물의 소유부분 시가표준액(공시지가)× 8/1,000]×20/100[지방세법 제151조제1항제1호]

㉰ 농어촌특별세란 농어업의 경쟁력강화와 농어촌산업기반시설의 확충 및 농어촌지역 개발사업에 필요한 재원을 확보하기 위해 「지방세법」에 따른 취득세의 납부의무자에게 함께 부과되는 세금을 말합니다(농어촌특별세법 제1조 및 제3조제5호).
- 농어촌특별세: 구분건물의 소유부분 시가표준액(공시지가) × 2/100 ×10/100 (농어촌특별세법 제5조제1항제6호)

③ 시, 군, 구청 세무과를 방문해 취득세납부고지서를 발부받고 세금을 은행에서 납부하면 됩니다.

④ 구분건물 소유권 보존등기 시 국민주택채권의 매입 불필요
건축허가를 신청 시 국민주택채권을 매입한 자가 사용승인을 마친 건축물에 대해 소유권 보존등기를 할 경우에는 국민주택채권을 매입하지 않습니다(주택도시기금법 시행령 제8조제2항 및 별표 제3호라목).

5-2. 은행을 통해 준비해야 할 서류

5-2-1. 취득세영수필확인서

시·군·구청 세무과에서 취득세납부고지서를 받아와서 은행에 취득세, 지방교육세 및 농어촌특별세를 지불하면 취득세영수필확인서를 받을 수 있습니다.

5-2-2. 대법원등기 수입증지의 구입

① 대법원등기 수입증지(등기신청 수수료)

- 등기를 하려는 사람은 수수료를 내야 합니다(부동산등기법 제22조제3항).
- 대법원등기 수입증지를 은행이나 등기소에서 매입을 해 이를 신청서에 붙이면 등기신청 수수료를 낸 것이 됩니다.
- 대법원등기 수입증지는 등기소나 등기소 주변의 은행(농협, 우체국, 신한은행 등)에서 구입하실 수 있습니다.

② 구분건물 소유권 보존등기 한 건당 대법원등기 수입증지

- 서면방문신청: 15,000원
- 전자표준양식신청(e-form양식으로 작성한 후 등기소 방문신청): 13,000원
- 전자신청: 10,000원

③ 등기신청수수료의 납부는 그 수수료 상당액을 전자적 방법으로 납부하거나, 법원행정처장이 지정하는 금융기관에 현금으로 납부한 후 이를 증명하는 서면을 등기신청서에 첨부하여 제출하는 방법으로 합니다(등기사항증명서 등 수수료규칙 제6조제3항).

6. 신청서 작성

6-1. 신청서 및 첨부서류

① 신청서, 취득세영수필확인서, 등기 수입증지 영수필확인서(해당자에 한함), 주민등록표등(초)본, 건축물대장등본 등의 순으로 준비합니다.

② 판결에 의한 소유권 보존등기일 경우 신청서식은 위와 같이 작성한 후 첨부서면 기재란에 '판결정본 및 확정증명원'을 기재하고 첨부서류로 제출하면 됩니다.

6-2. 구분건물 소유권 보존등기 신청서

[서식 예] 구분건물 소유권 보존등기 신청서

<table>
<tr><td colspan="4" align="center">구분건물소유권보존등기신청</td></tr>
<tr><td rowspan="2">접
수</td><td>년 월 일</td><td rowspan="2">처
리
인</td><td>등기관 확인</td><td>각종 통지</td></tr>
<tr><td>제   호</td><td></td><td></td></tr>
</table>

<table>
<tr><td colspan="5" align="center">① 부동산의 표시</td></tr>
<tr><td colspan="5" align="center">

별지 기재와 같음

</td></tr>
<tr><td colspan="2">② 등기의 목적</td><td colspan="3">소유권 보존</td></tr>
<tr><td colspan="2">③ 신청 근거
규정</td><td colspan="3">부동산등기법 제65조 제1호</td></tr>
<tr><td>구
분</td><td>성   명
(상호·명칭)</td><td>주민등록번호
(등기용등록번호)</td><td>주   소 (소 재 지)</td><td>지 분
(개인별)</td></tr>
<tr><td>④
신
청
인</td><td>이 대 백</td><td>XXXXXX-XXXXXXX</td><td>서울특별시 서초구 서초대
로 88길 10, 가동 101호
(서초동, 샛별아파트)</td><td></td></tr>
</table>

⑤ 시가표준액 및 국민주택채권매입금액		
부동산 표시	부동산별 시가표준액	부동산별 국민주택채권매입금액
1. 주 택	금 원	금 원
2.	금 원	금 원
3.	금 원	금 원
⑤ 국 민 주 택 채 권 매 입 총 액		금 원
⑤ 국 민 주 택 채 권 발 행 번 호		
⑥ 취득세(등록면허세) 금○○○,○○○원	⑥ 지방교육세 금 ○○,○○○원	
	⑥ 농어촌특별세 금 ○○,○○○원	
⑦ 세 액 합 계	금 ○○○,○○○ 원	
⑧ 등 기 신 청 수 수 료	금 150,000 원	
	납부번호 : ○○-○○-○○○○○○○○-○	
	일괄납부 : 건 원	

⑨ 첨 부 서 면		
·취득세(등록면허세)영수필확인서 1통	<기타>
·등기신청수수료 영수필확인서 1통	
·집합건축물대장등본 1통	
·주민등록표등(초)본 1통	

2013년   5월   1일

⑩ 위 신청인   이   대   백   ㉑   (전화 : 300-7766)

　　(또는)위 대리인   (전화 :   )

서울중앙 지방법원   등기국 귀중

- 신청서 작성요령 -
1. 부동산표시란에 2개 이상의 부동산을 기재하는 경우에는 그 부동산의 일련번호를 기재
　하여야 합니다.
2. 신청인란 등 해당란에 기재할 여백이 없을 경우에는 별지를 이용합니다.

<별   지>

1동의 건물의 표시
　　　서울특별시 서초구 서초동 100
　　　서울특별시 서초구 서초동 101
　　　샛별아파트 가동
　　　[도로명주소] 서울특별시 서초구 서초대로 88길 10
　　　철근콘크리트조 슬래브지붕 5층 아파트
　　　　　1 층 245㎡
　　　　　2 층 245㎡
　　　　　3 층 245㎡
　　　　　4 층 245㎡
　　　　　5 층 245㎡
전유부분의 건물의 표시
　　1. 건물의 번호 1-101
　　　구　　　조 철근콘크리트조
　　　면　　　적 1층 101호 86.03㎡
　　3. 건물의 번호 2-201
　　　구　　　조 철근콘크리트조
　　　면　　　적 2층 201호 86.03㎡
　　5. 건물의 번호 3-301
　　　구　　　조 철근콘크리트조
　　　면　　　적 3층 301호 86.03㎡
　　7. 건물의 번호 4-401
　　　구　　　조 철근콘크리트조
　　　면　　　적 4층 401호 86.03㎡
　　9. 건물의 번호 5-501
　　　구　　　조 철근콘크리트조
　　　면　　　적 5층 501호 86.03㎡

　　2. 건물의 번호 1-102
　　　구　　　조 철근콘크리트조
　　　면　　　적 1층 102호 86.03㎡
　　4. 건물의 번호 2-202
　　　구　　　조 철근콘크리트조
　　　면　　　적 2층 202호 86.03㎡
　　6. 건물의 번호 3-302
　　　구　　　조 철근콘크리트조
　　　면　　　적 3층 302호 86.03㎡
　　8. 건물의 번호 4-402
　　　구　　　조 철근콘크리트조
　　　면　　　적 4층 402호 86.03㎡
　　10. 건물의 번호 5-502
　　　구　　　조 철근콘크리트조
　　　면　　　적 5층 502호 86.03㎡

각 전유부분의 대지권의 표시
　　　토지의 표시
　　　　1. 서울특별시 서초구 서초동 100 대 1,400㎡
　　　　2. 서울특별시 서초구 서초동 101 대 1,600㎡
　　　대지권의 종류 소유권
　　　대지권의 비율 1,2 : 3,000분의 300
　　　등기원인과 그 연월일 2011년 10월 4일 대지권

이   상

등기신청안내서 - 구분건물소유권보존등기신청

■ **구분건물소유권보존등기란**

구분건물의 등기기록을 개설하기 위하여 하는 최초의 등기로, 1동의 건물전체에 대한 등기와 전유부분(각 부분)에 대한 등기를 함께 하여야 합니다. 아파트에 대한 등기가 그 대표적 예입니다. 1동의 건물에 속하는 구분건물 중의 일부만에 관하여 소유권보존등기를 신청하는 경우에는 그 나머지 구분건물에 관하여 표시에 관한 등기를 동시에 신청하여야 합니다.

■ **등기신청방법**

신청인 본인 또는 법무사 등 그 대리인이 신분을 확인할 수 있는 주민등록증 등을 가지고 직접 등기소에 출석하여 신청합니다.

■ **등기신청서 기재요령**

※ 신청서는 한글과 아라비아 숫자로 기재합니다. 부동산의 표시란이나 신청인란 등이 부족할 경우에는 별지를 사용하고, 별지를 포함한 신청서의 각 장 사이에는 간인(신청서에 서명을 하였을 때에는 각 장마다 연결되는 서명)을 하여야 합니다.

① 부동산의 표시란

㉮ 1동의 건물의 표시

1동의 건물 전체에 관한 것으로, 집합건축물대장등본을 참고하여 1동의 건물 전체의 소재와 지번, 도로명주소, 구조, 종류, 면적(구조상 공용부분을 포함하되, 전체의 면적을 층별로 표시)을 기재하고, 건물의 번호가 있는 때에는 그 번호, 건물에 명칭이 있는 때에는 그 명칭을 기재합니다.

㉯ 전유부분의 건물의 표시

전유부분의 건물의 번호, 구조, 면적과 부속건물이 있는 때에는 그 구조와 면적을 기재하되, 구분건물의 구조가 복식건물인 때에는 그 표시를 합니다.

㉰ 대지권의 표시

대지권의 목적인 토지의 표시, 대지권의 종류, 비율, 등기원인과 그 연월일 등을 기재합니다.

(ⅰ) 대지권의 목적인 토지의 표시는 토지의 일련번호, 토지의 소재, 지번, 지목, 면적을,

(ⅱ) 대지권의 종류는 소유권, 지상권, 전세권, 임차권 등 권리의 종류에 따라 기재하며,

(ⅲ) 대지권의 비율은 대지권의 목적인 토지에 대한 지분비율을 기재하고,

(ⅳ) 등기원인은 "대지권"으로, 그 연월일은 1동의 건물의 신축일 등 대지권 발생연월일을 기재합니다.

(ⅴ) 대지권의 내용이 각 전유부분별로 동일한 때에는 전유부분의 건물의 표시를 일괄하여 표시한 다음에 대지권의 표시를 하여도 무방하지만, 전유부분의 대지권의 내용이 다른 경우에는 각각의 전유부분마다 대지권을 별도로 표시하여야 합니다.

② 등기의 목적란

"소유권보존"이라고 기재합니다.

③ 신청근거규정란

㉠ 건축물대장등본에 의할 경우에는 " 부동산등기법 제65조 제1호 ",

㉡ 판결에 의할 경우에는 " 부동산등기법 제65조 제2호 ",

㉢ 수용에 의할 경우에는 " 부동산등기법 제65조 제3호 ",

㉣ 특별자치도지사·시장·군수·자치구의 구청장의 확인에 의할 경우에는 "부동산등기법 제65조 제4호"라고 기재합니다.

④ 신청인란

　소유자의 성명, 주민등록번호, 주소를 기재하되, 소유자가 수인인 경우에는 공유자별로 성명, 주민등록번호, 주소를 기재하고, 각자의 지분을 표시합니다. 그러나 신청인이 법인인 경우에는 상호(명칭), 본점 (주사무소 소재지), 등기용등록번호 및 대표자의 성명과 주소를 기재하고, 법인 아닌 사단이나 재단인 경우에는 상호(명칭), 본점(주사무소 소재지), 등기용등록번호 및 대표자(관리인)의 성명, 주민등록번호, 주소를 각 기재합니다.

⑤ 시가표준액 및 국민주택채권매입금액, 국민주택채권매입총액란, 국민주택채권발행번호란 : 건물의 소유권 보존등기시 국민주택채권은 매입하지 않으므로 이란은 기재하지 않습니다.

⑥ 취득세(등록면허세)·지방교육세·농어촌특별세란 : 취득세(등록면허세)영수필확인서에 의하여 기재하며, 농어촌특별세는 납부액이 없는 경우 기재하지 않습니다.

⑦ 세액합계란 ; 취득세(등록면허세)액, 지방교육세액, 농어촌특별세액의 합계를 기재합니다.

⑧ 등기신청수수료란

㉠ 부동산 1개당 15,000원의 등기신청수수료 납부액을 기재하며, 등기신청수수료를 은행 현금납부, 전자납부, 무인발급기 납부 등의 방법에 따라 납부한 후 등기신청서에 등기신청수수료 영수필확인서를 첨부하고 납부번호를 기재하여 제출합니다.

㉡ 여러 건의 등기신청에 대하여 수납금융기관에 현금으로 일괄납부하는 경우 첫 번째 등기신청서에 등기신청수수료 영수필확인서를 첨부하고 해당 등기신청수수료, 납부번호와 일괄납부 건수 및 일괄납부액을 기재하며, 나머지 신청서에는 해당 등기신청수수료와 전 사건에 일괄 납부한 취지를 기재합니다(일괄납부는 은행에 현금으로 납부하는 경우에만 가능함).

⑨ 첨부서면란 : 등기신청서에 첨부한 서면을 각 기재합니다.

⑩ 신청인등란

㉠ 신청인의 성명 및 전화번호를 기재하고 인장을 날인 또는 서명을 하되, 신청인이 법인이나 법인 아닌 사단 또는 재단인 경우에는 상호(명칭)와 대표자(관리인)의 자격 및 성명을 기재하고 대표자(관리인)의 인장을 날인 또는 서명을 합니다.

㉡ 대리인이 등기신청을 하는 경우에는 그 대리인의 성명, 주소, 전화번호를 기재하고 대리인의 인장을 날인 또는 서명을 합니다.

제2장 소유권 보존등기는 어떻게 해야 하나요?　97

■ 등기신청서에 첨부할 서면

< 신청인 >

① 위임장 : 등기신청을 법무사 등 대리인에게 위임하는 경우에 첨부합니다.

② 건물도면

㉮ 건축물대장등본이 첨부되지 않았을 때에는 1동의 건물의 소재도, 각층의 평면도와 전유부분의 평면도를 첨부하여야 합니다.

㉯ 1동의 건물의 소재도는 건물의 번호·방위·건물의 대지의 경계·지번 및 인근토지의 지번 등을, 각층의 평면도는 주위의 길이·면적 및 전유부분의 배열상황을, 구분한 건물의 평면도는 주위의 길이·면적 및 구분상황을 기재하며 전부 검은 선과 검은 글씨로 하되 등기의 목적 외의 건물이 있을 때에는 붉은 선, 붉은 글씨로 작성합니다.

㉰ 도면은 인터넷등기소 영구보존문서 등록에서 도면을 전자문서로 변환한 후 신청인 또는 대리인의 전자서명을 부여하여 등록하고, 부여된 등록문서번호를 신청서의 부동산의 표시란에 기재(예 : [등록문서번호 : 100번])하는 방법으로 제출합니다. 단, 자연인 또는 법인 아닌 사단이나 재단이 등기신청을 직접 또는 자격자대리인이 아닌 사람에게 위임하여 하는 경우에는 신청인 또는 대리인이 기명날인이나 서명을 한 도면을 서면으로 제출할 수 있습니다.

③ 규약 또는 공정증서

대지권의 목적인 토지가 규약상 대지인 때, 대지권의 비율을 각 전유부분의 면적 비 율과 다르게 정한 때, 대지사용권을 전유부분과 분리 처분할 수 있는 것으로 정한 경우에 첨부합니다.

< 시 · 구 · 군청, 읍 · 면 사무소, 동 주민센터 >

① 취득세(등록면허세)영수필확인서

시장, 구청장, 군수 등으로부터 취득세(등록면허세)납부서(OCR용지)를 발급받아 납세지를 관할하는 해당 금융기관에 세금을 납부한 후 취득세(등록면허세)영수필확인서와 영수증을 교부받아 영수증은 본인이 보관하고 취득세(등록면허세)영수필확인서만 신청서의 취득세(등록면허세)액표시란의 좌측상단 여백에 첨부하거나, 또는 지방세인터넷납부시스템에서 출력한 취득세(등록면허세)납부확인서를 첨부합니다.

② 집합건축물대장등본 : 부동산의 현황 및 신청인의 소유권을 증명하는 서면으로 첨부합니다(발행일로부터 3월 이내).

③ 주민등록표등(초)본

신청인의 주민등록표등본 또는 초본(각, 발행일로부터 3월 이내)을 첨부합니다.

④ 기타

상속인이 신청하는 경우에는 상속을 증명하는 서면인 제적등본, 가족관계증명서, 기본증명서, 친양자입양관계증명서 등(발행일로부터 3월이내)을 첨부합니다.

< 대한민국법원 인터넷등기소, 금융기관 등 >

등기신청수수료

대한민국법원 인터넷등기소(http://www.iros.go.kr/PMainJ.jsp)를 이용하여 전자적인 방법(신용카드, 계좌이체, 선불형지급수단)으로 납부하고 출력한 등기신청수수료 영수필확인서를 첨부하거나, 법원행정처장이 지정하는 수납금융기관 또는 신청수수료 납부기능이 있는 무인발급기에 현금으로 납부한 후 발급받은 등기신청수수료 영수필확인서를 첨부합니다.

< 등기과 · 소 >

법인등기사항전부(일부)증명서

신청인이 법인인 경우에는 법인등기사항전부증명서 또는 법인등기사항일부증명서(각,   발행일로부터 3월 이내)를 첨부합니다.

< 기   타 >

신청인이 재외국민이나 외국인 또는 법인 아닌 사단 또는 재단인 경우에는 신청서의 기재사항과 첨부서면이 다르거나 추가될 수 있으므로, "대법원 종합법률정보(http://glaw.scourt.go.kr)"의 규칙/예규/선례에서『외국인 및 재외국민의 국내 부동산 처분 등에 따른 등기신청절차, 등기예규 제1393호』및『법인 아닌 사단의 등기신청에 관한 업무처리지침, 등기예규 제1435호』등을 참고하시고, 기타 궁금한 사항은 변호사, 법무사 등 등기와 관련된 전문가나 등기과·소의 민원담당자에게 문의하시기 바랍니다.

◾ 등기신청서류 편철순서

신청서, 취득세(등록면허세)영수필확인서, 등기신청수수료 영수필확인서, 위임장, 주민등록표등(초)본, 집합건축물대장등본 등의 순으로 편철해 주시면 업무처리에 편리합니다.

■ 집합건물 구분소유자들의 건물의 대지에 대해 가지는 점유는 대지권의 등기를 마친 공유지분의 비율에 관계없이 적법한 것인가요?

Q. 甲은 1필지의 대지 위에 축조된 아파트와 상가건물 중에서 상가건물을 매수한 바 있는데, 그 건물의 대지에 대해 가지는 점유는 대지권의 등기를 마친 공유지분의 비율에 관계없이 적법한 것인가요?

A. 판례는, 집합건물인 1동의 건물 구분소유자들이 그 건물의 대지를 공유하고 있는 경우 각 구분소유자는 별도의 규약이 존재하는 등의 특별한 사정이 없는 한 그 대지에 대하여 가지는 공유지분의 비율에 관계없이 그 건물의 대지 전부를 용도에 따라 사용할 수 있는 적법한 권원을 가지는바, 이때 '건물의 대지'는 달리 특별한 사정이 없는 한 집합건물이 소재하고 있는 1필의 토지 전부를 포함한다(대법원 2013. 11. 14. 선고 2013다33577 판결)라고 판시한 바 있습니다. 곧 대지권의 등기를 마친 경우 공유지분에 관계없이 그 점유는 적법하다고 할 것입니다.

또한 건설회사가 1필지의 대지 위에 아파트와 상가건물을 별개의 건물로서 신축·분양하여 아파트 입주자들에게 위 대지의 일부 공유지분을 대지권으로 한 등기를 경료하여 주었고, 위 상가건물과 위 대지의 나머지 공유지분에 관하여는 이를 타인에게 매도하여 건물에 관한 소유권이전등기를 마쳐 주었으나, 위 대지 지분에 관하여는 이 사건 소송 계류중에 2개 점포에 대한 대지권으로 등기를 마쳐 주었다면, 위 상가건물의 매수인은 위 건물을 취득한 때로부터 위 대지권에 대한 등기를 마친 날까지는 대지의 공유자로서 대지사용권을 가진 건설회사로부터 그 권리를 매수한 지위에서 위 상가건물의 대지를 사용한 것이고, 그 다음날부터는 스스로 대지권의 등기를 마친 자로서 위 건물의 대지를 사용한 것이므로, 위 건물의 대지에 대한 위 매수인의 점유는 동인이 매수하였거나 대지권의 등기를 마친 공유지분의 비율에 관계없이 적법하다고 한 사례가 있습니다(대법원 1995. 3. 14. 선고 93다60144 판결).

■ 구분건물의 전유부분에 설정된 저당권이 대지지분에 미치는 효력의 범위는 어디까지
인지요?

Q. 甲은 乙로부터 5억 원을 차용하면서 甲소유 A구분건물의 전유부분에 저
당권을 설정하였습니다. 甲이 차용금을 변제하지 못하여 乙이 저당권에 기
하여 경매를 진행하던 중 甲이 대지지분등기를 받았는데, 건물의 경락인
丙이 전유부분 뿐 아니라 대지지분까지 등기를 받았습니다. 이에 甲은 丙
이 대지지분까지 등기 받은 것은 부당하다며 丙에 대하여 대지지분 만큼
의 부당이득반환청구를 하였습니다. 甲의 주장은 타당한지요?

A. 대법원 판례는 "집합건물의소유및관리에관한법률 제20조 제1항, 제2항 과
민법 제358조 본문의 각 규정에 비추어 볼 때, 집합건물의 대지의 분·합
필 및 환지절차의 지연, 각 세대당 지분비율 결정의 지연 등으로 인하여
구분건물의 전유부분에 대한 소유권이전등기만 경료되고 대지지분에 대한
소유권이전등기가 경료되기 전에 전유부분만에 관하여 설정된 저당권의
효력은, 대지사용권의 분리처분이 가능하도록 규약으로 정하였다는 등의
특별한 사정이 없는 한, 그 전유부분의 소유자가 나중에 대지지분에 관한
등기를 마침으로써 전유부분과 대지권이 동일 소유자에게 귀속하게 되었
다면 당연히 종물 내지 종된 권리인 그 대지사용권에까지 미친다."라고 판
시하면서(대법원 2001. 9. 4. 선고 2001다22604 판결),
"구분건물의 전유부분에 대한 소유권이전등기만 경료되고 대지지분에 대한
소유권이전등기가 경료되기 전에 전유부분만에 관하여 설정된 근저당권에
터잡아 임의경매절차가 개시되었고, 집행법원이 구분건물에 대한 입찰명령
을 함에 있어 대지지분에 관한 감정평가액을 반영하지 않은 상태에서 경매
절차를 진행하였다고 하더라도, 전유부분에 대한 대지사용권을 분리처분할
수 있도록 정한 규약이 존재한다는 등의 특별한 사정이 없는 한 낙찰인은
경매목적물인 전유부분을 낙찰 받음에 따라 종물 내지 종된 권리인 대지지
분도 함께 취득하였다 할 것이므로, 구분건물의 대지지분 등기가 경료된 후
집행법원의 촉탁에 의하여 낙찰인이 대지지분에 관하여 소유권이전등기를
경료 받은 것을 두고 법률상 원인 없이 이득을 얻은 것이라고 할 수 없다."
라고 판시한 바 있습니다(대법원 2001. 9. 4. 선고 2001다22604 판결).

위와 같은 대법원 판례를 고려할 때, 丙이 저당권에 기하여 진행된 경매절차에서 경매목적물인 전유부분을 낙찰 받음에 따라 종물 내지 종된 권리인 대지지분도 함께 취득하는 것은 법률상 당연하다고 할 것이므로, 甲은 丙에게 부당이득반환청구를 할 수 없다고 할 것입니다.

■ 대지권 미등기 집합건물 취득자의 대지권등기를 할 수 있는 방법은 어떤 것인지요?

Q. 甲은 丙주식회사가 乙공사로부터 택지를 분양받아 건축하여 분양한 丁소유 아파트를 임의경매절차에서 낙찰 받아 그 건물의 소유권이전등기까지 마쳤고, 그 경매에서 대지면적 58㎡에 관하여 토지 및 건물이 일괄경매된 것이었는데, 그 아파트는 대지권등기가 되어 있지 않은 대지권미등기 아파트였으며, 그 이유는 丙주식회사가 택지분양대금은 모두 지급되었으나 도산으로 위 아파트 대지권에 대한 이전등기를 하지 못하였기 때문입니다. 이 경우 甲이 대지권등기를 할 수 있는 방법은 어떤 것인지요?

A. 집합건물대지권취득에 관하여 부동산등기법에서 '구분건물신축자'가 집합건물의 소유 및 관리에 관한 법률 제2조 제6호의 대지사용권을 가지고 있는 경우에 대지권에 관한 등기를 하지 아니하고 구분건물에 관하여만 소유권이전등기를 마쳤을 때에는 '현재의 구분건물소유명의인'과 공동으로 대지사용권에 관한 이전등기를 신청할 수 있고, 구분건물을 신축하여 양도한 자가 그 건물대지사용권을 나중에 취득하여 이전하기로 약정한 경우에도 위 규정을 준용하고, 이러한 등기는 대지권에 관한 등기와 동시에 신청하여야 한다고 규정하고 있습니다(부동산등기법 제60조).

　그리고 대지권미등기 집합건물취득자의 대지사용권취득에 관한 판례를 보면, 집합건물건축자로부터 전유부분과 대지지분을 함께 분양형식으로 매수하여 그 대금을 모두 지급함으로써 소유권취득의 실질적 요건은 갖추었지만 전유부분에 대한 소유권이전등기만 이전받고 대지지분에 대해서는 아직 소유권이전등기를 이전받지 못한 자는 매매계약의 효력으로써 전유부분소유를 위하여 건물대지를 점유·사용할 권리가 있고, 매수인지위에서 가지는 이러한 점유·사용권은 단순한 점유권과는 차원을 달리하는 본래의 권리로서 집합건물의 소유 및 관리에 관한 법률 제2조 제6호에서 정한 구분소유자가 전유부분을 소유하기 위해 건물대지에 대하여 가지는 권리인 대지사용권에 해당하며, 수분양자로부터 전유부분과 대지지분을 다시 매수하거나 증여 등의 방법으로 양수받거나 전전양수 받은 자 역시 당초 수분양자가 가졌던 이러한 대지사용권을 취득하고(대법원 2000. 11. 16. 선고 98다45652, 45669 판결), 이것은 수분양자가 그 분양대금을 완납하지 못한 경우에도 마찬가지이며, 그 경우 분양자는 양수인의 대지지분이전청구에 대하여 수분양자의 분양대금미지급을 이유로 동시이행항변을 할 수 있을 뿐입니다(대법원 2008. 11. 27. 선고 2008다60742 판결).

그런데 대지권미등기 집합건물을 취득한 매수인, 낙찰인 등이 대지권에 관한 등기를 하기 위해 소송을 제기할 경우 구체적으로 누구를 상대로 어떻게 청구하여야 하는지 판례를 보면, 집합건물건축자가 그 대지를 매수하였으나 지적정리 등의 지연으로 소유권이전등기를 마치지 못하여 우선 전유부분만 소유권보존등기를 마쳤는데, 그 뒤 대지에 관한 소유권이전등기가 되지 아니한 상태에서 전유부분에 관한 경매절차가 진행되어 제3자가 전유부분을 낙찰 받은 경우, 낙찰인은 전유부분과 함께 건축자가 가지는 대지사용권을 취득하고, 이 경우 대지사용권을 취득한 낙찰인은 그 후 대지에 관한 소유권이전등기를 이전받은 집합건물건축자를 상대로 구 부동산등기법(법률 제10580호로 2011. 4. 12. 전부개정 되어 2011. 10. 13. 시행되기 전의 것)제57조의3 제1항에 근거한 대지지분이전등기를 청구하는 것은 별론으로 하고, 위 조항의 신설에 따라 삭제된 구 부동산등기법 시행규칙(2006. 5. 30. 대법원규칙 제2025호 부동산등기규칙으로 개정되기 전의 것) 제60조의2에 근거하여 대지권변경등기절차의 이행을 구할 수는 없다고 하였습니다(대법원 2008. 9. 11. 선고 2007다45777 판결).

그러므로 위 사안에서 甲은 丙주식회사의 대지지분이전등기청구권을 대위행사 하여 乙 공사에 대해서는 '매매'를 원인으로 한 丙주식회사에게로의 해당 대지지분이전등기청구를 하면서, 丙주식회사에 대해서는 수분양자 등에게로의 중간등기를 생략하고 곧바로 甲에게로의 '전유부분취득'을 원인으로 하는 대지지분이전등기(대지사용권의 이전등기)절차이행을 청구하여 승소판결을 받은 뒤 그 이전등기와 동시에 대지권에 관한 등기를 신청하면 될 것으로 보입니다. 그리고 종전처럼 분양자를 상대로 대지권변경등기 절차이행을 청구하여서는 아니 될 것입니다.

■ **구조상 독립성을 갖추지 못한 상태에서 구분소유권 등기를 하였다면 그 등기는 구분소유 등기로서 유효한가요?**

Q. 甲시행사가 신축건물의 보존등기를 건물 완성 전에 하였고 그 후에 건물이 완성되었다면 해당 보존등기는 유효한가요? 만약 甲시행사가 구조상 독립성을 갖추지 못한 상태에서 구분소유권 등기를 하였다면 그 등기는 구분소유 등기로서 유효한가요?

A. 신축건물의 보존등기를 건물 완성 전에 한 경우, 그 후에 건물이 완성된 경우 그 등기를 무효라고 볼 수 없습니다. 대법원은 구분소유권에 관하여서도 이와 같은 법리를 적용하여 『신축건물의 보존등기를 건물 완성 전에 하였더라도 그 후 건물이 완성된 이상 등기를 무효라고 볼 수 없다. 이러한 법리는 1동 건물의 일부분이 구분소유권의 객체로서 적합한 구조상 독립성을 갖추지 못한 상태에서 구분소유권의 목적으로 등기되고 이에 기초하여 근저당권설정등기나 소유권이전등기 등이 순차로 마쳐진 다음 집합건물의 소유 및 관리에 관한 법률 제1조의2, '집합건물의 소유 및 관리에 관한 법률 제1조의2 제1항의 경계표지 및 건물번호표지에 관한 규정'에 따라 경계를 명확하게 식별할 수 있는 표지가 바닥에 견고하게 설치되고 구분점포별로 부여된 건물번호표지도 견고하게 부착되는 등으로 구분소유권의 객체가 된 경우에도 마찬가지이다(대법원 2016. 1. 28. 선고 2013다59876 판결).』라고 판시하였습니다. 결국 甲시행사의 보존등기 및 구분소유등기는 그 후에 건물이 구조상 독립성을 갖추어 완성된 경우 유효합니다.

■ **집합건물의 공용부분이 취득시효에 의한 소유권 취득의 대상이 되는지요?**

Q. 甲 조합과 乙 조합은 공동으로 아파트 건설 사업을 시행하여 1986. 2.경 아파트를 완공하였습니다. 당초 전체라인을 12층으로 건축하려 하였으나 관할관청의 승인을 받기 위해 10호 라인만 8층으로 건축하고 그 위에 경

사지붕으로 공실을 만들게 되면서 온실이 만들어지게 되었습니다. 공동주택조합은 1986. 3. 11.경 아파트에 관한 사용승인을 받고 1986. 4. 30. 경 각 세대별로 소유권보존등기절차를 진행하면서, 온실에 관하여는 전유부분의 등기나 표제부에 공용부분이라는 취지의 등기를 따로 마치지 아니하였습니다. A는 1986. 4. 30.경부터 이 아파트에 입주하면서 주거용으로 개조된 온실을 주거로 사용하기 시작하였고 그 후 B등을 거쳐 아파트를 순차로 매수한 C가 온실을 주거용도로 사용하고 있습니다. C는 온실을 시효취득했다고 주장하면서 공유지분에 관한 소유권이전등기를 구하는 소를 제기할 수 있는지요?

A. 「집합건물의 소유 및 관리에 관한 법률」(이하 '집합건물법'이라 한다) 제1조 , 제2조 제1호 및 제3호는 1동의 건물 중 구조상 구분된 수개의 부분이 독립한 건물로서 사용될 수 있을 때에는 그 각 부분을 집합건물법이 정하는 바에 따라 각각 소유권의 목적으로 할 수 있고, 그 각 부분을 목적으로 하는 소유권을 구분소유권으로, 구분소유권의 목적인 각 건물부분을 전유부분으로 규정하고 있으므로, 공용부분은 전유부분으로 변경되지 않는 한 구분소유권의 목적이 될 수 없습니다. 집합건물의 공용부분은 구분소유자 전원의 공유에 속하나(집합건물법 제10조 제1항), 그 공유는 민법상의 공유와는 달리 건물의 구분소유라고 하는 공동의 목적을 위하여 인정되는 것으로 집합건물법 제13조는 공용부분에 대한 공유자의 지분은 그가 가지는 전유부분의 처분에 따를 뿐 전유부분과 분리하여 처분할 수 없도록 규정하고 있습니다. 또한 공용부분을 전유부분으로 변경하기 위해서는 집합건물법 제15조에 따른 구분소유자들의 집회결의와 그 공용부분의 변경으로 특별한 영향을 받게 되는 구분소유자의 승낙을 얻어야 합니다(대법원 1992. 4. 24. 선고 92다3151판결 참조).
판례는 공용부분에 대하여 취득시효의 완성을 인정하여 그 부분에 대한 소유권취득을 인정한다면 전유부분과 분리하여 공용부분의 처분을 허용하고 일정기간의 점유로 인하여 공용부분이 전유부분으로 변경되는 결과가 되어 집합건물법의 취지에 어긋나게 되므로 집합건물의 공용부분은 취득시효에 의한 소유권 취득의 대상이 될 수 없다고 판시하고 있습니다(대법원 2013. 12. 12. 선고 2011다78200판결).

제3장

소유권 이전등기는
어떤 절차로 하나요?

제3장 소유권 이전등기는 어떤 절차로 하나요?

제1절 매매에 의한 소유권 이전등기

1. 매매에 의한 소유권 이전등기의 개념

1-1. 의의

① 매매에 의한 소유권 이전등기란 매매라는 법률행위로 소유권이 이전된 경우 이를 공시하기 위해 신청하는 등기를 말합니다.
② 매수인의 소유권 이전등기청구권은 10년간 행사하지 않으면 소멸시효가 완성됩니다(민법 제162조제1항).

1-2. 매매의 개념

매매는 매도인이 재산권을 상대방에게 이전할 것을 약정하고 매수인이 그 대금을 지급할 것을 약정함으로 성립하는 계약을 말합니다(민법 제563조).

1-3. 매매의 효력

매도인은 매수인에게 매매의 목적이 된 권리를 이전하고, 매수인은 매도인에게 그 대금을 지급해야 매매의 효력이 발생합니다. 다만, 이는 특별한 약정이나 관습이 없으면 동시에 이행되어야 합니다(민법 제568조).

2. 매매에 의한 소유권 이전등기의 신청인

2-1. 등기의무자

부동산 매매에 의한 소유권 이전등기 시 등기권리자와 등기의무자는 다음과 같습니다.
 - 등기의무자: 매도인
 - 등기권리자: 매수인

2-2. 등기신청방법

① 신청인 또는 그 대리인이 등기소에 출석해 신청정보 및 첨부정보를 적은 서면을 제출하는 방법(부동산등기법 제24조제1항제1호 본문). 다만, 대리인이 변호사(법무법인·법무법인(유한) 및 법무조합 포함)나 법무사(법무사법인 및 법무사법인(유한) 포함)인 경우에는 대법원규칙으로 정하는 사무원을 등기소에 출석하게 해 서면을 제출할 수 있습니다(부동산등기법 제24조제1항제1호 단서).

② 전산정보처리조직을 이용해 신청정보 및 첨부정보를 보내는 방법(법원행정처장이 지정하는 등기유형으로 한정)[부동산등기법 제24조제1항제2호]

3. 매매에 의한 소유권 이전등기의 신청기간

3-1. 소유권 이전등기의 신청기간

① 부동산의 소유권 이전을 내용으로 하는 계약을 체결한 자는 다음 중 어느 하나에 정해진 날부터 60일 이내에 소유권 이전등기를 신청해야 합니다. 다만, 그 계약이 취소·해제되거나 무효인 경우에는 그렇지 않습니다(부동산등기 특별조치법 제2조제1항).

　1. 계약의 당사자가 서로 대가적인 채무를 부담하는 경우 반대급부의 이행이 완료된 날

　2. 계약당사자의 일방만이 채무를 부담하는 경우 그 계약의 효력이 발생한 날

② 부동산의 소유권을 이전받을 것을 내용으로 하는 계약을 체결한 자가 소유권 이전등기의 신청기간 이후에 제3자와 다음의 계약을 체결하고자 하는 경우 계약체결 전에 먼저 체결된 계약에 따라 소유권 이전등기를 신청해야 합니다(부동산등기 특별조치법 제2조제2항).

　1. 그 부동산에 대해 다시 제3자와 소유권 이전을 내용으로 하는 계약

　2. 제3자에게 계약당사자의 지위를 이전하는 계약을 체결하고자 할 경우

③ 부동산의 소유권 이전계약을 체결한 자가 소유권 이전등기의 신청기간 전에 그 부동산을 다시 제3자에게 이전하는 계약을 체결한 경우 다음 중 어느 하나에 정해진 날부터 60일 내에 먼저 체결된 계약에 따라 소유권 이전등기를 신청해야 합니다(부동산등기 특별조치법 제2조제3항).

1. 계약 당사자가 서로 대가적인 채무를 부담하는 경우 먼저 체결된 계약의 반대급부
   이행이 완료된 날
2. 계약당사자의 일방만이 채무를 부담하는 경우 그 계약의 효력이 발생한 날

4. 매매에 의한 소유권 이전등기 시 유의사항

4-1. 여러 개의 부동산 매매로 인한 소유권 이전등기의 일괄신청

① 등기목적과 등기원인이 동일하거나 그 밖에 「부동산등기규칙」 제47조제1항의 경우
   에는 같은 등기소의 관할 내에 있는 여러 개의 부동산에 관한 신청정보를 일괄하
   여 제공하는 방법으로 할 수 있습니다(부동산등기법 제25조).
② 거래신고의 대상이 되는 부동산이 2개 이상인 경우 거래가액과 목적 부동산을 기
   재한 매매목록을 작성해 일괄 신청합니다(부동산등기규칙 제124조제2항).
③ 거래되는 부동산이 1개라 하더라도 여러 사람의 매도인과 여러 사람의 매수인 사
   이의 매매계약인 경우에는 매매목록을 작성해서 신청해야 합니다(부동산등기규칙
   제124조제2항).

4-2. 공유지분의 이전등기

4-2-1. 매수인이 2인 이상인 경우

① 등기권리자(매수인)가 2인 이상인 경우에는 신청서에 그 지분(持分)을 적어야 합니
   다(부동산등기법 제48조제4항).
② 등기할 권리가 합유(合有)인 경우에는 신청서에 그 뜻을 적어야 합니다(부동산등
   기법 제48조제4항).
③ 합유란 수인(數人)이 조합을 만들어 물건을 소유하는 공동소유의 한 형태를 말합
   니다(민법 제271조제1항).

4-2-2. 소유권을 일부 이전하는 경우

① '소유권 일부 이전'이라는 문구를 소유권 이전등기 신청서의 '등기의 목적'란에 기
   재합니다.
② 소유권 일부 이전의 등기를 신청하는 경우에는 소유권 이전등기 신청서의 '이전할

지분'란에 그 지분을 표시합니다(부동산등기법 제67조제1항).

③ 만일 5년 내의 기간 동안 분할하지 않는다는 약정을 한 경우에는 이를 신청서에 적어야 합니다(부동산등기법 제67조제1항 및 민법 제268조제1항).

※ 위와 같은 약정사항은 신청서에 별도의 '특약사항'란을 만들어 기재하도록 합니다.

4-2-3. 공유지분권을 전부 이전하는 경우

① 'OOO의 지분 전부 이전'이라는 문구를 소유권 이전등기 신청서의 '등기의 목적'란에 기재합니다.

② 소유권 이전등기 신청서의 '이전할 지분'란에 '공유자 지분 O분의 O'과 같이 총 지분 중 이전받을 지분을 표시합니다.

4-2-4. 공유지분 중 일부를 이전하는 경우

① 'OOO의 지분 1/2 중 일부(1/4) 이전'이라는 문구를 소유권 이전등기 신청서의 '등기의 목적'란에 기재합니다.

② 소유권 이전등기 신청서의 '이전할 지분'란에 '공유자 지분 O분의 O'과 같이 총 지분 중 이전받을 지분을 표시합니다.

4-2-5. 수인(數人)의 공유자가 수인에게 지분의 전부 또는 일부를 이전하는 경우

① 등기 신청인은 등기 신청서에 등기의무자들의 각 지분 중 각 분의 지분이 등기권리자 중 1인에게 이전되었는지를 기재해야 합니다.

- 갑(2분의 1 지분), 을(2분의 1 지분)이 병, 정에게 소유권을 이전함에 있어 갑 지분 중 4분의 1지분씩, 을 지분 중 4분의 1 지분씩을 병, 정에게 각 이전하는 경우를 말합니다.

② 신청서는 등기권리자별로 또는 등기의무자별로 작성해 제출해야 합니다.

㉮ 등기권리자별로 각각 작성해 신청합니다(등기권리자 기재란에 1인만 기재).

- 등기권리자가 병(丙)인 소유권 이전등기 신청서의 '등기의 목적'란에 '갑(甲) 지분 2분의 1 중 일부(4분의 1) 및 을(乙) 지분 2분의 1 중 일부(4분의 1) 이전'이라고 기재

- 등기권리자가 정(丁)인 소유권 이전등기 신청서의 '등기의 목적'란에 '갑(甲) 지분 2분의 1 중 일부(4분의 1) 및 을(乙) 지분 2분의 1 중 일부(4분의 1) 이전'이라고 기재

㉯ 등기의무자별로 각각 작성해 신청합니다(등기의무자 기재란에 1인만 기재).
- 등기의무자가 갑(甲)인 소유권 이전등기 신청서의 '등기의 목적'란에 '갑(甲) 지분 2분의 1을 병(丙), 정(丁)에게 각 4분의 1씩 이전'이라고 기재
- 등기권리자가 을(乙)인 소유권 이전등기 신청서의 '등기의 목적'란에 '을(乙) 지분 2분의 1을 병(丙), 정(丁)에게 각 4분의 1씩 이전'이라고 기재

4-3. 부동산 거래신고제도

① 신고의무자: 거래당사자 또는 부동산 개업공인중개사(부동산 거래신고 등에 관한 법률 제3조제2항 및 제3항)
② 신고대상: 부동산 또는 부동산을 취득할 수 있는 권리
③ 신고기한: 계약체결일로부터 60일 이내
④ 신고처: 인터넷 또는 해당 토지, 건축물 소재지 관할 시장·군수·구청장
⑤ 부동산 거래신고는 인터넷 신고나 신고처 방문신고 중 선택할 수 있습니다.
⑥ 거래당사자의 금지행위

부동산거래신고에 관하여 다음의 행위를 하면 안 됩니다(부동산 거래신고 등에 관한 법률 제4조).
- 거래당사자가 부동산 개업공인중개사로 하여금 부동산거래신고를 하지 않게 하거나 거짓된 내용을 신고하도록 요구하는 행위
- 신고 의무자가 아닌 자가 거짓된 내용의 부동산거래신고를 하는 행위
- 부동산거래신고에 대하여 거짓신고를 조장하거나 방조하는 행위

⑦ 위반 시 제재

㉮ 부동산 거래신고를 하지 않거나 중개업자로 하여금 부동산 거래신고를 하지 않게 하거나 거짓된 내용을 신고하도록 요구한 자 또는 거짓으로 부동산 거래신고를 하는 행위를 조장하거나 방조한 자에게는 500만원 이하의 과태료가 부과됩니다(부동산 거래신고 등에 관한 법률 제28조제2항).
㉯ 부동산 거래신고를 허위로 한 경우에는 신고가액의 정도에 따라 해당 주택 취

득세의 0.5배부터 3배까지의 과태료(부동산 거래신고에 관한 법률 시행령 별표2 다)가 부과됩니다.

5. 매매에 의한 소유권 이전등기의 신청 시 제출서류

5-1. 시·군·구청을 통해 준비해야 하는 서류

① 소유권을 증명하는 서면

- 토지대장등본 또는 임야대장등본
- 건축물대장등본

② 신청인의 주소를 증명하는 서면

- 주민등록등(초)본

※ 매매에 의한 소유권 이전등기는 등기권리자와 등기의무자 공동으로 신청해야 하는 등기이므로 매수인과 매도인 모두의 주민등록등(초)본이 있어야 합니다.

※ 법인의 경우에는 주민등록등(초)본 대신 등기소에서 법인등기사항증명서를 발급받아 제출하면 됩니다. 법인등기사항증명서가 없는 법인의 경우에는 부동산등기용등록번호증명서를 발급받아 제출할 수 있습니다.

③ 부동산거래계약신고필증(실거래가신고필증) 또는 검인

㉮ 매에 의한 소유권 이전등기를 신청할 경우 계약서에 검인신청인을 표시해 부동산의 소재지를 관할하는 시장·군수·구청장 또는 그 권한의 위임을 받은 자의 검인을 받아 관할등기소에 이를 제출해야 합니다(부동산등기 특별조치법 제3조제1항).

㉯ 동산 개업공인중개사 또는 거래당사자가 실거래가신고필증을 발급받은 경우에는 검인을 받은 것으로 봅니다(부동산 거래신고 등에 관한 법률 제3조제5항).

[서식 예] 부동산매매검인계약서

부동산매매계약서

매도인과 매수인은 다음과 같이 매매 계약을 체결한다.

1. 부동산의 표시

2. 매매대금 및 지급방법

매매대금		원정		지급장소	
계약금	원정		영수함⑪		
중도금	원정은	. . .까지 지급			. . . 영수함 ⑪
잔대금	원정은	. . .까지 지급			. . . 영수함 ⑪

3. 매도인은 매매대금 전액을 영수함과 동시에 매수인에게 이 부동산에 대한 소유권이전 등기 절차를 이행하고 이 부동산을 명도 및 인도한다.

4. 소유권이전등기 절차를 위한 부속등기 절차비용은 매도인이 부담하고 소유권이전등기 절차비용은 매수인이 부담한다.

5. 이 부동산의 명도 및 인도때까지 발생한 제세공과금은 매도인이 부담하고 그 후에 발 생한 제세 공과금은 매수인이 부담한다.

6. 매도인이 위약한 때에는 위약금으로 계약금의 배액을 매수인에게 배상하고 매수인이 위약한 때에는 계약금을 위약금으 보고 그 반환 청구권이 상실된다. 계약이행 착수후 에도 또한 같다.

특약 사항	

이 계약의 성립을 증명하기 위하여 이 계약서 5통을 작성하고 계약 당사자가 이의 없음을 확 인하고 각각 서명·날인한다.

년   월   일

당사자표시

매도인		주민등록번호		주 소	
매수인		주민등록번호		주 소	

검 인 신청인	성명		주 소 사무소	

④ 매도용 인감증명서

부동산매수자란에 매수인의 성명(법인은 법인명), 주민등록번호(법인은 부동산등기용등록번호) 및 주소가 기재되어 있는 매도인의 부동산매도용 인감증명서(발행일로부터 3개월 내)를 첨부합니다.

⑤ 농지취득자격증명원(해당자에 한함)

농지를 취득하려는 자는 농지 소재지를 관할하는 시장, 구청장, 읍장 또는 면장에게서 농지취득자격증명을 발급받아야 하므로(농지법 제8조제1항), 농지에 대한 소유권 이전등기 시에는 농지취득자격증명원을 첨부해야 합니다.

⑥ 토지거래허가서(해당자에 한함)

㉠ 국토교통부장관 또는 특별시장·광역시장·특별자치시장·도지사·특별자치도지사(이하 "시·도지사"라 함)는 토지의 투기적인 거래가 성행하거나 지가(地價)가 급격히 상승하는 지역과 그러한 우려가 있는 지역으로서 「부동산 거래신고 등에 관한 법률 시행령」 제7조제1항의 지역에 대해서는 다음의 구분에 따라 5년 이내의 기간을 정해 토지거래계약 허가구역으로 지정할 수 있습니다(부동산 거래신고 등에 관한 법률 제10조제1항).

- 허가구역이 둘 이상의 시·도의 관할 구역에 걸쳐 있는 경우: 국토교통부장관이 지정

- 허가구역이 동일한 시·도 안의 일부지역인 경우: 시·도지사가 지정[다만, 국가 또는 「공공기관의 운영에 관한 법률」에 따른 공공기관이 관련 법령에 따른 개발사업을 시행하여 해당 지역의 지가변동률 등이 인근지역 또는 전국 평균에 비하여 급격히 상승하거나 상승할 우려가 있을 경우에는 국토교통부장관이 지정(부동산 거래신고 등에 관한 법률 시행령 제7조제2항)]

㉡ 허가구역에 있는 토지에 소유권·지상권을 설정하거나 이전하는 계약을 체결하려는 당사자는 공동으로 시장·군수 또는 구청장의 허가를 받아야 합니다(부동산 거래신고 등에 관한 법률 제11조제1항).

㉢ 농지에 대해 토지거래계약 허가를 받은 경우에는 농지취득자격증명을 받은 것으로 보므로(국토의 계획 및 이용에 관한 법률 제126조제1항), 농지에 대한 거래나 허가구역 내의 부동산 매매거래에 대해 토지거래 허가서를 받았다면, 이를 등기 시 첨부하면 됩니다.

⑦ 취득세납부고지서(지방교육세 및 농어촌특별세 포함)

  ㉮ 취득세란 부동산의 취득 시 납부해야 하는 세금을 말합니다(지방세법 제7조제1항).

    - 농지 외 부동산의 취득세: 부동산 가액 × 40/1,000(지방세법 제11조제1항제7호)

    - 농지의 취득세: 부동산 가액 × 30/1,000(지방세법 제11조제1항제7호)

※ 부동산의 취득 후 관계 법령의 규정에 의한 등기·등록 등을 이행하지 않은 경우라도 사실상으로 취득한 때에 취득한 것으로 보므로 해당 취득 물건의 소유자는 취득세를 납부해야 합니다(지방세법 제7조제2항).

※ 부동산 가액은 실거래가신고필증 상의 매매금액과 같습니다. 다만, 신고가 없거나 신고가액이 시가표준액에 미달하는 경우에는 시가표준액을 과세표준으로 합니다(지방세법 제10조제2항).

  ㉯ 지방교육세란 지방교육의 질적 향상에 필요한 지방교육재정의 확충에 소요되는 재원을 확보하기 위해 「지방세법」에 따른 취득세의 납부의무자에게 함께 부과되는 세금을 말합니다(지방세법 제149조 및 제150조제1호).

    - 지방교육세: (부동산 가액× 20/1,000)× 20/100[지방세법 제151조제1항제1호]

  ㉰ 농어촌특별세란 농어업의 경쟁력강화와 농어촌산업기반시설의 확충 및 농어촌지역 개발사업에 필요한 재원을 확보하기 위해 「지방세법」에 따른 취득세의 납부의무자에게 함께 부과되는 세금을 말합니다(농어촌특별세법 제1조 및 제3조제5호). 유상거래를 원인으로 감면을 받은 취득세에 대해 농어촌특별세의 적용세율은 일반적인 경우의 적용세율과 다릅니다(농어촌특별세법 제5조제1항제1호).

    - 일반 농어촌특별세: 부동산 가액 × 2/100 × 10/100(농어촌특별세법 제5조제1항제6호)

    - 감면 농어촌특별세: 감면세액 × 20/100(농어촌특별세법 제5조제1항제1호)

※ 단, 서민주택(주거전용면적 85㎡이하) 및 농가주택(수도권 외의 도서지역이 아닌 읍 또는 면지역으로 1호 또는 1세대당 주거전용면적이 100㎡이하)에 대한 취득세에 대해서는 농어촌특별세가 부과되지 않습니다(농어촌특별세법 제4조제11호).

⑧ 시, 군, 구청 세무과를 방문해 취득세납부고지서를 발부받고 세금을 은행에서 납부하면 됩니다.

5-2. 은행을 통해 준비해야 할 서류

5-2-1. 취득세영수필확인서

시·군·구청 세무과에서 취득세납부고지서를 받아와서 은행에 취득세, 지방교육세 및 농어촌특별세를 지불하면 취득세영수필확인서를 받을 수 있습니다.

5-2-2. 국민주택채권의 매입

① 국민주택채권이란 정부가 국민주택사업에 필요한 자금을 조달하기 위해 주택도시 기금의 부담으로 발행한 채권을 말합니다(주택도시기금법 제7조제1항).
② 등기를 신청하는 자는 국민주택채권을 매입해야 합니다(주택도시기금법 제8조제1 항제2호).

5-2-3. 대한민국정부 수입인지의 구입

① 국내에서 재산에 관한 권리 등의 창설·이전 또는 변경에 관한 계약서나 이를 증명 하는 그 밖의 문서를 작성하는 자는 계약서에 기재된 거래금액이 1,000만원을 초 과하는 경우에는 그 문서에 대한 인지세를 납부할 의무가 있습니다(인지세법 제1 조제1항 및 제3조제1항).
② 다만, 주택 소유권 이전에 관한 증서의 기재금액이 1억원 이하인 주택에 대해서는 인지세를 납부하지 않아도 됩니다(인지세법 제6조제5호).
③ 인지세는 과세문서에 「수입인지에 관한 법률」 제2조제1항에 따른 종이문서용 전자 수입인지를 붙여 납부합니다(인지세법 제8조제1항 본문).
④ 대한민국정부 수입인지는 가까운 은행(농협, 우체국, 신한은행 등)에서 구입할 수 있습니다.

5-2-4. 대법원등기 수입증지의 구입

① 대법원등기 수입증지(등기신청 수수료)
  - 등기를 하려는 사람은 수수료를 내야 합니다(부동산등기법 제22조제3항).
  - 대법원등기 수입증지를 은행이나 등기소에서 매입을 하여 이를 신청서에 붙이면 등기신청 수수료를 낸 것이 됩니다.

- 대법원등기 수입증지는 등기소나 등기소 주변의 은행(농협, 우체국, 신한은행 등) 에서 구입하실 수 있습니다.

② 소유권 이전등기 한 건당 대법원등기 수입증지

- 서면방문신청: 15,000원
- 전자표준양식신청(e-form양식으로 작성한 후 등기소 방문신청): 13,000원
- 전자신청: 10,000원

③ 등기신청수수료의 납부는 그 수수료 상당액을 전자적 방법으로 납부하거나, 법원행정 처장이 지정하는 금융기관에 현금으로 납부한 후 이를 증명하는 서면을 등기신청서에 첨부하여 제출하는 방법으로 합니다(등기사항증명서 등 수수료규칙 제6조제3항).

5-3. 매매관련 서류

5-3-1. 매매계약서

① 등기원인을 증명하는 서류로 매매계약서를 제출합니다(부동산등기법 제34조제6호 및 제40조제1항제5호).

- 거래금액이 1,000만원을 초과하는 계약서에는 수입인지를 붙여야 하나, 1억원 이 하인 주택일 경우에는 면제됩니다.

② 판결에 의한 경우 첨부서류

- 판결에 의한 등기 신청의 경우에는 판결정본과 그 판결이 확정되었음을 증명하는 확정증명서를 첨부해야 합니다.
- 조정에 갈음하는 결정정본 또는 화해권고결정정본을 첨부하는 경우에도 확정증명 원을 첨부합니다.
- 조정조서, 화해조서 또는 인낙조서를 등기원인증서로 제출하는 경우에는 확정증 명원을 첨부하지 않아도 됩니다.

5-3-2. 매매목록(해당자에 한함)

거래부동산이 2개 이상인 경우 또는 거래부동산이 1개라 하더라도 여러 명의 매도인 과 여러 명의 매수인 사이의 매매계약인 경우 매매목록을 작성해 등기소에 제공해야 합니다(부동산등기규칙 제124조제2항).

5-3-3. 위임장(해당자에 한함)

매매에 의한 소유권 이전등기는 등기의무자와 등기권리자가 공동으로 신청할 사항이지만 대부분은 매수인이 매도인으로부터 위임장을 받아 혼자서 등기소를 방문하므로, 이럴 경우 인감도장을 날인한 위임장을 받아야 합니다.

5-3-4. 등기필정보 또는 등기필정보통지서

① 매도인인 등기의무자가 등기권리자로서 소유권에 관한 등기를 한 후 등기소로부터 받아서 가지고 있던 등기필정보를 등기소에 제공해야 합니다(부동산등기법 제50조 제2항).

② 등기필정보의 제공방법

  - 방문신청의 경우 : 등기필정보를 적은 서면(등기필정보통지서)를 교부하는 방법. 다만, 신청인이 등기신청서와 함께 등기필정보통지서 송부용 우편봉투를 제출한 경우에는 등기필정보통지서를 우편으로 송부합니다(부동산등기규칙 제107조제1항제1호).

  - 전자신청의 경우 : 전산정보처리조직을 이용하여 송신하는 방법(부동산등기규칙 제107조제1항제2호)

6. 매매에 의한 소유권 이전등기 신청서

6-1. 신청서 및 첨부서류

신청서, 취득세영수필확인서, 등기 수입증지, 위임장, 인감증명서, 주민등록표등(초)본, 대장등본, 매매계약서, 부동산거래계약신고필증, 매매목록 등의 순으로 준비합니다.

6-2. 신청서 양식

[서식 예] 매매에 의한 소유권 이전등기 신청서

소유권이전등기신청서(매매)				
접수	년 월 일 제 호	처리인	등기관 확인	각종 통지

① 부동산의 표시(거래신고일련번호/거래가액)

　　1. 서울특별시 서초구 서초동 100

　　　　　대 300㎡

　　2. 서울특별시 서초구 서초동 100

　　　　[도로명주소] 서울특별시 서초구 서초대로 88길 10

　　　　시멘트 벽돌조 슬래브지붕 2층 주택

　　　　　1층 100㎡

　　　　　2층 100㎡

　거래신고일련번호 : 12345-2006-4-1234560　　　거래가액 : 500,000,000원

　　　　　　　이　　　　　　　　상

② 등기원인과 그 연월일	2014년 1월 2일 매매
③ 등기의 목적	소유권이전
④ 이전할 지분	

구분	성 명 (상호·명칭)	주민등록번호 (등기용등록번호)	주 소 (소재지)	지분 (개인별)
⑤ 등기 의무 자	이대백	XXXXXX-XXXXXXX	서울특별시 서초구 서초대로 88길 20 (서초동)	
⑥ 등기 권리 자	김갑동	XXXXXX-XXXXXXX	서울특별시 중구 다동길 96 (다동)	

⑦ 시가표준액 및 국민주택채권매입금액		
부동산 표시	부동산별 시가표준액	부동산별 국민주택채권매입금액
1. 주　택	금　○○,○○○,○○○원	금　　○○○,○○○　원
2.	금　　　　　　　원	금　　　　　　원
3.	금　　　　　　　원	금　　　　　　원
⑦ 국 민 주 택 채 권 매 입 총 액		금　　○○○,○○○　원
⑦ 국 민 주 택 채 권 발 행 번 호		○ ○ ○
⑧ 취득세(등록면허세) 금○○○,○○○원	⑧ 지방교육세 금 ○○,○○○원	
	⑧ 농어촌특별세 금 ○○,○○○원	
⑨ 세　액　합　계	금　　　　　　○○○,○○○　원	
⑩ 등 기 신 청 수 수 료	금　　　　　　　30,000　원	
	납부번호 : ○○-○○-○○○○○○○○○-○	
	일괄납부 :　　　　건　　　　　　　원	
⑪ 등기의무자의 등기필정보		
부동산고유번호	1102-2006-002095	
성명(명칭)	일련번호	비밀번호
이대백	Q77C-LO71-35J5	40-4636
⑫　첨　부　서　면		

·매매계약서	1통	·주민등록표등(초)본	각1통
·취득세(등록면허세)영수필확인서	1통	·부동산거래계약신고필증	1통
·등기신청수수료　영수필확인서	1통	·매매목록	1통
·등기필증	1통	·인감증명서 또는 본인서명사실 확인서	1통
·토지·임야·건축물대장등본	각1통	〈기 타〉	

2014년　1월　2일

⑬　위 신청인　　　이　　대　　백　㉑　(전화 : 2000-7766)

　　　　　　　　　김　　갑　　돌　㉑　(전화 : 3000-7766)

　　(또는)위 대리인　　　　　　　　　(전화 :　　　)

　　서울중앙 지방법원　　　　　　　등기국 귀중

```
┌──────────────────────────────────────────────────────────────┐
│                      - 신청서 작성요령 -                         │
│  1. 부동산표시란에 2개 이상의 부동산을 기재하는 경우에는 부동산의 일련번호를 기재하  │
│     여야 합니다.                                                │
│  2. 신청인란등 해당란에 기재할 여백이 없을 경우에는 별지를 이용합니다.          │
│  3. 담당 등기관이 판단하여 위의 첨부서면 외에 추가적인 서면을 요구할 수 있습니다.   │
└──────────────────────────────────────────────────────────────┘
```

등기신청안내서 – 소유권이전등기신청

■ **매매로 인한 소유권 이전 등기란**

부동산매매계약에 의하여 소유권을 이전하는 등기로, 이 신청에서는 매수인을 등기권리자, 매도인을 등기의무자라고 합니다.

■ **등기신청방법**

① 공동신청

매매계약서에 의한 등기신청인 경우에는 매도인과 매수인이 본인임을 확인할 수 있는 주민등록증 등을 가지고 직접 등기소에 출석하여 공동으로 신청함이 원칙입니다.

② 단독신청

판결에 의한 등기신청인 경우에는 승소한 등기권리자 또는 등기의무자가 단독으로 신청할 수 있습니다.

③ 대리인에 의한 신청

등기신청은 반드시 신청인 본인이 하여야 하는 것은 아니고 대리인이 하여도 됩니다. 등기권리자 또는 등기의무자 일방이 상대방의 대리인이 되거나 쌍방이 제3자에게 위임하여 등기신청을 할 수 있으나, 변호사 또는 법무사가 아닌 자는 신청서의 작성이나 그 서류의 제출대행을 업(業)으로 할 수 없습니다.

■ **등기신청서 기재요령**

※ 신청서는 한글과 아라비아 숫자로 기재합니다. 부동산의 표시란이나 신청인란 등이 부족할 경우에는 별지를 사용하고, 별지를 포함한 신청서의 각 장 사이에는 간인(신청서에 서명을 하였을 때에는 각 장마다 연결되는 서명)을 하여야 합니다.

① 부동산의 표시란

매매목적물을 기재하되, 등기기록상 부동산의 표시와 일치하여야 합니다. 부동산이 토지(임야)인 경우에는 토지(임야)의 소재와 지번, 지목, 면적을 기재하고, 건물인 경우에는 건물의 소재와 지번, 도로명주소(등기기록 표제부에 기록되어 있는 경우), 구조, 면적, 건물의 종류, 건물의 번호가 있는 때에는 그 번호, 부속건물이 있는 때에는 그 종류, 구조와 면적을 기재하면 됩니다. 부동산거래계약신고필증에 기재된 거래신고일련번호와 거래가액을 기재합니다. 만일 등기기록과 토지(임야)·건축물대장의 부동산표시가 다른 때에는 먼저 부동산표시변경(또는 경정)등기를 하여야 합니다.

② 등기원인과 그 연월일란

  등기원인은 " 매매 " 로, 연월일은 매매계약서상 계약일을 기재합니다.

③ 등기의 목적란

  소유권 전부이전의 경우에는 " 소유권이전 " 으로, 소유권 일부이전의 경우에는 " 소유권 일부이전 " 으로 기재합니다.

④ 이전할 지분란

  소유권 일부이전의 경우에만 그 지분을 기재합니다.

  (예) "○○○지분 전부" 또는 "○번 ○○○지분 ○분의 ○중 일부(○분의 ○)"

⑤ 등기의무자란

  매도인의 성명, 주민등록번호, 주소를 기재하되, 등기기록상 소유자 표시와 일치하여야 합니다. 그러나 매도인이 법인인 경우에는 상호(명칭), 본점(주사무소 소재지), 등기용등록번호 및 대표자의 성명과 주소를 기재하고, 법인 아닌 사단이나 재단인 경우에는 상호(명칭), 본점(주사무소 소재지), 등기용등록번호 및 대표자(관리인)의 성명, 주민등록번호, 주소를 각 기재합니다.

⑥ 등기권리자란

  매수인을 기재하는 란으로, 그 기재방법은 등기의무자란과 같습니다.

⑦ 시가표준액 및 국민주택채권매입금액, 국민주택채권매입총액란, 국민주택채권발행번호란

  ㉮ 부동산별 시가표준액란은 취득세(등록면허세)납부서(OCR용지)에 기재된 시가표준액을 기재하고 부동산 별 국민주택채권매입금액란에는 시가표준액의 일정비율에 해당하는 국민주택채권매입금액을 기재합니다.

  ㉯ 부동산이 2개 이상인 경우에는 각 부동산별로 시가표준액 및 국민주택채권매입금액을 기재한 다음 국 민주택채권 매입총액을 기재합니다.

  ㉰ 국민주택채권발행번호란에는 국민주택채권 매입시 국민주택채권사무취급기관에서 고지하는 채권발행번 호를 기재하며, 하나의 신청사건에 하나의 채권발행번호를 기재하는 것이 원칙이며, 동일한 채권발행번 호를 수 개 신청사건에 중복 기재할 수 없습니다.

⑧ 취득세(등록면허세)·지방교육세·농어촌특별세란

  취득세(등록면허세)영수필확인서에 의하여 기재하며, 농어촌특별세는 납부액이 없는 경우 기재하지 않습 니다.

⑨ 세액합계란

  취득세(등록면허세)액, 지방교육세액, 농어촌특별세액의 합계를 기재합니다.

⑩ 등기신청수수료란

  ㉮ 부동산 1개당 15,000원의 등기신청수수료 납부액을 기재하며, 등기신청수수료를 은행 현금납부, 전자 납부, 무인발급기 납부 등의 방법에 따라 납부한 후 등기신청서에 등기신청수수료 영수필확인서를 첨부 하고 납부번호를 기재하여 제출합니다.

  ㉯ 여러 건의 등기신청에 대하여 수납금융기관에 현금으로 일괄납부하는 경우 첫 번째 등기신청서에 등기 신청수수료 영수필확인서를 첨부하고 해당 등기신청수수료, 납부번호와 일괄납부 건수 및 일괄납부액을 기재하며, 나머지 신청서에는 해당 등기신청수수료와 전 사건에 일괄 납부한 취지를 기재합니다(일괄납 부는 은행에 현금으로 납부하는 경우에만 가능함).

⑪ 등기의무자의 등기필정보란

㉮ 소유권 취득에 관한 등기를 완료하고 등기필정보를 교부받은 경우, 그 등기필정보 상에 기재된 부동산 고유번호, 성명, 일련번호, 비밀번호를 각 기재(등기필정보를 제출하는 것이 아니며 한번 사용한 비밀번호는 재사용을 못함)합니다. 다만 교부받은 등기필정보를 멸실한 경우에는 부동산등기법 제51조에 의하여 확인서면이나 확인조서 또는 공증서면 중 하나를 첨부합니다.

㉯ 등기신청서에 등기필증이나 확인서면 등을 첨부한 경우 이 란은 기재할 필요가 없습니다.

⑫ 첨부서면란

등기신청서에 첨부한 서면을 각 기재합니다.

⑬ 신청인등란

㉮ 등기의무자와 등기권리자의 성명 및 전화번호를 기재하고, 각자의 인장을 날인하되, 등기의무자는 그의 인감을 날인하거나 본인서명사실확인서에 기재한 서명을 합니다. 그러나 신청인이 법인 또는 법인 아닌 사단이나 재단인 경우에는 상호(명칭)와 대표자(관리인)의 자격 및 성명을 기재하고, 법인이 등기의무자인 때에는 등기소의 증명을 얻은 그 대표자의 인감, 법인 아닌 사단이나 재단인 경우에는 대표자(관리인)의 개인인감을 날인하거나 본인서명사실확인서에 기재한 서명을 합니다.

㉯ 대리인이 등기신청을 하는 경우에는 그 대리인의 성명, 주소, 전화번호를 기재하고 대리인의 인장을 날인 또는 서명합니다.

■ 등기신청서에 첨부할 서면
< 신청인 >

① 위임장

등기신청을 법무사 등 대리인에게 위임하는 경우에 첨부합니다.

② 등기필증

등기의무자의 소유권에 관한 등기필증으로서 등기의무자가 소유권 취득시 등기소로부터 교부받은 등기필증을 첨부합니다. 단, 소유권 취득의 등기를 완료하고 등기필정보를 교부받은 경우에는 신청서에 그 등기필정보 상에 기재된 부동산고유번호, 성명, 일련번호, 비밀번호를 각 기재(등기필정보를 제출하는 것이 아니며 한번 사용한 비밀번호는 재사용을 못함)함으로써 등기필증 첨부에 갈음합니다. 다만, 등기필증(등기필정보)을 멸실하여 첨부(기재)할 수 없는 경우에는 부동산등기법 제51조에 의하여 확인서면이나 확인조서 또는 공증서면 중 하나를 첨부합니다.

③ 매매계약서

계약으로 인한 소유권이전등기를 신청하는 경우에는 그 계약서에 기재된 거래금액이 1,000만원을 초과하는 경우에는 일정액의 전자수입인지를 첨부하여야 하며, 계약서의 작성일자가 2015. 1. 1. 전이라면 우표 형태의 종이수입인지를 계약서에 붙여도 무방합니다. 다만, 계약서에 기재된 거래금액이 1억원 이하인 주택의 경우 인지세를 납부하지 않아도 됩니다.

④ 매매목록

거래신고의 대상이 되는 부동산이 2개 이상인 경우에 작성하고, 그 매매목록에는 거래가액과 목적부동산을 기재합니다. 단, 거래되는 부동산이 1개라 하더라도 여러 사람의 매도인과 여러 사람의 매수인 사이의 매매계약인 경우에는 매매목록을 작성합니다.

< 시 · 구 · 군청, 읍 · 면 사무소, 동 주민센터 >

① 부동산거래계약신고필증

2006. 1. 1. 이후 작성된 매매계약서를 등기원인증서로 하여 소유권이전등기를 신청하는 경우에는 관할 관청이 발급한 거래계약신고필증을 첨부하여야 합니다.

② 취득세(등록면허세)영수필확인서

시장, 구청장, 군수 등으로부터 취득세(등록면허세)납부서(OCR용지)를 발급받아 납세지를 관할하는 해당 금융기관에 세금을 납부한 후 취득세(등록면허세)영수필확인서와 영수증을 교부받아 영수증은 본인이 보관하고 취득세(등록면허세)영수필확인서만 신청서의 취득세(등록면허세)액표시란의 좌측상단 여백에 첨부하거나, 또는 지방세인터넷납부시스템에서 출력한 시가표준액이 표시되어 있는 취득세(등록면허세)납부확인서를 첨부합니다.

③ 토지·임야·건축물대장등본

등기신청대상 부동산의 종류에 따라 토지대장등본, 임야대장등본, 건축물대장등본(각, 발행일로부터 3월 이내)을 첨부합니다.

④ 인감증명서 또는 본인서명사실확인서

부동산매수자란에 매수인의 성명(법인은 법인명), 주민등록번호(부동산등기용등록번호) 및 주소가 기재되어 있는 매도인의 부동산매도용 인감증명서(발행일로부터 3월 이내)를 첨부하거나, 인감증명을 갈음하여 『본인서명사실 확인 등에 관한 법률』에 따라 발급된 본인서명사실확인서를 첨부할 수 있습니다.

⑤ 주민등록표등(초)본

등기의무자 및 등기권리자의 주민등록표등본 또는 초본(각, 발행일로부터 3월 이내)을 첨부합니다.

< 대한민국법원 인터넷등기소, 금융기관 등 >

등기신청수수료

대한민국법원 인터넷등기소(http://www.iros.go.kr/PMainJ.jsp)를 이용하여 전자적인 방법(신용카드, 계좌이체, 선불형지급수단)으로 납부하고 출력한 등기신청수수료 영수필확인서를 첨부하거나, 법원행정처장이 지정하는 수납금융기관(인터넷등기소 홈페이지 하단 '등기비용안내'에서 확인) 또는 전국 등기국·과·소에 설치된 무인발급기에 현금으로 납부한 후 발급받은 등기신청수수료 영수필확인서를 첨부합니다.

< 등기과 · 소 >

법인등기사항전부(일부)증명서

신청인이 법인인 경우에는 법인등기사항전부증명서 또는 법인등기사항일부증명서(각, 발행일로 부터 3월 이내)를 첨부합니다.

< 기   타 >

① 신청인이 재외국민이나 외국인 또는 법인 아닌 사단 또는 재단인 경우에는 신청서의 기재사항과 첨부서

면이 다르거나 추가될 수 있으므로, "대법원 종합법률정보(http://glaw.scourt.go.kr)"의 규칙/예규/선례에서『외국인 및 재외국민의 국내 부동산 처분 등에 따른 등기신청절차, 등기예규 제1393호』및『법인 아닌 사단의 등기신청에 관한 업무처리지침, 등기예규 제1435호』등을 참고하시고, 기타 궁금한 사항은 변호사, 법무사 등 등기와 관련된 전문가나 등기과·소의 민원담당자에게 문의하시기 바랍니다.

② 제3자의 허가, 동의 또는 승낙을 증명하는 서면 등, 즉 부동산이 농지인 경우에는 농지취득자격증명(시·구·읍·면의 장이 발급), 토지거래허가구역인 경우에는 토지거래허가증(시장, 군수, 구청장 발급) 등을 첨부하여야 합니다.

◾ 등기신청서류 편철순서

　신청서, 취득세(등록면허세)영수필확인서, 등기신청수수료 영수필확인서, 매매목록, 위임장, 인감증명서 또는 본인서명사실확인서, 주민등록표등(초)본, 토지(임야)대장등본, 부동산거래계약신고필증, 매매계약서, 등기필증 등의 순으로 편철해 주시면 업무처리에 편리합니다.

[서식 예] 매매로 인한 소유권 일부이전등기신청(구분건물)

<table>
<tr>
<td colspan="6" align="center">매매로 인한 소유권
일부이전등기신청(구분건물)</td>
</tr>
<tr>
<td rowspan="2">접

수</td>
<td>년 월 일</td>
<td rowspan="2">처
리
인</td>
<td colspan="2" align="center">등기관 확인</td>
<td align="center">각종 통지</td>
</tr>
<tr>
<td>제   호</td>
<td colspan="2"></td>
<td></td>
</tr>
</table>

<table>
<tr>
<td colspan="5" align="center">부동산의 표시</td>
</tr>
<tr>
<td colspan="5">
1동의 건물의 표시
     ○○시 ○○구 ○○동 ○○번지 제○○○동
     [도로명주소] ○○시 ○○구 ○○로 ○○

전유부분의 건물의 표시
     건물의 번호 603- 14- 1516
     구   조 철근콘크리트조
     면   적 14층 1516호 72.04㎡

대지권의 표시
  토지의 표시
    1. ○○시 ○○구 ○○동 ○○
          대 78102.0㎡

   대지권의 종류 소유권
   대지권의 비율 78102분의 37.17
</td>
</tr>
<tr>
<td>등기원인과 그 연월일</td>
<td colspan="4">20○○년 ○ 월   ○○일 ○○ 매매</td>
</tr>
<tr>
<td>등 기 의 목 적</td>
<td colspan="4">공유자소유권(지분표시) 일부 이전</td>
</tr>
<tr>
<td>이 전 할 지 분</td>
<td colspan="4">공유자 ○○○의 지분 (이전할 지분 표시)</td>
</tr>
<tr>
<td>구분</td>
<td>성 명
(상호·명칭)</td>
<td>주민등록번호
(등기용등록번호)</td>
<td>주 소 (소 재 지)</td>
<td>지 분
(개인별)</td>
</tr>
<tr>
<td>등기
의무
자</td>
<td>△△△</td>
<td>111111-1111111</td>
<td>○○시 ○○구 ○○길 ○○</td>
<td>공유자의
지분기재</td>
</tr>
<tr>
<td>등기
권리
자</td>
<td>○○○</td>
<td>111111-1111111</td>
<td>○○시 ○○구 ○○길 ○○</td>
<td>이 전 할
지분기재</td>
</tr>
</table>

시가표준액 및 국민주택채권매입금액		
부동산 표시	부동산별 시가표준액	부동산별 국민주택채권매입금액
1. 토 지	금 ○○○ 원	금 ○○○ 원
2.	금 원	금 원
3.	금 원	금 원
국 민 주 택 채 권 매 입 총 액	금 원	
국 민 주 택 채 권 발 행 번 호		

취득세(등록면허세) 금 원	지 방 교 육 세 금 ○○○ 원
	농어촌특별세 금 원

세 액 합 계	금 ○○○ 원

등 기 신 청 수 수 료	금 ○○○ 원
	납부번호 :
	일괄납부 : 건 ○○○ 원

첨 부 서 면

·검인계약서	1통	·부동산거래계약신고필증	1통
·취득세영수필확인서	1통	·주민등록등(초)본	2통
·국민주택채권매입필증	1통	·신청서부본	2통
·인감증명	1통	·위임장(위임한 경우)	1통
·등기필증	1통	·등기신청수수료 영수필확인서	1통
·토지대장등본	1통	·매매목록	1통
·집합건축물대장등본	1통		

20○○년   ○월   ○○일

위 신청인   ○○○ ㊞ (전화 : ○○○-○○○○)

△△△ ㊞ (전화 : ○○○-○○○○

(또는)위 대리인   ㊞ (전화 : ○○○-○○○○)

- 신청서 작성요령 -
1. 부동산표시란에 2개 이상의 부동산을 기재하는 경우에는 부동산의 일련번호를 기재하여야 합니다.
2. 신청인란등 해당란에 기재할 여백이 없을 경우에는 별지를 이용합니다.

[서식 예] 소유권이전 본등기신청(가등기에 기한 본등기)

<table>
<tr>
<td colspan="5" align="center">소유권이전본등기신청</td>
</tr>
<tr>
<td rowspan="2">접
수</td>
<td>년 월 일</td>
<td rowspan="2">처
리
인</td>
<td>접 수</td>
<td>각종 통지</td>
</tr>
<tr>
<td>제   호</td>
<td></td>
<td></td>
</tr>
</table>

<table>
<tr>
<td colspan="5" align="center">부동산의 표시(거래신고일련번호/거래가액)</td>
</tr>
<tr>
<td colspan="5">

1. 서울특별시 서초구 서초동 100

　　대 300㎡

2. 서울특별시 서초구 서초동 100

　　[도로명주소] 서울특별시 서초구 서초대로 88길 10

　　시멘트 벽돌조 슬래브지붕 2층 주택

　　1층 100㎡

　　2층 100㎡

　　거래신고일련번호 : 12345-2006-4-1234560　　거래가액 : 500,000,000원

　　　　　　　이　　　　　　　　　상

</td>
</tr>
<tr>
<td colspan="2">등기원인과 그 연월일</td>
<td colspan="3">2013년 5월 1일   매매</td>
</tr>
<tr>
<td colspan="2">등 기 의 목 적</td>
<td colspan="3">소유권이전</td>
</tr>
<tr>
<td colspan="2">가등기의 표시</td>
<td colspan="3">2008년 8월 1일 접수 제 21110 호로 등기된
소유권이전청구권 가등기</td>
</tr>
<tr>
<td colspan="2">이 전 할 지 분</td>
<td colspan="3"></td>
</tr>
<tr>
<td>구분</td>
<td>성 명
(상호·명칭)</td>
<td>주민등록번호
(등기용등록번호)</td>
<td>주   소 (소 재 지)</td>
<td>지 분
(개인별)</td>
</tr>
<tr>
<td>등기
의무
자</td>
<td>이 대 백</td>
<td>XXXXXX-XXXXXXX</td>
<td>서울특별시 서초구 서초대
로 88길 20 (서초동)</td>
<td></td>
</tr>
<tr>
<td>등기
권리
자</td>
<td>김 갑 동</td>
<td>XXXXXX-XXXXXXX</td>
<td>서울특별시 중구 다동길 9
6 (다동)</td>
<td></td>
</tr>
</table>

시가표준액 및 국민주택채권매입금액		
부동산 표시	부동산별 시가표준액	부동산별 국민주택채권매입금액
1. 주　　택	금 ○○,○○○,○○○원	금　　○○○,○○○　원
2.	금　　　　　　　원	금　　　　　　　원
국 민 주 택 채 권 매 입 총 액		금　　○○○,○○○　원
국 민 주 택 채 권 발 행 번 호		○ ○ ○

취득세(등록면허세) 금○○○,○○○원	⑨ 지방교육세 금 ○○,○○○원
	⑨ 농어촌특별세 금 ○○,○○○원

세 액 합 계	금　　　　　○○○,○○○　원
등 기 신 청 수 수 료	금　　　　　30,000　원
	납부번호 : ○○-○○-○○○○○○○○-○
	일괄납부 :　　　건　　　　　원

등기의무자의 등기필정보		
부동산고유번호	1102-2006-002095	
성명(명칭)	일련번호	비밀번호
이대백	Q77C-LO71-35J5	40-4636

첨 부 서 면

·매매계약서	1통	·인감증명서 또는 본인서명사실 확인서	1통
·등기필증	1통	·주민등록표등(초)본	각 1통
·토지·건축물대장등본	각 1통	·부동산거래계약신고필증	1통
·취득세(등록면허세)영수필확인서	1통	·매매목록	통
·등기신청수수료 영수필확인서	1통	<기 타>	

2013년　5월　1일

위 신청인　　이　대　백　⑩　(전화 : 200-7766)
　　　　　　　긴　갑　동　⑩　(전화 : 300-7766)

(또는)위 대리인　　　　　　　(전화 :　　　)

서울중앙 지방법원　　　　등기국 귀중

- 신청서 작성요령 -
1. 부동산표시란에 2개 이상의 부동산을 기재하는 경우에는 그 부동산의 일련번호를 기재하여야 합니다.
2. 신청인란 등 해당란에 기재할 여백이 없을 경우에는 별지를 이용합니다.

■ 매매로 인한 소유권이전등기와 그 매수인을 등기 의무자로 하는 근저당설정등기를
   연속사건으로 동시에 제출하는 경우 등기필정보 제출 방법은 어떻게 되나요?

Q. 동일한 부동산을 목적으로 하는 매매로 인한 소유권이전등기와 그 매수인
   을 등기의 의무자로 하는 근저당설정등기를 연 속사건으로 동시에 제출하
   는 경우, 후행 사건인 근저당설정등기의 신청서에 등기필정보를 별도로 제
   공해야 하는지요? 한다면 그 방법은 무엇인지요?

A. 동일한 부동산을 대상으로 하는 매매로 인한 소유권이전등기와 그 매수인
   을 등기의무자로 제3자를 등기권리자로 하는 근저당설정등기를 연속사건
   으로 동시에 신청하는 경우에는, 매매를 원인으로 한 소유권이전등기의 신
   청서에 등기의무자의 등기필정보를 제공하였다면 등기관은 그 등기를 마
   침과 동시에 등기권리자인 매수인에게 등기필정보를 작성하여 통지를 하
   게 되고, 그 부동산의 매수인은 연속되는 근저당설정등기의 등기의무자로
   서 그 통지받은 등기필정보를 근저당설정등기서에 제공하여야 합니다.
     하지만 위와 같이 관련사건으로 연속사건으로 동시에 신청하는 경우, 근
   저당설정등기의 등기의무자인 매수인이 제공할 등기필정보는 선행 소유권
   이전등기의 신청사건이 마쳐지는 것을 전제조건으로 하고 있으며, 그 조건
   이 성취된 경우 그 등기필정보는 이미 담당 등기관이 직접 작성하여 보관
   하고 그 내용을 파악하고 있는 상태이므로, 등기의무자는 이미 그 등기필
   정보를 등기소에 제공하고 있는 것으로 보아야 할 것입니다.
     다만, 이 경우 근저당설정등기신청서에는 부동산등기규칙 제47조 제2항의
   동시제출사건의 첨부정보 제공절차에 준하여 등기필정보를 먼저 접수된 등
   기신청의 처리 완료로 제공하였다는 뜻을 기재하는 것이 바람직할 것입니다.

■ 매매로 인한 소유권이전등기를 마친 후 지금까지 평온하게 점유하고 있었는데, 아
   래의 사유로 인해 토지의 소유권을 넘겨주어야 하는지요?

Q. 저는 2년 전 甲으로부터 토지를 매수하여 소유권이전등기를 마친 후 계속
   하여 점유하고 있으나, 최근에 乙이 나타나 위 토지를 자기의 것이라면서
   토지를 자기에게 인도하라고 요구하므로 등기부를 열람해보니 위 토지는

乙이 13년 전까지 소유자로 되어 있고, 그 후 12년 전 乙로부터 丙이 매수하고 11년 전에는 丙으로부터 甲이 매수하여 소유권이전등기 한 것으로 되어 있습니다. 그러나 乙은 丙에게 위 토지를 매도한 사실이 없으며, 丙의 등기는 서류를 위조한 원인무효의 등기라는 주장을 합니다. 저는 甲으로부터 토지를 매수할 당시 등기부도 확인해보았고, 매매로 인한 소유권이전등기를 마친 후 지금까지 평온하게 점유하고 있었는데 위 토지를 乙에게 넘겨주어야 하는지요?

A. 민법에서 부동산소유자로 등기한 자가 10년간 소유의 의사로 평온, 공연하게 선의이며 과실 없이 그 부동산을 점유한 때에는 소유권을 취득하고, 점유자는 소유의 의사로 선의 및 평온, 공연하게 점유한 것으로 추정되며, 점유자의 승계인은 자기의 점유만을 주장하거나 자기의 점유와 전 점유자의 점유를 아울러 주장할 수 있고, 전 점유자의 점유를 아울러 주장하는 경우에는 그 하자도 승계하는 것이라고 규정하고 있습니다(민법 제197조 제1항, 제199조, 제245조 제2항).

그리고 등기부취득시효에 관한 판례를 보면, 등기부취득시효의 요건으로서의 소유자로 등기한 자는 적법·유효한 등기를 마친 자일 필요는 없고 무효의 등기를 마친 자라도 상관없으며(대법원 1998. 1. 20. 선고 96다48527 판결), 선의·무과실은 등기에 관한 것이 아니고 점유취득에 관한 것으로서 그 무과실에 관한 입증책임은 시효취득을 주장하는 쪽에 있고, 여기서 무과실이란 점유자가 자기의 소유라고 믿은 데에 과실이 없음을 말하는데(대법원 2005. 6. 23. 선고 2005다12704 판결), 부동산을 취득한 자는 부동산을 양도하는 자가 처분권한이 있는지 조사하여야 할 것이고, 이를 조사하였더라면 양도인에게 처분권한이 없음을 알 수 있었음에도 불구하고 이러한 조사를 하지 아니하고 양수하였다면 그 부동산의 점유에 대하여 과실이 있으며(대법원 1997. 8. 22. 선고 97다2665 판결), 매도인이 등기부상의 소유명의자와 동일인인 경우에는 일반적으로는 등기부기재가 유효한 것으로 믿고 매수한 사람에게 과실이 있다고 할 수 없을 것이나, 만일 그 등기부기재나 다른 사정에 의하여 매도인의 권한에 대하여 의심할 만한 사정이 있다면 매도인명의로 된 등기를 믿고 매수하였다 하여 그것만 가지고 과실이 없다고 할 수 없다고 하였습니다(대법원 2004. 6. 25. 선고 2004다13052 판결). 또한, 등기부취득시효에 관하여 민법 제245조 제2항의 규정에 따라서 소유권을 취득하는 자는 10년간 반드시 그의 명의로 등기되어 있어야 하는 것은 아니고, 앞 사람의 등기까지 아울러 그 기간 동안 부동산소유자로 등기되어 있으면 되고, 등기는 물권의 효력발생요건이고 효력존속요건이 아니므로 물권에 관한 등기가 원인 없이 말소된 경우 그 물권의 효력에는 아무런 영향을 미치지 않는 것이므로, 등기부취득시효 완성된 후 그 부동산에 관한 점유자명의등기가 말소되거나 적법한 원인 없이 다른 사람 앞으로 소유권이전등기가 되었더라도 그 점유자는 등기부취득시효완성에 의하여 취득한 소유권을 상실하는 것은 아니라고 하였습니다(대법원 2001. 1. 16. 선고 98다20110 판결).

따라서 귀하의 경우는 乙의 주장대로 위 토지에 대한 丙에게로의 소유권이전등기가 원인무효의 등기이더라도 귀하와 甲의 점유 및 소유자로 등기된 기간을 합하여 그것이 10년을 넘는다는 점과 무과실을 입증한다면 乙이 귀하와 甲의 점유가 소유의사로 선의 및 평온, 공연하게 점유한 것이라는 추정을 깨뜨리지 못하는 한, 귀하는 위 토지를 민법 제245조 제2항의 규정에 따라 시효취득 하였음을 주장할 수 있으므로 乙에게 위 토지를 넘겨주지 않아도 될 것입니다.

〔관련판례〕

1필지의 토지 중 일부를 특정하여 매매계약이 체결되었으나 그 부분의 면적이 건축법 제57조 제1항, 건축법 시행령 제80조에 따라 분할이 제한되는 경우에 해당한다면, 매도인으로서는 그 부분을 분할하여 소유권이전등기절차를 이행할 수 없다. 따라서 매도인이 매매계약에 따라 매수인에게 부담하는 소유권이전등기절차 이행의무는 이행이 불가능하다고 보아야 한다. 이는 교환계약에서도 마찬가지이다.(대법원 2017. 8. 29. 선고 2016다212524 판결)

■ 원상회복의 방법으로 소유권이전등기청구권 보전의 가등기가 가능한지요?

Q. 저는 부동산을 甲에게 매도하려고 합니다. 매매계약해제로 인한 소급효가 제한되는 경우에 대비하여 원상회복 방법으로 약정한 소유권이전등기청구권 보전의 가등기를 하는 것이 가능한지요?

A. 매매계약이 해제되면 그 계약의 이행으로 변동이 생겼던 물권은 당연히 그 계약이 없었던 원상태로 복귀하나, 이와 같은 계약해제의 소급효는 제3자의 권리를 해할 수 없는 것이므로 계약해제 이전에 계약으로 인하여 생긴 법률효과를 기초로 하여 새로운 권리를 취득한 제3자가 있을 때에는 그 계약해제의 소급효는 제한을 받아 그 제3자의 권리를 해하지 아니하는 한도에서만 생긴다고 하여야 할 것입니다. 따라서 매매계약 해제 이전에 매매목적물에 관하여 제3자에게 소유권이전등기가 경료된 뒤에 계약이 해제된 경우에는 계약해제의 효과로서 당연히 그 소유권이 매도인에게 복귀하지 않으므로 매도인은 소유권에 기하여 매수인 명의의 소유권이전등기의 말소를 청구할 수 없습니다.

 그렇다면 계약해제로 인한 소급효가 제한되는 경우에 대비하여 원상회복의 방법으로 약정한 소유권이전등기청구권 보전의 가등기가 가능한지가 문제됩니다. 대법원은 매도인이 매매대금을 모두 지급받기 전에 매수인에게 매매목적물에 관한 소유권이전등기를 경료하면서 매수인과 사이에 매매계약이 해제될 경우 매수인이 매도인에게 매매목적물에 관한 소유권이전등기를 하여 주기로 하는 별도의 약정을 하였다면, 매도인은 매수인에 대하여 그 약정 자체에 의한 소유권이전등기절차의 이행을 청구할 수 있고, 매도인의 이와 같은 소유권이전등기청구권 역시 소유권의 이전을 목적으로 하는 청구권이라 할 것이므로 부동산등기법 제3조 소정의 가등기에 의하여 보전될 수 있다고 합니다. (대법원 2007. 6. 28. 선고 2007다25599 판결)

 참고로 계약해제로 인한 소급효가 제한되는 경우에 대비하여 원상회복의 방법으로 약정한 소유권이전등기청구권이 가등기에 의하여 보전되어진 경우에 있어서 제3취득자의 지위에 관하여 대법원은 가등기는 본등기의 순위를 보전하는 효력이 있어 후일 가등기에 기한 본등기가 마쳐진 때에는 가등기후 본등기 전에 이루어진 중간처분은 실효되는 것이므로 매매계약해제시 원상회복 방법으로 매도인에게 소유권이전등기를 하기로 하는 약정에 따른 청구권을 보전하기 위한 가등기가 된 경우에도 그 가등기 후 본등기 전에 된 제3자 명의의 소유권이전등기는 후일 가등기에 기한 본등기가 마쳐지면 말소를 면할 수 없다 할 것인바, 위와 같은 가등기의 경료 후에 매매계약 당사자가 아닌 제3자가 취득한 권리는 이미 이루어진 가등기에 의하여 보전된 청구권에 기한 본등기가 마쳐지면 실효될 가능성을 띤 상태에서 취득한 권리라고 할 것이고 그 제3자의 지위는 가등기에 의하여 순위가 보전된 매도인의 권리보다 앞설 수는 없다 할 것이며 또 위와 같이 매매계약 당사자 사이의 약정에 의하여 생긴 매도인의 소유권이전등기청구권은 계약해제의 소급효 그 자체에 의하여 생긴 것이 아니므로 그 등기청구권의 실현과 계약해제의 소급효 제한에 관한 민법 제548조 제1항 단서의 규정과는 직접적으로 관련이 없는 것이라고 판시한 바 있습니다.

(관련판례 1)

갑 소유의 부동산에 관하여 을 명의의 소유권이전등기청구권가등기가 마쳐진 후 위 부동산에 관하여 가압류등기를 마친 병 주식회사가 위 가등기가 담보목적 가등기인지 확인을 구한 사안에서, 부동산등기법 제92조 제1항에 따라 병 회사의 위 가압류등기가 직권으로 말소되는지가 위 가등기가 순위보전을 위한 가등기인지 담보가등기인지에 따라 결정되는 것이 아니므로, 병 회사의 법률상 지위에 현존하는 불안·위험이 존재한다고 볼 수 없고, 만약 위 가등기가 담보가등기임에도 을이 청산절차를 거치지 않은 채 본등기를 마친다면, 병 회사로서는 갑을 대위하여 본등기의 말소를 구할 수 있고 그에 따라 위 가압류등기도 회복시킬 수 있을 것이므로, 담보가등기라는 확인의 판결을 받는 것 외에 달리 구제수단이 없다고 보기 어려운데도, 병 회사의 청구가 확인의 이익이 있다고 본 원심판단에 법리오해의 잘못이 있다.(대법원 2017. 6. 29. 선고 2014다30803 판결)

(관련판례 2)

갑의 형인 을 명의로 소유권이전등기를 마친 후 갑의 아버지인 병 명의로 소유권이전청구권가등기를 마친 토지에 관하여 병이 정에게 기간을 정하지 않고 건물의 소유를 목적으로 토지를 임대하였고, 그 후 토지에 관하여 갑 명의로 소유권이전등기를 마쳤는데, 갑이 정을 상대로 토지에 건립된 정 소유의 건물 등의 철거와 토지 인도를 구하자, 정이 건물 등의 매수를 구한 사안에서, 임대인이 아닌 토지 소유자는 임대인의 지위를 승계하였다는 등의 특별한 사정이 없는 한 임차인의 지상물매수청구권의 상대방이 될 수 없으므로, 갑이 아닌 병으로부터 토지를 임차한 정은 원칙적으로 임대인이 아닌 토지 소유자인 갑을 상대로 지상물매수청구권을 행사할 수 없다.(대법원 2017. 4. 26. 선고 2014다72449, 72456 판결)

■ 이중양도의 선매수인이 건물대장상 명의 이전된 후 매수인에 대한 명의변경을 청구할 수 있는지요?

Q. 甲은 乙소유의 미등기무허가건물을 매수하여 거주하고 있는데, 乙은 위 무허가건물을 다시 丙에게 이중으로 매도하면서 무허가건물대장상 소유명의를 丙으로 이전해 주었습니다. 현재 乙은 행방을 감추어 소재를 알 수 없는데, 이 경우 선매수인 甲이 후매수인이자 소유명의자로 된 丙에게 바로 위 무허가건물대장의 소유자 명의변경을 청구할 수 있는지요?

A. 부동산물권변동의 효력에 관하여 민법에서 부동산에 관한 법률행위로 인한 물권의 득실변경은 등기하여야 그 효력이 생긴다고 규정하고 있으며(민법 제186조), 등기를 요하지 아니하는 부동산물권취득에 관해서 상속, 공용징수, 판결, 경매 기타 법률의 규정에 의한 부동산에 관한 물권의 취득은 등기를 요하지 아니하나, 등기를 하지 아니하면 이를 처분하지 못한다고 규정하고 있습니다(민법 제187조). 그러므로 부동산에 관하여 매매 등의 법률행위를 한 경우에는 그 공시방법인 등기를 하여야만 법적 효력을 주장할 수 있을 것입니다.

그런데 미등기무허가건물 양수인의 지위에 관한 판례를 보면, 미등기무허가건물 양수인이라 할지라도 그 소유권이전등기를 이전받지 않는 한 그 건물에 대한 소유권을 취득할 수 없고, 그러한 상태의 건물양수인에게 소유권에 준하는 관습상 물권이 있다고 볼 수도 없으므로, 건물을 신축하여 그 소유권을 원시취득한 자로부터 그 건물을 매수하였으나 아직 소유권이전등기를 갖추지 못한 자는 그 건물의 불법점거자에 대하여 직접 자신의 소유권 등에 기초하여 명도를 청구할 수는 없다고 하였습니다(대법원 2007. 6. 15. 선고 2007다11347 판결). 다만, 이 경우 매도인을 대위하여 건물명도청구를 할 수는 있을 것입니다.

그리고 위 사안과 같이 무허가건물이 등기절차 없이 이중으로 양도되면서 후매수인이 그 건물대장상의 소유명의자로 변경된 경우, 선매수인이 후매수인을 상대로 소유자명의변경청구를 할 수 있는지 문제되는데 이에 관하여 판례를 보면, 무허가건물신축은 법률행위에 의하지 아니한 물권취득이므로 신축자가 등기 없이 소유권을 원시취득 한다고 할 것이지만, 이를 양도하는 경우에는 등기 없이 물권행위 및 인도에 의하여 소유권을 이전할 수 없다 할 것인데, 점유자가 무허가건물의 신축자로부터 이를 매수하여 인도 받아 점유하고 있더라도 그 소유권을 취득할 수 없고, 신축자가 법률상의 처분권한을 상실하였다고 할 수 없으므로, 무허가건물대장상의 소유명의자가 그 후 무허가건물을 신축자로부터 제3자를 거쳐 이중으로 매수하여 무허가건물대장에 소유자명의를 등재하였다 하여 점유자가 직접 소유명의자에 대하여 방해배제로서 무허가건물대장상의 명의변경을 청구할 권한이 있다고 할 수 없다고 하였습니다(대법원 1997. 11. 28. 선고 95다43594 판결).

따라서 위 사안의 경우 甲도 위 미등기무허가건물을 등기절차 없이 양도받았으므로, 소유권을 취득하지 못하였다 할 것이고, 甲으로서는 직접 소유명의자인 丙을 상대로 무허가건물대장의 명의변경청구를 할 수 없을 것으로 보입니다.

■ 당사자가 자발적으로 말소등기를 한 경우 무효인 말소등기의 회복등기가 가능한지요?

Q. 甲은 乙에게 부동산을 매도하면서 계약금만 받은 채 소유권이전등기를 마쳐주고, 만일 매수인의 잔금지급지체로 매매계약이 해제될 경우 甲에게 다시 소유권이전등기를 해주기로 한 약정에 따라 소유권이전등기청구권보전을 위하여 甲명의의 가등기를 해두었는데, 乙은 그 가등기 후 그 부동산을 丙에게 소유권이전등기를 해주었고, 丙은 丁은행에 4건의 근저당권을 설정하였습니다. 그런데 甲은 乙·丙을 상대로 각 소유권이전등기 말소등기절차이행청구의 소를 제기하여 승소 후 그 소유권이전등기말소신청을 하였고 丁은행의 근저당권설정등기가 있음을 알지 못하고, 甲명의 가등기도 혼동으로 소멸되는 것으로 알고 가등기말소신청을 하여 그 가등기가 말소되었습니다. 지금 위 말소등기의 회복등기를 하기 위하여 등기상 이해관계인인 丁은행의 승낙을 구하려고 하는데, 이것이 가능한지요?

A. 혼동(混同)으로 인한 물권의 소멸에 관하여 민법에서 동일한 물건에 대한 소유권과 다른 물권이 동일한 사람에게 귀속한 때에는 다른 물권은 소멸하지만, 그 물권이 제3자의 권리의 목적이 된 때에는 소멸하지 아니한다고 규정하고 있으며(민법 제191조 제1항), 혼동의 요건과 효과에 관하여, 채권과 채무가 동

일한 주체에 귀속한 때에는 채권은 소멸하나, 그 채권이 제3자의 권리의 목적인 때에는 그러하지 아니하다라고 규정하고 있습니다(민법 제507조).

그리고 가등기권자가 본등기절차에 의하지 않고 가등기설정자로부터 별도의 소유권이전등기를 받은 경우, 혼동의 법리에 의하여 가등기권자의 본등기청구권이 소멸하는지에 관한 판례를 보면, 채권은 채권과 채무가 동일한 주체에 귀속한 때에 한하여 혼동으로 소멸하는 것이 원칙이고, 어느 특정의 물건에 관한 채권을 가지는 자가 그 물건의 소유자가 되었다는 사정만으로는 채권과 채무가 동일한 주체에 귀속한 경우에 해당한다고 할 수 없어 그 물건에 관한 채권이 혼동으로 소멸하는 것은 아닌데, 매매계약에 따른 소유권이전등기청구권보전을 위하여 가등기가 마쳐진 경우 그 가등기권자가 가등기설정자에게 가지는 가등기에 기초한 본등기청구권은 채권으로서 가등기권자가 가등기설정자를 상속하거나 그의 가등기에 기초한 본등기절차이행의무를 인수하지 아니하는 이상, 가등기권자가 가등기에 기초한 본등기절차에 의하지 아니하고 가등기설정자로부터 별도의 소유권이전등기를 받았다고 하여 혼동의 법리에 의하여 가등기권자의 가등기에 기초한 본등기청구권이 소멸하지는 않는다고 하였습니다(대법원 2007. 2. 22. 선고 2004다59546 판결).

그러므로 위 사안에 있어서도 가등기 이후에 근저당권이 설정되어 있었으므로 위 가등기가 혼동으로 소멸되어야 하는 것은 아니었습니다.

말소등기회복에 관하여 부동산등기법에서 말소된 등기의 회복을 신청하는 경우에 등기상 이해관계 있는 제3자가 있을 때에는 그 제3자의 승낙이 있어야 한다고 규정하고 있습니다(부동산등기법 제59조). 그런데 판례를 보면, 부동산등기법에서 정한 말소회복등기란 어떤 등기의 전부 또는 일부가 부적법하게 말소된 경우에 그 말소된 등기를 회복하여 말소당시에 소급하여 말소가 없었던 것과 같은 효과를 생기게 하는 등기를 말하는 것으로서, 여기서 부적법이란 실체적 이유에 기초한 것이건 절차적 하자에 기초한 것임을 불문하고 말소등기나 기타의 처분이 무효인 경우를 의미하는 것이기 때문에 어떤 이유이건 당사자가 자발적으로 말소등기를 한 경우에는 말소회복등기를 할 수 없다고 하였습니다(대법원 2001. 2. 23. 선고 2000다63974 판결).

따라서 위 사안에서 甲도 혼동으로 소멸된 것으로 잘못 알고 위 가등기를 말소하였더라도 다시 말소회복등기를 할 수 없을 것이고, 그러한 말소회복에 丁은행으로부터도 승낙을 받을 수 없을 것으로 보입니다.

(관련판례)

채무자가 사해행위 취소로 등기명의를 회복한 부동산을 제3자에게 처분하더라도 이는 무권리자의 처분에 불과하여 효력이 없으므로, 채무자로부터 제3자에게 마쳐진 소유권이전등기나 이에 기초하여 순차로 마쳐진 소유권이전등기 등은 모두 원인무효의 등기로서 말소되어야 한다. 이 경우 취소채권자나 민법 제407조에 따라 사해행위 취소와 원상회복의 효력을 받는 채권자는 채무자의 책임재산으로 취급되는 부동산에 대한 강제집행을 위하여 원인무효 등기의 명의인을 상대로 등기의 말소를 청구할 수 있다.(대법원 2017. 3. 9. 선고 2015다217980 판결)

■ 매도인의 대금채권에 기한 유치권 행사가 가능한지요?

Q. 매도인 甲이 매매대금 전부를 지급받지 않은 상태에서 매수인 乙 앞으로 매매목적물인 부동산의 소유권이전등기를 넘겨주고, 매수인이 이를 다시 제3자 丙에게 양도한 경우, 丙이 소유권에 기해 甲에 대해 반환청구를 한 데 대하여 부동산을 점유 중인 甲은 乙에 대해 갖는 대금채권으로써 위 부동산에 유치권을 갖나요?

A. 부동산 매도인이 매매대금을 다 지급받지 아니한 상태에서 매수인에게 소유권이전등기를 마쳐주어 목적물의 소유권을 매수인에게 이전한 경우에는, 매도인의 목적물인도의무에 관하여 동시이행의 항변권 외에 물권적 권리인 유치권까지 인정할 것은 아닙니다. 왜냐하면 법률행위로 인한 부동산물권변동의 요건으로 등기를 요구함으로써 물권관계의 명확화 및 거래의 안전·원활을 꾀하는 우리 민법의 기본정신에 비추어 볼 때, 만일 이를 인정한다면 매도인은 등기에 의하여 매수인에게 소유권을 이전하였음에도 매수인 또는 그의 처분에 기하여 소유권을 취득한 제3자에 대하여 소유권에 속하는 대세적인 점유의 권능을 여전히 보유하게 되는 결과가 되어 부당하기 때문입니다. 또한 매도인으로서는 자신이 원래 가지는 동시이행의 항변권을 행사하지 아니하고 자신의 소유권이전의무를 선이행함으로써 매수인에게 소유권을 넘겨준 것이므로 그에 필연적으로 부수하는 위험은 스스로 감수하여야 합니다. 따라서 매도인이 부동산을 점유하고 있고 소유권을 이전받은 매수인에게서

매매대금 일부를 지급받지 못하고 있다고 하여 매매대금채권을 피담보채권으로 매수인이나 그에게서 부동산 소유권을 취득한 제3자를 상대로 유치권을 주장할 수 없습니다(대법원 2012. 1. 12. 자 2011마2380 결정).
 그러므로 사안의 경우 甲은 乙에 대해 갖는 대금채권으로써 위 부동산에 유치권을 행사할 수 없다 할 것입니다.

■ **매매대금을 수령한 악의의 매도인이 명의신탁 부동산을 처분한 명의수탁자에게 손해배상을 청구할 수 있는지요?**

Q. 갑은 을과 병사이에 이른바 계약명의신탁 약정이 체결된 사실을 알면서 병과 자신 소유의 토지에 관하여 매매계약을 체결하고 병으로부터 매매대금을 수령하고 병 앞으로 소유권이전등기를 마쳐주었습니다. 이후 병이 위 부동산을 제3자에게 처분한 경우 병에게 손해배상을 청구할 수 있는지요?

A. 명의신탁자와 명의수탁자가 이른바 계약명의신탁 약정을 맺고 매매계약을 체결한 소유자도 명의신탁자와 명의수탁자 사이의 명의신탁약정을 알면서 그 매매계약에 따라 명의수탁자 앞으로 당해 부동산의 소유권이전등기를 마친 경우 부동산 실권리자명의 등기에 관한 법률 제4조 제2항 본문에 의하여 명의수탁자 명의의 소유권이전등기는 무효이므로, 당해 부동산의 소유권은 매매계약을 체결한 소유자에게그대로 남아 있게 되고, 명의수탁자가 자신의 명의로 소유권이전등기를 마친 부동산을 제3자에게 처분하면 이는 매도인의 소유권 침해행위로서 불법행위가 됩니다. 그러나 명의수탁자로부터 매매대금을 수령한 상태의 소유자로서는 그 부동산에 대한 소유명의를 회복하기 전까지는 신의칙 내지 민법 제536조 제1항 본문의 규정에 의하여 명의수탁자에 대하여 이와 동시이행관계에 있는 매매대금 반환채무의 이행을 거절할 수 있는데, 이른바 계약명의신탁에서 명의수탁자의 제3자에 대한 처분행위가 유효하게 확정되어 소유자에 대한 소유명의 회복이 불가능한 이상, 소유자로서는 그와 동시이행관계에 있는 매매대금 반환채무를 이행할 여지가 없습니다. 또한 명의신탁자는 소유자와 매매계약관계가 없어 소유자에 대한 소유권이전등기청구도 허용되지 아니하므로, 결국 소유자인 매도인으로서는 특별한 사정이 없는 한 명의수탁자의 처분해위로 인하여 어떠한 손해도 입은 바가

없습니다.(대법원 2013. 8. 12. 선고 2010다95185 판결 참조)

　사안의 경우 위 부동산을 병에게 이른바 계약명의신탁한 경우로서 명의수탁자인 병이 위 부동산을 처분하였더라도 매도인인 갑으로서는 특별한 사정이 없는 한 명의수탁자인 병을 상대로 불법행위로 인한 손해배상을 청구할 수는 없습니다.

[서식 예] 소유권이전등기청구의 소(진정명의회복을 원인으로)

소 　 장

원　　고　　○○○ (주민등록번호)
　　　　　　○○시 ○○구 ○○길 ○○(우편번호 ○○○-○○○)
　　　　　　전화·휴대폰번호:
　　　　　　팩스번호, 전자우편(e-mail)주소:
피　　고　　◇◇◇ (주민등록번호)
　　　　　　○○시 ○○구 ○○길 ○○(우편번호 ○○○-○○○)
　　　　　　전화·휴대폰번호:
　　　　　　팩스번호, 전자우편(e-mail)주소:

소유권이전등기청구의 소

청 구 취 지

1. 피고는 원고에게 별지목록 기재 부동산에 관하여 진정한 등기명의의 회복을 원인으로 한 소유권이전등기절차를 이행하라.
2. 소송비용은 피고의 부담으로 한다.
라는 재판을 구합니다.

청 구 원 인

1. 별지목록 기재 부동산(다음부터 '이 사건 토지'라고 함)은 원고의 조부인 소외 망 ◎◎◎가 사정 받은 토지인데, 소외 망 ◎◎◎가 19○○. ○. ○. 사망하여 원고의 아버지인 소외 망 ⊙⊙⊙가 그 상속인이 되었고, 소외 망 ⊙⊙⊙ 마저 19○○. ○. ○○. 사망하여 그 유족으로는 원고만 남게 되었습니다.
2. 6.25한국전쟁을 거치면서 이 사건 토지에 대한 등기부 및 지적공부가 모두 멸실 되었는데, 19○○. ○. ○.경 소외 망 ◆◆◆가 이 사건 토지에 대한 멸실회복등기절차를

밟아 같은 해 ○. ○. 그 명의로 소유권보존등기를 마쳤고, 다시 같은 해 ○. ○○. 소외 ◆◆◆ 앞으로의 소유권이전등기를 거쳐 같은 해 ○○. ○○. 매매를 원인으로 피고 앞으로의 소유권이전등기가 되었습니다.

3. 최근 원고는 조부인 망 ◎◎◎가 이 사건 토지를 사정 받은 사실을 기록(첨부서류 참조)을 통해 확인하게 되었습니다.

4. 결론

그렇다면, 이 사건 토지에 대한 소외 망 ◆◆◆ 명의의 소유권보존등기로부터 차례로 마쳐진 피고 명의의 위 소유권이전등기는 원인무효의 등기라고 할 것이어서 피고는 원고에게 이 사건 토지에 대한 원고의 진정한 등기명의의 회복을 원인으로 한 소유권이전등기절차를 이행할 의무가 있다고 할 것입니다.

입 증 방 법

1. 갑 제1호증   부동산등기사항증명서
1. 갑 제2호증   임야대장등본
1. 갑 제3호증   임야조사서사본
1. 갑 제4호증   제적등본
(단, 2008 1. 1. 이후 사망한 경우에는 기본증명서)
1. 갑 제5호증   상속관계를 확인할 수 있는 제적등본
(또는, 가족관계기록사항에 관한 증명서)

첨 부 서 류

1. 위 입증방법   각 1통
1. 소장부본   1통
1. 송달료납부서   1통

20○○. ○. ○.

위 원고 ○○○ (서명 또는 날인)

○○지방법원 귀중

제2절 증여에 의한 소유권 이전등기

1. 증여에 의한 소유권 이전등기의 개념

① 증여에 의한 소유권 이전등기는 부동산증여계약에 의해 소유권을 이전하는 경우의 등기를 말합니다.

② 증여는 당사자 일방이 무상으로 재산을 상대방에 수여하는 의사를 표시하고 상대방이 이를 승낙함으로써 그 효력이 생기는 계약을 말합니다(민법 제554조).

2. 증여에 의한 소유권 이전등기

2-1. 신청인

증여에 의한 소유권 이전등기 시 등기권리자와 등기의무자는 다음과 같습니다.

- 등기의무자: 증여자(증여하는 자)
- 등기권리자: 수증자(증여받는 자)

2-2. 등기신청방법

① 신청인 또는 그 대리인이 등기소에 출석해 신청정보 및 첨부정보를 적은 서면을 제출하는 방법(부동산등기법 제24조제1항제1호 본문). 다만, 대리인이 변호사(법무법인·법무법인(유한) 및 법무조합 포함)나 법무사(법무사법인 및 법무사법인(유한) 포함)인 경우에는 대법원규칙으로 정하는 사무원을 등기소에 출석하게 해 서면을 제출할 수 있습니다(부동산등기법 제24조제1항제1호 단서)].

② 전산정보처리조직을 이용해 신청정보 및 첨부정보를 보내는 방법(법원행정처장이 지정하는 등기유형으로 한정)[부동산등기법 제24조제1항제2호]

2-3. 증여에 의한 소유권 이전등기의 신청기간

① 부동산의 소유권 이전을 내용으로 하는 계약을 체결한 자는 다음 중 어느 하나에 정해진 날부터 60일내에 소유권 이전등기를 신청해야 합니다. 다만, 그 계약이 취소·해제되거나 무효인 경우에는 그렇지 않습니다(부동산등기 특별조치법 제2조제1항).

1. 계약의 당사자가 서로 대가적인 채무를 부담하는 경우 반대급부의 이행이 완료

된 날
  2. 계약당사자의 일방만이 채무를 부담하는 경우 그 계약의 효력이 발생한 날
② 부동산의 소유권을 이전받을 것을 내용으로 하는 계약을 체결한 자가 소유권 이
   전등기의 신청기간 이후 제3자와 다음의 계약을 체결하고자 하는 경우 계약체결
   전에 먼저 체결된 계약에 따라 소유권 이전등기를 신청해야 합니다(부동산등기 특
   별조치법 제2조제2항).
  1. 그 부동산에 대해 다시 제3자와 소유권 이전을 내용으로 하는 계약
  2. 제3자에게 계약당사자의 지위를 이전하는 계약을 체결하고자 할 경우
③ 부동산의 소유권 이전계약을 체결한 자가 소유권 이전등기의 신청기간 전에 그 부
   동산을 다시 제3자에게 이전하는 계약을 체결한 경우 다음 중 어느 하나에 정해
   진 날부터 60일 내에 먼저 체결된 계약에 따라 소유권 이전등기를 신청해야 합니
   다(부동산등기 특별조치법 제2조제3항).
  1. 계약 당사자가 서로 대가적인 채무를 부담하는 경우 먼저 체결된 계약의 반대급
     부 이행이 완료된 날
  2. 계약당사자의 일방만이 채무를 부담하는 경우 그 계약의 효력이 발생한 날

3. 제출서류

3-1. 시·군·구청을 통해 준비해야 하는 서류

① 소유권을 증명하는 서면
  - 토지대장등본 또는 임야대장등본
  - (집합)건축물대장등본
② 신청인의 주소를 증명하는 서면
  - 주민등록등(초)본
※ 증여에 의한 소유권 이전등기는 등기권리자와 등기의무자 공동으로 신청해야 하
  는 등기로서, 수증자는 주민등록등(초)본, 증여자는 주민등록초본이 필요합니다.

※ 참고
① 법인의 경우에는 주민등록등(초)본 대신 등기소에서 법인등기사항증명서를 발급받아
  제출하면 됩니다. 법인등기사항증명서가 없는 법인의 경우에는 부동산등기용등록번호

증명서를 발급받아 제출할 수 있습니다.

② 주민등록번호가 없는 경우 제출하는 서류
- 부동산등기용등록번호증명서

  부동산등기용등록번호는 주민등록번호가 없는 등기권리자가 등기를 할 수 있도록 부여하는 등록번호를 말합니다. 주민등록번호가 없는 등기권리자는 다음의 기관에서 부동산등기용등록번호를 부여받을 수 있습니다(부동산등기법 제49조제1항).
- 국가·지방자치단체·국제기관 및 외국정부 : 국토교통부장관이 지정·고시
- 주민등록번호가 없는 재외국민: 대법원 소재지 관할 등기소의 등기관
- 법인 : 법인의 주된 사무소(회사-본점, 외국법인-국내에 최초로 설치 등기를 한 영업소나 사무소) 소재지 관할 등기소의 등기관
- 법인 아닌 사단이나 재단 및 국내에 영업소나 사무소의 설치등기를 하지 않은 외국법인 : 시장(제주특별자치도의 행정시 시장 포함, 자치구가 아닌 구를 두는 시의 시장 제외), 군수 또는 구청장(자치구가 아닌 구의 구청장 포함)
- 외국인: 체류지(체류지가 없는 경우 대법원 소재지에 체류지가 있는 것으로 봄) 관할 지방출입국·외국인관서의 장

③ 증여계약서에의 검인

계약을 원인으로 한 소유권 이전등기를 신청할 경우 계약서에 검인신청인을 표시해 부동산의 소재지를 관할하는 시장·군수·구청장 또는 그 권한의 위임을 받은 자의 검인을 받아 관할등기소에 이를 제출해야 합니다(부동산등기 특별조치법 제3조제1항).

※ 검인을 받고자 할 경우 증여계약서는 최소 3부를 준비해야 합니다. 한 부는 구청 보관용, 한 부는 국세청 제출용으로 제출해야 하고, 본인이 소지할 계약서 1부가 필요하기 때문입니다(원할 경우에는 증여계약서를 더 준비해서 검인을 받을 수 있습니다).

[서식 예] 부동산증여계약서

부 동 산 증 여 계 약 서

부동산의 표시

1.   ○○시 ○○구 ○○동 ○○

　　　　　대 300㎡

2.   위 지상

　　　시멘트 벽돌조 슬래브지붕 2층주택

　　　1층 100㎡

　　　2층 100㎡

 위 부동산은 증여인의 소유인 바 이를 수증인 ○○○에게 증여할 것을 약정하고 수증인은 이를 수락하였으므로 이를 증명하기 위하여 각자 서명·날인하다.

20○○년 ○월 ○일

증여인	주　소					
	성 명 또 는 상 호	인	주민등록번호 또　　　는 사업자등록번호	－	전 화 번 호	
수증인	주　소					
	성 명 또 는 상 호	인	주민등록번호 또　　　는 사업자등록번호	－	전 화 번 호	

④ 증여자의 인감증명서

　　증여에 의한 소유권 이전등기는 공동 신청할 사항이지만 대부분은 수증자가 증여자로부터 위임장을 받아 혼자서 등기소에 방문하므로, 이럴 경우 인감도장을 날인한 위임장을 준비해야 합니다.

[서식 예] 위임장

※ 뒷면의 기재요령을 읽고 작성하여 주시기 바랍니다.

<table>
<tr><td colspan="2" align="center">위   임   장</td></tr>
<tr>
<td align="center">①
부동산의표시</td>
<td>1. 서울특별시 서초구 서초동 100
　　　대 100m²
2. 서울특별시 서초구 서초동 100
　　　시멘트 벽돌조 슬래브지붕 2층 주택
　　　1층 100㎡
　　　2층 100㎡
　　　　　　　　이　　　　　　　　상</td>
</tr>
<tr>
<td>② 등기원인과 그 연월일</td>
<td>2007년 9월 1일 근저당권설정계약</td>
</tr>
<tr>
<td>③ 등 기 의 목 적</td>
<td>근저당권설정</td>
</tr>
<tr>
<td>④</td>
<td></td>
</tr>
<tr>
<td align="center">⑤ 위 임 인</td>
<td align="center">⑥ 대 리 인</td>
</tr>
<tr>
<td>등기의무자 : 이 대 백　㉑
서울특별시 서초구 서초동 200
등기권리자 : 홍 길 동　㉑
서울특별시 광진구 화양동 100</td>
<td>김　갑　돌
서울특별시 중구 다동 5

　위 사람을 대리인으로 정하고 위 부동산 등기신청 및 취하에 관한 모든 행위를 위임한다. 또한 복대리인 선임을 허락한다.

　⑦　2017년 10월 1일</td>
</tr>
</table>

등기신청안내서 - 위임장

■ 위임장 기재요령

　※ 대부분의 기재사항은 등기신청서의 기재요령과 같습니다.

　① 부동산의 표시란

　② 등기원인과 그 연월일

　③ 등기의 목적란

　④ 공란에 기재할 사항

　① ~ ④란 기재사항은 등기신청서 기재요령 중 해당란에 관한 설명에 따라 기재하면 됩니다.(등기신청서의 해당부분의 내용과 동일하게 기재함)

　⑤ 위임인란

　　위임하고자 하는 등기신청인의 성명과 주소를 기재하고 날인합니다. 등기의무자의 인감증명서를 첨부해야 하는 등기인 경우에는 그의 인감을 날인하여야 합니다. 신청인이 법인 또는 법인 아닌 사단이나 재단인 경우에는 상호(명칭)와 본점(주사무소 소재지), 대표자(관리인)의 성명과 주소를 기재하고, 법인이 인감증명을 첨부하여야 할 때에는 등기소의 증명을 얻은 그 대표자의 인감을, 법인 아닌 사단이나 재단인 경우에는 대표자(관리인)의 개인인감을 각 날인합니다.

　⑥ 대리인란

　　위임받은 자의 성명과 주소를 기재합니다.

　⑦ 위임한 날짜를 기재합니다.

■ 기타

　변호사나 법무사가 아닌 일반인은 보수와 관계없이 대리인으로서 반복하여 계속적으로 등기신청을 할 수 없습니다. 따라서, 신청인이 업(業)(계속반복적)으로 한다는 의심이 있는 경우에는 등기관 또는 접수공무원은 대리인으로 하여금 신청인 본인과 그 대리인과의 관계를 호적등본이나 주민등록등본 등에 의하여 소명할 것을 요청할 수 있습니다.

---

⑤ 취득세납부고지서(지방교육세 및 농어촌특별세 포함)

　㉮ 취득세란 부동산의 취득 시 납부해야 하는 세금을 말합니다(지방세법 제7조제1항).

　　- 취득세: 공시가액 × 35/1,000(증여, 유증 그 밖의 무상 취득)[지방세법 제11조제1항제2호]

　㉯ 지방교육세란 지방교육의 질적 향상에 필요한 지방교육재정의 확충에 소요되는

재원을 확보하기 위해 「지방세법」에 따른 취득세의 납부의무자에게 함께 부과되는 세금을 말합니다(지방세법 제149조 및 제150조제1호).

- 지방교육세: (공시가액× 15/1,000)× 20/100[지방세법 제151조제1항제1호]

㉲ 농어촌특별세란 농어업의 경쟁력강화와 농어촌산업기반시설의 확충 및 농어촌지역 개발사업에 필요한 재원을 확보하기 위해 「지방세법」에 따른 취득세의 납부의무자에게 함께 부과되는 세금을 말합니다(농어촌특별세법 제1조 및 제3조제5호).

- 농어촌특별세: 공시가액 × 2/100 × 10/100(농어촌특별세법 제5조제1항제6호)

⑥ 시, 군, 구청 세무과를 방문해 취득세납부고지서를 발부받고 세금을 은행에서 납부하면 됩니다.

※ 증여세

① 수증자(증여를 받는 자)는 「상속세 및 증여세법」에 따라 증여세를 납부할 의무가 있습니다(상속세 및 증여세법 제4조의2제1항).

② 증여세 납부의무가 있는 자는 증여받은 날이 속한 달의 말일부터 3개월 내에 증여세의 과세가액(증여재산가액 증여재산에 담보된 채무로서 수증자가 인수한 금액을 뺀 금액) 및 과세표준을 납세지 관할 세무서장에게 신고해야 합니다(상속세 및 증여세법 제68조제1항).

③ 증여세 과세표준을 신고한 경우에는 증여세산출세액에서 7%에 상당하는 금액을 공제해 줍니다(상속세 및 증여세법 제69조제2항).

④ 증여세 세율(상속세 및 증여세법 제26조 및 제56조)

과 세 표 준	세 율
1억원 이하	과세표준의 100분의 10
1억원 초과 5억원 이하	1천만원 + (1억원을 초과하는 금액의 100분의 20)
5억원 초과 10억원 이하	9천만원 + (5억원을 초과하는 금액의 100분의 30)
10억원 초과 30억원 이하	2억4천만원 + (10억원을 초과하는 금액의 100분의 40)
30억원 초과	10억4천만원+(30억원을 초과하는 금액의 100분의 50)

3-2. 은행을 통해 준비해야 할 서류

3-2-1. 취득세영수필확인서

시·군·구청 세무과에서 취득세납부고지서를 받아와서 은행에 취득세, 지방교육세 및 농어촌특별세를 지불하면 취득세영수필확인서를 받을 수 있습니다.

3-2-2. 국민주택채권의 매입

① 국민주택채권이란 정부가 국민주택사업에 필요한 자금을 조달하기 위해 주택도시기금의 부담으로 발행한 채권을 말합니다(주택도시기금법 제7조제1항).

② 등기를 신청하는 자는 국민주택채권을 매입해야 합니다(주택도시기금법 제8조제1항제2호).

③ 국민주택채권의 매입기준은 다음과 같습니다(주택도시기금법 시행령 제8조제2항 및 별표).

등기종류	시가표준액	지역	매입률
증여 그 밖의 무상으로 취득 하는 경우	1천만원 이상 5천만원 미만	서울특별시,광역시	시가표준액의 18/1,000
		기타 지역	시가표준액의 14/1,000
	5천만원 이상 1억5천만원 미만	서울특별시,광역시	시가표준액의 28/1,000
		기타 지역	시가표준액의 25/1,000
	1억5천만원 이상	서울특별시,광역시	시가표준액의 42/1,000
		기타 지역	시가표준액의 39/1,000

④ 국민주택채권의 최저매입금액은 1만원으로 합니다. 다만, 1만원 미만의 단수가 있을 경우에 그 단수가 5천원 이상 1만원 미만인 때에는 이를 1만원으로 하고, 그 단수가 5천원 미만인 때에는 단수가 없는 것으로 합니다(주택도시기금법 시행령 별표 제4호).

⑤ 국민주택채권의 매입 후 매입자가 즉시매도를 원할 경우 은행(우리은행, 농협, 하나은행, 중소기업은행, 신한은행)은 일정할인료(매일 변경, 은행에 확인해야 함)만 내도록 하고 채권발행번호가 기재된 영수증을 발급해 주고 있습니다.

3-2-3. 대법원등기 수입증지의 구입

① 등기를 하려는 사람은 수수료를 내야 합니다(부동산등기법 제22조제3항).

② 대법원등기 수입증지를 은행이나 등기소에서 매입을 해 이를 신청서에 붙이면 등기신청 수수료를 낸 것이 됩니다.

③ 대법원등기 수입증지는 등기소나 등기소 주변의 은행(농협, 우체국, 신한은행 등)

에서 구입하실 수 있습니다.

④ 소유권 이전등기 한 건당 대법원등기 수입증지

  - 서면방문신청: 15,000원

  - 전자표준양식신청(e-form양식으로 작성한 후 등기소 방문신청): 13,000원

  - 전자신청: 10,000원

⑤ 등기신청수수료의 납부는 그 수수료 상당액을 전자적 방법으로 납부하거나, 법원 행정처장이 지정하는 금융기관에 현금으로 납부한 후 이를 증명하는 서면을 등기 신청서에 첨부하여 제출하는 방법으로 합니다(등기사항증명서 등 수수료규칙 제6 조제3항).

3-3. 증여 관련 서류

3-3-1. 검인받은 증여계약서

① 등기원인을 증명하는 서류로 증여계약서를 제출합니다(부동산등기법 제34조제6호 및 제40조제1항제5호).

② 판결에 의한 경우 첨부서류

  - 판결에 의한 등기 신청의 경우에는 판결정본과 그 판결이 확정되었음을 증명하는 확정증명서를 첨부해야 합니다.

  - 조정에 갈음하는 결정정본 또는 화해권고결정정본을 첨부하는 경우에도 확정증명 원을 첨부합니다.

  - 조정조서, 화해조서 또는 인낙조서를 등기원인증서로 제출하는 경우에는 확정증 명원을 첨부하지 않아도 됩니다.

3-3-2. 농지취득자격증명원(해당자에 한함)

증여라 하더라도 농지를 취득하려는 자는 농지 소재지를 관할하는 시장, 구청장, 읍 장 또는 면장에게서 농지취득자격증명을 발급받아야 하므로(농지법 제8조제1항), 농 지에 대한 소유권 이전등기 시에는 농지취득자격증명원을 첨부해야 합니다.

3-3-3. 위임장(해당자에 한함)

증여에 의한 소유권 이전등기는 등기의무자와 등기권리자가 공동으로 신청하거나 수증자가 증여자로부터 또는 증여자가 수증자로부터 위임장을 받아 혼자 등기소를 방문해서 신청할 수 있습니다.

3-3-4. 등기필정보(등기필증) 또는 등기필정보통지서

① 매도인인 등기의무자가 등기권리자로서 소유권에 관한 등기를 한 후 등기소로부터 받아서 가지고 있던 등기필정보를 등기소에 제공해야 합니다(부동산등기법 제50조 제2항).

② 등기필정보의 제공방법

 - 방문신청의 경우 : 등기필정보를 적은 서면(등기필정보통지서)를 교부하는 방법. 다만, 신청인이 등기신청서와 함께 등기필정보통지서 송부용 우편봉투를 제출한 경우에는 등기필정보통지서를 우편으로 송부합니다(부동산등기규칙 제107조제1항제1호).

 - 전자신청의 경우 : 전산정보처리조직을 이용하여 송신하는 방법(부동산등기규칙 제107조제1항제2호)

4. 신청서 작성

4-1. 신청서 및 첨부서류

토지대장등본, 집합건축물대장등본, 검인증여계약서 등의 순으로 준비합니다.

4-2. 신청서 양식

[서식 예] 증여로 인한 소유권 등기이전 신청서

<table>
<tr><td colspan="5" style="text-align:center">소유권이전등기신청(증여)</td></tr>
<tr><td rowspan="2">접
수</td><td>년 월 일</td><td rowspan="2">처
리
인</td><td>등기관 확인</td><td>각종 통지</td></tr>
<tr><td>제   호</td><td></td><td></td></tr>
</table>

① 부동산의 표시
1동의 건물의 표시 　　　서울특별시 서초구 서초동 100 　　　서울특별시 서초구 서초동 101 　　　샛별아파트 가동 　　　[도로명주소] 서울특별시 서초구 서초대로 88길 10 전유부분의 건물의 표시 　　　건물의 번호 1-101 　　　구　　조 철근콘크리트조 　　　면　　적 1층 101호 86.03㎡ 대지권의 표시 　　토지의 표시 　　1. 서울특별시 서초구 서초동 100　　　　대 1,400㎡ 　　2. 서울특별시 서초구 서초동 101　　　　대 1,600㎡ 　　대지권의 종류 소유권 　　대지권의 비율 1,2 : 3,000분의 500 　　　　　　이　　　　　　　　상

② 등기원인과 그 연월일	2014년 1월 2일 증여
③ 등 기 의 목 적	소 유 권 이 전
④ 이 전 할 지 분	

구분	성 명 (상호·명칭)	주민등록번호 (등기용등록번호)	주　소 (소재지)	지 분 (개인별)
⑤ 등기 의무자	이 대 백	XXXXXX-XXXXXXX	서울특별시 서초구 서초 대로 88길 20 (서초동)	
⑥ 등기 권리자	김 갑 동	XXXXXX-XXXXXXX	서울특별시 서초구 서초 대로 88길 10, 가동 101 호(서초동, 샛별아파트)	

⑦ 시가표준액 및 국민주택채권매입금액		
부동산 표시	부동산별 시가표준액	부동산별 국민주택채권매입금액
1. 주　택	금 ○○,○○○,○○○원	금　　○○○,○○○　원
2.	금　　　　　　　원	금　　　　　　　원
3.	금　　　　　　　원	금　　　　　　　원
⑦ 국 민 주 택 채 권 매 입 총 액		금　○○○,○○○　원
⑦ 국 민 주 택 채 권 발 행 번 호		○○○

⑧ 취득세(등록면허세) 금○○○,○○○원	⑧ 지방교육세　금○○,○○○원
	⑧ 농어촌특별세　금○○,○○○원

⑨ 세 액 합 계	금　　　　　○○○,○○○　원	
⑩ 등 기 신 청 수 수 료	금　　　　　15,000　원	
	납부번호 : ○○-○○-○○○○○○○○○-○	
	일괄납부 :　　　건　　　　　　　원	

⑪ 등기의무자의 등기필정보		
부동산 고유번호	1102-2006-002095	
성명(명칭)	일련번호	비밀번호
이대백	Q77C-LO71-35J5	40-4636

⑫ 첨 부 서 면			
·증여계약서(검인)	1통	·등기필증	1통
·취득세(등록면허세)영수필확인서	1통	·토지대장등본	2통
·등기신청수수료 영수필확인서	1통	·집합건축물대장등본	1통
·주민등록표등(초)본	각 1통	·인감증명서 또는 본인서명사실 확인서	1통
		〈기 타〉	

2014년 1월 2일

⑬ 위 신청인　　이　대　백　㊞ (전화 : 200-7766)

　　　　　　　긴　갊　동　㊞ (전화 : 300-7766)

　(또는)위 대리인　　　　　　　 (전화 :　　　)

서울중앙 지방법원　　　　　등기국 귀중

- 신청서 작성요령 -
1. 부동산표시란에 2개 이상의 부동산을 기재하는 경우에는 부동산의 일련번호를 기재하여야 합니다.
2. 신청인란등 해당란에 기재할 여백이 없을 경우에는 별지를 이용합니다.
3. 담당 등기관이 판단하여 위의 첨부서면 외에 추가적인 서면을 요구할 수 있습니다.

등기신청안내서 - 소유권이전등기신청(증여)

■ 증여로 인한 소유권이전등기란

부동산증여계약에 의하여 소유권을 이전하는 등기로, 이 신청에서는 수증자(증여받는 자)를 등기권리자, 증여자(증여하는 자)를 등기의무자라고 합니다.

■ 등기신청방법

① 공동신청

증여계약서에 의한 등기신청인 경우에는 증여자와 수증자가 본인임을 확인할 수 있는 주민등록증 등을 가지고 직접 등기소에 출석하여 공동으로 신청함이 원칙입니다.

② 단독신청

판결에 의한 등기신청인 경우에는 승소한 등기권리자 또는 등기의무자가 단독으로 신청할 수 있습니다.

③ 대리인에 의한 신청

등기신청은 반드시 신청인 본인이 하여야 하는 것은 아니고 대리인이 하여도 됩니다. 등기권리자 또는 등기의무자 일방이 상대방의 대리인이 되거나 쌍방이 제3자에게 위임하여 등기신청을 할 수 있으나, 변호사 또는 법무사가 아닌 자는 신청서의 작성이나 그 서류의 제출대행을 업(業)으로 할 수 없습니다.

■ 등기신청서 기재요령

※ 신청서는 한글과 아라비아 숫자로 기재합니다. 부동산의 표시란이나 신청인란 등이 부족할 경우에는 별지를 사용하고, 별지를 포함한 신청서의 각 장 사이에는 간인(신청서에 서명을 하였을 때에는 각 장마다 연결되는 서명)을 하여야 합니다.

① 부동산의 표시란

증여로 이전하고자 하는 부동산을 기재하되, 등기기록상 부동산의 표시와 일치하여야 합니다.

㉮ 1동의 건물의 표시

1동의 건물 전체의 소재, 지번, 건물명칭 및 번호, 도로명주소(등기기록 표제부에 기록되어 있는 경우)를 기재합니다.

㉯ 전유부분의 건물의 표시

건물의 번호, 구조, 면적을 기재합니다.

㉰ 대지권의 표시

대지권의 목적인 토지의 표시, 대지권의 종류, 비율을 기재합니다.

(ⅰ) 대지권의 목적인 토지의 표시는 토지의 일련번호, 토지의 소재, 지번, 지목, 면적을,

(ⅱ) 대지권의 종류는 소유권, 지상권, 전세권, 임차권 등 권리의 종류에 따라 기재하며,

(ⅲ) 대지권의 비율은 대지권의 목적인 토지에 대한 지분비율을 기재합니다.

㉱ 만일 등기기록과 집합건축물대장의 부동산표시가 다른 때에는 먼저 부동산 표시변경(또는 경정)등기를 하여야 합니다.

② 등기원인과 그 연월일란

　　등기원인은 " 증여 " 로, 연월일은 증여계약서상 계약일을 기재합니다.

③ 등기의 목적란

　　소유권 전부이전의 경우에는 " 소유권이전 " 으로, 소유권 일부이전의 경우에는 " 소유권 일부이전 " 으로 기재합니다.

④ 이전할지분란

　　소유권 일부이전의 경우에만 그 지분을 기재합니다.

　　(예) "○○○지분 전부" 또는 "○번 ○○○지분 ○분의 ○중 일부(○분의 ○)"

⑤ 등기의무자란

　　증여자의 성명, 주민등록번호, 주소를 기재하되, 등기기록상 소유자 표시와 일치하여야 합니다. 그러나 증여자가 법인인 경우에는 상호(명칭), 본점(주사무소 소재지), 등기용등록번호 및 대표자의 성명과 주소를 기재하고, 법인 아닌 사단이나 재단인 경우에는 상호(명칭), 본점(주사무소 소재지), 등기용등록번호 및 대표자(관리인)의 성명, 주민등록번호, 주소를 각 기재합니다.

⑥ 등기권리자란

　　수증자를 기재하는 란으로, 그 기재방법은 등기의무자란과 같습니다.

⑦ 시가표준액 및 국민주택채권매입금액, 국민주택채권매입총액란, 국민주택채권발행번호란

　㉮ 부동산별 시가표준액란은 취득세(등록면허세)납부서(OCR용지)에 기재된 시가표준액을 기재하고 부동산별 국민주택채권매입금액란에는 시가표준액의 일정비율에 해당하는 국민주택채권매입금액을 기재합니다.

　㉯ 부동산이 2개 이상인 경우에는 각 부동산별로 시가표준액 및 국민주택채권매입금액을 기재한 다음 국민주택채권 매입총액을 기재합니다.

　㉰ 국민주택채권발행번호란에는 국민주택채권 매입시 국민주택채권사무취급기관에서 고지하는 채권발행번호를 기재하며, 하나의 신청사건에 하나의 채권발행번호를 기재하는 것이 원칙이며, 동일한 채권발행번호를 수 개 신청사건에 중복 기재할 수 없습니다.

⑧ 취득세(등록면허세)·지방교육세·농어촌특별세란

　　취득세(등록면허세)영수필확인서에 의하여 기재하며, 농어촌특별세는 납부액이 없는 경우 기재하지 않습니다.

⑨ 세액합계란

　　취득세(등록면허세)액, 지방교육세액, 농어촌특별세액의 합계를 기재합니다.

⑩ 등기신청수수료란

　㉮ 부동산 1개당 15,000원의 등기신청수수료 납부액을 기재하며, 등기신청수수료를 은행 현금납부, 전자납부, 무인발급기 납부 등의 방법에 따라 납부한 후 등기신청서에 등기신청수수료 영수필확인서를 첨부하고 납부번호를 기재하여 제출합니다.

　㉯ 여러 건의 등기신청에 대하여 수납금융기관에 현금으로 일괄납부하는 경우 첫 번째 등기신청서에 등기신청수수료 영수필확인서를 첨부하고 해당 등기신청수수료, 납부번호와 일괄납부 건수 및 일괄납부액을 기재하며, 나머지 신청서에는 해당 등기신청수수료와 전 사건에 일괄 납부한 취지를 기재합니다(일괄납부는 은행에 현금으로 납부하는 경우에만 가능함).

⑪ 등기의무자의 등기필정보란

㉮ 소유권 취득에 관한 등기를 완료하고 등기필정보를 교부받은 경우, 그 등기필정보 상에 기재된 부동산 고유번호, 성명, 일련번호, 비밀번호를 각 기재(등기필정보를 제출하는 것이 아니며 한번 사용한 비밀번호는 재사용을 못함)합니다. 다만 교부받은 등기필정보를 멸실한 경우에는 부동산등기법 제51조에 의하여 확인서면이나 확인조서 또는 공증서면 중 하나를 첨부합니다.

㉯ 등기신청서에 등기필증이나 확인서면 등을 첨부한 경우 이 란은 기재할 필요가 없습니다.

⑫ 첨부서면란

등기신청서에 첨부한 서면을 각 기재합니다.

⑬ 신청인등란

㉮ 등기의무자와 등기권리자의 성명 및 전화번호를 기재하고, 각자의 인장을 날인하되, 등기의무자는 그의 인감을 날인하거나 본인서명사실확인서에 기재한 서명을 합니다. 그러나 신청인이 법인 또는 법인 아닌 사단이나 재단인 경우에는 상호(명칭)와 대표자(관리인)의 자격 및 성명을 기재하고, 법인이 등기의무자인 때에는 등기소의 증명을 얻은 그 대표자의 인감, 법인 아닌 사단이나 재단인 경우에는 대표자(관리인)의 개인인감을 날인하거나 본인서명사실확인서에 기재한 서명을 합니다.

㉯ 대리인이 등기신청을 하는 경우에는 그 대리인의 성명, 주소, 전화번호를 기재하고 대리인의 인장을 날인 또는 서명합니다.

■ 등기신청서에 첨부할 서면

< 신청인 >

① 위임장

등기신청을 법무사 등 대리인에게 위임하는 경우에 첨부합니다.

② 등기필증

등기의무자의 소유권에 관한 등기필증으로서 등기의무자가 소유권 취득시 등기소로부터 교부받은 등기필증을 첨부합니다. 단, 소유권 취득의 등기를 완료하고 등기필정보를 교부받은 경우에는 신청서에 그 등기필정보 상에 기재된 부동산고유번호, 성명, 일련번호, 비밀번호를 각 기재(등기필정보를 제출하는 것이 아니며 한번 사용한 비밀번호는 재사용을 못함)함으로써 등기필증 첨부에 갈음합니다. 다만, 등기필증(등기필정보)을 멸실하여 첨부(기재)할 수 없는 경우에는 부동산등기법 제51조에 의하여 확인서면이나 확인조서 또는 공증서면 중 하나를 첨부합니다.

③ 증여계약서

계약으로 인한 소유권이전등기를 신청하는 경우에는 그 계약서를 첨부하며, 인지세 법이 정하는 인지를 붙이지 않아도 됩니다.

< 시 · 구 · 군청, 읍 · 면 사무소, 동 주민센터 >

① 검인

위 증여계약서에 부동산소재지를 관할하는 시장, 구청장, 군수 또는 군수로부터 위임을 받은 자(읍·면·동장)로부터 검인을 받아야 합니다.

② 취득세(등록면허세)영수필확인서

시장, 구청장, 군수 등으로부터 취득세(등록면허세)납부서(OCR용지)를 발급받아 납세지를 관할하는 해당 금융기관에 세금을 납부한 후 취득세(등록면허세)영수필확인서와 영수증을 교부받아 영수증은 본인이 보관하고 취득세(등록면허세)영수필확인서만 신청서의 취득세(등록면허세)액표시란의 좌측상단 여백에 첨부하거나, 또는 지방세인터넷납부시스템에서 출력한 시가표준액이 표시되어 있는 취득세(등록면허세)납부확인서를 첨부합니다.

③ 토지·집합건축물대장등본

등기신청대상 부동산의 토지대장등본, 집합건축물대장등본(각, 발행일로부터 3월 이내)을 첨부합니다.

④ 인감증명서 또는 본인서명사실확인서

등기의무자의 인감증명서(발행일로부터 3월 이내)를 첨부하거나, 인감증명을 갈음하여『본인서명사실 확인 등에 관한 법률』에 따라 발급된 본인서명사실확인서를 첨부할 수 있습니다.

⑤ 주민등록표등(초)본

등기의무자 및 등기권리자의 주민등록표등본 또는 초본(각, 발행일로부터 3월 이내)을 첨부합니다.

< 대한민국법원 인터넷등기소, 금융기관 등 >

등기신청수수료

대한민국법원 인터넷등기소(http://www.iros.go.kr/PMainJ.jsp)를 이용하여 전자적인 방법(신용카드, 계좌이체, 선불형지급수단)으로 납부하고 출력한 등기신청수수료 영수필확인서를 첨부하거나, 법원행정처장이 지정하는 수납금융기관(인터넷등기소 홈페이지 하단 '등기비용안내'에서 확인) 또는 전국 등기국·과·소에 설치된 무인발급기에 현금으로 납부한 후 발급받은 등기신청수수료 영수필확인서를 첨부합니다.

< 등기과 · 소 >

법인등기사항전부(일부)증명서

신청인이 법인인 경우에는 법인등기사항전부증명서 또는 법인등기사항일부증명서(각, 발행일로 부터 3월 이내)를 첨부합니다.

< 기   타 >

신청인이 재외국민이나 외국인 또는 법인 아닌 사단 또는 재단인 경우에는 신청서의 기재사항과 첨부서면이 다르거나 추가될 수 있으므로, "대법원 종합법률정보(http://glaw.scourt.go.kr)"의 규칙/예규/선례에서『외국인 및 재외국민의 국내 부동산 처분 등에 따른 등기신청절차, 등기예규 제1393호』및『법인 아닌 사단의 등기신청에 관한 업무처리지침, 등기예규 제1435호』등을 참고하시고, 기타 궁금한 사항은 변호사, 법무사 등 등기와 관련된 전문가나 등기과소의 민원담당자에게 문의하시기 바랍니다.

■ 등기신청서류 편철순서

신청서, 취득세(등록면허세)영수필확인서, 등기신청수수료 영수필확인서, 위임장, 인감증명서 또는 본인서명사실확인서, 주민등록표등(초)본, 토지·집합건축물대장등본, 증여계약서, 등기필증 등의 순으로 편철해 주시면 업무처리에 편리합니다.

4-3. 지분권 이전이 있는 경우의 작성방법

4-3-1. 공유지분권 전부를 이전하는 경우

① 'OOO의 지분 전부이전'이라는 문구를 소유권 이전등기 신청서의 '등기의 목적'란에 기재합니다.

② 소유권 이전등기 신청서의 '이전할 지분'란에 '공유자 지분 O분의 O'과 같이 총 지분 중 이전받을 지분을 표시합니다.

4-3-2. 공유지분 중 일부를 이전하는 경우

① 'OOO의 지분 1/2 중 일부(1/4) 이전'이라는 문구를 소유권 이전등기 신청서의 '등기의 목적'란에 기재합니다.

② 소유권 이전등기 신청서의 '이전할 지분'란에 '공유자 지분 O분의 O'과 같이 총 지분 중 이전받을 지분을 표시합니다.

4-3-3. 수인의 공유자가 수인에게 지분의 전부 또는 일부를 이전하는 경우

① 등기권리자 또는 등기의무자별로 각각 작성해 신청합니다(등기권리자 또는 등기의 무자 기재란에 1인만 기재).

② 등기권리자가 병(丙)인 소유권 이전등기 신청서의 '등기의 목적'란에 '갑(甲) 지분 2분의 1 중 일부(4분의 1) 및 을(乙) 지분 2분의 1 중 일부(4분의 1) 이전'이라고 기재

③ 등기의무자가 갑(甲)인 소유권 이전등기 신청서상의 '등기의 목적'란에 '갑(甲) 지분 2분의 1을 병(丙), 정(丁)에게 각 4분의 1씩 이전'이라고 기재

[서식 예] 소유권이전등기(증여로 인한 공유자지분 전부이전)

증여로 인한 공유자지분 소유권이전등기신청				
접수	년 월 일	처리인	등기관 확인	각종 통지
	제 호			

부동산의 표시
○○시 ○○구 ○○동 ○○ 　　　대 300㎡   　　　　　　이　　　　　　상

등기원인과 그 연월일	20○○년 ○월 ○○일 ○○(등기원인)
등 기 의 목 적	소유권이전
이 전 할 지 분	공유자 △△△ 지분전부

구분	성　명 (상호·명칭)	주민등록번호 (등기용등록번호)	주　　소 (소 재 지)	지 분 (개인별)
등기 의무 자	△△△	111111-1111111	○○시 ○○구 ○○길 ○○	공유자 의 지분
등기 권리 자	○○○	111111-1111111	○○시 ○○구 ○○길 ○○	

시가표준액 및 국민주택채권매입금액		
부동산 표시	부동산별 시가표준액	부동산별 국민주택채권매입금액
1. 토 지	금 ○○○ 원	금 ○○○ 원
2.	금 원	금 원
3.	금 원	금 원
국 민 주 택 채 권 매 입 총 액		금 원
국 민 주 택 채 권 발 행 번 호		

취득세(등록면허세) 금 원	지방교육세 금 ○○○ 원
	농어촌특별세 금 원

세 액 합 계	금 ○○○ 원
등 기 신 청 수 수 료	금 ○○○ 원
	납부번호 :
	일괄납부 : 건 ○○○ 원

첨 부 서 면

·검인계약서	1통	·공시지가확인원	1통
·취득세영수필확인서	1통	·신청서부본	2통
·인감증명	1통	·위임장(위임한 경우)	1통
·토지대장등본	1통		
·주민등록표등(초)본	2통		
·등기필증	1통		

20○○년   ○월   ○○일

위 신청인   ○○○ ㉑ (전화 : ○○○-○○○○)

△△△ ㉑ (전화 : ○○○-○○○○)

(또는)위 대리인   ㉑ (전화 : ○○○-○○○○)

- 신청서 작성요령 -

1. 부동산표시란에 2개 이상의 부동산을 기재하는 경우에는 부동산의 일련번호를 기재하여야 합니다.
2. 신청인란등 해당란에 기재할 여백이 없을 경우에는 별지를 이용합니다.

■ 증여를 원인으로 소유권을 취득한 것으로 되어 있는 경우에 특별조치법에 의한 등기
의 추정력이 부인되는지요?

Q. 甲의 아버지 乙은 丙으로부터 토지를 매수하였으나, 그 소유권이전등기를
받지 못하고 있다가 부동산소유권 이전등기 등에 관한 특별조치법에 의하
여 소유권이전등기를 하였는데, 최근 丙의 아들 丁이 위 소유권이전등기가
원인무효임을 주장하여 소유권이전등기말소청구를 하고 있습니다. 甲은 아
버지 乙이 丙으로부터 매수하여 실질적인 소유자임을 주장하였는데, 위 특
별조치법에 따른 소유권이전등기에서는 보증인의 보증서나 확인서에 증여
를 원인으로 소유권을 취득한 것으로 되어 있습니다. 이 경우 위 특별조치
법에 의한 등기의 추정력이 부인되는지요?

A. 부동산소유권 이전등기 등에 관한 특별조치법에 따라 마쳐진 소유권보존
등기는 그 특별조치법에서 정한 적법한 절차에 따라 마쳐진 것으로서 실
체적 권리관계에 부합하는 등기로 추정되고, 그 특별조치법에 따라서 마쳐
진 소유권보존등기의 말소를 소송으로 청구하려는 자는 그 소유권보존등
기명의자가 부동산관련대장 명의변경을 함에 있어 첨부한 원인증서인 그
특별조치법에서 정한 보증서와 확인서가 허위 내지 위조되었다든가 그 밖
에 다른 어떤 사유로 인하여 그 소유권보존등기가 그 특별조치법에 따라
적법하게 이루어진 것이 아니라는 주장과 입증을 하여야 합니다(대법원
2009. 4. 9. 선고 2006다30921 판결).

  그런데 부동산소유권 이전등기 등에 관한 특별조치법에 따라 등기를 마친
자가 취득원인에 관하여 보증서나 확인서에 기재된 것과 다른 주장을 한
경우, 그 등기의 추정력이 깨어지는지 판례를 보면, 구 부동산 소유권이전
등기 등에 관한 특별조치법(법률 제3094호, 실효)에 따라 마쳐진 등기는
실체적 권리관계에 부합하는 등기로 추정되고, 특별조치법에 정한 보증서
나 확인서가 허위 또는 위조된 것이라거나 그 밖의 사유로 적법하게 등기
된 것이 아니라는 입증이 없는 한 그 소유권보존등기나 이전등기의 추정
력은 번복되지 않는 것이며, 여기서 허위의 보증서나 확인서란 권리변동원
인에 관한 실체적 기재내용이 진실에 부합하지 않는 보증서나 확인서를
뜻하는 것인데(대법원 2000. 10. 27. 선고 2000다33775 판결), 특별조치법

에 따라 등기를 마친 자가 보증서나 확인서에 기재된 취득원인이 사실과
다름을 인정하더라도 그가 다른 취득원인에 따라 권리를 취득하였음을 주
장하는 때에는, 특별조치법의 적용을 받을 수 없는 시점의 취득원인 일자
를 내세우는 경우와 같이 그 주장자체에서 특별조치법에 따른 등기를 마
칠 수 없음이 명백하거나, 그 주장하는 내용이 구체성이 전혀 없다든지,
그 자체로서 허구임이 명백한 경우 등 특별한 사정이 없는 한 위의 사유
만으로 특별조치법에 따라 마쳐진 등기의 추정력이 깨어진다고 볼 수는
없으나, 그 밖의 자료에 의하여 새로이 주장된 취득원인사실에 관해서도
진실이 아님을 의심할 만큼 증명되었다면 그 등기의 추정력은 깨어진다고
할 것이라고 하였습니다(대법원 2010. 2. 25. 선고 2009다98386 판결).
 따라서 위 사안에서도 乙이 부동산소유권 이전등기 등에 관한 특별조치법
에 의하여 소유권이전등기를 함에 있어서 보증인의 보증서나 확인서에는
증여를 원인으로 소유권을 취득한 것으로 되어 있지만, 실질적으로는 위
토지를 매수하였음을 주장한다는 사실만으로 위 특별조치법에 의한 등기
의 추정력이 부인될 것으로는 보이지 않으며, 위 특별조치법에 따른 보증
서나 확인서가 허위 또는 위조된 것이라거나 그 밖의 사유로 적법하게 등
기된 것이 아니라는 입증이 없는 한 그 소유권이전등기의 추정력은 번복
되지 않을 것으로 보입니다.
 참고로 판례를 보면, 구 부동산 소유권이전등기 등에 관한 특별조치법(법
률 제4502호, 실효)에 의한 보증인들이 권리변동관계를 알지 못한 채 아무
런 확인도 없이 등기명의인의 말만 믿고 보증서를 작성하여 준 점 등 제
반사정에 비추어 볼 때, 위 특별조치법에 의한 소유권이전등기의 기초가
된 보증서가 그 실체적 기재내용이 진실이 아님을 의심할 만큼 증명된 것
으로 봄이 상당하여 그 등기의 추정력이 깨어졌다고 한 사례가 있습니다
(대법원 2006. 2. 23. 선고 2004다29835 판결).

■ 증여를 받아 소유권이전등기를 마친 경우, 취득시효 완성 후 등기한 제3자에 대한 점유취득시효 주장 가능한지요?

Q. 저는 23년 전 甲으로부터 토지를 매수하여 계속 경작하고 있었으나 소유권 이전등기는 하지 않고 있던 중, 최근에 甲의 상속인 乙로부터 위 토지를 매수하고 소유권이전등기까지 마쳤다는 丙이 나타나 위 토지를 인도하라고 해서 알아보니 甲은 저에게 위 토지를 매도한 수년 후 사망하였고, 甲의 외아들인 乙은 객지에서 살다가 최근에 甲명의로 된 위 토지를 발견하고 그것을 丙에게 매도하였다고 합니다, 저는 오래된 일이라 매매계약서를 찾을 수 없었고 그 매매사실을 알고 있는 증인도 없는 상태인바, 20년 이상 점유하면 시효취득으로 토지소유권을 주장할 수 있다는데 그것이 가능한지요?

A. 부동산점유취득시효에 관하여 민법에서 20년간 소유의 의사로 평온, 공연하게 부동산을 점유하는 자는 등기함으로써 그 소유권을 취득한다고 규정하고 있습니다(민법 제245조 제1항).

그런데 시효취득 전·후에 걸쳐 소유권이 이전된 경우에 관하여 판례를 보면, 점유로 인한 부동산소유권의 시효취득에 있어서 취득시효기간이 경과하기 전에 등기부상의 소유명의자가 변경되더라도 그 사유만으로는 점유자의 종래의 사실상태계속을 파괴한 것이라고 볼 수 없어 취득시효를 중단할 사유가 되지 못하므로, 새로운 소유명의자는 취득시효완성당시 권리의무변동의 당사자로서 취득시효완성으로 인한 불이익을 받게 된다 할 것이어서 시효완성자는 그 소유명의자에게 시효취득을 주장할 수 있고(대법원 2009. 9. 10. 선고 2006다609 판결), 토지에 대한 취득시효완성을 이유로 소유권이전등기를 청구하려면 시효완성당시의 소유자를 상대로 하여야 하며(대법원 1999. 2. 23. 선고 98다59132 판결), 부동산에 대한 점유취득시효가 완성되었더라도 이를 등기하지 아니하고 있는 사이에 그 부동산에 관하여 제3자에게 소유권이전등기가 마쳐지면 점유자는 그 제3자에게 대항할 수 없고(대법원 1998. 4. 10. 선고 97다56495 판결), 이 경우 제3자의 이전등기원인이 점유자의 취득시효완성전의 것이더라도 마찬가지이며(대법원 1998. 7. 10. 선고 97다45402 판결), 상속인 중의 한 사람이 소유자인 피상속인으로부터 증여를 받아 소유권이전등기를 마친 경우, 그 증여가 실질적인 상속재산협의분할과 동일시할 수 있는 등의 특별한 사정이 없는 한 등기명의인은 점유자에 대한 관계에서 종전소유자와 같은 지위에 있는 자로 볼 수는 없고 취득시효완성 후의 새로운 이해관계인으로 보아야 한다고 하였고(대법원 1998. 4. 10. 선고 97다56495 판결), 나아가 취득시효 완성사실을 알면서(매도를 권유하는 등 적극적으로 가담하지 않은 경우임) 소유자로부터 그 부동산을 매수하여 소유권이전등기를 마친 자이더라도 소유자와의 사이에서 소유자의 소유권이전등기의무를 인수하여 이행하기로 묵시적 또는 명시적으로 약정하였다는 등의 특별한 사정이 인정되지 않는 한 위의 의무를 승계한다고 볼 수는 없으며(대법원 1994. 4. 12. 선고 93다50666 판결) 다만, 새로이 취득시효가 완성된 토지의 소유권을 취득한 자가 시효취득사실을 알면서도 그 소유권이전에 적극적으로 가담하여 소유권을 이전 받았을 경우에는 그 원인행위가 사회질서에 반하는 것으로서 그 소유권이전등기가 무효가 될 수 있고, 그 소유권이전등기는 말소될 것이므로 시효취득자는 원래의 소유자에게 소유권이전등기청구가 가능할 수도 있다고 하였습니다(대법원 1995. 6. 30. 선고 94다52416 판결).

따라서 귀하가 제3자인 丙에게 매매로 소유권이 이전되기 전에 甲의 상속인 乙을 상대로 점유취득시효 등에 의한 소유권이전등기청구권을 행사하였더라면 그 소유권을 취득할 수도 있었을 것이나, 현재는 이미 丙에게로 소유권이 이전된 후이므로 점유취득시효를 주장할 수 없을 것으로 보입니다. 또한, 귀하가 위 토지의 소유권이 이전되기 전에 시효취득을 주장하거나 소유권이전등기를 청구한 사실이 없다면 甲의 상속인 乙로서는 귀하의 시효취득사실을 몰랐다 할 것이므로 그에 대하여도 손해배상청구권 등을 행사하기도 어려울 것으로 보입니다(대법원 1994. 4. 12. 선고 93다60779 판결).

참고로 부동산점유취득시효가 완성된 후 취득시효완성을 원인으로 한 소유권이전등기를 하지 않고 있는 사이에 그 부동산에 관하여 제3자명의의 소유권이전등기가 마쳐진 경우이더라도 당초의 점유자가 계속 점유하고 있고 소유자가 변동된 시점을 기산점으로 삼아도 다시 취득시효점유기간이 경과한 경우에는 점유자로서는 제3자 앞으로의 소유권변동시를 새로운 점유취득시효기산점으로 삼아 2차의 취득시효완성을 주장할 수 있고, 이 경우 2차의 취득시효기간이 경과하기 전에 등기부상의 소유명의자가 다시 변경되더라도 그것이 2차의 취득시효를 중단할 사유가 되지 못하므로 취득시효완성자는 그 소유명의자에게 시효취득을 주장할 수 있습니다(대법원 2009. 7. 16. 선고 2007다15172, 15189 판결).

(관련판례)

갑 소유의 토지에 관하여 을앞으로 증여를 원인으로 한 소유권이전등기가 마쳐진 후, 을이 병에게 매매를 원인으로 소유권이전등기를 마쳐 주었는데, 병이 사망하여 정 등이 위 토지를 상속하자, 갑의 채권자 무가 갑과 을의 증여계약, 을과 병의 매매계약이 모두 통정허위표시에 해당하여 무효라고 주장하면서, 갑과 을을 순차 대위하여 정 등을 상대로 을에게 소유권이전등기에 관한 말소등기절차를 이행하라고 청구한 사안에서, 무가 대위행사하는 정 등에 대한 말소등기청구권이 누구의 권리인지, 피대위자가 정 등을 상대로 말소등기청구를 할 수 있는 권원은 무엇인지에 대하여 석명권을 행사하여 이를 명확히 한 뒤에 당부를 심리하고 판단하였어야 했는데도, 무의 이 부분 청구가 정 등을 상대로 을의 말소등기청구권을 대위행사하는 것이라고만 본 원심 판단에 심리미진의 잘못이 있다고 한 사례(대법원 2017. 3. 30. 선고 2016다51989 판결)

[서식 예] 증여에 의한 공유물분할청구의 소(지분증여, 토지)

소　　　장

원　　고　　○○○ (주민등록번호)
　　　　　　○○시 ○○구 ○○길 ○○(우편번호 ○○○-○○○)
　　　　　　등기부상 주소 경기 ○○군 ○○면 ○○길 ○○
　　　　　　전화·휴대폰번호:
　　　　　　팩스번호, 전자우편(e-mail)주소:
피　　고　　◇◇◇ (주민등록번호)
　　　　　　○○시 ○○구 ○○길 ○○(우편번호 ○○○-○○○)
　　　　　　전화·휴대폰번호:
　　　　　　팩스번호, 전자우편(e-mail)주소:

공유물분할청구의 소

청 구 취 지

1. 별지목록 기재의 부동산에 관하여 별지도면 표시 ㄱ, ㄴ, ㄷ, ㄹ, ㄱ의 각 점을 차례로 연결한 선내 ㉮부분 ○○.○㎡는 원고의 소유로, 같은 도면 표시 ㄹ, ㄷ, ㅂ, ㅁ, ㄹ의 각 점을 차례로 연결한 선내 ㉯부분 ○○.○㎡는 피고의 소유로 각 분할한다.
2. 만약 현물분할이 불가능할 때에는 별지목록 기재의 부동산을 경매에 붙여 그 매각대금 중에서 경매비용을 뺀 나머지 금액을 원고 및 피고에게 각 2분의 1씩 배당한다.
3. 소송비용은 피고가 부담한다.
라는 판결을 구합니다.

청 구 원 인

1. 원고는 소외 ◉◉◉로부터 피고와 소외 ◉◉◉의 공동소유인 별지목록 기재 부동산에 대한 소외 ◉◉◉의 2분의 1 지분을 20○○. ○. ○. 증여 받은 사실이 있으며, 이를 원인으로 한 위 지분에 대한 소유권이전등기를 마친 사실이 있습니다.
2. 원고는 재정사정의 악화로 인하여 피고에게 위 부동산을 현물로 분할하든지 또는 위 부동산을 매각하여 그 대금을 분할할 것을 청구하였으나 피고는 분할금지의 약정 등이 없음에도 불구하고 이에 반대하고 있습니다.

3. 따라서 원고는 별지도면 표시와 같은 분할과 그와 같은 현물분할이 불가능한 경우에
   는 대금으로 분할할 것을 청구하고자 이 사건 소를 제기하게 되었습니다.

입 증 방 법

1. 갑 제1호증　　　　　　　　　　부동산등기사항증명서
1. 갑 제2호증　　　　　　　　　　토지대장등본
1. 갑 제3호증　　　　　　　　　　지적도등본
1. 갑 제4호증　　　　　　　　　　현황측량도

첨 부 서 류

1. 위 입증방법　　　　　　　　　　각 1통
1. 소장부본　　　　　　　　　　　　1통
1. 송달료납부서　　　　　　　　　　1통

200○.　○.　○.
위 원고　○○○　(서명 또는 날인)

○○지방법원 ○○지원　귀중

제3절 상속에 의한 소유권 이전등기

상속에 의한 소유권 이전등기는 사망으로 인해 소유권이 이전하는 경우에 하는 등기를 말합니다.

1. 상속의 개념

상속이란 사람의 사망으로 인해 재산상의 법률관계가 피상속인으로부터 상속인에게 포괄적으로 승계되는 것을 말합니다.

2. 상속에 의한 소유권 이전등기의 종류

2-1. 이전등기의 종류

① 상속에 의한 소유권 이전등기는 다음과 같이 2가지로 구분할 수 있습니다.
  - 상속을 원인으로 한 소유권 이전등기(부동산등기법 제23조제3항)
  - 협의분할에 의한 상속을 원인으로 한 소유권 이전등기(민법 제1013조)
② 상속재산의 협의분할은 상속인들의 공동소유인 상속재산을 협의에 의해 분할해 각 상속인의 단독상속으로 하는 것을 말합니다.

2-2. 상속에 의한 소유권 이전등기의 신청인

① 상속에 의한 소유권 이전등기 시 등기권리자는 상속인(상속받는 자)이고 상대방은 피상속인(상속하는 자) 입니다.
② 상속에 의한 소유권 이전등기는 등기권리자인 상속인 단독으로 신청합니다(부동산등기법 제23조제3항).
③ 이는 등기권리자가 단독으로 등기를 신청할 수 있다는 의미이지 공동상속인중 일부가 자기의 상속지분 만으로 등기 신청을 할 수 있다는 의미는 아닙니다.

2-3. 공동상속의 경우 상속분의 계산

① 배우자의 상속분은 직계비속과 공동으로 상속하는 경우 직계비속의 상속분에 5할

을 가산하고, 직계존속과 공동으로 상속하는 경우 직계존속의 상속분에 5할을 가
산합니다(민법 제1009조제2항).

② 예시) 부친 사망 후 모친 및 3명 자녀의 상속분 계산 : 1.5:1:1:1

3. 제출서류

3-1. 시·군·구청을 통해 준비해야 하는 서류

3-1-1. 소유권을 증명하는 서면

① 토지대장등본 또는 임야대장등본

② (집합)건축물대장등본

3-1-2. 신청인의 주소 및 상속을 증명하는 서면

① 주민등록등(초)본

　※ 상속에 의한 소유권 이전등기는 상속인들의 각 주민등록등(초)본과 피상속인의
　　말소자주민등록등(초)본을 제출합니다.

② 제적등본, 가족관계증명서: 상속인 확인을 위한 서류

③ 상속인들 전원의 기본증명서: 상속인들의 생존사실 확인을 위한 서류

3-1-3. 취득세납부고지서(지방교육세 및 농어촌특별세 포함)

① 취득세란 부동산의 취득 시 납부해야 하는 세금을 말합니다(지방세법 제7조제1항).

　- 농지 외 부동산의 상속 시 취득세: 공시가액 × 28/1,000[지방세법 제11조제1항
　　제1호]

　- 농지의 상속 시 취득세: 공시가액 × 23/1,000(지방세법 제11조제1항제1호)

② 지방교육세란 지방교육의 질적 향상에 필요한 지방교육재정의 확충에 소요되는 재
원을 확보하기 위해 「지방세법」에 따른 취득세의 납부의무자에게 함께 부과되는
세금을 말합니다(지방세법 제149조 및 제150조제1호).

　- 지방교육세: [공시가액× 8/1,000(농지 외 부동산의 경우)]× 20/100[지방세법 제
　　151조제1항제1호]

③ 농어촌특별세란 농어업의 경쟁력강화와 농어촌산업기반시설의 확충 및 농어촌지역

개발사업에 필요한 재원을 확보하기 위해 「지방세법」에 따른 취득세의 납부의무자에게 함께 부과되는 세금을 말합니다(농어촌특별세법 제1조 및 제3조제5호).

- 농어촌특별세: 공시가액 × 2/100 × 10/100(농어촌특별세법 제5조제1항제6호)

④ 시, 군, 구청 세무과를 방문해 취득세납부고지서를 발부받고 세금을 은행에서 납부하면 됩니다.

※ 참고

① 상속세

1. 상속인(상속을 받는 자)은 「상속세 및 증여세법」에 따라 상속세를 납부할 의무가 있습니다(상속세 및 증여세법 제3조의2제1항).

2. 상속세 납세의무가 있는 자는 상속개시일이 속하는 달의 말일부터 6개월 내에 상속세의 과세가액 및 과세표준을 납세지 관할세무서장에게 신고해야 합니다(상속세 및 증여세법 제67조제1항).

3. 상속세과세표준을 신고한 경우에는 상속세산출세액에서 7%에 상당하는 금액을 공제해 줍니다(상속세 및 증여세법 제69조제1항).

② 상속세 과세가액의 계산

1. 상속세 과세가액은 상속재산의 가액에서 다음의 가액 또는 비용을 빼야합니다(상속세 및 증여세법 제14조제1항).

 - 공과금

 - 장례비용

 - 채무(상속개시일 전 10년 내에 피상속인이 상속인에게 진 증여채무와 상속개시일 전 5년 내에 피상속인이 상속인이 아닌 자에게 진 증여채무제외)

2. 상속세 과세가액은 위의 가액 또는 비용을 뺀 재산가액에 다음의 재산가액을 가산한 금액입니다(상속세 및 증여세법 제13조제1항).

 - 상속개시일 전 10년 내에 피상속인이 상속인에게 증여한 재산가액

 - 상속개시일 전 5년 내에 피상속인이 상속인이 아닌 자에게 증여한 재산가액

3. 위 재산을 가산하는 경우 국내에 있는 재산을 증여한 경우에만 재산가액을 가산하면 됩니다(상속세 및 증여세법 제13조제2항).

※ 상속세 세율(상속세 및 증여세법 제26조)

과 세 표 준	세 율
1억원 이하	과세표준의 100분의 10
1억원 초과 5억원 이하	1천만원+(1억원을 초과하는 금액의 100분의 20)
5억원 초과 10억원 이하	9천만원 + (5억원을 초과하는 금액의 100분의 30)
10억원 초과 30억원 이하	2억4천만원 + (10억원을 초과하는 금액의 100분의 40)
30억원 초과	10억4천만원 + (30억원을 초과하는 금액의 100분의 50)

3-2. 은행을 통해 준비해야 할 서류

3-2-1. 취득세영수필확인서

시·군·구청 세무과에서 취득세납부고지서를 받아와서 은행에 취득세, 지방교육세 및 농어촌특별세를 지불하면 취득세영수필확인서를 받을 수 있습니다.

3-2-2. 국민주택채권의 매입

① 국민주택채권이란 정부가 국민주택사업에 필요한 자금을 조달하기 위해 주택도시 기금의 부담으로 발행한 채권을 말합니다(주택도시기금법 제7조제1항).

② 등기를 신청하는 자는 국민주택채권을 매입해야 합니다(주택도시기금법 제8조제1 항제2호).

③ 국민주택채권의 매입기준은 다음과 같습니다(주택도시기금법 시행령 제8조제2항 및 별표).

등기종류	시가표준액	지역	매입률
상속 그 밖의 무상으로 취득하는 경우	1천만원 이상 5천만원 미만	서울특별시, 광역시	시가표준액의 18/1,000
		기타 지역	시가표준액의 14/1,000
	5천만원 이상 1억5천만원 미만	서울특별시, 광역시	시가표준액의 28/1,000
		기타 지역	시가표준액의 25/1,000
	1억5천만원 이상	서울특별시, 광역시	시가표준액의 42/1,000
		기타 지역	시가표준액의 39/1,000

④ 국민주택채권의 최저매입금액은 1만원으로 합니다. 다만, 1만원 미만의 단수가 있을 경우에 그 단수가 5천원 이상 1만원 미만인 때에는 이를 1만원으로 하고, 그 단수가 5천원 미만인 때에는 단수가 없는 것으로 합니다(주택도시기금법 시행령 별표 제4호).

⑤ 국민주택채권의 매입 후 매입자가 즉시매도를 원할 경우 은행(우리은행, 농협, 하나은행, 중소기업은행, 신한은행)은 일정할인료(매일 변경, 은행에 확인해야 함)만 내도록 하고 채권발행번호가 기재된 영수증을 발급해 주고 있습니다.

3-2-3. 등기 수입증지의 구입

① 대법원등기 수입증지(등기신청 수수료)

- 등기를 하려는 사람은 수수료를 내야 합니다(부동산등기법 제22조제3항).
- 대법원등기 수입증지를 은행이나 등기소에서 매입을 해 이를 신청서에 붙이면 등기신청 수수료를 낸 것이 됩니다.
- 대법원등기 수입증지는 등기소나 등기소 주변의 은행(농협, 우체국, 신한은행 등)에서 구입하실 수 있습니다.

② 소유권 이전등기 한 건당 대법원등기 수입증지
- 서면방문신청: 15,000원
- 전자표준양식신청(e-form양식으로 작성한 후 등기소 방문신청) : 13,000원
- 전자신청: 10,000원

③ 등기신청수수료의 납부는 그 수수료 상당액을 전자적 방법으로 납부하거나, 법원행정처장이 지정하는 금융기관에 현금으로 납부한 후 이를 증명하는 서면을 등기신청서에 첨부하여 제출하는 방법으로 합니다(등기사항증명서 등 수수료규칙 제6조제3항).

④ 인지세는 무상의 소유권 이전등기 시에는 내지 않습니다.

3-3. 상속 관련 서류

① 상속인 전원의 인감증명서(협의분할 시)

상속재산 분할협의서에 날인한 상속인 전원의 인감증명서(발행일로부터 3개월 내)를 첨부합니다. 재외국민의 경우 상속재산 협의분할서상의 서명 또는 날인이 본인의 것임을 증명하는 재외공관의 확인서 또는 이에 관한 공정증서로 대신할 수 있습니다.

② 상속재산 분할협의서 또는 심판서 정본(협의분할 시)

상속재산 분할협의서(여러 장인 경우 공동상속인 전원의 인감으로 간인해야 함)는 공동상속인 전원이 참가해 작성하며 각자의 인감으로 날인 후 인감증명서를 첨부해 제출하며, 심판에 의한 경우에는 그 심판서 정본 등을 첨부합니다.

[서식 예] 상속재산분할협의서

상속재산분할협의서

　20○○년 ○월 ○○일 ○○시 ○○구 ○○동 ○○ 망 □□□의 사망으로 인하여 개시된 상속에 있어 공동상속인 ○○○, ○○○, ○○○는 다음과 같이 상속재산을 분할하기로 협의한다.

1. 상속재산 중　○○시　○○구 ○○동　○○ 대 300㎡는 ○○○의 소유로 한다.
1. 상속재산 중　□□시　□□구 □□동　□□ 대 200㎡는 ○○○의 소유로 한다.
1. 상속재산 중　△△시 △△구 △△동 △△ 대 100㎡는 ○○○의 소유로 한다.
위 협의를 증명하기 위하여 이 협의서 3통을 작성하고 아래와 같이 서명날인하여 그 1통씩을 각자 보유한다.

20○○년　○월　○○일

성 명 ○ ○ ○ ㊞
주 소 ○○시 ○○구 ○○동 ○○
성 명 ○ ○ ○ ㊞
주 소 ○○시 ○○구 ○○동 ○○
성 명 ○ ○ ○ ㊞
주 소 ○○시 ○○구 ○○동 ○○

③ 판결에 의한 경우 첨부서류
 - 판결에 의한 등기 신청의 경우에는 판결정본과 그 판결이 확정되었음을 증명하는 확정증명서를 첨부해야 합니다.
 - 조정에 갈음하는 결정정본 또는 화해권고결정정본을 첨부하는 경우에도 확정증명원을 첨부합니다.
 - 조정조서, 화해조서 또는 인낙조서를 등기원인증서로 제출하는 경우에는 확정증명원을 첨부하지 않아도 됩니다.
④ 위임장(해당자에 한함)
　　상속인 중 1인이 다른 상속인들로부터 위임장을 받아 혼자 등기소를 방문해서 신

청이 가능하므로, 이럴 경우 인감도장을 날인한 위임장을 준비해야 합니다.

4. 신청서 작성

4-1. 신청서 및 첨부서류

① 신청서, 취득세영수필확인서, 등기 수입증지, 제적등본, 가족관계증명서, 기본증명서, 친양자입양관계증명서(입양된 경우에 한함), 주민등록표등(초)본, 토지·건축물대장등본 등의 순으로 준비합니다.

② 협의분할에 의한 상속을 원인으로 한 소유권 이전등기 신청서에는 상속재산분할협의서 또는 심판서 정본과 상속인 전원의 인감증명서를 첨부하면 됩니다.

(등기선례)

■ 상속권자 중 상속을 포기한 자가 있는 경우의 상속등기

【선례요지】 피상속인의 공동상속인 중 상속을 포기한 자가 있는 경우에는 그 상속분은 다른 상속인의 상속분의 비율로 그 상속인에게 귀속되며, 제1순위 상속인이 상속을 포기한 경우에는 차순위 상속인이 공동으로 상속인이 된다. 이 경우 등기원인은 상속이며, 첨부서면으로 일반적인 상속등기신청서에 첨부되는 서면 외에 상속포기수리심판서정본을 제출하여야 한다.

〔1993. 8. 13. 등기 제2037호 질의회답, 선례요지집Ⅳ 369〕

『유사선례』 1. 1999. 7. 19. 등기 3402-752 질의회답.
       2. 2000. 1. 27. 등기 3402- 64 질의회답.

《해 설》

1. 상속의 포기란 상속개시로 인하여 불확정하기는 하지만 일단 당연히 상속인을 위하여 생긴 상속의 효력, 즉 상속재산에 속한 모든 권리의무의 승계를 부인하고 처음부터 상속인이 아니었던 효력을 생기게 하려는 단독의 의사표시를 말한다. 상속의 포기를 하면 포기자는 처음부터 상속인이 아니었던 것으로 된다(민법 제1042조). 상속인이 수인인 경우에는 어느 상속인이 상속을 포기한 때에는 그 상속분은 다른 상속인의 상속분의 비율로 그 상속인에게 귀속한다(민법 제1043조).

상속포기의 효과는 일종의 강행규정으로서 당사자는 민법에서 명문으로 규정하고 있지 않는 방식으로 포기를 할 수는 없다. 예컨대 공동상속인 중의 특정인을 위하여 포기할 수는 없으며, 자기의 상속분을 특정인에게 주려는 경우에는 상속분의 양도로서 할 수 있을 것이다(민법 제1011조). 포기를 하려는 자는 3개월의 고려기간 내에 가정법원에 포기의 신고를 하여야 한다(민법 제1041호). 공동상속의 경우에도 각 상속인은 단독으로 포기할 수 있다. 포기는 반드시 가정법원에 대한신고로써 하여야 하며, 사인에 대하여 하는 것은 무효이다. 상속의 포기는 다른 공동상속인이나 상속인의 채권자 등에

게 미치는 영향이 크므로 일정한 방식에 따　라서 하고 가정법원이 그 의사표시의 존재를 명확히 하여 법률관계의 획일적 처리를 확보하려는 취지이다. 포기는 신고의 수리라는 심판에 의하여 성립한다. 가정법원이 하는 신고의 수리는 상속의 포기에 관한 적법한 신고가 있었고 이를 수리하였다는 사실을 증명하는 공증행위의 일종이라고 할 수 있으며, 신고의 수리는 반드시 심판에 의하여야 하고 심판서를 작성하도록 규정되어 있으므로 재판의 일종이기도 하다.

2. 상속포기의 등기절차 상속의 포기는 고려기간 내에서는 언제든지 할 수 있는 것이므로, 상속으로 인한 등기가 경료되었어도 상속의 포기는 할 수 있고, 반대로 상속의 포기기간 내라고 할지라도 상속등기를 할 수 있으므로 상속인에 대하여 권리를 갖는 제3자의 채권자대위권에 의한 상속등기도 허용되어 진다(등기예규 제55호).

상속등기가 경료된 후 상속의 포기가 있는 경우에 등기의 방식을 이전등기의 방식으로 할 것인가, 경정등기의 방식으로 할 것인가에 대하여 일본에서는 학설의 대립이 있지만, 우리의 경우는 실무상 경정등기의 방식에 의하고 있다. 상속 의 포기는 소급효가 있어 상속을 포기한 상속인은 처음부터 상속인이 아니었던 것으로 되고, 상속포기자의 상속분은 다른 상속인들에게 지분의 비율로 귀속되는 것이므로, 지분이전의 등기절차에 의할 수는 없고 포기 상속인의 상속등기를 말소하고 비포기 상속인들의 상속등기만을 시정하는 방식, 즉 경정등기의 방식으로 하는 것이 포기제도의 취지에 맞는다고 본 것이다.

그러므로 공동상속인 중 일부가 상속포기를 하였으나 이를 간과한 채 상속등기를 신청하여 상속포기 전의 공동상속인 앞으로 상속등기가 잘못 경료되었다면, 등기권리자는 위 상속포기를 증명하는 서면(상속포기수리심판서)을 첨부하여 등기의무자와 공동으로, 또는 등기의무자에 대한 판결을 얻어 단독으로 경정등기를 신청할 수 있으며, 이 경우 그 등기신청서에는 등기의무자의 인감증명과 위 경정등기에 이해관계 있는 제3자가 있는 때에는 그 승낙서 또는 이에 대항할 수 있는 재판의 등본을 제출하여야 하고, 상속인은 상속등기 후의 상속재산 협의분할로 인한 소유권경정등기에 준하여 국민주택채권을 매입하여야 할 것이다(1993. 7. 8. 등기 제1694호 질의회답).

공동상속인 중 일부가 상속을 포기한 경우에는 나머지 공동상속인들이 상속을등기원인으로 한 소유권이전등기를 신청할 수 있으나, 상속포기자가 다른 상속인을 위하여 상속등기를 신청할 수는 없는 것으로 선례(1987. 9. 16. 등기 제554호)는 보고 있다.

3. 질의의 취지는 제1순위 상속인이 전부 상속을 포기하였다면 상속인이 부존재한 경우가 되어 상속재산이 국가로 귀속되는 것이 아닌가 하는 것인바, 상속의 포기가 있는 때에는 상속포기자는 처음부터 상속인이 아니었던 것으로 되는 것이어서, 단독상속의 경우에는 상속이 개시된 때로부터 상속인이 아니었던 것과 같은 지위에 놓이게 되고, 공동상속에 있어서도 다른 상속인과의 관계는 별도로 하고 포기자만의 측면에서 보면 마찬가지이므로, 결국 단독상속인이 상속포기를 하거나 또는 공동상속인이 전부 상속을 포기하면 차순위 상속인이 상속이 개시된 때로부터 상속인이었던 것으로 되는 것이다. 예

컨대, 피상속인에게 자와 손이 있는 경우 상속인인 자가 상속을 포기하면, 그 상속인의 자(피상속인의 손)가 상속인이 된다.

상속인이 수인인 경우에 어느 상속인이 상속을 포기한 때에는 그 상속분은 다 른 상속인의 상속분의 비율로 그 상속인에게 귀속되고, 제1순위의 상속인 전원이 상속을 포기한 경우에는 제2순위의 자가 상속인이 되므로, 피상속인의 자와 처가 모두 상속을 포기한 때에는 차순위 직계비속인 피상속인의 손자 및 외손자가 공동으로 상속인이 되며, 이 때 위 손자 및 외손자 등도 모두 상속을 포기하여 직계비속이 없다면 차순위 상속권자인 직계존속이 상속인이 되는바, 직계존속에는 양부모와 친부모가 모두 포함되고 이미 양부모가 사망하였다면 친부모가 상속권자가 된다.

상속을 포기한 자가 있는 경우에는 이러한 관계를 명백히 하기 위하여 상속을 증명하는 서면 이외에 상속포기를 증명하는 서면, 즉 가정법원의 상속포기신고수리심판서를 제출하여야 한다.

선순위 공동상속인들이 전원 상속을 포기하여 차순위 상속인이 소유권이전등기를 신청하는 경우에도 상속을 등기원인으로 한 소유권이전등기를 한다. 상속개시와 상속의 포기 사이에는 필연적으로 시간의 간격이 있게되지만, 포기의 효과가 소급하고 비포기 상속인만을 위한 상속등기가 이루어지기 때문에 물권변동의 면에서 포기의 시간적 경과는 의미가 없으므로, 상속개시와 포기 사이의 시간적 경과를 등기에 반영할 필요가 없어 피상속인에게서 직접 비포기 상속인에게로 권리의 변동이 있는 것으로 등기상 공시를 하고 있는 것이다.

4-2. 신청서 양식

[서식 예] 상속에 의한 소유권 이전등기 신청

<table>
<tr><td colspan="6" align="center">소유권이전등기신청(상속)</td></tr>
<tr>
<td rowspan="2">접
수</td>
<td>년 월 일</td>
<td rowspan="2">처
리
인</td>
<td colspan="2">등기관 확인</td>
<td>각종 통지</td>
</tr>
<tr>
<td>제   호</td>
<td colspan="2"></td>
<td></td>
</tr>
</table>

① 부동산의 표시
1. 서울특별시 서초구 서초동 100
대 300㎡
2. 서울특별시 서초구 서초동 100
[도로명주소] 서울특별시 서초구 서초대로 88길 10
시멘트 벽돌조 슬래브지붕 2층 주택
1층 100㎡
2층 100㎡
이   상

② 등기원인과 그 연월일	2014년 1월 2일 상속
③ 등 기 의 목 적	소유권이전
④ 이 전 할 지 분	

구분	성 명	주민등록번호	주 소	상속분	지 분 (개인별)
⑤ 피상속인	망 이도령	XXXXXX -XXXXXXX	서울특별시 중구 마 장로길 88 (황학동)		
⑥ 등기 권리자	김 복 순	XXXXXX -XXXXXXX	서울특별시 중구 다 동길 96 (다동)	3/7	3/7
	이 대 영	XXXXXX -XXXXXXX	서울특별시 중구 다 동길 96 (다동)	2/7	2/7
	이 갑 돌	XXXXXX -XXXXXXX	서울특별시 중구 다 동길 96 (다동)	2/7	2/7

⑦ 시가표준액 및 국민주택채권매입금액		
부동산 표시	부동산별 시가표준액	부동산별 국민주택채권매입금액
1. 주 택	금 ○○,○○○,○○○원	금 ○○○,○○○ 원
2.	금 원	금 원
3.	금 원	금 원
⑦ 국 민 주 택 채 권 매 입 총 액		금 ○○○,○○○ 원
⑦ 국 민 주 택 채 권 발 행 번 호		○ ○ ○
⑧ 취득세(등록면허세) 금○○○,○○○원	⑧ 지방교육세 금 ○○,○○○원	
	⑧ 농어촌특별세 금 ○○,○○○원	
⑨ 세 액 합 계	금 ○○○,○○○ 원	
⑩ 등 기 신 청 수 수 료	금 30,000 원	
	납부번호 : ○○-○○-○○○○○○○○-○	
	일괄납부 : 건 원	

⑪ 첨 부 서 면			
·가족관계증명서	1통	·취득세(등록면허세)영수필확인서	1통
·기본증명서	1통	·등기신청수수료 영수필확인서	1통
·친양자입양관계증명서	1통	·토지·임야·건축물대장등본	각 1통
·피상속인 및 상속인의 주민등록표등(초)본		·제적등본	1통
	각 1통	〈기 타〉	

2014년 1월 2일

⑫ 위 신청인   김   복   순   ㊞ (전화 : 200-7766)

이   대   영   ㊞ (전화 : 200-1111)

이   갑   동   ㊞ (전화 : 300-3322)

(또는)위 대리인   (전화 :   )

서울중앙 지방법원   등기국 귀중

- 신청서 작성요령 -
1. 부동산표시란에 2개 이상의 부동산을 기재하는 경우에는 그 부동산의 일련번호를 기재하여야 합니다.
2. 신청인란 등 해당란에 기재할 여백이 없을 경우에는 별지를 이용합니다.
3. 담당 등기관이 판단하여 위의 첨부서면 외에 추가적인 서면을 요구할 수 있습니다.

등기신청안내서 – 소유권이전등기신청(상속)

■ **상속으로 인한 소유권이전등기란**

피상속인이 사망한 경우에 피상속인의 부동산을 상속을 원인으로 하여 상속인 앞으로 이전하는 것으로, 등기신청은 상속인이 단독으로 신청합니다.

■ **등기신청방법**

신청인 본인 또는 법무사 등 그 대리인이 신분을 확인할 수 있는 주민등록증 등을 가지고 직접 등기소에 출석하여 신청합니다.

■ **등기신청서 기재요령**

※ 신청서는 한글과 아라비아 숫자로 기재합니다. 부동산의 표시란이나 신청인란 등이 부족할 경우에는 별지를 사용하고, 별지를 포함한 신청서의 각 장 사이에는 간인(신청서에 서명을 하였을 때에는 각 장마다 연결되는 서명)을 하여야 합니다.

① 부동산의 표시란

상속부동산을 기재하되, 등기기록상 부동산의 표시와 일치하여야 합니다. 부동산이 토지(임야)인 경우에는 토지(임야)의 소재와 지번, 지목, 면적을 기재하고, 건물인 경우에는 건물의 소재와 지번, 도로명주소(등기기록 표제부에 기록되어 있는 경우), 구조, 면적, 건물의 종류, 건물의 번호가 있는 때에는 그 번호, 부속건물이 있는 때에는 그 종류, 구조와 면적을 기재하면 됩니다. 만일 등기기록과 토지(임야)·건축물대장의 부동산표시가 다른 때에는 먼저 부동산표시변경(또는 경정)등기를 하여야 합니다.

② 등기원인과 그 연월일란

등기원인은 아래와 같이 각각 기재하고, 연월일은 피상속인의 사망일을 기재합니다.

㉮ 1959. 12. 31. 이전에 개시된 상속

• 호주가 사망한 경우 ○○○○년 ○월 ○일 "호주상속"

• 호주가 아닌 가족이 사망한 경우 ○○○○년 ○월 ○일 "유산상속"

㉯ 1960. 1. 1. ~ 1990. 12. 31. 간에 개시된 상속

○○○○년 ○월 ○일 "재산상속"

㉰ 1991. 1. 1. 이후 개시된 상속

○○○○년 ○월 ○일 "상속"

③ 등기의 목적란

"소유권이전"으로 기재합니다.

④ 이전할 지분란

피상속인이 공유자 중 1인인 경우에는 그 지분을 기재합니다.

(예) "갑구△번 ○○○지분 전부"

⑤ 피상속인란

등기기록상 소유자 표시와 일치되게 피상속인의 성명, 주민등록번호, 주소를 기재합니다.

⑥ 등기권리자란

상속인의 성명, 주민등록번호, 주소를 기재하되, 상속인이 수인인 경우 이전받는 각자의 지분을 지분란에 기재합니다.

⑦ 시가표준액 및 국민주택채권매입금액, 국민주택채권매입총액란, 국민주택채권발행번호란

㉮ 부동산별 시가표준액란은 취득세(등록면허세)납부서(OCR용지)에 기재된 시가표준액을 기재하고 부동산별 국민주택채권매입금액란에는 시가표준액의 일정비율에 해당하는 국민주택채권매입금액을 기재합니다.

㉯ 부동산이 2개 이상인 경우에는 각 부동산별로 시가표준액 및 국민주택채권매입금액을 기재한 다음 국민주택채권 매입총액을 기재하여야 합니다.

㉰ 국민주택채권발행번호란에는 국민주택채권 매입시 국민주택채권사무취급기관에서 고지하는 채권발행번호를 기재하며, 하나의 신청사건에 하나의 채권발행번호를 기재하는 것이 원칙이며, 동일한 채권발행번호를 수 개 신청사건에 중복 기재할 수 없습니다.

㉱ 각 부동산에 대하여 각 상속인의 상속지분별로 계산한 시가표준액에 의하여 일정비율의 국민주택채권을 매입합니다.

⑧ 취득세(등록면허세)·지방교육세·농어촌특별세란

취득세(등록면허세)영수필확인서에 의하여 기재하며, 농어촌특별세는 납부액이 없는 경우 기재하지 않습니다.

⑨ 세액합계란

취득세(등록면허세)액, 지방교육세액, 농어촌특별세액의 합계를 기재합니다.

⑩ 등기신청수수료란

㉮ 부동산 1개당 15,000원의 등기신청수수료 납부액을 기재하며, 등기신청수수료를 은행 현금납부, 전자납부, 무인발급기 납부 등의 방법에 따라 납부한 후 등기신청서에 등기신청수수료 영수필확인서를 첨부하고 납부번호를 기재하여 제출합니다.

㉯ 여러 건의 등기신청에 대하여 수납금융기관에 현금으로 일괄납부하는 경우 첫 번째 등기신청서에 등기신청수수료 영수필확인서를 첨부하고 해당 등기신청수수료, 납부번호와 일괄납부 건수 및 일괄납부액을 기재하며, 나머지 신청서에는 해당 등기신청수수료와 전 사건에 일괄 납부한 취지를 기재합니다(일괄납부는 은행에 현금으로 납부하는 경우에만 가능함).

⑪ 첨부서면란

등기신청서에 첨부한 서면을 각 기재합니다.

⑫ 신청인등란

㉮ 상속인의 성명 및 전화번호를 기재하고, 각자의 인장을 날인 또는 서명합니다.

㉯ 대리인이 등기신청을 하는 경우에는 그 대리인의 성명, 주소, 전화번호를 기재하고 대리인의 인장을 날인 또는 서명합니다.

■ 등기신청서에 첨부할 서면

< 신청인 >

위임장 등기신청을 법무사 등 대리인에게 위임하는 경우에 첨부합니다.

< 시 · 구 · 군청, 읍 · 면 사무소, 동 주민센터 >

① 취득세(등록면허세)영수필확인서

시장, 구청장, 군수 등으로부터 취득세(등록면허세)납부서(OCR용지)를 발급받아 납세지를 관할하는 해당 금융기관에 세금을 납부한 후 취득세(등록면허세)영수필확인서와 영수증을 교부받아 영수증은 본인이 보관하고 취득세(등록면허세)영수필확인서만 신청서의 취득세(등록면허세)액표시란의 좌측상단 여백에 첨부하거나, 또는 지방세인터넷납부시스템에서 출력한 시가표준액이 표시되어 있는 취득세(등록면허세)납부확인서를 첨부합니다.

② 토지(임야)·건축물대장등본

등기신청대상 부동산의 종류에 따라 토지(임야)등본, 건축물대장등본(각, 발행일로부터 3월 이내)을 첨부합니다.

③ 상속을 증명하는 서면

피상속인의 사망한 사실 및 상속권자와 상속인을 확인할 수 있는 제적등본(필요한 경우에 구 호적법상 전적전 제적등본 포함), 가족관계증명서, 기본증명서, 친양자입양관계증명서 등(발행일로부터 3월 이내)을 첨부합니다. 단 상속순위 2순위 이하의 자가 상속권리자가 되는 경우 피상속인의 입양관계증명서도 첨부합니다.

④ 주민등록표등(초)본

피상속인 및 상속인의 주민등록표등본 또는 초본(각, 발행일로부터 3월 이내)을 첨부합니다.

< 대한민국법원 인터넷등기소, 금융기관 등 >

등기신청수수료

대한민국법원 인터넷등기소(http://www.iros.go.kr/PMainJ.jsp)를 이용하여 전자적인 방법(신용카드, 계좌이체, 선불형지급수단)으로 납부하고 출력한 등기신청수수료 영수필확인서를 첨부하거나, 법원행정처장이 지정하는 수납금융기관(인터넷등기소 홈페이지 하단 '등기비용안내'에서 확인) 또는 전국 등기국·과·소에 설치된 무인발급기에 현금으로 납부한 후 발급받은 등기신청수수료 영수필확인서를 첨부합니다.

< 기   타 >

① 상속권자 및 상속분은 피상속인의 사망 당시의 민법 규정에 따릅니다.

② 상속인이 재외국민 또는 외국인일 때, 상속결격자가 있는 때, 특별수익자가 있는 때, 상속의 포기가 있는 때, 피상속인이 유언으로 상속분을 지정한 때, 대습상속이 있는 때 등의 경우에는 신청서의 기재사항과 첨부서면이 다르거나 추가될 수 있으므로, 기타 궁금한 사항은 변호사, 법무사 등 등기와 관련된 전문가나 등기과·소의 민원담당자에게 문의하시기 바랍니다.

■ **등기신청서류 편철순서**

신청서, 취득세(등록면허세)영수필확인서, 등기신청수수료 영수필확인서, 위임장, 제적등본, 가족관계증명서, 기본증명서, 친양자입양관계증명서, 주민등록표등(초)본, 토지(임야)·건축물대장등본 등의 순으로 편철해 주시면 업무처리에 편리합니다.

[서식 예] 상속에 의한 소유권 이전등기 신청(구분건물)

<table>
<tr><td colspan="5" align="center">소유권이전등기신청(상속)</td></tr>
<tr>
<td rowspan="2">접
수</td>
<td>년 월 일</td>
<td rowspan="2">처
리
인</td>
<td>등기관 확인</td>
<td>각종 통지</td>
</tr>
<tr>
<td>제   호</td>
<td></td>
<td></td>
</tr>
</table>

부동산의 표시
1동의 건물의 표시 　　　서울특별시 서초구 서초동 100 　　　서울특별시 서초구 서초동 101　　　샛별아파트 가동 　　[도로명주소] 서울특별시 서초구 서초대로 88길 10 전유부분의 건물의 표시 　　　건물의 번호　1-101 　　　구　　　조　철근콘크리트조 　　　면　　　적　1층 101호 86.03㎡ 대지권의 표시 　　　토지의 표시 　　　1. 서울특별시 서초구 서초동 100　　　　　대 1,400㎡ 　　　2. 서울특별시 서초구 서초동 101　　　　　대 1,600㎡ 　　　대지권의 종류　소유권 　　　대지권의 비율 1,2 : 3,000분의 500 　　　　　　　　　이　　　　　　　　　　상

등기원인과 그 연월일	2014년 1월 2일　상속
등 기 의 목 적	소유권이전
이 전 할 지 분	

구분	성 명	주민등록번호	주 소	상속분	지 분 (개인별)
피상 속인	망 이도령	XXXXXX -XXXXXXX	서울특별시 중구 마장로 길 88 (황학동)		
등기 권리자	김 복 순	XXXXXX -XXXXXXX	서울특별시 중구 다동길 96 (다동)	3/7	3/7
	이 대 영	XXXXXX -XXXXXXX	서울특별시 중구 다동길 96 (다동)	2/7	2/7
	이 갑 돌	XXXXXX -XXXXXXX	서울특별시 중구 다동길 96 (다동)	2/7	2/7

시가표준액 및 국민주택채권매입금액		
부동산 표시	부동산별 시가표준액	부동산별 국민주택채권매입금액
1.주　　택	금 ○○,○○○,○○○원	금　○○○,○○○　원
2.	금　　　　　　　원	금　　　　　　　원
3.	금　　　　　　　원	금　　　　　　　원
국 민 주 택 채 권 매 입 총 액		금　○○○,○○○　원
국 민 주 택 채 권 발 행 번 호		○ ○ ○
취득세(등록면허세) 금○○○,○○○원		지방교육세 금 ○○,○○○ 원
		농어촌특별세 금 ○○,○○○ 원
세　액　합　계	금	○○○,○○○　원
등 기 신 청 수 수 료	금	15,000　원
	납부번호 : ○○-○○-○○○○○○○○○-○	
	일괄납부 :　　　　건　　　　　　　원	
첨　부　서　면		

·가족관계증명서　　　　　　　1통　·등기신청수수료 영수필확인서　　1통
·기본증명서　　　　　　　　　1통　·토지대장등본　　　　　　　　　2통
·친양자입양관계증명서　　　　1통　·집합건물대장등본　　　　　　　1통
·제적등본　　　　　　　　　　1통　·피상속인 및 상속인의
·취득세(등록면허세)영수필확인서　1통　　주민등록표등(초)본　　　　　각 1통
　　　　　　　　　　　　　　　　　〈기 타〉

　　　　　　　　2014년　　1월　　2일

위 신청인　　　　긴　　복　　순　㉑　(전화 : 200-7766)

　　　　　　　　이　　대　　영　㉑　(전화 : 200-7766)

　　　　　　　　이　　갑　　독　㉑　(전화 : 200-7766)

　(또는)위 대리인　　　　　　　　　　(전화 :　　　　)

　　서울중앙 지방법원　　　　　　　　등기국 귀중

- 신청서 작성요령 -
1. 부동산표시란에 2개 이상의 부동산을 기재하는 경우에는 그 부동산의 일련번호를 기재
　하여야 합니다.
2. 신청인란 등 해당란에 기재할 여백이 없을 경우에는 별지를 이용합니다.
3. 담당 등기관이 판단하여 위의 첨부서면 외에 추가적인 서면을 요구할 수 있습니다.

[서식 예] 협의분할에 의한 상속을 원인으로 한 소유권 이전등기 신청

<table>
<tr><td colspan="2" rowspan="2"></td><td colspan="4">소유권이전등기신청
(협의분할에 의한 상속)</td></tr>
<tr></tr>
<tr><td rowspan="2">접
수</td><td>년 월 일</td><td rowspan="2">처
리
인</td><td colspan="2">등기관 확인</td><td>각종 통지</td></tr>
<tr><td>제   호</td><td colspan="2"></td><td></td></tr>
</table>

부동산의 표시
1. 서울특별시 서초구 서초동 100 　　　대 300㎡ 2. 서울특별시 서초구 서초동 100 　[도로명주소] 서울특별시 서초구 서초대로 88길 10 　시멘트 벽돌조 슬래브지붕 2층 주택 　　1층 100㎡ 　　2층 100㎡ 　　　　　이　　　　　　　상

등기원인과 그 연월일	2014년 1월 2일 협의분할에 의한 상속
등 기 의 목 적	소유권이전
이 전 할 지 분	

구분	성 명	주민등록번호	주　　　소	상속분	지 분 (개인별)
피상 속인	망 이 대 백	XXXXXX-XXXXXXX	서울특별시 중구 마장로길 88 (황학동)		
등기 권리자	이 갑 동	XXXXXX-XXXXXXX	서울특별시 중구 다동길 96 (다동)		

시가표준액 및 국민주택채권매입금액		
부동산 표시	부동산별 시가표준액	부동산별 국민주택채권매입금액
1. 주 택	금 ○○,○○○,○○○원	금 ○○○,○○○ 원
2.	금 원	금 원
3.	금 원	금 원
국 민 주 택 채 권 매 입 총 액		금 ○○○,○○○ 원
국 민 주 택 채 권 발 행 번 호		○ ○ ○
취득세(등록면허세) 금○○○,○○○원	지방교육세 금 ○○,○○○ 원	
	농어촌특별세 금 ○○,○○○ 원	
세 액 합 계	금 ○○○,○○○ 원	
등 기 신 청 수 수 료	금 30,000 원	
	납부번호 : ○○-○○-○○○○○○○○-○	
	일괄납부 : 건 원	

첨 부 서 면		
·가족관계증명서 1통	·토지·임야·건축물대장등본 각 1통	
·기본증명서 1통	·제적등본 1통	
·친양자입양관계증명서 1통		
·피상속인 및 상속인의	〈기 타〉	
주민등록표등(초)본 각 1통	·상속재산분할협의서 1통	
·취득세(등록면허세)영수필확인서 1통	·인감증명서 또는 본인서명사실	
·등기신청수수료 영수필확인서 1통	확인서(상속인) 각 1통	

2014년   1월   2일

위 신청인   이   갑   동   ㊞   (전화 : 300-7766)

(또는)위 대리인   (전화 :   )

서울중앙 지방법원   등기국 귀중

- 신청서 작성요령 -
1. 부동산표시란에 2개 이상의 부동산을 기재하는 경우에는 부동산의 일련번호를 기재하여야 합니다.
2. 신청인란등 해당란에 기재할 여백이 없을 경우에는 별지를 이용합니다.
3. 담당 등기관이 판단하여 위의 첨부서면 외에 추가적인 서면을 요구할 수 있습니다.

[서식 예] 협의분할에 의한 상속을 원인으로 한 소유권 이전등기 신청(구분건물)

<table>
<tr>
<td colspan="6" align="center">소유권이전등기신청
(협의분할에 의한 상속)</td>
</tr>
<tr>
<td rowspan="2">접
수</td>
<td>년 월 일</td>
<td rowspan="2">처
리
인</td>
<td>등기관 확인</td>
<td colspan="2">각종 통지</td>
</tr>
<tr>
<td>제   호</td>
<td></td>
<td colspan="2"></td>
</tr>
</table>

<table>
<tr>
<td colspan="6" align="center">부동산의 표시</td>
</tr>
<tr>
<td colspan="6">
1동의 건물의 표시
    서울특별시 서초구 서초동 100
    서울특별시 서초구 서초동 101   샛별아파트 가동
    [도로명주소] 서울특별시 서초구 서초대로 88길 10
전유부분의 건물의 표시
    건물의 번호 1-101
    구   조 철근콘크리트조
    면   적 1층 101호 86.03㎡
대지권의 표시
    토지의 표시
    1. 서울특별시 서초구 서초동 100   대 1,400㎡
    2. 서울특별시 서초구 서초동 101   대 1,600㎡
    대지권의 종류 소유권
    대지권의 비율 1,2 : 3,000분의 500
              이   상
</td>
</tr>
<tr>
<td>등기원인과 그 연월일</td>
<td colspan="5">2014년 1월 2일 협의분할에 의한 상속</td>
</tr>
<tr>
<td>등 기 의 목 적</td>
<td colspan="5">소유권이전</td>
</tr>
<tr>
<td>이 전 할 지 분</td>
<td colspan="5"></td>
</tr>
</table>

<table>
<tr>
<td>구분</td>
<td>성 명</td>
<td>주민등록번호</td>
<td>주   소</td>
<td>상속분</td>
<td>지 분
(개인별)</td>
</tr>
<tr>
<td>피상
속인</td>
<td>망 이 대 백</td>
<td>XXXXXX
-XXXXXXX</td>
<td>서울특별시 중구 마
장로길 88 (황학동)</td>
<td></td>
<td></td>
</tr>
<tr>
<td>등기
권리자</td>
<td>이 갑 동</td>
<td>XXXXXX
-XXXXXXX</td>
<td>서울특별시 서초구 서초
대로 88길 10, 가동 101
호(서초동, 샛별아파트)</td>
<td></td>
<td></td>
</tr>
</table>

시가표준액 및 국민주택채권매입금액		
부동산 표시	부동산별 시가표준액	부동산별 국민주택채권매입금액
1. 주　　택	금 ○○,○○○,○○○원	금　　○○○,○○○　원
2.	금　　　　　　　원	금　　　　　　　원
3.	금　　　　　　　원	금　　　　　　　원
국 민 주 택 채 권 매 입 총 액		금　　○○○,○○○ 원
국 민 주 택 채 권 발 행 번 호		○ ○ ○

취득세(등록면허세) 금○○○,○○○원	지방교육세 금 ○○,○○○원
	농어촌특별세 금 ○○,○○○원

세　액　합　계	금　　　　　　○○○,○○○ 원
등 기 신 청 수 수 료	금　　　　　　　15,000　원
	납부번호 : ○○-○○-○○○○○○○○○-○
	일괄납부 :　　　　　건　　　　　　원

첨　부　서　면

·제적등본	1통	·토지대장등본	2통
·가족관계증명서	1통	·집합건축물대장등본	1통
·기본증명서	1통	·피상속인 및 상속인의	
·친양자입양관계증명서	1통	주민등록표등(초)본	각 1통
·취득세(등록면허세)영수필확인서	1통	〈기 타〉	
·등기신청수수료 영수필확인서	1통	·상속재산분할협의서	1통
		·인감증명서 또는 본인서명사실	
		확인서(상속인)	각 1통

2014년　1월　2일

위 신청인　　　이　　갑　　동　㊞　(전화 : 300-7766)

(또는)위 대리인　　　　　　　　　　　(전화 :　　　　)

서울중앙 지방법원　　　　　　등기국　귀중

- 신청서 작성요령 -

1. 부동산표시란에 2개 이상의 부동산을 기재하는 경우에는 부동산의 일련번호를 기재하여야 합니다.
2. 신청인란등 해당란에 기재할 여백이 없을 경우에는 별지를 이용합니다.
3. 담당 등기관이 판단하여 위의 첨부서면 외에 추가적인 서면을 요구할 수 있습니다.

■ 상속등기를 하지 않은 상속인이 있을 시에 상속인들 명의로 소유권이전등기가 이루
   어지기 전에도 제가 공유물분할청구소송을 제기할 수 있는지요?

Q. 저는 부동산의 지분을 소유하고 있는 공유자 중 1인인데 다른 공유자들과
   공유물 분할에 대한 협의가 되지 않아 공유물분할청구소송을 제기하고자
   합니다. 그런데 부동산등기부를 확인해 본 후 공유자 중 1인은 이미 사망
   을 하였음에도 불구하고 상속인들 명의로 소유권이전이 되지 않고 있다는
   사실을 알게 되었습니다. 상속인들 명의로 소유권이전등기가 이루어지기
   전에도 제가 공유물분할청구소송을 제기할 수 있는지요?

A. 민법은 원칙적으로 부동산에 관한 법률행위로 인한 물권의 득실변경은 등
   기하여야 그 효력이 생긴다고 규정하고 있습니다(민법 제186조). 다만 민
   법은 등기를 요하지 않고도 부동산물권을 취득할 수 있는 경우를 별도로
   규정하고 있는데 제187조에서 상속, 공용징수, 판결, 경매 기타 법률의 규
   정에 의한 부동산에 관한 물권의 취득은 등기를 요하지 아니한다고 규정
   한 것이 그것입니다.
   귀하의 경우 사망한 공유자의 상속인들은 아직 등기를 하지는 않았지만
   위 민법 제187조 규정에 의하여 이미 적법하게 소유권을 취득하였기 때문
   에 귀하는 상속인들 명의로 등기가 이전되기 전이라 하더라도 공유물분할
   청구소송을 제기할 수 있을 것이라 판단됩니다.
   이와 관련하여 판례는 공동 상속인에게 상속되었으나 상속인 중 일부가
   등기부에서 빠진 경우에 그들을 제외하고 등기부상 공유자만을 당사자로
   한 공유물 분할 판결은 위법하다고 판시한바 있으며, 재판실무에 관한 자
   료에도 상속 등 법률의 규정에 의하여 부동산의 지분을 취득한 경우에는
   공시방법을 갖추지 않은 공유자도 그가 정당한 상속인이라는 사실이 입증
   되면 공유물분할소송에 참여할 수 있다고 밝히고 있습니다.

■ 상속등기를 하지 못한 상태인 경우에 등기부취득시효 완성 후 그 등기명의가 불법 말소된 경우 소유권이 상실되는지요?

Q. 甲은 乙소유 임야를 매수하여 소유권이전등기를 마치고 13년간 점유하다가 사망하였고, 그의 상속인들은 위 임야에 대한 상속등기를 하지 못한 상태로 1년이 지났는데, 위 임야는 甲이 매수하기 전 丙소유였으나 乙이 불법으로 소유권을 乙명의로 이전하였고, 甲은 이러한 사실을 모르고 乙로부터 위 임야를 매수한 것입니다. 그런데 丙은 乙에게로의 소유권이전등기가 원인무효임을 주장하면서 2년 전 서류를 위조하여 위 임야에 대한 점유자 甲의 등기명의를 임의로 말소시키고 제3자 丁에게로 소유권이전등기를 해두었습니다. 이 경우 甲의 상속인들이 위 임야소유권을 회복할 수 있는지요?

A. 민법에서는 등기부취득시효에 관하여, 부동산의 소유자로 등기한 자가 10년간 소유의 의사로 평온, 공연하게 선의이며 과실 없이 그 부동산을 점유한 때에는 소유권을 취득한다고 규정하고 있습니다(민법 제245조 제2항).

그런데 등기부취득시효완성 후 점유자명의등기가 말소되거나 적법한 원인 없이 다른 사람 앞으로 소유권이전등기가 된 경우, 점유자가 취득한 소유권을 상실하는지 판례를 보면, 등기부취득시효에 관한 민법 제245조 제2항에 의하여 소유권을 취득하는 자는 10년간 반드시 그의 명의로 등기되어 있어야 하는 것은 아니고, 앞사람의 등기까지 아울러 그 기간 동안 부동산소유자로 등기되어 있으면 된다고 할 것이고, 등기는 물권의 효력발생요건이고 효력존속요건이 아니므로 물권에 관한 등기가 원인 없이 말소된 경우에 그 물권의 효력에는 아무런 영향을 미치지 않는 것이므로, 등기부취득시효완성 된 후 그 부동산에 관한 점유자명의등기가 말소되거나 적법한 원인 없이 다른 사람 앞으로 소유권이전등기가 되었더라도, 그 점유자는 등기부취득시효완성에 의하여 취득한 소유권을 상실하는 것은 아니라고 하였습니다(대법원 2001. 1. 16. 선고 98다20110 판결).

또한, 부동산의 소유자로 등기한 자가 10년간 소유의 의사로 평온, 공연하게 선의이며 과실 없이 그 부동산을 점유한 때에는 민법 제245조 제2항의 규정에 의하여 바로 그 부동산에 대한 소유권을 취득하는 것이고, 등기부취득시효가 완성된 경우에는 별도로 이를 원인으로 한 소유권이전등기청구권이 발생할 여지가 없으므로, 등기부취득시효완성 후에 그 부동산에 관한 점유자명의등기가 말소되거나 적법한 원인 없이 다른 사람 앞으로 소유권이전등기가 되었더라도, 그 점유자는 등기부취득시효완성에 의하여 취득한 소유권에 기초하여 현재의 등기명의자를 상대로 방해배제청구를 할 수 있을 뿐이고, 등기부취득시효완성을 원인으로 현재의 등기명의자를 상대로 소유권이전등기를 구할 수는 없다고 하였습니다(대법원 1999. 12. 10. 선고 99다25785 판결).

그러므로 위 사안에서 위 임야의 소유권은 비록 丙으로부터 乙에게로의 소유권이전등기가 원인무효라고 하여도 甲은 민법 제245조 제2항에 의한 등기부취득시효가 완성되어 그 소유권을 취득하였으며, 등기명의가 丁에게로 불법적으로 이전되었다고 하여도 취득한 소유권을 상실하는 것은 아니라 할 것입니다. 또한, 상속에 의한 부동산의 취득은 등기를 요하지 아니하므로 비록 甲의 상속인들이 위 임야의 상속등기를 하지 않았더라도 그 소유권을 취득하지 못하는 것은 아닙니다(민법 제187조).

따라서 甲의 상속인들은 소유권에 기초한 방해배제로써 丁에게로의 불법적인 소유권이전등기의 말소청구소송을 하여 승소 후 그 등기를 말소시킨 다음 상속등기를 할 수 있을 것으로 보입니다.

(관련판례)

상속재산인 부동산에 대하여 상속을 포기한 공동상속인 갑 등의 명의로 상속지분에 따른 상속등기가 마쳐진 사안에서, 제반 사정에 비추어 갑 명의의 상속지분에 관한 등기가 그 의사에 따라 이루어졌다고 단정하기 어려운데도, 갑 명의의 상속지분에 관한 등기가 마쳐진 경위 등에 관한 구체적인 심리 없이 단지 갑 명의의 상속등기가 마쳐졌다는 사정만으로 그를 해당 지분에 관한 참칭상속인으로 본 원심판결에 법리오해의 위법이 있다고 한 사례.(대법원 2012. 5. 24. 선고 2010다33392 판결)

■ 상속인이 다른 상속인의 상속 지분에 따른 소유권을 별도의 협의에 따라 매수하여 이전등기를 마친 경우 이해관계 있는 제3자에 해당하는지요?

Q. 甲명의의 부동산에 관하여 乙이 점유취득시효를 완성하였는데 乙이 등기를 하기 전에 丙과 丁이 위 부동산을 공동상속을 받아 상속분에 따라 각각 1/2의 지분등기를 경료한 후 다시 丙이 丁으로부터 그 지분 1/2을 매수하여 전부에 대한 소유권을 취득한 경우, 乙은 丙에게 부동산 전부에 대하여 취득시효 완성에 따른 등기를 청구할 수 있는지요?

A. 점유로 인한 부동산소유권취득기간이 경과한 후에 원래의 소유자의 지위를 승계한 공동상속인 중의 한 사람이 다른 상속인의 상속분을 양수하였다고 하여 그 상속분을 양수한 상속인이 시효가 완성된 후의 새로운 이해관계인이 아니라고 볼 수 없습니다(대판 1993. 9. 28. 93다22883). 공동상속인들의 공동명의로 재산상속을 원인으로 한 소유권이전등기가 경료된 직후에 상속인의 일부가 다른 공동 상속인들의 상속분에 관하여 소유권이전등기를 경료한 경우 그 상속분의 취득이 실질적으로 협의분할에 의한 재산상속이라고 단정하기 어렵습니다. 따라서 이 경우 공동상속인이 양수한 상속분에 한하여 취득시효에 따른 등기청구권이 불능 되었다고 보아야 할 것이므로 결국 乙은 丙에게 1/2지분에 대해서만 등기청구를 할 수 있을 뿐입니다.

(관련판례)

피상속인의 사망으로 인하여 1차 상속이 개시된 후 그 1차 상속인 중 1인이 사망하여 2차 상속이 개시되었는데, 2차 상속의 공동상속인 중 1인이 친권자로서 다른 공동상속인인 수인의 미성년자를 대리하여 1차 상속재산에 관하여 1차 상속의 공동상속인들과 상속재산 분할협의를 체결한 사안에서, 강행법규인 민법 제921조에 위배되는 위 상속재산 분할협의에 참가한 1차 상속의 공동상속인 중 1인이 그 상속재산 분할협의가 무효라고 주장하는 것이 모순행위금지의 원칙이나 신의칙에 반하는 것이라고 할 수 없고, 민법 제921조에 의하여 무효가 되는 것은 위 상속재산 분할협의 전체이며, 2차 상속의 공동상속인 사이의 상속재산 분할협의에 한정되는 것이 아니라고 한 사례. (대법원 2011. 3. 10. 선고 2007다17482 판결)

[서식 예] 상속에 의한 소유권이전등기청구의 소(종중이 명의신탁해지)

소   장

원   고   ○○김씨 ○○공파 ○○문중
　　　　　　○○시 ○○구 ○○길 ○○(우편번호 ○○○-○○○)
　　　　　　대표자 ◉◉◉
　　　　　　전화·휴대폰번호:
　　　　　　팩스번호, 전자우편(e-mail)주소:
피   고   ◇◇◇ (주민등록번호)
　　　　　　○○시 ○○구 ○○길 ○○(우편번호 ○○○-○○○)
　　　　　　전화·휴대폰번호:
　　　　　　팩스번호, 전자우편(e-mail)주소:

소유권이전등기청구의 소

청 구 취 지

1. 피고는 원고에게 ○○시 ○○구 ○○동 ○○ 답 2,000㎡에 관하여 20○○. ○○. ○○. 명의신탁해지를 원인으로 한 소유권이전등기절차를 이행하라.
2. 소송비용은 피고의 부담으로 한다.
라는 판결을 구합니다.

청 구 원 인

1. ○○시 ○○구 ○○동 ○○ 답 2,000㎡(다음부터 이 사건 토지라고 함)는 원래 원고의 소유인데, 원고는 19○○. ○. ○. 이 사건 토지를 피고의 아버지인 소외 망 ◈◈◈에게 명의신탁에 의한 소유권이전등기를 하였는바, 소외 망 ◈◈◈가 20○○. ○. ○. 사망함으로써 피고가 그 상속인으로서 명의수탁자로서의 지위를 승계하였습니다.
2. 그런데 원고는 20○○. ○○. ○○. 피고에 대하여 위 명의신탁을 해지하겠다는 의사표시를 한 바 있으므로, 피고는 원고에게 이 사건 토지에 관하여 20○○. ○○. ○○. 명의신탁해지를 원인으로 한 소유권이전등기절차를 이행할 의무가 있다고 할 것입니다.
3. 따라서 원고는 피고에 대하여 이 사건 토지에 관하여 20○○. ○○. ○○. 명의신탁해지를 원인으로 한 소유권이전등기절차의 이행을 구하고자 이 사건 청구에 이르렀습니다.

입 증 방 법

1. 갑 제1호증   부동산등기사항증명서
1. 갑 제2호증   기본증명서
                  (단, 2007.12.31. 이전 사망한 경우 제적등본)
1. 갑 제3호증   가족관계증명서
                  (또는, 상속관계를 확인할 수 있는 제적등본)
1. 갑 제4호증   토지대장등본
1. 갑 제5호증   문중회칙
1. 갑 제6호증   대표자선임결의서
1. 갑 제7호증   통고서(내용증명우편)

첨 부 서 류

1. 위 입증방법   각 1통
1. 소장부본   1통
1. 송달료납부서   1통

20○○.   ○.   ○.

위 원고   ○○김씨 ○○공파 ○○문중
대표자 ⊙⊙⊙   (서명 또는 날인)

○○지방법원 귀중

제4절 공유물 분할에 의한 소유권 이전등기

1. 개념 및 신청인

1-1. 공유물 분할에 의한 소유권 이전등기의 개념 및 분할 방법

공유물 분할에 의한 소유권 이전등기란 공유관계를 해소하고 각자의 소유로 하는 등기를 말합니다).

1-2. 공유물 분할의 개념

공유물 분할은 공유관계 소멸 원인 중의 하나로, 법률의 규정이나 별단의 특약이 없는 한, 각 공유자는 공유물의 분할을 청구할 수 있습니다(민법 제268조제1항).

1-3. 공유물 분할의 방법

① 협의에 의한 분할

공유자는 공유물의 분할을 청구할 수 있으며, 협의에 의해 진행됩니다(민법 제268조제1항 및 제269조제1항).

② 재판에 의한 분할

- 협의가 성립되지 않은 경우 공유자는 법원에 그 분할을 청구할 수 있습니다(민법 제269조제1항).

- 공유물 분할소송은 필수적 공동소송으로 공유자 전원이 소송 당사자가 되어야 합니다(대법원 2003. 12. 12 선고, 2003다44615 판결).

- 현물 분할이 원칙이나 현물로 분할할 수 없거나 분할로 인해 현저히 그 가액이 줄어들 염려가 있는 경우 법원은 물건의 경매를 명할 수 있습니다(민법 제269조제2항).

1-4. 공유물 분할에 의한 소유권 이전등기의 신청인

① 공유물 분할에 의한 소유권 이전등기 시 등기권리자와 등기의무자는 다음과 같습니다.

- 등기의무자: 자기의 지분을 이전해 주는 자

　　- 등기권리자: 다른 공유자의 지분을 취득하는 자
② 공유물 분할에 의한 소유권 이전등기는 등기의무자와 등기권리자가 공동으로 신청
　해야 합니다(부동산등기법 제23조제1항).
③ 공유물 분할의 판결이 확정되거나 재판상 화해가 성립하면 공유자는 각자 분할된
　부분에 대한 단독소유권을 취득하게 되므로, 그 소송의 당사자는 확정판결이나
　화해조서를 첨부해 등기권리자 단독으로 공유물 분할을 원인으로 한 지분이전등
　기를 신청할 수 있습니다.

(등기선례)

■ 공유자지분 중 일부가 이전된 경우의 공유지분할등기

【선례요지】공유물분할의 판결이 확정되면 공유자는 각자 분할된 부분에 대한 단독소유권을 취
득하게 되므로, 그 소송의 당사자는 원·피고에 관계없이 그 확정판결정본을 첨부하여 등기권리
자 단독으로 공유물분할을 원인으로 한 지분이전등기를 신청할 수 있지만, 분할등기 전 공유자
의 일부가 그 지분을 제3자에 이전하여 제3자 명의의 소유권이전등기가 경료된 상태라면 위 판
결에 의하여 단독으로 지분이전등기를 신청할 수 없고, 제3자 명의의 지분이전등기를 말소한 후
에 공유자 각자 명의로 지분이전등기를 신청하여야 하며, 이는 제3자 명의의 등기가 신탁등기인
경우에도 같다. 〔2000. 3. 11. 등기 3402-164 질의회답〕

《해 설》

1. 공유는 소유자가 우연히 복수이기 때문에 부득이 그 범위 내에서 구속된 상태에 있고
　각 공유자간에는 아무런 인적 결합이 존재하지 않으므로 각 공유자는 언제든지 자기
　의 소유권을 구체화하여 공유관계를 종료시키는 권한을 유보하고 있다. 공유자는 불분
　할의 약정이 없는 한 공유물의 분할을 청구할 수 있고(민법 제268조 제1항), 공유물분
　할청구권은 시효로 소멸하지도 않는다. 공유물분할의 법적 성질에 대하여는 분할의 결
　과 취득되는 각 공유자의 단독소유권은 각 공유자간의 권리의 상호적 이전의 결과라고
　보는 것이 정당하므로 분할에 의하여 지분권의 교환 내지 매매가 성립한다고 보는 것
　이 일반적인 견해이다. 공유물분할청구권은 일종의 형성권이라고 보고 있으며, 공유물
　분할의 소도 형성의 소라고 보고 있다(대법원 1969. 12. 29. 선고 68다2425 판결).
　　또한 공유자들은 위와 같이 판결에 의하지 아니하고 협의에 의하여도 공유물을 분할
　할 수 있다. 협의에 의한 공유물분할방법에 관하여 민법은 아무런 규정을 두고 있지
　않지만, 계약자유의 원칙상 당사자간의 협의에 의한 분할이 허용되는 것은 당연하다.
　이 경우에도 반드시 지분비율에 따르지 않아도 무방하다고 본다. 분할방법으로 일반적
　으로 들고 있는 것은 현물분할, 대금분할, 가격배상의 3가지가 있다.
2. 공유물분할등기와 물권변동 공유물분할의 효과로서 위와 같은 물권변동이 발생하려면 공
　유물분할의 등기가 있어야 하는가 하는 것이 문제된다. 협의분할의 경우에는 분할의 합

의는 민법 제186조의 법률행위에 해당하므로 합의가 이루어졌다고 하여 곧 분할된 부분에 대한 단독소유권을 취득하는 것이 아니고 등기하여야 비로소 단독소유권을 취득하게 된다. 그러나 재판상 분할의 경우에는 민법 제187조의 규정에 의하여 공유물분할의 판결이 확정되면 등기하지 않아도 분할된 부분에 대하여 공유자는 단독소유권을 취득한다고 할 것이다(대법원 1970. 6.30. 선고 70다568 판결). 그렇지만 각 공유자가 분할된 부분을 타에 양도하기 위하여는 분할등기를 하지 않으면 안되기 때문에 결국 재판에 의한 공유물분할에 있어서도 분할등기를 마쳐야 분할절차가 종료된다고 할 수 있다.

3. 공유물분할과 등기와의 관계

(1) 등기형식(공유지분이전등기) 공유물이 분할된 경우의 등기는 공유지분이전등기의 형식에 의한다. 이는 일반 공유지분 매매 등에 의하여 지분을 이전하는 것과 같은 경우로서, 공유물분할 후 특정 부분에 대하여 어느 공유자가 소유권을 취득한 경우 그 공유자를 등기권리자로 타 모든 공유자를 등기의무자로 하는 지분(소유권을 취득한 자의 종전 지분을 제외한 지분)이전등기를 하는 것이다. 따라서 그 공유자가 나중에 소유권이전등기의 등기의무자로서 등기를 신청하는 경우에 제출하는 등기의무자의 권리에 관한 등기필증은 공유물분할등기를 할 때 교부받은 등기필증 이외에 종전 공유자로서 등기할 때에 교부받은 등기필증도 함께 제출하여야 하는 것이다.

또한 종전 공유지분에 대하여 담보물권 등이 설정되어 있는 경우에도 일반 지분이전등기와 같이 종전의 지분 비율대로 공유물 전부의 위에 그대로 존속하는 것이지 근저당권설정자가 취득한 부분에 당연히 집중되는 것은 아니다(대법원 1989. 8. 8. 선고 88다카24868 판결).

다만 공유물토지분할에관한특례법에 의한 공유물분할의 경우에는, 공유물분할조서가 확정되면 그 공유토지는 분할조서의 내용대로 분할되며 공유지분 위에 존속하는 소유권이외의 권리는 그 공유자가 취득하는 부분위에 집중하여 존속하게 된다(동법 제34조 제1항).

(2) 단독신청 가부 위와 같이 지분이전등기를 신청할 때 협의에 의한 공유물분할의 경우에는 등기의 공동신청주의의 원칙상 당사자가 공동으로 신청하여야 함은 당연하나, 판결에 의하여 공유물을 분할하는 경우에는 등기권리자 단독으로 등기를 신청할 수 있느냐 하는 점에 대하여 견해가 나뉜다.

이에 대한 종래 전통적 견해인 부정설에 따르면 부동산등기법 제29조의 판결이란 소위 의사표시를 명하는 이행판결을 의미하는 것으로서, 등기의무자 가 등기신청에 응하지 아니하는 경우 등기권리자는 의무자에 대하여 등기신청이라는 의사의 표시 또는 진술을 하여야 한다는 뜻의 소를 제기하여 승소판결을 받아 등기를 신청하는 수밖에 없기 때문에 이는 부동산등기법 제28조의 예외 규정으로 민사소송법 제695조 제1항의 한 적용에 불과한 점과 실체법상 어떠한 권리의 존부가 확인되었다는 것과 어떤 자를 등기의무자로 하여 등기신청에 협력하게 할 수 있다는 것은 서로 다르다는 점 등을 이유로 형성판결인 공유물분할 판결에 의하여는 단독으로 등기를 신청할 수 없고 단독으로 등기를 신청하려면 다시 이행의 판결을 받아야 한다고 한다.

그러나 긍정설에 의하면 원래 판결에 의한 등기를 등기권리자만이 단독으로 신청할 수 있도록 한 근본 이유는 판결에 의할 경우 등기의 진정성이 보장되기 때문이며, 등기권리자의 등기진정성이 보장되는 이상 그 판결이 이행판결이거나 확인판결, 형성판결을 가릴 필요가 없는 것이고, 공유물분할 판결을 받은 공유자들에게 다시 지분이전등기를 명하는 판결을 받으라는 것도 지나치게 기교적이며 무용의 절차를 강요하는 것이고, 위 규정을 이행판결에 한한다고 해석할 문리적 구속을 받을 이유가 없는 것이어서 형성판결의 일종인 공유물분할판결에 의하여도 등기권리자 단독으로 등기를 신청할 수 있다고 한다.

종래 등기선례는 부정설을 취하였으나 1994. 3. 25. 등기 3402-250 질의회 답 이래 긍정설에 따라 공유물분할 판결에 의하여도 단독으로 등기를 신청할 수 있는 것으로 하고 있다. 다만, 형성판결이라도 재심 또는 준재심에 의한 등기를 신청하는 경우에는 위 재심판결 등에 의하여 직접 등기를 신청할 수 는 없고 다시 이행을 명하는 판결을 받아 단독으로 등기를 신청하라는 것이 등기선례이다(1992. 3. 11. 등기 제587호, 1997. 5. 10. 등기 3402-327 질의회답).

(3) 등기당사자

① 공유물분할의 참가자 협의에 의한 경우이건 재판에 의한 경우이건 공유물분할은 공유자 전원이 참가하여야 하고 공유자 이외의 자는 공유물분할에 참가할 수 없다. 공유물분할을 하였는데 이미 어느 공유자의 공유지분이 제3자로 이전된 경우 공유물분할등기를 신청할 수 있는가 하는 질의가 종종 접수되는데, 이는 공유물분할에 공유자 전원이 참가하지 않았을 뿐만 아니라 공유자가 아닌 자가 공유물분할에 참가하였으므로 불가능하다.

같은 이유로 3필지의 부동산 중 A, B필지는 갑, 을, 병 3인의 공유로 되어 있고, C필지는 갑, 을, 병, 정 4인의 공유로 되어 있는 경우에 A, B필지의 공유자가 아닌 정을 포함한 4인의 합의에 의하여 A필지는 갑의 단독 소유로, B 필지는 정의 단독 소유로, C필지는 을의 단독 소유로 하는 공유물분할도 할 수 없다(1999. 9. 21. 등기 3402-908 질의회답).

② 등기의 당사자 공유물분할을 원인으로 하는 지분이전등기의 당사자는 당해 부동산의 소유권을 취득하는 종전 공유자가 등기권리자로, 반대로 공유지분을 잃는 종전 공유자가 등기의무자가 된다. 여기서 등기의무자는 등기부상의 등기의무자와 일치되어야 함은 물론이다(법 제55조 제6호). 그런데 해당 부동산에 대하여 공유물분할은 공유자 전원이 참가하였는데 그에 따른 등기를 신청하기 이전에 어느 공유자의 지분이 제3자에게 이전되어 등기부상의 등기의무자와 일치되지 않는 경우도 있다. 이 경우 우선 협의에 의하여 공유물이 분할된 경우에는 아직 공유물분할등기를 하지 않은 이상 위에서 본 바와 같이 공유물분할에 따른 물권변동이 없는 것이며 따라서 통상적으로는 위 제3자에 대한 지분이전등기가 유효하다고 보아야 하며 따라서 공유물분할에 따른 등기를 신청할 여지가 없게 된다.

그러나 판결에 의하여 공유물이 분할된 경우에는 비록 그에 따른 등기를 하지 않더라도 이미 물권변동은 일어난 것이며, 위 제3자에 대한 지분이전등기가 변론종결 이후에 경료되었다면 이 제3자는 변론종결 이후의 승계인에 해당하는 것으로서 소유권을 취득한 공유자는 승계집행문을 부여받아 위 등기의 말소를 신청할 수 있는지가 형성판결도 승계집행문을 부여받을 수 있는지와 관련하여 문제로 된다.

4. 사안의 검토 사안은 공유물분할 판결 이후 그 등기를 신청하기 이전에 공유자 중 1인
이 제3자에게 자신의 지분을 신탁한 경우, 공유물분할판결에 의하여 단독으로 등기신
청을 할 수 있다는 것을 전제로 그 신탁등기를 말소하지 아니하고 막바로 공유물분할
등기를 신청할 수 있는가에 대한 질의이다.

이에 대하여 생각할 수 있는 것은 위 제3자를 등기의무자로서 등기를 신청하는 방법
과 종전 공유자를 등기의무자로 하여 등기를 신청하는 방법인데 전자의 경우에는 신청
서와 원인증서가 부합하지 않기 때문에(법 제55조 제7호), 후자의 경우에는 신청서와
등기부상의 등기의무자가 부합하지 않기 때문에(법 제55조 제6호,제3자에 대한 소유권
이전등기의 등기원인이 신탁이라 할지라도 현 소유자로서 등기를 신청할 수 있는 자
즉 등기의무자가 될 수 있는 자는 수탁자임), 각 등기를신청할 수는 없는 것이다.

1-5. 분필등기

① 1필의 공유지를 공유물 분할등기하기 위해서는 먼저 토지의 분할절차를 밟은 후
그 토지대장에 의해 분필등기를 해야 합니다.

② 공유물 분할을 원인으로 소유권 이전 등기는 동시에 하지 않고도 각 분필 등기된 부
동산 별로 각각 독립해서 공동(등기권리자와 등기의무자)으로 신청할 수 있습니다..

2. 제출서류

2-1. 시·군·구청을 통해 준비해야 하는 서류

2-1-1. 소유권을 증명하는 서면

① 토지대장등본 또는 임야대장등본

② (집합)건축물대장등본(해당자에 한함)

2-1-2. 신청인의 주소 등을 증명하는 서면

주민등록등(초)본 및 등기의무자의 인감증명서

※ 합의에 의한 공유물 분할 소유권 이전등기는 등기 당사자들의 각 주민등록등(초)
본 및 등기의무자의 인감증명서를 제출해야 하고, 재판에 의해 공유물 분할 소
유권 이전등기를 등기권리자 단독으로 신청할 경우에는 신청인의 주민등록등(초)
본만을 제출합니다.

※ 참고

① 법인등기사항증명서
- 법인의 경우에는 주민등록등(초)본 대신 등기소에서 법인등기사항증명서를 발급받아 제출하면 됩니다.
- 법인등기사항증명서가 없는 법인의 경우에는 부동산등기용등록번호증명서를 발급받아 제출할 수 있습니다.

② 주민등록번호가 없는 경우 제출하는 서류
  ㉮ 부동산등기용등록번호증명서
   부동산등기용등록번호는 주민등록번호가 없는 등기권리자가 등기를 할 수 있도록 부여하는 등록번호를 말합니다. 주민등록번호가 없는 등기권리자는 다음의 기관에서 부동산등기용등록번호를 부여받을 수 있습니다(부동산등기법 제49조제1항)
  - 국가·지방자치단체·국제기관 및 외국정부 : 국토교통부장관이 지정·고시
  - 주민등록번호가 없는 재외국민: 대법원 소재지 관할 등기소의 등기관
  - 법인 : 법인의 주된 사무소(회사-본점, 외국법인-국내에 최초로 설치 등기를 한 영업소나 사무소) 소재지 관할 등기소의 등기관
  - 법인 아닌 사단이나 재단 및 국내에 영업소나 사무소의 설치 등기를 하지 않은 외국법인 : 시장(제주특별자치도의 행정시 시장 포함, 자치구가 아닌 구를 두는 시의 시장 제외), 군수 또는 구청장(자치구가 아닌 구의 구청장 포함)
  - 외국인: 체류지(체류지가 없는 경우 대법원 소재지에 체류지가 있는 것으로 봄) 관할 지방출입국·외국인관서의 장

2-1-3. 공유물 분할계약서에의 검인

① 계약을 원인으로 소유권 이전등기를 신청할 경우 계약서에 검인신청인을 표시해 부동산의 소재지를 관할하는 시장·군수·구청장 또는 그 권한의 위임을 받은 자의 검인을 받아 관할등기소에 이를 제출해야 합니다(「부동산등기 특별조치법」 제3조제1항).

② 검인을 받고자 할 경우 공유물 분할계약서는 최소 3부를 준비해야 합니다. 한 부는 구청 보관용, 한 부는 국세청 제출용으로 제출해야 하고, 본인이 소지할 계약서 1부가 필요하기 때문입니다(원할 경우에는 분할계약서를 더 준비해 검인을 받을 수 있습니다).

2-1-4. 취득세납부고지서(지방교육세 및 농어촌특별세 포함)

① 취득세란 부동산의 취득 시 납부해야 하는 세금을 말합니다(지방세법 제7조제1항).

- 공유물·합유물 및 총유물의 분할로 인한 취득세: 분할 또는 지분이전으로 인해 받은 부동산 가액 × 23/1,000(등기부 등본상 본인 지분에 한함)[지방세법 제11조제1항제5호]

- 농지를 분할하는 경우 등기부 등본상 본인 지분을 초과하는 부분에 대한 취득세: 분할 또는 지분 이전으로 인해 받은 부동산 가액 × 30/1,000(지방세법 제11조제1항제7호)

- 농지 외의 부동산을 분할하는 경우 등기부 등본상 본인 지분을 초과하는 부분에 대한 취득세: 분할 또는 지분 이전으로 인해 받은 부동산가액 × 40/1,000(지방세법 제11조제1항제7호)

② 지방교육세란 지방교육의 질적 향상에 필요한 지방교육재정의 확충에 소요되는 재원을 확보하기 위해 「지방세법」에 따른 취득세의 납부의무자에게 함께 부과되는 세금을 말합니다(지방세법 제149조 및 제150조제1호).

- 지방교육세: (분할 또는 지분이전으로 인해 받은 부동산 가액 × 3/1,000)× 20/100 [지방세법 제151조제1항제1호]

③ 농어촌특별세란 농어업의 경쟁력강화와 농어촌산업기반시설의 확충 및 농어촌지역 개발사업에 필요한 재원을 확보하기 위해 「지방세법」에 따른 취득세의 납부의무자에게 함께 부과되는 세금을 말합니다(농어촌특별세법 제1조 및 제3조제5호).

- 농어촌특별세: 분할 또는 지분이전으로 인해 받은 부동산 가액 × 2/100 × 10/100 (농어촌특별세법 제5조제1항제6호)

④ 시, 군, 구청 세무과를 방문해 취득세납부고지서를 발부받고 세금을 은행에서 납부하면 됩니다.

2-2. 은행을 통해 준비해야 할 서류

2-2-1. 취득세영수필확인서

시·군·구청 세무과에서 취득세납부고지서를 받아와서 은행에 취득세, 지방교육세 및 농어촌특별세를 지불하면 취득세영수필확인서를 받을 수 있습니다.

2-2-2. 국민주택채권의 매입

① 국민주택채권이란 정부가 국민주택사업에 필요한 자금을 조달하기 위해 주택도시 기금의 부담으로 발행한 채권을 말합니다(주택도시기금법 제7조제1항).

② 등기를 신청하는 자는 국민주택채권을 매입해야 합니다(주택도시기금법 제8조제1 항제2호).

③ 공유물을 공유지분율에 따라 분할해 이전하는 경우에는 매입할 필요가 없으나, 공유지분을 초과해 분할하는 경우에는 그 초과된 면적에 대해 유상취득에 해당하 는 국민주택채권을 매입해야 합니다.

④ 국민주택채권의 최저매입금액은 1만원으로 합니다. 다만, 1만원 미만의 단수가 있 을 경우에 그 단수가 5천원 이상 1만원 미만인 때에는 이를 1만원으로 하고, 그 단수가 5천원 미만인 때에는 단수가 없는 것으로 합니다(주택도시기금법 시행령 별표 제4호).

⑤ 국민주택채권의 매입 후 매입자가 즉시매도를 원할 경우 은행(우리은행, 농협, 하나은행, 중소기업은행, 신한은행)은 일정할인료(매일 변경, 은행에 확인해야 함) 만 내도록 하고 채권발행번호가 기재된 영수증을 발급해 주고 있습니다.

2-2-3. 대한민국정부 수입인지의 구입

① 국내에서 재산에 관한 권리 등의 창설·이전 또는 변경에 관한 계약서나 이를 증명 하는 그 밖의 문서를 작성하는 자는 계약서에 기재된 거래금액이 1,000만원을 초 과하는 경우에는 그 문서에 대한 인지세를 납부할 의무가 있습니다(인지세법 제1 조제1항 및 제3조제1항).

② 다만, 주택의 소유권 이전에 관한 증서의 기재금액이 1억원 이하인 부동산에 대해 서는 인지세를 납부하지 않아도 됩니다(인지세법 제6조제5호).

③ 인지세는 과세문서에 「수입인지에 관한 법률」 제2조제1항에 따른 종이문서용 전자 수입인지를 붙여 납부합니다(인지세법 제8조제1항 본문).

④ 대한민국정부 수입인지는 가까운 은행(농협, 우체국, 신한은행 등)에서 구입할 수 있습니다.

⑤ 공유물을 공유지분율에 따라 분할해 이전하는 경우에는 인지를 매입할 필요가 없 으나, 공유지분을 초과해 분할하는 경우에는 그 초과된 면적에 대해 유상취득에

해당하므로 그 금액에 해당하는 인지를 붙여야 합니다.

2-2-4. 대법원등기 수입증지의 구입

① 대법원등기 수입증지(등기신청 수수료)
- 등기를 하려는 사람은 수수료를 내야 합니다(부동산등기법 제22조제3항).
- 대법원등기 수입증지를 은행이나 등기소에서 매입을 하여 이를 신청서에 붙이면 등기신청 수수료를 낸 것이 됩니다.
- 대법원등기 수입증지는 등기소나 등기소 주변의 은행(농협, 우체국, 신한은행 등)에서 구입하실 수 있습니다.
② 소유권 이전등기 한 건당 대법원등기 수입증지
- 서면방문신청: 15,000원
- 전자표준양식신청(e-form양식으로 작성한 후 등기소 방문신청) : 13,000원
- 전자신청: 10,000원
③ 등기신청수수료의 납부는 그 수수료 상당액을 전자적 방법으로 납부하거나, 법원행정처장이 지정하는 금융기관에 현금으로 납부한 후 이를 증명하는 서면을 등기신청서에 첨부하여 제출하는 방법으로 합니다(등기사항증명서 등 수수료규칙 제6조제3항).

2-3. 공유물 분할 관련 서류

2-3-1. 공유물 분할 판결 정본(해당자에 한함)

① 재판에 의해 공유물 분할이 이루어지는 경우에는 공유물 분할 판결 정본과 그 판결이 확정되었음을 증명하는 확정증명서를 첨부해야 합니다.
② 조정에 갈음하는 결정정본 또는 화해권고결정정본을 첨부하는 경우에도 확정증명원을 첨부합니다.
③ 조정조서, 화해조서 또는 인낙조서를 등기원인증서로 제출하는 경우에는 확정증명원을 첨부하지 않아도 됩니다.

(등기선례)

■ 변론종결 후 공유물분할이 된 토지에 대한 판결에 의한 등기신청

【선례요지】 종중이 수탁자를 상대로 명의신탁 해지를 원인으로 한 공유지분이전 등기절차를 이행하라는 판결을 받았으나, 그 판결에 의하여 등기를 하기 이전에 해당 토지에 대하여 토지 분할등기(변론종결 이후에 경료됨)를 거쳐 공유물분할등기가 경료된 경우, 공유물분할에 의하여 피고인 수탁자가 소유권을 취득한 토지에 대하여는 위 판결에 표시된 지분만큼 공유지분이전등기를 신청할 수 있을 것이나, 수탁자가 아닌 다른 공유자가 소유권을 취득한 토지에 대하여는 위 판결의 기판력이 미치지 아니하므로 그 등기를 신청할 수 없다. 다만, 위 수탁자가 소유권을 취득한 토지에 대하여 지분이전등기를 신청하는 경우에 있어 등기원인증서로 제출하는 판결문에는 분할 전 지번 및 면적이 기재된 반면, 신청서에는 분할 후의 지번 및 면적이 기재되는 등 그 부동산의 표시가 서로 상위 할 것이므로 신청서부본을 제출하여 판결문정본과 함께 등기필 인증을 받아야 한다. 〔2001. 4. 30. 등기 3402-307 질의회답〕

《해 설》

1. 본 선례는 종중이 수탁자를 상대로 하여 4필지 토지의 각 1/2지분에 대하여 명의신탁 해지로 인한 소유권이전등기청구소송을 제기하여 승소판결을 받았으나, 그 중 3필지의 토지에 대하여 수탁자가 다른 공유자와 변론종결 이후 공유물분할을 한 경우에, 판결에 의한 소유권이전등기를 신청할 수 있는가 하는 질의에 대한 회신이다.

   이에는 ①부동산등기법은 제55조 제7호에서 신청서에 기재된 사항이 등기원인을 증명하는 서면과 부합하지 아니한 때에는 각하사유로 규정하고 있는바, 공유물분할등기를 하기 위하여는 공유토지의 분필절차가 선행하였을 것이므로 판결서에는 분할 전의 부동산이 표시되어 있을 것이어서 신청서에 기재된 부동산표시와 등기원인증서인 판결서의 부동산표시가 상이하므로 이때 등기신청을 수리할 수 있는가 하는 점과, ②또한 변론종결 후에 공유물분할등기에 의하여 피고인 수탁자의 지분이 다른 공유자에게 이전되었으므로, 위 판결에 의하여 이전등기를 신청할 수 있는가 하는 점이 문제된다.

2. (1) 토지의 분할에 의하여 판결서와 등기부상의 부동산표시가 상이한 경우의 등기신청
   신청서의 부동산표시는 등기부 표제부의 부동산표시에 의하여 작성하는 것이므로 신청서의 부동산표시와 등기원인증서의 부동산표시가 다른 경우에 그 신청을 각하하도록 한 것은, 등기원인이 되는 법률행위의 목적물이 아닌 부동산에 대한 등기가 경료되지 않도록 하려는 것이다. 그러므로 신청서의 부동산표시가 등기원인증서상의 부동산표시와 다르게 기재되어 있으나 그 동일성을 인정할 수 있는 특별한 경우에는, 등기원인증서상의 부동산표시와 등기부상의 부동산표시가 저촉되더라도 등기신청을 수리할 수 있는 경우가 있을 수 있다.

   소유권이전등기절차의 이행을 명하는 판결에 의하여 등기신청을 하는 경우 그 판결에 표시된 토지가 사실심의 변론종결 이전에 이미 분할되었다면 판결경정에 의하여 그 토지의 표시를 대장상의 표시와 일치시킨 다음 분필등기(원고의 대위신청 가능)를 거쳐 소유권이전등기를 신청하여야 하나(1994. 7. 14.등기 3402-649 질의회답), 본 사안에서와 같이 변론종결 이후 분할된 경우에는 판결경정없이도 등기신청이 가능하다.

   등기예규도 토지소유권이전등기의 말소 또는 소유권이전등기절차 이행청구사건의 소제기 후 원고 부지 중 피고가 계쟁 부동산의 분할등기를 필하여(소유자의 변동은 없음),

판결서의 부동산표시가 등기부와 상이한 경우에도 등기부상 분할전 부동산이 판결서 기재 부동산 전부와 동일부동산임을 인정할 수 있을 때에는 현재 분할된 부동산표시에 의하여 신청서를 제출케 하여 접수·처리하여도 무방하다고 하고(등기예규 제175호), 1필지의 토지 중 그 일부를 특정하여 소유권이전등기를 명한 판결이 확정되어 그 판결에 따른 소유권이전등기를 하기 위하여 그 특정 부분을 분필함으로써 분할한 토지의 지번이 분필전의 토지의 지번과 달라진 경우에도 그 판결을 등기원인을 증명하는 서면으로 하여 분할한 토지에 대한 소유권이전등기를 신청할 수 있다고(등기예규 제455호) 하고 있다. 또한 1필지 토지의 특정 일부에 대한 소유권이전등기절차를 이행하기로 한 화해조서에 의하여 분할된 토지와 그 화해조서상의 토지의 동일성을 소명하기 위하여는, 그 화해조서에서 이전등기할 토지를 특정하기 위하여 첨부한 도면(지적측량성과도)과 분할 전후의 토지가 표시된 지적도등본 및 토지대장등본을 첨부하여야 할 것이라고(등기예규 제734호)하고 있다.

한편 수탁자가 소유권을 취득한 토지에 대하여 판결에 따라 지분이전등기를 신청하는 경우에 있어, 등기원인증서로 제출하는 판결문에는 분할 전 지번 및 면적이 기재된 반면 등기신청서에는 분할 후의 지번 및 면적이 기재되는 등 그 부동산의 표시가 서로 상위함으로 인하여 판결에 의하여 등기를 경료하더라도 등기필증의 부동산표시가 등기부와 일치하지 않는 문제가 발생한다. 따라서, 등기원인증서에 기재된 사항 중 그 일부에 대하여 등기를 하는 경우의 등기필증 작성에 관한 업무지침(등기예규 제1016호)에 의하여 등기신청 시 당사자에게 등기필증을 작성을 위한 신청서부본을 제출케하여 판결문정본과 함께 등기필 인증을 하여야 할 것이다.

(2) 판결확정 이후 목적 부동산의 공유물 분할 판결에 따른 등기를 하기 이전에 공유물분할에 의한 이전등기가 경료되었을 경우, 판결에 대한 승계집 행문을 부여받아 집행 즉, 등기를 할 수 있는가의 문제가 있다.

판결의 기판력은 판결의 당사자 및 변론종결 후의 승계인 또는 그를 위하여 청구의 목적물을 소지한 자에 대하여 미치는바(민사소송법 제204조 제1항), 변론종결 후의 승계인의 범위에 관하여는 신·구 이론간에 견해차가 있다. 판례 입장인 구소송물이론에 의하면 소송물인 청구가 대세적 효력을 가진 물권적 청구권인 경우에는 변론종결 후에 당사자로부터 소송물인 권리관계에 관한 지위를 승계한 자는 변론종결 후의 승계인으로 보고, 채권적청구권일 경우에는 승계인으로 보지 아니하므로, 위 패소자인 수탁자와 판결확정 후 공유물분할을 한 다른 공유자는 변론종결후의 승계인에 해당되지 아니하여서 공유자 명의의 분할된 부동산에 대하여는 이전등기신청을 할 수 없게 된다.

3. 본 질의의 취지는 공유물분할등기가 변론종결 이후에 경료되었으므로 다른 공유자가 변론 종결 이후의 승계인에 해당하는 것이 아닌가 하는 것인바, 이미 공유물분할등기가 경료된 3필지의 경우에는 위에서 본 바와 같이 단독 소유권을 취득한 다른 공유자에게 기판력이 미친다고 볼 수 없어 다른 공유자가 취득한 토지에 대한 소유권이전등기를 신청할 수 없다.

한편 공유물분할 결과 수탁자인 피고가 취득한 토지에 대하여는, 공유물 분할에 의하여 수탁자인 피고는 공유자에서 단독 소유자로 된 것에 지나지 아니하므로 판결에 의하여 공유지분이전등기를 신청할 수 있을 것이고, 종중이 수탁한 4필지 중 공유물분할이 되지 않은 토지에 대하여도 위 판결에 의하여 직접 지분이전등기를 할 수 있다.

2-3-2. 위임장(해당자에 한함)

공유물 분할에 의한 소유권 이전등기는 등기의무자와 등기권리자가 공동으로 신청하거나 등기의무자 또는 등기권리자가 상대방으로부터 위임장을 받아 혼자 등기소를 방문해서 신청할 수 있습니다.

2-3-3. 등기필정보 또는 등기필정보통지서

① 매도인인 등기의무자가 등기권리자로서 소유권에 관한 등기를 한 후 등기소로부터 받아서 가지고 있던 등기필정보를 등기소에 제공해야 합니다(부동산등기법 제50조 제2항).

② 등기필정보의 제공방법

- 방문신청의 경우 : 등기필정보를 적은 서면(등기필정보통지서)를 교부하는 방법. 다만, 신청인이 등기신청서와 함께 등기필정보통지서 송부용 우편봉투를 제출한 경우에는 등기필정보통지서를 우편으로 송부합니다(부동산등기규칙 제107조제1항제1호).

- 전자신청의 경우 : 전산정보처리조직을 이용하여 송신하는 방법(부동산등기규칙 제107조제1항제2호)

3. 신청서 작성

3-1. 신청서 및 첨부서류

신청서, 취득세영수필확인서, 등기 수입증지, 위임장, 인감증명서, 주민등록표등(초)본, 토지대장등본, 공유물 분할계약서 등의 순으로 준비합니다.

3-2. 신청서 양식

[서식 예] 공유물 분할로 인한 소유권 이전등기 신청서

소유권이전등기신청 (공유물분할)				
접 수	년 월 일 제 호	처 리 인	등기관 확인	각종 통지

① 부동산의 표시				
서울특별시 서초구 서초동 100 　　　대 300㎡ 　　　　　　　이　　　　　　　상				
② 등기원인과 그 연월일	2014년 1월 2일 공유물분할			
③ 등 기 의 목 적	소유권이전			
④ 이 전 할 지 분	공유자 이대백지분 2분의 1 이전			
구분	성 명 (상호·명칭)	주민등록번호 (등기용등록번호)	주 소 (소 재 지)	지 분 (개인별)
⑤ 등기 의무자	이 대 백	XXXXXX-XXXXXXX	서울특별시 서초구 서초 대로 88길 20 (서초동)	1/2
⑥ 등기 권리자	김 갑 동	XXXXXX-XXXXXXX	서울특별시 중구 다동길 96 (다동)	1/2

⑦ 시가표준액 및 국민주택채권매입금액		
부동산 표시	부동산별 시가표준액	부동산별 국민주택채권매입금액
1. 토　　지	금 ○○,○○○,○○○원	금　　○○○,○○○ 원
2.	금　　　　　　　원	금　　　　　　　원
3.	금　　　　　　　원	금　　　　　　　원
⑦ 국 민 주 택 채 권 매 입 총 액		금　　○○○,○○○ 원
⑦ 국 민 주 택 채 권 발 행 번 호		○ ○ ○

⑧ 취득세(등록면허세) 금○○○,○○○원	⑧ 지 방 교 육 세 금 ○○,○○○원
	⑧ 농어촌특별세 금 ○○,○○○원

⑨ 세 　 액 　 합 　 계	금	○○○,○○○ 원
⑩ 등 기 신 청 수 수 료	금	15,000 원
	납부번호 : ○○-○○-○○○○○○○○-○	
	일괄납부 :　　　　건　　　　　원	

⑪ 등기의무자의 등기필정보		
부동산고유번호	1102-2006-002095	
성명(명칭)	일련번호	비밀번호
이대백	Q77C-LO71-35J5	40-4636

⑫　　　첨　　　부　　　서　　　면			
·공유물분할계약서(검인)	1통	·토지·임야대장등본	1통·
·취득세(등록면허세)영수필확인서	1통	주민등록표등(초)본	각 1통
·등기신청수수료 영수필확인서	1통	·등기필증	1통
·인감증명서 또는 본인서명사실 확인서	1통	〈기 타〉	

2014년　1월　2일

⑬ 위 신청인　　이　　대　　백　㊞　(전화 : 200-7766)
　　　　　　　　긴　　갑　　동　㊞　(전화 : 300-7766)

　(또는)위 대리인　　　　　　　　　　(전화 :　　　　　)

　　　서울중앙 지방법원　　　　　　등기국 귀중

- 신청서 작성요령 -
1. 부동산표시란에 2개 이상의 부동산을 기재하는 경우에는 부동산의 일련번호를 기재하여야 합니다.
2. 신청인란등 해당란에 기재할 여백이 없을 경우에는 별지를 이용합니다.
3. 담당 등기관이 판단하여 위의 첨부서면 외에 추가적인 서면을 요구할 수 있습니다.

등기신청안내서 - 소유권이전등기신청(공유물분할)

■ **공유물분할로 인한 소유권이전등기란**

　공유관계를 해소하고 각자의 소유로 하는 등기로, 이 신청에서는 공유물분할계약에 의하여 다른 공유자의 지분을 취득하는 자를 등기권리자, 자기의 지분을 이전하여 주는 자를 등기의무자라고 합니다.

■ **등기신청방법**

　① 공동신청

　　다른 공유자의 지분을 취득하는 자와 자기의 지분을 이전하여 주는 자가 본인임을 확인할 수 있는 주민등록증 등을 가지고 직접 등기소에 출석하여 공동으로 신청함이 원칙입니다.

　② 단독신청

　　판결에 의한 등기신청인 경우에는 등기권리자 또는 등기의무자가 단독으로 신청할 수 있습니다.

　③ 대리인에 의한 신청

　　등기신청은 반드시 신청인 본인이 하여야 하는 것은 아니고 대리인이 하여도 됩니다. 등기권리자 또는 등기의무자 일방이 상대방의 대리인이 되거나 쌍방이 제3자에게 위임하여 등기신청을 할 수 있으나, 변호사 또는 법무사가 아닌 자는 신청서의 작성이나 그 서류의 제출대행을 업(業)으로 할 수 없습니다.

■ **등기신청서 기재요령**

　※ 신청서는 한글과 아라비아 숫자로 기재합니다. 부동산의 표시란이나 신청인란 등이 부족할 경우에는 별지를 사용하고, 별지를 포함한 신청서의 각 장 사이에는 간인(신청서에 서명을 하였을 때에는 각 장마다 연결되는 서명)을 하여야 합니다.

　① 부동산의 표시란

　　공유물분할등기를 하고자 하는 부동산을 기재하되, 등기기록상 부동산의 표시와 일치하여야 합니다. 부동산이 토지(임야)인 경우에는 토지(임야)의 소재와 지번, 지목, 면적을 기재하면 됩니다.

　　만일 등기기록과 토지대장의 부동산표시가 다른 때에는 먼저 부동산표시변경(또는 경정)등기를 하여야 합니다.

　② 등기원인과 그 연월일란

　　등기원인은 "공유물분할"로, 연월일은 공유물분할계약서상 계약일을 기재합니다.

　③ 등기의 목적란

　　소유권 전부이전의 경우에는 "소유권이전"으로, 소유권 일부이전의 경우에는 "소유권 일부이전"으로 기재합니다.

　④ 이전할 지분란

　　공유물분할로 인하여 지분을 이전하여 주는 자의 성명을 표시하여 "공유자 ○○○지분 ○분의 ○ 이전"으로 기재합니다.

　⑤ 등기의무자란

공유물분할계약에 의하여 자기의 지분을 이전하여 주는 자의 성명, 주민등록번호, 주소를 기재하되, 등기기록상 공유자 표시와 일치하여야 합니다. 그러나 그 자가 법인인 경우에는 상호(명칭), 본점(주사무소 소재지), 등기용등록번호 및 대표자의 성명과 주소를 기재하고, 법인 아닌 사단이나 재단인 경우에는 상호(명칭), 본점(주사무소 소재지), 등기용등록번호 및 대표자(관리인)의 성명, 주민등록번호, 주소를 각 기재합니다.

⑥ 등기권리자란

공유물분할계약에 의하여 다른 공유자의 지분을 취득하는 자를 기재하는 난으로, 그 기재방법은 등기의 무자란과 같습니다.

⑦ 시가표준액 및 국민주택채권매입금액, 국민주택채권매입총액란, 국민주택채권발행번호란

㉮ 부동산별 시가표준액란은 취득세(등록면허세)납부서(OCR용지)에 기재된 시가표준액을 기재하고 부동산별 국민주택채권매입금액란에는 시가표준액의 일정비율에 해당하는 국민주택채권매입금액을 기재합니다.

㉯ 부동산이 2개 이상인 경우에는 각 부동산별로 시가표준액 및 국민주택채권매입금액을 기재한 다음 국민주택채권매입총액을 기재하여야 합니다.

㉰ 국민주택채권발행번호란에는 국민주택채권 매입시 국민주택채권사무취급기관에서 고지하는 채권발행번호를 기재하며, 하나의 신청사건에 하나의 채권발행번호를 기재하는 것이 원칙이며, 동일한 채권발행번호를 수 개 신청사건에 중복 기재할 수 없습니다.

㉱ 공유물을 공유지분율에 따라 분할하여 이전하는 경우에는 매입할 필요가 없으나, 공유지분을 초과하여 분할하는 경우에는 그 초과된 면적에 관하여 국민주택채권을 매입하여야 합니다.

⑧ 취득세(등록면허세)·지방교육세·농어촌특별세란

취득세(등록면허세)영수필확인서에 의하여 기재하며, 농어촌특별세는 납부액이 없는 경우 기재하지 않습니다.

⑨ 세액합계란

취득세(등록면허세)액, 지방교육세액, 농어촌특별세액의 합계를 기재합니다.

⑩ 등기신청수수료란

㉮ 부동산 1개당 15,000원의 등기신청수수료 납부액을 기재하며, 등기신청수수료를 은행 현금납부, 전자납부, 무인발급기 납부 등의 방법에 따라 납부한 후 등기신청서에 등기신청수수료 영수필확인서를 첨부하고 납부번호를 기재하여 제출합니다.

㉯ 여러 건의 등기신청에 대하여 수납금융기관에 현금으로 일괄납부하는 경우 첫 번째 등기신청서에 등기신청수수료 영수필확인서를 첨부하고 해당 등기신청수수료, 납부번호와 일괄납부 건수 및 일괄납부액을 기재하며, 나머지 신청서에는 해당 등기신청수수료와 전 사건에 일괄 납부한 취지를 기재합니다(일괄납부는 은행에 현금으로 납부하는 경우에만 가능함).

⑪ 등기의무자의 등기필정보란

㉮ 소유권 취득에 관한 등기를 완료하고 등기필정보를 교부받은 경우, 그 등기필정보 상에 기재된 부동산 고유번호, 성명, 일련번호, 비밀번호를 각 기재(등기필정보를 제출하는 것이 아니며 한번 사용한 비밀번호는 재사용을 못함)합니다. 다만 교부받은 등기필정보를 멸실한 경우에는 부동산등기법 제51조에 의하여 확인서면이나 확인조서 또는 공증서면 중 하나를 첨부합니다.

㉯ 등기신청서에 등기필증이나 확인서면 등을 첨부한 경우 이 란은 기재할 필요가 없습니다.

⑫ 첨부서면란

등기신청서에 첨부한 서면을 각 기재합니다.

⑬ 신청인등란

㉮ 등기의무자와 등기권리자의 성명 및 전화번호를 기재하고, 각자의 인장을 날인하되, 등기의무자는 그의 인감을 날인하거나 본인서명사실확인서에 기재한 서명을 합니다. 그러나 신청인이 법인 또는 법인 아닌 사단이나 재단인 경우에는 상호(명칭)와 대표자(관리인)의 자격 및 성명을 기재하고, 법인이 등기의무자인 때에는 등기소의 증명을 얻은 그 대표자의 인감, 법인 아닌 사단이나 재단인 경우에는 대표자(관리인)의 개인인감을 날인하거나 본인서명사실확인서에 기재한 서명을 합니다.

㉯ 대리인이 등기신청을 하는 경우에는 그 대리인의 성명, 주소, 전화번호를 기재하고 대리인의 인장을 날인 또는 서명합니다.

▣ 등기신청서에 첨부할 서면
< 신청인 >

① 위임장

등기신청을 법무사 등 대리인에게 위임하는 경우에 첨부합니다.

② 등기필증

등기의무자의 소유권에 관한 등기필증으로서 등기의무자가 소유권 취득시 등기소로부터 교부받은 등기필증을 첨부합니다. 단, 소유권 취득의 등기를 완료하고 등기필정보를 교부받은 경우에는 신청서에 그 등기필정보 상에 기재된 부동산고유번호, 성명, 일련번호, 비밀번호를 각 기재(등기필정보를 제출하는 것이 아니며 한번 사용한 비밀번호는 재사용을 못함)함으로써 등기필증 첨부에 갈음합니다.

다만, 등기필증(등기필정보)을 멸실하여 첨부(기재)할 수 없는 경우에는 부동산등기법 제51조에 의하여 확인서면이나 확인조서 또는 공증서면 중 하나를 첨부합니다.

③ 공유물분할계약서

계약으로 인한 소유권이전등기를 신청하는 경우에는 그 계약서에 기재된 거래금액이 1,000만원을 초과하는 경우에는 일정액의 전자수입인지를 첨부하여야 하며, 계약서의 작성일자가 2015. 1. 1. 전이라면 우표 형태의 종이수입인지를 계약서에 붙여도 무방합니다. 다만, 계약서에 기재된 거래금액이 1억원 이하인 주택의 경우 인지세를 납부하지 않아도 됩니다.

< 시 · 구 · 군청, 읍 · 면 사무소, 동 주민센터 >

① 검인

위 공유물분할계약서에 부동산소재지를 관할하는 시장, 구청장, 군수 또는 군수로부터 위임을 받은 자(읍·면·동장)로부터 검인을 받아야 합니다.

② 취득세(등록면허세)영수필확인서

시장, 구청장, 군수 등으로부터 취득세(등록면허세)납부서(OCR용지)를 발급받아 납세지를 관할하는 해당 금융기관에 세금을 납부한 후 취득세(등록면허세)영수필확인서와 영수증을 교부받아 영수증은 본인이 보관하고 취득세(등록면허세)영수필확인서만 신청서의 취득세(등록면허세)액표시란의 좌측상단 여백에 첨

부하거나, 또는 지방세인터넷납부시스템에서 출력한 시가표준액이 표시되어 있는 취득세(등록면허세)납부
확인서를 첨부합니다.

③ 토지대장등본

등기신청대상 부동산의 종류에 따라 토지(임야)대장등본(발행일로부터 3월 이내)을 첨부합니다.

④ 인감증명서 또는 본인서명사실확인서

등기의무자의 인감증명서(발행일로부터 3월 이내)를 첨부하거나, 인감증명을 갈음하여 『본인서명사실 확
인 등에 관한 법률』에 따라 발급된 본인서명사실확인서를 첨부할 수 있습니다.

⑤ 주민등록표등(초)본

등기의무자 및 등기권리자의 주민등록표등본 또는 초본(각, 발행일로부터 3월 이내)을 첨부합니다.

< 대한민국법원 인터넷등기소, 금융기관 등 >

등기신청수수료

대한민국법원 인터넷등기소(http://www.iros.go.kr/PMainJ.jsp)를 이용하여 전자적인 방법(신용카드, 계좌
이체, 선불형지급수단)으로 납부하고 출력한 등기신청수수료 영수필확인서를 첨부하거나, 법원행정처장이 지정
하는 수납금융기관(인터넷등기소 홈페이지 하단 '등기비용안내'에서 확인) 또는 전국 등기국·과·소에 설치된
무인발급기에 현금으로 납부한 후 발급받은 등기신청수수료 영수필확인서를 첨부합니다.

< 등기과 · 소 >

법인등기사항전부(일부)증명서

신청인이 법인인 경우에는 법인등기사항전부증명서 또는 법인등기사항일부증명서(각, 발행일로부터 3월 이내)
를 첨부합니다.

< 기   타 >

신청인이 재외국민이나 외국인 또는 법인 아닌 사단 또는 재단인 경우에는 신청서의 기재사항과 첨부서면이
다르거나 추가될 수 있으므로, "대법원 종합법률정보(http://glaw.scourt.go.kr)"의 규칙/예규/선례에서『외
국인 및 재외국민의 국내 부동산 처분 등에 따른 등기신청절차, 등기예규 제1393호』및『법인 아닌 사단의 등
기신청에 관한 업무처리지침, 등기예규 제1435호』등을 참고하시고, 기타 궁금한 사항은 변호사, 법무사 등
등기와 관련된 전문가나 등기과·소의 민원담당자에게 문의하시기 바랍니다.

■ 등기신청서류 편철순서

신청서, 취득세(등록면허세)영수필확인서, 등기신청수수료 영수필확인서, 위임장, 인감증명서 또는 본인서명사
실확인서, 주민등록표등(초)본, 토지(임야)대장등본, 공유물분할계약서, 등기필증 등의 순으로 편철해 주시면
업무처리에 편리합니다.

■ 공유물분할청구소송의 경우 상속등기를 하지 않은 상속인이 있을 경우에 분할청구소
송을 제기할 수 있는지요?

Q. 저는 부동산의 지분을 소유하고 있는 공유자 중 1인인데 다른 공유자들과
공유물 분할에 대한 협의가 되지 않아 공유물분할청구소송을 제기하고자
합니다. 그런데 부동산등기부를 확인해 본 후 공유자 중 1인은 이미 사망
을 하였음에도 불구하고 상속인들 명의로 소유권이전이 되지 않고 있다는
사실을 알게 되었습니다. 상속인들 명의로 소유권이전등기가 이루어지기
전에도 제가 공유물분할청구소송을 제기할 수 있는지요?

A. 민법은 원칙적으로 부동산에 관한 법률행위로 인한 물권의 득실변경은 등
기하여야 그 효력이 생긴다고 규정하고 있습니다(민법 제186조). 다만 민
법은 등기를 요하지 않고도 부동산물권을 취득할 수 있는 경우를 별도로
규정하고 있는데 제187조에서 상속, 공용징수, 판결, 경매 기타 법률의 규
정에 의한 부동산에 관한 물권의 취득은 등기를 요하지 아니한다고 규정
한 것이 그것입니다.

　귀하의 경우 사망한 공유자의 상속인들은 아직 등기를 하지는 않았지만
위 민법 제187조 규정에 의하여 이미 적법하게 소유권을 취득하였기 때문
에 귀하는 상속인들 명의로 등기가 이전되기 전이라 하더라도 공유물분할
청구소송을 제기할 수 있을 것이라 판단됩니다.

이와 관련하여 판례는 공동 상속인에게 상속되었으나 상속인 중 일부가 등
기부에서 빠진 경우에 그들을 제외하고 등기부상 공유자만을 당사자로 한
공유물 분할 판결은 위법하다고 판시한바 있으며, 재판실무에 관한 자료에
도 상속 등 법률의 규정에 의하여 부동산의 지분을 취득한 경우에는 공시
방법을 갖추지 않은 공유자도 그가 정당한 상속인이라는 사실이 입증되면
공유물분할소송에 참여할 수 있다고 밝히고 있습니다.

■ 공유지분권이전등기절차이행청구의 소에서 당사자의 청구에 잘못이 있는 경우도 판결경정이 가능한 오류인지요?

Q. 甲은 乙을 상대로 공유지분권이전등기절차이행청구의 소송을 제기하였습니다. 그런데 乙은 甲의 청구에 대하여 다투지 않고 인낙하여 소장기재대로 인낙조서가 작성되었습니다. 그러나 甲이 제출한 소장의 기재가 등기부상에 기재된 乙명의의 공유지분보다 많은 공유지분의 이전을 청구하였으므로 인낙조서도 甲의 청구대로 작성되었는바, 이 경우 甲이 인낙조서의 경정을 신청하여 경정할 수 있는지요?

A. 판결의 경정에 관하여 「민사소송법」제211조는 "①판결에 잘못된 계산이나 기재, 그 밖에 이와 비슷한 잘못이 있음이 분명한 때에 법원은 직권으로 또는 당사자의 신청에 따라 경정결정(更正決定)을 할 수 있다. ②경정결정은 판결의 원본과 정본에 덧붙여 적어야 한다. 다만, 정본에 덧붙여 적을 수 없을 때에는 결정의 정본을 작성하여 당사자에게 송달하여야 한다. ③경정결정에 대하여는 즉시항고를 할 수 있다. 다만, 판결에 대하여 적법한 항소가 있는 때에는 그러하지 아니하다."라고 규정하고 있습니다. 그리고 이 규정은 확정판결과 동일한 효력이 있는 화해, 조정, 청구포기·인낙 등의 조서에도 준용되는 것으로 해석됩니다.

　그런데 위와 같은 판결경정제도의 취지에 관하여 판례는 "판결의 위산(違算), 오기(誤記), 기타 이에 유사한 오류(誤謬)가 있는 것이 명백한 때 행하는 판결의 경정은, 일단 선고된 판결에 대하여 그 내용을 실질적으로 변경하지 않는 범위 내에서 그 표현상의 기재잘못이나 계산의 착오 또는 이와 유사한 오류를 법원 스스로가 결정으로써 정정 또는 보충하여 강제집행이나 호적의 정정 또는 등기의 기재 등 이른바 광의의 집행에 지장이 없도록 하자는 데에 그 취지가 있다."라고 하였습니다.

　그리고 판결경정이 가능한 오류에는 당사자의 청구에 잘못이 있어 생긴 경우도 포함되는지에 관하여 위 판례는 "판결경정이 가능한 오류에는 그것이 법원의 과실로 인하여 생긴 경우뿐만 아니라 당사자의 청구에 잘못이 있어 생긴 경우도 포함된다고 할 것이며, 경정결정을 함에 있어서는 그 소송 전과정에 나타난 자료는 물론 경정대상인 판결선고 후에 제출된 자료도 다른 당사자에게 아무런 불이익이 없는 경우나 이를 다툴 수 있는 기회가 있었던 경우에는 소송경제상 이를 참작하여 그 오류가 명백한지 여부를 판단할 수 있다." 라고 하면서, 취득시효완성을 원인으로 한 소유권이전등기를 명하는 판결의 주문 및 그에 첨부된 감정도면상의 면적이 실제로는 13㎡임에도 감정상의 착오로 16㎡로 잘못 표시되었음이 강제집행실시과정에서 밝혀진 경우, 판결경정을 허용하여야 한다고 한 사례(대법원 2000. 5. 24.자 99그82 결정)가 있으며, 감정인의 계산착오로 감정서 도면상의 경계에 따른 甲부분 면적이 1,445㎡, 乙부분 면적인 5,993㎡임에도 甲부분을 1,287㎡로, 乙부분을 6,151㎡로 표시한 화해조서에 대한 준재심사건에서 감정인이 그 잘못을 시인하는 증언을 한 경우, 위 화해조서의 경정을 허용하여야 한다고 한 사례가 있습니다(대법원 2000. 5. 24.자 98마1839 결정). 토지에 대한 공유물분할청구소송에 의한 확정판결에 기하여 관할관청에 토지의 분할신청을 하였으나 확정판결에 첨부된 도면이 대한지적공사에서 측량한 측량성과도가 아니라는 이유로 수리가 거부되자, 대한지적공사 지사에 확정판결에 첨부된 도면과 동일한 내용으로 지적현황측량을 의뢰하며 그 측량성과도로 새로운 도면을 작성한 후 확정판결에 첨부된 도면을 교체하여 달라는 취지의 판결경정신청을 한 사안에서, 확정판결에 첨부할 도면을 교체함으로써 판결의 집행을 가능하게 하는 취지의 판결경정 신청은 민사소송법 제211조의 판결에 위산, 오기 기타 이에 유사한 오류가 있음에 명백한 경우에 해당하므로 판결의 경정을 허가함이 상당하다고한 사례도 있습니다.(대법원 2006. 2. 14.자 2004마918 결정)

또한, 착오로 등기부상 남아 있는 지분보다 과다한 지분에 관하여 이전등기를 청구한 데 대하여 피고가 청구를 인낙하여 소장기재대로 인낙조서가 작성된 경우 경정의 대상이 되는 오류에 해당한다고 한 사례(대법원 1994. 5. 23.자 94그10 결정)가 있습니다.

따라서 위 사안에서도 甲은 등기부상의 기재에 의하여 소장기재 공유지분의 잘못이 명백하다고 할 수 있을 것이므로, 인낙조서의 경정신청을 통하여 경정할 수 있을 것으로 보입니다.

(관련판례)

공유물분할청구의 소는 분할을 청구하는 공유자가 원고가 되어 다른 공유자 전부를 공동피고로 하여야 하는 고유필수적 공동소송이고, 공동소송인과 상대방 사이에 판결의 합일확정을 필요로 하는 고유필수적 공동소송에서는 공동소송인 중 일부가 제기한 상소는 다른 공동소송인에게도 효력이 미치므로 공동소송인 전원에 대한 관계에서 판결의 확정이 차단되고 소송은 전체로서 상소심에 이심된다. 따라서 공유물분할 판결은 공유자 전원에 대하여 상소기간이 만료되기 전에는 확정되지 않고, 일부 공유자에 대하여 상소기간이 만료되었다고 하더라도 그 공유자에 대한 판결 부분이 분리·확정되는 것은 아니다.(대법원 2017. 9. 21. 선고 2017다233931 판결)

[서식 예] 소유권이전등기청구의 소(구분소유적 공유임야, 명의신탁해지)

소　　　　　장

원　　고　　○○○ (주민등록번호)
　　　　　　○○시 ○○구 ○○길 ○○(우편번호 ○○○-○○○)
　　　　　　전화·휴대폰번호:
　　　　　　팩스번호, 전자우편(e-mail)주소:

피　　고　　1. ◇①◇ (주민등록번호)
　　　　　　　○○시 ○○구 ○○길 ○○(우편번호 ○○○-○○○)
　　　　　　　전화·휴대폰번호:
　　　　　　　팩스번호, 전자우편(e-mail)주소:

　　　　　　2. ◇②◇ (주민등록번호)
　　　　　　　○○시 ○○구 ○○길 ○○(우편번호 ○○○-○○○)
　　　　　　　등기부상 주소 ○○시 ○○구 ○○길 ○○
　　　　　　　전화·휴대폰번호:
　　　　　　　팩스번호, 전자우편(e-mail)주소:

　　　　　　3. ◇③◇ (주민등록번호)
　　　　　　　○○시 ○○구 ○○길 ○○(우편번호 ○○○-○○○)
　　　　　　　전화·휴대폰번호:
　　　　　　　팩스번호, 전자우편(e-mail)주소:

　　　　　　4. ◇④◇ (주민등록번호)
　　　　　　　○○시 ○○구 ○○길 ○○(우편번호 ○○○-○○○)
　　　　　　　전화·휴대폰번호:
　　　　　　　팩스번호, 전자우편(e-mail)주소:

　　　　　　5. ◇⑤◇ (주민등록번호 또는 한자)
　　　　　　　○○시 ○○구 ○○동 ○○(우편번호 ○○○-○○○)
　　　　　　　전화·휴대폰번호:
　　　　　　　팩스번호, 전자우편(e-mail)주소:

　　　　　　6. ◇⑥◇ (주민등록번호 또는 한자)
　　　　　　　○○시 ○○구 ○○동 ○○(우편번호 ○○○-○○○)
　　　　　　　전화·휴대폰번호:
　　　　　　　팩스번호, 전자우편(e-mail)주소:

소유권이전등기청구의 소

청 구 취 지

1. 원고에게, ○○ ○○군 ○○○리 산 278의 2 임야 729㎡ 중 별지도면 표시 1, 2, 3, 4, 5, 1의 각 점을 차례로 연결한 선내부분 493.7㎡에 관하여, 피고 ◇①◇는 300/49980 지분에 관하여, 피고 ◇②◇, 피고 ◇③◇, 피고 ◇④◇, 피고 ◇⑤◇, 피고 ◇⑥◇는 각 49510/49980 중 1/5 지분에 관하여 각 1998. 12. 22. 명의신탁해지를 원인으로 한 소유권이전등기절차를 이행하라.
2. 소송비용은 피고들의 부담으로 한다.
라는 재판을 구합니다.

청 구 원 인

1. 이 사건 토지의 소유권변동 및 분필의 과정

  ○○ ○○군 ○○○리 산 278번지 임야 165,223㎡는 원래 소외 ◉◉◉의 소유였습니다.

  한편, 원고는 소외 ◉◉◉로부터 1977. 1. 19. 위 토지 중 지금의 278의 2에 해당하는 토지일부의 특정부분을 매수하면서 다만 등기상으로는 공유지분을 이전 받는 것처럼 하여 등기를 마쳤으며, 그 뒤 소외 ◉①◉, ◉②◉, ◉③◉, ◉④◉ 및 피고 ◇②◇는 1978. 3. 10. 소외 ◉◉◉로부터 ○○○리 산 278번지 임야 165,223㎡ 중 원고에게 매도한 부분을 제외한 나머지 토지를 매수하고 각 지분을 균등하게 하여 공유자로 등기를 하였습니다.

  또한, 소외 ◈◈◈는 1984. 10. 2. 원고를 제외한 5인의 공유자(소외 ◉①◉, ◉②◉, ◉③◉, ◉④◉ 및 피고 ◇②◇)로부터 지금의 ○○○리 산 278의 3에 해당하는 토지일부의 특정부분을 매수하면서 공유지분을 300/49980으로 하여 등기를 마쳤고, 피고 ◇①◇는 소외 ◈◈◈으로부터 위 특정부분을 매수하면서 다만 등기는 소외 ◈◈◈의 공유지분을 그대로 넘겨받는 것으로 되었습니다.

  그리하여 원고와 피고 ◇①◇는 자신들이 매수한 특정부분에 대한 등기를 정리하기 위하여 나머지 공유자들과 1996. 12.경 등기를 정리하기로 합의를 하였습니다. 그러나, 공유자들 중 소외 ◉④◉가 세금을 체납함으로써 그 지분에 대하여 압류가 되는 바람에 등기정리가 미루어지고 말았습니다.

  그러던 중 국방부에서 ○○○리 산 278번지 중 일부를 수용하면서 그 지번을 278의 1로 하였고, 원고와 피고 ◇①◇의 등기를 정리하기 위하여 1998. 12. 22.경 나머지 산 278번지를 산 278의 2, 산 278의 3, 산 278의 4로 분할하였습니다.

  한편, 위 공유자들의 지분 중 소외 ◉①◉의 지분은 피고 ◇③◇에게, 소외 ◉②◉의 지분은 피고 ◇④◇에게, 소외 ◉①◉의 지분은 피고 ◇⑤◇에게 각 이전되어 현재 공유자로 되어 있으며, 피고 ◇⑥◇는 1999. 4. 29. 공매된 소외◉④◉의 지분을 매수하여 공유자로 등재되어 있습니다.

2. 구분소유적 공유와 명의신탁의 해지

　위에서 본 바와 같이 원고는 이 사건 토지의 매수당시 원래 소유자인 소외 ⊙⊙⊙로부터 현재의 ○○○리 산 278의 2 중 일부분을 특정해서 매수하고, 그 후부터 현재까지 그 지상에 축사를 짓고 나머지 부분을 밭으로 사용하고 있습니다. 그 후에 공유자가 된 피고들도 이를 모두 인정하고 있었습니다.

　결국, 원고의 등기는 편의상 공유지분으로 소유권이전등기가 되어 있었을 뿐이고 실제로 원고의 지분소유권이전등기는 특정하여 소유하고 있는 부분에 관한 소위 상호명의신탁관계를 나타내는데 불과한 것이었습니다.

　그리하여, 원고는 자신이 특정해서 소유하고 있는 부분에 대하여 등기를 정리하기 위하여(이는 피고 ◇①◇도 동일한 사정이었습니다.) 1996. 12. 2. 경 다른 공유자 전원에 대하여 명의신탁을 해지한다는 의사를 표시하고(실제로는 어려운 명의신탁해지라는 용어를 쓴 것이 아니라 특정부분에 대하여 원고 단독명의로 등기하는데 다른 공유자들이 동의를 해 준 것입니다.) ○○○리 산 278의 3 중 원고가 점유하고 있는 특정부분에 대하여 단독등기를 하기로 다른 모든 공유자들과 합의를 하였습니다.

　설령, 명의신탁해지의 의사표시가 인정되지 않는다고 하더라도 이 사건 각 소장부본의 송달로서 각 피고들에 대한 의사표시를 갈음하는 바입니다.

　그러던 중, 공유자 중 소외 ⊙④⊙의 지분이 압류되어 단독등기가 지연되고 있었는데 1998. 12.경 우선적으로 ○○○리 산 278번지를 산 278의 2 내지 4로 분할하여 놓고 문제가 해결되기를 기다렸습니다.

　피고 ◇⑥◇을 제외한 모든 피고들은 원고 명의의 단독등기에 전부 동의하여 단독등기를 위한 측량까지 마쳐둔 상태에 있는데, 1999. 4.경 소외 ⊙④⊙의 지분을 공매절차에서 매수한 피고 ◇⑥◇는 명의신탁해지를 원인으로 한 원고의 단독등기를 거부하고 있습니다.

　그런데 경락에 의한 소유권취득은 성질상 승계취득이므로 하나의 토지 중 특정부분에 대한 구분소유적 공유관계를 표상하는 공유지분등기에 근저당권이 설정된 후 그 근저당권 실행에 의하여 위 공유지분을 취득한 경락인은 구분소유적 공유지분을 그대로 취득한다는 판례(대법원 2001. 6. 15.자 2000마2633 결정, 1991. 8. 27. 선고 91다3703 판결)에 비추어 원고는 피고 ◇⑥◇에게 구분소유적 공유임을 주장할 수 있다고 할 것입니다.

3. 각 공유자의 지분관계

　이 사건 토지의 등기부 및 공유지연명부에 나타나 있는 것처럼 원고는 170/49980의 지분을, 피고 ◇①◇는 300/49980의 지분을, 나머지 피고들은 각 49510/49980중 1/5 지분을 가지고 있음은 명백합니다. 원고와 피고 ◇①◇의 공유지분이 다른 피고들과는 달리 특정되어 있음에 비추어 보아도 이 사건 등기가 구분소유적 공유라는 것을 추측할 수 있습니다.

　한편, 원고가 이전 받으려는 토지의 면적이 493.7㎡인데, 이는 원래 모번지인 산278의 면적인 165,223㎡에서 수용된 20,057㎡를 제외하면 145,166㎡가 되는데 여기에다 원고의 공유지분인 170/49980을 곱하면 위 면적에 해당됩니다.

4. 결론

결국, 이 사건은 원고가 특정부분을 매수하여 소유하고 있음을 다른 모든 공유자들이 인정하고 있는 바인데, 그 중 한사람인 ⊙④⊙의 공유지분을 공매절차에서 매수한 피고 ◇⑥◇만이 이를 거부하고 있는 것입니다.

그렇다면 원고가 특정하여 매수하여 점유하고 있는 ○○ ○○군 ○○○리 산 278의 2 임야 729㎡ 중 별지도면 표시 1, 2, 3, 4, 5, 1의 각 점을 차례로 연결한 선내부분 493.7㎡에 대한 피고들 명의의 위 각 지분이전등기는 원고에 대한 관계에서 그 각 지분에 관한 등기명의를 수탁받은 것이라 할 것이므로 피고들은 원고에게 위 토지 중 피고들 명의의 각 지분에 관하여 1996. 12. 2.경 명의신탁해지를 원인으로 한 소유권이전등기절차를 이행할 의무가 있다고 할 것이므로, 이 사건 청구에 이르게 되었습니다.

입 증 방 법

1. 갑 제1호증의 1 내지 5	각 부동산등기사항증명서
1. 갑 제2호증의 1 내지 5	각 임야대장
1. 갑 제3호증의 1 내지 4	각 공유지연명부
1. 갑 제4호증	건축물대장
1. 갑 제5호증	임야도등본
1. 갑 제6호증	측량성과도

첨 부 서 류

1. 위 입증방법	각 1통
1. 공시지가확인원	1통
1. 소장부본	6통
1. 송달료납부서	1통

20○○. ○. ○.

위 원고   ○○○ (서명 또는 날인)

○○지방법원 ○○지원 귀중

제4장

근저당권 설정등기는
어떻게 하나요?

제4장 근저당권 설정등기는 어떻게 하나요?

1. 근저당권과 저당권의 구분

1-1. 근저당권의 개념

근저당권이란 계속적인 거래관계로부터 발생하는 불특정 다수의 채권을 장래의 결산기에 일정한 한도액까지 담보하기 위해 설정하는 저당권을 말합니다(민법 제357조).

1-2. 저당권의 개념

저당권이란 채무자 또는 제삼자가 채무의 담보로 제공한 부동산의 점유를 이전하지 않고 채무의 담보로 제공한 부동산에 대해 다른 채권자보다 자기채권의 우선변제를 받을 권리를 말합니다(민법 제356조).

1-3. 근저당권 및 저당권의 대상

근저당권 및 저당권을 설정할 수 있는 것은 소유권, 지상권 또는 전세권입니다(민법 제371조).

1-4. 근저당권 및 저당권의 성질

① 공시의 원칙

　저당권은 등기를 해야 그 효력이 생깁니다(민법 제186조).

② 순위확정의 원칙

　동일한 부동산에 여러 개의 저당권이 설정된 경우 그 순위는 등기설정의 선후에 의합니다(민법 제333조 및 제370조).

③ 경매청구권

　저당권자는 그 채권의 변제를 받기 위해 저당물의 경매를 청구할 수 있습니다(민법 제363조제1항).

1-5. 근저당권 및 저당권의 차이점

근저당권과 저당권은 다음과 같은 차이점이 있습니다.

차이점	근저당권	저당권
담보채권	장래의 증감·변동하는 불특정 채권	현재의 확정액
부종성	결산일에 피담보채권이 확정되기 전까지 피담보채권이 소멸하더라도 유지	현재 채권이 소멸하면 함께 소멸
변제의 효력	변제하더라도 결산기 전이면 채권이 소멸하지 않음	변제하면 채권소멸
등기되는 금액	피담보채권 최고액 (채권액이 최고액을 초과해도 최고액 이상의 우선변제권은 없음)	피담보채권액

2. 근저당권 설정등기

2-1. 근저당권 설정등기의 개념

근저당권 설정등기란 계속적인 거래관계로부터 발생하는 다수의 불특정 채권을 담보하고, 결산기에 이르러 채권최고액의 한도 내에서 우선 변제를 받는 것을 목적으로 하는 등기를 말합니다.

2-2. 근저당권 설정등기의 신청인

근저당권 설정등기 시 등기권리자와 등기의무자는 다음과 같습니다.
- 등기의무자: 근저당권 설정자(소유권자, 지상권자, 전세권자)
- 등기권리자: 근저당권자(채권자)

2-3. 등기신청방법

① 신청인 또는 그 대리인이 등기소에 출석해 신청정보 및 첨부정보를 적은 서면을 제출하는 방법(부동산등기법 제24조제1항제1호 본문). 다만, 대리인이 변호사(법무법인·법무법인(유한) 및 법무조합 포함)나 법무사(법무사법인 및 법무사법인(유한) 포함)인 경우에는 대법원규칙으로 정하는 사무원을 등기소에 출석하게 해 서면을 제출할 수 있습니다(부동산등기법제24조제1항제1호 단서).

② 전산정보처리조직을 이용해 신청정보 및 첨부정보를 보내는 방법(법원행정처장이 지정하는 등기유형으로 한정)[부동산등기법 제24조제1항제2호]

2-4. 제출서류

2-4-1. 시·군·구청을 통해 준비해야 하는 서류

① 신청인의 주소 등을 증명하는 서면

등기권리자의 주민등록등(초)본 또는 주민등록증 사본 및 등기의무자의 인감증명서

② 등록면허세납부고지서(지방교육세 포함)

㉮ 등록면허세란 재산권과 그 밖의 권리의 설정·변경 또는 소멸에 관한 사항을 공부에 등기하거나 등록할 때 납부하는 세금을 말합니다(지방세법 제23조제1호).

- 근저당권의 설정등기 시 등록면허세: 채권최고액 × 2/1,000(지방세법 제28조제1항제1호다목)

㉯ 등록면허세 납세지

같은 채권의 담보를 위해 둘 이상의 근저당권을 등록하는 경우 이를 하나의 등록으로 보아 그 등록에 관계되는 재산을 처음 등록하는 등록관청에 등록면허세를 납부합니다(지방세법 제25조제1항제17호).

㉰ 지방교육세란 지방교육의 질적 향상에 필요한 지방교육재정의 확충에 소요되는 재원을 확보하기 위해 「지방세법」에 따른 등록면허세의 납부의무자에게 함께 부과되는 세금을 말합니다(지방세법 제149조 및 제150조제1호).

- 지방교육세: 등록면허세액 × 20/100(「지방세법」 제151조제1항제2호)

③ 등록면허세를 납부하는 경우에는 농어촌특별세(조세특례제한법·관세법·지방세법 및 지방세특례제한법에 따라 감면받은 경우 제외)를 내지 않아도 됩니다.

④ 시, 군, 구청 세무과를 방문해 등록면허세납부고지서를 발부받고 세금을 은행에서 납부하면 됩니다.

2-4-2. 은행을 통해 준비해야 할 서류

- 등록면허세영수필확인서

시·군·구청 세무과에서 등록면허세납부고지서를 발부 받아온 후 은행에서 등록면허세 및 지방교육세를 지불하면 등록면허세영수필확인서를 받을 수 있습니다.

2-5. 근저당권 설정 관련 서류

① 근저당권설정 계약서

등기원인을 증명하는 서면을 첨부합니다. 근저당권설정 계약서는 소유권 이전에 관한 증서가 아니므로 인지를 붙이지 않아도 됩니다(인지세법 제3조제1항).

[서식 예] 근저당권설정 계약서(토지)

근저당권설정계약서

○○○을 갑으로 하고, ○○은행을 을로 하여 양 당사자간에 다음과 같이 근저당권설정계약을 체결한다.

제1조 이 계약에 의한 근저당권은 갑을 간의 은행거래에서 생기는 채권 및 을이 제3자로부터 취득하는 어음상 또는 수표상의 채권을 담보한다.

제2조 이 근저당권은 전조의 범위의 채권을 금○○○만원의 한도에서 담보한다.

제3조 이 저당권의 채무자를 갑으로 하고 갑은 이 계약에 의한 채무의 담보로서 그 소유인 다음의 토지에 대하여 제1순위의 근저당권을 설정한다.

- 아   래 -

○○시 ○○구 ○○동 ○○번지

대지 100㎡

제4조 갑은 전조에 의한 근저당권설정등기절차를 지체없이 끝내고 그 등기부등본을 을에게 제출한다.

제5조 갑은 을의 승낙없이 근담보물건을 타에 양도, 임대 또는 담보로 제공하는 등 기타 을에게 손해를 끼치는 일체의 행위를 하여서는 안된다.

제6조 이 증서의 작성 및 등기절차, 기타 이 계약의 이행에 관한 일체의 비용은 갑이 부담한다.

제7조 이 계약에 의하여 생기는 권리의무에 관하여 소송을 제기할 경우에는 을의 주소지를 관할하는 법원을 관할법원으로 하기로 합의한다.

```
                    20○○년 ○월 ○일
                   채권자   ○○은행
                   대리인  ○  ○  ○  ㊞
                   ○○시 ○○구 ○○동 ○○번지
                   (취급지점 ○○지점)
                   채무자  ○  ○  ○   ㊞
                   ○○시 ○○구 ○○동 ○○번지
```

② 위임장(해당자에 한함)

근저당권 설정등기는 등기의무자와 등기권리자가 공동으로 신청하거나 등기의무자
또는 등기권리자가 상대방으로부터 위임장을 받아 혼자 등기소를 방문해서 신청
할 수 있습니다.

③ 등기필정보 또는 등기필정보통지서

매도인인 등기의무자가 등기권리자로서 소유권에 관한 등기를 한 후 등기소로부터
받아서 가지고 있던 등기필정보를 등기소에 제공해야 합니다(부동산등기법 제50조
제2항).

④ 등기필정보의 제공방법

- 방문신청의 경우 : 등기필정보를 적은 서면(등기필정보통지서)를 교부하는 방법. 다
만, 신청인이 등기신청서와 함께 등기필정보통지서 송부용 우편봉투를 제출한 경우
에는 등기필정보통지서를 우편으로 송부합니다(부동산등기규칙 제107조제1항제1호).

- 전자신청의 경우 : 전산정보처리조직을 이용하여 송신하는 방법(부동산등기규칙
제107조제1항제2호)

2-6. 신청서 작성

2-6-1. 신청서 및 첨부서류

신청서, 등록면허세영수필확인서, 등기 수입증지, 위임장, 인감증명서, 주민등록표등
(초)본, 근저당권설정계약서 등의 순으로 준비합니다.

2-6-2. 신청서 양식

[서식 예] 근저당권 설정등기 신청서

<table>
<tr><th colspan="5">근저당권설정등기신청</th></tr>
<tr><td rowspan="2">접
수</td><td colspan="2">년 월 일</td><td rowspan="2">처
리
인</td><td>등기관 확인</td><td>각종 통지</td></tr>
<tr><td colspan="2">제   호</td><td></td><td></td></tr>
</table>

<table>
<tr><td colspan="4">① 부동산의 표시</td></tr>
<tr><td colspan="4">

1. 서울특별시 서초구 서초동 200

      대 300㎡

2. 서울특별시 서초구 서초동 200

    [도로명주소] 서울특별시 서초구 서초대로 88길 10

    시멘트 벽돌조 슬래브지붕 2층 주택

       1층 100㎡

       2층 100㎡

             이   상
</td></tr>
<tr><td colspan="2">② 등기원인과 그 연월일</td><td colspan="2">2014년 1월 2일   근저당권설정계약</td></tr>
<tr><td colspan="2">③ 등 기 의 목 적</td><td colspan="2">근저당권 설정</td></tr>
<tr><td colspan="2">④ 채 권 최 고 액</td><td colspan="2">금 30,000,000 원</td></tr>
<tr><td colspan="2">⑤ 채 무 자</td><td colspan="2">이대백 서울특별시 서초구 서초대로 88길 20 (서초동)</td></tr>
<tr><td colspan="2">⑥ 설 정 할 지 분</td><td colspan="2"></td></tr>
<tr><td colspan="2">⑦</td><td colspan="2"></td></tr>
<tr><td>구분</td><td>성 명
(상호·명칭)</td><td>주민등록번호
(등기용등록번호)</td><td>주   소 (소 재 지)</td></tr>
<tr><td>⑧
등기
의무자</td><td>이 대 백</td><td>XXXXXX-XXXXXXX</td><td>서울특별시 서초구 서초대로 88길 20 (서초동)</td></tr>
<tr><td>⑨
등기
권리자</td><td>김 갑 동</td><td>XXXXXX-XXXXXXX</td><td>서울특별시 중구 다동길 96 (다동)</td></tr>
</table>

⑩ 등 록 면 허 세	금	○○○,○○○	원
⑩ 지 방 교 육 세	금	○○○,○○○	원
⑩ 농 어 촌 특 별 세	금	○○○,○○○	원
⑪ 세 액 합 계	금	○○○,○○○	원
⑫ 등 기 신 청 수 수 료	금	30,000	원
	납부번호 : ○○-○○-○○○○○○○○○-○		
	일괄납부 : 　　　건　　　　　원		
⑬ 국민주택채권매입금액	금	○○○,○○○	원
⑭ 국민주택채권발행번호	○ ○ ○		

<table>
<tr><td colspan="3" align="center">⑮ 등기의무자의 등기필정보</td></tr>
<tr><td>부동산고유번호</td><td colspan="2" align="center">1102-2006-002095</td></tr>
<tr><td>성명(명칭)</td><td>일련번호</td><td>비밀번호</td></tr>
<tr><td>이대백</td><td>Q77C-LO7I-35J5</td><td>40-4636</td></tr>
</table>

⑯　첨　부　서　면

·근저당권설정계약서	1통	·주민등록표등(초)본	1통
·등록면허세영수필확인서	1통	〈기 타〉	
·등기신청수수료 영수필확인서	1통		
·인감증명서 또는 본인서명사실 확인서	1통		
·등기필증	1통		

2014년 1월 2일

⑰　위 신청인　　이　　대　　백　　㉐　(전화 : 200-7766)
　　　　　　　　김　　갑　　동　　㉐　(전화 : 212-7711)

(또는)위 대리인　　　　　　　　　　　(전화 :　　　　　)

서울중앙 지방법원　　　　　　　등기국 귀중

- 신청서 작성요령 -

1. 부동산표시란에 2개 이상의 부동산을 기재하는 경우에는 그 부동산의 일련번호를 기재하여야 합니다.
2. 신청인란 등 해당란에 기재할 여백이 없을 경우에는 별지를 이용합니다.
3. 담당 등기관이 판단하여 위의 첨부서면 외에 추가적인 서면을 요구할 수 있습니다.

등기신청안내서 - 근저당권설정등기신청

■ **근저당권설정등기란**

　계속적인 거래관계로부터 발생하는 다수의 불특정 채권을 담보하는 것을 목적으로 저당권을 설정한 후 결산기에 이르러 채권최고액의 한도 내에서 우선 변제를 받을 수 있는 특수한 저당권의 일종으로서 이를 등기하는 것입니다.

■ **등기신청방법**

　① 공동신청

　　근저당권설정자 즉, 소유자(등기의무자)와 근저당권자(등기권리자)가 본인임을 확인할 수 있는 주민등록증 등을 가지고 직접 등기소에 출석하여 공동으로 신청함이 원칙입니다.

　② 단독신청

　　판결에 의한 등기신청인 경우에는 승소한 등기권리자 또는 등기의무자가 단독으로 신청할 수 있습니다.

　③ 대리인에 의한 신청

　　등기신청은 반드시 신청인 본인이 하여야 하는 것은 아니고 대리인이 하여도 됩니다. 등기권리자 또는 등기의무자 일방이 상대방의 대리인이 되거나 쌍방이 제3자에게 위임하여 등기신청을 할 수 있으나, 변호사 또는 법무사가 아닌 자는 신청서의 작성이나 그 서류의 제출대행을 업(業)으로 할 수 없습니다.

■ **등기신청서 기재요령**

　※ 신청서는 한글과 아라비아 숫자로 기재합니다. 부동산의 표시란이나 신청인란 등이 부족할 경우에는 별지를 사용하고, 별지를 포함한 신청서의 각 장 사이에는 간인(신청서에 서명을 하였을 때에는 각 장마다 연결되는 서명)을 하여야 합니다.

　① 부동산의 표시란

　　근저당권을 설정하는 부동산을 기재하되, 등기기록상 부동산 표시와 일치하여야 합니다. 토지(임야)는 소재, 지번, 지목, 면적 순으로 기재하고, 건물은 소재, 지번, 도로명주소(등기기록 표제부에 기록되어 있는 경우), 구조, 종류, 면적 순으로 기재합니다.

　② 등기원인과 그 연월일란

　　등기원인은 "근저당권설정계약"으로, 연월일은 근저당권설정계약의 체결일을 기재합니다.

　③ 등기의 목적란

　　"근저당권설정" 이라고 기재합니다.

　④ 채권최고액란

　　아라비아 숫자로 "금○○○원" 으로 기재합니다.

　⑤ 채무자란

　　채무자의 성명(명칭)과 주소를 기재합니다. 근저당권설정자와 채무자가 동일인인 경우에도 채무자의 표시를 반드시 하여야 합니다.

⑥ 설정할 지분란

　근저당권을 소유권 등의 일부지분에 설정할 경우에만 그 지분을 기재합니다.

　(예) "○○○지분 전부", "○번○○○지분 ○분의○ 중 일부(○분의 ○)"

⑦ 공란에 기재할 사항

　설정행위로 존속기간을 정한 경우에 그 존속기간을, 저당부동산에 부합된 물건과 종물에 대한 근저당권의 효력에 관하여 다른 약정(민법 제358조 단서)을 한 경우 그 약정사항을 이 란에 기재합니다.

⑧ 등기의무자란

　근저당권설정자의 성명, 주민등록번호, 주소를 기재하되, 등기기록상 소유자 표시와 일치하여야 합니다. 그러나 법인인 경우에는 상호(명칭), 본점(주사무소 소재지), 등기용등록번호 및 대표자의 성명과 주소를 기재하고, 법인 아닌 사단이나 재단인 경우에는 상호(명칭), 본점(주사무소 소재지), 등기용등록번호 및 대표자(관리인)의 성명, 주민등록번호, 주소를 각 기재합니다.

　등기의무자의 등기기록상 주소와 현재의 주소와 다른 경우, 등기명의인표시변경(또는 경정)등기를 신청하여 등기의무자의 주소를 변경한 후 설정등기를 하여야 합니다.

⑨ 등기권리자란

　근저당권자를 기재하는 란으로, 그 기재방법은 등기의무자란과 같습니다.

⑩ 등록면허세·지방교육세·농어촌특별세란

　등록면허세영수필확인서에 의하여 기재하며, 농어촌특별세는 납부액이 없는 경우 기재하지 않습니다.

⑪ 세액합계란

　등록면허세액, 지방교육세액, 농어촌특별세액의 합계를 기재합니다.

⑫ 등기신청수수료란

⑦ 부동산 1개당 15,000원의 등기신청수수료 납부액을 기재하며, 등기신청수수료를 은행 현금납부, 전자납부, 무인발급기 납부 등의 방법에 따라 납부한 후 등기신청서에 등기신청수수료 영수필확인서를 첨부하고 납부번호를 기재하여 제출합니다.

⑭ 여러 건의 등기신청에 대하여 수납금융기관에 현금으로 일괄납부하는 경우 첫 번째 등기신청서에 등기신청수수료 영수필확인서를 첨부하고 해당 등기신청수수료, 납부번호와 일괄납부 건수 및 일괄납부액을 기재하며, 나머지 신청서에는 해당 등기신청수수료와 전 사건에 일괄 납부한 취지를 기재합니다(일괄납부는 은행에 현금으로 납부하는 경우에만 가능함).

⑬ 국민주택채권 매입금액란

　채권최고액이 2,000만원 이상인 경우에는 채권최고액의 1,000 분의 10에 해당하는 국민주택채권매입금액을 기재합니다.

⑭ 국민주택채권 발행번호란

　국민주택채권 매입시 국민주택채권사무취급기관에서 고지하는 채권발행번호를 기재합니다.

⑮ 등기의무자의 등기필정보란

⑦ 소유권 취득에 관한 등기를 완료하고 등기필정보를 교부받은 경우 그 등기필정보 상에 기재된 부동산 고유번호, 성명, 일련번호, 비밀번호를 각 기재(등기필정보를 제출하는 것이 아니며 한번 사용한 비밀번호는 재사용을 못함)합니다. 다만 교부받은 등기필정보를 멸실한 경우에는 부동산등기법 제51조에 의

하여 확인서면이나 확인조서 또는 공증서면 중 하나를 첨부합니다.

ⓛ 등기신청서에 등기필증이나 확인서면 등을 첨부한 경우 이 란은 기재할 필요가 없습니다.

⑯ 첨부서면란

등기신청서에 첨부한 서면을 각 기재합니다.

⑰ 신청인등란

㉮ 등기의무자와 등기권리자의 성명 및 전화번호를 기재하고, 각자의 인장을 날인하되, 등기의무자는 그의 인감을 날인하거나 본인서명사실확인서에 기재한 서명을 합니다. 그러나 신청인이 법인 또는 법인 아닌 사단이나 재단인 경우에는 상호(명칭)와 대표자(관리인)의 자격 및 성명을 기재하고, 법인이 등기의무자인 때에는 등기소의 증명을 얻은 그 대표자의 인감, 법인 아닌 사단이나 재단인 경우에는 대표자(관리인)의 개인인감을 날인하거나 본인서명사실확인서에 기재한 서명을 합니다.

㉯ 대리인이 등기신청을 하는 경우에는 그 대리인의 성명, 주소, 전화번호를 기재하고 대리인의 인장을 날인 또는 서명을 합니다.

■ 등기신청서에 첨부할 서면
< 신청인 >

① 위임장

등기신청을 법무사 등 대리인에게 위임하는 경우에 첨부합니다.

② 근저당권설정계약서

등기원인을 증명하는 서면으로 첨부합니다.

③ 등기필증

등기의무자의 소유권에 관한 등기필증으로서 등기의무자가 소유권 취득시 등기소로부터 교부받은 등기필증을 첨부합니다. 단, 소유권 취득의 등기를 완료하고 등기필정보를 교부받은 경우에는 신청서에 그 등기필정보 상에 기재된 부동산고유번호, 성명, 일련번호, 비밀번호를 각 기재(등기필정보를 제출하는 것이 아니며 한번 사용한 비밀번호는 재사용을 못함)함으로써 등기필증 첨부에 갈음합니다.

다만, 등기필증(등기필정보)을 멸실하여 첨부(기재)할 수 없는 경우에는 부동산등기법 제51조에 의하여 확인서면이나 확인조서 또는 공증서면 중 하나를 첨부합니다.

< 시 · 구 · 군청, 읍 · 면 사무소, 동 주민센터 >

① 등록면허세영수필확인서

시장, 구청장, 군수 등으로부터 등록면허세납부서(OCR용지)를 발급받아 납세지를 관할하는 해당 금융기관에 세금을 납부한 후 등록면허세영수필확인서와 영수증을 교부받아 영수증은 본인이 보관하고 등록면허세영수필확인서만 신청서의 등록면허세액표시란의 좌측상단 여백에 첨부하거나, 또는 지방세인터넷납부시스템을 이용하여 납부하고 출력한 등록면허세납부확인서를 첨부합니다.

② 인감증명서 또는 본인서명사실확인서

등기의무자의 인감증명서(발행일로부터 3월 이내)를 첨부하거나, 인감증명을 갈음하여 『본인서명사실 확인 등에 관한 법률』에 따라 발급된 본인서명사실확인서를 첨부할 수 있습니다. 다만, 등기의무자가 소유권의 등기명의인이 아닌 지상권자, 전세권자인 경우에는 등기의무자의 인감증명(본인서명사실확인서)을 첨

　부하지 않습니다.

　③ 주민등록표등(초)본

　등기권리자인 근저당권자의 주민등록표등본 또는 초본(각, 발행일로부터 3월 이내)을 첨부합니다.

< 대한민국법원 인터넷등기소, 금융기관 등 >

　등기신청수수료

　대한민국법원 인터넷등기소(http://www.iros.go.kr/PMainJ.jsp)를 이용하여 전자적인 방법(신용카드, 계좌이체, 선불형지급수단)으로 납부하고 출력한 등기신청수수료 영수필확인서를 첨부하거나, 법원행정처장이 지정하는 수납금융기관(인터넷등기소 홈페이지 하단 '등기비용안내'에서 확인) 또는 전국 등기국·과·소에 설치된 무인발급기에 현금으로 납부한 후 발급받은 등기신청수수료 영수필확인서를 첨부합니다.

< 등기과 · 소 >

　법인등기사항전부(일부)증명서

　신청인이 법인인 경우에는 법인등기사항전부증명서 또는 법인등기사항일부증명서(각, 발행일로부터 3월 이내)를 첨부합니다.

< 기　　타 >

　신청인이 재외국민이나 외국인 또는 법인 아닌 사단 또는 재단인 경우에는 신청서의 기재사항과 첨부서면이 다르거나 추가될 수 있으므로, "대법원 종합법률정보(http://glaw.scourt.go.kr)"의 규칙/예규/선례에서『외국인 및 재외국민의 국내 부동산 처분 등에 따른 등기신청절차, 등기예규 제1393호』및『법인 아닌 사단의 등기신청에 관한 업무처리지침, 등기예규 제1435호』등을 참고하시고, 기타 궁금한 사항은 변호사, 법무사 등 등기와 관련된 전문가나 등기과·소의 민원담당자에게 문의하시기 바랍니다.

▣ 등기신청서류 편철순서

　신청서, 등록면허세영수필확인서, 등기신청수수료 영수필확인서, 위임장, 인감증명서 또는 본인서명사실확인서, 주민등록표등(초)본, 근저당권설정계약서, 등기필증 등의 순으로 편철해 주시면 업무처리에 편리합니다.

[서식 예] 근저당권 설정등기 신청서(구분건물)

<table>
<tr><td colspan="5" align="center">근저당권설정등기신청</td></tr>
<tr>
<td>접</td>
<td>년 월 일</td>
<td>처
리
인</td>
<td>등기관 확인</td>
<td>각종 통지</td>
</tr>
<tr>
<td>수</td>
<td>제   호</td>
<td></td>
<td></td>
<td></td>
</tr>
</table>

<table>
<tr><td colspan="2">① 부동산의 표시</td></tr>
<tr><td colspan="2">
1동의 건물의 표시
    서울특별시 서초구 서초동 100
    서울특별시 서초구 서초동 101   샛별아파트 가동
    [도로명주소] 서울특별시 서초구 서초대로 88길 10
전유부분의 건물의 표시
    건물의 번호 1-101
    구   조 철근콘크리트조
    면   적 1층 101호 86.03㎡
대지권의 표시
    토지의 표시
      1. 서울특별시 서초구 서초동 100   대 1,400㎡
      2. 서울특별시 서초구 서초동 101   대 1,600㎡
    대지권의 종류 소유권
    대지권의 비율 1,2 : 3,000분의 500

이   상
</td></tr>
<tr><td>② 등기원인과 그 연월일</td><td>2014년 1월 2일 근저당권설정계약</td></tr>
<tr><td>③ 등 기 의 목 적</td><td>근저당권 설정</td></tr>
<tr><td>④ 채 권 최 고 액</td><td>금 30,000,000 원</td></tr>
<tr><td>⑤ 채   무   자</td><td>이대백 서울특별시 서초구 서초대로 88길 20 (서초동)</td></tr>
<tr><td>⑥ 설 정 할 지 분</td><td></td></tr>
<tr><td>⑦</td><td></td></tr>
</table>

<table>
<tr>
<td>구분</td>
<td>성   명
(상호·명칭)</td>
<td>주민등록번호
(등기용등록번호)</td>
<td>주   소 (소 재 지)</td>
</tr>
<tr>
<td>⑧
등기
의무자</td>
<td>이 대 백</td>
<td>XXXXXX-XXXXXXX</td>
<td>서울특별시 서초구 서초대로 88길 20 (서초동)</td>
</tr>
<tr>
<td>⑨
등기
권리자</td>
<td>김 갑 동</td>
<td>XXXXXX-XXXXXXX</td>
<td>서울특별시 서초구 서초대로 88길 10, 가동 101호(서초동, 샛별아파트)</td>
</tr>
</table>

⑩ 등 록 세	금	○○○,○○○	원
⑩ 교 육 세	금	○○○,○○○	원
⑪ 세 액 합 계	금	○○○,○○○	원
⑫ 등 기 신 청 수 수 료	금	15,000	원
	납부번호 : ○○-○○-○○○○○○○○-○		
	일괄납부 : 건 원		
⑬ 국민주택채권매입금액	금	○○○,○○○	원
⑭ 국민주택채권발행번호		○ ○ ○	

<table>
<tr><td colspan="3" align="center">⑮ 등기의무자의 등기필정보</td></tr>
<tr><td>부동산고유번호</td><td colspan="2" align="center">1102-2006-002095</td></tr>
<tr><td>성명(명칭)</td><td align="center">일련번호</td><td align="center">비밀번호</td></tr>
<tr><td>이대백</td><td align="center">Q77C-LO7I-35J5</td><td align="center">40-4636</td></tr>
</table>

<table>
<tr><td colspan="2" align="center">⑯ 첨 부 서 면</td></tr>
<tr><td>
·근저당권설정계약서　　　　　1통
·등록면허세영수필확인서　　　1통
·등기신청수수료 영수필확인서　1통
·인감증명서 또는 본인서명사실 확인서　1통
·등기필증　　　　　　　　　　1통
</td><td>
·주민등록표등(초)본　　　　　1통
〈기 타〉
</td></tr>
</table>

2014년 1월 2일

⑰ 위 신청인　　이　　대　　백　　㉑　(전화 : 200-7766)
　　　　　　　　긴　　갑　　동　　㉑　(전화 : 212-7711)

　　(또는)위 대리인　　　　　　　　　　　(전화 :   )

　　서울중앙 지방법원　　　　　　　등기국 귀중

- 신청서 작성요령 -

1. 부동산표시란에 2개 이상의 부동산을 기재하는 경우에는 그 부동산의 일련번호를 기재하여야 합니다.
2. 신청인란 등 해당란에 기재할 여백이 없을 경우에는 별지를 이용합니다.
3. 담당 등기관이 판단하여 위의 첨부서면 외에 추가적인 서면을 요구할 수 있습니다.

※ 지분에 근저당권 설정등기를 하는 경우의 작성방법

구분	이전등기의 경우	저당권설정등기의 경우
별도 순위로 각 취득등기를 한 지분 중 특정 순위로 취득한 지분 전부의 이전등기 또는 저당권설정등기를 하는 경우	"아무개 지분 얼마 중 일부(몇번 지분)이전" 또는 "몇번 아무개 지분 전부이전"	"아무개 지분 얼마 중 일부(갑구 몇번 지분) 저당권 설정" 또는 "갑구 몇 번 아무개 지분 전부 저당권 설정"
특정 순위로 취득등기를 한 지분 중 일부의 이전 등기 또는 저당권설정등기를 하는 경우		
(1) 저당권이 설정된 부분인 때	"몇번 아무개 지분 얼마 중 일부(을구 몇 번 저당권등기된 지분)이전"	"갑구 몇 번 아무개 지분 얼마 중 일부(몇 번 저당권등기된 지분)저당권설정"
(2)저당권이 설정되지 않은 부분인 때	"몇번 아무개 지분 얼마 중 일부(저당권등기 되지 않은 지분)이전"	"갑구 몇 번 아무개 지분 얼마 중 일부(저당권등기되지 않은 지분) 저당권설정"
(3)저당권이 설정된 부분과 설정되지 않은 부분이 경합된 때	"몇번 아무개 지분 얼마 중 일부(을구 몇 번 저당권등기된 지분 얼마와 저당권등기되지 않은 지분 얼마)이전"	"갑구 몇 번 아무개 지분 얼마 중 일부(몇번 저당권등기된 지분 얼마와 저당권등기되지 않은 지분 얼마) 저당권설정"

■ **채권자 아닌 제3자 명의의 근저당권설정등기는 효력이 있는 것인지요?**

Q. 저는 甲에게 채무를 부담하고 있는 채무자입니다. 채권자인 甲에 대한 채무의 담보를 위하여 제 소유의 부동산의 근저당권을 설정하게 되었는데요. 어쩐 일인지 甲은 자신의 명의로 근저당권 설정등기를 하지 않고, 제3자인 丙 명의로 근저당권설정등기를 경료하였습니다. 이 경우에도 근저당권설정등기는 효력이 있는 것인지요?

A. 판례는 채권자 아닌 제3자 명의의 근저당권설정등기의 효력에 대하여 한정적으로 유효라는 입장입니다. 근저당권은 채권담보를 위한 것이므로 원칙적으로 채권자와 근저당권자는 동일인이 되어야 하고, 다만 제3자를 근저당권 명의인으로 하는 근저당권을 설정하는 경우 그 점에 관하여 채권

자와 채무자 및 제3자 사이에 합의가 있고, 채권양도, 제3자를 위한 계약, 불가분적 채권관계의 형성 등 방법으로 채권이 그 제3자에게 실질적으로 귀속되었다고 볼 수 있는 특별한 사정이 있는 경우에 한하여 제3자 명의의 근저당권설정등기도 유효하다고 합니다. (대법원 2007. 1. 11. 선고 2006다50055 판결)

말씀하신 사안에서 해당 채권이 제3자인 丙에게 실질적으로 귀속되었다고 볼 수 있는 특별한 사정이 보이지 않으므로, 위 제3자의 명의의 근저당권 설정등기는 유효하다고 보기 어렵습니다.

(관련판례)

근저당권은 담보할 채권의 최고액만을 정하고 채무의 확정을 장래에 유보하여 설정하는 저당권을 말한다. 근저당권설정계약서가 부동문자로 인쇄된 일반거래약관의 형태를 취하고 있다고 하더라도 이는 처분문서이므로 진정 성립이 인정되는 때에는 특별한 사정이 없는 한 계약서의 문언에 따라 의사표시의 내용을 해석하여야 하나, 근저당권설정계약 체결의 경위와 목적, 피담보채무액, 근저당권설정자와 채무자 및 채권자와의 상호관계 등 제반 사정에 비추어 당사자의 의사가 계약서 문언과는 달리 일정한 범위 내의 채무만을 피담보채무로 약정한 취지라고 해석하는 것이 합리적이라고 인정되는 경우에 당사자의 의사에 따라 담보책임의 범위를 제한할 수 있다.(대법원 2017. 7. 18. 선고 2015다206973 판결)

■ 부동산의 취득시효 기간 중 원소유자가 설정한 근저당권의 효력은 어디까지 미치는 지요?

Q. 저는 甲에게 돈을 빌려주면서 甲소유의 토지에 근저당권을 설정하였으나, 그 직후 乙이 위 토지에 대한 점유취득시효를 원인으로 소유권이전등기절차를 완료하였으며, 乙은 위 점유취득시효의 소급효를 주장하며 시효기간 중에 甲으로부터 설정 받은 근저당권은 효력이 없다고 합니다. 제가 구제받을 수 있는 방법은 없는지요?

A. 민법은 취득시효로 인한 권리취득의 효력은 점유를 개시한 때에 소급한다고 규정하고 있습니다(민법 제247조 제1항). 이러한 취득시효에 의한 권리취득에 대한 판례를 보면, 부동산점유취득시효는 20년의 시효기간이 완성한 것만으로 점유자가 곧바로 소유권을 취득하는 것은 아니고 민법 제245조에 따라 점유자 명의로 등기를 함으로써 소유권을 취득하게 되며, 이는 원시취득에

해당하므로 특별한 사정이 없는 한 원소유자의 소유권에 가하여진 각종 제한에 의하여 영향을 받지 아니하는 완전한 내용의 소유권을 취득하게 되고, 이와 같은 소유권취득의 반사적 효과로서 그 부동산에 관하여 취득시효의 기간이 진행 중에 체결되어 소유권이전등기청구권가등기에 의하여 보전된 매매예약상의 매수인의 지위는 소멸된다고 할 것이지만, 시효기간이 완성되었다고 하더라도 점유자 앞으로 등기를 마치지 아니한 이상 전 소유권에 붙어 있는 위와 같은 부담은 소멸되지 아니한다고 하였으나(대법원 2004. 9. 24. 선고 2004다31463 판결), 반면, 타인의 토지를 20년간 소유의 의사로 평온·공연하게 점유한 자는 등기를 함으로써 비로소 그 소유권을 취득하게 되므로 점유자가 원소유자에 대하여 점유로 인한 취득시효기간이 만료되었음을 원인으로 소유권이전등기청구를 하는 등 그 권리행사를 하거나 원소유자가 취득시효완성사실을 알고 점유자의 권리취득을 방해하려고 하는 등의 특별한 사정이 없는 한 원소유자는 점유자명의로 소유권이전등기가 마쳐지기까지는 소유자로서 그 토지에 관한 적법한 권리를 행사할 수 있고, 원소유자가 취득시효완성 이후 그 등기가 있기 전에 그 토지를 제3자에게 처분하거나 제한물권설정, 토지현상변경 등 소유자로서의 권리를 행사하였다 하여 시효취득자에 대한 관계에서 불법행위가 성립하는 것이 아님은 물론 위 처분행위를 통하여 그 토지의 소유권이나 제한물권 등을 취득한 제3자에 대하여 취득시효완성 및 그 권리취득의 소급효를 들어 대항할 수도 없다 할 것이니, 이 경우 시효취득자로서는 원소유자의 적법한 권리행사로 인한 현상변경이나 제한물권설정 등이 이루어진 그 토지의 사실상 혹은 법률상 현상 그대로의 상태에서 등기에 의하여 그 소유권을 취득하게 되고, 따라서 시효취득자가 원소유자에 의하여 그 토지에 설정된 근저당권의 피담보채무를 변제하는 것은 시효취득자가 용인하여야 할 그 토지상의 부담을 제거하여 완전한 소유권을 확보하기 위한 것으로서 그 자신의 이익을 위한 행위라 할 것이니, 위 변제액 상당에 대하여 원소유자에게 대위변제를 이유로 구상권을 행사하거나 부당이득을 이유로 그 반환청구권을 행사할 수는 없다고 하였습니다(대법원 2006. 5. 12. 선고 2005다75910 판결). 위와 같은 판례의 태도는 취득시효 목적물에 시효완성 전에 제한이나 부담이 설정된 경우 시효취득을 하면 그 제한이나 부담은 소멸하나, 시효완성 후 그 등기 전에 목적물에 설정된 부담이나 제한은 소멸하지 않는다는 것으로 볼 수 있을 것입니다.

따라서 귀하는 乙의 취득시효완성 후 그 등기 전에 원소유자인 甲으로부터 근저당권을 설정받았다면 귀하의 근저당권은 소멸하지 않는다고 할 것입니다.

(관련판례)

건물신축공사에서 하수급인의 수급인에 대한 민법 제666조에 따른 저당권설정청구권(이하 '저당권설정청구권'이라 한다)은 수급인이 건물의 소유권을 취득하면 성립하고 특별한 사정이 없는 한 그때부터 권리를 행사할 수 있지만, 건물 소유권의 귀속주체는 하수급인의 관여 없이 도급인과 수급인 사이에 체결된 도급계약의 내용에 따라 결정되고, 더구나 건물이 완성된 이후 소유권 귀속에 관한 법적 분쟁이 계속되는 등으로 하수급인이 수급인을 상대로 저당권설정청구권을 행사할 수 있는지를 객관적으로 알기 어려운 상황에 있어 과실 없이 이를 알지 못한 경우에도 청구권이 성립한 때부터 소멸시효가 진행한다고 보는 것은 정의와 형평에 맞지 않을 뿐만 아니라 소멸시효 제도의 존재이유에도 부합한다고 볼 수 없다. 그러므로 이러한 경우에는 객관적으로 하수급인이 저당권설정청구권을 행사할 수 있음을 알 수 있게 된 때부터 소멸시효가 진행한다.(대법원 2016. 10. 27. 선고 2014다211978 판결)

■ 돈을 다시 빌려주면서 무효인 기존의 근저당권등기를 이용할 수 있는지요?

Q. 저는 甲에게 2,000만원을 빌려주면서 甲의 부동산에 근저당권을 설정하였고, 甲으로부터 위 돈을 모두 변제받았지만 위 근저당등기는 말소하지 않고 그대로 두고 있던 중, 다시 甲에게 동일한 금액을 빌려주면서 위 근저당권등기를 이용하려고 합니다. 이러한 경우 법률적 문제가 없는지요?

A. 저당권으로 담보한 채권이 변제, 소멸시효완성, 기타의 원인으로 인하여 소멸한 때에는 저당권도 소멸하는 것이므로 이 경우 저당권은 말소되어야 할 것인데(민법 제369조), 어떤 등기가 마쳐져 있던 중 그것이 실체적 권리체계에 부합하지 않는 것이어서 무효로 된 후 그 등기에 부합하는 실체적 권리관계가 있게 된 때에, 이 등기는 유효한지의 문제가 생기는데 이를 '무효등기유용(無效登記流用)'의 문제라고 합니다.

이러한 무효등기유용은 특히 저당권에 관하여 문제되는데, 위 사안과 같이 변제로 인한 피담보채권소멸로 인하여 이미 그 효력을 상실한 저당권등기가 아직 말소되지 않고 그대로 남아 있는 경우, 당사자 사이의 약정으로써 그 무효로 된 등기를 다른 저당권을 위한 등기로 이용하여도 이를 유효한 것으로 볼 수 있느냐는 것입니다. 이에 관한 판례를 보면, 실질관계소멸로 무효로 된 등기의 유용은 그 등기를 유용하기로 하는 합의가 이루어지기 전에 등기상 이해관계가 있는 제3자가 생기지 않은 경우에는 허용된다고 하였고(대법원 2009. 2. 26. 선고 2006다72802 판결), 무효등기유용에 관한 합의 내지 추인은 묵시적으로도 이루어질 수 있으나, 그러한 묵시적 합의 내지 추인을 인정하려면 무효등기사실을 알면서 장기간 이의를 제기하지 아니하고 방치한 것만으로는 부족하고, 그 등기가 무효임을 알면서도 유효함을 전제로 기대되는 행위를 하거나 용태를 보이는 등 무효등기를 유용할 의사에서 비롯되어 장기간 방치된 것이라고 볼 수 있는 특별한 사정이 있어야 한다고 하였습니다(대법원 2007. 1. 11. 선고 2006다50055 판결). 또한, 부동산소유자 겸 채무자가 채권자인 저당권자에게 그 저당권설정등기에 의해 담보되는 채무를 모두 변제함으로써 저당권이 소멸된 경우 그 저당권설정등기 또한 효력을 상실하여 말소되어야 할 것이나, 그 부동산소유자가 새로운 제3의 채권자로부터 금전을 차용함에 있어 그 제3자와 사이에 새로운 차용금채무를 담보하기 위하여 남아있는 종전채권자명의의 저당권설정등기를 이용하여 이에 터 잡아 새로운 제3의 채권자에게 저당권이전부기등기를 하기로 하는 내용의 저당권등기유용 합의를 하고 실제로 그 부기등기를 마쳤다면, 그 저당권등기를 이전받은 새로운 제3의 채권자로서는 언제든지 부동산소유자에 대하여 그 등기유용합의를 주장하여 저당권설정등기말소청구에 대항할 수 있다고 할 것이지만, 그 저당권이전부기등기 이전에 등기부상 이해관계를 가지게 된 자에 대하여는 위 등기유용의 합의사실을 들어 위 저당권설정등기 및 그 저당권이전의 부기등기의 유효를 주장할 수는 없다고 하였던바(대법원 1998. 3. 24. 선고 97다56242 판결), 이는 구 등기가 소멸되었더라면 그 순위가 올라갔을 후순위 권리자에게는 구 등기가 유용됨으로써 입게 될 손해를 방지하기 위한 것입니다.

따라서 위 사안에서 귀하는 구 등기에 부합하는 등기유용에 관한 합의 전에 등기부상 이해관계인 즉, 후순위저당권자 또는 확정일자 받은 임차인 등이 존재하지 않는 한 종전의 근저당권등기를 그대로 이용할 수 있을 것으로 보입니다.

참고로 부동산매매예약에 기초하여 소유권이전등기청구권보전을 위한 가등기가 마쳐진 경우, 그 매매예약완결권이 소멸하였다면 그 가등기 또한 효력을 상실하여 말소되어야 할 것이나, 그 부동산소유자가 제3자와 사이에 새로운 매매예약을 체결하고 그에 기초한 소유권이전등기청구권보전을 위하여 이미 효력이 상실된 가등기를 유용하기로 합의하고 실제로 그 가등기이전의 부기등기를 마쳤다면, 그 가등기이전의 부기등기를 마친 제3자로서는 언제든지 부동산소유자에 대하여 위 가등기유용의 합의를 주장하여 가등기말소청구에 대항할 수 있고, 다만 그 가등기이전부기등기 전에 등기부상 이해관계를 가지게 된 자에 대하여는 위 가등기유용의 합의사실을 들어 그 가등기유효를 주장할 수는 없다할 것입니다(대법원 2009. 5. 28. 선고 2009다4787 판결).

■ 채무자가 변경 된 근저당권이 신채무자의 새로운 채무도 담보하는지요?

Q. 甲은 乙이 丙으로부터 돈을 빌리는데 자기소유 부동산을 담보로 제공하여 물상보증인이 되었다가 乙의 채무를 인수하여 채무자를 바꾸는 근저당권 변경의 부기등기를 하였습니다. 그 후 甲은 경제사정악화로 같은 부동산에 관하여 丁에게 근저당권을 설정해주었고, 다시 丙으로부터 돈을 빌려 새로운 채무를 발생시켰습니다. 그런데 甲은 乙로부터 인수한 채무는 변제하였으나, 丁과 丙에 대한 새로운 채무는 변제하지 못하던 중 丁이 위 부동산에 대한 근저당권을 실행하여 경매를 신청하였습니다. 이 경우 甲과 丙간의 새로운 채무부분이 丁보다 우선하여 배당을 받을 수 있는지요?

A. 채무인수와 보증, 담보의 소멸에 관하여 민법은 전채무자의 채무에 대한 보증이나 제3자가 제공한 담보는 채무인수로 인하여 소멸하지만, 보증인이나 제3자가 채무인수에 동의한 경우에는 그러하지 아니하다고 규정하고 있습니다(민법제459조).
  이와 관련하여 판례는 "채무가 인수되는 경우에 구채무자의 채무에 관하여 제3자가 제공한 담보는 채무인수로 인하여 소멸하되 다만 그 제3자(물상보증인)가 채무인수에 동의한 경우에 한하여 소멸하지 아니하고 신채무자를 위하여 존속하게 되는데, 이 경우 물상보증인이 채무인수에 관하여 하는 동의는 채무인수인을 위하여 새로운 담보를 설정하겠다는 의사표시가 아니라 기존담보를 채무인수인을 위하여 계속 유지하겠다는 의사표시에 불과하여 그 동의에 의하여 유지되는 담보는 기존담보와 동일한 내용을 갖는 것이므로, 근저당권에 관하여 채무인수를 원인으로 채무자를 교체하는 변경등기(부기등기)가 마쳐진 경우 특별한 사정이 없는 한 그 근저당권은 당초 구채무자가 부담하고 있다가 신채무자가 인수하게 된 채무만을 담보하는 것이지, 그 후 신채무자(채무인수인)가 다른 원인으로 부담하게 된 새로운 채무까지 담보하는 것으로 볼 수는 없다고 하였습니다(대법원 2000. 12. 26. 선고 2000다56204 판결).

즉, 이 경우 물상보증인이 근저당권의 채무자의 계약상의 지위를 인수한 것이 아니라, 다만 그 채무만을 면책적으로 인수한바, 이를 원인으로 하여 마쳐진 근저당권변경의 부기등기는 당초 채무자가 근저당권자에 대하여 부담하고 있던 것으로서 물상보증인이 인수한 채무만을 담보한다고 보아야 하기 때문입니다(대법원 2002. 11. 26. 선고 2001다73022 판결).

따라서 위 사안의 경우 甲이 乙의 채무를 인수한 후 채무자를 교체하는 근저당권 변경등기를 하였다고 하더라도, 甲이 丙으로부터 새롭게 돈을 빌려 발생시킨 채무는 애초부터 근저당권이 담보하는 채무에 포함되지 않는다 할 것이므로, 丙은 우선변제권을 주장할 수는 없을 것으로 보입니다.

■ 증축으로 인한 건물표시변경등기 된 경우 기존건물저당권의 효력범위는 어디까지 인지요?

Q. 甲은 丙회사소유의 단층 공장·창고·기숙사 및 그 대지에 대한 제1순위 근저당권자이고, 乙은 위 공장 등에 대한 제2순위근저당권자인데, 丙회사는 위 근저당권이 설정된 후 위 기존건물에 1층일부와 2, 3층을 증축하고서 증축에 따른 건물표시변경등기를 하였습니다. 그런데 乙이 먼저 제2순위근저당권효력이 위 증축부분에 미친다는 내용의 변경등기를 하였고, 甲은 그 뒤 제1순위근저당권효력이 위 증축부분에 미친다는 내용의 변경등기를 하였습니다. 위 공장 등이 경매개시 되었는데, 이 경우 위 증축부분에 대해서 먼저 근저당권변경등기를 마친 乙이 나중에 변경등기를 마친 甲보다 우선권이 있는지요?

A. 민법은 '저당권의 효력은 저당부동산에 부합된 물건과 종물에 미치지만,

법률에 특별한 규정 또는 설정행위에 다른 약정이 있으면 그러하지 아니하다.'고 규정하고 있습니다(민법 제358조). 먼저 증축부분이 기존건물에 부합되는지에 대하여 판례는 "건물이 증축된 경우에 증축부분이 기존건물에 부합된 것으로 볼 것인가 아닌가 하는 점은 증축부분이 기존건물에 부착된 물리적 구조뿐만 아니라, 그 용도와 기능의 면에서 기존건물과 독립한 경제적 효용을 가지고 거래상 별개의 소유권객체가 될 수 있는지 및 증축하여 이를 소유하는 자의 의사 등을 종합하여 판단하여야 한다."고 하였습니다(대법원 2002. 10. 25. 선고 2000다63110 판결).

그리고 저당권설정 된 건물이 증축된 경우 그 저당권의 효력과 관련하여 판례는 "법률상 1개의 부동산으로 등기된 기존건물이 증축되어 증축부분이 구분소유의 객체가 될 수 있는 구조상 및 이용상의 독립성을 갖추었더라도 이로써 곧바로 그 증축부분이 법률상 기존건물과 별개인 구분건물로 되는 것은 아니고, 구분건물이 되기 위해서는 증축부분의 소유자의 구분소유의사가 객관적으로 표시된 구분행위가 있어야 할 것이고, 기존건물에 관하여 증축 후의 현존건물의 현황에 맞추어 증축으로 인한 건물표시변경등기가 마쳐진 경우에는 특별한 사정이 없는 한 그 소유자는 증축부분을 구분건물로 하지 않고 증축 후의 현존건물 전체를 1개의 건물로 하려는 의사였다고 봄이 상당하고, 이 경우 증축부분이 기존건물의 구성부분이거나 이에 부합된 것으로서 기존건물과 증축 후의 현존건물 사이에 동일성이 인정된다면, 위 건물표시변경등기는 증축 후의 현존건물을 표상하는 유효한 등기라고 할 것이고, 또한 기존건물에 대하여 이미 설정되어 있던 저당권의 효력은 법률에 특별한 규정이나 설정행위 등에 다른 약정이 없는 한 증축부분에도 미친다고 할 것이므로 기존건물에 설정된 저당권의 효력을 증축부분에 미치게 하는 취지의 저당권변경등기를 할 수 없는 것이고, 설사 그러한 등기가 되었더라도 아무런 효력이 없으며 한편, 증축부분이 기존건물의 구성부분이거나 이에 부합된 것이 아닌 별개의 건물이고 이를 구분건물로 할 의사였다면 구분건물로서 등기를 하여야 할 것이지 건물표시변경등기를 할 수는 없는 것이므로, 그 건물표시변경등기가 행해진 후 기존건물에 설정된 저당권의 효력을 증축부분에 미치게 하는 취지의 저당권변경등기를 하였더라도 그 저당권의 효력이 별개의 건물인 증축부분에 미칠 수는 없다."고 하였습니다(대법원 1999. 7. 27. 선고 98다35020 판결).

따라서 위 사안에서도 丙회사가 기존건물에 관하여 증축 후의 현존건물의 현황에 맞추어 증축으로 인한 건물표시변경등기를 하였으므로 丙회사는 위 증축부분을 구분건물로 하지 않고 증축 후의 현존건물 전체를 1개의 건물로 하려는 의사였다고 볼 수 있을 듯하며, 그렇다면 기존건물과 증축부분을 구분하여 배당할 필요가 없으며, 甲과 乙의 저당권변경등기는 선·후에 관계없이 모두 무효이므로, 기존건물에 설정된 저당권의 순위에 따라서 배당이 이루어져야 할 것입니다. 따라서 본래 선순위 근저당권자였던 甲이 후순위 근저당권자인 乙에 우선하여 배당받게 될 것으로 보입니다.

■ 저당권자와 채무자를 실제와는 달리 제3자 명의로 해놓은 경우 근저당권 설정등기는 유효한 것인지요?

Q. 甲은 乙에게 부동산을 매도하였습니다. 乙이 소유권이전등기를 경료하지 아니한 상황에서 상태에서 그 부동산을 담보로 하여 대출받는 돈으로 매매잔대금을 지급하기로 약정하는 한편, 매매잔대금의 지급을 위하여 당좌수표를 발행·교부하고 이를 담보하기 위하여 그 부동산에 제1순위 근저당권을 설정하되, 그 구체적 방안으로서 채권자인 매도인 甲과 채무자인 매수인 乙 및 매도인이 지정하는 제3자 丙 사이의 합의 아래 근저당권자를 제3자로, 채무자를 매도인으로 하기로 하고, 이를 위하여 매도인이 제3자로부터 매매잔대금 상당액을 차용하는 내용의 차용금증서를 작성·교부한 상황이라면 위 근저당권 설정등기는 유효한 것인지요?

A. 대법원 판례(대법원 2001. 3. 15. 선고 99다48948 전원합의체 판결)는 '근저당권은 채권담보를 위한 것이므로 원칙적으로 채권자와 근저당권자는 동일인이 되어야 하지만, 제3자를 근저당권 명의인으로 하는 근저당권을 설정하는 경우 그 점에 대하여 채권자와 채무자 및 제3자 사이에 합의가 있고, 채권양도, 제3자를 위한 계약, 불가분적 채권관계의 형성 등 방법으로 채권이 그 제3자에게 실질적으로 귀속되었다고 볼 수 있는 특별한 사정이 있는 경우에는 제3자 명의의 근저당권설정등기도 유효하다고 보아야 할 것이고, 한편 부동산을 매수한 자가 소유권이전등기를 마치지 아니한

상태에서 매도인인 소유자의 승낙 아래 매수 부동산을 타에 담보로 제공하면서 당사자 사이의 합의로 편의상 매수인 대신 등기부상 소유자인 매도인을 채무자로 하여 마친 근저당권설정등기는 실제 채무자인 매수인의 근저당권자에 대한 채무를 담보하는 것으로서 유효하다고 볼 것인바, 위 양자의 형태가 결합된 근저당권이라 하여도 그 자체만으로는 부종성의 관점에서 근저당권이 무효라고 보아야 할 어떤 질적인 차이를 가져오는 것은 아니라 할 것이다.'라고 판시하고 있습니다.

따라서 위 사안과 같은 경우 제3자 丙 명의로 저당권 설정등기를 한 것이 유효한 것인지 살펴보면, 매도인이 제3자로부터 매매잔대금과 같은 금액을 차용하는 내용의 차용금증서를 작성·교부하는 방법으로 제3자 丙에게 매매잔대금 채권을 귀속시켰고 채무자인 乙이 이를 승낙한 사정이 있으므로 채권이 그 제3자에게 실질적으로 귀속되었고 채권자, 채무자, 제3자간의 합의가 있어 유효하다고 보아야 할 것입니다.

또한 甲을 채무자로 등기한 것이 유효한 것인지 살펴보면, 매도인인 소유자 甲의 승낙 아래 매수 부동산을 타에 담보로 제공하면서 당사자 사이의 합의로 편의상 매수인 乙 대신 등기부상 소유자인 매도인 甲을 채무자로 하여 마친 근저당권설정등기는 실제 채무자인 매수인 乙의 근저당권자에 대한 채무를 담보하는 것으로서 유효하므로 결국 위 근저당권 설정등기는 유효한 것으로 보아야 합니다.

■ 구분소유적 공유관계를 표상하는 공유지분 위에 근저당권이 설정된 후 위 관계가 해소된 경우, 근저당권이 다른 공유자의 토지에도 존재하는지요?

Q. A토지에 대하여 乙과 丙은 구분소유하기로 하는 약정을 하고 구분소유자의 공유로 등기하였습니다. 한편, 甲은 丙의 공유지분 위에 근저당권을 설정했는데, 이후 A토지가 각 독립한필지로 분할되고 구분소유자 상호 간에 지분이전등기를 하여 구분소유적 공유관계가 해소되었습니다. 이후 甲은 丙이 채무를 변제하지 않자, A토지에서 분할된 丙 소유의 토지뿐만 아니라 乙 소유의 토지도 함께 근저당권에 기한 임의경매를 신청하였습니다. 甲의 근저당권의 효력이 분필된 乙 소유의 토지에도 미치나요?

A. 1필지의 토지 중 특정 부분에 대한 구분소유적 공유관계를 표상하는 공유지분 위에 근저당권이 설정된 후 구분소유적 공유관계가 해소된 경우, 근저당권이 근저당권설정자의 단독소유로 분할된 토지에 집중되는지 여부에 대하여 판례는 "1필지의 토지의 위치와 면적을 특정하여 2인 이상이 구분소유하기로 하는 약정을 하고 구분소유자의 공유로 등기하는 이른바 구분소유적 공유관계에 있어서, 1필지의 토지 중 특정 부분에 대한 구분소유적 공유관계를 표상하는 공유지분을 목적으로 하는 근저당권이 설정된 후 구분소유하고 있는 특정 부분별로 독립한 필지로 분할되고 나아가 구분소유자 상호 간에 지분이전등기를 하는 등으로 구분소유적 공유관계가 해소되더라도 그 근저당권은 종전의 구분소유적 공유지분의 비율대로 분할된 토지들 전부의 위에 그대로 존속하는 것이고, 근저당권설정자의 단독소유로 분할된 토지에 당연히 집중되는 것은 아니다."라고 하였습니다.(대법원 2014. 6. 26. 선고 2012다25944 판결) 따라서 甲의 근저당권의 효력이 분필된 乙 소유의 토지에도 미치고, 乙은 甲의 임의경매 신청을 막을 수 없습니다.

■ 돈을 빌려주고 소유권이전등기청구권가등기 해둔 경우 어떻게 하면 빌려준 돈을 쉽게 받을 수 있는지요?

Q. 저는 甲에게 1,000만원을 빌려주면서 그 담보로 甲의 주택에 소유권이전등기청구권가등기를 설정하였는데, 甲은 변제기일이 지났음에도 위 돈을 변제하지 않고 있습니다. 위 주택에는 저의 가등기에 앞서는 乙의 근저당권(채권최고액 1,500만원)이 설정되어 있는데, 어떻게 하면 빌려준 돈을 쉽게 받을 수 있는지요?

A. 이것은 '담보가등기'로서 「가등기담보 등에 관한 법률」에 따라서 담보권실행의 절차를 밟아 채권을 회수할 수 있습니다. 즉, 담보가등기권리자는 그의 선택에 따라 청산절차를 밟아 채권 대신에 목적부동산의 소유권을 취득하든지 아니면 법원에 목적부동산의 경매를 신청하여 채권을 회수할 수 있습니다.

우선, 채권자는 목적부동산의 시가를 평가하여 그 평가액에서 채권액을 공제한 금액, 즉 청산금액을 채무자에게 통지하고 2개월간의 청산기간이 경과한 후 청산금을 지급하고 가등기에 기초한 본등기를 청구하여 소유권을 취득함으로써 채권회수에 대신할 수 있습니다. 이 경우 그 주택에 저당권 등 선순위담보권이 설정된 경우에는 선순위담보권에 의해 담보된 채권액도 함께 공제하고 청산금을 정하여야 합니다(가등기담보 등에 관한 법률 제4조 제1항).

참고로 「가등기담보 등에 관한 법률」의 귀속정산절차에서 통지상대방 및 그 통지의 흠결이 있는 경우 소유권취득여부에 관하여 판례를 보면, 가등기담보법에 따르면 가등기담보권자가 담보권실행을 위하여 담보목적부동산소유권을 취득하기 위해서는 그 채권의 변제기 후에 소정의 청산금평가액 또는 청산금이 없다고 하는 뜻을 채무자 등에게 통지하여야 하고, 이 경우의 채무자 등에는 채무자와 물상보증인뿐만 아니라 담보가등기 후 소유권을 취득한 제3취득자가 포함되는 것이므로, 그 통지는 이들 모두에게 해야 하는 것으로서 채무자 등의 전부 또는 일부에 대하여 그 통지를 하지 ... 가등기권리자가 이러한 청산절차를 거치면 위 무효인 본등기는 실체적 법률관계에 부합하는 유효한 등기가 될 수 있을 뿐이고, 가등기담보법 제13조, 제14조, 제15조에 의하면, 이러한 청산절차를 거치기 전에 강제경매 등의 신청이 행하여진 경우 담보가등기권자는 그 가등기에 기초한 본등기를 청구할 수 없고, 그 가등기가 부동산의 매각에 의하여 소멸하되 다른 채권자보다 자기 채권을 우선변제 받을 권리가 있을 뿐이라고 하였습니다(대법원 2010. 11. 9. 자 2010마1322 결정).

따라서 귀하는 「가등기담보 등에 관한 법률」에서 정한 청산절차를 거쳐 부동산의 소유권을 취득하거나, 법원에 목적부동산의 경매를 신청하여 선순위근저당권 다음으로 우선배당을 받는 방법으로 채권을 회수할 수 있을 것이고, 다른 채권자가 경매를 신청한 경우에는 가등기에 기초한 본등기는 청구하지 못하고, 그 경매절차의 매각대금에서 2순위로 우선배당을 받아야 할 것입니다.

(관련판례)

갑 소유의 부동산과 채무자인 을 소유의 부동산을 공동저당의 목적으로 하여 병 은행 앞으로 선순위근저당권이 설정된 후 갑 소유의 부동산에 관하여 정 앞으로 후순위근저당권이 설정되었는데, 갑 소유의 부동산에 관하여 먼저 경매절차가 진행되어 병 은행이 채권 전액을 회수하였고, 이에 정이 갑 소유의 부동산에 대한 후순위저당권자로서 물상보증인에게 이전된 근저당권으로부터 우선하여 변제를 받을 수 있다고 주장하며 병 은행 등을 상대로 근저당권설정등기의 이전을 구하자, 갑이 을에 대해 취득한 구상금 채권이 상계로 소멸하였다고 주장하며 을이 병 은행을 상대로 근저당권설정등기의 말소를 구하는 독립당사자 참가신청을 한 사안에서, 을의 말소등기청구는 등기의 이전을 구하는 정의 청구와 동일한 권리관계에 관하여 주장 자체로 양립되지 않는 관계에 있지 않으므로 민사소송법 제79조 제1항 전단에 따른 권리주장참가의 요건을 갖추지 못하였고, 정과 병 은행이 소송을 통하여 을의 권리를 침해할 의사가 있다고 객관적으로 인정하기도 어려우므로 민사소송법 제79조 제1항 후단에 따른 사해방지참가의 요건을 갖추었다고 볼 수도 없다는 이유로 을의 독립당사자 참가신청을 각하한 사례.(대법원 2017. 4. 26. 선고 2014다221777, 221784 판결)

[서식 예] 근저당권설정등기절차 이행청구의 소

소   장

원   고   ○○○ (주민등록번호)
　　　　　○○시 ○○구 ○○길 ○○(우편번호 ○○○-○○○)
　　　　　전화·휴대폰번호:
　　　　　팩스번호, 전자우편(e-mail)주소:
피   고   ◇◇◇ (주민등록번호)
　　　　　○○시 ○○구 ○○길 ○○(우편번호 ○○○-○○○)
　　　　　전화·휴대폰번호:
　　　　　팩스번호, 전자우편(e-mail)주소:

근저당권설정등기절차이행청구의 소

청 구 취 지

1. 피고는 원고에게 별지목록 기재 부동산에 관하여 20○○. ○. ○. 근저당권설정 계약에 의한 근저당권설정등기절차를 이행하라.
2. 소송비용은 피고의 부담으로 한다.
라는 판결을 구합니다.

청 구 원 인

1. 원고는 20○○. ○. ○. 피고에게 금 50,000,000원을 대여하면서 이자는 월 2%, 변제기는 2년 후인 20○○. ○. ○.로 약정하였으며 피고는 변제이행담보를 위해 피고 소유의 별지목록 기재 부동산에 대해 채권최고액을 금 65,000,000원으로 하는 근저당권을 설정하여 주기로 약정하였습니다.

2. 그러나 피고는 위와 같이 원고로부터 금 50,000,000원을 차용한 뒤 별다른 이유없이 근저당권설정등기절차의 이행을 회피하고 있으므로 원고는 20○○. ○. ○.자 근저당권 설정계약에 기한 위 금 65,000,000원을 채권최고액으로 한 근저당권 설정등기절차의 이행을 구하기 위해 이 사건 청구에 이른 것입니다.

입 증 방 법

1. 갑 제1호증	차용증서
1. 갑 제2호증	근저당권설정계약서
1. 갑 제3호증	부동산등기사항증명서
1. 갑 제4호증	토지대장등본

첨 부 서 류

1. 위 입증방법	각 1통
1. 소장부본	1통
1. 송달료납부서	1통

20○○. ○. ○.

위 원고   ○○○   (서명 또는 날인)

○○지방법원 ○○지원 귀중

3. 근저당권 변경등기

3-1. 근저당권 변경등기의 개념

근저당권 변경등기란 근저당권 등기와 실체관계 사이의 불일치가 등기 후에 발생했을 경우 그 변경 내용을 반영하기 위해 하는 등기를 말합니다.

3-2. 근저당권 변경등기의 원인

3-2-1. 채권최고액 변경

① 채권최고액을 증액하거나 감액하는 계약으로 인해 등기사항의 변동이 있는 경우 근저당권 변경등기를 합니다.
② 변경계약에 의한 근저당권 변경등기 신청이 이에 해당합니다.

3-2-2. 근저당권의 목적 변경

공유자의 지분을 목적으로 하는 근저당권 설정등기를 한 후 공유물 분할에 따라 근저당권 설정자의 단독 소유로 된 부동산 전부에 관해 그 근저당권의 효력을 미치게 하기 위해서는 근저당권 변경등기를 해야 합니다.

3-2-3. 채무자 변경

① 채권자 및 신·구채무자 사이의 3면 계약으로 채무자의 지위를 교환적으로 승계하거나 추가적으로 가입하는 경우 '채무자 변경계약'을 등기원인으로 근저당권의 채무자변경등기를 신청할 수 있습니다.
② 계약인수에 의한 근저당권 변경등기 신청이 이에 해당합니다.

3-2-4. 채권의 확정 후 채무자 변경 또는 채무자 추가

① 확정채권의 면책적 채무인수에 의한 채무자 변경
 - 근저당권의 피담보채권이 확정된 후 제3자가 피담보채무를 면책적으로 인수한 경우 채무자변경의 근저당권변경등기 신청을 합니다.
 - 면책적 채무인수는 제삼자가 채무자와의 계약으로 채무를 인수하는 것을 말합니

다(민법 제454조제1항).

- 면책적 채무인수는 채권자의 승낙에 의해 그 효력이 생깁니다(민법 제454조제1항).

② 확정채권의 중첩적 채무인수에 의한 채무자 추가

　중첩적 채무인수는 채무자의 채무를 면제시키지 않고 제3자(인수인)가 채무관계에 가입해 채무자가 되어 종래의 채무자와 더불어 새로이 동일 내용의 채무를 부담하는 것을 말합니다. 중첩적 채무인수는 채무자의 승낙을 필요로 하지 않습니다.

③ 신청서 기재례

- 등기원인의 기재예시 : 2010년 8월 18일 확정채무의 면책(중첩)적 인수

- 변경할 사항의 기재 예시

1) 채무자 "김철수(주소)"에서 "이기자(주소)"로 변경

2) 채무자 "이기자(주소)"를 추가함(중첩적 인수)

④ 중첩적 채무인수에 의한 근저당권 변경등기의 유효성

- 채무자를 연대채무자로 변경(추가)하는 중첩적 채무인수를 원인으로 한 근저당권 변경계약에서 그 원인을 '중첩적 채무인수'가 아닌 '변경계약'으로 등기했어도 그 변경등기의 효력에는 차이가 없으므로, 두 가지 경우 모두 유효한 등기입니다.

- 근저당권의 피담보채권이 확정되기 전에 기본계약상의 채무자의 지위를 중첩적으로 인수해 근저당권 변경등기가 설정되었다면 종전 채무자의 기존 채무뿐만 아니라, 신채무자와 거래함으로써 발생한 채무까지도 위 근저당권에 의해 담보됩니다.

⑤ 확정채권의 면책(중첩)적 채무인수에 의한 근저당권 변경등기의 개념

- 확정채권의 면책적 채무인수에 의한 근저당권 변경등기는 근저당권의 피담보채권이 확정된 후 제3자가 피담보채무를 면책적으로 인수한 경우에 하는 채무자변경의 근저당권 변경등기 신청입니다.

- 확정채권의 중첩적 채무인수에 의한 근저당권 변경등기는 근저당권의 피담보채권이 확정된 후 제3자가 채무자가 되어 종래의 채무자와 더불어 채무를 부담하는 경우에 하는 채무자변경의 근저당권 변경등기 신청입니다.</p>

(등기선례)

■공동담보의 목적인 수 개의 부동산 중 일부만에 대하여 채무자변경으로 인한 근저당권변경등기가 가능한지 여부

【선례요지】 공동저당은 수 개의 부동산 위에 동일한 채권을 담보하기 위한 저당권을 설정한 경우에 성립하게 되는데, 동일한 채권을 담보한다는 의미는 채권자와 채무자, 채권의 발생원인, 채권액 등이 동일한 것을 의미하고, 또한 공동저당을 이루는 각 부동산에 대한 복수의 저당권은 그 불가분성에 의하여 서로 연대관계를 형성하고 있기 때문에, 공동저당권이 설정된 후에 그 담보 부동산의 일부를 취득한 제3자가 그 취득한 일부 부동산에 대한 피담보채무만을 인수하고 그 채무인수를 원인으로 하여 채무자를 변경하기 위한 저당권변경등기는 공동저당관계가 존속되는한 이를 할 수 없다.(1998. 6. 8. 등기 3402-496 질의회답, 선례요지집Ⅴ 450)
『유사선례』1. 2000. 6. 7. 등기 3402-394 질의회답

《해 설》

1. 채권자가 동일한 채권의 담보로서 수 개의 부동산 위에 저당권을 가지는 경우를 공동저당이라고 하고, 이에 대하여는 민법 제368조가 적용된다.

   각 부동산마다 한 개씩의 저당권이 설정되어 다수의 저당권이 존재하지만, 피담보채권은 하나로서 이들 저당권에 공통된다는 점에 특색이 있다. 공동저당이 발생하는 근거는 '채권자와 채무자 사이에 다수의 담보를 제공할 것을 약정함'에 있다. 하나의 부동산이 채권액을 충분히 담보할 만한 가치를 지니지 못한 경우에 다수의 담보를 제공하거나, 또는 소비대차 당시에는 하나의 담보물을 제공했으나 그 담보물의 멸실·훼손·시가변동 등의 사유로 가치가 하락하여 추가담보를 제공하는 경우에 공동저당이 생기게 된다.

   그런데 근저당권에 있어서도 피담보채권의 발생원인인 기본계약이 동일하면, 동일한 채권에 해당하기 때문에 마찬가지로 민법 제368조가 적용된다. 대개 근저당권은 보통저당권에 비하여 부종성과 특정성이 완화되어 있는 것에 불과할 뿐 저당권임에는 차이가 없으며, 그것이 수 개의 부동산 위에 존재하는 경우에는 불가분의 원칙을 존중하면서도 또한 부동산의 소유자를 보호할 필요는 보통저당권의 경우와 다르지 않기 때문이다.

2. 공동저당의 법적 성질 저당권을 설정하기 위해서는 피담보채권이 존재하고 저당물에 대하여 저당권설정계약을 체결하고 저당권설정등기를 하여야 한다. 공동저당도 저당권이므로 이와 같은 저당권의 성립요건을 갖추어야 성립될 수 있음은 물론이다. 공동저당이 보통저당권과 다른 점은 수 개의 저당물이 동일채권을 담보한다는 점이다.

   (1) 저당권의 복수성 동일채권을 담보하기 위하여 수 개의 저당목적물에 저당권을 설정하면 각 저당목적물마다 1개씩의 저당권이 성립하고 공동저당으로 된다. 즉 공동저당은 수 개의 저당권이 동일채권을 담보하는 관계이다. 공동저당을 1개의 저당권으로 구성하는 입법례도 있지만, 그러한 특별규정을 두고 있지 않은 우리 민법하에서는 일물일권주의 원칙에 따라 각 저당목적물에 대하여 1개씩의 저당권이 성립하고, 공동저당은 복수의 저당권이 피담보채권의 동일성으로 인하여 공동부종성에 의하여 결속되어

있는 것이라고 이해되고 있다.

(2) 각 저당권의 독립성 공동저당을 이루는 복수의 저당권은 각각 독립된 저당권으로서의 성질을 가진다. 즉 각별로 저당권 성립요건을 갖추어야 하고 성립의 시기나 저당권의 순위를 달리할 수 있다. 또 어느 저당권에 관하여 생긴 설정계약의 하자나 목적물의 멸실 또는 저당권의 포기 등의 사유는 원칙적으로 공동저당관계에 있는 다른 저당권에 영향을 미치지 않는다. 그리고 각 저당권은 피담보채권으로 등기된 전부를 독자적으로 담보하며, 그 담보범위는 공동저당을 이루는 저당권의 수가 늘거나 공동저당물의 일부가 멸실되더라도 달라지지 않는다. 또한 공동저당관계에 있는 저당권도 각각 불가분성과 물상 대위성을 가진다.

(3) 복수저당권의 공동부종성 공동저당을 이루는 복수의 저당권은 피담보채권을 공통으로 하고 있기 때문에 부종성과 수반성의 적용에 있어서는 공동운명의 관계에 있다. 즉 저당권설정계약에 하자가 있으면 그 계약에 의하여 설정된 저당권만 문제되지만, 피담보채권의 발생원인에 하자가 있으면 이를담보하는 공동저당(복수의 저당권) 전부가 동일한 영향을 받는다. 피담보채권이 전부 변제되면 복수의 저당권 모두가 함께 소멸되고, 피담보채권이 양도되거나 入質되면 그를 담보하는 複數의 저당권이 함께 수반된다. 특히 피담보채권의 일부만 양도되거나 변제된 경우에도 공동저당관계에 있는 복수의 저당권 전부가 동일한 영향을 받게 되고 공동저당관계를 깨뜨리지 않는 한, 어느 특정 저당권만을 수반되게 하거나 소멸되게 할 수 없다.

(4) 공동저당의 연대성 공동저당을 이루는 복수의 저당권은 각각 피담보채권의 전부를 담보하고, 피담보채권의 각 부분은 복수의 저당권 전부에 의하여 담보되며, 공동저당권자는 복수의 저당권을 동시에 실행하거나 일부만을 골라서 실행할 수 있고, 일부만을 실행하는 경우에도 피담보채권의 전액을 우선변제받을 수 있으나, 공동저당권자가 복수의 저당권을 통하여 우선변제받을 수 있는 한도는 피담보채권의 한도에 그치고 이중으로 변제받을 수는 없다.

(5) 피담보채권의 동일성 공동저당이 성립하기 위해서는 수 개의 저당물이 담보하는 채권이 동일하여야 한다. 피담보채권의 동일성은 수 개의 저당물상에 성립하는 수 개의 저당권을 공동부종성에 의하여 공동저당으로 결속시키는 요인으로서 공동저당 성립의 본질적 요소이다. 공동저당의 피담보채권으로 될 수 있는 채권의 범위에 제한이 있는 것은 아니므로, 일반 저당권이나 근저당권의 피담보채권으로 될 수 있는 채권이면 모두 공동(근)저당의 피담보채권으로 될 수 있다.

피담보채권이 동일하기 위해서는 채권자, 채무자, 채권발생의 원인과 담보범위가 수 개의 저당물에 대하여 동일하여야 한다. 채권자와 채무자가 동일한 지의 여부는 법인격의 동일성에 의하여 판별하므로, 법인의 대표자나 취급지점의 이동이나 상호의 변경은 법인의 동일성에 영향을 주지 아니한다. 채권자 또는 채무자는 단일하여야 하는 것은 아니고, 수인이거나 단체 또는 법인이라도 좋지만 각 저당물상 동일하지 않으면 안된다. 따라서 동일한 급부를 목적으로 하는 연대채무에 있어서도 연대채무자 갑의 채무를 담보하는 저당권과 연대채무자 을의 채무를 담보하는 저당권은 공동저당으로 되지 아니하고, 수개의 저당물이 연대채무자 갑·을의 채무 전부를 담보하는 경우에만 공동저당이 성립한다.

3. 등기실무의 유의사항 공동저당은 위와 같은 법률적 성질이 있으므로 공동(근)저당권에 관한 등기에 있어서는 다음과 같은 점을 유의하여야 할 것이다.

(1) 설정에 있어 (근)저당권자, 채무자, 채권최고액의 동일 공동저당은 수 개의 저당물을 목적으로 한다. 그런데 우리 부동산등기법은 물적편성주의 및 1부동산 1등기용지주의(법 제15조 제1항)를 채택하고 있기 때문에, 공동저당에 관한 등기를 하여야 할 등기용지는 원칙적으로 공동저당물의 수만큼 존재하게 된다. 그러나 공동저당은 동일채권을 담보하는 것으로 공동저당관계에 있는 각 저당권의 내용은 동일하여야 하므로, 각 저당권설정등기마다 그 내용이나 방법을 달리할 수 없다.

그러므로 (근)저당권을 공시함에 있어서는 그 피담보채권이 어떠한 채권인 지 알 수 있도록 피담보채권의 동일성을 특정할 수 있는 사항을 등기하지 않으면 안된다. 채권의 동일성을 식별하기 위하여는 (근)저당권자, 채무자 및 「채권액」또는「채권의 최고액」(법 제140조 제1항, 제2항)이 동일하여야 한다. 절차적으로는 수 개의 저당권이 공동저당관계에 있음을 공시할 필요가 있으므로 공동저당에 있어서는 공동저당관계에 있는 각 저당권의 설정등기마다 「다른 부동산에 관한 권리와 함께 담보의 목적인 뜻」을 등기하도록 하였다(법 제149조, 제150조, 제152조). 특히 추가(근)저당권설정등기에 있어서 기존 (근)저당권과 위 사항의 동일 여부를 확인하는 것이 중요하므로, 1개 또는 수 개의 부동산에 관한 권리를 목적으로 하는 저당권의 설정등기를 한 후 동일한 채권에 대하여 다른 1개 또는 수 개의 부동산에 관한 권리를 목적으로하는 저당권설정의 등기를 신청하는 경우에는 신청서에 종전의 등기를 표시함에 족한 사항을 기재하여야 한다(법 제147조).

(2) 공동근저당권의 변경·처분·확정 위와 같은 논리에 따라 공동근저당권의 변경·처분·확정은 모든 부동산에 대하여 동일하지 않으면 안된다. 따라서 수 개의 공동근저당권 중 그 일부만을 이전하거나 그 일부만의 채무자 또는 채권최고액을 변경하는 것은 불가능하다. 다만 공동근저당의 일부만의 이전등기가 이미 경료된 경우 나머지 공동근저당권의 이전등기가 같은 양수인 명의로 신청된 때에는 등기관은 그 등기신청을 수리할 수밖에 없을 것이다(1999. 2. 10. 등기 3402-149 질의회답).

(3) 기타 또한 공동근저당권이 설정된 후에는 비록 등기상 이해관계인이 없다고 하더라도 위 공동근저당권의 채권최고액을 각 부동산별로 분할하여 각 별개의 근저당권등기가 되도록 하는 내용의 근저당권변경등기는 할 수 없다(2000. 6. 7. 등기 3402-394 질의회답).

일본의 경우에는 부동산등기법 제119조의6이 근저당권을 갑 근저당권 및 을 근저당권으로 분할하여 을 근저당권을 양도하는 것을 인정하고 있다. 그러나 이것은 하나의 근저당권을 둘로 분할한 후에 그 중 하나를 양도하는 것을 인정하는 것이지, 수 개의 부동산에 대한 공동근저당권의 채권최고액을 각 부동산별로 분할하여 각 별개의 근저당권등기가 되도록 하는 내용의 근저당권변경등기를 인정하는 것과는 거리가 멀다. 우리나라의 현행 법제에서도 공동근저당권의 채권최고액을 각 부동산별로 분할하여 각 별개의 근저당권으로 하는 근저당권변경제도가 없으므로 결국 위 선례와 같은 결론에 이르게 된 것이다.

3. 본 선례는 갑 소유의 부동산 4필지(A, B, C, D)를 공동담보의 목적으로 하는 을 명의의 근저당권설정등기를 경료한 후 그 중 A, B 2필지를 병에게 소유권이전등기를 한 경우 A, B 2필지에 대하여 병의 확정채무의 면책적인수를 등기원인으로 한 근저당권변경등기를 할 수 있는지 여부에 대한 회신인바, 위에서 본 바와 같이 공동담보의 일부만의 채무자변경등기는 공동담보의 성질상 이를 할 수 없기 때문에 소극적으로 회신한 것이다.

3-3. 근저당권 변경등기의 신청인

3-3-1. 근저당권 변경등기 시 등기권리자와 등기의무자

① 채권최고액 증액 및 목적 지분을 늘리는 경우
- 등기의무자: 근저당권 설정자(소유권자, 지상권자, 전세권자)
- 등기권리자: 근저당권자(채권자)

② 채권최고액 감액 및 목적 지분을 줄이는 경우
- 등기의무자: 근저당권자(채권자)
- 등기권리자: 근저당권 설정자(소유권자, 지상권자, 전세권자)

③ 채무자 변경의 경우
- 등기의무자: 근저당권 설정자(소유권자, 지상권자, 전세권자) 또는 제3취득자
- 등기권리자: 근저당권자(채권자)

3-3-2. 등기신청방법

① 신청인 또는 그 대리인이 등기소에 출석해 신청정보 및 첨부정보를 적은 서면을 제출하는 방법(부동산등기법 제24조제1항제1호 본문). 다만, 대리인이 변호사(법무법인·법무법인(유한) 및 법무조합 포함)나 법무사(법무사법인 및 법무사법인(유한) 포함)인 경우에는 대법원규칙으로 정하는 사무원을 등기소에 출석하게 해 서면을 제출할 수 있습니다(부동산등기법 제24조제1항제1호 단서).

② 전산정보처리조직을 이용해 신청정보 및 첨부정보를 보내는 방법(법원행정처장이 지정하는 등기유형으로 한정)[부동산등기법 제24조제1항제2호]

3-4. 근저당권 이전등기와의 구분

① 근저당권 이전등기는 근저당권자가 상속이나 합병, 계약 등으로 근저당권 등기상

의 권리를 제3자에게 이전하는 등기를 말합니다.

② 신청인(공동 신청)

- 등기의무자: 근저당권자
- 등기권리자: 근저당권 이전을 받을 자

[서식 예] 근저당권 이전등기 신청서

근저당권이전등기신청				
접 수	년 월 일	처 리 인	등기관 확인	각종 통지
	제 호			

① 부동산의 표시

서울특별시 서초구 서초동 100
[도로명주소] 서울특별시 서초구 서초대로 88길 10
시멘트 벽돌조 슬래브지붕 2층 주택
    1층 100㎡
    2층 100㎡
 	
                이   상

② 등기원인과 그 연월일	2013년 5월 1일 확정채권양도
③ 등 기 의 목 적	근저당권이전
④ 이전할 근저당권	2008년 10월 6일 접수 제38271호 순위 제1번으로 등기한 근저당권 설정등기. 단, 근저당권은 채권과 함께 이전함.

구분	성 명 (상호·명칭)	주민등록번호 (등기용등록번호)	주 소 (소재지)	지 분 (개인별)
⑤ 등기 의무자	이 대 백	XXXXXX-XXXXXXX	서울특별시 서초구 서초 대로 88길 20 (서초동)	
⑥ 등기 권리자	김 갑 동	XXXXXX-XXXXXXX	서울특별시 중구 다동길 96 (다동)	

⑦ 등 록 면 허 세	금	ㅇㅇㅇ,ㅇㅇㅇ	원
⑦ 지 방 교 육 세	금	ㅇㅇㅇ,ㅇㅇㅇ	원
⑦ 농 어 촌 특 별 세	금	ㅇㅇㅇ,ㅇㅇㅇ	원
⑧ 세 액 합 계	금	ㅇㅇㅇ,ㅇㅇㅇ	원
⑨ 등 기 신 청 수 수 료	금	15,000	원
	납부번호 : ㅇㅇ-ㅇㅇ-ㅇㅇㅇㅇㅇㅇㅇㅇ-ㅇ		
	일괄납부 : 건		원
⑩ 국민주택채권매입금액	금	ㅇㅇㅇ,ㅇㅇㅇ	원
⑪ 국민주택채권발행번호	ㅇ ㅇ ㅇ		

⑫ 등기의무자의 등기필정보		
부동산고유번호	1102-2006-002095	
성명(명칭)	일련번호	비밀번호
이대백	Q77C-LO71-35J5	40-4636

⑬ 첨 부 서 면	
·채권양도계약서　　　　　　1통	〈기 타〉
·등록면허세영수필확인서　　1통	
·등기신청수수료 영수필확인서　1통	
·등기필증　　　　　　　　　1통	
·주민등록표등(초)본　　　　1통	

2013년　　5월　　1일

⑭ 위 신청인　　　이　　대　　백　⑩　(전화 : 200-7766)
　　　　　　　　　긴　　갑　　동　⑩　(전화 : 300-7766)

(또는)위 대리인　　　　　　　　　　(전화 :　　　　)

서울중앙 지방법원　　　　　　　등기국 귀중

- 신청서 작성요령 -
1. 부동산표시란에 2개 이상의 부동산을 기재하는 경우에는 부동산의 일련번호를 기재하여야 합니다.
2. 신청인란등 해당란에 기재할 여백이 없을 경우에는 별지를 이용합니다.

(등기선례)

■ 대위변제증서상의 변제금액보다 적은 금액을 변제액으로 하는 근저당권일부이전등기를 신청할 있는지 여부

【선례요지】 확정채권의 일부 대위변제로 인한 근저당권일부이전등기신청서의 등기할 변제액이 대위변제증서상의 금액보다 적더라도 당사자 사이에 별도의 약정이 있다면 이에 따른 근저당권일부이전등기를 신청할 수 있을 것이다.〔2000. 10. 18. 등기 3402-731 질의회답〕

《해 설》

1. 채무자 이외의 자가 채무자를 위하여 변제한 때에는 그 자(변제자)는 원칙으로 채무자에 대하여 구상권을 취득하는바, 그 구상권의 효력을 확보하기 위하여 그 구상권의 범위 내에서 채권자가 그 채권에 관하여 갖는 담보권 기타의 권리가 변제자에게 당연히 이전하는 제도를 변제자의 대위 또는 대위변제라고 한다. 저당권의 피담보채권의 전부 또는 일부에 관하여 제3자가 변제한 경우에도 당해 제3자는 채권자에 대위하여 채권자가 가지는 채권 내지 저당권을 행사할 수 있다(민법 제482조). 즉 대위변제의 목적인 채권액에 따라 저당권의 전부 또는 일부가 대위자에게 이전되는 것이다.

따라서 일부이전의 경우에는 대위자와 저당권자는 당해 저당권을 준공유하게 된다. 판례(대법원 1988. 9. 27. 선고 88다카1797 판결)는 채권자가 부동산에 관하여 저당권을 가지고 있는 경우에는 채권자는 대위변제자에게 일부 대위변제에 따른 저당권의 일부 이전의 부기등기를 경료해 주어야 한다고 판시하고 있으며, 부동산등기법에서도 채권의 일부의 양도 또는 대위변제로 인한 저당권의 이전등기를 신청할 수 있음을 규정하고 있다(법 제148조).

이때 근저당권에 의해 담보되는 채권의 대위변제로 인한 근저당권이전등기를 하기 위하여는 그 피담보채권이 확정되어져야 한다. 근저당권의 피담보채권은 장래 증감변동하는 것을 그 본질로 하는 것이므로, 피담보채권의 일부 대위변제가 있어 피담보채권이 일시 감소하게 되더라도 피담보채권이 확정되지 않는 한 근저당권의 이전은 할 수 없다. 즉 근저당권이 저당권으로 확정되어야만 대위변제로 인한 근저당권이전등기가 가능하다.

그렇다면 대위변제로 인한 저당권의 일부 이전의 등기에 있어, 변제자는 자신의 의사에 의해 차후 변제받을 금액을 임의로 정하여 등기할 수 있는가가 문제로 된다.

2. 확정채권의 일부대위변제에 의한 근저당권이전등기

(1) 변제할 정당한 이익이 있는 자가 채무자를 위하여 채권의 일부를 대위변제할 경우에 대위변제자는 변제한 가액의 범위 내에서 종래의 채권자가 가지고 있던 채권 및 담보에 관한 권리를 취득하게 되고, 따라서 채권자가 부동산에 대하여 저당권을 가지고 있는 경우에는 채권자는 대위변제자에게 일부 대위 변제자에게 일부 대위변제에 따른 저당권의 일부이전의 부기등기를 해 주어야 하므로(대법원 1996. 12. 6. 선고 96다35774 판결), 근저당권의 경우에도 피담보채권이 확정되어 확정채권의 일부를 대위변제 하였다면 대위변제로 채권자가 가지고 있었던 채권 및 근저당권은 동일성을 유지한 채 당연히 변제자에게 이전되고 채권자는 근저당권이전등기를 해주어야 할 의무를 진다.

(2) 근저당권이전등기 근저당권의 피담보채권이 확정된 후에 그 피담보채권이 대위변제된 경우에는 근저당권자 및 대위변제자는 채권양도에 의한 저당권이전등기에 준하여 근저

당권이전등기를 할 수 있고, 이 경우 등기원인은 "확정채권 대위변제" 또는 "확정채권 일부대위변제"로 기재한다(등기예규제880호. 2. 나. 참고). 저당권의 이전등기는 신청서에 저당권이 채권과 같이 이전한다는 뜻을 기재하고, 채권의 일부 대위변제로 인한 경우에는 대위변제의 목적인 채권액을 기재하도록 하고 있다(법 제142조, 제148조).

(3) 대위권 불행사 및 포기 대위에 관한 규정은 임의규정으로 보고 있으므로, 대위권 행사 여부는 당사자간의 특약 및 의사에 의하여 결정할 사항으로 일부 대위권 행사 또한 그에 따를 것으로 생각된다. 은행이나 신용보증기금 등의 경우 보증인으로부터 일부 대위변제를 받는 때에는 은행 등이 우선권을 확보하기 위하여 보증인과의 사이에 「대위권 불행사 특약」을 체결하는 것이 실무상 관행이라고 하며, 위 특약은 우선권을 확보하기 위한 합리적인 이유가 있으므로 유효하다 보고 있다.

3. 변제증서의 변제금액과 다른 금액으로의 근저당권이전

(1) 변제금액보다 초과한 금액으로 약정한 경우 확정채권의 대위변제로 이전된 채권의 범위 내에서 구상권을 행사하여야 할 것이므로, 확정채권의 일부 대위변제를 원인으로 한 근저당권이전등기는 불가하다 할 것이다.

(2) 변제금액 중 일부 금액으로 약정한 경우 본 사안에 대한 질의의 취지는 확정채권의 일부 대위변제를 원인으로 하는 근저당권의 이전에 있어 계약당사자간의 합의에 의해 대위변제증서의 금액과 다른 금액으로 등기신청을 할 수 있는지 여부에 대한 것이었는바, 확정채권의 대위변제에 의하여 채권이 법률상 당연히 이전되지만 반드시 변제증서의 금액과 같은 금액으로 근저당권이전등기를 하도록 하는 것은 다음과 같은 문제점이 있어 불합리하다고 판단되므로 본 선례와 같이 회신한 것이다.

즉, ①근저당권이전등기는 변제자의 구상권 행사를 위한 등기로서 대위에 관한 규정이 임의규정이라는 점에서 구상권 범위 내에서는 자유로이 그 범위를 정할 수 있도록 하는 것이 합리적이라는 점(대위권 불행사 및 포기 가능), ②대위변제자는 채권자에 우선하지 못하므로, 장래에 부동산에 대한 담보가치가 채권 전체에 대한 변제를 하기에 부족할 것으로 예견되는 경우 반드시 대위변제 금액에 의하여 이전등기를 하도록 한다면 불필요한 비용의 부담이 발생한다는 점(실제 변제받지 못하는 부분이 많아 현실적으로 변제받을 수 있는 일부 금액만으로 이전하는 것이 실제상의 사정이라고 함), ③확정채권의 대위변제를 하였다하여 반드시 변제액을 등기하도록 하는 것은 당사자의 의사를 강제하는 결과가 발생한다는 점, ④거래의 실제에 있어 변제증서에 반드시 담보 목적부동산의 표시를 하는 것이 아니기 때문에 변제증서에 기재된 금액이 어떤 저당권에 의하여 담보되는 채권인지가 불명확할 뿐 아니라, 변제증서의 금액이 특정 담보물권을 대상으로 하는 것이 아니고 전체 채권 중 일부에 대하여 변제하는 것일 수도 있으므로 변제증서만 보아서는 어느 담보물권에 대한 변제인지 여부를 확인할 수 없다는 점 등이다.

위와 같은 이유 때문에 대위변제금액의 일부만 이전하는 경우의 등기필증은 신청서부본에 의하거나 또는 변제증서와 일부이전 계약서를 합철하여 작성 교부 할 수 있을 것이다(법 제67조 제1항).

3-5. 근저당권 변경등기 신청 시 제출서류

3-5-1. 시·군·구청을 통해 준비해야 하는 서류

① 신청인의 주소 등을 증명하는 서면

  - 등기권리자의 주민등록등(초)본 또는 주민등록증 사본 및 등기의무자의 인감증명서

  - 법인등기사항전부증명서 또는 법인등기사항일부증명서(법인일 경우)

② 등록면허세납부고지서(지방교육세 포함)

  ㉠ 등록면허세란 재산권과 그 밖의 권리의 설정·변경 또는 소멸에 관한 사항을 공부에 등기하거나 등록할 때 납부하는 세금을 말합니다(지방세법 제23조제1호).

  ㉡ 채권최고액을 증액하는 경우

   - 채권최고액의 증액으로 근저당 변경등기를 신청하는 경우 증액된 금액 × 1,000분의 2만큼의 등록면허세를 납부해야 합니다.

  ㉢ 채무자 및 근저당권의 목적지분을 변경하는 경우

   - 채무자 및 근저당권의 목적 지분을 변경하기 위해 근저당 변경등기를 신청하는 경우 등기대상 1건 당 6,000원의 등록면허세를 납부하면 됩니다(지방세법 제28조제1항제1호마목).

  ㉣ 지방교육세란 지방교육의 질적 향상에 필요한 지방교육재정의 확충에 소요되는 재원을 확보하기 위해 「지방세법」에 따른 등록면허세의 납부의무자에게 함께 부과되는 세금을 말합니다(지방세법 제149조 및 제150조제1호).

   - 지방교육세: 등록면허세액 × 20/100(지방세법 제151조제1항제2호)

③ 등록면허세를 납부하는 경우에는 농어촌특별세(조세특례제한법·관세법·지방세법 및 지방세특례제한법에 따라 감면받은 경우 제외)를 내지 않아도 됩니다.

④ 시, 군, 구청 세무과를 방문해 등록면허세납부고지서를 발부받고 세금을 은행에서 납부하면 됩니다.

3-5-2. 은행을 통해 준비해야 할 서류

① 등록면허세영수필확인서

  시·군·구청 세무과에서 등록면허세납부고지서를 발부받아온 후 은행에서 등록면허세 및 지방교육세를 지불하면 등록면허세영수필확인서를 받을 수 있습니다.

② 국민주택채권의 매입

　국민주택채권이란 정부가 국민주택사업에 필요한 자금을 조달하기 위해 주택도시
기금의 부담으로 발행한 채권을 말합니다(주택도시기금법 제7조제1항).

㉮ 채권최고액을 증액하는 경우(증가)

- 채권최고액의 증액으로 근저당 변경등기를 신청하는 경우 증액된 금액이 2,000만
　원 이상인 경우에만 매입을 하면 됩니다.

㉯ 채무자 및 근저당권의 목적지분을 변경하는 경우

- 채권최고액의 변경이 없으므로 매입하지 않아도 됩니다.

㉰ 국민주택채권의 매입기준은 다음과 같습니다(주택도시기금법 시행령 제8조제2항
　및 별표).

등기종류	매입기준액	매입률
저당권 변경등기	증액된 채권최고액 2천만원 이상	증액된 채권최고액 × 10/1,000 (단, 매입금액이 10억원을 초과하는 경우 10억 원으로 한다.)

㉱ 국민주택채권의 최저매입금액은 1만원으로 합니다. 다만, 1만원 미만의 단수가
　있을 경우에 그 단수가 5천원 이상 1만원 미만인 때에는 이를 1만원으로 하고,
　그 단수가 5천원 미만인 때에는 단수가 없는 것으로 합니다(주택도시기금법 시
　행령 별표 제4호).

㉲ 국민주택채권의 매입 후 매입자가 즉시매도를 원할 경우 은행(우리은행, 농협,
　하나은행, 중소기업은행, 신한은행)은 일정할인료(매일 변경, 은행에 확인해야
　함)만 내도록 하고 채권발행번호가 기재된 영수증을 발급해 주고 있습니다.

③ 대법원등기 수입증지의 구입(등기수수료)

㉮ 등기를 하려는 사람은 수수료를 내야 합니다(부동산등기법 제22조제3항).

㉯ 대법원등기 수입증지를 은행이나 등기소에서 매입을 하여 이를 신청서에 붙이면
　등기신청 수수료를 낸 것이 됩니다.

㉰ 대법원등기 수입증지는 등기소나 등기소 주변의 은행(농협, 우체국, 신한은행
　등)에서 구입하실 수 있습니다.

3-5-3. 근저당권변경 관련 서류

① 근저당권변경 계약서

등기원인을 증명하는 서면을 첨부합니다.

② 위임장(해당자에 한함)

근저당권 변경등기는 등기의무자와 등기권리자가 공동으로 신청하거나 등기의무자 또는 등기권리자가 상대방으로부터 위임장을 받아 혼자 등기소를 방문해서 신청할 수 있습니다.

③ 등기필정보 또는 등기필정보통지서

매도인인 등기의무자가 등기권리자로서 소유권에 관한 등기를 한 후 등기소로부터 받아서 가지고 있던 등기필정보를 등기소에 제공해야 합니다(부동산등기법 제50조 제2항).

④ 등기필정보의 제공방법

- 방문신청의 경우 : 등기필정보를 적은 서면(등기필정보통지서)를 교부하는 방법. 다만, 신청인이 등기신청서와 함께 등기필정보통지서 송부용 우편봉투를 제출한 경우에는 등기필정보통지서를 우편으로 송부합니다(부동산등기규칙 제107조제1항제1호).
- 전자신청의 경우 : 전산정보처리조직을 이용하여 송신하는 방법(부동산등기규칙 제107조제1항제2호)

3-6. 근저당권 변경등기 신청서 작성

3-6-1. 신청서 및 첨부서류의 순서

신청서, 등록면허세영수필확인서, 등기 수입증지, 위임장, 인감증명서, 근저당권변경계약서 등의 순으로 준비합니다.

3-6-2. 신청서 양식

[서식 예] 계약인수에 의한 근저당권 변경등기 신청서

근저당권변경등기신청				
접 수	년 월 일	처 리 인	등기관 확인	각종 통지
	제 호			

부동산의 표시

1. 서울특별시 서초구 서초동 100
    대 300㎡
2. 서울특별시 서초구 서초동 100
    [도로명주소] 서울특별시 서초구 서초대로 88길 10
    시멘트 벽돌조 슬래브지붕 2층주택
    1층 100㎡
    2층 100㎡
                    이   상

등기원인과 그 연월일	2014년 1월 2일 계약인수
등 기 의 목 적	근저당권변경
변 경 할 사 항	2008년 3월 2일 접수 제1128호로 경료한 등기사항 중 구채무자 "이대백, 서울특별시 서초구 서초대로 88길 20 (서초동)"을 신채무자 "홍길동, 서울특별시 용산구 독서당로 150 (한남동)"으로 변경

구분	성 명 (상호·명칭)	주민등록번호 (등기용등록번호)	주 소 (소 재 지)
등기 의무자	이 대 백	XXXXXX-XXXXXXX	서울특별시 서초구 서초대로 88길 20 (서초동)
등기 권리자	김 갑 동	XXXXXX-XXXXXXX	서울특별시 중구 다동길 96 (다동)

등 록 면 허 세	금		12,000	원
지 방 교 육 세	금		2,400	원
세 액 합 계	금		14,400	원
등 기 신 청 수 수 료	금		6,000	원
	납부번호 : ○○-○○-○○○○○○○○-○			
	일괄납부 : 　　　건　　　　　　　　원			

등기의무자의 등기필정보		
부동산고유번호	1102-2006-002095	
성명(명칭)	일련번호	비밀번호
이대백	Q77C-LO71-35J5	40-4636

첨 부 서 면			
·변경계약서	1통	·인감증명서 또는 본인서명사실 확인서	1통
·등록면허세영수필확인서	1통	·등기필증	1통
·등기신청수수료 영수필확인서	1통	〈기 타〉	

2014년 1월 2일

위 신청인　　　이　　대　　백　⑪　(전화 : 200-7766)
　　　　　　　　긴　　갑　　동　⑪　(전화 : 234-1245)

(또는)위 대리인　　　　　　　　　　　(전화 :　　　)

서울중앙 지방법원　　　　　　　　등기국 귀중

- 신청서 작성요령 -
1. 부동산표시란에 2개 이상의 부동산을 기재하는 경우에는 부동산의 일련번호를 기재하여
　야 합니다.
2. 신청인란 등 해당란에 기재할 여백이 없을 경우에는 별지를 이용합니다.
3. 담당 등기관이 판단하여 위의 첨부서면 외에 추가적인 서면을 요구할 수 있습니다.

[서식 예] 계약인수에 의한 근저당권 변경등기 신청서(구분건물)

<table>
<tr><td colspan="2" rowspan="2"></td><td colspan="4" style="text-align:center">근저당권변경등기신청</td></tr>
<tr></tr>
<tr><td rowspan="2">접
수</td><td>년 월 일</td><td rowspan="2">처
리
인</td><td>등기관 확인</td><td>각종 통지</td></tr>
<tr><td>제   호</td><td></td><td></td></tr>
</table>

<table>
<tr><td colspan="4" style="text-align:center">부동산의 표시</td></tr>
<tr><td colspan="4">
1동의 건물의 표시
    서울특별시 서초구 서초동 100
    서울특별시 서초구 서초동 101 샛별아파트 가동
    [도로명주소] 서울특별시 서초구 서초대로 88길 10
전유부분의 건물의 표시
    건물의 번호 1-101
    구   조 철근콘크리트조
    면   적 1층 101호 86.03㎡
대지권의 표시
    토지의 표시
    1. 서울특별시 서초구 서초동 100   대 1,400㎡
    2. 서울특별시 서초구 서초동 101   대 1,600㎡
    대지권의 종류 소유권
    대지권의 비율 1,2 : 3,000분의 500
이   상
</td></tr>
<tr><td>등기원인과 그 연월일</td><td colspan="3">2014년 1월 2일 계약인수</td></tr>
<tr><td>등 기 의 목 적</td><td colspan="3">근저당권변경</td></tr>
<tr><td>변 경 할 사 항</td><td colspan="3">2008년 3월 2일 접수 제1128호로 경료한 등기사항 중 구채무자 "이대백, 서울특별시 서초구 서초대로 88길 20 (서초동)"을 신채무자 "홍길동, 서울특별시 용산구 독서당로 150 (한남동)"으로 변경</td></tr>
<tr><td>구분</td><td>성   명
(상호·명칭)</td><td>주민등록번호
(등기용등록번호)</td><td>주   소 (소 재 지)</td></tr>
<tr><td>등기
의무자</td><td>이 대 백</td><td>XXXXXX-XXXXXXX</td><td>서울특별시 서초구 서초대로 88길 20 (서초동)</td></tr>
<tr><td>등기
권리자</td><td>김 갑 동</td><td>XXXXXX-XXXXXXX</td><td>서울특별시 중구 다동길 96 (다동)</td></tr>
</table>

등 록 면 허 세	금	6,000	원
지 방 교 육 세	금	1,200	원
세 액 합 계	금	7,200	원
등 기 신 청 수 수 료	금	3,000	원
	납부번호 : ○○-○○-○○○○○○○○-○		
	일괄납부 :　　　　건　　　　　원		

등기의무자의 등기필정보		
부동산고유번호	1102-2006-002095	
성명(명칭)	일련번호	비밀번호
이대백	Q77C-LO71-35J5	40-4636

첨 부 서 면			
·변경계약서	1통	·인감증명서 또는 본인서명사실 확인서	1통
·등록면허세영수필확인서	1통	·등기필증	1통
·등기신청수수료 영수필확인서	1통	〈기 타〉	

2014년 1월 2일

위 신청인　　이　　대　　백　⑩　　(전화 : 200-7766)
　　　　　　　김　　갑　　동　⑩　　(전화 : 211-7711)

(또는)위 대리인　　　　　　　　　　　(전화 :　　　　)

서울중앙 지방법원　　　　　　　등기국 귀중

- 신청서 작성요령 -
1. 부동산표시란에 2개 이상의 부동산을 기재하는 경우에는 부동산의 일련번호를 기재하여야 합니다.
2. 신청인란등 해당란에 기재할 여백이 없을 경우에는 별지를 이용합니다.
3. 담당 등기관이 판단하여 위의 첨부서면 외에 추가적인 서면을 요구할 수 있습니다.

[서식 예] 변경계약에 의한 근저당권 변경등기 신청서

근저당권변경등기신청			
접 수	년 월 일 제 호	처 리 인	등기관 확인	각종 통지

① 부동산의 표시
1. 서울특별시 서초구 서초동 100 　　　대 300㎡ 2. 서울특별시 서초구 서초동 100 　　[도로명주소] 서울특별시 서초구 서초대로 88길 10 　　시멘트 벽돌조 슬래브지붕 2층 주택 　　　1층 100㎡ 　　　2층 100㎡ 　　　　　　　　　이　　　　　　　　상

② 등기원인과 그 연월일	2014년 1월 2일 변경계약
③ 등 기 의 목 적	근저당권변경
④ 변 경 할 사 항	2008년 3월 2일 접수 제1128호로 경료한 등기사항 중 채권최고액 금 "70,000,000원"을 "90,000,000원"으로 변경

구분	성 명 (상호·명칭)	주민등록번호 (등기용등록번호)	주 소 (소 재 지)
⑤ 등기 의무자	이 대 백	XXXXXX-XXXXXXX	서울특별시 서초구 서초대로 88길 20 (서초동)
⑥ 등기 권리자	김 갑 동	XXXXXX-XXXXXXX	서울특별시 중구 다동길 96 (다동)

⑦ 등 록 면 허 세	금	○○○,○○○ 원
⑦ 지 방 교 육 세	금	○○○,○○○ 원
⑧ 세 액 합 계	금	○○○,○○○ 원

⑨ 등 기 신 청 수 수 료	금	6,000 원
	납부번호 : ○○-○○-○○○○○○○○-○	
	일괄납부 : 건 원	

⑩ 등기의무자의 등기필정보

부동산고유번호	1102-2006-002095	
성명(명칭)	일련번호	비밀번호
이대백	Q77C-LO7l-35J5	40-4636

⑪ 첨 부 서 면

·근저당권변경계약서 1통	·인감증명서 또는 본인서명사실 확인서 1통
·등록면허세영수필확인서 1통	〈기 타〉
·등기신청수수료 영수필확인서 1통	
·등기필증 1통	

2014년 1월 2일

⑫ 위 신청인   이   대   백 ㉙ (전화 : 200-7766)
                    긴   갑   동 ㉙ (전화 : 201-7711)

　　(또는)위 대리인   (전화 :   )

　　　서울중앙 지방법원   등기국 귀중

- 신청서 작성요령 -
1. 부동산표시란에 2개 이상의 부동산을 기재하는 경우에는 부동산의 일련번호를 기재하
   여야 합니다.
2. 신청인란등 해당란에 기재할 여백이 없을 경우에는 별지를 이용합니다.
3. 담당 등기관이 판단하여 위의 첨부서면 외에 추가적인 서면을 요구할 수 있습니다.

[서식 예] 변경계약에 의한 근저당권 변경등기 신청서(구분건물)

<table>
<tr><td colspan="5" align="center">근저당권변경등기신청</td></tr>
<tr><td rowspan="2">접
수</td><td>년 월 일</td><td rowspan="2">처
리
인</td><td>등기관 확인</td><td>각종 통지</td></tr>
<tr><td>제   호</td><td></td><td></td></tr>
</table>

<table>
<tr><td colspan="4" align="center">① 부동산의 표시</td></tr>
<tr><td colspan="4">

1동의 건물의 표시
    서울특별시 서초구 서초동 100
    서울특별시 서초구 서초동 101   샛별아파트 가동
    [도로명주소] 서울특별시 서초구 서초대로 88길 10
전유부분의 건물의 표시
    건물의 번호 1-101
    구   조 철근콘크리트조
    면   적 1층 101호 86.03㎡
대지권의 표시
    토지의 표시
    1. 서울특별시 서초구 서초동 100   대 1,400㎡
    2. 서울특별시 서초구 서초동 101   대 1,600㎡
    대지권의 종류 소유권
    대지권의 비율 1,2 : 3,000분의 500

             이   상

</td></tr>
<tr><td colspan="2">② 등기원인과 그 연월일</td><td colspan="2">2014년 1월 2일 변경계약</td></tr>
<tr><td colspan="2">③ 등 기 의 목 적</td><td colspan="2">근저당권변경</td></tr>
<tr><td colspan="2">④ 변 경 할 사 항</td><td colspan="2">2008년 3월 2일 접수 제1128호로 경료한 등기사항중 채권최고액 금 "70,000,000원"을 "90,000,000원"으로 변경</td></tr>
<tr><td>구분</td><td>성 명
(상호·명칭)</td><td>주민등록번호
(등기용등록번호)</td><td>주   소 (소 재 지)</td></tr>
<tr><td>⑤
등기
의무자</td><td>이 대 백</td><td>XXXXXX-XXXXXXX</td><td>서울특별시 서초구 서초대로 88길 20 (서초동)</td></tr>
<tr><td>⑥
등기
권리자</td><td>김 갑 동</td><td>XXXXXX-XXXXXXX</td><td>서울특별시 중구 다동길 96 (다동)</td></tr>
</table>

⑦ 등 록 면 허 세	금	○○○,○○○ 원	
⑦ 지 방 교 육 세	금	○○○,○○○ 원	
⑧ 세 액 합 계	금	○○○,○○○ 원	
⑨ 등 기 신 청 수 수 료	금	**3,000** 원	
	납부번호 : ○○-○○-○○○○○○○○-○		
	일괄납부 : 건 원		

⑩ 등기의무자의 등기필정보		
부동산고유번호	1102-2006-002095	
성명(명칭)	일련번호	비밀번호
이대백	Q77C-LO7l-35J5	40-4636

⑪ 첨 부 서 면	
·변경계약서 1통 ·등록면허세영수필확인서 1통 ·등기신청수수료 영수필확인서 1통 ·등기필증 1통	·인감증명서 또는 본인서명사실 확인서 1통 〈기 타〉

2014년 1월 2일

⑫ 위 신청인   이   대   백 ㉑ (전화 : 200-7766)
                김   갑   동 ㉑ (전화 : *211-7711*)

(또는)위 대리인   (전화 :)

서울중앙 지방법원   등기국 귀중

- 신청서 작성요령 -
1. 부동산표시란에 2개 이상의 부동산을 기재하는 경우에는 부동산의 일련번호를 기재하여야 합니다.
2. 신청인란등 해당란에 기재할 여백이 없을 경우에는 별지를 이용합니다.
3. 담당 등기관이 판단하여 위의 첨부서면 외에 추가적인 서면을 요구할 수 있습니다.

[서식 예] 확정채무의 면책적 인수에 의한 근저당권 변경등기 신청서

<table>
<tr><td colspan="5" style="text-align:center">근저당권변경등기신청</td></tr>
<tr>
<td rowspan="2">접
수</td>
<td>년 월 일</td>
<td rowspan="2">처
리
인</td>
<td>등기관 확인</td>
<td>각종 통지</td>
</tr>
<tr>
<td>제　　　　호</td>
<td></td>
<td></td>
</tr>
</table>

<table>
<tr><td colspan="4" style="text-align:center">① 부동산의 표시</td></tr>
<tr><td colspan="4">

1. 서울특별시 서초구 서초동 100
　　　대 300㎡
2. 서울특별시 서초구 서초동 100
　　[도로명주소] 서울특별시 서초구 서초대로 88길 10
　　시멘트 벽돌조 슬래브지붕 2층 주택
　　　1층 100㎡
　　　2층 100㎡
　　　　　　　　이　　　　　　　상
</td></tr>
<tr>
<td>② 등기원인과 그 연월일</td>
<td colspan="3">2014년 1월 2일 확정채무의 면책적 인수</td>
</tr>
<tr>
<td>③ 등 기 의 목 적</td>
<td colspan="3">근저당권변경</td>
</tr>
<tr>
<td>④ 변 경 할 사 항</td>
<td colspan="3">2008년 3월 2일 접수 제1128호로 경료한 등기사항 중 구채무자 "이대백, 서울특별시 서초구 서초대로 88길 20 (서초동)"을 신채무자 "홍길동, 서울특별시 용산구 독서당로 150 (한남동)"으로 변경</td>
</tr>
<tr>
<td>구분</td>
<td>성 명
(상호·명칭)</td>
<td>주민등록번호
(등기용등록번호)</td>
<td>주　　소 (소 재 지)</td>
</tr>
<tr>
<td>⑤
등기
의무자</td>
<td>이 대 백</td>
<td>XXXXXX-XXXXXXX</td>
<td>서울특별시 서초구 서초대로 88길 20 (서초동)</td>
</tr>
<tr>
<td>⑥
등기
권리자</td>
<td>김 갑 동</td>
<td>XXXXXX-XXXXXXX</td>
<td>서울특별시 중구 다동길 96 (다동)</td>
</tr>
</table>

⑦ 등 록 면 허 세	금		12,000	원
⑦ 지 방 교 육 세	금		2,400	원
⑧ 세 액 합 계	금		14,400	원
⑨ 등 기 신 청 수 수 료	금		6,000	원
	납부번호 : ○○-○○-○○○○○○○○○-○			
	일괄납부 :	건		원

<table>
<tr><td colspan="3" align="center">⑩ 등기의무자의 등기필정보</td></tr>
<tr><td align="center">부동산고유번호</td><td colspan="2" align="center">1102-2006-002095</td></tr>
<tr><td align="center">성명(명칭)</td><td align="center">일련번호</td><td align="center">비밀번호</td></tr>
<tr><td align="center">이대백</td><td align="center">Q77C-LO71-35J5</td><td align="center">40-4636</td></tr>
</table>

<table>
<tr><td colspan="2" align="center">⑪ 첨 부 서 면</td></tr>
<tr>
<td>
·근저당권변경계약서   1통
·등록면허세영수필확인서   1통
·등기신청수수료 영수필확인서   1통
·등기필증   1통
</td>
<td>
·인감증명서 또는 본인서명사실 확인서   1통
〈기 타〉
</td>
</tr>
</table>

2014년 1월 2일

⑫ 위 신청인　　이　　대　　백　⑨　(전화 : 200-7766)
　　　　　　　　긴　　갑　　동　⑨　(전화 : 300-7711)

(또는)위 대리인　　　　　　　　　　(전화 :　　　　　)

서울중앙 지방법원　　　　　　　등기국 귀중

- 신청서 작성요령 -
1. 부동산표시란에 2개 이상의 부동산을 기재하는 경우에는 부동산의 일련번호를 기재하여야 합니다.
2. 신청인란등 해당란에 기재할 여백이 없을 경우에는 별지를 이용합니다.
3. 담당 등기관이 판단하여 위의 첨부서면 외에 추가적인 서면을 요구할 수 있습니다.

[서식 예] 확정채무의 면책적 인수에 의한 근저당권 변경등기 신청서(구분건물)

<table>
<tr><td colspan="5" align="center">근저당권변경등기신청</td></tr>
<tr><td rowspan="2">접
수</td><td>년 월 일</td><td rowspan="2">처
리
인</td><td>등기관 확인</td><td>각종 통지</td></tr>
<tr><td>제   호</td><td></td><td></td></tr>
</table>

<table>
<tr><td colspan="4" align="center">① 부동산의 표시</td></tr>
<tr><td colspan="4">
1동의 건물의 표시
   서울특별시 서초구 서초동 100
   서울특별시 서초구 서초동 101   새벽아파트 가동
   [도로명주소] 서울특별시 서초구 서초대로 88길 10
전유부분의 건물의 표시
   건물의 번호　1-101
   구　　　　조　철근콘크리트조
   면　　　　적　1층 101호 86.03㎡
대지권의 표시
   토지의 표시
   1. 서울특별시 서초구 서초동 100   대 1,400㎡
   2. 서울특별시 서초구 서초동 101   대 1,600㎡
   대지권의 종류 소유권
   대지권의 비율 1,2 : 3,000분의 500

이　　　　　상
</td></tr>
<tr><td colspan="2">② 등기원인과 그 연월일</td><td colspan="2">2014년 1월 2일 확정채무의 면책적 인수</td></tr>
<tr><td colspan="2">③ 등기의 목적</td><td colspan="2">근저당권변경</td></tr>
<tr><td colspan="2">④ 변경할 사항</td><td colspan="2">2008년 3월 2일 접수 제1128호로 경료한 등기사항 중 구채무자 "이대백, 서울특별시 서초구 서초대로 88길 20 (서초동)"을 신채무자 "홍길동, 서울특별시 용산구 독서당로 150 (한남동)"으로 변경</td></tr>
<tr><td>구분</td><td>성 명
(상호·명칭)</td><td>주민등록번호
(등기용등록번호)</td><td>주 소 (소 재 지)</td></tr>
<tr><td>⑤
등기
의무자</td><td>이대백</td><td>XXXXXX-XXXXXXX</td><td>서울특별시 서초구 서초대로 88길 20 (서초동)</td></tr>
<tr><td>⑥
등기
권리자</td><td>김갑동</td><td>XXXXXX-XXXXXXX</td><td>서울특별시 중구 다동길 96 (다동)</td></tr>
</table>

⑦ 등 록 면 허 세	금	6,000	원
⑦ 지 방 교 육 세	금	1,200	원
⑧ 세 액 합 계	금	7,200	원
⑨ 등 기 신 청 수 수 료	금	3,000	원
	납부번호 : ○○-○○-○○○○○○○○-○		
	일괄납부 :　　　　건　　　　　　원		

⑩ 등기의무자의 등기필정보		
부동산고유번호	1102-2006-002095	
성명(명칭)	일련번호	비밀번호
이대백	Q77C-LO71-35J5	40-4636

⑪　첨　부　서　면

·변경계약서	1통	·인감증명서 또는 본인서명사실 확인서	1통
·등록면허세영수필확인서	1통		
·등기신청수수료 영수필확인서	1통		
·등기필증	1통		

2014년 1월 2일

⑫ 위 신청인　　이　　대　　백　⑳　(전화 : 200-7766)
　　　　　　　　　긴　　갑　　동　⑳　(전화 : 211-7711)

(또는)위 대리인　　　　　　　　　　(전화 :　　　　)

서웈중앙 지방법원　　　　　　　　등기국 귀중

- 신청서 작성요령 -
1. 부동산표시란에 2개 이상의 부동산을 기재하는 경우에는 부동산의 일련번호를 기재하여야 합니다.
2. 신청인란등 해당란에 기재할 여백이 없을 경우에는 별지를 이용합니다.
3. 담당 등기관이 판단하여 위의 첨부서면 외에 추가적인 서면을 요구할 수 있습니다.

■ 채무자가 변경 된 근저당권이 신채무자의 새로운 채무도 담보하는지요?

Q. 甲은 乙이 丙으로부터 돈을 빌리는데 자기소유 부동산을 담보로 제공하여 물상보증인이 되었다가 乙의 채무를 인수하여 채무자를 바꾸는 근저당권 변경의 부기등기를 하였습니다. 그 후 甲은 경제사정악화로 같은 부동산에 관하여 丁에게 근저당권을 설정해주었고, 다시 丙으로부터 돈을 빌려 새로운 채무를 발생시켰습니다. 그런데 甲은 乙로부터 인수한 채무는 변제하였으나, 丁과 丙에 대한 새로운 채무는 변제하지 못하던 중 丁이 위 부동산에 대한 근저당권을 실행하여 경매를 신청하였습니다. 이 경우 甲과 丙간의 새로운 채무부분이 丁보다 우선하여 배당을 받을 수 있는지요?

A. 채무인수와 보증, 담보의 소멸에 관하여 민법은 전채무자의 채무에 대한 보증이나 제3자가 제공한 담보는 채무인수로 인하여 소멸하지만, 보증인이나 제3자가 채무인수에 동의한 경우에는 그러하지 아니하다고 규정하고 있습니다(민법제459조).

이와 관련하여 판례는 "채무가 인수되는 경우에 구채무자의 채무에 관하여 제3자가 제공한 담보는 채무인수로 인하여 소멸하되 다만 그 제3자(물상보증인)가 채무인수에 동의한 경우에 한하여 소멸하지 아니하고 신채무자를 위하여 존속하게 되는데, 이 경우 물상보증인이 채무인수에 관하여 하는 동의는 채무인수인을 위하여 새로운 담보를 설정하겠다는 의사표시가 아니라 기존담보를 채무인수인을 위하여 계속 유지하겠다는 의사표시에 불과하여 그 동의에 의하여 유지되는 담보는 기존담보와 동일한 내용을 갖는 것이므로, 근저당권에 관하여 채무인수를 원인으로 채무자를 교체하는 변경등기(부기등기)가 마쳐진 경우 특별한 사정이 없는 한 그 근저당권은 당초 구채무자가 부담하고 있다가 신채무자가 인수하게 된 채무만을 담보하는 것이지, 그 후 신채무자(채무인수인)가 다른 원인으로 부담하게 된 새로운 채무까지 담보하는 것으로 볼 수는 없다고 하였습니다(대법원 2000. 12. 26. 선고 2000다56204 판결).

즉, 이 경우 물상보증인이 근저당권의 채무자의 계약상의 지위를 인수한 것이 아니라, 다만 그 채무만을 면책적으로 인수한바, 이를 원인으로 하여 마쳐진 근저당권변경의 부기등기는 당초 채무자가 근저당권자에 대하여 부담하고 있던 것으로서 물상보증인이 인수한 채무만을 담보한다고 보아야 하기 때문입니다(대법원 2002. 11. 26. 선고 2001다73022 판결).

따라서 위 사안의 경우 甲이 乙의 채무를 인수한 후 채무자를 교체하는 근저당권 변경등기를 하였다고 하더라도, 甲이 丙으로부터 새롭게 돈을 빌려 발생시킨 채무는 애초부터 근저당권이 담보하는 채무에 포함되지 않는다 할 것이므로, 丙은 우선변제권을 주장할 수는 없을 것으로 보입니다.

(관련판례)

민법 제368조 제2항에 의하여 공동저당 부동산의 후순위저당권자에게 인정되는 대위를 할 수 있는 지위 내지 그와 같은 대위에 관한 정당한 기대를 보호할 필요성은 그 후 공동저당 부동산이 제3자에게 양도되었다는 이유로 달라지지 않는다. 즉 공동저당 부동산의 일부를 취득하는 제3자로서는 공동저당 부동산에 관하여 후순위저당권자 등 이해관계인들이 갖고 있는 기존의 지위를 전제로 하여 공동저당권의 부담을 인수한 것으로 보아야 하기 때문에 공동저당 부동산의 후순위저당권자의 대위에 관한 법적 지위 및 기대는 공동저당 부동산의 일부가 제3자에게 양도되었다는 사정에 의해 영향을 받지 않는다. (대법원 2011. 10. 13. 선고 2010다99132 판결)

■ 근저당권의 피담보채무가 확정되기 전에는 채무의 범위나 채무자의 변경이 가능한지요?

Q. 甲은 乙의 채무를 담보하기 위하여 丙 소유 부동산에 근저당권을 설정하였습니다. 甲은 乙과 계속적 거래를 하다가 甲, 乙, 丙 사이에서 근저당권의 채무자를 乙이 아니라 丙으로 변경하여 대출거래를 계속하기로 합의하였고, 이에 채무자를 丙으로 하는 근저당권변경등기가 경료되었습니다. 근저당권의 피담보채무가 확정되기 전에 근저당권의 채무자를 변경하는 변경등기는 유효한가요?

A. 근저당권의 피담보채무가 확정되기 전에는 채무의 범위나 채무자의 변경이 가능한지 여부에 대하여 판례는 "근저당권은 당사자 사이의 계속적인 거래관계로부터 발생하는 불특정채권을 어느 시기에 계산하여 잔존하는 채무를 일정한 한도액 범위 내에서 담보하는 저당권으로서 보통의 저당권과 달리 발생 및 소멸에 있어 피담보채무에 대한 부종성이 완화되어 있는 관계로 피담보채무가 확정되기 이전이라면 채무의 범위나 또는 채무자를 변경할 수 있는 것이고, 채무의 범위나 채무자가 변경된 경우에는 당연히

변경 후의 범위에 속하는 채권이나 채무자에 대한 채권만이 당해 근저당권에 의하여 담보되고, 변경 전의 범위에 속하는 채권이나 채무자에 대한 채권은 그 근저당권에 의하여 담보되는 채무의 범위에서 제외된다."라고 하였습니다(대법원 1999. 5. 14. 선고 97다15777,15784 판결). 따라서 위 사안에서 근저당권의 피담보채무가 확정되기 이전이라면 채무자를 丙으로 하는 근저당권변경등기는 유효하다 할 것입니다.

■ 증축부분에 대해서 먼저 근저당권변경등기를 마친 자가 나중에 변경등기를 마친 자보다 우선권이 있는지요?

Q. 甲은 丙회사소유의 단층 공장·창고·기숙사 및 그 대지에 대한 제1순위 근저당권자이고, 乙은 위 공장 등에 대한 제2순위근저당권자인데, 丙회사는 위 근저당권이 설정된 후 위 기존건물에 1층일부와 2, 3층을 증축하고서 증축에 따른 건물표시변경등기를 하였습니다. 그런데 乙이 먼저 제2순위근저당권효력이 위 증축부분에 미친다는 내용의 변경등기를 하였고, 甲은 그 뒤 제1순위근저당권효력이 위 증축부분에 미친다는 내용의 변경등기를 하였습니다. 위 공장 등이 경매개시 되었는데, 이 경우 위 증축부분에 대해서 먼저 근저당권변경등기를 마친 乙이 나중에 변경등기를 마친 甲보다 우선권이 있는지요?

A. 민법은 '저당권의 효력은 저당부동산에 부합된 물건과 종물에 미치지만, 법률에 특별한 규정 또는 설정행위에 다른 약정이 있으면 그러하지 아니하다.'고 규정하고 있습니다(민법 제358조). 먼저 증축부분이 기존건물에 부합되는지에 대하여 판례는 "건물이 증축된 경우에 증축부분이 기존건물에 부합된 것으로 볼 것인가 아닌가 하는 점은 증축부분이 기존건물에 부착된 물리적 구조뿐만 아니라, 그 용도와 기능의 면에서 기존건물과 독립한 경제적 효용을 가지고 거래상 별개의 소유권객체가 될 수 있는지 및 증축하여 이를 소유하는 자의 의사 등을 종합하여 판단하여야 한다."고 하였습니다(대법원 2002. 10. 25. 선고 2000다63110 판결).

그리고 저당권설정 된 건물이 증축된 경우 그 저당권의 효력과 관련하여 판례는 "법률상 1개의 부동산으로 등기된 기존건물이 증축되어 증축부분이 구분소유의 객체가 될 수 있는 구조상 및 이용상의 독립성을 갖추었더라도 이로써 곧바로 그 증축부분이 법률상 기존건물과 별개인 구분건물로 되는 것은 아니고, 구분건물이 되기 위해서는 증축부분의 소유자의 구분소유의사가 객관적으로 표시된 구분행위가 있어야 할 것이고, 기존건물에 관하여 증축 후의 현존건물의 현황에 맞추어 증축으로 인한 건물표시변경등기가 마쳐진 경우에는 특별한 사정이 없는 한 그 소유자는 증축부분을 구분건물로 하지 않고 증축 후의 현존건물 전체를 1개의 건물로 하려는 의사였다고 봄이 상당하고, 이 경우 증축부분이 기존건물의 구성부분이거나 이에 부합된 것으로서 기존건물과 증축 후의 현존건물 사이에 동일성이 인정된다면, 위 건물표시변경등기는 증축 후의 현존건물을 표상하는 유효한 등기라고 할 것이고, 또한 기존건물에 대하여 이미 설정되어 있던 저당권의 효력은 법률에 특별한 규정이나 설정행위 등에 다른 약정이 없는 한 증축부분에도 미친다고 할 것이므로 기존건물에 설정된 저당권의 효력을 증축부분에 미치게 하는 취지의 저당권변경등기를 할 수 없는 것이고, 설사 그러한 등기가 되었더라도 아무런 효력이 없으며 한편, 증축부분이 기존건물의 구성부분이거나 이에 부합된 것이 아닌 별개의 건물이고 이를 구분건물로 할 의사였다면 구분건물로서 등기를 하여야 할 것이지 건물표시변경등기를 할 수는 없는 것이므로, 그 건물표시변경등기가 행해진 후 기존건물에 설정된 저당권의 효력을 증축부분에 미치게 하는 취지의 저당권변경등기를 하였더라도 그 저당권의 효력이 별개의 건물인 증축부분에 미칠 수는 없다."고 하였습니다(대법원 1999. 7. 27. 선고 98다35020 판결).

따라서 위 사안에서도 丙회사가 기존건물에 관하여 증축 후의 현존건물의 현황에 맞추어 증축으로 인한 건물표시변경등기를 하였으므로 丙회사는 위 증축부분을 구분건물로 하지 않고 증축 후의 현존건물 전체를 1개의 건물로 하려는 의사였다고 볼 수 있을 듯하며, 그렇다면 기존건물과 증축부분을 구분하여 배당할 필요가 없으며, 甲과 乙의 저당권변경등기는 선·후에 관계없이 모두 무효이므로, 기존건물에 설정된 저당권의 순위에 따라서 배당이 이루어져야 할 것입니다. 따라서 본래 선순위 근저당권자였던 甲이 후순위 근저당권자인 乙에 우선하여 배당받게 될 것으로 보입니다.

(관련판례)

후순위 근저당권자가 그 근저당권에 기한 방해배제청구로서 선순위 근저당권설정등기 및 그 근저당권의 채무자를 변경하는 근저당권변경 부기등기의 각 말소등기절차의 이행을 구하는 데 대하여 선순위 근저당권자가 변론기일에 출석하여 근저당권설정등기의 채무자로부터 채무를 변제받고 타인에게 새로이 대출을 하면서 근저당권설정등기의 채무자 명의를 변경한 것이라고 진술을 하고 후순위 근저당권자가 이를 이익으로 원용한 경우, 선순위 근저당권설정등기의 채무자변경의 부기등기가 경료된 경위에 관하여 재판상의 자백이 성립한 이상 선순위 근저당권자가 자신에 불이익한 자백을 하는 진의가 무엇인지 석명하여 밝혀야 할 것은 아니라고 한 사례.(대법원 2000. 10. 10. 선고 2000다19526 판결)

■ **근저당권의 이전원인이 무효인 경우에 부기등기를 말소할 수 있는지요?**

Q. 저당권설정의 주등기와 저당권양도의 부기등기 중 부동산 소유자가 말소를 구할 대상은 저당권 이전의 부기등기가 아니라 주등기라고 들었습니다. 그런데 저당권 이전원인이 무효인 경우에는 부기등기를 말소할 수 있는지요?

A. 부동산의 소유자가 말소를 구할 대상이 되는 등기는 주등기이지 근저당권이전의 부기등기는 아니라 할 것입니다. 채무자의 추가를 내용으로 하는 근저당권변경의 부기등기는 기존의 주등기인 근저당권설정등기에 종속되어 주등기와 일체를 이루는 것이고 주등기와 별개의 새로운 등기는 아니라 할 것이므로 그 피담보채무가 변제로 인하여 소멸된 경우 위 주등기의 말소만을 구하면 족하다 할 것이고 주등기가 말소된 경우에는 그에 기한 부기등기는 판결로 그 말소를 명하지 않더라도 직권으로 말소되어야 할 성질의 것입니다 (대법원 1988. 3. 8. 선고 87다카2585 판결). 따라서 부기등기의 말소청구는 권리보호의 이익이 없는 부적법한 청구라고 합니다(대법원 2000. 10. 10. 선고 2000다19526 판결).

그러나 근저당권의 이전원인이 무효로 된 경우에는 다르게 판단될 수 있습니다. 대법원은 근저당권이전의 부기등기가 기존의 주등기인 근저당권설정등기에 종속되어 주등기와 일체를 이룬 경우에는 부기등기만의 말소를 따로 인정할 아무런 실익이 없지만, 근저당권의 이전원인만이 무효로 되거나 취소 또는 해제된 경우, 즉 근저당권의 주등기 자체는 유효한 것을 전제로 이와는 별도로 근저당권이전의 부기등기에 한하여 무효사유가 있다는 이유로 부기등기만의 효력을 다투는 경우에는 그 부기등기의 말소를 소구할 필요가 있으므로 예외적으로 소의 이익이 있다고 합니다(대법원 2005. 6. 10. 선고 2002다15412 판결). 따라서 부기등기의 말소를 구할 수 있을 것입니다.

(관련판례)

부동산등기부의 사항란에 기재된 근저당권설정등기의 접수일자는 등기가 접수된 날을 나타내는 하나의 사실기재에 불과하고 권리에 관한 기재가 아니므로 그 접수일자의 변경을 구하는 것은 구체적인 권리 또는 법률관계에 관한 쟁송이라 할 수 없고, 또 등기의 접수일자는 실체적 권리관계와 무관한 것으로서 그 변경에 등기권리자와 등기의무자의 관념이 있을 수 없어 이행청구의 대상이 될 수도 없으므로, 소의 이익이 없어 부적법하다.(대법원 2003. 10. 24. 선고 2003다13260 판결)

■ 근저당권 설정 후 확정된 경우 확정채무를 인수하면 채무를 인수한 자가 다른 원인으로 채권자에게 부담한 채무가 담보되는지요?

Q. 甲은 乙로부터 돈을 차용하고 근저당권을 설정한 후 확정이 되었는데, 丙이 甲의 채무를 면책적으로 인수하면서 근저당권의 채무자로 변경되었고, 그 후 丙이 乙에게 추가적인 채무를 부담한 경우 丙이 추가적으로 부담한 채무가 위 근저당권으로 담보될 수 있는지요?

A. 판례는 "물상보증인이 근저당권의 채무자의 계약상의 지위를 인수한 것이 아니라 다만 그 채무만을 면책적으로 인수하고 이를 원인으로 하여 근저당권 변경의 부기등기가 경료된 경우, 특별한 사정이 없는 한 그 변경등기는 당초 채무자가 근저당권자에 대하여 부담하고 있던 것으로서 물상보증인이 인수한 채무만을 그 대상으로 하는 것이지, 그 후 채무를 인수한 물상보증인이 다른 원인으로 근저당권자에 대하여 부담하게 된 새로운 채무까지 담보하는 것으로 볼 수는 없다(대법원 1999. 9. 3. 선고 98다40657 판결)"라고 판단을 한 바 있습니다. 즉 근저당권이 확정되는 경우 일반의 저당권과 마찬가지로 취급되므로, 확정된 이후 변경된 채무자가 부담한 채무가 당연히 저당권으로 담보되는 것은 아닙니다.

따라서 丙이 甲의 채무를 면책적으로 인수한 뒤 乙에게 부담한 채무는 위 사안의 근저당권의 피담보채권이 될 수 없습니다.

(관련판례)

사해행위의 취소에 따른 원상회복은 원칙적으로 그 목적물 자체의 반환에 의하여야 하고, 그 것이 불가능하거나 현저히 곤란한 경우에 한하여 예외적으로 가액배상에 의하여야 하는바, 근저당권설정계약 중 일부만이 사해행위에 해당하는 경우에는 그 원상회복은 근저당권설정등 기의 채권최고액을 감축하는 근저당권변경등기절차의 이행을 명하는 방법에 의하여야 한다. (대법원 2006. 12. 7. 선고 2006다43620 판결)

[서식 예] 근저당권변경등기절차 이행청구의 소

소   장

원   고   ○○○ (주민등록번호)
        ○○시 ○○구 ○○로 ○○(우편번호 ○○○-○○○)
        전화·휴대폰번호:
        팩스번호, 전자우편(e-mail)주소:
피   고   ◇◇◇ (주민등록번호)
        ○○시 ○○구 ○○로 ○○(우편번호 ○○○-○○○)
        전화·휴대폰번호:
        팩스번호, 전자우편(e-mail)주소:

근저당권변경등기절차 이행청구의 소

청 구 취 지

1. 피고는 원고에게 별지 목록 기재 부동산에 관하여 ○○지방법원 ○○지원 20○○. ○. ○. 접수 제○○○호로 경료한 근저당권의 등기사항 중 "채무자 ⊙◉◉ ○○시 ○○ 로 ○○번지 ○○"을 "채무자 ◈◈◈ ○○시 ○○로 ○○번지 ○○"로 변경하는 근 저당권설정등기 변경등기절차를 이행하라.
2. 소송비용은 피고의 부담으로 한다.
라는 판결을 구합니다.

청 구 원 인

1. 원고는 20○○. ○. ○. 채무자인 소외 ⊙⊙⊙에게 금 ○○○만원을 대여하고 채무이행을 담보하기 위해 피고 소유인 별지 목록 기재 부동산에 대하여 채권최고액 금 ○○○만원의 근저당권을 설정할 것을 피고가 승낙하여 ○○지방법원 ○○지원 20○○. ○. ○. 접수 제○○○호에 의하여 근저당권설정의 등기절차를 마쳤습니다.

2. 그런데 20○○. ○. ○. 채권자인 원고와 채무자인 소외 ⊙⊙⊙, 채무인수인 소외 ◆◆◆, 근저당권설정자인 피고와의 계약으로 채무인수인 소외 ◆◆◆가 면책적으로 위 채무를 인수하기로 하였으며, 피고는 즉시 위 근저당권설정등기 사항 중 채무자 ⊙⊙⊙로 되어 있는 것을 신채무자인 ◆◆◆로 변경하는 변경등기를 해주기로 하였습니다. 그러나 피고는 지금까지 위와 같은 변경등기에 협력하지 않고 있습니다.

3. 따라서 원고는 피고에게 별지목록 기재 부동산에 대하여 ○○지방법원 ○○지원 20○○. ○. ○. 접수 제○○○호 근저당권설정등기 사항 중 "채무자 ⊙⊙⊙ ○○시 ○○로 ○○"로 되어 있는 것을 "채무자 ◆◆◆ ○○시 ○○로 ○○-○○"로 변경하는 등기절차의 이행을 청구하기 위하여 이 사건 소제기에 이르렀습니다.

입 증 방 법

1. 갑 제1호증   근저당권설정계약서
1. 갑 제2호증   근저당권변경계약서
1. 갑 제3호증   부동산등기사항증명서

첨 부 서 류

1. 위 입증방법   각 1통
1. 소장부본   1통
1. 송달료납부서   1통

20○○. ○. ○.

위 원고   ○○○ (서명 또는 날인)

○○지방법원 ○○지원 귀중

4. 근저당권 말소등기

4-1. 근저당권 말소등기의 개념

근저당권 말소등기란 근저당권등기가 등기 전부터 또는 그 후에 어떠한 사유로 실체관계와 들어맞지 않게 된 경우 그 등기를 법률적으로 소멸시킬 목적으로 하는 등기를 말합니다.

4-2. 근저당권 말소등기의 원인

근저당권은 다음의 원인 등으로 소멸하고, 근저당권이 소멸하면 말소등기를 합니다.
① 채무변제로 인한 계약의 해지(민법 제364조)
② 근저당권 목적인 지상권, 전세권의 소멸(민법 제288조)
③ 경매 등으로 목적부동산이 매각된 경우(민사집행법 제91조제2항)
④ 혼동(민법 제191조제1항)
⑤ 당사자 간의 합의해지(민법 제543조)
⑥ 당사자 간의 약정소멸사유 발생(부동산등기법 제54조)
⑦ 동일채권을 담보하는 공동저당권의 목적인 부동산 중 일부 부동산에 대해 근저당권을 포기할 경우

4-3. 근저당권 말소등기의 신청인

① 근저당권 말소등기 시 등기권리자와 등기의무자는 다음과 같습니다.
  - 등기의무자: 근저당권자
  - 등기권리자: 근저당권 설정자(소유권자, 지상권자, 전세권자)
② 등기신청방법
  - 신청인 또는 그 대리인이 등기소에 출석해 신청정보 및 첨부정보를 적은 서면을 제출하는 방법(부동산등기법 제24조제1항제1호 본문). 다만, 대리인이 변호사(법무법인·법무법인(유한) 및 법무조합 포함)나 법무사(법무사법인 및 법무사법인(유한) 포함)인 경우에는 대법원규칙으로 정하는 사무원을 등기소에 출석하게 해 서면을 제출할 수 있습니다[부동산등기법 제24조제1항제1호 단서].
  - 전산정보처리조직을 이용해 신청정보 및 첨부정보를 보내는 방법(법원행정처장이

지정하는 등기유형으로 한정)[부동산등기법 제24조제1항제2호]

4-4. 근저당권 말소등기 신청 시 제출서류

4-4-1. 시·군·구청을 통해 준비해야 하는 서류

① 등록면허세납부고지서(지방교육세 포함)

⑦ 등록면허세란 재산권과 그 밖의 권리의 설정·변경 또는 소멸에 관한 사항을 공부에 등기하거나 등록할 때 납부하는 세금을 말합니다(지방세법 제23조제1호).

- 근저당권 말소등기 시 등록면허세: 등기대상 1건 당 6,000원(지방세법 제28조제1항제1호마목)

㉯ 지방교육세란 지방교육의 질적 향상에 필요한 지방교육재정의 확충에 소요되는 재원을 확보하기 위해 「지방세법」에 따른 등록면허세의 납부의무자에게 함께 부과되는 세금을 말합니다(지방세법 제149조 및 제150조제1호).

- 지방교육세: 등록면허세액 × 20%(지방세법 제151조제1항제2호)

㉰ 등록면허세를 납부하는 경우에는 농어촌특별세(조세특례제한법·관세법·지방세법 및 지방세특례제한법에 따라 감면받은 경우 제외)를 내지 않아도 됩니다.

② 시, 군, 구청 세무과를 방문해 등록면허세납부고지서를 발부받고 세금을 은행에서 납부하면 됩니다.

4-4-2. 은행을 통해 준비해야 할 서류

① 등록면허세영수필확인서

시·군·구청 세무과에서 등록면허세납부고지서를 발부받아온 후 은행에서 등록면허세 및 지방교육세를 지불하면 등록면허세영수필확인서를 받을 수 있습니다.

② 국민주택채권의 매입 불필요

근저당권 말소등기는 저당권 설정등기 및 이전등기가 아니므로 국민주택채권을 매입하지 않아도 됩니다.

③ 대법원등기 수입증지의 구입(등기신청 수수료)

- 등기를 하려는 사람은 수수료를 내야 합니다(부동산등기법 제22조제3항).

- 대법원등기 수입증지를 은행이나 등기소에서 매입을 해 이를 신청서에 붙이면 등

기신청 수수료를 낸 것이 됩니다.
- 대법원등기 수입증지는 등기소나 등기소 주변의 은행(농협, 우체국, 신한은행 등)에서 구입하실 수 있습니다.
- 근저당권 말소등기 한 건당 대법원등기 수입증지
- 서면방문신청: 3,000원
- 전자표준양식신청(e-form양식으로 작성한 후 등기소 방문신청): 2,000원
- 전자신청: 1,000원
- 등기신청수수료의 납부는 그 수수료 상당액을 전자적 방법으로 납부하거나, 법원행정처장이 지정하는 금융기관에 현금으로 납부한 후 이를 증명하는 서면을 등기신청서에 첨부하여 제출하는 방법으로 합니다(등기사항증명서 등 수수료규칙 제6조제3항).

4-4-3. 근저당권 말소 관련 서류

① 해지증서 또는 포기증서
  판결에 의한 경우 첨부서류
  ㉮ 판결에 의한 등기 신청의 경우에는 판결정본과 그 판결이 확정되었음을 증명하는 확정증명서를 첨부해야 합니다.
  ㉯ 조정에 갈음하는 결정정본 또는 화해권고결정정본을 첨부하는 경우에도 확정증명원을 첨부합니다.
  ㉰ 조정조서, 화해조서 또는 인낙조서를 등기원인증서로 제출하는 경우에는 확정증명원을 첨부하지 않아도 됩니다.
② 위임장(해당자에 한함)
  근저당권 말소등기는 등기의무자와 등기권리자가 공동으로 신청하거나 등기의무자 또는 등기권리자가 상대방으로부터 위임장을 받아 혼자 등기소를 방문해서 신청할 수 있습니다.
③ 등기필정보 또는 등기필정보통지서
  ㉮ 매도인인 등기의무자가 등기권리자로서 소유권에 관한 등기를 한 후 등기소로부터 받아서 가지고 있던 등기필정보를 등기소에 제공해야 합니다(부동산등기법 제50조제2항).

㉯ 등기필정보의 제공방법

   - 방문신청의 경우 : 등기필정보를 적은 서면(등기필정보통지서)를 교부하는 방법. 다만, 신청인이 등기신청서와 함께 등기필정보통지서 송부용 우편봉투를 제출한 경우에는 등기필정보통지서를 우편으로 송부합니다(부동산등기규칙 제107조제1항제1호).

   - 전자신청의 경우 : 전산정보처리조직을 이용하여 송신하는 방법(부동산등기규칙 제107조제1항제2호)

4-5. 근저당권 말소등기 신청서 작성

4-5-1. 신청서 및 첨부서류

신청서, 등록면허세영수필확인서, 등기 수입증지, 위임장, 포기증서 등의 순으로 준비합니다.

4-5-2. 신청서 양식

[서식 예] 일부포기에 의한 근저당권 말소등기 신청서

근저당권말소등기신청			

접	년 월 일	처 리 인	등기관 확인	각종 통지
수	제 호			

① 부동산의 표시

1. 서울특별시 서초구 서초동 100
       대 300㎡

2. 서울특별시 서초구 서초동 100
       [도로명주소] 서울특별시 서초구 서초대로 88길 10
       시멘트 벽돌조 슬래브지붕 2층 주택
           1층 100㎡
           2층 100㎡

                    이   상

② 등기원인과 그 연월일	2014년 1월 2일 일부포기
③ 등 기 의 목 적	근저당권등기말소
④ 말 소 할 등 기	2008년 3월 2일 접수 제1128호로 경료한 근저당권 설정등기

구분	성 명 (상호·명칭)	주민등록번호 (등기용등록번호)	주 소 (소 재 지)	지 분 (개인별)
⑤ 등기 의무자	이 대 백	XXXXXX-XXXXXXX	서울특별시 서초구 서초대로 88길 20 (서초동)	
⑥ 등기 권리자	김 갑 동	XXXXXX-XXXXXXX	서울특별시 중구 다동길 96 (다동)	

⑦ 등 록 면 허 세	금	12,000	원
⑦ 지 방 교 육 세	금	2,400	원
⑧ 세 액 합 계	금	14,400	원
⑨ 등 기 신 청 수 수 료	금	6,000	원
	납부번호 : ○○-○○-○○○○○○○○-○		
	일괄납부 : 건 원		

⑩ 등기의무자의 등기필정보		
부동산 고유번호	1102-2006-002095	
성명(명칭)	일련번호	비밀번호
이대백	Q77C-LO71-35J5	40-4636

⑪ 첨 부 서 면	
·포기증서 1통	〈기 타〉
·등록면허세영수필확인서 1통	
·등기신청수수료 영수필확인서 1통	
·등기필증 1통	

2014년 1월 2일

⑫ 위 신청인   이   대   백   ㊞   (전화 : 200-7766)

                긴   갑   동   ㊞   (전화 : 211-7711)

(또는)위 대리인   (전화 :   )

서울중앙 지방법원   등기국 귀중

- 신청서 작성요령 -

1. 부동산표시란에 2개 이상의 부동산을 기재하는 경우에는 부동산의 일련번호를 기재하여야 합니다.
2. 신청인란등 해당란에 기재할 여백이 없을 경우에는 별지를 이용합니다.
3. 담당 등기관이 판단하여 위의 첨부서면 외에 추가적인 서면을 요구할 수 있습니다.

[서식 예] 일부포기에 의한 근저당권 말소등기 신청서(구분건물)

<table>
<tr><td colspan="5" align="center">근저당권말소등기신청</td></tr>
<tr>
<td rowspan="2">접
수</td>
<td>년 월 일</td>
<td rowspan="2">처
리
인</td>
<td>등기관 확인</td>
<td>각종 통지</td>
</tr>
<tr>
<td>제   호</td>
<td></td>
<td></td>
</tr>
</table>

<table>
<tr><td colspan="5" align="center">① 부동산의 표시</td></tr>
<tr><td colspan="5">

1동의 건물의 표시
　　서울특별시 서초구 서초동 100
　　서울특별시 서초구 서초동 101　　새벽아파트 가동
　　[도로명주소] 서울특별시 서초구 서초대로 88길 10
전유부분의 건물의 표시
　　건물의 번호 1-101
　　구　　　조 철근콘크리트조
　　면　　　적 1층 101호 86.03㎡
대지권의 표시
　　토지의 표시
　　1. 서울특별시 서초구 서초동 100　　　　　　대 1,400㎡
　　2. 서울특별시 서초구 서초동 101　　　　　　대 1,600㎡
　　대지권의 종류 소유권
　　대지권의 비율 1,2 : 3,000분의 500
　　　　　　　　이　　　　　　　　상

</td></tr>
<tr><td colspan="2">② 등기원인과 그 연월일</td><td colspan="3">2014년 1월 2일 일부포기</td></tr>
<tr><td colspan="2">③ 등 기 의 목 적</td><td colspan="3">근저당권등기말소</td></tr>
<tr><td colspan="2">④ 말 소 할 등 기</td><td colspan="3">2008년 3월 2일 접수 제1128호로 경료한
근저당권 설정등기</td></tr>
<tr>
<td>구분</td>
<td>성   명
(상호·명칭)</td>
<td>주민등록번호
(등기용등록번호)</td>
<td>주   소 (소재지)</td>
<td>지 분
(개인별)</td>
</tr>
<tr>
<td>⑤
등기
의무자</td>
<td>이 대 백</td>
<td>XXXXXX-XXXXXXX</td>
<td>서울특별시 서초구 서초
대로 88길 20 (서초동)</td>
<td></td>
</tr>
<tr>
<td>⑥
등기
권리자</td>
<td>김 갑 동</td>
<td>XXXXXX-XXXXXXX</td>
<td>서울특별시 서초구 서초
대로 88길 10, 가동 101
호(서초동, 새벽아파트)</td>
<td></td>
</tr>
</table>

⑦ 등 록 면 허 세	금	6,000	원
⑦ 지 방 교 육 세	금	1,200	원
⑧ 세 액 합 계	금	7,200	원

⑨ 등 기 신 청 수 수 료	금	3,000	원
	납부번호 : ○○-○○-○○○○○○○○-○		
	일괄납부 : 건 원		

⑩ 등기의무자의 등기필정보		
부동산 고유번호	1102-2006-002095	
성명(명칭)	일련번호	비밀번호
이대백	Q77C-LO71-35J5	40-4636

⑪ 첨 부 서 면	
·포기증서 1통 ·등록면허세영수필확인서 1통 ·등기신청수수료 영수필확인서 1통 ·등기필증 1통	〈기 타〉

2014년 1월 2일

⑫ 위 신청인   이   대   백   ㉑   (전화 : 200-7766)
                    김   갑   동   ㉑   (전화 : 211-7711)

(또는)위 대리인   (전화 :   )

서울중앙 지방법원   등기국 귀중

- 신청서 작성요령 -

1. 부동산표시란에 2개 이상의 부동산을 기재하는 경우에는 부동산의 일련번호를 기재하여야 합니다.
2. 신청인란등 해당란에 기재할 여백이 없을 경우에는 별지를 이용합니다.
3. 담당 등기관이 판단하여 위의 첨부서면 외에 추가적인 서면을 요구할 수 있습니다.

[서식 예] 해지에 의한 근저당권 말소등기 신청서

<table>
<tr><td colspan="5" align="center">근저당권말소등기신청</td></tr>
<tr>
<td rowspan="2">접
수</td>
<td>년 월 일</td>
<td rowspan="2">처
리
인</td>
<td>등기관 확인</td>
<td>각종 통지</td>
</tr>
<tr>
<td>제   호</td>
<td></td>
<td></td>
</tr>
</table>

<table>
<tr><td colspan="5" align="center">① 부동산의 표시</td></tr>
<tr><td colspan="5">

1. 서울특별시 서초구 서초동 100
     대 300㎡
2. 서울특별시 서초구 서초동 100
     [도로명주소] 서울특별시 서초구 서초대로 88길 10
     시멘트 벽돌조 슬래브지붕 2층 주택
        1층 100㎡
        2층 100㎡

이   상
</td></tr>
<tr><td>② 등기원인과 그 연월일</td><td colspan="4">2014년 1월 2일   해지</td></tr>
<tr><td>③ 등 기 의 목 적</td><td colspan="4">근저당권등기말소</td></tr>
<tr><td>④ 말 소 할 등 기</td><td colspan="4">2008년 3월 2일 접수 제1128호로 경료된
근저당권 설정등기</td></tr>
<tr>
<td>구분</td>
<td>성 명
(상호·명칭)</td>
<td>주민등록번호
(등기용등록번호)</td>
<td>주   소 (소 재 지)</td>
<td>지 분
(개인별)</td>
</tr>
<tr>
<td>⑤
등기
의무자</td>
<td>이 대 백</td>
<td>XXXXXX-XXXXXXX</td>
<td>서울특별시 서초구 서초대
로 88길 20 (서초동)</td>
<td></td>
</tr>
<tr>
<td>⑥
등기
권리자</td>
<td>김 갑 동</td>
<td>XXXXXX-XXXXXXX</td>
<td>서울특별시 중구 다동길 9
6 (다동)</td>
<td></td>
</tr>
</table>

⑦ 등 록 면 허 세	금	12,000	원
⑦ 지 방 교 육 세	금	2,400	원
⑧ 세 액 합 계	금	14,400	원
⑨ 등 기 신 청 수 수 료	금	6,000	원
	납부번호 : ○○-○○-○○○○○○○○-○		
	일괄납부 : 건 원		

⑩ 등기의무자의 등기필정보

부동산고유번호	1102-2006-002095	
성명(명칭)	일련번호	비밀번호
이대백	Q77C-L071-35J5	40-4636

⑪ 첨 부 서 면

		〈기 타〉
·해지증서	1통	
·등록면허세영수필확인서	1통	
·등기신청수수료 영수필확인서	1통	
·등기필증	1통	

2014년 1월 2일

⑫ 위 신청인　이　대　백　㉑　(전화 : 200-7766)
　　　　　　　긴　갑　동　㉑　(전화 : 300-1166)

(또는)위 대리인　　　　　　(전화 :　　　)

서울중앙 지방법원　　　　　등기국 귀중

- 신청서 작성요령 -
1. 부동산표시란에 2개 이상의 부동산을 기재하는 경우에는 부동산의 일련번호를 기재하여야 합니다.
2. 신청인란등 해당란에 기재할 여백이 없을 경우에는 별지를 이용합니다.
3. 담당 등기관이 판단하여 위의 첨부서면 외에 추가적인 서면을 요구할 수 있습니다.

[서식 예] 해지에 의한 근저당권 말소등기 신청서(구분건물)

접 수	년 월 일 제 호	처 리 인	등기관 확인	각종 통지

근저당권말소등기신청

① 부동산의 표시
1동의 건물의 표시 　　　서울특별시 서초구 서초동 100 　　　서울특별시 서초구 서초동 101　　　샛별아파트 가동 　　[도로명주소] 서울특별시 서초구 서초대로 88길 10 　전유부분의 건물의 표시 　　　건물의 번호 1-101 　　　구　　　조 철근콘크리트조 　　　면　　　적 1층 101호 86.03㎡ 　대지권의 표시 　　　토지의 표시 　　　1. 서울특별시 서초구 서초동 100　　　　　대 1,400㎡ 　　　2. 서울특별시 서초구 서초동 101　　　　　대 1,600㎡ 　　　대지권의 종류 소유권 　　　대지권의 비율 1,2 : 3,000분의 500 　　　　　　　　　　이　　　　　　상

② 등기원인과 그 연월일	2014년 1월 2일　해지
③ 등 기 의 목 적	근저당권등기말소
④ 말 소 할 사 항	2008년 3월 2일 접수 제1128호로 경료된 근저당권 설정등기

구분	성 명 (상호·명칭)	주민등록번호 (등기용등록번호)	주　　소 (소 재 지)
⑤ 등기 의무자	이 대 백	XXXXXX-XXXXXXX	서울특별시 서초구 서초대로 88길 20 (서초동)
⑥ 등기 권리자	김 갑 동	XXXXXX-XXXXXXX	서울특별시 서초구 서초대로 88길 10, 가동 101호(서초동, 샛별아파트)

⑦ 등 록 면 허 세	금	6,000	원
⑦ 지 방 교 육 세	금	1,200	원
⑧ 세 액 합 계	금	7,200	원
⑨ 등 기 신 청 수 수 료	금	3,000	원
	납부번호 : ○○-○○-○○○○○○○○○-○		
	일괄납부 :　　　　건　　　　　원		

⑩ 등기의무자의 등기필정보		
부동산고유번호	1102-2006-002095	
성명(명칭)	일련번호	비밀번호
이대백	Q77C-L07I-35J5	40-4636

⑪ 첨 부 서 면	
·해지증서　　　　　　　　1통 ·등록면허세영수필확인서　　1통 ·등기신청수수료 영수필확인서　1통 ·등기필증　　　　　　　　1통	〈기 타〉

2014년 1월 2일

⑫ 위 신청인　　이　　　대　　　백　㊞　(전화 : 200-7766)
　　　　　　　　　김　　　갑　　　동　㊞　(전화 : 211-7711)

　　(또는)위 대리인　　　　　　　　　　　　(전화 :　　　　)

　　서울중앙 지방법원　　　　　　　　　등기국 귀중

- 신청서 작성요령 -
1. 부동산표시란에 2개 이상의 부동산을 기재하는 경우에는 부동산의 일련번호를 기재하여야 합니다.
2. 신청인란등 해당란에 기재할 여백이 없을 경우에는 별지를 이용합니다.
3. 담당 등기관이 판단하여 위의 첨부서면 외에 추가적인 서면을 요구할 수 있습니다.

■ 근저당권의 채권최고액만 변제하면 근저당권설정등기말소가 가능한지요?

Q. 甲은 乙로부터 돈을 차용하고 그 담보로 甲소유부동산에 근저당권을 설정하면서 그 채권최고액을 5,000만원으로 정하였는데, 甲의 乙에 대한 위 채무의 총액이 채권최고액을 초과하였습니다. 이 경우에도 甲이 위 채권최고액만 변제하면 위 근저당권의 말소등기청구를 할 수 있는지요?

A. 민법은 "저당권은 그 담보할 채무최고액만을 정하고 채무확정을 장래에 보류하여 이를 설정할 수 있고, 이 때 그 확정될 때까지의 채무소멸 또는 이전은 저당권에 영향을 미치지 아니하며, 이 경우 채무의 이자는 최고액 중에 산입한 것으로 본다."고 규정하고 있으며(민법 제357조), 저당권은 원본, 이자, 위약금, 채무불이행으로 인한 손해배상 및 저당권실행비용을 담보하지만, 지연배상에 대하여는 원본의 이행기일을 경과한 후의 1년분에 한하여 저당권을 행사할 수 있다고 규정하고 있습니다(민법 제360조).

   그런데 위 사안과 같이 근저당권 채권총액이 채권최고액을 초과하는 경우에 관련된 판례를 보면, 근저당권은 원본, 이자, 위약금, 채무불이행으로 인한 손해배상 및 근저당권실행비용을 담보하는 것이며, 이것이 근저당에서의 채권최고액을 초과하는 경우에 근저당권자로서는 그 채무자 겸 근저당권설정자와의 관계에서는 그 채무일부인 채권최고액과 지연손해금 및 집행비용만을 받고 근저당권을 말소시켜야 할 이유는 없을 뿐 아니라, 채무금전액에 미달하는 금액의 변제가 있는 경우에 이로써 우선 채권최고액 범위 채권에 변제충당 한 것으로 보아야 한다는 이유도 없으니 채권전액의 변제가 있을 때까지 근저당효력은 잔존채무에 여전히 미친다고 하였습니다(대법원 2010. 5. 13. 선고 2010다3681 판결).

   따라서 위 사안에서 甲은 위 근저당권의 채권최고액만을 변제하고 위 근저당권의 말소등기절차이행청구를 할 수 없을 것으로 보입니다.

   이와 달리 물상보증인 겸 근저당권설정자와의 관계에서 근저당권의 물상보증인은 민법 357조에서 말하는 채권의 최고액만을 변제하면 근저당권설정등기의 말소청구를 할 수 있고 채권최고액을 초과하는 부분의 채권액까지 변제할 의무가 있는 것이 아니라고 할 것입니다(대법원 1974. 12. 10. 선고 74다998 판결)

(관련판례)

채무자가 선순위 근저당권이 설정되어 있는 상태에서 그 부동산을 제3자에게 양도한 후 선순위 근저당권설정계약을 해지하고 근저당권설정등기를 말소한 경우에, 비록 근저당권설정계약이 이미 해지되었지만 그것이 사해행위에 해당하는지에 따라 후행 양도계약 당시 당해 부동산의 잔존가치가 피담보채무액을 초과하는지 여부가 달라지고 그 결과 후행 양도계약에 대한 사해행위취소청구가 받아들여지는지 여부 및 반환범위가 달라지는 때에는 이미 해지된 근저당권설정계약이라 하더라도 그에 대한 사해행위취소청구를 할 수 있는 권리보호의 이익이 있다고 보아야 한다. 이는 근저당권설정계약이 양도계약보다 나중에 해지된 경우뿐 아니라 근저당권설정계약의 해지를 원인으로 한 근저당권설정등기의 말소등기와 양도계약을 원인으로 한 소유권이전등기가 같은 날 접수되어 함께 처리되고 그 원인일자가 동일한 경우에도 마찬가지이다.(대법원 2013. 5. 9. 선고 판결)

■ 근저당권설정등기의 피담보채무를 변제하지 않은 채 상대방에게 근저당권설정등기의 말소등기절차의 이행을 청구할 수 있는지요?

Q. 저는 甲소유의 토지를 과실 없이 자신의 토지로 믿고 1992. 1. 4.부터 소유의 의사로 평온, 공연하게 점유해오다 2016. 1. 4. 甲을 상대로 점유취득시요 완성을 원인으로 하는 소유권이전등기청구소송을 제기하여 승소한 후, 2016. 6. 1. 토지에 대한 소유권이전등기를 경료하였습니다. 그런데 이 토지에는 乙을 근저당권자 및 채권자, 甲을 채무자, 채권최고액은 1억 원으로 하는 근저당권설정등기가 경료되어 있습니다. 이 근저당권설정등기가 취득시요 완성 전인 2009. 1. 4.에 경료되었다면 저는 乙의 근저당권설정등기의 피담보채무를 변제하지 않은 채 乙에게 근저당권설정등기의 말소등기절차의 이행을 청구할 수 있는지요?

A. 귀하는 피담보채무를 채무를 변제하지 않고 소유권에 기한 방해배제 청구(민법 제214조)로서 乙에게 근저당권설정등기의 말소등기절차를 이행할 것을 청구할 수 있을 것으로 보입니다.

취득시요로 인한 소유권의 취득은 원시취득이므로 원소유자의 권리 위에 존재하던 제한은 원칙적으로 소멸합니다. 따라서 특별한 사정이 없는 한 원소유자의 소유권에 가하여진 각종 제한에 의하여 영향을 받지 아니하는 완전한 내용의 소유권을 취득하게 됩니다(대판 2004. 9. 24. 2004다31463).

이와 같이 취득시효가 완성되어 소유권을 취득하는 경우에는 완전한 내용의 소유권을 취득하므로 기존에 부동산에 설정되어 있던 근저당권설정등기 등의 제한은 소멸한다고 보아야 합니다.

따라서, 귀하께서는 별도의 변제없이 乙에게 근저당권설정등기의 말소등기절차의 이행을 청구하실 수 있을 것으로 보입니다.

■ 근저당권설정등기가 불법행위로 인하여 원인 없이 말소된 경우 등기명의인이 입게 되는 손해가 있는지요?

Q. 甲은 乙로부터 5억 원을 차용하면서 甲소유의 A토지에 근저당권을 설정하였습니다. 그런데 근저당권 설정 이후 乙에게 원한을 품은 丙이 乙명의의 인장 및 등기필증을 위조하여 근저당권설정등기말소신청을 하였고 이로 인해 법률상 원인 없이 乙의 근저당권등기가 말소되었습니다. 이 경우 乙은 근저당권 채권최고액 상당의 손해를 입게 되는 것인지요?

A. 대법원 판례는 "불법행위로 인한 재산상 손해가 있다고 하려면 위법한 가해행위로 인하여 발생한 재산상불이익, 즉 그 위법행위가 없었더라면 존재하였을 재산상태와 그 위법행위가 가해진 현재의 재산상태에 차이가 있어야 한다(대법원 1992.6.23.선고 91다33070 전원합의체 판결 등 참조). 그런데 등기는 물권의 효력 발생 요건이고 존속 요건은 아니어서 등기가 원인 없이 말소된 경우에는 그 물권의 효력에 아무런 영향이 없고, 그 회복등기가 마쳐지기 전이라도 말소된 등기의 등기명의인은 적법한 권리자로 추정되며(대법원 2002.10.22.선고 2000다59678판결 등 참조), 그 회복등기 신청절차에 의하여 말소된 등기를 회복할 수 있으므로(부동산등기법 제75조), 근저당권설정등기가 불법행위로 인하여 원인 없이 말소되었다 하더라도 말소된 근저당권설정등기의 등기명의인이 곧바로 근저당권 상실의 손해를 입게 된다고 할 수는 없다."라고 판시한 바 있습니다(대법원 2010. 2. 11. 선고 2009다68408 판결).

위와 같은 대법원 판례를 고려할 때, 丙의 불법행위로 인하여 乙의 저당권등기가 말소되었더라도 乙이 곧바로 근저당권 상실의 손해를 입게 되었다고 할 수는 없을 것이고, 근저당권을 실행할 수 없게 되어 채권회수가 지연됨으로 인한 손해 또는 등기를 회복하는 데 드는 비용 상당의 손해 등에 의하여 손해액을 산정하는 것은 별론으로 하고, 乙이 이 사건 근저당권의 채권최고액 상당을 곧바로 위 불법행위로 인한 손해액으로 산정할 수는 없다고 할 것입니다.

(관련판례)
근저당권은 담보할 채권의 최고액만을 정하고 채무의 확정을 장래에 유보하여 설정하는 저당권을 말한다. 근저당권설정계약이나 기본계약에서 결산기를 정하거나 근저당권의 존속기간이 있는 경우라면 원칙적으로 결산기가 도래하거나 존속기간이 만료한 때에 피담보채무가 확정된다. 여기에서 결산기의 지정은 일반적으로 근저당권 피담보채무의 확정시기와 방법을 정한 것으로서 피담보채무의 이행기에 관한 약정과는 구별된다. 근저당권의 존속기간이나 결산기를 정하지 않은 때에는 피담보채무의 확정방법에 관한 다른 약정이 있으면 그에 따르고, 이러한 약정이 없는 경우라면 근저당권설정자가 근저당권자를 상대로 언제든지 계약 해지의 의사표시를 함으로써 피담보채무를 확정시킬 수 있다.(대법원 2017. 10. 31. 선고 2015다65042 판결)

■ 근저당권의 피담보채권 발생원인이 무효인 경우, 근저당권설정등기의 말소를 구할 수 있는지요?

Q. 甲은 乙로부터 실제로 5,000만 원을 빌릴 의사가 없음에도 乙과 통정하여 5,000만 원을 대여하기로 허위의 의사표시를 하고, 乙과 사이에 위 채무의 담보를 위하여 A부동산에 대한 근저당권설정계약을 체결하였습니다. 이후 乙은 甲에게 5,000만 원을 대여하지 않고 A부동산에 대한 근저당권을 설정하였습니다. 甲은 위 근저당권설정등기의 말소를 구할 수 있을까요?

A. 「민법」 제357조 제1항은 "저당권은 그 담보할 채무의 최고액만을 정하고 채무의 확정을 장래에 보류하여 이를 설정할 수 있다."라고 규정하고 있습니다. 한편, 판례는 "근저당권은 그 담보할 채무의 최고액만을 정하고, 채무의 확정을 장래에 보류하여 설정하는 저당권으로서, 계속적인 거래관계로부터 발생하는 다수의 불특정채권을 장래의 결산기에서 일정한 한도까지 담보하기 위한 목적으로 설정되는 담보권이므로, 근저당권설정행위와는 별도로 근저당권의 피담보채권을 성립시키는 법률행위가 있어야 하고, 근저당권의 성립 당시 근저당권의 피담보채권을 성립시키는 법률행위가 있었는지

여부에 대한 입증책임은 그 존재를 주장하는 측에 있다."라고 하였습니다. (대법원 2009.12.24. 선고 2009다72070 판결 참조)위 사안의 경우, 甲과 乙의 대여금계약은 민법 제108조에 따른 통정한 허위의 의사표시이므로 무효입니다. 즉, 위 근저당권의 피담보채권을 성립시키는 법률행위가 존재하지 않으므로, 甲은 乙을 상대로 위 근저당권등기의 말소를 구할 수 있습니다.

■ 저당권설정등기말소청구의 상대방은 누구입니까?

Q. 저는 근저당권설정자인데, 제 부동산에 甲 명의의 근저당권이 乙에게 양도되어 근저당권 이전등기의 부기등기가 경료되었습니다. 이후 피담보채무가 소멸되었는데 이 경우, 저는 근저당권 이전의 부기등기를 말소하면 되는 것인지, 또 누구를 상대방으로 청구해야 하는지가 궁금합니다.

A. 주등기는 표시번호란 또는 순위번호란에 독립한 번호를 붙여 행해진 등기로서, 독립등기라고도 합니다. 부기등기는 독립된 번호 없이 주등기의 번호에 따라서 행해지는 등기로서 주등기의 번호 아래 부기호수를 기록하여 행하여지는데, 이러한 부기등기는 기존의 등기순위를 그대로 보유할 필요가 있는 경우에 행하여집니다.

대법원은 근저당권 이전의 부기등기는 기존의 주등기인 근저당권설정등기에 종속되어 주등기와 일체를 이루는 것이어서, 피담보채무가 소멸된 경우 또는 근저당권설정등기가 당초 원인무효인 경우 주등기인 근저당권설정등기의 말소만 구하면 되고 그 부기등기는 별도로 말소를 구하지 않더라도 주등기의 말소에 따라 직권으로 말소되는 것이며, 근저당권 양도의 부기등기는 기존의 근저당권설정등기에 의한 권리의 승계를 등기부상 명시하는 것 뿐으로, 그 등기에 의하여 새로운 권리가 생기는 것이 아닌 만큼 근저당권설정등기의 말소등기청구는 양수인만을 상대로 하면 족하고 양도인은 그 말소등기청구에 있어서 피고 적격이 없으며, 근저당권의 이전이 전부명령 확정에 따라 이루어졌다고 하여 이와 달리 보아야 하는 것은 아니라고 합니다. (대법원 2000. 4. 11. 선고 2000다5640 판결) 따라서 피담보채무의 소멸 또는 근저당권설정등기의 원인무효로 근저당권설정등기말소청구를 하는 경우 부기등기가 아닌 주등기의 말소를 구하면 되고, 상대방은 현재의 등기명의자, 즉 양수인인 근저당권이전의 부기등기명의자라 할 것입니다.

■ 저당권 설정된 토지를 양도한 후 양도인이 저당권등기말소청구가 가능한지요?

Q. 저는 수년 전 甲으로부터 1,000만원을 차용하면서 저의 부동산에 근저당권을 설정해주었으나, 그 돈을 모두 갚았음에도 근저당권설정등기를 말소하지 않고 있던 중, 그 부동산을 乙에게 매도하여 소유권이전등기를 해주고, 위 근저당권등기를 말소해주기로 하였는데, 甲이 말소등기에 협력하는 조건으로 금전을 요구하고 있습니다. 이 경우 그 부동산의 소유권이 乙에게 이전된 상태에서도 제가 甲을 상대로 근저당권등기말소청구를 할 수 있는지요?

A. 민법에서 저당권의 소멸에 관하여, 저당권으로 담보한 채권이 시효완성 기타 사유로 인하여 소멸한 때에는 저당권도 소멸한다고 규정하고(민법 제369조), 소유권자의 소유물방해제거, 방해예방청구권에 관하여, 소유자는 소유권을 방해하는 자에 대하여 방해제거를 청구할 수 있고 소유권을 방해할 염려 있는 행위를 하는 자에 대하여 그 예방이나 손해배상의 담보를 청구할 수 있다고 규정하고 있으므로(민법 제214조), 위 사안에서 乙이 소유권에 기하여 甲의 근저당권설정등기말소를 청구할 수 있음은 당연합니다. 그러나 귀하는 매도인으로서 甲의 근저당권설정등기를 말소해주기로 乙과 약정한 것이므로, 귀하가 소유권을 상실한 경우에도 甲을 상대로 근저당권설정등기말소청구를 할 수 있을 것인지 문제됩니다.

그런데 근저당권설정자인 종전소유자도 피담보채무소멸을 이유로 근저당권설정등기말소를 청구할 수 있는지 판례를 보면, 근저당권이 설정된 후에 그 부동산의 소유권이 제3자에게 이전된 경우, 현재의 소유자가 자신의 소유권에 기초하여 피담보채무소멸을 원인으로 그 근저당권설정등기의 말소를 청구할 수 있음은 물론이지만, 근저당권설정자인 종전의 소유자도 근저당권설정계약의 당사자로서 근저당권소멸에 따른 원상회복으로 근저당권자에게 근저당권설정등기말소를 청구할 수 있는 계약상 권리가 있으므로 이러한 계약상 권리에 터 잡아 근저당권자에게 피담보채무소멸을 이유로 하여 그 근저당권설정등기말소를 청구할 수 있고, 목적물의 소유권을 상실하였다는 이유만으로 그러한 권리를 행사할 수 없다고 볼 것은 아니라고 하였습니다(대법원 1994. 1. 25. 선고 93다16338 판결).

그러므로 위 사안에서 현재의 소유자 乙이 근저당권자 甲을 상대로 피담보채무소멸을 이유로 한 위 근저당권설정등기말소를 청구할 수 있음은 당연한 것이고, 근저당권설정자 겸 종전소유자인 귀하가 위 근저당권설정등기의 말소청구를 하는 것도 가능하다고 할 것입니다.

참고로 당사자 사이에 부동산에 관한 대물반환예약 내지는 양도담보약정을 맺은 경우, 채무자는 채권자에게 그 피담보채무를 변제함으로써 약정에 따른 소유권이전등기절차 이행의무자체를 소멸시킬 수도 있고, 나아가 채권자 앞으로 소유권이전등기가 마쳐진 후에는 채권자로부터 청산금채권을 변제받을 때까지 채권자 앞으로 마쳐진 소유권이전등기의 말소를 청구할 수 있으므로(가등기담보 등에 관한 법률 제11조), 채무자가 채권자에게 소유권이전등기절차이행의무를 부담한다는 이유만으로 채무자의 그 부동산에 관한 근저당권설정등기말소청구가 허용될 수 없다고 단정할 수는 없다는 판례도 있습니다(대법원 1996. 5. 10. 선고 94다35565, 35572 판결).

■ 당사자가 자발적으로 말소등기를 한 경우 무효인 말소등기의 회복등기가 가능한지요?

Q. 甲은 乙에게 부동산을 매도하면서 계약금만 받은 채 소유권이전등기를 마쳐주고, 만일 매수인의 잔금지급지체로 매매계약이 해제될 경우 甲에게 다시 소유권이전등기를 해주기로 한 약정에 따라 소유권이전등기청구권보전을 위하여 甲명의의 가등기를 해두었는데, 乙은 그 가등기 후 그 부동산을 丙에게 소유권이전등기를 해주었고, 丙은 丁은행에 4건의 근저당권을 설정하였습니다. 그런데 甲은 乙·丙을 상대로 각 소유권이전등기 말소등기절차이행청구의 소를 제기하여 승소 후 그 소유권이전등기말소신청을 하였고 丁은행의 근저당권설정등기가 있음을 알지 못하고, 甲명의 가등기도 혼동으로 소멸되는 것으로 알고 가등기말소신청을 하여 그 가등기가 말소되었습니다. 지금 위 말소등기의 회복등기를 하기 위하여 등기상 이해관계인인 丁은행의 승낙을 구하려고 하는데, 이것이 가능한지요?

A. 혼동(混同)으로 인한 물권의 소멸에 관하여 민법에서 동일한 물건에 대한 소유권과 다른 물권이 동일한 사람에게 귀속한 때에는 다른 물권은 소멸하지만, 그 물권이 제3자의 권리의 목적이 된 때에는 소멸하지 아니한다고

규정하고 있으며(민법 제191조 제1항), 혼동의 요건과 효과에 관하여, 채권과 채무가 동일한 주체에 귀속한 때에는 채권은 소멸하나, 그 채권이 제3자의 권리의 목적인 때에는 그러하지 아니하다라고 규정하고 있습니다(민법 제507조).

그리고 가등기권자가 본등기절차에 의하지 않고 가등기설정자로부터 별도의 소유권이전등기를 받은 경우, 혼동의 법리에 의하여 가등기권자의 본등기청구권이 소멸하는지에 관한 판례를 보면, 채권은 채권과 채무가 동일한 주체에 귀속한 때에 한하여 혼동으로 소멸하는 것이 원칙이고, 어느 특정의 물건에 관한 채권을 가지는 자가 그 물건의 소유자가 되었다는 사정만으로는 채권과 채무가 동일한 주체에 귀속한 경우에 해당한다고 할 수 없어 그 물건에 관한 채권이 혼동으로 소멸하는 것은 아닌데, 매매계약에 따른 소유권이전등기청구권보전을 위하여 가등기가 마쳐진 경우 그 가등기권자가 가등기설정자에게 가지는 가등기에 기초한 본등기청구권은 채권으로서 가등기권자가 가등기설정자를 상속하거나 그의 가등기에 기초한 본등기절차이행의무를 인수하지 아니하는 이상, 가등기권자가 가등기에 기초한 본등기절차에 의하지 아니하고 가등기설정자로부터 별도의 소유권이전등기를 받았다고 하여 혼동의 법리에 의하여 가등기권자의 가등기에 기초한 본등기청구권이 소멸하지는 않는다고 하였습니다(대법원 2007. 2. 22. 선고 2004다59546 판결).

그러므로 위 사안에 있어서도 가등기 이후에 근저당권이 설정되어 있었으므로 위 가등기가 혼동으로 소멸되어야 하는 것은 아니었습니다.

말소등기회복에 관하여 부동산등기법에서 말소된 등기의 회복을 신청하는 경우에 등기상 이해관계 있는 제3자가 있을 때에는 그 제3자의 승낙이 있어야 한다고 규정하고 있습니다(부동산등기법 제59조). 그런데 판례를 보면, 부동산등기법에서 정한 말소회복등기란 어떤 등기의 전부 또는 일부가 부적법하게 말소된 경우에 그 말소된 등기를 회복하여 말소당시에 소급하여 말소가 없었던 것과 같은 효과를 생기게 하는 등기를 말하는 것으로서, 여기서 부적법이란 실체적 이유에 기초한 것이건 절차적 하자에 기초한 것임을 불문하고 말소등기나 기타의 처분이 무효인 경우를 의미하는 것이기 때문에 어떤 이유이건 당사자가 자발적으로 말소등기를 한 경우에는 말소회복등기를 할 수 없다고 하였습니다(대법원 2001. 2. 23. 선고 2000다63974 판결). 따라서 위 사안에서 甲도 혼동으로 소멸된 것으로 잘못 알고 위 가등기를 말소하였더라도 다시 말소회복등기를 할 수 없을 것이고, 그러한 말소회복에 丁은행으로부터도 승낙을 받을 수 없을 것으로 보입니다.

■ 근저당권의 이전원인이 무효인 경우에 부기등기를 말소할 수 있는지요?

Q. 저당권설정의 주등기와 저당권양도의 부기등기 중 부동산 소유자가 말소를 구할 대상은 저당권 이전의 부기등기가 아니라 주등기라고 들었습니다. 그런데 저당권 이전원인이 무효인 경우에는 부기등기를 말소할 수 있는지요?

A. 부동산의 소유자가 말소를 구할 대상이 되는 등기는 주등기이지 근저당권 이전의 부기등기는 아니라 할 것입니다. 채무자의 추가를 내용으로 하는 근저당권변경의 부기등기는 기존의 주등기인 근저당권설정등기에 종속되어 주등기와 일체를 이루는 것이고 주등기와 별개의 새로운 등기는 아니라 할 것이므로 그 피담보채무가 변제로 인하여 소멸된 경우 위 주등기의 말소만을 구하면 족하다 할 것이고 주등기가 말소된 경우에는 그에 기한 부기등기는 판결로 그 말소를 명하지 않더라도 직권으로 말소되어야 할 성질의 것입니다 (대법원 1988. 3. 8. 선고 87다카2585 판결). 따라서 부기등기의 말소청구는 권리보호의 이익이 없는 부적법한 청구라고 합니다(대법원 2000. 10. 10. 선고 2000다19526 판결).

그러나 근저당권의 이전원인이 무효로 된 경우에는 다르게 판단될 수 있습니다. 대법원은 근저당권이전의 부기등기가 기존의 주등기인 근저당권설정등기에 종속되어 주등기와 일체를 이룬 경우에는 부기등기만의 말소를 따로 인정할 아무런 실익이 없지만, 근저당권의 이전원인만이 무효로 되거나 취소 또는 해제된 경우, 즉 근저당권의 주등기 자체는 유효한 것을 전제로 이와는 별도로 근저당권이전의 부기등기에 한하여 무효사유가 있다는 이유로 부기등기만의 효력을 다투는 경우에는 그 부기등기의 말소를 소구할 필요가 있으므로 예외적으로 소의 이익이 있다고 합니다(대법원 2005. 6. 10. 선고 2002다15412 판결). 따라서 부기등기의 말소를 구할 수 있을 것입니다.

[서식 예] 근저당권설정등기말소청구의 소(채무부존재)

소   장

원   고   ○○○ (주민등록번호)

           ○○시 ○○구 ○○로 ○○(우편번호 ○○○-○○○)

           전화·휴대폰번호:

           팩스번호, 전자우편(e-mail)주소:

피   고   ◇◇◇ (주민등록번호)

           ○○시 ○○구 ○○로 ○○(우편번호 ○○○-○○○)

           전화·휴대폰번호:

           팩스번호, 전자우편(e-mail)주소:

근저당권설정등기말소청구의 소

청 구 취 지

1. 피고는 원고에게 별지목록 기재 부동산에 관하여 ○○지방법원 ○○등기소 20○○. ○. ○. 접수 제○○○○호로 마친 근저당권설정등기의 말소등기절차를 이행하라.
2. 소송비용은 피고가 부담한다.

라는 판결을 구합니다.

청 구 원 인

1. 원고는 별지목록 기재 부동산을 소유하고 있는 사람인데, 원고는 원고 소유의 건물보수 공사비 마련을 위하여 피고로부터 ○○○원을 차용하면서 위 별지목록 기재 부동산을 담보로 제공하여 이 사건 근저당권을 설정하여 주기로 하였습니다.
2. 피고는 20○○. ○. ○. 원고에게 현금이 아닌 액면 ○○○원인 당좌수표를 교부해주었으므로 원고는 피고를 믿고서 피고에게 근저당권설정등기에 필요한 인감도장 및 인감증명서 등을 교부하여 주었고, 그 뒤 청구취지 기재의 근저당권설정등기가 마쳐졌습니다.
3. 그런데 원고가 위 수표를 은행에 지급제시 하였으나 위 수표는 예금부족으로 부도처리 되었습니다.
4. 그렇다면 피고의 원고에 대한 이 사건 근저당권설정등기는 그 원인채권이 존재하지 않

는 것이므로, 원고는 이 사건 근저당권설정계약을 해제하고 원인무효인 위 근저당권설
정등기의 말소를 구하기 위하여 이 사건 청구에 이르게 되었습니다.

입 증 방 법

1. 갑 제1호증   수표
1. 갑 제2호증   사실확인서
1. 갑 제3호증   부동산등기사항증명서

첨 부 서 류

1. 위 입증방법   각 1통
1. 소장부본   1통
1. 송달료납부서   1통

200ㅇ.   ㅇ.   ㅇ.
위 원고   ㅇㅇㅇ (서명 또는 날인)

ㅇㅇ지방법원 귀중

제5장

전세권은 어떤 절차로
등기하나요?

제5장 전세권은 어떤 절차로 등기하나요?

1. 전세권 및 임차권의 개념

1-1. 전세권의 개념

전세권이란 전세금을 지급하고 타인의 부동산을 점유해 그 부동산의 용도에 좇아 사용·수익하며, 그 부동산 전부에 대해 후순위권리자 기타 채권자보다 전세금의 우선변제를 받을 권리를 말합니다(민법 제303조1항).

1-2. 임차권의 개념

임차권이란 당사자 일방이 상대방에게 목적물을 사용·수익하게 할 것을 약정하고 상대방이 이에 대해 차임을 지급할 것을 약정함으로 효력이 생기는 권리를 말합니다(민법 제618조).

1-3. 전세권 및 임차권의 구분

1-3-1. 전세권

① 전세권의 존속기간
  - 전세권의 존속기간은 10년을 넘지 못합니다(민법 제312조제1항).
  - 당사자의 약정기간이 10년을 넘는 경우에는 이를 10년으로 단축합니다(민법 제312조제1항).
  - 건물에 대한 전세권의 존속기간을 1년 미만으로 정한 경우에는 이를 1년으로 합니다(민법 제312조제2항).
② 전세권의 존속기간을 정하지 않은 경우
  - 전세권의 존속기간을 약정하지 않은 경우 각 당사자는 언제든지 상대방에 대해 전세권의 소멸을 통고할 수 있습니다(민법 제313조).
  - 상대방이 전세권의 소멸통고를 받은 날로부터 6개월이 경과하면 전세권은 소멸합니다(민법 제313조).
③ 전세권의 갱신
  - 전세권의 설정은 갱신할 수 있으나, 그 기간은 갱신한 날로부터 10년을 넘지 못

합니다(민법 제312조제3항).

- 건물의 전세권 설정자가 전세권의 존속기간 만료 전 6개월부터 1개월 사이에 전세권자에게 다음의 통지를 하지 않은 경우에는 그 기간이 만료된 때에 동일한 조건으로 다시 전세권을 설정한 것으로 봅니다(민법 제312조제4항). 이 경우 전세권의 존속기간은 그 정함이 없는 것으로 봅니다.

    1) 갱신거절의 통지

    2) 조건을 변경하지 않으면 갱신하지 않는다는 뜻의 통지

1-3-2. 임차권

① 임차권의 존속기간

- 일반적으로 임대차계약의 기간은 당사자의 약정에 따라 정한 기간이 만료될 때까지 존속됩니다.

- 임대차기간의 약정이 없는 경우 당사자는 언제든지 계약해지의 통고를 할 수 있습니다(민법 제635조제1항).

- 상대방이 계약해지의 통고를 받은 날로부터 다음의 기간이 경과하면 해지의 효력이 생깁니다(민법 제635조제2항).

    1) 토지, 건물 기타 공작물은 임대인이 해지를 통고한 경우에는 6개월, 임차인이 해지를 통고한 경우에는 1개월

    2) 동산은 5일

② 임차권의 갱신

- 임차인은 임대차기간이 만료한 경우에 계약의 갱신을 청구할 수 있습니다(민법 제643조 및 제283조).

- 임대차기간이 만료한 후 임차인이 임차물의 사용, 수익을 계속하고, 임대인이 상당한 기간 내에 이의를 하지 않은 경우에는 전임대차와 동일한 조건으로 다시 임대차한 것으로 봅니다(민법 제639조제1항).

1-4. 전세권 및 임차권의 성질

1-4-1. 전세권의 성질

① 타인의 부동산에 대한 권리

전세권은 타인의 부동산을 점유해 그 부동산의 용도에 맞게 사용·수익할 수 있는 권리입니다(민법 제303조제1항).

② 양도성

전세권은 물권이므로 전세권을 타인에게 양도 또는 담보로 제공할 수 있고 그 존속 기간 내에 목적물을 타인에게 전전세 또는 임대할 수도 있으나 설정행위로 이를 금지할 수도 있습니다(민법 제306조).

③ 전세금의 지급

전세권은 전세금을 지급해야 성립하며, 전세금은 등기해야 합니다(민법 제303조제1항 및 부동산등기법 제72조제1항).

④ 우선변제권

 - 전세권자는 부동산 전부에 대해 후순위권리자 기타 채권자보다 전세금의 우선변제를 받을 권리가 있습니다(민법 제303조제1항).
 - 전세권설정자가 전세금의 반환을 지체한 경우 전세권자는 전세권의 목적물의 경매를 청구할 수 있습니다(민법 제318조).

1-4-2. 임차권의 성질

① 임차권의 대항력

 - 임차인은 당사자 간에 반대 약정이 없으면 임대인에 대해 임대차등기절차에 협력할 것을 청구할 수 있습니다(민법 제621조제1항).
 - 부동산임대차를 등기한 경우 그때부터 제삼자에 대해 효력이 생깁니다(민법 제621조제2항).
 - 임대차는 그 등기를 하지 않아도 임차인이 주택의 인도와 주민등록을 마친 경우 그 다음 날부터 제삼자에 대해 효력이 생깁니다. 이 경우 전입신고를 한 때에 주민등록이 된 것으로 봅니다(주택임대차보호법 제3조제1항).
 - 상가건물임대차는 그 등기를 하지 않아도 임차인이 건물의 인도와 사업자등록을

신청하면 그 다음날부터 제삼자에 대해 효력이 생깁니다(상가건물 임대차보호법 제3조제1항).

- 건물의 소유를 목적으로 한 토지임대차는 이를 등기하지 않아도 임차인이 그 지상건물을 등기한 경우 제삼자에게 임대차의 효력이 생깁니다(민법 제622조제1항).

② 임차권등기명령제도

임차권등기명령제도란 임대차가 종료되었음에도 보증금을 돌려받지 못하고 이사를 가게 되면 우선변제권을 상실하게 되어 보증금을 돌려받지 못하는 임차인에게 대항력 및 우선변제권을 유지하면서 임차주택에서 자유롭게 이사할 수 있도록 하기 위해 시행된 제도입니다.

2. 전세권 설정등기

2-1. 전세권 설정등기의 개념

전세권 설정등기란 전세권자가 전세금을 지급하고 다른 사람의 부동산을 점유해 그 부동산의 용도에 따라 사용·수익하기 위해 하는 등기를 말합니다.

2-2. 전세권 설정등기의 신청인

① 전세권 설정등기 시 등기권리자와 등기의무자는 다음과 같습니다.
- 등기의무자: 전세권 설정자(소유자)
- 등기권리자: 전세권자

② 등기신청방법
- 신청인 또는 그 대리인이 등기소에 출석해 신청정보 및 첨부정보를 적은 서면을 제출하는 방법(부동산등기법 제24조제1항제1호 본문). 다만, 대리인이 변호사(법무법인·법무법인(유한) 및 법무조합 포함)나 법무사(법무사법인 및 법무사법인(유한) 포함)인 경우에는 대법원규칙으로 정하는 사무원을 등기소에 출석하게 해 서면을 제출할 수 있습니다[부동산등기법 제24조제1항제1호 단서].
- 전산정보처리조직을 이용해 신청정보 및 첨부정보를 보내는 방법(법원행정처장이 지정하는 등기유형으로 한정)[부동산등기법 제24조제1항제2호]

2-3. 전세권 설정등기 신청 시 제출서류

2-3-1. 시·군·구청을 통해 준비해야 하는 서류

① 신청인의 주소 등을 증명하는 서면

　　등기권리자의 주민등록등(초)본 또는 주민등록증 사본 및 등기의무자의 인감증명서

② 도면(해당자에 한함)

　- 부동산의 일부에 전세권설정등기를 신청할 경우에만 전세권의 범위를 특정하기 위해 그 도면을 첨부합니다.

　- 도면은 시·군·구청에서 발급받아 전세권이 설정되는 부분을 표시해 첨부하기도 하나, 시·군·구청에서 발급 시 등기의무자인 소유주만이 발급받을 수 있어, 준비하기가 수월하지 않는 경우가 많습니다. 이런 경우에는 도면을 직접 그려 제출하면 됩니다.

③ 등록면허세납부고지서(지방교육세 포함)

　㉮ 등록면허세란 재산권과 그 밖의 권리의 설정·변경 또는 소멸에 관한 사항을 공부에 등기하거나 등록할 때 납부하는 세금을 말합니다(지방세법 제23조제1호).

　　- 전세권의 설정등기 시 등록면허세 : 전세금액 × 2/1,000(지방세법 제28조제1항제1호다목)

　㉯ 지방교육세란 지방교육의 질적 향상에 필요한 지방교육재정의 확충에 소요되는 재원을 확보하기 위해 「지방세법」에 따른 등록면허세의 납부의무자에게 함께 부과되는 세금을 말합니다(지방세법 제149조 및 제150조제1호).

　　- 지방교육세: 등록면허세액 × 20/100(지방세법 제151조제1항제2호)

④ 등록면허세를 납부하는 경우에는 농어촌특별세(조세특례제한법·관세법·지방세법 및 지방세특례제한법에 따라 감면받은 경우 제외)를 내지 않아도 됩니다.

⑤ 시, 군, 구청 세무과를 방문해 등록면허세납부고지서를 발부받고 세금을 은행에서 납부하면 됩니다.

2-3-2. 은행을 통해 준비해야 할 서류

① 등록면허세영수필확인서

　　시·군·구청 세무과에서 등록면허세납부고지서를 발부받아온 후 은행에서 등록면허

세 및 지방교육세를 지불하면 등록면허세영수필확인서를 받을 수 있습니다.

② 국민주택채권의 매입 불필요

전세권 설정등기는 부동산보존등기, 이전등기, 저당권 설정등기 및 이전등기가 아니므로 국민주택채권을 매입하지 않아도 됩니다.

③ 대법원등기 수입증지의 구입(등기신청 수수료)

- 등기를 하려는 사람은 수수료를 내야 합니다(부동산등기법 제22조제3항).

- 대법원등기 수입증지를 은행이나 등기소에서 매입을 하여 이를 신청서에 붙이면 등기신청 수수료를 낸 것이 됩니다.

- 대법원등기 수입증지는 등기소나 등기소 주변의 은행(농협, 우체국, 신한은행 등)에서 구입하실 수 있습니다.

- 전세권 설정등기 한 건당 대법원등기 수입증지

  1) 서면방문신청: 15,000원

  2) 전자표준양식신청(e-form양식으로 작성한 후 등기소 방문신청) : 13,000원

  3) 전자신청: 10,000원

- 등기신청수수료의 납부는 그 수수료 상당액을 전자적 방법으로 납부하거나, 법원행정처장이 지정하는 금융기관에 현금으로 납부한 후 이를 증명하는 서면을 등기신청서에 첨부하여 제출하는 방법으로 합니다(등기사항증명서 등 수수료규칙 제6조제3항).

2-3-3. 전세권 설정 관련 서류

① 전세권설정 계약서

등기원인을 증명하는 서면을 첨부합니다.

② 위임장(해당자에 한함)

전세권 설정등기는 등기의무자와 등기권리자가 공동으로 신청하거나 등기의무자 또는 등기권리자가 상대방으로부터 위임장을 받아 혼자 등기소를 방문해서 신청할 수 있습니다.

③ 등기필정보 또는 등기필정보통지서

매도인인 등기의무자가 등기권리자로서 소유권에 관한 등기를 한 후 등기소로부터 받아서 가지고 있던 등기필정보를 등기소에 제공해야 합니다(부동산등기법 제50조

제2항).

④ 등기필정보의 제공방법

- 방문신청의 경우 : 등기필정보를 적은 서면(등기필정보통지서)를 교부하는 방법. 다만, 신청인이 등기신청서와 함께 등기필정보통지서 송부용 우편봉투를 제출한 경우에는 등기필정보통지서를 우편으로 송부합니다(부동산등기규칙 제107조제1항제1호).

- 전자신청의 경우 : 전산정보처리조직을 이용하여 송신하는 방법(부동산등기규칙 제107조제1항제2호)

2-4. 전세권 설정등기 신청서 작성

2-4-1. 신청서 및 첨부서류

신청서, 등록면허세영수필확인서, 등기 수입증지, 위임장, 인감증명서, 주민등록등(초)본, 도면, 전세권설정계약서 등의 순으로 준비합니다.

2-4-2. 신청서 양식

[서식 예] 전세권 설정등기 신청서

			전세권설정등기신청	
접	년 월 일	처 리 인	등기관 확인	각종 통지
수	제 호			

부동산의 표시
서울특별시 서초구 서초동 100 [도로명주소] 서울특별시 서초구 서초대로 88길 10 시멘트 벽돌조 슬래브지붕 2층 주택 　　1층 100㎡ 　　2층 100㎡ 　　　　　　　　　　　　　[등록문서번호 : 100번] 　　　　　　이　　　　　　　상

등기원인과 그 연월일	2014년 1월 2일 전세권설정계약
등 기 의 목 적	전세권설정
전 세 금	금 50,000,000 원
전세권의 목적인 범위	주택 2층 중 동쪽 50㎡
존 속 기 간	2014년 1월 2일부터 2014년 12월 31일까지

구분	성 명 (상호·명칭)	주민등록번호 (등기용등록번호)	주　소 (소 재 지)
등기 의무자	이 대 백	XXXXXX-XXXXXXX	서울특별시 서초구 서초대로 88길 20 (서초동)
등기 권리자	김 갑 동	XXXXXX-XXXXXXX	서울특별시 중구 다동길 96 (다동)

등 록 면 허 세	금	○○○,○○○	원
지 방 교 육 세	금	○○○,○○○	원
농 어 촌 특 별 세	금	○○○,○○○	원
세 액 합 계	금	○○○,○○○	원

등 기 신 청 수 수 료	금	15,000	원
	납부번호 : ○○-○○-○○○○○○○○○-○		
	일괄납부 :	건	원

등기의무자의 등기필정보

부동산고유번호	1102-2006-002095	
성명(명칭)	일련번호	비밀번호
이대백	Q77C-LO7I-35J5	40-4636

첨 부 서 면

·전세권설정계약서	1통	·주민등록표등(초)본	1통
·등기필증	1통	·도면	1통
·등록면허세영수필확인서	1통	·인감증명서 또는 본인서명사실 확인서	1통
·등기신청수수료 영수필확인서	1통	〈기 타〉	

2014년 1월 2일

위 신청인   이   대   백 ㉙   (전화 : 200-7766)
　　　　　　　긴   갑   동 ㉙   (전화 : 211-7711)

(또는)위 대리인   (전화 :   )

서울중앙 지방법원   등기국 귀중

- 신청서 작성요령 -
1. 부동산표시란에 2개 이상의 부동산을 기재하는 경우에는 부동산의 일련번호를 기재하여야 합니다.
2. 신청인란 등 해당란에 기재할 여백이 없을 경우에는 별지를 이용합니다.
3. 담당 등기관이 판단하여 위의 첨부서면 외에 추가적인 서면을 요구할 수 있습니다.

[서식 예] 전세권 설정등기 신청서(구분건물)

			전세권설정등기신청	
접	년 월 일	처 리 인	등기관 확인	각종 통지
수	제 호			

부동산의 표시
1동의 건물의 표시 　　　　서울특별시 서초구 서초동 100 　　　　서울특별시 서초구 서초동 101 　　　샛별아파트 가동 　　　[도로명주소] 서울특별시 서초구 서초대로 88길 10 전유부분의 건물의 표시 　　　　건물의 번호 1-101 　　　　구　　　조 철근콘크리트조 　　　　면　　　적 1층 101호 86.03㎡ 　　　　　　　이　　　　　　　　상

등기원인과 그 연월일	2014년 1월 2일 전세권설정계약
등 기 의 목 적	전세권설정
전 세 금	금 50,000,000 원
전세권의 목적인 범위	건물전부
존 속 기 간	2014년 1월 2일부터 2014년 12월 31일까지

구분	성 명 (상호·명칭)	주민등록번호 (등기용등록번호)	주　　소 (소 재 지)
등기 의무자	이 대 백	XXXXXX-XXXXXXX	서울특별시 서초구 서초대로 88 길 20 (서초동)
등기 권리자	김 갑 동	XXXXXX-XXXXXXX	서울특별시 서초구 서초대로 88 길 10, 가동 101호(서초동, 샛별 아파트)

등 록 면 허 세	금	○○○,○○○	원
지 방 교 육 세	금	○○○,○○○	원
농 어 촌 특 별 세	금	○○○,○○○	원
세 액 합 계	금	○○○,○○○	원
등 기 신 청 수 수 료	금	15,000	원
	납부번호 : ○○-○○-○○○○○○○○-○		
	일괄납부 : 건		원

등기의무자의 등기필정보

부동산고유번호	1102-2006-002095	
성명(명칭)	일련번호	비밀번호
이대백	Q77C-LO7l-35J5	40-4636

첨 부 서 면

·전세권설정계약서	1통	·주민등록표등(초)본	1통
·등록면허세영수필확인서	1통	·인감증명서 또는 본인서명사실확인서	1통
·등기신청수수료 영수필확인서	1통	〈기 타〉	
·등기필증	1통		

2014년 1월 2일

위 신청인　　이　　대　　백　㊞　(전화 : 200-7766)
　　　　　　　긴　　갑　　동　㊞　(전화 : 211-7711)

(또는)위 대리인　　　　　　　　　(전화 :　　　)

서울중앙 지방법원　　　　　　　등기국 귀중

- 신청서 작성요령 -
1. 부동산표시란에 2개 이상의 부동산을 기재하는 경우에는 부동산의 일련번호를 기재하여야 합니다.
2. 신청인란 등 해당란에 기재할 여백이 없을 경우에는 별지를 이용합니다.
3. 담당 등기관이 판단하여 위의 첨부서면 외에 추가적인 서면을 요구할 수 있습니다.

■ 전세기간 만료 후에도 전세권 설정등기를 청구할 수 있는가요?

Q. 甲은 건물의 소유자로서 乙과 전세권 설정계약을 체결한 전세권설정자입니다. 이러한 약정 당시 전세기간은 5년으로 한정하였던 바, 다만 이러한 기간이 만료될 때까지 전세권자 乙은 전세권설정등기를 하지 않았습니다. 이러한 기간이 도과하여 만료된 경우 전세권자 乙은 전세권설정등기를 전세권설정자 甲에게 요구할 수 있는지요?

A. 전세권설정등기청구권은 전세계약이 유효함을 전제로 인정되는 것입니다. 곧 전세권설정계약에서 정한 존속기간이 만료된 경우에는 이러한 전세계약이 유효하게 존속한다고 볼 수 없게 될 것입니다. 곧, 전세계약이 존속기간의 만료로서 종료되면 이에 기한 전세권설정등기청구권 역시 소멸한다고 보아야 합니다.

판례(대법원 1974. 4. 23. 선고 73다1262 판결) 역시 "전세계약이 그 존속기간의 만료로 종료되면 위 계약을 원인으로 하는 전세권설정등기절차의 이행청구권도 소멸한다."라고 판시한 바 있습니다.

결국 위 사안에서 전세권자 乙이 전세계약의 존속기간이 만료된 이후 전세권설정자인 甲에게 전세권설정등기청구하는 것은 그 권리가 없는 상태에서 요구하는 것으로서 부당한 권리행사라고 할 것입니다.

■ 전세권자가 아닌 제3자 명의로 경료된 전세권설정등기는 유효할까요?

Q. 甲은 乙과 甲 소유 건물에 대하여 2014. 6. 1. 전세금 200,000,000원, 전세기간 2년으로 하는 전세계약을 체결하였습니다. 甲과 乙은 합의에 따라 乙이 아닌 제3자 丙 명의로 전세권설정등기를 경료하였고, 甲은 丁은행으로부터 2015. 1. 1. 3억원을 대출받으면서 위 건물에 대하여 丁은행 명의로 근저당을 설정해 주었습니다. 甲이 위 대출을 갚지 못하자 丁은행은 위 건물에 대하여 2016. 3. 1. 경매를 신청하면서, 먼저 설정된 전세권등기가 전세권자인 乙이 아닌 제3자 丙명의로 되어있으므로 위 전세권등기가 무효라고 주장하고 있습니다. 丙의 전세권설정등기는 유효할까요?

A. 판례는 "전세권은 다른 담보권과 마찬가지로 전세권자와 전세권설정자 및

제3자 사이에 합의가 있으면 그 전세권자의 명의를 제3자로 하는 것도 가능하므로, 임대차계약에 바탕을 두고 이에 기한 임차보증금반환채권을 담보할 목적으로 임대인, 임차인 및 제3자 사이의 합의에 따라 제3자 명의로 경료된 전세권설정등기는 유효할 뿐 아니라(대법원 1998. 9. 4. 선고 98다20981 판결 등 참조), 이 사건에서 종전의 임대차는 채권적 전세에 불과하였으나, 전세권설정계약과 이에 따른 등기를 통하여 물권으로서의 전세권이 되었다"고 판시함으로서, 당사자 간 합의에 따라 제3자 명의로 설정된 전세권설정등기도 유효함을 확인하였습니다(대법원 2005. 5. 26. 선고 2003다12311 판결). 나아가 판례는 甲과 乙 사이에 최초로 체결되었던 계약이 소위 '채권적 전세'계약이라고 하더라도, 본 사안과 같이 전세권설정계약을 하여 제3자 명의로 전세권설정등기가 경료된 경우 그 성질이 물권으로서 전세권으로 변경되었음을 확인하였습니다.

따라서 본 사안의 경우 비록 甲과 乙이 합의에 따라 별도로 전세권설정계약을 하면서 제3자인 丙명의로 전세권설정계약을 체결하였다고 하더라도 이는 유효하며, 丁은행이 위 건물에 설정한 근저당보다 등기일이 빠르므로 丁은행은 위 경매에서 丙명의의 전세권설정등기가 무효임을 주장할 수 없습니다.

(관련판례)

실제로는 전세권설정계약을 체결하지 아니하였으면서도 임대차계약에 기한 임차보증금반환채권을 담보할 목적 또는 금융기관으로부터 자금을 융통할 목적으로 임차인과 임대인 사이의 합의에 따라 임차인 명의로 전세권설정등기를 경료한 경우에, 위 전세권설정계약이 통정허위표시에 해당하여 무효라 하더라도 위 전세권설정계약에 의하여 형성된 법률관계에 기초하여 새로이 법률상 이해관계를 가지게 된 제3자에 대하여는 그 제3자가 그와 같은 사정을 알고 있었던 경우에만 그 무효를 주장할 수 있다. 그리고 여기에서 선의의 제3자가 보호될 수 있는 법률상 이해관계는 위 전세권설정계약의 당사자를 상대로 하여 직접 법률상 이해관계를 가지는 경우 외에도 그 법률상 이해관계를 바탕으로 하여 다시 위 전세권설정계약에 의하여 형성된 법률관계와 새로이 법률상 이해관계를 가지게 되는 경우도 포함된다.(대법원 2013. 2. 15. 선고 2012다49292 판결)

■ **전세계약기간만료 후에도 전세권설정등기절차이행청구가 가능한지요?**

Q. 저는 甲으로부터 상가를 임차하면서 전세권설정등기를 해주기로 계약서에 명시하였으나, 甲은 차일피일 미루면서 전세권설정등기를 해주지 않고 지내던 중, 약정된 2년의 기간이 지나서 전세금의 반환을 청구하였으나, 甲은 새로운 세입자가 들어와야만 전세금을 반환하겠다고 하고 있어 어쩔 수 없이 영업을 계속하고 있는 상태인데, 지금이라도 전세권설정등기절차의 이행을 청구할 수 있는지요?

A. 전세권은 전세금을 지급하고 타인의 부동산을 점유하여 그 부동산의 용도에 좇아 사용·수익하고, 그 부동산전부에 대하여 후순위권리자 기타 채권자보다 전세금에 관한 우선변제를 받을 수 있으며, 전세금반환이 지체되면 경매를 요구할 수 있는 권리로서 용익물권적 성질과 담보물권적 성질을 겸유(兼有)하고 있는 권리입니다(민법 제303조).

　그런데 위 사안의 경우 귀하와 甲이 전세권설정계약을 하였으나 전세권설정등기에 협력해주지 않을 경우, 전세권의 기간만료 전이라면 귀하는 甲에 대하여 전세권설정등기청구권을 가지고 있었으므로 계약이행청구 즉, '전세권설정등기절차이행청구의 소'를 제기하여 승소 후 그 확정판결에 기초하여 전세권설정등기를 할 수 있었습니다.

　그러나 귀하의 전세권설정등기절차이행청구권은 甲과의 전세계약이 유효하게 존속하고 있음을 전제로 하는 것이며, 전세계약은 그 존속기간의 만료 후 갱신(更新)계약 등 다른 사유가 없는 한 종료하게 되는 것이므로, 위와 같이 귀하가 전세권설정등기를 하지 않은 상태에서 기간만료로 종료된 후에 전세권설정등기절차이행청구는 불가능할 것입니다.

　전세기간 만료 후에도 전세권설정등기를 청구할 수 있는지 판례를 보면, 전세계약이 그 존속기간의 만료로 종료되면 그 계약을 원인으로 하는 전세권설정등기절차이행청구권도 소멸한다고 하였으며(대법원 1974. 4. 23. 선고 73다1262 판결) 등기예규에서도, 전세계약이 그 존속기간의 만료로서 종료하게 되면 전세권설정등기청구권도 소멸한다고 하였습니다(등기예규 제229호 1974. 4. 23. 제정).

　따라서 귀하는 甲에 대하여 전세권설정등기절차이행청구를 할 수는 없을 것으로 보이고, 부동산가압류신청 등으로 전세금반환채권의 보전절차를 취함과 동시에 전세금반환청구소송을 제기하여 승소 후 그 확정판결에 기초하여 보전된 부동산을 경매함으로써 전세금을 반환 받아야 할 것으로 보입니다.

다만, 「상가건물임대차보호법」에서는 임차권등기명령에 관하여, 임대차가 종료된 후 보증금을 반환 받지 못한 임차인은 임차건물의 소재지를 관할하는 지방법원·지방법원지원 또는 시·군법원에 임차권등기명령을 신청할 수 있다고 규정하고 있는데(상가건물임대차보호법 제6조), 이 법의 적용요건을 갖추었다면 이에 의한 임차권등기명령을 신청하는 것이 가능할 것입니다.

■ 전세기간 만료 후 전세권 설정등기를 말소하지 아니한 경우의 책임은 어디까지 입니까?

Q. 甲은 2010. 2. 16. 乙과 자신이 소유한 부동산에 관하여 전세금 1억원, 전세기간 2010. 2. 16.부터 2012. 2. 15.까지로 하는 전세권설정계약을 체결하고, 2010. 2. 22. 전세권설정등기를 경료해 주었습니다. 乙은 위 전세기간이 만료되자 위 건물에서 퇴거하였으나, 甲에게 전세권설정등기 말소에 필요한 서류를 교부하지 아니하였고, 甲도 乙에게 전세금을 반환해 주지 않았습니다. 乙이 甲에게 전세금 반환 청구소송을 제기하면서 전세기간 만료 후의 전세금에 대한 지연이자까지 청구한 경우, 乙은 이를 받을 수 있을까요?

A. 민법 제 제317조는 "전세권이 소멸한 때에는 전세권설정자는 전세권자로부터 그 목적물의 인도 및 전세권설정등기의 말소등기에 필요한 서류의 교부를 받는 동시에 전세금을 반환하여야 한다"고 하여 전세기간 만료 등으로 전세권이 소멸한 경우, 전세권 설정자의 전세금 반환의무와 전세권자의 목적물 인도의무 뿐만 아니라 전세권자의 말소등기 서류교부의무 또한 동시이행의 관계에 있음을 분명히 하고 있습니다.

이의 연장선상에서 본 사안과 같이 전세권자가 목적물은 인도하였으나 말소등기에 필요한 서류 교부 의무를 해태한 경우에 판례는 "전세권설정자는 전세권이 소멸한 경우 전세권자로부터 그 목적물의 인도 및 전세권설정등기의 말소등기에 필요한 서류의 교부를 받는 동시에 전세금을 반환할 의무가 있을 뿐이므로, 전세권자가 그 목적물을 인도하였다고 하더라도 전세권

설정등기의 말소등기에 필요한 서류를 교부하거나 그 이행의 제공을 하지 아니하는 이상, 전세권설정자는 전세금의 반환을 거부할 수 있고, 이 경우 다른 특별한 사정이 없는 한 그가 전세금에 대한 이자 상당액의 이득을 법률상 원인 없이 얻는다고 볼 수 없다"고 명시하여, 전세권자가 서류 교부의무를 해태한 경우 목적물의 인도만으로는 이행제공을 충실하게 하였다고 볼 수 없으므로 전세권 설정자가 전세금 반환의무를 이행하지 않더라도 이자 상당액을 부당이득으로 청구할 수는 없음을 분명히 하고 있습니다.

따라서 乙은 甲에게 전세권 말소등기에 필요한 서류를 교부하지 않는 이상 甲에게 지연이자 상당액을 부당이득으로 청구할 수 없고, 자신의 서류 교부의무와 동시에 전세금을 반환받으라는 판결을 받게 될 것입니다.

■ 전세권의 존속기간 변경등기 시 후순위 근저당권자의 승낙이 필요한지요?

Q. 저는 甲소유건물에 대하여 전세금 5,000만원, 존속기간 2년으로 하는 전세권설정등기를 한 후 영업을 시작하였고, 이후 위 건물에 대한 乙의 근저당권이 설정되었는데, 위 전세계약기간이 만료된 후 저는 甲과 그 기간을 2년간 연장하기로 합의하였습니다. 이처럼 제가 전세권설정등기를 한 후 乙의 근저당권이 설정되었고, 전세금액에는 변동 없이 그 존속기간만 연장하려는 경우에도 근저당권자 乙의 승낙이 필요한지요?

A. 부동산등기법에 따르면, 권리의 변경이나 경정의 등기는 등기상 이해관계 있는 제3자의 승낙이 있는 경우에는 부기등기를 할 수 있으나, 이해관계 있는 제3자의 승낙이 없는 경우에는 부기등기를 할 수 없다고 규정하고 있습니다(부동산등기법 제52조 제5호). 여기에서 '등기상 이해관계 있는 제3자'란 기존등기의 변경등기를 허용함으로써 손해를 입게 될 위험성이 있는 등기상의 권리자를 의미하고, 그와 같은 손해를 입게 될 위험성은 등기의 형식에 의하여 판단하고 실질적으로 손해를 입을 염려가 있는지는 고려의 대상이 되지 않는다 할 것이고(대법원 1998. 4. 9. 자 98마40 결정), 그 제3자가 승낙의무를 부담하는지는 그 제3자가 등기권리자에 대한 관계에서 그 승낙을 하여야 할 실체법상의 의무가 있는지에 따라서 결정됩니다(대법원 2007. 4. 27. 선고 2005다43753 판결).

그런데 존속기간 만료된 건물전세권설정등기의 존속기간 및 전세금에 대한 변경등기가 가능한지 등기선례를 보면, 건물전세권의 경우에는 토지전세권과는 달리 법정갱신제도가 인정되고 있으므로, 존속기간이 만료된 때에도 그 전세권설정등기의 존속기간이나 전세금에 대한 변경등기신청은 가능하다고 하였습니다(등기선례 5-416 1998. 6. 5. 제정). 또한, 위 사안에서 후순위 근저당권자인 乙은 '등기상 이해관계 있는 제3자'에 해당되므로, 전세권 존속기간연장을 위한 변경등기에 乙의 승낙서 등이 필요한지 문제됩니다.

이에 관련된 등기선례를 보면, 권리변경등기에 관하여 등기상 이해관계 있는 제3자가 있는 경우에 신청서에 그 승낙서 또는 이에 대항할 수 있는 재판의 등본을 첨부한 때에는 부기에 의하여 그 등기를 하고 그 승낙서 등을 첨부하지 않았을 때에는 주등기(독립등기)로 그 변경등기를 하는 것이므로, 전세권 존속기간연장을 목적으로 하는 변경등기는 후순위 근저당권자의 승낙서 또는 이에 대항할 수 있는 재판의 등본을 첨부한 때에 한하여 부기등기로 이를 할 수 있다고 하였습니다(등기선례 1-422 1986. 1. 24. 제정).

또한 존속기간 연장 및 전세금 감액을 위한 전세권변경등기시 이해관계 있는 제3자의 승낙서 등을 첨부하지 않고도 부기등기로 할 수 있는지 여부에 관한 등기선례에서도 "전세권설정등기 후에 제3자 명의의 근저당권설정등기가 경료된 후 전세권설정등기의 변경등기를 신청하는 경우, 그 내용이 전세금의 감액인 경우에는 근저당권자의 승낙서 등을 첨부하지 않아도 부기에 의하여 그 등기를 할 것이나, 전세권의 존속기간 연장과 전세금의 감액을 함께 신청하는 경우에는 근저당권자의 승낙서 등을 첨부한 때에 한하여 부기에 의하여 그 등기를 할 수 있다."라고 하여 후순위근저당권자의 승낙서를 첨부해야 한다는 점을 명시하고 있습니다.(1998.11.17 제정, 등기선례 제5-421호)

따라서 위 사안에서도 전세권 존속기간연장을 목적으로 하는 변경등기를 부기등기로 하여 제1순위의 효력을 유지하기 위해서는 乙의 승낙서 등을 첨부하여 변경등기신청을 하여야 할 것이고, 乙이 승낙서를 교부해주지 않는 경우에는 승낙에 갈음하는 의사표시를 구하는 소송을 제기하여 그 판결문을 첨부해 부기등기를 신청하여야 할 것입니다.

■ 전세권이 설정된 건물을 매수한 자에게 전세권관계가 인수되는지요?

Q. 저는 甲의 건물에 전세권설정등기를 하고 점유하던 중, 계약기간이 만료되기 전에 그 건물의 소유권이 乙에게 이전되었습니다. 이 경우 제가 전세권의 존속기간이 만료된 후 위 건물의 매수인 乙에게 전세금의 반환을 청구할 수 있는지요?

A. 전세권은 전세권자가 전세금을 지급하고 타인의 부동산을 점유하여 그 부동산의 용도에 좇아 사용·수익하며, 그 부동산 전부에 대하여 후순위권리자 기타 채권자보다 전세금의 우선변제를 받을 것을 내용으로 하는 용익물권(用益物權)으로서(민법 제303조 제1항), 전세권설정자가 전세금반환을 지체한 때에는 전세권자에게 경매신청권도 주어지고 있습니다(민법 제318조). 즉, 전세권은 부동산소유자에 대한 권리가 아니라 그 객체인 토지나 건물을 직접 지배하는 권리이므로, 전세권의 목적이 된 부동산소유자의 변동은 전세권의 운명에 영향을 주지 않습니다.

그런데 주택임차권에 관하여, 임차주택의 양수인은 대항력을 갖춘 주택임차인에 대한 관계에서 임대인의 지위를 승계한 것으로 본다는 규정이 있으며(주택임대차보호법 제3조 제4항), 상가건물임차권에 관하여, 상가건물임대차는 그 등기가 없는 경우에도 임차인이 건물의 인도와 「부가가치세법」 제8조, 「소득세법」 제168조 또는 「법인세법」 제111조에 따른 사업자등록을 신청하면 그 다음 날부터 그 다음날부터 제3자에 대하여 효력이 생기고, 임차건물의 양수인(그밖에 임대할 권리를 승계한 자를 포함)은 임대인의 지위를 승계한 것으로 본다고 규정하고 있습니다(상가건물임대차보호법 제3조 제1항 및 제2항).

그러나 전세권에 관하여는 민법에 이러한 규정을 두지 않고 있으므로, 전세권의 목적이 된 부동산소유자의 변동이 있을 경우 신소유자에게 전세권설정자의 지위가 그대로 승계 되는지 문제가 되는데, 전세권성립 후 목적물소유권이 이전되는 경우에 전세권자와 구소유자간의 전세권관계가 신소유자에게 이전되는지 판례를 보면, 전세권이 성립한 후 전세목적물의 소유권이 이전된 경우 민법이 전세권 관계로부터 생기는 상환청구, 소멸청구, 갱신청구, 전세금증감청구, 원상회복, 매수청구 등의 법률관계의 당사자로 규정하고 있는 전세권설정자 또는 소유자는 모두 목적물의 소유권을 취득한 신소유자로 새길 수밖에 없다고 할 것이므로, 전세권은 전세권자와 목적물의 소유권을 취득한 신소유자 사이에서 계속 동일한 내용으로 존속하게 된다고 보아야 할 것이고, 따라서 목적물의 신소유자는 구소유자와 전세권자 사이에 성립한 전세권의 내용에 따른 권리의무의 직접적인 당사자가 되어 전세권이 소멸하는 때에 전세권자에 대하여 전세권설정자의 지위에서 전세금 반환의무를 부담하게 된다고 하였습니다(대법원 2006. 5. 11. 선고 2006다6072 판결).

　따라서 귀하의 경우에도 전세권의 존속기간이 만료되면 신소유자인 건물 매수인 乙에게 전세금의 반환을 청구할 수 있을 것으로 보입니다.

(관련판례)

주택에 관하여 최선순위로 전세권설정등기를 마치고 등기부상 새로운 이해관계인이 없는 상태에서 전세권설정계약과 계약당사자, 계약목적물 및 보증금(전세금액) 등에 있어서 동일성이 인정되는 임대차계약을 체결하여 주택임대차보호법상 대항요건을 갖추었다면, 전세권자로서의 지위와 주택임대차보호법상 대항력을 갖춘 임차인으로서의 지위를 함께 가지게 된다. 이러한 경우 전세권과 더불어 주택임대차보호법상의 대항력을 갖추는 것은 자신의 지위를 강화하기 위한 것이지 원래 가졌던 권리를 포기하고 다른 권리로 대체하려는 것은 아니라는 점, 자신의 지위를 강화하기 위하여 설정한 전세권으로 인하여 오히려 주택임대차보호법상의 대항력이 소멸된다는 것은 부당하다는 점, 동일인이 같은 주택에 대하여 전세권과 대항력을 함께 가지므로 대항력으로 인하여 전세권 설정 당시 확보한 담보가치가 훼손되는 문제는 발생하지 않는다는 점 등을 고려하면, 최선순위 전세권자로서 배당요구를 하여 전세권이 매각으로 소멸되었다 하더라도 변제받지 못한 나머지 보증금에 기하여 대항력을 행사할 수 있고, 그 범위 내에서 임차주택의 매수인은 임대인의 지위를 승계한 것으로 보아야 한다.(대법원 2010. 7. 26. 자 2010마900 결정)

■ 공사대금채권의 담보목적으로 설정된 전세권이 전세권으로서의 효력이 인정되는지요?

Q. 甲은 乙로부터 다세대주택의 신축공사를 도급받아 공사를 완성하고, 그 공사대금의 일부를 지급받지 못하여 乙로부터 그 다세대주택 중 1세대에 대하여 전세권설정을 받아 등기하고, 수개월 후 그 전세권설정 된 구분건물을 임대하여 공사대금을 회수하였습니다. 그런데 위 전세권설정 된 구분건물이 경매개시 되었으므로 이 경우 공사대금채권의 담보목적으로 설정된 甲의 전세권이 전세권으로서의 효력이 인정되는지요?

A. 전세권에 관하여 민법에서 전세권자는 전세금을 지급하고 다른 사람의 부동산을 점유하여 그 부동산의 용도에 좇아 사용·수익하며, 그 부동산전부에 대하여 후순위권리자 기타 채권자보다 전세금의 우선변제를 받을 권리가 있으나, 농경지는 전세권의 목적으로 하지 못한다고 규정하고 있습니다(민법 제303조).

그런데 채권담보목적으로 전세권이 설정되고, 전세권성립요소인 전세금지급이 현실적으로 수수되지 않은 경우에도 전세권이 유효하게 되는지 판례를 보면, 전세권이 용익물권적 성격과 담보물권적 성격을 겸비하고 있다는 점 및 목적물의 인도는 전세권의 성립요건이 아닌 점 등에 비추어 볼 때, 당사자가 주로 채권담보목적으로 전세권을 설정하였고, 그 설정과 동시에 목적물을 인도하지 아니한 경우라 하더라도, 장차 전세권자가 목적물을 사용·수익하는 것을 완전히 배제하는 것이 아니라면, 그 전세권의 효력을 부인할 수는 없다 할 것이고, 한편 전세금지급은 전세권성립의 요소가 되는 것이지만 그렇다고 하여 전세금지급이 반드시 현실적으로 수수되어야만 하는 것은 아니고 기존의 채권으로 전세금지급에 갈음할 수도 있다고 하였습니다(대법원 2009. 1. 30. 선고 2008다67217 판결).

따라서 위 사안에서 甲의 위 다세대주택에 관한 전세권이 공사대금채권의 담보목적으로 설정되었고, 전세금지급이 현실적으로 행하여진 바가 없더라도 전세권으로서의 효력이 인정될 수 있을 것으로 보입니다.

참고로 실제로는 전세권설정계약을 체결하지 아니하였으면서도 금융기관으로부터 자금을 융통할 목적으로 임차인과 임대인 사이의 합의에 따라 임차인명의로 전세권설정등기를 마친 경우, 그 전세권설정계약은 통정허위표시에 해당하여 무효가 될 수도 있을 것입니다(대법원 2010. 3. 25. 선고 2009다35743 판결).

■ 전세권설정등기를 말소하면 전세금을 돌려준다고 하는데, 이러한 주장이타당한 것인지요?

Q. 부동산 소유자인 甲은 그 부동산을 사용수익하기를 원하는 乙과 4년의 기간으로 전세금 5,000만원으로 하는 전세권설정계약을 체결하였습니다. 이후 전세권설정등기를 하고 있던 乙은 약정한 기간이 만료하자 새로운 곳에서 사업을 하기 위하여 전세금을 돌려받고 싶어합니다. 다만, 전세권설정자 甲이 주장하기로는 먼저 전세권설정등기를 말소하면 전세금을 돌려준다고 하는데, 이러한 甲의 주장이 타당한 것인지요?

A. 민법 제317조는 전세권이 소멸할 경우의 전세권자와 전세권설장자의 의무에 대하여 규정하고 있습니다. 곧, 전세권이 소멸한 때에는 전세권설정자는 전세권자로부터 그 목적물의 인도 및 전세권설정등기의 말소등기에 필요한 서류의 교부를 받는 동시에 전세금을 반환하여야 한다고 규정함으로써 이러한 의무의 동시이행관계를 설시하고 있습니다.

결국 전세금의 반환이 선이행의무가 아니라고 할 것인바, 전세권자 甲은 전세권설정자가 등기의 말소 및 전세목적물의 인도를 하는 동시에 전세금을 반환하여줄 의무가 있다고 할 것입니다.

(관련판례)
임대인과 임차인이 임대차계약을 체결하면서 임대차보증금을 전세금으로 하는 전세권설정등기를 경료한 경우 임대차보증금은 전세금의 성질을 겸하게 되므로, 당사자 사이에 다른 약정이 없는 한 임대차보증금 반환의무는 민법 제317조에 따라 전세권설정등기의 말소의무와도 동시이행관계에 있다. (대법원 2011. 3. 24. 선고 2010다95062 판결)

■ 건물전세권설정 된 경우 그 토지에 대한 별도의 전세권설정 가능한지요?

Q. 甲은 乙소유 건물전부에 대하여 丙에게 전세권설정등기가 되고 그 존속기간이 2개월 정도 남아 있는 乙소유대지에 대하여 전세권설정을 받고자 하는데, 이 경우 그 지상건물전체에 대한 전세권이 설정된 상태에서도 대지에 대하여 별도의 전세권설정등기가 가능한지요?

A. 과거 등기 선례에 의할 경우에는 대지와 건물이 같은 소유자인 경우 건물을

사용하기 위하여 건물에 대한 전세권을 설정한 경우에 그 건물을 용도에 따라 사용·수익하려면 대지를 비롯하여 필요한 범위에서 부근 토지도 사용하여야 할 것이므로, 건물 전세권설정자가 대지소유자인 경우에는 건물전세권자의 건물용도에 따른 사용·수익을 방해하는 대지 등에 대한 다른 전세권을 설정하지 못할 것이라고 하였습니다(등기선례 199901-10 1999. 1. 16. 제정).

그러나 최근의 등기선례는 위 선례를 변경하여, 토지와 건물은 별개의 부동산이므로 건물전부에 대한 전세권설정등기가 마쳐진 경우에도 토지에 대하여 별도의 전세권설정등기를 신청할 수 있으며, 또한 이미 건물일부에 전세권이 설정된 경우에도 위 건물부분과 중복되지 않는 다른 건물부분에 대하여 전세권설정등기를 신청할 수 있다고 하였습니다(등기선례 6-318 2000. 10. 4 제정).

그러므로 위 사안에서도 비록 丙에게 건물전부에 관하여 전세권설정등기가 되어 있다고 하여도 甲이 대지에 전세권을 설정 받아 등기할 수 있을 것으로 보입니다.

참고로 건물에 대한 전세권설정등기 후, 대지에 대하여 추가로 전세권설정등기를 할 수 있는지 여부에 관한 등기선례를 보면 1동의 건물의 일부에 대하여 전세권설정등기가 경료된 후, 그 건물의 대지 전부를 추가하여 위 전세권의 목적으로 하는 추가전세권설정등기를 신청할 수 있다고 한 등기선례가 있고(등기선례 제6-316호, 2000.02.16 제정), 건물일부에 대한 전세권자의 그 건물대지 전부에 대한 전세권설정등기가 가능한지에 관한 등기선례를 보면, 토지와 건물은 별개의 부동산이므로 건물일부에 대한 전세권설정등기와 관계없이 그 대지전부에 대하여도 전세권등기를 설정 받을 수 있을 것이나, 그 대지가 공유지분 등의 형식으로 되어 있는 경우 그 지분에 대해서는 전세권등기를 설정 받을 수 없다고 하였습니다(등기선례5-420 1998. 10. 7. 제정).

■ 임대차계약에서 전세권설정의 특약이 이행되지 않은 경우, 손해배상책임의 범위와 내용은 어떤 것이 있는지요?

Q. 甲은 공인중개사인 乙에게 아파트 매수 및 이에 대한 임대차계약에 대한 중개를 위임하였습니다. 乙이 甲과 丙사이의 임대차계약을 중개하면서 소유권 이전과 동시에 전세권설정을 하기로 특약을 하였으나, 丙은 乙의 권고에 따라 전세권설정등기 대신 전입신고와 확정일자 취득을 마쳤습니다. 같은 날 甲이 자신의 명의로 소유권이전등기를 마침과 동시에 丙에게 알리지 아니하고 丁새마을금고 앞으로 근저당권설정등기를 마쳐, 그 후 진행된 임의경매절차에서 丙이 임대차보증금의 일부만 배당받은 경우, 공인중개사 乙은 丙에게 어떠한 책임을 지게 될까요?

A. 공인중개사의 업무 및 부동산 거래신고에 관한 법률 제30조는 제 1항에서 "중개업자는 중개행위를 함에 있어서 고의 또는 과실로 인하여 거래당사자에게 재산상의 손해를 발생하게 한 때에는 그 손해를 배상할 책임이 있다"고 규정하고 있습니다. 위 법률상 중개행위의 범위에 관하여 판례는 "중개행위에 해당하는지는 거래당사자의 보호에 목적을 둔 법 규정의 취지에 비추어 볼 때 중개업자가 진정으로 거래당사자를 위하여 거래를 알선·중개하려는 의사를 갖고 있었느냐고 하는 중개업자의 주관적 의사를 기준으로 판단할 것이 아니라 중개업자의 행위를 객관적으로 보아 사회통념상 거래의 알선·중개를 위한 행위라고 인정되는지 아닌지에 따라 판단하여야 한다.따라서 임대차계약을 알선한 중개업자가 계약 체결 후에도 보증금의 지급,목적물의 인도,확정일자의 취득 등과 같은 거래당사자의 계약상 의무의 실현에 관여함으로써 계약상 의무가 원만하게 이행되도록 주선할 것이 예정되어 있는 때에는 그러한 중개업자의 행위는 객관적으로 보아 사회통념상 거래의 알선·중개를 위한 행위로서 중개행위의 범주에 포함된다"고 판시함으로서, 구체적인 판단기준을 제시하고 있습니다(대법원 2013. 6. 27. 선고 2012다102940 판결).

본 사안과 같은 경우, 판례는 "丙의 의뢰를 받은 중개업자인 乙은 임대차계약 체결 이후에도 丙의 잔금 지급 및 전세권설정에 관여하면서 계약의 원만한 이행과 丙의 임대차보증금반환채권 보전을 도모할 것이 예정되어 있었고, 이러한 행위는 乙과 丙 사이의 중개계약 본지에 따른 중개행위에 포함되는데, 乙은 甲명의의 소유권이전등기가 마쳐지기도 전에 당초 정한 지급기일에 앞서 임대차보증금 잔금을 지급하도록 주선하면서도 임대차계약에서 특약한 대로 소유권이전등기 후 바로 전세권설정등기가 이루어지도록 조치하지 아니하고 임대차보증금 담보방법으로 상대적으로 불확실한 전입신고 및 확정일자 취득을 丙에게 권고하였으며 甲이 이를 틈타 근저당권설정등기를 마친 결과 丙은 보증금 중 일부를 회수하지 못하는 손해를 입었으므로, 乙의 행위는 공인중개사의 업무 및 부동산 거래신고에 관한 법률 제30조 제1항 이 정한 중개업자가 중개행위를 함에 있어서 고의 또는 과실로 거래당사자에게 재산상의 손해를 발생하게 한 때에 해당한다"고 하여 공인중개사 을의 손해배상책임을 인정하고 있습니다.

따라서 丙은 공인중개사 乙의 권유에 따라 전세권설정등기 대신 전입신고 및 확정일자 취득의 방법을 택하게 되었고, 이에 따라 임대차보증금 중 일부를 변제받지 못한 손해를 입게 되었으므로, 위 손해에 대하여 공인중개사 乙에게 손해배상책임을 물을 수 있습니다.

(관련판례)

갑이 아파트를 매수하면서 계약금만 지급한 상태에서 공인중개사인 을이 병으로부터 임대차중개를 의뢰받고 갑과 병 사이의 임대차계약을 중개하면서 소유권 이전과 동시에 전세권설정을 하기로 특약을 하였으나, 병이 잔금을 지급한 후 을의 권고에 따라 전세권설정등기 대신 전입신고와 확정일자 취득을 마쳤는데, 같은 날 갑이 자신의 명의로 소유권이전등기를 마침과 동시에 병 몰래 정 새마을금고 앞으로 근저당권설정등기를 마치고 대출을 받고, 그 후 위 아파트에 관한 임의경매절차에서 병이 임대차보증금의 일부만 배당받은 사안에서, 병의 의뢰를 받은 중개업자인 을은 임대차계약 체결 이후에도 병의 잔금 지급 및 전세권설정에 관여하면서 계약의 원만한 이행과 병의 임대차보증금반환채권 보전을 도모할 것이 예정되어 있었고, 이러한 행위는 을과 병 사이의 중개계약 본지에 따른 중개행위에 포함되는데, 을은 갑 명의의 소유권이전등기가 마쳐지기도 전에 당초 정한 지급기일에 앞서 임대차보증금 잔금을 지급하도록 주선하면서도 임대차계약에서 특약한 대로 소유권이전등기 후 바로 전세권설정등기가 이루어지도록 조치하지 아니하고 임대차보증금 담보방법으로 상대적으로 불확실한 전입신고 및 확정일자 취득을 병에게 권고하였으며 갑이 이를 틈타 근저당권설정등기를 마친 결과 병은 보증금 중 일부를 회수하지 못하는 손해를 입었으므로, 을의 행위는 공인중개사의 업무 및 부동산 거래신고에 관한 법률 제30조 제1항이 정한 중개업자가 중개행위를 함에 있어서 고의 또는 과실로 거래당사자에게 재산상의 손해를 발생하게 한 때에 해당한다고 한 사례.(대법원 2013. 6. 27. 선고 판결)

■ 전세계약기간이 만료되고 묵시적으로 갱신된 경우 전세권의 효력은 어떻게 되는지요?

Q. 저는 甲소유주택을 전세금 5,000만원에 1년 기간으로 하는 전세계약을 체결하면서 전세권등기를 설정하였습니다. 현재는 계약기간이 만료되고도 재계약 등의 아무런 조치 없이 수개월이 지난 상태인데, 이러한 경우 전세권의 효력은 어떻게 되는지요?

A. 전세권은 전세금을 지급하고 다른 사람의 부동산을 점유하여 그 부동산의 용도에 따라 사용·수익하고, 그 부동산 전부에 대하여 후순위권리자 기타 채권자보다 전세금에 관한 우선변제를 받을 수 있으며(민법 제303조 제1항), 전세금반환이 지체되면 경매를 요구할 수 있는 권리로서 용익물권적 성질과 담보물권적 성질을 겸유(兼有)하고 있는 권리인데, 그 존속기간이 만료되면 당사자간에 계약갱신을 하지 않는 한 전세권은 소멸되는 것이 원칙입니다.

그런데 민법에서는, 건물의 전세권설정자가 전세권의 존속기간 만료 전 6월부터 1월까지 사이에 전세권자에 대하여 갱신거절의 통지 또는 조건을 변경하지 아니하면 갱신하지 아니한다는 뜻의 통지를 하지 아니한 경우에는 그 기간이 만료된 때에 전(前)전세권과 동일한 조건으로 다시 전세권을 설정한 것으로 본다고 하고, 이 경우 전세권의 존속기간은 그 정함이 없는 것으로 본다고 규정하고 있으며(민법 제312조 제4항), 전세권의 존속기간을 약정하지 아니한 때에는 각 당사자는 언제든지 상대방에 대하여 전세권의 소멸을 통고할 수 있고 상대방이 이 통고를 받은 날로부터 6월이 경과하면 전세권은 소멸한다고 규정하고 있고(민법 제313조), 민법 제187조에서는 상속, 공용징수, 판결, 경매, 기타 법률의 규정에 의한 부동산의 취득은 등기를 요하지 아니하나, 등기를 하지 아니하면 이를 처분하지 못한다고 규정하고 있습니다.

그리고 관련판례를 보면, 전세권이 법정 갱신된 경우 이는 법률의 규정에 의한 물권의 변동이므로 전세권갱신에 관한 등기를 필요로 하지 아니하고, 전세권자는 등기 없이도 전세권설정자나 그 목적물을 취득한 제3자에 대하여 갱신된 권리를 주장할 수 있다고 하였습니다(대법원 2010. 3. 25. 선고 2009다35743 판결).

그러므로 위 사안의 경우에 전세권등기의 존속기간에 관하여 변경등기를 하지 아니하였다고 하여도 귀하의 전세권은 보호될 것입니다. 다만, 전세권설정자가 전세권소멸통고를 하고 6월이 경과하면 전세권이 소멸될 수 있습니다.

그리고 전세권이 소멸한 때에는 전세권설정자는 전세권자로부터 그 목적물의 인도 및 전세권설정등기의 말소등기에 필요한 서류의 교부를 받는 동시에 전세금을 반환하여야 할 것입니다(민법 제317조).

참고로 등기선례를 보면, 건물전세권의 법정갱신은 법률의 규정에 의한 물권변동이므로 전세권자는 전세권갱신에 관한 등기 없이도 전세권설정자나 그 건물을 취득한 제3자에 대하여 권리를 주장할 수 있으나, 그 처분을 위하여는 존속기간을 연장하는 변경등기를 하여야 한다라고 규정하고 있습니다.(제정 2013.02.01 [등기선례 제201302-1호, 시행])

(관련판례)

실제로는 전세권설정계약을 체결하지 아니하였으면서도 임대차계약에 기한 임차보증금반환채권을 담보할 목적 또는 금융기관으로부터 자금을 융통할 목적으로 임차인과 임대인 사이의 합의에 따라 임차인 명의로 전세권설정등기를 경료한 경우, 위 전세권설정계약이 통정허위표시에 해당하여 무효라 하더라도 위 전세권설정계약에 의하여 형성된 법률관계에 기초하여 새로이 법률상 이해관계를 갖게 된 제3자에 대하여는 그 제3자가 그와 같은 사정을 알고 있었던 경우에만 그 무효를 주장할 수 있다. 그리고 통정한 허위표시에 의하여 외형상 형성된 법률관계로 생긴 채권을 가압류한 경우 그 가압류권자는 허위표시에 기초하여 새로이 법률상 이해관계를 가지게 된 제3자에 해당하므로, 그가 선의인 이상 위 통정허위표시의 무효를 그에 대하여 주장할 수 없다.(대법원 2010. 3. 25. 선고 2009다35743 판결)

3. 전세권 변경등기

3-1. 전세권 변경등기의 개념

전세권 변경등기란 전세계약의 존속기간이나 전세금 등을 변경하는 등기를 말합니다.

3-2. 전세권 변경등기의 원인

전세권 변경등기는 다음과 같은 사유가 발생하면 해야 합니다.
① 존속기간의 연장 또는 단축

② 전세금의 증감
③ 전세권 범위의 변경

3-3. 전세권 변경등기의 신청인

① 전세권 설정등기 시 등기권리자와 등기의무자는 다음과 같습니다.
  - 등기의무자: 등기부상 불이익을 받는 자
  - 등기권리자: 등기부상 이익을 받는 자
② 등기신청방법
  - 신청인 또는 그 대리인이 등기소에 출석해 신청정보 및 첨부정보를 적은 서면을 제출하는 방법(부동산등기법 제24조제1항제1호 본문). 다만, 대리인이 변호사(법무법인·법무법인(유한) 및 법무조합 포함)나 법무사(법무사법인 및 법무사법인(유한) 포함)인 경우에는 대법원규칙으로 정하는 사무원을 등기소에 출석하게 해 서면을 제출할 수 있습니다[부동산등기법 제24조제1항제1호 단서].
  - 전산정보처리조직을 이용해 신청정보 및 첨부정보를 보내는 방법(법원행정처장이 지정하는 등기유형으로 한정)[부동산등기법 제24조1항2호]

3-4. 전세권 이전등기와의 구분

① 전세권 이전등기의 개념
  전세권등기상의 권리 일부 또는 전부를 제3자에게 이전하는 등기를 말합니다.
② 전세권 이전등기의 원인
  전세금이 상향조정되었다면 전세금 변경계약에 의한 전세권 변경등기를 해야 하고, 현재의 전세권자가 제3자와 공동으로 전세권을 공유하려면 제3자에게 전세권의 일부를 양도하는 전세권 일부 이전등기를 해야 합니다.
③ 전세권 이전등기의 신청인(공동 신청)
  - 등기의무자: 전세권의 양도인
  - 등기권리자: 전세권의 양수인

3-5. 전세권 변경등기 신청 시 제출서류

3-5-1. 시·군·구청을 통해 준비해야 하는 서류

① 신청인의 주소 등을 증명하는 서면

등기권리자의 주민등록등(초)본 또는 주민등록증 사본 및 등기의무자의 인감증명서

② 등록면허세납부고지서(지방교육세 포함)

 - 등록면허세란 재산권과 그 밖의 권리의 설정·변경 또는 소멸에 관한 사항을 공부에 등기하거나 등록할 때 납부하는 세금을 말합니다(지방세법 제23조제1호).

 ㉮ 전세금이 증액되어 변경등기 하는 경우

 - 전세금의 증액으로 전세권 변경등기를 신청하는 경우 증액된 금액 × 1,000분의 2만큼의 등록면허세를 납부해야 합니다(지방세법 제28조제1항제1호).

 ㉯ 전세기간 등이 변경되어 등기 하는 경우

 - 전세금 증액 외의 이유로 변경등기를 하는 경우에는 등기대상 1건 당 6,000원의 등록면허세를 납부하면 됩니다(지방세법 제28조제1항제1호마목).

 - 지방교육세란 지방교육의 질적 향상에 필요한 지방교육재정의 확충에 소요되는 재원을 확보하기 위해 「지방세법」에 따른 등록면허세의 납부의무자에게 함께 부과되는 세금을 말합니다(「지방세법」 제149조 및 제150조제1호).

 - 지방교육세: 등록면허세액 × 20/100(지방세법 제151조제1항제2호)

③ 등록면허세를 납부하는 경우에는 농어촌특별세(조세특례제한법·관세법·지방세법 및 지방세특례제한법에 따라 감면받은 경우 제외)를 내지 않아도 됩니다.

④ 시, 군, 구청 세무과를 방문해 등록면허세납부고지서를 발부받고 세금을 은행에서 납부하면 됩니다.

3-5-2. 은행을 통해 준비해야 할 서류

① 등록면허세영수필확인서

시·군·구청 세무과에서 등록면허세납부고지서를 발부받아온 후 은행에서 등록면허세 및 지방교육세를 지불하면 등록면허세영수필확인서를 받을 수 있습니다.

② 국민주택채권의 매입 불필요

전세변경등기는 부동산보존등기, 이전등기, 저당권 설정등기 및 이전등기가 아니므

로 국민주택채권을 매입하지 않아도 됩니다.

③ 대법원등기 수입증지의 구입(등기신청 수수료)

- 등기를 하려는 사람은 수수료를 내야 합니다(부동산등기법 제22조).

- 대법원등기 수입증지를 은행이나 등기소에서 매입을 해 이를 신청서에 붙이면 등기신청 수수료를 낸 것이 됩니다.

- 대법원등기 수입증지는 등기소나 등기소 주변의 은행(농협, 우체국, 신한은행 등)에서 구입하실 수 있습니다.

3-5-3. 전세권 변경 관련 서류

① 전세권변경 계약서

등기원인을 증명하는 서면을 첨부합니다.

② 제3자 승낙서 또는 재판 등본 (제3자 있는 경우)

- 전세권 변경등기 시 이해관계 있는 제3자가 있는 경우 신청서에 그 승낙서 또는 이에 대항할 수 있는 재판의 등본을 첨부해야 합니다.

- 이해관계인의 승낙서 등을 첨부한 경우에는 부기에 의해 변경등기를 하고 그 승낙서 등을 첨부하지 않았을 경우에는 주등기(독립등기)로 변경등기가 이루어집니다.

③ 위임장(해당자에 한함)

전세권 변경등기는 등기의무자와 등기권리자가 공동으로 신청하거나 등기의무자 또는 등기권리자가 상대방으로부터 위임장을 받아 혼자 등기소를 방문해서 신청할 수 있습니다.

④ 등기필정보 또는 등기필정보통지서

매도인인 등기의무자가 등기권리자로서 소유권에 관한 등기를 한 후 등기소로부터 받아서 가지고 있던 등기필정보를 등기소에 제공해야 합니다(부동산등기법 제50조제2항).

⑤ 등기필정보의 제공방법

- 방문신청의 경우 : 등기필정보를 적은 서면(등기필정보통지서)를 교부하는 방법. 다만, 신청인이 등기신청서와 함께 등기필정보통지서 송부용 우편봉투를 제출한 경우에는 등기필정보통지서를 우편으로 송부합니다(부동산등기규칙 제107조제1항제1호).

- 전자신청의 경우 : 전산정보처리조직을 이용하여 송신하는 방법(부동산등기규칙 제107조제1항제2호)

3-6. 전세권 변경등기 신청서 작성

3-6-1. 신청서 및 첨부서류

신청서, 등록면허세영수필확인서, 등기 수입증지, 위임장, 인감증명서, 전세권변경계약서 등의 순으로 준비합니다.

3-6-2. 신청서 양식

[서식 예] 전세권 변경등기 신청서

전세권변경등기신청				
접 수	년 월 일	처 리 인	등기관 확인	각종 통지
	제 호			

부동산의 표시
서울특별시 서초구 서초동 100 [도로명주소] 서울특별시 서초구 서초대로 88길 10 시멘트 벽돌조 슬래브지붕 2층 주택 　　1층 100㎡ 　　2층 100㎡ 　　　　　　이　　　　　　　　　상

등기원인과 그 연월일	2014년 1월 2일 변경계약
등 기 의 목 적	전세권변경
변 경 할 사 항	2012년 1월 2일 접수 제468호로 경료한 전세권등기사항 중 존속기간 "2012년 1월 2일부터 2014년 1월 1일까지"를 "2014년 1월 2일부터 2016년 1월 1일"까지로 변경

구분	성 명 (상호·명칭)	주민등록번호 (등기용등록번호)	주 소 (소재지)
등기 의무자	이 대 백	XXXXXX-XXXXXXX	서울특별시 서초구 서초대로 88길 20 (서초동)
등기 권리자	김 갑 동	XXXXXX-XXXXXXX	서울특별시 중구 다동길 96 (다동)

등 록 면 허 세	금	6,000	원
지 방 교 육 세	금	1,200	원
세 액 합 계	금	7,200	원
등 기 신 청 수 수 료	금	3,000	원
	납부번호 : ○○-○○-○○○○○○○○-○		
	일괄납부 : 건		원

등기의무자의 등기필정보

부동산고유번호	1102-2006-002095	
성명(명칭)	일련번호	비밀번호
이대백	Q77C-LO7I-35J5	40-4636

첨 부 서 면

·전세권변경계약서 1통	·인감증명서 또는 본인서명사실 확인서 1통
·등록면허세영수필확인서 1통	〈기 타〉
·등기신청수수료 영수필확인서 1통	
·등기필증 1통	

2014년 1월 2일

위 신청인   이   대   백   ⑩   (전화 : 200-7766)
             긴   갑   동   ⑩   (전화 : 212-1166)

(또는)위 대리인   (전화 :   )

서울중앙 지방법원   등기국 귀중

- 신청서 작성요령 -
1. 부동산표시란에 2개 이상의 부동산을 기재하는 경우에는 부동산의 일련번호를 기재하여야 합니다.
2. 신청인란 등 해당란에 기재할 여백이 없을 경우에는 별지를 이용합니다.
3. 담당 등기관이 판단하여 위의 첨부서면 외에 추가적인 서면을 요구할 수 있습니다.

[서식 예] 전세권 변경등기 신청서(구분건물)

			전세권변경등기신청	

접 수	년 월 일 제 호	처 리 인	등기관 확인	각종 통지

① 부동산의 표시
1동의 건물의 표시 　　　서울특별시 서초구 서초동 100 　　　서울특별시 서초구 서초동 101　　　　샛별아파트 가동 　　　[도로명주소] 서울특별시 서초구 서초대로 88길 10 전유부분의 건물의 표시 　　　건물의 번호 1-101 　　　구　　　조 철근콘크리트조 　　　면　　　적 1층 101호 86.03㎡ 　　　　　　　이　　　　　　　　　상

② 등기원인과 그 연월일	2014년 1월 2일 변경계약
③ 등 기 의 목 적	전세권변경
④ 변 경 할 사 항	2012년 1월 2일 접수 제468호로 경료한 전세권등기사항 중 존속기간 "2012년 1월 2일부터 2014년 1월 1일까지"를 "2014년 1월 2일부터 2016년 1월 1일"까지로 변경

구분	성 명 (상호·명칭)	주민등록번호 (등기용등록번호)	주 소 (소 재 지)
⑤ 등기 의무자	이 대 백	XXXXXX-XXXXXXX	서울특별시 서초구 서초대로 88길 20 (서초동)
⑥ 등기 권리자	김 갑 동	XXXXXX-XXXXXXX	서울특별시 서초구 서초대로 88길 10, 가동 101호(서초동, 샛별아파트)

⑦ 등 록 면 허 세	금	6,000	원
⑦ 지 방 교 육 세	금	1,200	원
⑧ 세 액 합 계	금	7.200	원
⑨ 등 기 신 청 수 수 료	금	3,000	원
	납부번호 : ○○-○○-○○○○○○○○-○		
	일괄납부 : 건 원		

⑩ 등기의무자의 등기필정보		
부동산고유번호	1102-2006-002095	
성명(명칭)	일련번호	비밀번호
이대백	Q77C-LO7I-35J5	40-4636

⑪ 첨 부 서 면	
·변경계약서 1통	·등기필증 1통
·등록면허세영수필확인서 1통	〈기 타〉
·등기신청수수료 영수필확인서 1통	
·인감증명서 또는 본인서명사실 확인서 1통	

2014년 1월 2일

⑫ 위 신청인   이   대   백   ⑩   (전화 : 200-7766)
                     긴   갑   동   ⑩   (전화 : 211-7711)

(또는)위 대리인   (전화 :   )

서울중앙 지방법원   등기국 귀중

- 신청서 작성요령 -
1. 부동산표시란에 2개 이상의 부동산을 기재하는 경우에는 부동산의 일련번호를 기재하여야 합니다.
2. 신청인란 등 해당란에 기재할 여백이 없을 경우에는 별지를 이용합니다.
3. 담당 등기관이 판단하여 위의 첨부서면 외에 추가적인 서면을 요구할 수 있습니다.

■ 전세권 변경등기 시 근저당권자의 승낙이 필요한지요?

Q. 저는 甲소유건물에 대하여 전세금 5,000만원, 존속기간 2년으로 하는 전세권설정등기를 한 후 영업을 시작하였고, 이후 위 건물에 대한 乙의 근저당권이 설정되었는데, 위 전세계약기간이 만료된 후 저는 甲과 그 기간을 2년간 연장하기로 합의하였습니다. 이처럼 제가 전세권설정등기를 한 후 乙의 근저당권이 설정되었고, 전세금액에는 변동 없이 그 존속기간만 연장하려는 경우에도 근저당권자 乙의 승낙이 필요한지요?

A. 부동산등기법에 따르면, 권리의 변경이나 경정의 등기는 등기상 이해관계 있는 제3자의 승낙이 있는 경우에는 부기등기를 할 수 있으나, 이해관계 있는 제3자의 승낙이 없는 경우에는 부기등기를 할 수 없다고 규정하고 있습니다(부동산등기법 제52조 제5호). 여기에서 '등기상 이해관계 있는 제3자'란 기존등기의 변경등기를 허용함으로써 손해를 입게 될 위험성이 있는 등기상의 권리자를 의미하고, 그와 같은 손해를 입게 될 위험성은 등기의 형식에 의하여 판단하고 실질적으로 손해를 입을 염려가 있는지는 고려의 대상이 되지 않는다 할 것이고(대법원 1998. 4. 9. 자 98마40 결정), 그 제3자가 승낙의무를 부담하는지는 그 제3자가 등기권리자에 대한 관계에서 그 승낙을 하여야 할 실체법상의 의무가 있는지에 따라서 결정됩니다(대법원 2007. 4. 27. 선고 2005다43753 판결).

그런데 존속기간 만료된 건물전세권설정등기의 존속기간 및 전세금에 대한 변경등기가 가능한지 등기선례를 보면, 건물전세권의 경우에는 토지전세권과는 달리 법정갱신제도가 인정되고 있으므로, 존속기간이 만료된 때에도 그 전세권설정등기의 존속기간이나 전세금에 대한 변경등기신청은 가능하다고 하였습니다.

또한, 위 사안에서 후순위 근저당권자인 乙은 '등기상 이해관계 있는 제3자'에 해당되므로, 전세권 존속기간연장을 위한 변경등기에 乙의 승낙서 등이 필요한지 문제됩니다.

이에 관련된 등기선례를 보면, 권리변경등기에 관하여 등기상 이해관계 있는 제3자가 있는 경우에 신청서에 그 승낙서 또는 이에 대항할 수 있는 재판의 등본을 첨부한 때에는 부기에 의하여 그 등기를 하고 그 승낙서 등을 첨부하지 않았을 때에는 주등기(독립등기)로 그 변경등기를 하는 것이므로, 전세권 존속기간연장을 목적으로 하는 변경등기는 후순위 근저당권자의 승낙서 또는 이에 대항할 수 있는 재판의 등본을 첨부한 때에 한하여 부기등기로 이를 할 수 있다고 하였습니다(등기선례 1-422 1986. 1. 24. 제정).

또한 존속기간 연장 및 전세금 감액을 위한 전세권변경등기시 이해관계 있는 제3자의 승낙서 등을 첨부하지 않고도 부기등기로 할 수 있는지 여부에 관한 등기선례에서도 "전세권설정등기 후에 제3자 명의의 근저당권설정등기가 경료된 후 전세권설정등기의 변경등기를 신청하는 경우, 그 내용이 전세금의 감액인 경우에는 근저당권자의 승낙서 등을 첨부하지 않아도 부기에 의하여 그 등기를 할 것이나, 전세권의 존속기간 연장과 전세금의 감액을 함께 신청하는 경우에는 근저당권자의 승낙서 등을 첨부한 때에 한하여 부기에 의하여 그 등기를 할 수 있다."라고 하여 후순위근저당권자의 승낙서를 첨부해야 한다는 점을 명시하고 있습니다.(1998.11.17 제정, 등기선례 제5-421호)

따라서 위 사안에서도 전세권 존속기간연장을 목적으로 하는 변경등기를 부기등기로 하여 제1순위의 효력을 유지하기 위해서는 乙의 승낙서 등을 첨부하여 변경등기신청을 하여야 할 것이고, 乙이 승낙서를 교부해주지 않는 경우에는 승낙에 갈음하는 의사표시를 구하는 소송을 제기하여 그 판결문을 첨부해 부기등기를 신청하여야 할 것입니다.

[관련판례]

전세권을 목적으로 한 저당권이 설정된 경우, 전세권의 존속기간이 만료되면 전세권의 용익물권적 권능이 소멸하기 때문에 더 이상 전세권 자체에 대하여 저당권을 실행할 수 없게 되고, 저당권자는 저당권의 목적물인 전세권에 갈음하여 존속하는 것으로 볼 수 있는 전세금반환채권에 대하여 압류 및 추심명령 또는 전부명령을 받거나 제3자가 전세금반환채권에 대하여 실시한 강제집행절차에서 배당요구를 하는 등의 방법으로 물상대위권을 행사하여 전세금의 지급을 구하여야 한다. 전세권저당권자가 위와 같은 방법으로 전세금반환채권에 대하여 물상대위권을 행사한 경우, 종전 저당권의 효력은 물상대위의 목적이 된 전세금반환채권에 존속하여 저당권자가 전세금반환채권으로부터 다른 일반채권자보다 우선변제를 받을 권리가 있으므로, 설령 전세금반환채권이 압류된 때에 전세권설정자가 전세권자에 대하여 반대채권을 가지고 있고 반대채권과 전세금반환채권이 상계적상에 있다고 하더라도 그러한 사정만으로 전세권설정자가 전세권저당권자에게 상계로써 대항할 수는 없다. 그러나 전세금반환채권은 전세권이 성립하였을 때부터 이미 발생이 예정되어 있다고 볼 수 있으므로, 전세권저당권이 설정된 때에 이미 전세권설정자가 전세권자에 대하여 반대채권을 가지고 있고 반대채권의 변제기가 장래 발생할 전세금반환채권의 변제기와 동시에 또는 그보다 먼저 도래하는 경우와 같이 전세권설정자에게 합리적 기대 이익을 인정할 수 있는 경우에는 특별한 사정이 없는 한 전세권설정자는 반대채권을 자동채권으로 하여 전세금반환채권과 상계함으로써 전세권저당권자에게 대항할 수 있다.(대법원 2014. 10. 27. 선고 2013다91672 판결)

4. 전세권 말소등기

4-1. 전세권 말소등기의 개념

전세권 말소등기란 전세권이 그 존속기간의 만료 등으로 종료하게 되는 경우 기존의 전세권 설정등기를 말소시키기 위한 등기를 말합니다.

4-2. 전세권 말소등기의 원인

전세권은 다음과 같은 원인 등으로 소멸하고, 전세권이 소멸하면 말소등기를 합니다.
 - 혼동(민법 제191조제1항)
 - 전세권자가 전세권설정계약 또는 그 목적물의 성질에 의해 정해진 용법으로 사용, 수익하지 않은 경우(민법 제311조제1항)
 - 존속기간의 만료로 인한 소멸통보(민법 제312조제4항)
 - 목적물의 멸실(민법 제314조제1항)
 - 소멸시효(민법 제162조제2항)
 - 당사자 간의 합의해지(민법 제543조)
 - 당사자 간의 약정소멸사유 발생(부동산등기법 제54조)

4-3. 전세권 말소등기의 신청인

① 전세권 말소등기 시 등기권리자와 등기의무자는 다음과 같습니다.
 - 등기의무자: 전세권자
 - 등기권리자: 전세권 설정자
② 등기신청방법
 - 신청인 또는 그 대리인이 등기소에 출석해 신청정보 및 첨부정보를 적은 서면을

제출하는 방법(부동산등기법 제24조제1항제1호 본문). 다만, 대리인이 변호사(법무법인·법무법인(유한) 및 법무조합 포함)나 법무사(법무사법인 및 법무사법인(유한) 포함)인 경우에는 대법원규칙으로 정하는 사무원을 등기소에 출석하게 해 서면을 제출할 수 있습니다[부동산등기법 제24조제1항제1호 단서].

- 전산정보처리조직을 이용해 신청정보 및 첨부정보를 보내는 방법(법원행정처장이 지정하는 등기유형으로 한정)[부동산등기법 제24조제1항제2호]

4-4. 전세권 말소등기 신청 시 제출서류

4-4-1. 시·군·구청을 통해 준비해야 하는 서류

① 등록면허세납부고지서(지방교육세 포함)

㉮ 등록면허세란 재산권과 그 밖의 권리의 설정·변경 또는 소멸에 관한 사항을 공부에 등기하거나 등록할 때 납부하는 세금을 말합니다(지방세법 제23조제1호).

- 전세권 말소등기 시 등록면허세: 등기대상 1건 당 6,000원(지방세법 제28조제1항제1호마목)

㉯ 지방교육세란 지방교육의 질적 향상에 필요한 지방교육재정의 확충에 소요되는 재원을 확보하기 위해 「지방세법」에 따른 등록면허세의 납부의무자에게 함께 부과되는 세금을 말합니다(지방세법 제149조 및 제150조제1호).

- 지방교육세: 등록면허세액 × 20/100(지방세법 제151조제1항제2호)

② 등록면허세를 납부하는 경우에는 농어촌특별세(조세특례제한법·관세법·지방세법 및 지방세특례제한법에 따라 감면받은 경우 제외)를 내지 않아도 됩니다.

③ 시, 군, 구청 세무과를 방문해 등록면허세납부고지서를 발부받고 세금을 은행에서 납부하면 됩니다.

4-4-2. 은행을 통해 준비해야 할 서류

① 등록면허세영수필확인서

시·군·구청 세무과에서 등록면허세납부고지서를 발부받아온 후 은행에서 등록면허세 및 지방교육세를 지불하면 등록면허세영수필확인서를 받을 수 있습니다.

② 국민주택채권의 매입 불필요

전세권 말소등기는 부동산보존등기, 이전등기, 저당권 설정등기 및 이전등기가 아니므로 국민주택채권을 매입하지 않아도 됩니다.

③ 대법원등기 수입증지의 구입(등기신청 수수료)

- 등기를 하려는 사람은 수수료를 내야 합니다(부동산등기법 제22조).

- 대법원등기 수입증지를 은행이나 등기소에서 매입을 해 이를 신청서에 붙이면 등기신청 수수료를 낸 것이 됩니다.

- 대법원등기 수입증지는 등기소나 등기소 주변의 은행(농협, 우체국, 신한은행 등)에서 구입하실 수 있습니다.

- 전세권 말소등기 한 건당 대법원등기 수입증지

1) 서면방문신청: 3,000원

2) 전자표준양식신청(e-form양식으로 작성한 후 등기소 방문신청): 2,000원

3) 전자신청: 1,000원

- 등기신청수수료의 납부는 그 수수료 상당액을 전자적 방법으로 납부하거나, 법원행정처장이 지정하는 금융기관에 현금으로 납부한 후 이를 증명하는 서면을 등기신청서에 첨부하여 제출하는 방법으로 합니다(등기사항증명서 등 수수료규칙 제6조제3항).

4-4-3. 전세권 말소 관련 서류

① 해지증서(해지의 경우에 한함)

존속기간 만료가 아닌 해지 등과 같이 전세권등기 말소사유에 관한 증서가 있는 경우에는 그 증서를 첨부합니다.

※ 판결에 의한 경우 첨부서류

㉮ 판결에 의한 등기 신청의 경우에는 판결정본과 그 판결이 확정되었음을 증명하는 확정증명서를 첨부해야 합니다.

㉯ 조정에 갈음하는 결정정본 또는 화해권고결정정본을 첨부하는 경우에도 확정증명원을 첨부합니다.

㉰ 조정조서, 화해조서 또는 인낙조서를 등기원인증서로 제출하는 경우에는 확정증명원을 첨부하지 않아도 됩니다.

② 위임장(해당자에 한함)

전세권 말소등기는 등기의무자와 등기권리자가 공동으로 신청하거나 등기의무자 또는 등기권리자가 상대방으로부터 위임장을 받아 혼자 등기소를 방문해서 신청할 수 있습니다.

③ 등기필정보 또는 등기필정보통지서

매도인인 등기의무자가 등기권리자로서 소유권에 관한 등기를 한 후 등기소로부터 받아서 가지고 있던 등기필정보를 등기소에 제공해야 합니다(부동산등기법 제50조 제2항).

④ 등기필정보의 제공방법

- 방문신청의 경우 : 등기필정보를 적은 서면(등기필정보통지서)를 교부하는 방법. 다만, 신청인이 등기신청서와 함께 등기필정보통지서 송부용 우편봉투를 제출한 경우에는 등기필정보통지서를 우편으로 송부합니다(부동산등기규칙 제107조제1항제1호).
- 전자신청의 경우 : 전산정보처리조직을 이용하여 송신하는 방법(부동산등기규칙 제107조제1항제2호)

4-5. 전세권 말소등기 신청서 작성

4-5-1. 신청서 및 첨부서류

신청서, 등록면허세영수필확인서, 등기 수입증지, 위임장, 해지증서 등의 순으로 준비합니다.

4-5-2. 신청서 양식

[서식 예] 전세권 말소등기 신청서

<table>
<tr><th colspan="5">전세권등기말소등기신청</th></tr>
<tr><td rowspan="2">접
수</td><td>년 월 일</td><td rowspan="2">처
리
인</td><td>등기관 확인</td><td>각종 통지</td></tr>
<tr><td>제　　　호</td><td></td><td></td></tr>
</table>

<table>
<tr><td colspan="5" align="center">부동산의 표시</td></tr>
<tr><td colspan="5">

서울특별시 서초구 서초동 100

[도로명주소] 서울특별시 서초구 서초대로 88길 10

시멘트 벽돌조 슬래브지붕 2층 주택

　　1층 100㎡

　　2층 100㎡

　　　　　　이　　　　　　　상

</td></tr>
<tr><td colspan="2">등기원인과 그 연월일</td><td colspan="3">2014년 1월 2일 해지</td></tr>
<tr><td colspan="2">등 기 의 목 적</td><td colspan="3">전세권말소</td></tr>
<tr><td colspan="2">말 소 할 등 기</td><td colspan="3">2009년 12월 1일 접수 제4168호로 경료한
전세권설정등기</td></tr>
<tr><td>구분</td><td>성 명
(상호·명칭)</td><td>주민등록번호
(등기용등록번호)</td><td>주　소 (소 재 지)</td><td>지 분
(개인별)</td></tr>
<tr><td>등기
의무자</td><td>이 대 백</td><td>XXXXXX-XXXXXXX</td><td>서울특별시 서초구 서초
대로 88길 20 (서초동)</td><td></td></tr>
<tr><td>등기
권리자</td><td>김 갑 동</td><td>XXXXXX-XXXXXXX</td><td>서울특별시 중구 다동길
96 (다동)</td><td></td></tr>
</table>

등 록 면 허 세	금	6,000	원
지 방 교 육 세	금	1,200	원
세 액 합 계	금	7,200	원
등 기 신 청 수 수 료	금	3,000	원
	납부번호 : ○○-○○-○○○○○○○○-○		
	일괄납부 : 건 원		

등기의무자의 등기필정보

부동산고유번호	1102-2006-002095	
성명(명칭)	일련번호	비밀번호
이대백	Q77C-L071-35J5	40-4636

첨   부   서   면

		〈기 타〉
·해지증서	1통	
·등록면허세영수필확인서	1통	
·등기신청수수료 영수필확인서	1통	
·등기필증	1통	

2014년 1월 2일

위 신청인   이   대   백 ㉑   (전화 : 200-7766)
                         긴   갑   동 ㉑   (전화 : 211-7711)

(또는)위 대리인   (전화 :   )

서울중앙 지방법원   등기국 귀중

- 신청서 작성요령 -
1. 부동산표시란에 2개 이상의 부동산을 기재하는 경우에는 부동산의 일련번호를 기재하여야 합니다.
2. 신청인란 등 해당란에 기재할 여백이 없을 경우에는 별지를 이용합니다.
3. 담당 등기관이 판단하여 위의 첨부서면 외에 추가적인 서면을 요구할 수 있습니다.

[서식 예] 전세권 말소등기 신청서(구분건물)

			전세권등기말소등기신청	
접	년 월 일	처 리 인	등기관 확인	각종 통지
수	제　　　호			

부동산의 표시
1동의 건물의 표시 　　서울특별시 서초구 서초동 100 　　서울특별시 서초구 서초동 101　　샛별아파트 가동 　　[도로명주소] 서울특별시 서초구 서초대로 88길 10 전유부분의 건물의 표시 　　건물의 번호　1-101 　　구　　　조　철근콘크리트조 　　면　　　적　1층 101호 86.03㎡ 　　　　　이　　　　　　　　　상

등기원인과 그 연월일	2014년 1월 2일 해지			
등 기 의 목 적	전세권말소			
말 소 할 등 기	2009년 12월 1일 접수 제4168호로 경료한 전세권설정등기			
구분	성 명 (상호·명칭)	주민등록번호 (등기용등록번호)	주　소 (소재지)	지 분 (개인별)
등기 의무자	이 대 백	XXXXXX-XXXXXXX	서울특별시 서초구 서초 대로 88길 10, 가동 101 호(서초동, 샛별아파트)	
등기 권리자	김 갑 동	XXXXXX-XXXXXXX	서울특별시 중구 다동길 96 (다동)	

등 록 면 허 세	금	6,000	원
지 방 교 육 세	금	1,200	원
세 액 합 계	금	7.200	원
등 기 신 청 수 수 료	금	3,000	원
	납부번호 : ○○-○○-○○○○○○○○○-○		
	일괄납부 : 　　　건　　　　　원		

등기의무자의 등기필정보

부동산고유번호	1102-2006-002095	
성명(명칭)	일련번호	비밀번호
이대백	Q77C-L071-35J5	40-4636

첨 부 서 면

·해지증서	1통	〈기 타〉
·등록면허세영수필확인서	1통	
·등기신청수수료 영수필확인서	1통	
·등기필증	1통	

2014년 1월 2일

위 신청인　　이　　대　　백　⑩　(전화 : 200-7766)
　　　　　　　긴　　갑　　동　⑩　(전화 : 211-7711)

(또는)위 대리인　　　　　　　　(전화 :　　　)

서울중앙 지방법원　　　　　　등기국 귀중

- 신청서 작성요령 -
1. 부동산표시란에 2개 이상의 부동산을 기재하는 경우에는 부동산의 일련번호를 기재하여야 합니다.
2. 신청인란 등 해당란에 기재할 여백이 없을 경우에는 별지를 이용합니다.
3. 담당 등기관이 판단하여 위의 첨부서면 외에 추가적인 서면을 요구할 수 있습니다.

■ 전세금반환채권 양도 후 전세권가압류의 경우 전세권설정등기를 말소하려면 어떻게 하여야 하는지요?

Q. 甲은 건물에 대하여 乙과 전세금 5,000만원인 전세권설정계약을 체결하고 전세권설정등기를 해주었는데, 乙이 사업도산으로 위 전세계약해지를 요청하여 합의해지 해주었고, 乙이 위 전세금전액을 乙에게 고용되었던 丙등의 근로자들에게 양도함에 대하여 승낙서를 작성하여 사서인증을 받도록 해주었는데, 乙의 일반채권자 丁이 위 전세권에 가압류결정을 받아 가압류부기등기까지 마쳤습니다. 甲은 위 전세금을 丙 등의 근로자들에게 지급하고 위 건물을 乙로부터 명도 받았고, 乙은 위 전세권설정등기말소에 협조적이나, 丁이 위 전세권설정등기말소에 승낙을 해주지 않고 있습니다. 이 경우 甲이 위 전세권설정등기를 말소하려면 어떻게 하여야 하는지요?

A. 먼저 전세금반환채권을 전세권과 분리하여 양도할 수 있는지 판례를 보면, 전세권이 담보물권적 성격도 가지는 이상 부종성(附從性)과 수반성(隨伴性)이 있는 것이므로 전세권을 그 담보하는 전세금반환채권과 분리하여 양도하는 것은 허용되지 않는다고 할 것이나, 한편 담보물권의 '수반성'이란 피담보채권의 처분이 있으면 언제나 담보물권도 함께 처분된다는 것이 아니라, 채권담보라고 하는 담보물권제도의 존재목적에 비추어 볼 때 특별한 사정이 없는 한 피담보채권처분에는 담보물권처분도 포함된다고 보는 것이 합리적이라는 것일 뿐이므로, 전세권이 존속기간의 만료로 소멸한 경우이거나 전세계약의 합의해지 또는 당사자 사이의 특약에 의하여 전세금반환채권처분에도 불구하고, 전세권처분이 따르지 않는 경우 등의 특별한 사정이 있는 때에는 채권양수인은 담보물권이 없는 무담보채권을 양수한 것이 되고, 채권처분에 따르지 않은 담보물권은 소멸한다고 하였습니다(대법원 1997.11.25. 선고 97다29790 판결).

그리고 당사자 사이의 약정에 의하여 전세권처분이 따르지 않는 전세금반환채권만의 분리양도가 이루어지고, 그 전세권에 관하여 가압류부기등기가 된 경우 그 효력에 관한 판례를 보면, 전세권설정계약의 당사자 사이에 그 계약이 합의해지 된 경우 전세권설정등기는 전세금반환채권을 담보하는 효력은 있을 것이나, 그 후 당사자 사이의 약정에 의하여 전세권처분이 따르지 않는 전세금반환채권만의 분리양도가 이루어진 경우에는 양수인은 유효하게 전세금반환채권을 양수하였다고 할 것이고, 그로 인하여 전세금반환채권을 담보하는 물권으로서의 전세권마저 소멸된 이상 그 전세권에 관하여 가압류부기등기가 되었더라도 아무런 효력이 없다고 하였습니다(대법원 1999. 2. 5. 선고 97다33997 판결).

그러므로 위 사안에서 甲과 乙이 합의에 의하여 위 건물의 전세권설정계약을 해지한 후 乙이 丙 등에게 위 전세금반환채권을 양도한 후 행해진 丁의 위 전세권에 대한 가압류부기등기는 아무런 효력이 없다고 할 것입니다.

그런데 부동산등기법에서는 이해관계 있는 제3자가 있는 등기의 말소에 관하여, 등기말소를 신청하는 경우에 그 말소에 대하여 등기상 이해관계 있는 제3자가 있을 때에는 제3자의 승낙이 있어야 한다고 규정하고 있으며(부동산등기법 제57조 제1항), 관련판례를 보면, 전세권자가 전세권설정자에 대하여 그 전세권설정등기의 말소의무를 부담하고 있는 경우라면, 그 전세권을 가압류하여 부기등기를 마친 가압류권자는 등기상 이해관계 있는 제3자로서 등기권리자인 전세권설정자의 말소등기절차에 필요한 승낙을 할 실체법상의 의무가 있다고 하였습니다(대법원 1999. 2. 5. 선고 97다33997 판결).

따라서 위 사안에서 甲은 丁을 상대로 위 전세권설정등기의 말소등기에 대하여 등기상 이해관계 있는 제3자로서 승낙의 의사표시를 청구하는 소송을 제기하여 승소 후 그 재판의 등본을 첨부하여 전세권말소등기신청을 할 수 있을 것으로 보입니다.

(관련판례)

실제로는 전세권설정계약이 없으면서도 임대차계약에 기한 임차보증금반환채권을 담보할 목적 또는 금융기관으로부터 자금을 융통할 목적으로 임차인과 임대인 사이의 합의에 따라 임차인 명의로 전세권설정등기를 경료한 후 그 전세권에 대하여 근저당권이 설정된 경우, 가사 위 전세권설정계약만 놓고 보아 그것이 통정허위표시에 해당하여 무효라 하더라도 이로써 위 전세권설정계약에 의하여 형성된 법률관계를 토대로 별개의 법률원인에 의하여 새로운 법률상 이해관계를 갖게 된 근저당권자에 대하여는 그와 같은 사정을 알고 있었던 경우에만 그 무효를 주장할 수 있다(대법원 1998. 9. 4. 선고 98다20981 판결, 2006. 2. 9. 선고 2005다59864 판결 참조). (대법원 2008. 3. 13. 선고 2006다58912 판결)

■ 가등기에 기한 본등기가 말소된 경우 이러한 사정이 전세권설정등기의 직권말소에 영향을 주는 것인가요?

Q. 甲 소유의 부동산에 대하여 乙은 전세권설정을 받아 전세권자가 되었습니다. 이때 乙이 전세권을 설정받기 전 그 부동산에 가등기가 경료되어 있었던 바 전세권이 설정된 후 가등기에 기한 본등기가 이루어습니다. 이러한 사정으로 전세권설정등기가 말소되었는데, 이후 가등기에 기한 본등기가 말소된 경우 이러한 사정이 전세권설정등기의 직권말소에 영향을 주는 것인가요?

A. 부동산에 대하여 가등기가 경료된 후 전세권 설정등기가 이루어지고 다시 가등기에 기한 본등기가 이루어진 경우에는 위 전세권 설정등기는 등기공무원이 부동산등기법 제175조 제1항, 같은 법 제55조 제2호에 의하여 위 가등기 후에 한 전세권 설정등기를 직권말소할 수 있다고 할 것입니다.

이와 관련하여 판례는, 위 전세권 설정등기가 직권말소된 후에 다시 위 가등기에 기한 본등기가 말소되었다는 사정은 아무런 영향이 없다고 한 바 있습니다(대법원 1979. 9. 27. 자 79마222 결정).

곧 위 사안에서 전세권설정등기가 등기공무원에 의하여 직권말소되고, 그 직권말소되었던 원인인 가등기에 기한 본등기가 다시 말소된다고 하더라도 이러한 것이 전세권설정등기의 직권말소에 아무런 영향을 줄 수 없다고 할 것입니다.

(관련판례)

전세권설정등기가 위조된 전세권설정계약서에 기하여 경료된 원인무효의 것이라고 볼 수 없다는 원심의 판단은 정당한 것으로 수긍이 가는바, 그렇다면 위 부산지방법원 동부지원 2000가단8023 판결 중 임영만에 대한 부분의 기판력이 피고에게까지 미친다고 할 수 없고, 예고등기는 등기원인의 무효 또는 취소로 인한 등기의 말소 또는 회복의 소가 제기된 경우에 그 등기에 의하여 소의 제기가 있었음을 제3자에게 경고하여 계쟁부동산에 관하여 법률행위를 하고자 하는 선의의 제3자로 하여금 소송의 결과 발생할 수도 있는 불측의 손해를 방지하려는 목적에서 하는 것으로서 부동산에 관한 권리의 처분을 금지하는 효력은 없으므로(대법원 1994. 9. 13. 선고 94다21740 판결 등 참조), 이 사건 전세권설정등기에 관하여 전세권말소의 예고등기가 있었고, 그 후 위 부산지방법원 동부지원 2000가단8023 소송에서 원고의 임영만에 대한 승소 판결이 있었다는 사정만으로 피고에게 이 사건 전세권설정등기의 말소등기에 관하여 승낙을 할 의무가 있다고 할 수는 없다 할 것이니, 원심의 설시에 다소 미흡한 점이 없지 아니하나 대체로 위와 같은 취지에서 원고의 이 사건 청구를 배척한 원심의 조치는 정당하다 할 것이다. (대법원 2003. 12. 12. 선고 2003다48037 판결)

제6장

지상권 설정등기는
어떻게 하나요?

제6장 지상권 설정등기는 어떻게 하나요?

1. 지상권 설정등기의 개념

타인의 토지에 있는 건물 기타 공작물이나 수목을 소유하기 위해 타인의 토지를 사용할 수 있는 용익물권의 일종인 지상권의 설정등기를 말합니다.

1-1. 지상권의 개념

지상권이란 타인의 토지에 건물 기타 공작물이나 수목을 소유하기 위해 그 토지를 사용하는 권리를 말합니다(민법 제279조).

1-2. 지상권 설정등기의 신청인

① 지상권 설정등기 시 등기권리자와 등기의무자는 다음과 같습니다.
   - 등기의무자: 지상권 설정자(토지소유자)
   - 등기권리자: 지상권자
② 등기신청방법
   - 신청인 또는 그 대리인이 등기소에 출석해 신청정보 및 첨부정보를 적은 서면을 제출하는 방법(부동산등기법 제24조제1항제1호 본문). 다만, 대리인이 변호사(법무법인·법무법인(유한) 및 법무조합 포함)나 법무사(법무사법인 및 법무사법인(유한) 포함)인 경우에는 대법원규칙으로 정하는 사무원을 등기소에 출석하게 해 서면을 제출할 수 있습니다[부동산등기법 제24조제1항제1호 단서].
   - 전산정보처리조직을 이용해 신청정보 및 첨부정보를 보내는 방법(법원행정처장이 지정하는 등기유형으로 한정)[부동산등기법 제24조제1항제2호]

1-3. 지상권 설정등기 신청 시 제출서류

1-3-1. 시·군·구청을 통해 준비해야 하는 서류

① 신청인의 주소 등을 증명하는 서면
② 지상권자인 등기권리자의 주민등록등(초)본 또는 주민등록증 사본

③ 등록면허세납부고지서(지방교육세 포함)

　㉮ 등록면허세란 재산권과 그 밖의 권리의 설정·변경 또는 소멸에 관한 사항을 공부에 등기하거나 등록할 때 납부하는 세금을 말합니다(지방세법 제23조제1호).

　　- 지상권 설정등기 시 등록면허세: 부동산가액 × 2/1,000(지방세법 제28조제1항제1호다목). 다만, 구분지상권의 경우에는 다음을 고려해 안전행정부장관이 정하는 기준에 따라 시장·군수가 산정한 해당 토지 가액의 1천분의 2로 합니다(지방세법 제28조제1항제1호).

　　1) 해당 토지의 지하 또는 지상 공간의 사용에 따른 건축물의 이용저해율(利用沮害率)

　　2) 지하 부분의 이용저해율

　　3) 그 밖의 이용저해율

　㉯ 지방교육세란 지방교육의 질적 향상에 필요한 지방교육재정의 확충에 소요되는 재원을 확보하기 위해 「지방세법」에 따른 등록면허세의 납부의무자에게 함께 부과되는 세금을 말합니다(지방세법 제149조 및 제150조제1호).

　　- 지방교육세: 등록면허세액 × 20/100(지방세법 제151조제1항제2호)

　㉰ 등록면허세를 납부하는 경우에는 농어촌특별세(조세특례제한법·관세법·지방세법 및 지방세특례제한법에 따라 감면받은 경우 제외)를 내지 않아도 됩니다.

④ 시, 군, 구청 세무과를 방문해 등록면허세납부고지서를 발부받고 세금을 은행에서 납부하면 됩니다.

1-3-2. 은행을 통해 준비해야 할 서류

① 등록면허세영수필확인서

　시·군·구청 세무과에서 등록면허세납부고지서를 발부받아온 후 은행에서 등록면허세 및 지방교육세를 지불하면 등록면허세영수필확인서를 받을 수 있습니다.

② 국민주택채권의 매입 불필요

　지상권 설정등기는 부동산보존등기, 이전등기, 저당권 설정등기 및 이전등기가 아니므로 국민주택채권을 매입하지 않아도 됩니다.

③ 대법원등기 수입증지의 구입(등기신청 수수료)

　- 등기를 하려는 사람은 수수료를 내야 합니다.

- 대법원등기 수입증지를 은행이나 등기소에서 매입을 하여 이를 신청서에 붙이면 등기신청 수수료를 낸 것이 됩니다.
- 대법원등기 수입증지는 등기소나 등기소 주변의 은행(농협, 우체국, 신한은행 등)에서 구입하실 수 있습니다.
- 지상권 설정등기 한 건당 대법원등기 수입증지
  1) 서면방문신청: 15,000원
  2) 전자표준양식신청(e-form양식으로 작성한 후 등기소 방문신청): 13,000원
  3) 전자신청: 10,000원
- 등기신청수수료의 납부는 그 수수료 상당액을 전자적 방법으로 납부하거나, 법원 행정처장이 지정하는 금융기관에 현금으로 납부한 후 이를 증명하는 서면을 등기신청서에 첨부하여 제출하는 방법으로 합니다(등기사항증명서 등 수수료규칙 제6조제3항).

1-3-3. 지상권 설정 관련 서류

① 지상권설정계약서

등기원인을 증명하는 서면으로 첨부합니다.

[서식 예] 지상권설정계약서

수 입
인 지

지 상 권 설 정 계 약 서

> * 굵은 선 ㅁ 으로 표시된 란 (제3조 및 계약서 끝부분)은 지상권설
> 정자가 반드시 자필로 기재하시기 바랍니다.

년   월   일

채권자겸
지상권자 :   ㊞
_____

주   소 :
채 무 자 :   ㊞
_____

주   소 :
지상권설정자 :   ㊞
_____

주   소 :

위 당사자 사이에 아래와 같이 지상권설정계약을 맺는다.

제1조(지상권의 설정) 지상권설정자(이하 "설정자"라 한다)는 그의 소유인 이 계
약서 끝부분 토지목록란에 기재된 토지 위에, 지상권자가 건물 기타 공작물이
나 수목을 소유하기 위하여 그 토지를 사용할 수 있도록 지상권을 설정한다.

제2조(지료) 지료는 없는 것으로 한다.

제3조(존속기간) 지상권의 존속기간은 설정등기일부터 ㅇ년으로 한다.

제4조(토지의 보존 등) ① 설정자는 사전에 지상권자의 서면 승낙없이 지상권의
목적인 토지에 공작물구축 기타 그 현상을 변경하는 행위를 아니한다.

② 설정자는 지상권의 목적인 토지에 멸실·훼손·공용징수 기타 사유로 말미암

아 이상이 생길 염려가 있을 때에는 곧 지상권자에게 통지하며, 그 처리에 관하여는 지상권자의 지시에 따르기로 한다.

제5조(제 절차 이행과 비용 부담) 설정자는 지상권자의 청구가 있는 대로 이 계약에 의한 지상권의 설정·변경·경정·이전·말소 등에 관한 등기 기타 필요한 절차를 지체없이 밟겠으며, 이에 드는 모든 비용은 채무자와 연대하여 부담한다.

제6조(관할법원 합의) 이 계약에 관하여 소송의 필요가 생긴 때에는 법이 정하는 관할법원과 아울러 지상권자의 소재지 지방법원을 관할법원으로 한다.

토지목록

| |
| |

※ 설정자는 다음 사항을 읽고 본인의 의사를 사실에 근거하여 자필로 기재하여 주십시오

　(기재 예시 : 　수령함).

| 이 계약서 사본을 확실히 수령하였습니까? | |

| 이 계약서에 따라 등기되었음을 확인하고 등기권리증을 수령함. |
| 년　　　　월　　　　일 |
| 지상권설정자　　　　　　　　　　㊞ |

② 위임장(해당자에 한함)

지상권 설정등기는 등기의무자와 등기권리자가 공동으로 신청하거나 등기의무자 또는 등기권리자가 상대방으로부터 위임장을 받아 혼자 등기소를 방문해서 신청할 수 있습니다.

③ 등기필정보 또는 등기필정보통지서

매도인인 등기의무자가 등기권리자로서 소유권에 관한 등기를 한 후 등기소로부터 받아서 가지고 있던 등기필정보를 등기소에 제공해야 합니다(부동산등기법 제50조제2항).

④ 등기필정보의 제공방법

- 방문신청의 경우 : 등기필정보를 적은 서면(등기필정보통지서)를 교부하는 방법. 다

만, 신청인이 등기신청서와 함께 등기필정보통지서 송부용 우편봉투를 제출한 경우에는 등기필정보통지서를 우편으로 송부합니다(부동산등기규칙 제107조제1항제1호).
 - 전자신청의 경우 : 전산정보처리조직을 이용하여 송신하는 방법(부동산등기규칙 제107조제1항제2호)

1-4. 지상권 설정등기 신청서 작성

1-4-1. 신청서 및 첨부서류

신청서, 등록면허세영수필확인서, 등기 수입증지, 위임장, 인감증명서, 주민등록표등(초)본, 지적도 또는 도면, 지상권설정계약서 등의 순으로 준비합니다.

1-4-2. 신청서 양식

[서식 예] 지상권 설정등기 신청서

<table>
<tr><td colspan="5" align="center">지상권설정등기신청</td></tr>
<tr>
<td rowspan="2">접
수</td>
<td>년 월 일</td>
<td rowspan="2">처
리
인</td>
<td>등기관 확인</td>
<td>각종 통지</td>
</tr>
<tr>
<td>제   호</td>
<td></td>
<td></td>
</tr>
</table>

<table>
<tr><td colspan="4" align="center">① 부동산의 표시</td></tr>
<tr><td colspan="4">

서울특별시 서초구 서초동 100
　　대 300㎡

　　　　　이　　　　　　　　상

</td></tr>
<tr><td colspan="2">② 등기원인과 그 연월일</td><td colspan="2">2014년 1월 2일   지상권설정계약</td></tr>
<tr><td colspan="2">③ 등 기 의 목 적</td><td colspan="2">지상권설정</td></tr>
<tr><td colspan="2">④ 설 정 의 목 적</td><td colspan="2">철근 콘크리트조 건물의 소유</td></tr>
<tr><td colspan="2">⑤ 범　　　　　위</td><td colspan="2">토지의 전부</td></tr>
<tr><td colspan="2">⑥ 존 속 기 간</td><td colspan="2">2014년 1월 2일부터 30년</td></tr>
<tr><td colspan="2">⑦ 지　　　　　료</td><td colspan="2">월 500,000원</td></tr>
<tr><td colspan="2">⑧ 지 료 지 급 시 기</td><td colspan="2">매월말일</td></tr>
<tr>
<td>구분</td>
<td>성　명
(상호·명칭)</td>
<td>주민등록번호
(등기용등록번호)</td>
<td>주　　소 (소 재 지)</td>
</tr>
<tr>
<td>⑨
등기
의무자</td>
<td>이 대 백</td>
<td>XXXXXX-XXXXXXX</td>
<td>서울특별시 서초구 서초대로 88길 20 (서초동)</td>
</tr>
<tr>
<td>⑩
등기
권리자</td>
<td>김 갑 동</td>
<td>XXXXXX-XXXXXXX</td>
<td>서울특별시 중구 다동길 96 (다동)</td>
</tr>
</table>

⑪ 등 록 면 허 세	금	○○○,○○○	원
⑪ 지 방 교 육 세	금	○○○,○○○	원
⑪ 농 어 촌 특 별 세	금	○○○,○○○	원
⑫ 세 액 합 계	금	○○○,○○○	원
⑬ 등 기 신 청 수 수 료	금	*15,000*	원
	납부번호 : ○○-○○-○○○○○○○○-○		
	일괄납부 :	건	원

<table>
<tr><td colspan="3" align="center">⑭ 등기의무자의 등기필정보</td></tr>
<tr><td>부동산고유번호</td><td colspan="2" align="center">1102-2006-002095</td></tr>
<tr><td>성명(명칭)</td><td align="center">일련번호</td><td align="center">비밀번호</td></tr>
<tr><td>이대백</td><td align="center">Q77C-LO7I-35J5</td><td align="center">40-4636</td></tr>
</table>

⑮ 첨 부 서 면

·지상권설정계약서	1통	·등기필증	1통
·등록면허세영수필확인서	1통	·인감증명서 또는 본인서명사실 확인서	1통
·등기신청수수료 영수필확인서	1통	〈기 타〉	
·주민등록표등(초)본	1통		

 2014년 1월 2일

⑯ 위 신청인   이   대   백   ㉑   (전화 : *200-7766*)
　　　　　　　　　　 긴   갑   동   ㉑   (전화 : *211-7711*)

　　(또는)위 대리인　　　　　　　　　　(전화 :　　　)

　　서울중앙 지방법원　　　　　　　등기국 귀중

- 신청서 작성요령 -
1. 부동산표시란에 2개 이상의 부동산을 기재하는 경우에는 부동산의 일련번호를 기재하
   여야 합니다.
2. 신청인란등 해당란에 기재할 여백이 없을 경우에는 별지를 이용합니다.
3. 담당 등기관이 판단하여 위의 첨부서면 외에 추가적인 서면을 요구할 수 있습니다.

등기신청안내서 - 지상권설정등기신청

■ **지상권설정등기란**

타인의 토지위에 건물 기타 공작물이나 수목을 소유하기 위하여 타인의 토지를 사용할 수 있는 용익물권의 일종인 지상권의 설정등기입니다. 여기서 공작물이라 함은 지상, 지하에 인공적으로 설치된 모든 건축물 내지 설비(예: 교량, 우물, 터널, 동상 등)를 말하며, 수목의 종류에는 제한이 없으며, 토지의 일부(도면첨부)에 대하여도 설정할 수 있으나, 공유지분에는 설정할 수 없습니다. 또한, 지상권은 토지의 배타적 사용권이므로 같은 토지 위에 2개 이상 중첩하여 성립할 수 없습니다.

■ **등기신청방법**

① 공동신청

지상권설정계약에 의한 등기신청인 경우에는 지상권설정자와 지상권자가 본인임을 확인할 수 있는 주민등록증 등을 가지고 직접 등기소에 출석하여 공동으로 신청함이 원칙입니다.

② 단독신청

판결에 의한 등기신청인 경우에는 승소한 등기권리자 또는 등기의무자가 단독으로 신청할 수 있습니다.

③ 대리인에 의한 신청

등기신청은 반드시 신청인 본인이 하여야 하는 것은 아니고 대리인이 하여도 됩니다. 등기권리자 또는 등기의무자 일방이 상대방의 대리인이 되거나 쌍방이 제3자에게 위임하여 등기신청을 할 수 있으나, 변호사 또는 법무사가 아닌 자는 신청서의 작성이나 그 서류의 제출대행을 업(業)으로 할 수 없습니다.

■ **등기신청서 기재요령**

※ 신청서는 한글과 아라비아 숫자로 기재합니다. 부동산의 표시란이나 신청인란 등이 부족할 경우에는 별지를 사용하고, 별지를 포함한 신청서의 각 장 사이에는 간인(신청서에 서명을 하였을 때에는 각 장마다 연결되는 서명)을 하여야 합니다.

① 부동산의 표시란

지상권의 목적부동산을 기재하되, 등기기록상 부동산 표시와 일치하여야 합니다. 토지(임야)의 표시방법은 토지의 소재, 지번, 지목, 면적을 기재합니다.

② 등기원인과 그 연월일란

등기원인은 "지상권설정계약"으로, 연월일은 지상권설정계약의 체결일을 기재합니다.

③ 등기의 목적란

"지상권설정" 이라고 기재합니다.

④ 설정의 목적란

"건물의 소유" 또는 "수목의 소유"라고 기재하며, 건물의 소유를 목적으로 하는 경우에는 건물의 종류와 구조 등을 구체적으로 기재하여야 합니다.

⑤ 범위란

지상권의 목적이 부동산의 전부인 경우에는 "토지의 전부"로 토지의 일부인 경우에는 "토지의 서북쪽 50㎡"로 특정하고 그 면적, 위치(도면첨부)등을 기재합니다.

⑥ 존속기간란

계약으로 존속기간을 약정하는 경우에는 견고한 건물이나 수목의 소유를 목적으로 하는 때에는 30년, 기타 건물의 소유를 목적으로 하는 때에는 15년, 건물 이외의 공작물의 소유를 목적으로 하는 때에는 5년의 기간보다 단축하지 못합니다.

⑦ 지료란

약정이 있는 경우에 한하여 기재합니다.

⑧ 지료의 지급시기란

약정이 있는 경우에 기재합니다.

⑨ 등기의무자란

지상권설정자의 성명, 주민등록번호, 주소를 기재하되, 등기기록상 소유자 표시와 일치하여야 합니다. 그러나 소유자가 법인인 경우에는 상호(명칭), 본점(주사무소 소재지), 등기용등록번호 및 대표자의 성명과 주소를 기재하고, 법인 아닌 사단이나 재단인 경우에는 상호(명칭), 본점(주사무소 소재지), 등기용등록번호 및 대표자(관리인)의 성명, 주민등록번호, 주소를 각 기재합니다.

등기의무자의 등기기록상 주소와 현재의 주소와 다른 경우, 등기명의인표시변경(또는 경정)등기를 신청하여 등기의무자의 주소를 변경한 후 설정등기를 하여야 합니다.

⑩ 등기권리자란

지상권자를 기재하는 란으로, 그 기재방법은 등기의무자란과 같습니다.

⑪ 등록면허세·지방교육세·농어촌특별세란

등록면허세영수필확인서에 의하여 기재하며, 농어촌특별세는 납부액이 없는 경우 기재하지 않습니다.

⑫ 세액합계란

등록면허세액, 지방교육세액, 농어촌특별세액의 합계를 기재합니다.

⑬ 등기신청수수료란

㉮ 부동산 1개당 15,000원의 등기신청수수료 납부액을 기재하며, 등기신청수수료를 은행 현금납부, 전자납부, 무인발급기 납부 등의 방법에 따라 납부한 후 등기신청서에 등기신청수수료 영수필확인서를 첨부하고 납부번호를 기재하여 제출합니다.

㉯ 여러 건의 등기신청에 대하여 수납금융기관에 현금으로 일괄납부하는 경우 첫 번째 등기신청서에 등기신청수수료 영수필확인서를 첨부하고 해당 등기신청수수료, 납부번호와 일괄납부 건수 및 일괄납부액을 기재하며, 나머지 신청서에는 해당 등기신청수수료와 전 사건에 일괄 납부한 취지를 기재합니다(일괄납부는 은행에 현금으로 납부하는 경우에만 가능함).

⑭ 등기의무자의 등기필정보란

㉮ 소유권 취득에 관한 등기를 완료하고 등기필정보를 교부받은 경우 그 등기필정보 상에 기재된 부동산고유번호, 성명, 일련번호, 비밀번호를 각 기재(등기필정보를 제출하는 것이 아니며 한번 사용한 비밀번호는 재사용을 못함)합니다. 다만 교부받은 등기필정보를 멸실한 경우에는 부동산등기법 제51조에 의하여 확인서면이나 확인조서 또는 공증서면 중 하나를 첨부합니다.

⑭ 등기신청서에 등기필증이나 확인서면 등을 첨부한 경우 이란은 기재할 필요가 없습니다.

⑮ 첨부서면란

등기신청서에 첨부한 서면을 각 기재합니다.

⑯ 신청인등란

㉮ 등기의무자와 등기권리자의 성명 및 전화번호를 기재하고, 각자의 인장을 날인하되, 등기의무자는 그의 인감을 날인하거나 본인서명사실확인서에 기재한 서명을 합니다. 그러나 신청인이 법인 또는 법인 아닌 사단이나 재단인 경우에는 상호(명칭)와 대표자(관리인)의 자격 및 성명을 기재하고, 법인이 등기의무자인 때에는 등기소의 증명을 얻은 그 대표자의 인감, 법인 아닌 사단이나 재단인 경우에는 대표자(관리인)의 개인인감을 날인하거나 본인서명사실확인서에 기재한 서명을 합니다.

㉯ 대리인이 등기신청을 하는 경우에는 그 대리인의 성명, 주소, 전화번호를 기재하고 대리인의 인장을 날인 또는 서명합니다.

◾ 등기신청서에 첨부할 서면

< 신청인 >

① 위임장

등기신청을 법무사 등 대리인에게 위임하는 경우에 첨부합니다.

② 지상권설정계약서

등기원인을 증명하는 서면으로 첨부합니다.

③ 등기필증

등기의무자의 소유권에 관한 등기필증으로서 등기의무자가 소유권 취득 시 등기소로부터 교부받은 등기필증을 첨부합니다. 단, 소유권 취득의 등기를 완료하고 등기필정보를 교부받은 경우에는 신청서에 그 등기필정보 상에 기재된 부동산고유번호, 성명, 일련번호, 비밀번호를 각 기재(등기필정보를 제출하는 것이 아니며 한번 사용한 비밀번호는 재사용을 못함)함으로써 등기필증 첨부에 갈음합니다.

다만, 등기필증(등기필정보)을 멸실하여 첨부(기재)할 수 없는 경우에는 부동산등기법 제51조에 의하여 확인서면이나 확인조서 또는 공증서면 중 하나를 첨부합니다.

④ 도면(지적도)

토지의 일부에 대하여 지상권설정등기를 신청하는 경우 첨부합니다. 도면은 인터넷등기소 영구보존문서 등록에서 도면을 전자문서로 변환한 후 신청인 또는 대리인의 전자서명을 부여하여 등록하고, 부여된 등록문서번호를 신청서의 부동산의 표시란에 기재(예 : [등록문서번호 : 100번])하는 방법으로 제출합니다. 단, 자연인 또는 법인 아닌 사단이나 재단이 등기신청을 직접 또는 자격자대리인이 아닌 사람에게 위임하여 하는 경우에는 신청인 또는 대리인이 기명날인이나 서명을 한 도면을 서면으로 제출할 수 있습니다.

< 시 · 구 · 군청, 읍 · 면 사무소, 동 주민센터 >

① 등록면허세영수필확인서

시장, 구청장, 군수 등으로부터 등록면허세납부서(OCR용지)를 발급받아 납세지를 관할하는 해당 금융기관에 세금을 납부한 후 등록면허세영수필확인서와 영수증을 교부받아 영수증은 본인이 보관하고 등록면허세영수필확인서만 신청서의 등록면허세액표시란의 좌측상단 여백에 첨부하거나, 또는 지방세인터넷납부시스템을 이용하여 납부하고 출력한 등록면허세납부확인서를 첨부합니다..

② 인감증명서 또는 본인서명사실확인서

소유자인 등기의무자의 인감증명서(발행일로부터 3월 이내)를 첨부하거나, 인감증명을 갈음하여 『본인서명사실 확인 등에 관한 법률』에 따라 발급된 본인서명사실확인서를 첨부할 수 있습니다.

③ 주민등록표등(초)본

지상권자의 주민등록표등본 또는 초본(각, 발행일로부터 3월 이내)을 첨부합니다.

< 대한민국법원 인터넷등기소, 금융기관 등 >

등기신청수수료

대한민국법원 인터넷등기소(http://www.iros.go.kr/PMainJ.jsp)를 이용하여 전자적인 방법(신용카드, 계좌이체, 선불형지급수단)으로 납부하고 출력한 등기신청수수료 영수필확인서를 첨부하거나, 법원행정처장이 지정하는 수납금융기관(인터넷등기소 홈페이지 하단 '등기비용안내'에서 확인) 또는 전국 등기국·과·소에 설치된 무인발급기에 현금으로 납부한 후 발급받은 등기신청수수료 영수필확인서를 첨부합니다.

< 등기과 · 소 >

① 법인등기사항전부(일부)증명서

신청인이 법인인 경우에는 법인등기사항전부증명서 또는 법인등기사항일부증명서(각, 발행일로부터 3월 이내)를 첨부합니다.

< 기   타 >

① 신청인이 재외국민이나 외국인 또는 법인 아닌 사단 또는 재단인 경우에는 신청서의 기재사항과 첨부서면이 다르거나 추가될 수 있으므로, "대법원 종합법률정보(http://glaw.scourt.go.kr)"의 규칙/예규/선례에서『외국인 및 재외국민의 국내 부동산 처분 등에 따른 등기신청절차, 등기예규 제1393호』및『법인 아닌 사단의 등기신청에 관한 업무처리지침, 등기예규 제1435호』등을 참고하시고, 기타 궁금한 사항은 변호사, 법무사 등 등기와 관련된 전문가나 등기과·소의 민원담당자에게 문의하시기 바랍니다.

② 제3자의 허가, 동의, 또는 승낙을 증명하는 서면 등, 예를 들어 토지거래허가구역내에서 대가가 수반되는 계약에 의하여 이전 또는 설정등기를 할 경우에는 토지거래허가증(시장, 군수, 구청장 발급) 등을 첨부하여야 합니다.

■ 등기신청서류 편철순서

신청서, 등록면허세영수필확인서, 등기신청수수료 영수필확인서, 위임장, 인감증명서 또는 본인서명사실확인서, 주민등록표등(초)본, 도면, 지상권설정계약서, 등기필증 등의 순으로 편철해 주시면 업무처리에 편리합니다.

■ 건물 옥상에 지상권설정등기를 할 수 있는지요?

Q. 건물 옥상에 건물을 짓고자 지상권 설정계약을 하려고 합니다. 토지가 아닌 건물 옥상에 지상권 설정등기를 할 수 있나요?

A. 건물 위에 건물을 소유하기 위하여 지상권을 설정할 수 있는지 여부에 관하여 판례를 보면, 기존 1층 건물의 옥상에 대하여 건물의 소유를 목적으로 하는 지상권설정계약을 체결한 취지는 위 기존 1층 건물 위에 건물을 소유하기 위하여 그 대지에 대하여 한 지상권설정계약으로 봄이 상당하다(대법원 1978.3.14. 선고 77다2379 판결, 대법원등기예규 제314호, 1978. 3. 14. 제정)고 하고 있습니다.

따라서 귀하는 건물 옥상 위에 건물을 소유하기 위하여, 대지에 대하여 지상권설정계약을 할 수 있습니다.

■ 수목의 소유를 목적으로 한 지상권 설정등기가 가능한지요?

Q. 甲은 乙토지에 입목되어 있는 사과나무를 소유하기 위하여 그 사과나무가 점유하는 토지부분에 대하여 乙로부터 지상권을 설정받았습니다. 이후 丙이 그러한 사과나무에 대하여 명인방법으로 취득하였는데, 이러한 경우 누가 사과나무의 소유권을 취득하게 되는 것인가요?

A. 판례는 이와 유사한 사례에서, "수목의 소유를 목적으로 하는 지상권을 취득한 자는 특별한 사정이 없는 한 그 임야에 대한 지상권설정당시 현존하는 임목의 소유권도 취득한 것이라고 추정된다."라고 판시한 바 있습니다(대법원 1972. 10. 25. 선고 72다1389 판결).

이러한 판례의 태도에 따르면 甲이 乙토지에 사과나무를 소유하기 위하여 그 토지상에 지상권을 설정받은 것은 지산권설정당시 현존하는 임목의 소유권도 취득한 것으로 추정됩니다. 곧 이로써 이후 丙이 사과나무에 대한 명인방법으로 취득하였다고 하더라도, 이보다 먼저 甲이 입목의 소유권을 취득한 것이라고 추정된다 할 것이며, 다른 사정이 없는 한 이러한 추정을 깨뜨리지 않고서는 丙이 사과나무의 소유권을 취득하였다고 주장하기 어렵다 할 것입니다.

■ 토지사용권을 가진 사람이 지상권자에 대항할 수 있는지요?

Q. 甲과 乙은 甲이 약정기일까지 乙에게 공사대금을 지급하지 아니하면 甲의 乙에 대한 채무의 대물변제조로 건축허가를 乙 명의로 변경하여 주기로 약정하였습니다. 이후 甲은 저에게 토지에 관하여 근저당권 및 지상권을 설정해 주었고, 저는 근저당권 및 지상권을 설정받으면서 甲으로부터 향후 신축건물이 완공되어 소유권이전등기를 하는 즉시 저에게 추가로 담보제 공을 하겠다는 취지의 각서를 받고 위 신축공사의 계속을 승낙하였습니다. 그런데 공사대금 미지급으로 甲이 건축허가명의를 乙 앞으로 변경하여 주었고 이에 乙은 건축허가명의자로서 공사를 하고 있습니다. 제가 乙에게 건물철거 및 대지인도청구를 할 수 있나요?

A. 제3자가 지상권설정자에 대하여 해당 토지를 사용·수익할 수 있는 채권적 권리를 가지고 있는 경우 이로써 지상권자에 대항할 수 있는지 여부에 관하여 판례를 보면, 토지에 관하여 저당권을 취득함과 아울러 그 저당권의 담보가치를 확보하기 위하여 지상권을 취득하는 경우, 특별한 사정이 없는 한 그 지상권은 저당권이 실행될 때까지 제3자가 용익권을 취득하거나 목적 토지의 담보가치를 하락시키는 침해행위를 하는 것을 배제함으로써 저당 부동산의 담보가치를 확보하는 데에 그 목적이 있다고 할 것이므로, 제3자가 저당권의 목적인 토지 위에 건물을 신축하는 경우에는, 그 제3자가 지상권자에게 대항할 수 있는 권원을 가지고 있다는 등의 특별한 사정이 없는 한, 지상권자는 그 방해배제청구로서 신축중인 건물의 철거와 대지의 인도 등을 구할 수 있다고 할 것이며(대법원 2004. 3. 29.자 2003마1753 결정 참조), 한편, 물권은 법률 또는 관습법에 의하는 외에는 임의로 창설하지 못하는 것이므로(민법 제185조), 지상권설정등기가 경료되면 그 지상권의 내용과 범위는 등기된 바에 따라서 대세적인 효력이 발생하고, 제3자가 지상권설정 자에 대하여 해당 토지를 사용·수익할 수 있는 채권적 권리를 가지고 있다고 하더라도 이러한 사정만으로 지상권자에 대항할 수는 없다고 할 것이라(대법원 2008. 2. 15. 선고 2005다47205 판결)고 하고 있습니다.

사안의 경우 귀하는 장차 신축되는 건물에 관하여도 추가로 근저당권을 설정 하겠다는 약정을 전제로 하여 甲에게 이러한 약정이행에 필요한 범위 내에서

이 사건 토지를 사용하는 것을 용인한 것일 뿐이고, 제3자인 乙이 건축주로서 신축건물의 소유권을 취득하는 것까지를 용인한 것으로는 볼 수 없으므로, 위 지상권 설정 당시에 이미 신축건물 중 일부가 현존하고 있었다고 하더라도 乙이 귀하의 지상권에 대항할 수 있는 다른 권원을 가지고 있지 아니한 이상 귀하는 乙에게 지상권에 기한 건물철거 및 대지인도청구를 할 수 있습니다.

(관련판례)

토지에 관하여 저당권을 취득함과 아울러 그 저당권의 담보가치를 확보하기 위하여 지상권을 취득하는 경우, 특별한 사정이 없는 한 그 지상권은 저당권이 실행될 때까지 제3자가 용익권을 취득하거나 목적 토지의 담보가치를 하락시키는 침해행위를 하는 것을 배제함으로써 저당 부동산의 담보가치를 확보하는 데에 그 목적이 있다고 할 것이므로, 제3자가 저당권의 목적인 토지 위에 건물을 신축하는 경우에는, 그 제3자가 지상권자에게 대항할 수 있는 권원을 가지고 있다는 등의 특별한 사정이 없는 한, 지상권자는 그 방해배제청구로서 신축중인 건물의 철거와 대지의 인도 등을 구할 수 있다고 할 것이다(대법원 2004. 3. 29.자 2003마1753 결정 참조). 한편, 물권은 법률 또는 관습법에 의하는 외에는 임의로 창설하지 못하는 것이므로(민법 제185조), 지상권설정등기가 경료되면 그 지상권의 내용과 범위는 등기된 바에 따라서 대세적인 효력이 발생하고, 제3자가 지상권설정자에 대하여 해당 토지를 사용·수익할 수 있는 채권적 권리를 가지고 있다고 하더라도 이러한 사정만으로 지상권자에 대항할 수는 없다고 할 것이다. (대법원 2008. 2. 15. 선고 2005다47205 판결)

■ 지료에 관한 등기가 되어있지 않은 경우 지료증액청구권을 행사할 수 있는지요?

Q. 저는 제 소유 토지에 지상권을 설정해주었습니다. 처음 지상권을 설정할 때 지상권자와 지료에 관한 합의는 하였지만 별도로 그 지료를 등기하거나 하지는 않았습니다. 그러던 중 지상권자가 자신의 지상권을 제3자에게 양도하였습니다. 최근 주변 지가도 오르고 해서 지료증액을 요구하고 싶습니다. 가능할까요?

A. 지상권에 있어서 유상인 지료에 관하여 지료액 또는 그 지급시기 등의 약정은 이를 등기하여야만 그 뒤에 토지소유권 또는 지상권을 양수한 사람 등 제3자에게 대항할 수 있고, 지료에 관하여 등기되지 않은 경우에는 무상의 지상권으로서 지료증액청구권도 발생할 수 없다는 것이 판례의 입장입니다(대법원 1999. 9. 3. 선고 99다24874 판결 참조). 따라서 기존에 지료에 관한 등기가 없다면 증액청구를 할 수는 없다 할 것입니다.

■ 근저당권의 피담보채권만 변제되면 위 지상권도 소멸되는 것이 확실한 것인지요?

Q. 저는 甲에게서 乙을 채권자로 하는 1순위 근저당권과 그 근저당권의 담보 가치를 확보하기 위한 乙이 지상권자인 2순위 지상권이 설정된 토지를 매 수하기로 하였으며, 위 근저당권채무는 제가 인수하기로 하였는데, 甲의 말대로 위 근저당권의 피담보채권만 변제되면 위 지상권도 소멸되는 것이 확실한 것인지요?

A. 지상권은 타인의 토지에 건물 기타 공작물이나 수목을 소유하기 위하여 그 토지를 사용하는 권리를 말하며(민법 제279조), 지상권자는 설정행위에 서 정해진 목적을 위하여 필요한 범위 안에서 토지를 사용할 권리를 가지 고, 지상권내용의 실현이 방해되는 경우에는 그 방해제거청구, 방해예방청 구 등을 할 수 있습니다(민법 제290조, 제213조, 제214조). 또한, 부동산경 매의 경우 지상권은 저당권·압류채권·가압류채권에 대항할 수 없는 경우(저 당권·압류·가압류 등기 이후에 지상권설정등기 된 경우 등)에는 매각으로 소멸되지만(민사집행법 제91조 제3항), 그렇지 않은 경우(저당권·압류·가압 류 등기 이전에 지상권설정등기 된 경우 등)에는 매수인이 인수하게 됩니 다(민사집행법 제91조 제4항 본문).

그러므로 그 지상에 건물 또는 공작물 등이 없는 빈 토지(나대지)에 근저당 권을 설정하였을 경우, 담보권설정 후 그 토지상에 제3자에게 토지사용을 할 수 있는 용익권(지상권, 임차권 등)을 설정해주거나 건물 또는 공작물이 축 조·설치되는 경우 그 토지의 담보가치가 줄어드는 것을 막기 위하여 근저당 권설정시 지상권을 설정해두는 경우가 있는데, 이 경우 지상권은 근저당권과 는 독립된 별개의 물권이므로, 근저당권의 피담보채권의 소멸로 근저당권이 소멸하는 것은 당연하지만 그 지상권도 소멸할 것인지 의문이 있습니다.

그런데 근저당권 등 담보권의 담보가치를 확보하기 위하여 채권자 앞으로 지상권을 설정한 경우, 피담보채권이 변제나 시효로 소멸하면 그 지상권도 소멸하는지 판례를 보면, 근저당권 등 담보권설정 당사자들이 그 목적이 된 토지 위에 차후 용익권이 설정되거나 건물 또는 공작물이 축조·설치되 는 등으로써 그 목적물의 담보가치가 줄어드는 것을 막는 것을 주요한 목 적으로 하여 채권자 앞으로 아울러 지상권을 설정하였다면, 그 피담보채권

이 변제 등으로 만족을 얻어 소멸한 경우는 물론이고 시효소멸 한 경우에
도 그 지상권은 피담보채권에 부종(附從)하여 소멸한다고 하였습니다(대법
원 2011. 4. 14. 선고 2011다6342 판결).

따라서 위 사안에서도 근저당권의 피담보채권을 변제하여 그 채권이 소멸
된다면 근저당권은 물론 근저당권의 담보가치를 확보하기 위하여 설정한
지상권도 소멸한다고 할 수 있을 것입니다.

(관련판례)

확인의 소에는 권리보호요건으로서 확인의 이익이 있어야 하고, 확인의 이익은 원고의 권리 또
는 법률상의 지위에 현존하는 불안·위험이 있고 확인판결을 받는 것이 불안·위험을 제거하는 가
장 유효·적절한 수단일 때에 인정된다.지상권은 용익물권으로서 담보물권이 아니므로 피담보채
무라는 것이 존재할 수 없다. 근저당권 등 담보권 설정의 당사자들이 담보로 제공된 토지에 추
후 용익권이 설정되거나 건물 또는 공작물이 축조·설치되는 등으로 토지의 담보가치가 줄어드는
것을 막기 위하여 담보권과 아울러 설정하는 지상권을 이른바 담보지상권이라고 하는데, 이는
당사자의 약정에 따라 담보권의 존속과 지상권의 존속이 서로 연계되어 있을 뿐이고, 이러한 경
우에도 지상권의 피담보채무가 존재하는 것은 아니다. 따라서 지상권설정등기에 관한 피담보채
무의 범위 확인을 구하는 청구는 원고의 권리 또는 법률상의 지위에 관한 청구라고 보기 어려
우므로, 확인의 이익이 없어 부적법하다.(대법원 2017.10. 31. 선고 2015다65042 판결)

■ 입목에 관한 법률에서 법정지상권을 취득할 수 있는 요건은 무엇입니까?

Q. 저는 甲 소유 토지에 관하여 甲으로부터 사용승낙을 받고, 토지 위에 과수
원을 조성하여 운영하면서 경계에 울타리를 치고 정문에 '○○과수원'
이라는 간판을 내걸어 타인의 출입을 통제하여 왔습니다. 그런데 토지를
목적물로 한 임의경매절차에서 토지를 취득한 乙이 저에게 토지 지상의
입목을 철거하라는 청구를 하였습니다. 乙의 주장이 타당한가요?

A. 입목에 관한 법률 제6조 제1항은 '입목의 경매나 그 밖의 사유로 토지와
그 입목이 각각 다른 소유자에게 속하게 되는 경우에는 토지소유자는 입
목소유자에 대하여 지상권을 설정한 것으로 본다.'고 규정하고 있습니다.
그런데 위 법 제2조 제1항은 '"입목"이란 토지에 부착된 수목의 집단으로
서 그 소유자가 이 법에 따라 소유권보존의 등기를 받은 것을 말한다.'고
규정하고 있습니다.

 수목에 대한 명인방법이 갖추어졌다 하더라도, 입목에 관한 법률에 따라 소유권보존등기를 마치지 않은 수목의 경매 등으로 인하여 토지의 소유자와 수목의 소유자가 달라진 경우 수목의 소유자가 그 토지에 관하여 당연히 지상권을 취득한다고 볼 수 있는 근거는 없다(관습법상의 법정지상권은 건물의 소유자에 대하여만 인정된다)고 한 하급심 판례(광주고등법원 2005. 10. 14. 선고 2004나9304 판결)가 있습니다.

 사안의 경우, 귀하가 과수원 내 수목에 관하여 '입목에 관한 법률'에 따른 소유권이전등기를 하지 않았다면 위 법상 법정지상권을 취득할 수 없으며 관습법상 법정지상권을 취득할 여지도 없으므로, 입목을 철거하라는 乙의 청구에 따라야 할 것입니다.

[서식 예] 법정지상권 존속기간확인 청구의 소

소　　장

원　　고　　○○○ (주민등록번호)
　　　　　　○○시 ○○구 ○○길 ○○(우편번호 ○○○-○○○)
　　　　　　전화·휴대폰번호:
　　　　　　팩스번호, 전자우편(e-mail)주소:
피　　고　　◇◇◇ (주민등록번호)
　　　　　　○○시 ○○구 ○○길 ○○(우편번호 ○○○-○○○)
　　　　　　전화·휴대폰번호:
　　　　　　팩스번호, 전자우편(e-mail)주소:

지상권존속기간확인청구의 소

청 구 취 지

1. 피고소유의 별지1 부동산목록 제1기재 토지에 관하여 별지2 도면표시 "1, 2, 3, 4, 1"
   의 각 점을 차례로 연결한 선내의 (가)부분 107.6㎡ 지상에 건축된 별지1 부동산목록
   제2기재 건물의 이용을 위한 법정지상권의 지상권존속기간은 30년임을 확인한다.
2. 소송비용은 피고의 부담으로 한다.
라는 판결을 구합니다.

청 구 원 인

1. 원고는 20○○. ○. ○. 소외 ◉◉◉로부터 별지1 부동산목록 제1기재 토지(이하 '이
   사건 토지'라고 함)를 매수한 뒤 같은 해 7. 5. 매매를 원인으로 한 소유권이전등기를
   마친 사실이 있습니다. 그 뒤 원고는 20○○. ○. ○○. 이 사건 토지 지상에 별지2
   도면표시 "1, 2, 3, 4, 1"의 각 점을 차례로 연결한 선내의 (가)부분 107.6㎡ 지상에
   별지1 부동산목록 제2기재 건물(이하 '이 사건 건물'이라고 함)을 건축하여 원고의 가
   족들과 생활하여 왔습니다.
2. 원고는 20○○. ○○. ○. 소외 ◈◈◈로부터 80,000,000원을 차용하면서 이 사건 토
   지를 소외 ◈◈◈에게 담보제공 하였고, 같은 달 16일 제1순위 근저당권을 설정하여
   준 사실이 있습니다. 그런데 원고는 위 차용금을 변제기한인 20○○. ○○. ○○.까지

소외 ◇◇◇에게 변제하지 못하여, 소외 ◇◇◇는 같은 해 6. 5. 위 토지에 대하여 근저당권실행을 위한 경매를 신청하여 같은 해 12. 5. 피고에게 매각되었습니다.

3. 그런데 피고는 이 사건 토지에 대한 이 사건 건물의 이용을 위한 법정지상권을 인정하면서도 그 존속기간은 5년만 인정하겠다고 하면서 5년 뒤에는 위 건물을 철거하여야 한다고 주장합니다. 그러므로 원고는 피고에게 이 사건 건물의 이용을 위한 법정지상권의 존속기간은 이 사건 건물이 민법 제280조 제1항 제1호의 견고한 건물에 해당되어 30년이라고 주장하였으나 피고는 전혀 원고의 주장을 받아들이지 않고 있습니다.

4. 따라서 원고는 피고를 상대로 이 사건 토지에 관하여 별지2 도면표시 "1, 2, 3, 4, 1"의 각 점을 차례로 연결한 선내의 (가)부분 107.6㎡ 지상에 건축된 이 사건 건물의 이용을 위한 법정지상권존속기간은 30년임을 확인하여 줄 것을 청구하게 된 것입니다.

입 증 방 법

1. 갑 제1호증   토지등기사항증명서
1. 갑 제2호증   건물등기사항증명서
1. 갑 제3호증   토지대장등본
1. 갑 제4호증   건축물대장등본

첨 부 서 류

1. 위 입증방법   각 1통
1. 소장부본   1통
1. 송달료납부서   1통

200○. ○. ○.

위 원고   ○○○   (서명 또는 날인)

○○지방법원 귀중

2. 지상권 말소등기

2-1. 지상권 말소등기의 개념

지상권 말소등기란 존속기간만료, 계약의 해지 등 지상권 소멸사유가 발생한 경우 등기부상 기재되어 있는 지상권 설정등기를 말소하기 위해 하는 등기를 말합니다.

2-2. 지상권 말소등기의 원인

지상권은 다음과 같은 원인 등으로 소멸하고, 전세권이 소멸하면 말소등기를 합니다.
① 혼동(민법 제191조제1항)
② 지상권 설정자의 소멸청구(민법 제287조)
③ 존속기간의 만료(민법 제283조제1항)
④ 당사자 간의 합의해지(민법 제543조)
⑤ 소멸시효(민법 제162조제2항)
⑥ 당사자 간의 약정소멸사유 발생(부동산등기법 제54조)

2-3. 지상권 말소등기의 신청인

① 지상권 말소등기 시 등기권리자와 등기의무자는 다음과 같습니다.
  - 등기의무자: 지상권자
  - 등기권리자: 지상권 설정자(토지 소유자)
② 등기신청방법
  - 신청인 또는 그 대리인이 등기소에 출석해 신청정보 및 첨부정보를 적은 서면을 제출하는 방법(부동산등기법 제24조제1항제1호 본문). 다만, 대리인이 변호사(법무법인·법무법인(유한) 및 법무조합 포함)나 법무사(법무사법인 및 법무사법인(유한) 포함)인 경우에는 대법원규칙으로 정하는 사무원을 등기소에 출석하게 해 서면을 제출할 수 있습니다[부동산등기법 제24조제1항제1호 단서].
  - 전산정보처리조직을 이용해 신청정보 및 첨부정보를 보내는 방법(법원행정처장이 지정하는 등기유형으로 한정)[부동산등기법 제24조제1항제2호]

2-4. 지상권 변경등기와의 구분

① 지상권 변경등기의 개념

  지상권 변경등기란 지상권의 내용인 지료, 존속기간, 목적 등이 변경된 경우에 하
  는 등기를 말합니다.

② 지상권 변경등기의 신청인

  - 등기의무자: 등기부상 불이익을 받는 자

  - 등기권리자: 등기부상 이익을 받는 자

③ 신청서 양식

[서식 예] 지상권 변경등기 신청서

지상권변경등기신청				
접 수	년 월 일 제 호	처 리 인	등기관 확인	각종 통지

부동산의 표시
서울특별시 서초구 서초동 100 　　　대 300㎡   　　　　　　　이　　　　　　　상

등기원인과 그 연월일	2010년 11월 10일 변경계약
등 기 의 목 적	지상권변경
변 경 할 사 항	2010년 5월 1일 접수 제5000호로 경료한 지상권 등기사항중 존속기간 "2010년 5월 5일부터 10년"을, "2010년 5월 5일부터 15년"으로 변경

구분	성 명 (상호·명칭)	주민등록번호 (등기용등록번호)	주　　소 (소 재 지)
등기 의무자	이 대 백	XXXXXX-XXXXXXX	서울특별시 서초구 서초동 200
등기 권리자	김 갑 동	XXXXXX-XXXXXXX	서울특별시 종로구 원서동 9

등 록 면 허 세	금	3,000	원
지 방 교 육 세	금	600	원
세 액 합 계	금	3,600	원
등 기 신 청 수 수 료	금	3,000	원

등기의무자의 등기필정보		
부동산고유번호	1102-2006-002095	
성명(명칭)	일련번호	비밀번호
이대백	Q77C-LO7I-35J5	40-4636

첨 부 서 면

		〈기 타〉
·변경계약서	1통	
·등록면허세영수필확인서	1통	
·등기필증	1통	
·인감증명서	1통	

2010년   12월   1일

위 신청인   이   대   백 ⑳ (전화 : 200-7766)
　　　　　　　김   갑   동 ⑳ (전화 : 212-1166)

(또는)위 대리인   (전화 :   )

서울중앙 지방법원   등기과 귀중

- 신청서 작성요령 및 등기수입증지 첨부란 -
1. 부동산표시란에 2개 이상의 부동산을 기재하는 경우에는 부동산의 일련번호를 기재하여야 합니다.
2. 신청인란등 해당란에 기재할 여백이 없을 경우에는 별지를 이용합니다.
3. 등기신청수수료 상당의 등기수입증지를 이 난에 첨부합니다.

2-5. 지상권 말소등기 신청 시 제출서류

2-5-1. 시·군·구청을 통해 준비해야 하는 서류

① 등록면허세납부고지서(지방교육세 포함)

　㉮ 등록면허세란 재산권과 그 밖의 권리의 설정·변경 또는 소멸에 관한 사항을 공
　　부에 등기하거나 등록할 때 납부하는 세금을 말합니다(지방세법 제23조제1호).

　　- 지상권 말소등기 시 등록면허세: 등기대상 1건 당 6,000원(지방세법 제28조제1
　　　항제1호마목)

　㉯ 지방교육세란 지방교육의 질적 향상에 필요한 지방교육재정의 확충에 소요되는
　　재원을 확보하기 위해 「지방세법」에 따른 등록면허세의 납부의무자에게 함께 부
　　과되는 세금을 말합니다(지방세법 제149조 및 제150조제1호).

② 시, 군, 구청 세무과를 방문해 등록면허세납부고지서를 발부받고 세금을 은행에서
　납부하면 됩니다.

2-5-2. 은행을 통해 준비해야 할 서류

① 등록면허세영수필확인서

　시·군·구청 세무과에서 등록면허세납부고지서를 발부받아온 후 은행에서 등록면허
　세 및 지방교육세를 지불하면 등록면허세영수필확인서를 받을 수 있습니다.

② 국민주택채권의 매입 불필요

　지상권 말소등기는 부동산보존등기, 이전등기, 저당권 설정등기 및 이전등기가 아
　니므로 국민주택채권을 매입하지 않아도 됩니다.

③ 대법원등기 수입증지의 구입(등기신청 수수료)

　- 등기를 하려는 사람은 수수료를 내야 합니다.

　- 대법원등기 수입증지를 은행이나 등기소에서 매입을 하여 이를 신청서에 붙이면
　　등기신청 수수료를 낸 것이 됩니다.

　- 대법원등기 수입증지는 등기소나 등기소 주변의 은행(농협, 우체국, 신한은행 등)
　　에서 구입하실 수 있습니다.

　- 지상권 말소등기 한 건당 대법원등기 수입증지

　　1) 서면방문신청: 3,000원

2) 전자표준양식신청(e-form양식으로 작성한 후 등기소 방문신청): 2,000원

3) 전자신청: 1,000원

- 등기신청수수료의 납부는 그 수수료 상당액을 전자적 방법으로 납부하거나, 법원행정처장이 지정하는 금융기관에 현금으로 납부한 후 이를 증명하는 서면을 등기신청서에 첨부하여 제출하는 방법으로 합니다(등기사항증명서 등 수수료규칙 제6조제3항).

2-5-3. 지상권 말소 관련 서류

① 해지증서(해지의 경우에 한함)

존속기간 만료가 아닌 해지 등과 같이 지상권 등기말소사유에 관한 증서가 있는 경우에는 그 증서를 첨부합니다.

※ 판결에 의한 경우 첨부서류

- 판결에 의한 등기 신청의 경우에는 판결정본과 그 판결이 확정되었음을 증명하는 확정증명서를 첨부해야 합니다.

- 조정에 갈음하는 결정정본 또는 화해권고결정정본을 첨부하는 경우에도 확정증명원을 첨부합니다.

- 조정조서, 화해조서 또는 인낙조서를 등기원인증서로 제출하는 경우에는 확정증명원을 첨부하지 않아도 됩니다.

② 위임장(해당자에 한함)

지상권 말소등기는 등기의무자와 등기권리자가 공동으로 신청하거나 등기의무자 또는 등기권리자가 상대방으로부터 위임장을 받아 혼자 등기소를 방문해서 신청할 수 있습니다.

③ 등기필정보 또는 등기필정보통지서

매도인인 등기의무자가 등기권리자로서 소유권에 관한 등기를 한 후 등기소로부터 받아서 가지고 있던 등기필정보를 등기소에 제공해야 합니다(부동산등기법 제50조제2항).

④ 등기필정보의 제공방법

- 방문신청의 경우 : 등기필정보를 적은 서면(등기필정보통지서)를 교부하는 방법. 다만, 신청인이 등기신청서와 함께 등기필정보통지서 송부용 우편봉투를 제출한

경우에는 등기필정보통지서를 우편으로 송부합니다(부동산등기규칙 제107조제1항제1호).

- 전자신청의 경우 : 전산정보처리조직을 이용하여 송신하는 방법(부동산등기규칙 제107조제1항제2호)

2-6. 지상권 말소등기 신청서 작성

2-6-1. 신청서 및 첨부서류

신청서, 등록면허세영수필확인서, 등기 수입증지, 위임장, 해지증서 등의 순으로 준비합니다.

2-6-2. 신청서 양식

[서식 예] 지상권 말소등기 신청서

지상권말소등기신청			
접 수	년 월 일 제 호	처 리 인	등기관 확인	각종 통지

부동산의 표시
서울특별시 서초구 서초동 100 　　대 300㎡   이　　　　　　　상

등기원인과 그 연월일	2013년 5월 1일 해지
등 기 의 목 적	지상권말소
말 소 할 등 기	2010년 5월 1일 접수 제 5000호로 등기한 지상권설정등기

구분	성 명 (상호·명칭)	주민등록번호 (등기용등록번호)	주 소 (소 재 지)	지 분 (개인별)
등기 의무자	이 대 백	XXXXXX-XXXXXXX	서울특별시 서초구 서초 대로 88길 20 (서초동)	
등기 권리자	김 갑 동	XXXXXX-XXXXXXX	서울특별시 중구 다동길 96 (다동)	

등 록 면 허 세	금	6,000	원
지 방 교 육 세	금	1,200	원
세 액 합 계	금	7,200	원
등 기 신 청 수 수 료	금	3,000	원
	납부번호 : ○○-○○-○○○○○○○○-○		
	일괄납부 :　　　　건　　　　　원		

등기의무자의 등기필정보		
부동산고유번호	1102-2006-002095	
성명(명칭)	일련번호	비밀번호
이대백	Q77C-L071-35J5	40-4636

첨 부 서 면	
·해지증서　　　　　　　　　　1통	〈기 타〉
·등록면허세영수필확인서　　　1통	
·등기신청수수료 영수필확인서　1통	
·등기필증　　　　　　　　　　1통	

2013년　　5월　　1일

위 신청인　　　이　　대　　백　㊞　(전화 : 200-7766)
　　　　　　　　김　　갑　　동　㊞　(전화 : 211-7711)

(또는)위 대리인　　　　　　　　　　　(전화 :　　　　)

서울중앙 지방법원　　　　　　등기국 귀중

- 신청서 작성요령 -
1. 부동산표시란에 2개 이상의 부동산을 기재하는 경우에는 부동산의 일련번호를 기재하
   여야 합니다.
2. 신청인란등 해당란에 기재할 여백이 없을 경우에는 별지를 이용합니다.

■ 동일인 소유의 토지와 건물이 원인무효로 이전된 경우 관습법상 법정지상권이 인정 될 수 있는지요?

Q. 甲은 乙소유 건물과 대지를 매수하여 등기까지 마쳤는데, 그 대지는 乙이 소속된 丙종중소유인데 乙이 서류를 위조하여 자기소유로 등기하였던 것 이었고, 건물은 乙이 축조하여 보존등기를 한 것이었습니다. 이후 丙종중 이 원인무효를 이유로 한 乙명의의 토지소유권이전등기 말소청구소송을 제기하여 승소함으로써 그 대지는 丙종중명의로 되었는데, 이 경우 건물매 수인 甲에게 관습법상 법정지상권이 인정될 수 있는지요?

A. 관습법상 법정지상권은 토지와 건물이 동일인에게 속하였다가 그 중 어느 하나가 일정한 원인(매매, 교환, 증여, 취득시효, 국세징수법에 의한 공매, 민사집행법상의 강제경매 등)으로 소유자를 달리하게 되는 경우 그 건물을 철거한다는 등의 특약이 없으면 성립되는 것으로서, 토지와 건물을 각기 독립한 부동산으로 취급하는 우리 법제에서 그 건물의 가치를 유지시키기 위한 필요에 의하여 관습법상 인정한 제도인데, 토지소유권자로서는 그로 인하여 권리제한을 받는 결과가 되는 것입니다.

그런데 관습법상 법정지상권은 동일인소유이던 토지와 그 지상건물이 매매 기타 '적법한 원인행위'로 인하여 각기 그 소유자를 달리하는 경우에 발생하므로(대법원 1992. 4. 10. 선고 91다40610 판결), 위 사안과 같이 원래 동일인에게의 소유권귀속이 원인무효로 이루어졌다가 그 원인이 무효임이 밝혀져 그 등기가 말소됨으로써 건물과 토지의 소유자가 달라진 경우 관습법상 법정지상권이 성립되는지 문제되는데, 이에 관하여 판례를 보면, 관습법상 법정지상권의 성립요건인 해당토지와 건물의 소유권의 동일인에의 귀속과 그 후의 각기 다른 사람에의 귀속은 법의 보호를 받을 수 있는 권리변동으로 인한 것이어야 하므로, 원래 동일인에게의 소유권귀속이 원인무효로 이루어졌다가 그 뒤 그 원인무효임이 밝혀져 그 등기가 말소됨으로써 그 건물과 토지의 소유자가 달라진 경우에는 관습상 법정지상권을 허용할 수 없다고 하였습니다(대법원 1999. 3. 26. 선고 98다64189 판결).

따라서 위 사안에서도 甲이 丙종중에 대하여 관습법상 법정지상권을 주장할 수 없을 것으로 보입니다.

■ 피담보채권의 소멸시효가 완성된 경우에 저당권등기 말소청구가 가능한지요?

Q. 저는 甲에게서 500만원을 빌리면서 저의 토지에 저당권을 설정해주었고, 15년 전 갚을 날짜에 채무전액을 변제하였으나, 당시 부주의로 저당권을 말소하지 않았습니다. 최근 위 토지를 매도하려고 보니, 甲은 이미 사망하였고, 그 상속인들에게 저당권말소를 요구하였으나, 자신들은 모르는 일이라며 협조하지 않고 있습니다. 저로서는 오랜 시일이 지나서 변제영수증도 찾을 수 없는데, 이 경우 대처방법은 없는지요?

A. 위 사안과 같이 오랜 시일이 지나서 甲에 대한 채무전액의 변제사실을 입증하기 곤란한 경우에는 채무의 변제 즉, 피담보채무소멸을 원인으로 저당권의 말소를 구하는 것은 승소가능성이 없다고 할 것입니다.

　그러나 민법에서 채권은 10년간 행사하지 않으면 소멸시효가 완성한다고 규정하고 있으며(민법 제162조 제1항), 저당권으로 담보한 채권이 시효완성 기타 사유로 인하여 소멸한 때에는 저당권도 소멸한다고 규정하고 있습니다(민법 제369조). 또한, 판례를 보면 저당권은 그 피담보채권을 물적으로 보증하기 위하여 설정하는 것이므로 그 피담보채권이 존재하지 아니한 때에는 그 저당권설정등기는 원인무효이고, 변제 또는 소멸시효 등에 의하여 소멸된 때에는 담보물권의 부종성에 의하여 그 저당권설정등기 역시 원인이 없는 것이라고 해석하여야 할 것이며, 채무자가 채권자를 상대로 그 피담보채권 부존재확인청구소송을 하여 그 피담보채권이 부존재하다는 확정판결이 있었다면 채무자는 실체법상 채권자에 대하여 그 채무가 존재하지 아니한다는 사실을 주장·항변할 수 있고, 물상보증인인 저당권설정자는 담보물권의 부종성에 의하여 위와 같은 채무자의 항변사유를 원용할 수 있다고 해석하여야 할 것이라고 하였습니다(대법원 1969. 3. 18. 선고 68다2334 판결).

　따라서 귀하는 저당권말소등기절차에 협력하지 않는 甲의 상속인들을 상대로 위 대여금채무의 변제사실을 입증할 수 없더라도 피담보채권의 시효소멸을 이유로 저당권설정등기 말소등기절차 이행청구의 소를 제기해볼 수 있을 것입니다.

　참고로 근저당권 등 담보권설정 당사자들이 그 목적 토지 위에 차후 용익권이 설정되거나 건물 또는 공작물이 축조·설치되는 등으로써 그 목적물담보가치가 줄어드는 것을 막는 것을 주요한 목적으로 하여 채권자 앞으로 아울러 지상권을 설정하였다면, 그 피담보채권이 변제 등으로 만족을 얻어 소멸한 경우는 물론이고 시효소멸 한 경우에도 그 지상권은 피담보채권에 부종(附從)하여 소멸합니다(대법원 2011. 4. 14. 선고 2011다6342 판결).

제7장

등기명의인 표시변경등기는
어떤 절차로 하나요?

제7장 등기명의인 표시변경등기는 어떤 절차로 하나요?

1. 등기명의인 표시변경등기의 개념

등기명의인 표시변경등기란 등기부상 소유명의인 또는 소유권 외의 권리자(저당권자, 전세권자, 임차권자 등)의 표시(성명, 주소 등)가 변경되어 등기부상 표시와 일치하지 않는 경우 그 표시를 일치시키기 위해 하는 등기를 말합니다.

2. 등기명의인 표시변경등기의 신청인

① 등기명의인 표시의 변경 또는 경정(更正) 등기는 등기명의인 단독으로 신청할 수 있습니다(부동산등기법 제23조제6항).
② 따라서 등기명의인 표시변경등기는 소유자의 동의를 얻거나 상대방의 승낙을 받을 필요가 없습니다.

3. 등기명의인 표시경정등기와의 구분

3-1. 등기명의인 표시경정등기의 개념

등기명의인 표시경정등기란 등기부상 소유 명의인 또는 소유권 외의 권리자(저당권자, 전세권자, 임차권자 등)의 표시(성명, 주소 등)가 착오신청 등으로 등기부에 잘못 기재되었거나 기재가 누락된 경우에 이를 바로 잡기 위해 하는 등기를 말합니다.

3-2. 차이점

등기명의인 표시변경등기는 등기 시에는 실체관계가 들어 맞았으나 그 후 표시가 변경되어 이를 일치시키기 위한 등기이고, 등기명의인 표시경정등기는 실행 당시부터 등기의 일부가 실체관계와 들어 맞지 않아 이를 바로 잡기 위한 등기라는 점에서 차이가 있습니다.

3-3. 부동산 표시변경등기와의 구분

① 부동산의 표시변경등기의 원인

부동산의 표시변경등기는 다음과 같이 부동산의 표시사항에 변경이 있을 경우에 하는 등기를 말합니다.

- 행정구역 또는 명칭의 변경(부동산등기법 제31조)

- 건물의 분할, 구분, 합병이 있는 경우(부동산등기법 제41조제1항)

- 소재, 지번 및 건물번호, 건물의 종류, 구조와 면적 등과 같은 등기사항에 변경이 있는 경우(부동산등기법 제41조제1항)

② 부동산의 표시변경등기는 행정구역, 명칭, 지번, 지목, 지적 등의 변경일 경우 소관청이 관할 등기소에 촉탁을 해 변경하거나(공간정보의 구축 및 관리 등에 관한 법률 제89조제1항), 등기관이 직권으로 변경등기를 할 수 있습니다(부동산등기규칙 제54조).

4. 등기명의인 표시변경등기 신청 시 제출서류

4-1. 시·군·구청을 통해 준비해야 하는 서류

① 신청인의 주소 등을 증명하는 서면

- 등기명의인의 주민등록초본(주소변경의 경우)

- 등기명의인의 기본증명서(개명의 경우)

② 등록면허세납부고지서(지방교육세 포함)

- 등록면허세란 재산권과 그 밖의 권리의 설정·변경 또는 소멸에 관한 사항을 공부에 등기하거나 등록할 때 납부하는 세금을 말합니다(지방세법 제23조제1호).

- 등기명의인 표시변경등기 시 등록면허세: 등기대상 1건 당 6,000원(지방세법 제28조제1항제1호마목)

- 지방교육세란 지방교육의 질적 향상에 필요한 지방교육재정의 확충에 소요되는 재원을 확보하기 위해 「지방세법」에 따른 등록면허세의 납부의무자에게 함께 부과되는 세금을 말합니다(지방세법 제149조 및 제150조제1호).

- 지방교육세: 등록면허세액 × 20/100(지방세법 제151조제1항제2호)

- 등록면허세를 납부하는 경우에는 농어촌특별세(조세특례제한법·관세법·지방세법 및

지방세특례제한법에 따라 감면받은 경우 제외)를 내지 않아도 됩니다.

- 시, 군, 구청 세무과를 방문해 등록면허세납부고지서를 발부받고 세금을 은행에서 납부하면 됩니다.

4-2. 은행을 통해 준비해야 하는 서류

① 등록면허세영수필확인서

시·군·구청 세무과에서 등록면허세납부고지서를 발부받아온 후 은행에서 등록면허세 및 지방교육세를 지불하면 등록면허세영수필확인서를 받을 수 있습니다.

② 국민주택채권의 매입 불필요

등기명의인 표시변경등기는 부동산보존등기, 이전등기, 저당권 설정등기 및 이전등기가 아니므로 국민주택채권을 매입하지 않아도 됩니다.

③ 대법원등기 수입증지의 구입(등기신청 수수료)

- 등기를 하려는 사람은 수수료를 내야 합니다(부동산등기법 제22조제3항).
- 대법원등기 수입증지를 은행이나 등기소에서 매입을 해 이를 신청서에 붙이면 등기신청 수수료를 낸 것이 됩니다.
- 대법원등기 수입증지는 등기소나 등기소 주변의 은행(농협, 우체국, 신한은행 등)에서 구입하실 수 있습니다.

5. 등기명의인 표시변경등기 신청서 작성

5-1. 신청서 및 첨부서류

신청서, 등록면허세영수필확인서, 등기 수입증지, 주민등록초본 또는 기본증명서 등의 순으로 준비합니다.

5-2. 신청서 양식

[서식 예] 전거에 의한 등기명의인 표시변경등기 신청서

<table>
<tr><td colspan="5" align="center">등기명의인표시변경등기신청</td></tr>
<tr>
<td rowspan="2">접
수</td>
<td>년 월 일</td>
<td rowspan="2">처
리
인</td>
<td>등기관 확인</td>
<td>각종 통지</td>
</tr>
<tr>
<td>제   호</td>
<td></td>
<td></td>
</tr>
</table>

<table>
<tr><td colspan="3" align="center">부동산의 표시</td></tr>
<tr><td colspan="3">

1. 서울특별시 서초구 서초동 100

　　　　대 300m²

2. 서울특별시 서초구 서초동 100

　　[도로명주소] 서울특별시 서초구 서초대로 88길 10

　　시멘트 벽돌조 슬래브지붕 2층 주택

　　　　1층 100㎡

　　　　2층 100㎡

　　　　　　　이　　　　　　　　상
</td></tr>
<tr>
<td>등기원인과 그 연월일</td>
<td colspan="2">2014년 1월 2일 전거</td>
</tr>
<tr>
<td>등 기 의 목 적</td>
<td colspan="2">등기명의인 표시변경</td>
</tr>
<tr>
<td>변 경 사 항</td>
<td colspan="2">갑구 3번 등기명의인 이대백의 주소 "서울특별시 중구 다동길 96 (다동)"을 "서울특별시 서초구 서초대로 88길 20 (서초동)"으로 변경</td>
</tr>
<tr>
<td></td>
<td></td>
<td></td>
</tr>
<tr>
<td>구
분</td>
<td>성 명
(상호·명칭)</td>
<td>주민등록번호
(등기용등록번호)</td>
<td>주 소 (소 재 지)</td>
</tr>
<tr>
<td>신
청
인</td>
<td>이 대 백</td>
<td>XXXXXX-XXXXXXX</td>
<td>서울특별시 서초구 서초대로 88길 20 (서초동)</td>
</tr>
</table>

등 록 면 허 세	금	12,000	원
지 방 교 육 세	금	2,400	원
세 액 합 계	금	14,400	원
등 기 신 청 수 수 료	금	6,000	원
	납부번호 : ○○-○○-○○○○○○○○-○		
	일괄납부 :　　　　　건　　　　　　　원		

첨　부　서　면

·주민등록표초본　　　　　　　1통 ·등록면허세영수필확인서　　　1통 ·등기신청수수료　영수필확인서　1통	〈기타〉

2014년　1월　2일

위 신청인　　이　　대　　백　⑩　(전화 : 200-7766)

(또는)위 대리인　　　　　　　　　　(전화 :　　　　　)

서울중앙 지방법원　　　　　　　　등기국 귀중

- 신청서 작성요령 -
1. 부동산표시란에 2개 이상의 부동산을 기재하는 경우에는 부동산의 일련번호를 기재하여야 합니다.
2. 신청인란등 해당란에 기재할 여백이 없을 경우에는 별지를 이용합니다.
3. 담당 등기관이 판단하여 위의 첨부서면 외에 추가적인 서면을 요구할 수 있습니다.

[서식 예] 전거에 의한 등기명의인 표시변경등기 신청서(구분건물)

<table>
<tr><td colspan="5" align="center">등기명의인표시변경등기신청</td></tr>
<tr><td rowspan="2">접
수</td><td colspan="2">년 월 일</td><td rowspan="2">처
리
인</td><td>등기관 확인</td><td>각종 통지</td></tr>
<tr><td colspan="2">제   호</td><td></td><td></td></tr>
</table>

<table>
<tr><td colspan="4" align="center">부동산의 표시</td></tr>
<tr><td colspan="4">

1동의 건물의 표시
   서울특별시 서초구 서초동 100
   서울특별시 서초구 서초동 101   샛별아파트 가동
   [도로명주소] 서울특별시 서초구 서초대로 88길 10
전유부분의 건물의 표시
   건물의 번호 1-101
   구   조 철근콘크리트조
   면   적 1층 101호 86.03㎡
대지권의 표시
   토지의 표시
   1. 서울특별시 서초구 서초동 100   대 1,400㎡
   2. 서울특별시 서초구 서초동 101   대 1,600㎡
   대지권의 종류 소유권
   대지권의 비율 1,2 : 3,000분의 500
           이   상

</td></tr>
<tr><td colspan="2">등기원인과 그 연월일</td><td colspan="2">2014년 1월 2일 전거</td></tr>
<tr><td colspan="2">등 기 의 목 적</td><td colspan="2">등기명의인 표시변경</td></tr>
<tr><td colspan="2">변 경 사 항</td><td colspan="2">갑구 3번 등기명의인 이대백의 주소 "서울특별시 중구 다동길 96 (다동)"을 "서울특별시 서초구 서초대로 88길 10, 가동 101호(서초동, 샛별아파트)"로 변경</td></tr>
<tr><td colspan="2"></td><td colspan="2"></td></tr>
<tr><td>구분</td><td>성 명
(상호·명칭)</td><td>주민등록번호
(등기용등록번호)</td><td>주 소 (소 재 지)</td></tr>
<tr><td>신청인</td><td>이 대 백</td><td>XXXXXX-XXXXXXX</td><td>서울특별시 서초구 서초대로 88길 10, 가동 101호(서초동, 샛별아파트)</td></tr>
</table>

등 록 면 허 세	금	6,000	원
지 방 교 육 세	금	1,200	원
세 액 합 계	금	7,200	원
등 기 신 청 수 수 료	금	3,000	원
	납부번호 : ○○-○○-○○○○○○○○-○		
	일괄납부 : 건 원		

첨 부 서 면

	〈기 타〉
·등록면허세영수필확인서 1통 ·등기신청수수료 영수필확인서 1통 ·주민등록표초본 1통	

2014년 1월 2일

위 신청인   이   대   백 ⑩ (전화 : 200-7766)

(또는)위 대리인   (전화 :   )

서울중앙 지방법원   등기국 귀중

- 신청서 작성요령 -

1. 부동산표시란에 2개 이상의 부동산을 기재하는 경우에는 부동산의 일련번호를 기재하여야 합니다.
2. 신청인란등 해당란에 기재할 여백이 없을 경우에는 별지를 이용합니다.
3. 담당 등기관이 판단하여 위의 첨부서면 외에 추가적인 서면을 요구할 수 있습니다.

[서식 예] 개명에 의한 등기명의인 표시변경등기 신청서

<table>
<tr><td colspan="5" align="center">등기명의인표시변경등기신청</td></tr>
<tr>
<td rowspan="2">접
수</td>
<td>년 월 일</td>
<td rowspan="2">처
리
인</td>
<td align="center">등기관 확인</td>
<td align="center">각종 통지</td>
</tr>
<tr>
<td>제   호</td>
<td></td>
<td></td>
</tr>
</table>

<table>
<tr><td align="center">부동산의 표시</td></tr>
<tr><td>

1. 서울특별시 서초구 서초동 100

      대 300㎡

2. 서울특별시 서초구 서초동 100

    [도로명주소] 서울특별시 서초구 서초대로 88길 10

    시멘트 벽돌조 슬래브지붕 2층 주택

      1층 100㎡

      2층 100㎡

             이   상

</td></tr>
</table>

<table>
<tr>
<td>등기원인과 그 연월일</td>
<td>2014년 1월 2일 개명</td>
</tr>
<tr>
<td>등 기 의 목 적</td>
<td>등기명의인 표시변경</td>
</tr>
<tr>
<td>변 경 사 항</td>
<td>소유권의 등기명의인의 성명 "이대백"을
"이을남"으로 변경</td>
</tr>
<tr>
<td></td>
<td></td>
</tr>
<tr>
<td>구
분</td>
<td>성 명
(상호·명칭)</td>
<td>주민등록번호
(등기용등록번호)</td>
<td align="center">주   소 (소 재 지)</td>
</tr>
<tr>
<td>신
청
인</td>
<td>이 을 남</td>
<td>XXXXXX-XXXXXXX</td>
<td>서울특별시 서초구 서초대로
88길 20 (서초동)</td>
</tr>
</table>

등 록 면 허 세	금	12,000	원
지 방 교 육 세	금	2,400	원
세 액 합 계	금	14,400	원
등 기 신 청 수 수 료	금	6,000	원
	납부번호 : ○○-○○-○○○○○○○○○-○		
	일괄납부 : 건 원		

첨 부 서 면	
·등록면허세영수필확인서 1통 ·등기신청수수료 영수필확인서 1통 ·기본증명서 1통	〈기타〉

2014년 1월 2일

위 신청인   이   을   남 ㉑ (전화 : 200-7766)

(또는)위 대리인   (전화 :   )

서울중앙 지방법원   등기국 귀중

- 신청서 작성요령 -

1. 부동산표시란에 2개 이상의 부동산을 기재하는 경우에는 부동산의 일련번호를 기재하여야 합니다.
2. 신청인란등 해당란에 기재할 여백이 없을 경우에는 별지를 이용합니다.
3. 담당 등기관이 판단하여 위의 첨부서면 외에 추가적인 서면을 요구할 수 있습니다.

[서식 예] 개명에 의한 등기명의인 표시변경등기 신청서(구분건물)

			등기명의인표시변경등기신청		
접 수	년 월 일 제 호	처 리 인	등기관 확인		각종 통지

<table>
<tr><td colspan="3" align="center">부동산의 표시</td></tr>
<tr><td colspan="3">
1동의 건물의 표시
    서울특별시 서초구 서초동 100
    서울특별시 서초구 서초동 101   샛별아파트 가동
    [도로명주소] 서울특별시 서초구 서초대로 88길 10
전유부분의 건물의 표시
    건물의 번호 1-101
    구   조 철근콘크리트조
    면   적 1층 101호 86.03㎡
대지권의 표시
    토지의 표시
    1. 서울특별시 서초구 서초동 100   대 1,400㎡
    2. 서울특별시 서초구 서초동 101   대 1,600㎡
    대지권의 종류 소유권
    대지권의 비율 1,2 : 3,000분의 500
        이   상
</td></tr>
</table>

등기원인과 그 연월일	2014년 1월 2일 개명
등 기 의 목 적	등기명의인 표시변경
변 경 사 항	소유권의 등기명의인의 성명 "이대백"을 "이을남"으로 변경

구 분	성 명 (상호·명칭)	주민등록번호 (등기용등록번호)	주 소 (소재지)
신 청 인	이 을 남	XXXXXX-XXXXXXX	서울특별시 서초구 서초대로 88 길 10, 가동 101호(서초동, 샛 별아파트)

등 록 면 허 세	금	6,000	원
지 방 교 육 세	금	1,200	원
세 액 합 계	금	7,200	원
등 기 신 청 수 수 료	금	3,000	원
	납부번호 : ○○-○○-○○○○○○○○-○		
	일괄납부 : 건 원		

<table>
<tr><td colspan="2" align="center">첨 부 서 면</td></tr>
<tr>
<td>·등록면허세영수필확인서   1통
·등기신청수수료 영수필확인서   1통
·기본증명서   1통</td>
<td>〈기 타〉</td>
</tr>
</table>

2014년 1월 2일

위 신청인   이   을   남 ㉑ (전화 : 200-7766)

(또는)위 대리인   (전화 :   )

서울중앙 지방법원   등기소 귀중

- 신청서 작성요령 -

1. 부동산표시란에 2개 이상의 부동산을 기재하는 경우에는 부동산의 일련번호를 기재하여야 합니다.
2. 신청인란등 해당란에 기재할 여백이 없을 경우에는 별지를 이용합니다.
3. 담당 등기관이 판단하여 위의 첨부서면 외에 추가적인 서면을 요구할 수 있습니다.

■ 등기명의인 표시변경 또는 경정의 부기등기를 경료하여 부동산 등기부상의 표시가 실제와 달라지게 되었을 경우 어떻게 해야 될까요?

Q. 甲소유의 부동산에 대하여 등기명의인 乙이 표시변경 또는 경정의 부기등기를 경료하여 부동산 등기부상의 표시가 실제와 달라지게 되었습니다, 이 때 실 소유자 甲은 어떻게 해야 될까요?

A. 등기명의인의 표시변경 또는 경정의 부기등기가 등기명의인의 동일성을 해치는 방법으로 행하여져서 부동산의 등기부상의 표시가 실지 소유관계를 표상하고 있는 것이 아니라면 진실한 소유자는 그 소유권의 내용인 침해배제청구권의 정당한 행사로써 그 표시상의 소유명의자를 상대로 그 소유권에 장애가 되는 부기등기인 표시변경 또는 경정등기의 말소등기절차의 이행을 청구할 수 있으므로, 이와 같이 부동산의 등기명의인의 표시변경 또는 경정등기의 말소등기절차의 이행을 청구하려는 자는 자신이 부동산의 원래의 등기명의인에 해당하는 자로서 진실한 소유자라는 사실을 증명하여야 한다는 것이 대법원의 입장입니다(대법원 2008. 12. 11. 선고 2008다1859 판결). 따라서 甲은 표시상의 명의자인 乙을 상대로 표시변경 또는 경정등기의 말소등기절차의 이행을 구할 수 있으며 이때 甲은 자신이 진실한 소유자라는 사실을 증명하여야 합니다.

(관련판례)

등기명의인의 경정등기는 명의인의 동일성이 인정되는 범위를 벗어나면 허용되지 아니한다. 그렇지만 등기명의인의 동일성 유무가 명백하지 아니하여 경정등기 신청이 받아들여진 결과 명의인의 동일성이 인정되지 않는 위법한 경정등기가 마쳐졌다 하더라도, 그것이 일단 마쳐져서 경정 후의 명의인의 권리관계를 표상하는 결과에 이르렀고 그 등기가 실체관계에도 부합하는 것이라면 등기는 유효하다. 이러한 경우에 경정등기의 효력은 소급하지 않고 경정 후 명의인의 권리취득을 공시할 뿐이므로, 경정 전의 등기 역시 원인무효의 등기가 아닌 이상 경정 전 당시의 등기명의인의 권리관계를 표상하는 등기로서 유효하고, 경정 전에 실제로 존재하였던 경정 전 등기명의인의 권리관계가 소급적으로 소멸하거나 존재하지 않았던 것으로 되지도 아니한다.(대법원 2015. 5. 21. 선고 2012다952 전원합의체판결)

■ 가압류등기가 마쳐진 후 가압류채권자의 주소가 변경된 경우 등기부에 기재된 주소를 새로운 주소로 변경할 수 있는지요?

Q. 저는 채무자에 대하여 대여금채권이 있어 채무자의 부동산에 가압류를 하였습니다. 이 후 제가 이사를 하여 주소가 변경되었는데 등기부에 기재된 주소를 새로운 주소로 변경할 수 있는지요?

A. 법원의 촉탁에 의하여 가압류등기가 마쳐진 후 등기명의인의 주소 등의 변경으로 인한 등기명의인표시변경등기는 촉탁에 의하는 것이 원칙이지만 등기명의인도 신청을 할 수가 있습니다.(등기예규 제1064호)

따라서 귀하의 경우에도 주소 변동내역이 기재되어 있는 주민등록표등초본을 첨부하여 가압류발령법원에 등기명의인표시변경등기 촉탁을 신청하거나 등기소에 직접 등기명의인표시변경등기를 신청하여 새로운 주소로 변경을 할 수가 있습니다.

(관련판례)

국가를 상대로 한 토지소유권확인청구는 토지가 미등기이고 토지대장이나 임야대장에 등록명의자가 없거나 등록명의자가 누구인지 알 수 없는 경우, 미등기 토지에 대한 토지대장이나 임야대장의 소유자에 관한 기재에 권리추정력이 인정되지 아니하는 경우, 그 밖에 국가가 등기 또는 등록된 제3자의 소유를 부인하면서 계속 국가 소유를 주장하는 등 특별한 사정이 있는 경우에 한하여 확인의 이익이 있다. 한편 등기명의인의 표시경정은 등기부에 기재되어 있는 등기명의인의 성명, 주소 또는 주민등록번호 등에 착오나 빠진 부분이 있는 경우에 명의인으로 기재되어 있는 사람의 동일성을 변함이 없이 이를 정정하는 것을 말한다. 따라서 토지에 관하여 등기가 되어 있는 경우에, 등기부상 명의인의 기재가 실제와 일치하지 아니하더라도 인격의 동일성이 인정된다면 등기명의인의 표시경정등기가 가능하며, 국가를 상대로 실제 소유에 대하여 확인을 구할 이익이 없다.(대법원 2016. 10. 27. 선고 2015다230815 판결)

■ 동일성이 없는 등기명의인표시경정등기를 잡으려면 어떻게 해야 하나요?

Q. 甲은 乙명의로 소유권이전등기가 마쳐진 부동산에 대하여 甲과 乙은 동일
인인데 소유권이전등기를 할 때 착오로 甲을 乙로 잘못 표기한 것이라며
허위의 내용으로 등기명의인표시경정등기를 신청하였고 등기관이 이를 발
견하지 못하여 경정등기가 이루어진 경우 실제 소유자인 乙이 이를 바로
잡으려면 어떻게 해야 하나요?

A. 등기명의인표시경정등기가 동일성이 없음에도 마쳐진 경우에는 이미 타인
을 표상하는 결과로 이어져 소유자를 달리하게 된 경우에 해당하므로 이
경정등기는 실체법상 무효의 등기라고 할 것입니다.

하지만, 원래의 등기명의인은 그 등기가 타인을 표상하는 결과에 이르렀
기 때문에 경정등기의 경정등기를 신청하여 종전 등기명의를 회복할 수는
없습니다. 이는 동일성이 없기 때문입니다.

따라서 종전 등기명의인 입장에서는 소유권을 상실한 경우에 해당하기 때
문에 새로운 등기명의인을 상대로 경정등기에 대한 말소등기를 구하여 등
기명의를 회복할 수 밖에 없으며, 대법원도 '등기명의인의 표시변경 또는
경정의 부기등기가 등기명의인의 동일성을 해치는 방법으로 행하여져서
부동산의 등기부상의 표시가 실지 소유관계를 표상하고 있는 것이 아니라
면 진실한 소유자는 그 소유권의 내용인 침해배제청구권의 정당한 행사로
써 그 표시상의 소유명의자를 상대로 그 소유원에 장애가 되는 부기등기
인 표시변경 또는 경정등기의 말소등기절차의 이행을 청구할 수 있다고
보고 있습니다.(대법원 2008. 12.11.선고 2008다1859 판결)

(관련판례)

경정등기는 기존 등기의 일부에 등기 당시부터 착오 또는 빠진 부분이 있어 그 등기가 원시
적으로 실체관계와 일치하지 아니하는 경우에 이를 시정하기 위하여 기존 등기의 해당 부분
을 정정 또는 보충하여 실체관계에 맞도록 등기사항을 변경하는 등기를 말한다. 경정등기가
허용되기 위해서는 경정 전후의 등기에 동일성 내지 유사성이 있어야 하는데, 경정 전의 명의
인과 경정 후의 명의인이 달라지는 권리자 경정등기는 등기명의인의 동일성이 인정되지 않으
므로 허용되지 않는다. 따라서 단독소유를 공유로 또는 공유를 단독소유로 하는 경정등기
역시 소유자가 변경되는 결과로 되어 등기명의인의 동일성을 잃게 되므로 허용될 수 없다.(대
법원 2017. 8. 18. 선고 2016다6309 판결)

제8장

건물 멸실등기는 어떻게 하나요?

제8장 건물 멸실등기는 어떻게 하나요?

1. 건물 멸실등기의 개념

건물 멸실등기란 등기되어 있는 건물이 전부 철거된 경우 그 건물의 등기를 없애기 위해 하는 등기를 말하며, 건축물대장상 먼저 멸실 등록이 되어 있어야 합니다.

2. 건물 멸실등기의 신청인

① 건물 멸실등기는 건물 소유권 등기명의인(또는 그 대위자) 단독으로 신청합니다(부동산등기법 제43조제1항).
② 구분건물로서 그 표시등기만이 있는 건물에 관한 건물 멸실등기는 다음 중 어느 하나에 해당하는 자가 신청해야 합니다(부동산등기법 제41조제2항).
 - 건축물대장등본에 최초의 소유자로 등록되어 있는 자 또는 그 상속인, 그 밖의 포괄승계인
 - 확정판결에 의해 자기의 소유권을 증명하는 자
 - 수용으로 소유권을 취득했음을 증명하는 자
 - 특별자치도지사, 시장, 군수 또는 구청장(자치구의 구청장을 말함)의 확인에 의해 자기의 소유권을 증명하는 자(건물의 경우로 한정)
③ 대위신청
 - 건물이 멸실된 경우 그 소유권의 등기명의인이 1개월 내에 멸실등기를 신청하지 않으면 그 건물대지의 소유자가 대위해 등기를 신청할 수 있습니다(부동산등기법 제43조제2항).
 - 구분건물로서 그 건물이 속하는 1동 전부가 멸실된 경우 그 구분건물 소유권의 등기명의인은 1동의 건물에 속하는 다른 구분건물 소유권의 등기명의인을 대위해 1동 전부에 대한 멸실등기를 신청할 수 있습니다(부동산등기법 제43조제3항).
④ 등기신청기간
 건물이 멸실된 경우 그 건물 소유권의 등기명의인은 그 사실이 있는 때부터 1개월

내에 등기를 신청해야 합니다(부동산등기법 제43조제1항).

⑤ 건물 멸실등기의 신청의무자가 그 등기 신청을 게을리한 경우 50만원 이하의 과태료가 부과됩니다(부동산등기법 제112조).

3. 멸실회복등기와의 구분

3-1. 멸실회복등기의 개념

① 멸실회복등기란 등기부의 전부 또는 일부가 멸실된 경우(물리적으로 소멸된 경우)에 소멸한 등기를 회복하는 등기를 말합니다.

② 등기관이 등기를 마쳤을 때 작성하는 등기부부본자료는 전산정보처리조직으로 작성하므로(부동산등기법 제16조 및 부동산등기규칙 제15조제1항), 예전과 같이 종이로 된 등기부가 멸실된 경우에 하는 멸실회복등기는 앞으로 거의 사라질 것으로 보입니다.

3-2. 멸실회복등기의 신청인

등기부 멸실의 경우 등기권리자 단독으로 등기의 회복을 신청할 수 있습니다. 즉 소유권은 소유권 명의인, 근저당권은 근저당권 등기 명의인이 단독으로 신청할 수 있습니다.

4. 건물 멸실등기 신청 시 제출서류

4-1. 시·군·구청을 통해 준비해야 하는 서류

① 건축물대장등본

건물의 멸실 사유가 기재된 건축물대장등본을 첨부해야 합니다.

② 등록면허세납부고지서(지방교육세 포함)

- 등록면허세란 재산권과 그 밖의 권리의 설정·변경 또는 소멸에 관한 사항을 공부에 등기하거나 등록할 때 납부하는 세금을 말합니다(지방세법 제23조제1호).

- 건물 멸실등기 신청 시 등록면허세: 등기대상 1건 당 6,000원(지방세법 제28조제

1항제1호마목)
- 지방교육세란 지방교육의 질적 향상에 필요한 지방교육재정의 확충에 소요되는 재원을 확보하기 위해 「지방세법」에 따른 등록면허세의 납부의무자에게 함께 부과되는 세금을 말합니다(지방세법 제149조 및 제150조제1호).
- 지방교육세: 등록면허세액 × 20/100(지방세법 제151조제1항제2호)
- 등록면허세를 납부하는 경우에는 농어촌특별세(조세특례제한법·관세법·지방세법 및 지방세특례제한법에 따라 감면받은 경우 제외)를 내지 않아도 됩니다.
- 시, 군, 구청 세무과를 방문해 등록면허세납부고지서를 발부받고 세금을 은행에서 납부하면 됩니다.

4-2. 은행을 통해 준비해야 할 서류

① 등록면허세영수필확인서
　시·군·구청 세무과에서 등록면허세납부고지서를 발부받아온 후 은행에서 등록면허세 및 지방교육세를 지불하면 등록면허세영수필확인서를 받을 수 있습니다.
② 국민주택채권의 매입 불필요
　건물 멸실등기는 부동산보존등기, 이전등기, 저당권 설정등기 및 이전등기가 아니므로 국민주택채권을 매입하지 않아도 됩니다.
③ 대법원등기 수입증지의 구입(등기신청 수수료)
　- 등기를 하려는 사람은 수수료를 내야 합니다.
　- 대법원등기 수입증지를 은행이나 등기소에서 매입을 해 이를 신청서에 붙이면 등기신청 수수료를 낸 것이 됩니다.
　- 대법원등기 수입증지는 등기소나 등기소 주변의 은행(농협, 우체국, 신한은행 등)에서 구입하실 수 있습니다.
　- 건물 멸실등기 한 건당 대법원등기 수입증지
　1) 서면방문신청: 3,000원
　2) 전자표준양식신청(e-form양식으로 작성한 후 등기소 방문신청): 2,000원
　3) 전자신청: 1,000원
　- 등기신청수수료의 납부는 그 수수료 상당액을 전자적 방법으로 납부하거나, 법원행정처장이 지정하는 금융기관에 현금으로 납부한 후 이를 증명하는 서면을 등기

신청서에 첨부하여 제출하는 방법으로 합니다(등기사항증명서 등 수수료규칙 제6
조제3항).

5. 건물 멸실등기 신청서 작성

5-1. 신청서 및 첨부서류

신청서, 등록면허세영수필확인서, 등기 수입증지, 건축물대장등본 등의 순으로 준비합
니다.

5-2. 신청서 양식

[서식 예] 건물 멸실등기 신청서

<table>
<tr><td colspan="4" align="center">건물멸실등기신청</td></tr>
<tr><td rowspan="2">접
수</td><td>년 월 일</td><td rowspan="2">처
리
인</td><td align="center">등기관 확인</td><td align="center">각종 통지</td></tr>
<tr><td>제　　　　호</td><td></td><td></td></tr>
</table>

부동산의 표시
서울특별시 서초구 서초동 100 [도로명주소] 서울특별시 서초구 서초대로 88길 10 시멘트 벽돌조 스레트지붕 단층 주택 100㎡ 부속건물 시멘트 벽돌조 슬래브지붕 단층 창고 50㎡   이　　　　　　　　상

등기원인과 그 연월일	2014년 1월 2일 멸실
등 기 의 목 적	건물멸실

구분	성　명 (상호·명칭)	주민등록번호 (등기용등록번호)	주　　소 (소 재 지)
신청인	이 대 백	XXXXXX-XXXXXXX	서울특별시 서초구 서초대로 88길 20 (서초동)

등 록 면 허 세	금	6,000	원
지 방 교 육 세	금	1,200	원
세 액 합 계	금	7,200	원
등 기 신 청 수 수 료	금	3,000	원
	납부번호 : ○○-○○-○○○○○○○○-○		
	일괄납부 : 건	원	

첨 부 서 면

·등록면허세영수필확인서　　1통	〈기 타〉
·등기신청수수료 영수필확인서　1통	
·건축물대장등본　　　　　　　1통	

2014년 1월 2일

위 신청인　　　　이　　대　　백　㊞　(전화 : 200-7766)

(또는)위 대리인　　　　　　　　　　(전화 :　　　)

서울중앙 지방법원　　　　　　　　등기국 귀중

- 신청서 작성요령 -
1. 부동산표시란에 2개 이상의 부동산을 기재하는 경우에는 부동산의 일련번호를 기재하여야 합니다.
2. 신청인란등 해당란에 기재할 여백이 없을 경우에는 별지를 이용합니다.
3. 담당 등기관이 판단하여 위의 첨부서면 외에 추가적인 서면을 요구할 수 있습니다.

[서식 예] 입목 멸실등기 신청서

<table>
<tr><td colspan="5" align="center">입목멸실등기신청</td></tr>
<tr><td rowspan="2">접 수</td><td>년 월 일</td><td rowspan="2">처 리 인</td><td>등기관 확인</td><td>각종 통지</td></tr>
<tr><td>제   호</td><td></td><td></td></tr>
</table>

<table>
<tr><td colspan="3" align="center">입목의 표시</td></tr>
<tr><td colspan="3">

　　경기도 광주시 척도면 웅도리 산 15

　　　　임야 50,000㎡ 내
　　　서북쪽 노루곡 20,000㎡
　　　잣나무 25년생 1,000주
　　　낙엽송 13년생 1,500주
　　　밤나무 17년생 2,000주
　　　　조사연도 2011년
　　　　　　　이　　　　　　　상

</td></tr>
<tr><td>등기원인과 그 연월일</td><td colspan="2">2014년 1월 2일 전부벌채</td></tr>
<tr><td>등 기 의 목 적</td><td colspan="2">입목멸실</td></tr>
<tr><td></td><td colspan="2"></td></tr>
<tr><td></td><td colspan="2"></td></tr>
<tr><td>구분</td><td>성 명
(상호·명칭)</td><td>주민등록번호
(등기용등록번호)</td><td>주 소 (소 재 지)</td></tr>
<tr><td>신청인</td><td>이 대 백</td><td>XXXXXX-XXXXXXX</td><td>경기도 양평군 용문면 동촌길 300</td></tr>
</table>

등 록 면 허 세	금	12,000	원
지 방 교 육 세	금	2,400	원
세 액 합 계	금	14,400	원
등 기 신 청 수 수 료	금	3,000	원
	납부번호 : ○○-○○-○○○○○○○○-○		
	일괄납부 : 건 원		

첨 부 서 면

·등록면허세영수필확인서　　1통 ·등기신청수수료 영수필확인서　1통 ·입목등록원부등본　　1통	〈기 타〉

2014년 1월 2일

위 신청인　　　이　대　백　㉑　(전화 : 200-7766)

(또는)위 대리인　　　　　　　　(전화 :　　)

수원지방법원 성남지원　　　　　　광주등기소 귀중

- 신청서 작성요령 -
1. 입목의 표시란에 2개 이상의 입목을 기재하는 경우에는 입목의 일련번호를 기재하여야 합니다.
2. 신청인란등 해당란에 기재할 여백이 없을 경우에는 별지를 이용합니다.
3. 담당 등기관이 판단하여 위의 첨부서면 외에 추가적인 서면을 요구할 수 있습니다.

■ 철거 후 신축한 건물에 대해 구 건물에 관한 저당권으로 경매청구 가능한지요?

Q. 저는 甲에게 돈을 빌려주면서 甲소유 대지와 건물을 공동담보로 저당권을 설정하였으나, 甲은 저당된 건물을 철거하고 새로이 건물을 신축하면서 종전건물에 대한 멸실등기를 하지 않고, 신축건물을 보존등기한 후 乙에게 새로운 저당권을 설정해주어 건물은 하나임에도 등기부상은 두 채의 건물로 된 상태입니다. 저는 대지만의 경매로는 제가 빌려준 돈을 다 받을 수 없으므로, 구 건물에 대한 저당권으로 신축건물까지 경매하려고 하는데 그것이 가능한지요?

A. 저당권자는 채무자 또는 제3자가 점유를 이전하지 아니하고 채무담보로 제공한 부동산에 대하여 다른 채권자보다 자기채권의 우선변제를 받을 권리가 있고(민법 제356조), 저당권효력은 저당부동산에 부합된 물건과 종물에 미치지만, 법률에 특별한 규정 또는 설정행위에 다른 약정이 있으면 그러하지 아니하다고 규정하고 있습니다(민법 제358조). 그리고 저당권설정된 건물을 수리 또는 증축함에 있어서 그 증축부분이 구조상·이용상으로 기존건물과 구분되는 독립성이 없어 독립한 소유권의 객체가 되지 않는 경우처럼 기존건물과 현존건물의 동일성이 인정되는 때에는 현존건물이 다시 보존등기 되었다 하여도 후에 등기한 보존등기는 무효인 것이고, 기존건물에 설정된 저당권의 효력이 현존건물에도 미치게 됩니다(대법원 1967. 6. 15. 자 67마439 결정).

그러나 위 사안과 같이 기존건물을 철거하고 새로이 건물을 신축한 경우에 관하여 판례를 보면, 건물이 멸실된 경우에 멸실된 건물에 대한 등기용지는 폐쇄될 운명에 있으며(대법원 1994. 6. 10. 선고 93다24810 판결), 멸실된 건물과 신축된 건물이 위치나 기타 여러 가지 면에서 서로 같더라도 그 두 건물이 동일한 건물이라고는 할 수 없으므로, 신축건물의 물권변동에 관한 등기를 멸실건물의 등기부에 등재하여도 그 등기는 진실에 부합하지 아니하는 것으로서 무효이고, 비록 신축건물의 소유자가 멸실건물의 등기를 신축건물의 등기로 전용(轉用)할 의사로서 멸실건물의 등기부상 표시를 신축건물의 내용으로 표시변경등기를 하였더라도 그 등기가 무효임에는 변함이 없으며(민법 제186조, 대법원 1992. 3. 31. 선고 91다39184 판결), 구 건물 멸실 후에 신축건물이 신축되었고 구 건물과 신축건물 사이에 동일성이 없는 경우 멸실된 구 건물에 대한 근저당권설정등기는 무효이며, 이에 기초하여 진행된 임의경매절차에서 신축건물을 매수하였더라도 그 소유권을 취득할 수 없다고 하였습니다(대법원 1993. 5. 25. 선고 92다15574 판결).

그러므로 신축건물과 멸실된 건물이 그 재료, 위치, 구조 기타의 면에서 유사하다고 하여도 양자가 동일성이 인정되는 건물이라고 할 수는 없으므로, 신축건물에 대하여는 기존건물에 설정되었던 저당권의 효력이 미치지는 않아 구건물에 대한 저당권으로 신축건물까지 경매신청하기는 어려워보입니다.

다만, 대지에 대한 저당권은 그대로 유효한 것이므로 민법 제365조에 따라서 대지에 대한 경매신청과 함께 저당권이 설정된 이후에 저당대지에 신축된 건물에 대하여는 경매를 신청할 수 있습니다. 판례에서도, 토지와 그 지상건물의 소유자가 토지 및 건물에 공동저당권을 설정한 후 건물을 철거하고 그 토지상에 새로이 건물을 축조하여 소유하고 있는 경우에는 건물이 없는 나대지(裸垈地)상에 저당권을 설정한 후 그 설정자가 건물을 축조한 경우와 마찬가지로 저당권자는 민법 제365조에 따라서 그 토지와 신축건물의 일괄경매를 청구할 수 있다고 하였습니다(대법원 1998. 4. 28. 자 97마2935 결정). 이러한 경우 귀하는 대지매각대금에 대하여만 저당권 설정당시의 순위에 따른 우선변제를 받을 수 있을 뿐, 건물매각대금에 대하여는 우선변제를 받을 수 없으며, 대지매각대금을 넘는 채권액에 대하여는 다른 일반채권자와 동일하게 가압류를 하거나 집행권원을 확보하여 배당요구를 할 수 있을 것입니다.

참고로 판례를 보면, 동일인소유에 속하는 토지 및 그 지상건물에 관하여 공동저당권이 설정된 후 그 지상건물이 철거되고 새로 건물이 신축되어 두 건물 사이의 동일성이 부정되는 결과 공동저당권자가 신축건물의 교환가치를 취득할 수 없게 되었다면, 공동저당권자의 불측의 손해를 방지하기 위하여, 특별한 사정이 없는 한 저당물의 경매로 인하여 토지와 그 신축건물이 다른 소유자에 속하게 되더라도 그 신축건물을 위한 법정지상권은 성립하지 않는다고 하였습니다(대법원 2010. 1. 14. 선고 2009다66150 판결).

제9장

가등기는 어떤 절차로 하나요?

제9장 가등기는 어떤 절차로 하나요?

제1절 가등기

1. 가등기의 개념

1-1. 가등기의 개념

① 가등기란 본등기, 종국 등기가 형식적 또는 실질적 요건을 갖추지 못한 경우 장래에 하게 될 본등기의 순위를 보전하기 위해 미리 해두는 등기로 예비등기의 일종입니다.

② 가등기는 소유권·지상권·지역권·전세권·저당권·권리질권·채권담보권·임차권에 해당하는 권리의 설정, 이전, 변경 또는 소멸의 청구권을 보전(保全)하려는 경우에 하는 등기를 말합니다(부동산등기법 제88조 전단).

③ 그 청구권이 시기부(始期附) 또는 정지조건부(停止條件附)일 경우나 그 밖에 장래에 확정될 것인 경우에도 같습니다(부동산등기법 제88조 후단).

④ 가등기담보란 가등기의 형식을 갖춘 담보형태를 말합니다.

⑤ 가등기담보는 채권담보를 목적으로 하며, 채무자 또는 제3자 소유의 부동산이 목적물이 됩니다.

⑥ 가등기담보는 채권자와 채무자 또는 제3자 사이에서 대물변제예약 또는 매매예약 등을 하고, 동시에 채무자가 채무를 불이행하는 경우 발생하게 될 장래의 소유권 이전청구권을 보전하기 위한 가등기를 하는 변칙담보를 말합니다.

⑦ 가등기담보는 소유권 이전의 형식을 취하는 담보방법으로서 가등기가 담보적 효력을 확보해 주므로 가등기담보라고 부릅니다.

1-2. 가등기의 종류

가등기는 청구권 보전의 가등기(부동산등기법 제88조)와 담보가등기(가등기담보 등에 관한 법률 제2조제3호) 2종류가 있습니다.

2. 가등기의 효력

2-1. 청구권 보전의 효력

가등기는 물권 또는 부동산임차권의 변동을 목적으로 하는 청구권을 보전하기 위한 것이므로 「부동산등기법」상의 가등기는 위와 같은 청구권을 보전하기 위해서만 가능합니다.

2-2. 순위보전의 효력

가등기는 본등기의 순위를 보전하는 효력이 있어 후일 가등기에 기한 본등기가 마쳐진 경우 본등기의 순위가 가등기한 때로 소급함으로써 가등기 후 본등기 전에 이루어진 중간처분은 실효됩니다.

2-3. 실체법상의 효력

① 가등기는 그 본등기 시에 본등기의 순위를 가등기의 순위에 의하도록 하는 순위보전적 효력만 있을 뿐이고, 가등기만으로는 아무런 실체법상 효력을 갖지 못합니다.
② 그러나, 담보가등기의 경우에는 담보계약에 따라 이행이 이루어지지 않은 경우 경매를 청구할 수 있고, 강제경매 등이 개시된 경우에는 다른 채권자보다 자기채권을 우선변제 받을 권리가 있어 본등기와 동일한 실체법상의 효력을 가집니다(가등기담보 등에 관한 법률 제12조제1항 및 제13조).

3. 가등기의 신청인

① 가등기 시 등기권리자와 등기의무자는 다음과 같습니다.
 - 등기의무자: 가등기 설정자(소유주)
 - 등기권리자: 가등기권자
② 가등기권리자는 등기가 공동신청주의임에도 불구하고 다음과 같은 경우 단독으로 가등기를 신청할 수 있습니다(부동산등기법 제89조).
 - 가등기의무자의 승낙이 있는 경우
 - 가등기를 명하는 법원의 가처분명령(假處分命令)이 있을 경우

4. 소유권 이전청구권 가등기 신청 제출서류

4-1. 시·군·구청을 통해 준비해야 하는 서류

4-1-1. 신청인의 주소 등을 증명하는 서면

① 등기권리자의 주민등록등(초)본 또는 주민등록증 사본

② 가등기 목적물의 소유자인 등기의무자의 인감증명서

4-1-2. 토지대장등본 및 토지거래허가서(해당자에 한함)

① 국토교통부장관 또는 특별시장·광역시장·특별자치시장·도지사·특별자치도지사(이하 "시·도지사"라 함)는 토지의 투기적인 거래가 성행하거나 지가가 급격히 상승하는 지역과 그러한 우려가 있는 지역으로서 「부동산 거래신고 등에 관한 법률 시행령」 제7조제1항의 지역에 대해서는 다음의 구분에 따라 5년 이내의 기간을 정해 토지 거래계약 허가구역으로 지정할 수 있습니다(부동산 거래신고 등에 관한 법률 제10조제1항).

 - 허가구역이 둘 이상의 시·도의 관할 구역에 걸쳐 있는 경우: 국토교통부장관이 지정

 - 허가구역이 동일한 시·도 안의 일부지역인 경우: 시·도지사가 지정[다만, 국가 또는 「공공기관의 운영에 관한 법률」에 따른 공공기관이 관련 법령에 따른 개발사업을 시행하여 해당 지역의 지가변동률 등이 인근 지역 또는 전국 평균에 비하여 급격히 상승하거나 상승할 우려가 있을 경우에는 국토교통부장관이 지정(부동산 거래신고 등에 관한 법률 시행령 제7조제2항)]

② 허가구역에 있는 토지에 관한 소유권·지상권(소유권·지상권의 취득을 목적으로 하는 권리를 포함함)을 이전하거나 설정(대가를 받고 이전하거나 설정하는 경우만 해당)하는 계약(예약을 포함함)을 체결하려는 당사자는 공동으로 시장·군수 또는 구청장의 허가를 받아야 합니다(부동산 거래신고 등에 관한 법률 제11조제1항).

③ 따라서 소유권 이전청구권 가등기를 설정하려는 토지가 토지거래허가구역인 경우에는 토지대장등본 및 허가구역 내의 부동산 매매거래에 대한 토지거래허가서를 첨부해야 합니다.

4-1-3. 등록면허세납부고지서(지방교육세 포함)

① 등록면허세란 재산권과 그 밖의 권리의 설정·변경 또는 소멸에 관한 사항을 공부에 등기하거나 등록할 때 납부하는 세금을 말합니다(지방세법 제23조제1호).
   - 가등기 시 등록면허세: 부동산 가액 × 2/1,000(지방세법 제28조제1항제1호라목)
② 지방교육세란 지방교육의 질적 향상에 필요한 지방교육재정의 확충에 소요되는 재원을 확보하기 위해 「지방세법」에 따른 등록면허세의 납부의무자에게 함께 부과되는 세금을 말합니다(지방세법 제149조 및 제150조제1호).
   - 지방교육세: 등록면허세액 × 20/100(지방세법 제151조제1항제2호)
③ 등록면허세를 납부하는 경우에는 농어촌특별세(조세특례제한법·관세법·지방세법 및 지방세특례제한법에 따라 감면받은 경우 제외)를 내지 않아도 됩니다.
④ 시, 군, 구청 세무과를 방문해 등록면허세납부고지서를 발부받고 세금을 은행에서 납부하면 됩니다.

4-2. 은행을 통해 준비해야 할 서류

① 등록면허세영수필확인서
   시·군·구청 세무과에서 등록면허세납부고지서를 발부받아온 후 은행에서 등록면허세 및 지방교육세를 지불하면 등록면허세영수필확인서를 받을 수 있습니다.
② 국민주택채권의 매입 불필요
   가등기는 부동산보존등기, 이전등기, 저당권 설정등기 및 이전등기가 아니므로 국민주택채권을 매입하지 않아도 됩니다.
③ 대법원등기 수입증지의 구입(등기신청 수수료)
   - 등기를 하려는 사람은 수수료를 내야 합니다.
   - 대법원등기 수입증지를 은행이나 등기소에서 매입을 해 이를 신청서에 붙이면 등기신청 수수료를 낸 것이 됩니다.
   - 대법원등기 수입증지는 등기소나 등기소 주변의 은행(농협, 우체국, 신한은행 등)에서 구입하실 수 있습니다.
   - 가등기 한 건당 대법원등기 수입증지
     1) 서면방문신청: 15,000원
     2) 전자표준양식신청(e-form양식으로 작성한 후 등기소 방문신청): 13,000원

　　3) 전자신청: 10,000원
- 등기신청수수료의 납부는 그 수수료 상당액을 전자적 방법으로 납부하거나, 법원
　행정처장이 지정하는 금융기관에 현금으로 납부한 후 이를 증명하는 서면을 등기
　신청서에 첨부하여 제출하는 방법으로 합니다(등기사항증명서 등 수수료규칙 제6
　조제3항).

4-3.매매예약 관련 서류

4-3-1. 매매예약서 또는 매매계약서

등기원인을 증명하는 서면을 첨부합니다.
① 매매예약서(발주거래)에 관련한 아래 서식을 부동산 매매예약에 해당하는 상황에
　맞게 수정해 사용하시기 바랍니다.

[서식 예] 매매예약서(발주거래)

매 매 예 약 서

주문자 甲과 공급자 乙은 당사자간에 건설공사에 사용하는 자재 "A"제품의 예약주문 및 거래
에 대해 다음과 같이 체결한다.

제1조(계약의 목적) 甲은 시행자로부터 도급받은 공사를 함에 있어서 乙이 생산하고 있는 "A"
　제품의 매매예약에 관한 사항을 정하는 것을 목적으로 한다.

제2조(매매예약) 甲이 주문한 수량에 관하여 매매를 완결할 의사를 표시하면 본계약은 성립되
　고, 乙은 성립된 매매계약에 따라 甲에게 본 건 제품을 납품할 의무를 진다.

제3조(제품의 단가) 단가는 개당 금○○○원으로 한다. 단, 경제사정의 변동으로본 건 제품의
　원료가격이 현저하게 등락하게 된 때에는 당사자는 가격의 증감을 청구할 수 있다.

제4조(주문수량) 甲은 본 건 제품을 주문 시 乙의 생산능력을 감안하여 1회 주문량은 ○○○
　을 초과하여 주문하지 못하되, 乙이 초과분에 대하여 동의한 때에는주문할 수 있다.

제5조(인도시기 및 장소) (1) 乙은 甲이 주문한 때로부터 ○월내에 주문한 수량을 甲의 본점소
　재지에서 인도하여야 한다.

　(2) 만일에 甲이 (1)항에서 정한 기간내에 제품을 인도하지 못할 시에는 乙은 미인도 제품 1

개당 금○○원의 지연손해금을 甲에게 배상하여야 한다.

제6조(대금지급시기 및 지급방법) (1) 甲은 제품을 인도받은 후 ○일 내에 乙에게 대금을 지급하되, 대금지급은 현금으로 하여야 한다.

(2) 만일에 甲이 제 때에 대금을 지급하지 못할 경우에는 乙에게 미지급대금의 1할을 지연손해금으로 배상하여야 한다.

제7조(계약의 해제) (1) 甲과 乙은 이 계약에서 정한 의무를 위반한 상대방에 대하여 계약의 해제를 통지할 수 있다.

(2) 해제의 통지는 서면으로 하여야 한다.

제8조(관할법원) 이 계약에 관한 소송의 관할법원은 甲과 乙이 합의하여 결정하되, 합의가 이루어지지 아니한 경우에는 ○○지방법원으로 한다.

위 계약을 증명하기 위하여 계약서 2통을 작성하고, 각 서명·날인하여 각자 1통씩 보관한다.

20○○년 ○월 ○일

주문자	주 소					
	성 명 또 는 상 호	인	주민등록번호 또 는 사업자등록번호	-	전 화 번 호	
공급자	주 소					
	성 명 또 는 상 호	인	주민등록번호 또 는 사업자등록번호	-	전 화 번 호	

② 매매예약을 원인으로 한 가등기에 의한 본등기 시에는 매매계약서를 첨부해야 하므로 매매계약서를 다시 작성해야 합니다.

③ 그러나 매매예약서에 "본 매매완결일자는 00년 00월 00일로 하며 위 완결일자가

경과했을 경우 매매예약권리자의 매매완결의 의사표시가 없어도 당연히 매매가 완결된 것으로 본다."라는 문구가 있으면 별도로 매매계약서를 작성해 제출하지 않아도 되므로 매매예약서에 이 문구를 기재해 계약을 체결하시기 바랍니다.

④ 판결에 의한 경우 첨부서류

법원의 가처분명령에 의한 등기 신청의 경우에는 판결정본과 그 판결이 확정되었음을 증명하는 확정증명서를 첨부해야 합니다.

4-3-2. 위임장(해당자에 한함)

가등기는 등기의무자와 등기권리자가 공동으로 신청하거나 등기의무자 또는 등기권리자가 상대방으로부터 위임장을 받아 혼자 등기소를 방문해서 신청할 수 있습니다.

4-3-3. 등기필정보 또는 등기필정보통지서

① 매도인인 등기의무자가 등기권리자로서 소유권에 관한 등기를 한 후 등기소로부터 받아서 가지고 있던 등기필정보를 등기소에 제공해야 합니다(부동산등기법 제50조제2항).

② 등기필정보의 제공방법

- 방문신청의 경우 : 등기필정보를 적은 서면(등기필정보통지서)를 교부하는 방법. 다만, 신청인이 등기신청서와 함께 등기필정보통지서 송부용 우편봉투를 제출한 경우에는 등기필정보통지서를 우편으로 송부합니다(부동산등기규칙 제107조제1항제1호).

- 전자신청의 경우 : 전산정보처리조직을 이용하여 송신하는 방법(부동산등기규칙 제107조제1항제2호)

5. 소유권 이전청구권 가등기 신청서 작성

5-1. 신청서 및 첨부서류

신청서, 등록면허세영수필확인서, 등기 수입증지, 위임장, 인감증명서, 주민등록표등(초)본, 매매예약서 등의 순으로 준비합니다.

5-2. 신청서 양식

[서식 예] 소유권 이전청구권 가등기 신청서

<table>
<tr><td colspan="5" align="center">소유권이전청구권가등기신청</td></tr>
<tr>
<td rowspan="2">접
수</td>
<td>년 월 일</td>
<td rowspan="2">처
리
인</td>
<td>등기관 확인</td>
<td>각종 통지</td>
</tr>
<tr>
<td>제   호</td>
<td></td>
<td></td>
</tr>
</table>

<table>
<tr><td colspan="5" align="center">부동산의 표시</td></tr>
<tr><td colspan="5">서울특별시 서초구 서초동 100

　　　대 300 ㎡

　　　　　　　　이　　　　　　　상</td></tr>
<tr><td colspan="2">등기원인과 그연월일</td><td colspan="3">2014년 1월 2일 매매예약</td></tr>
<tr><td colspan="2">등 기 의 목 적</td><td colspan="3">소유권이전청구권가등기</td></tr>
<tr><td colspan="2">가등기할 지 분</td><td colspan="3"></td></tr>
<tr><td colspan="5"></td></tr>
<tr>
<td>구분</td>
<td>성 명
(상호·명칭)</td>
<td>주민등록번호
(등기용등록번호)</td>
<td>주   소 (소 재 지)</td>
<td>지 분
(개인별)</td>
</tr>
<tr>
<td>등기
의무자</td>
<td>이 대 백</td>
<td>XXXXXX-XXXXXXX</td>
<td>서울특별시 서초구 서초대
로 88길 20 (서초동)</td>
<td></td>
</tr>
<tr>
<td>등기
권리자</td>
<td>김 갑 동</td>
<td>XXXXXX-XXXXXXX</td>
<td>서울특별시 중구 다동길
96 (다동)</td>
<td></td>
</tr>
</table>

등 록 면 허 세	금	○○○,○○○	원
지 방 교 육 세	금	○○○,○○○	원
농 어 촌 특 별 세	금	○○○,○○○	원
세 액 합 계	금	○○○,○○○	원

등 기 신 청 수 수 료	금	15,000	원
	납부번호 : ○○-○○-○○○○○○○○-○		
	일괄납부 : 　건　　　　　원		

등기의무자의 등기필정보

부동산 고유번호	1102-2006-002095	
성명(명칭)	일련번호	비밀번호
이대백	Q77C-L071-35J5	40-4636

첨 부 서 면

·매매예약서	1통	·인감증명서 또는 본인서명사실 확인서	1통
·등록면허세영수필확인서	1통	·등기필증	1통
·등기신청수수료 영수필확인서	1통	〈기 타〉	
·주민등록표등(초)본	1통		

2014년 1월 2일

위 신청인　　이 대 백 ⑪　(전화 : 200-7766)
　　　　　　　김 갑 동 ⑪　(전화 : 200-7766)

(또는)위 대리인　　　　　　　(전화 :　　　)

서울중앙 지방법원　　　　　등기국 귀중

- 신청서 작성요령 -
1. 부동산표시란에 2개 이상의 부동산을 기재하는 경우에는 부동산의 일련번호를 기재하여야 합니다.
2. 신청인란등 해당란에 기재할 여백이 없을 경우에는 별지를 이용합니다.
3. 담당 등기관이 판단하여 위의 첨부서면 외에 추가적인 서면을 요구할 수 있습니다.

[서식 예] 소유권 이전청구권 가등기 신청서(구분건물)

소유권이전청구권가등기신청				
접 수	년 월 일	처 리 인	등기관 확인	각종 통지
	제 호			

부동산의 표시
1동의 건물의 표시 　　　서울특별시 서초구 서초동 100 　　　서울특별시 서초구 서초동 101　　　샛별아파트 가동 　　　[도로명주소] 서울특별시 서초구 서초대로 88길 10 전유부분의 건물의 표시 　　　건물의 번호　1-101 　　　구　　　조　철근콘크리트조 　　　면　　　적　1층 101호 86.03㎡ 대지권의 표시 　　　토지의 표시 　　　1. 서울특별시 서초구 서초동 100　　　　　대 1,400㎡ 　　　2. 서울특별시 서초구 서초동 101　　　　　대 1,600㎡ 　　　대지권의 종류　소유권 　　　대지권의 비율 1,2 : 3,000분의 500 　　　　　　　　　이　　　　　　　상

등기원인과 그연월일	2014년 1월 2일 매매예약
등 기 의 목 적	소유권이전청구권가등기
가등기할 지 분	

구분	성 명 (상호·명칭)	주민등록번호 (등기용등록번호)	주　　소 (소 재 지)	지 분 (개인별)
등기 의무자	이 대 백	XXXXXX-XXXXXXX	서울특별시 서초구 서초대로 88길 20 (서초동)	
등기 권리자	김 갑 동	XXXXXX-XXXXXXX	서울특별시 서초구 서초대로 88길 10, 가동 101호 (서초동, 샛별아파트)	

등 록 면 허 세	금	○○○,○○○	원
지 방 교 육 세	금	○○○,○○○	원
농 어 촌 특 별 세	금	○○○,○○○	원
세 액 합 계	금	○○○,○○○	원
등 기 신 청 수 수 료	금	15,000	원
	납부번호 : ○○-○○-○○○○○○○○-○		
	일괄납부 :　　　건　　　　　　　원		

등기의무자의 등기필정보

부동산 고유번호	1102-2006-002095	
성명(명칭)	일련번호	비밀번호
이대백	Q77C-LO71-35J5	40-4636

첨 부 서 면

·매매예약서	1통	·인감증명서 또는 본인서명사실 확인서	1통
·등록면허세영수필확인서	1통	·등기필증	1통
·등기신청수수료 영수필확인서	1통	〈기 타〉	
·주민등록표등(초)본	1통		

2014년 1월 2일

위 신청인　　이　　대　　백　㊞　(전화 : 200-7766)
　　　　　　　긴　　갑　　동　㊞　(전화 : 211-7711)

(또는)위 대리인　　　　　　　　　　(전화 :　　　　)

서울중앙 지방법원　　　　　　　등기국 귀중

- 신청서 작성요령 -

1. 부동산표시란에 2개 이상의 부동산을 기재하는 경우에는 부동산의 일련번호를 기재하여야 합니다.
2. 신청인란등 해당란에 기재할 여백이 없을 경우에는 별지를 이용합니다.
3. 담당 등기관이 판단하여 위의 첨부서면 외에 추가적인 서면을 요구할 수 있습니다.

■ 다른 이유로 소유권이전 받은 후 가등기에 기초한 본등기이행청구 가능한지요?

Q. 甲은 처인 乙에게 주택 및 대지를 명의신탁한 후 乙의 사업상 발생되는 채무로 인하여 그 부동산에 압류 등의 조치가 발생되는 것에 대비하여 甲을 가등기권리자로 하는 소유권이전등기청구권보전을 위한 가등기를 해두었는데, 가등기 후 丙·丁이 그 부동산에 가압류를 하였고, 그로 인하여 乙과의 불화도 잦아져 그 부동산에 대하여 명의신탁해지로 인한 소유권이전등기를 甲에게로 하였습니다. 그러나 위 소유권이전등기가 가등기에 기초한 본등기로 행해진 것이 아니고 별도의 등기가 행해짐으로 인하여 그 소유권이전등기는 丙·丁의 가압류 이후에 행해진 것으로서 丙·丁에게 대항할 수 없게 되었습니다. 이 경우 甲이 다시 가압류보다 선순위인 위 가등기에 기초한 본등기를 할 수는 없는지요?

A. 가등기에 의한 본등기의 순위에 관하여 부동산등기법에서 가등기에 의한 본등기를 한 경우 본등기의 순위는 가등기의 순위에 따른다고 규정하고 있으며(부동산등기법 제91조), 가등기에 의하여 보전되는 권리를 침해하는 가등기 이후 등기의 직권말소에 관하여, 등기관은 가등기에 의한 본등기를 하였을 때에는 대법원규칙으로 정하는 바에 따라 가등기 이후에 된 등기로서 가등기에 의하여 보전되는 권리를 침해하는 등기를 직권으로 말소하여야 하고(부동산등기법 제92조 제1항), 등기관이 제1항에 따라 가등기 이후의 등기를 말소하였을 때에는 지체 없이 그 사실을 말소된 권리의 등기명의인에게 통지하여야 한다고 규정하고 있습니다(부동산등기법 제92조 제2항). 그리고 혼동(混同)으로 인한 물권의 소멸에 관하여 민법에서 동일한 물건에 대한 소유권과 다른 물권이 동일한 사람에게 귀속한 때에는 다른 물권은 소멸하지만, 그 물권이 제3자의 권리의 목적이 된 때에는 소멸하지 아니한다고 규정하고 있으며(민법 제191조 제1항), 혼동의 요건과 효과에 관하여, 채권과 채무가 동일한 주체에 귀속한 때에는 채권은 소멸하나, 그 채권이 제3자의 권리의 목적인 때에는 그러하지 아니하다고 규정하고 있습니다(민법 제507조).
  그런데 명의신탁자가 장차 소유권이전등기청구권보전을 위한 가등기를 마친 후 가등기와는 상관없이 소유권이전등기를 넘겨받은 경우, 가등기에 기초한 본등기청구권이 혼동으로 소멸되는지 판례를 보면, 채권은 채권과 채무가 동일한 주체에 귀속한 때에 한하여 혼동으로 소멸하는 것이 원칙이므로, 어느 특정의 물건에 관한 채권을 가지는 자가 그 물건의 소유자가 되었다는 사정만으로는 채권과 채무가 동일한 주체에 귀속한 경우에 해당한다고 할 수 없어 그 물건에 관한 채권이 혼동으로 소멸하는 것은 아닌데, 토지를 명의수탁자에게 명의신탁하고 장차의 소유권이전청구권보전을 위하여 자신의 명의로 가등기를 마친 명의신탁자가 명의수탁자에 대하여 가지는 가등기에 기초한 본등기청구권은 채권으로서, 명의신탁자가 명의수탁자를 상속하거나 명의수탁자의 가등기에 기초한 본등기절차이행의무를 인수하지 아니하는 이상, 명의신탁자가 가등기에 기초한 본등기절차에 의하지 아니하고 명의수탁자로부터 별도의 소유권이전등기를 받았다고 하여 혼동의 법리에 의하여 명의신탁자의 가등기에 기초한 본등기청구권이 소멸하는 것은 아니라고 하였으며, 부동산에 관한 소유권이전청구권보전을 위한 가등기 이후에 다른 가압류등기가 행해졌다면, 그 가등기에 기초한 본등기절차에 의하지 아니하고 별도로 가등기권자명의의 소유권이전등기가 되었다고 하여 가등기권리자와 의무자 사이의 가등기약정상 채무의 본래취지에 따른 이행이 종료되었다고 할 수는 없으니, 특별한 사정이 없는 한, 가등기권자는 가등기의무자에 대하여 그 가등기에 기초한 본등기절차이행을 청구할 수도 있다고 하였습니다(대법원 1995. 12. 26. 선고 95다29888 판결).

따라서 위 사안에 있어서도 丙·丁의 가압류가 있는 경우에는 甲이 위 부동산의 소유권이전등기를 받았다고 하여도 위 가등기가 혼동으로 소멸되었다고 할 수는 없을 것이며, 甲은 가등기에 기초한 본등기절차이행청구를 할 수 있을 것으로 보입니다. 그리고 가등기에 기초한 본등기가 행해지면 가등기 이후의 丙·丁의 가압류 및 甲의 소유권이전등기가 모두 직권말소 될 것으로 보입니다.

참고로 위와 같이 가등기권자가 별도의 소유권이전등기를 이전받았더라도, 가등기 이후에 가등기된 목적물에 관하여 제3자 앞으로 처분제한등기가 되어 있거나 중간처분등기가 되어 있지 않고 가등기와 소유권이전등기의 등기원인도 실질상 동일하다면, 가등기의 원인이 된 가등기의무자의 소유권이전등기의무는 그 내용에 좇은 의무이행이 완료되었다 할 것이어서 가등기에 의하여 보전될 소유권이전등기청구권은 소멸되었다고 보아야 하므로, 가등기권자는 가등기의무자에 대하여 더 이상 그 가등기에 기한 본등기절차이행을 청구할 수 없는 것입니다(대법원 2007. 2. 22. 선고 2004다59546 판결).

■ 강제경매에 의하여 제3자에게 소유권이전이 된 경우 위 가등기에 기한 본등기를 청구할 수 있는지요?

Q. 甲은 乙로부터 1억원을 변제기는 1년 후, 이자는 연 5%로 하여 차용하면서 채무의 담보를 위하여 乙 앞으로 시가 1억 5천만원의 A부동산에 관하여 소유권이전청구권보전의 가등기를 경료하여 주었습니다. 변제기가 도래하였음에도 甲이 채무 원리금을 변제하지 못하자 乙은 가등기담보 등에 관한 법률의 규정에 따른 청산절차를 거쳐 A부동산에 관하여 소유권이전의 본등기를 하려고 합니다. 그런데 乙이 청산절차를 진행하기 전에 A부동산에 대한 저당권자인 丙이 저당권에 기한 강제경매 신청을 하여 A부동산의 소유권이 丁에게 이전되었습니다. 이 경우 乙은 A부동산에 대한 가등기에 기한 본등기를 청구할 수 있는가요?

A. 가등기담보 등에 관한 법률의 규정에 따른 청산절차 진행 전에 신청된 강제경매에 의하여 제3자에게 소유권이전이 된 경우 가등기에 기한 본등기를 청구할 수 있는지 여부에 관하여 대법원 판례는, "가등기담보등에관한법률의 규정에 따른 청산절차 진행 전에 신청된 강제경매에 의하여 제3자에게 소유권이전이 된 이상 담보가등기 권자는 더 이상 위 가등기에 기한 본등기를 청구할 수 없다."고 판시한바 있습니다(대법원 1992. 2. 11. 선고 91다36932 판결). 그러므로 사안의 경우 乙이 청산절차를 진행하기 전에 신청된 강제경매에 의하여 丁에게 A부동산에 대한 소유권이 이전된 이상 담보가등기권자인 乙은 더 이상 위 가등기에 기한 본등기를 청구할 수 없을 것으로 보입니다.

■ 가등기상의 권리이전등기를 가등기에 대한 부기등기 형식으로 할 수 있는지요?

Q. 甲은 乙로부터 토지를 매수하였는데, 그 토지는 乙이 丙으로부터 매수하여 매매예약에 의한 소유권이전청구권가등기를 해둔 상태였습니다. 이 경우 甲이 위 소유권이전청구권가등기를 이전받을 수 있는지요?

A. 가등기에 관하여 부동산등기법에서 가등기에 의한 본등기를 한 경우 본등기의 순위는 가등기의 순위에 따른다고 규정하고 있습니다(부동산등기법 제91조).

그런데 가등기에 의하여 순위보전대상이 되어 있는 물권변동청구권이 양도된 경우, 그 가등기상의 권리이전등기를 가등기에 대한 부기등기의 형식으로 할 수 있는지 판례를 보면, 가등기는 원래 순위를 확보하는 데에 그 목적이 있으나, 순위보전대상이 되는 물권변동청구권은 그 성질상 양도될 수 있는 재산권일 뿐만 아니라 가등기로 인하여 그 권리가 공시되어 결과적으로 공시방법까지 마련된 셈이므로, 이를 양도한 경우에는 양도인과 양수인의 공동신청으로 그 가등기상의 권리이전등기를 가등기에 대한 부기등기형식으로 할 수 있다고 보아야 한다고 하였습니다(대법원 1998. 11. 19. 선고 98다24105 전원합의체 판결).

그리고 등기예규도 가등기상 권리를 제3자에게 양도한 경우에 양도인과 양수인은 공동신청으로 그 가등기상의 권리이전등기를 신청할 수 있고, 그 이전등기는 가등기에 대한 부기등기형식으로 하며, 위 가등기상 권리이전등기신청은 가등기 된 권리 중 일부지분에 관해서도 할 수 있으며 이 경우 등기신청서에는 이전되는 지분을 기재하여야 하고 그 등기부에도 그 지분을 기재하여야 한다고 하였습니다(등기예규 제1408호 가등기에 관한 업무처리지침, 2011. 10. 12. 제정).

그러므로 위 사안에서 甲은 乙을 상대로 소유권이전청구권가등기의 처분금지가처분을 한 후에 소유권이전청구권가등기의 이전등기절차이행을 청구하여 승소 후 가등기의 부기등기형식으로 위 가등기의 이전등기를 할 수 있을 것으로 보입니다.

참고로 소유권이전청구권보전을 위한 가등기는 부동산등기법 제3조(현행 부동산등기법 제88조)에 의하여 등기사항임이 명백하므로 그 가등기상의 권리자체처분을 금지하는 가처분은 부동산등기법 제2조(현행 부동산등기법 제3조)에서 말하는 처분제한에 해당되어 등기사항에 해당되지만, 가등기에 터 잡아 본등기를 하는 것은 그 가등기에 기초하여 순위보전 된 권리취득(권리의 증대 내지 부가)이지 가등기상의 권리자체처분(권리의 감소 내지 소멸)이라고는 볼 수 없으므로 가등기에 기초한 본등기절차이행을 금지하는 취지의 가처분은 등기사항이 아니어서 허용되지 아니한다고 하였습니다(대법원 2007. 2. 22. 선고 2004다59546 판결).

■ 채무자 등의 가등기담보채무의 변제와 가등기말소청구는 정당한가요?

Q. 甲은 乙로부터 1억원을 변제기는 1년 후, 이자는 연 5%로 하여 차용하면서 채무의 담보를 위하여 乙 앞으로 시가 1억 5천만원의 A부동산에 관하여 소유권이전청구권보전의 가등기를 경료하여 주었습니다. 변제기가 도래하였음에도 甲이 채무 원리금을 변제하지 못하자 乙은 가등기담보 등에 관한 법률에서 정한 청산절차를 거쳐 A부동산에 대하여 가등기에 기한 본등기를 경료하려고 하였습니다. 그런데 甲이 乙로부터 청산금을 지급받기 전에 채무 원리금 전액을 乙에게 지급하고 채권담보의 목적으로 경료된 소유권이전등기의 가등기의 말소를 구하였습니다. 甲의 말소 청구는 정당한가요?

A. 가등기담보 등에 관한 법률 제11조에 의하면 채무자등은 청산금채권을 변제받을 때까지 그 채무액(반환할 때까지의 이자와 손해금을 포함한다)을 채권자에게 지급하고 그 채권담보의 목적으로 마친 소유권이전등기의 말소를 청구할 수 있습니다. 다만, 그 채무의 변제기가 지난 때부터 10년이 지나거나 선의의 제삼자가 소유권을 취득한 경우에는 그러하지 아니하다. 그러므로 사안의 경우 甲이 乙로부터 청산금을 지급받기 전에 甲이 乙에게 채무 원리금을 지급하고, 채무의 변제기가 지난 때부터 10년이 지나지 아니하였으며 선의의 제삼자가 A부동산에 대한 소유권을 취득한 경우가 아닌 한 甲은 A부동산에 대하여 경료된 乙의 소유권이전청구권보전의 가등기의 말소를 청구할 수 있을 것으로 보입니다.

■ 청산기간이 경과된 후에도 채무자가 피담보채무 전액 등을 지급하고 가등기의 말소를 구할 수 있는지요?

Q. 甲은 乙로부터 1억원을 변제기는 1년 후, 이자는 연 5%로 하여 차용하면서 채무의 담보를 위하여 乙 앞으로 시가 1억 5천만원의 A부동산에 관하여 소유권이전청구권보전의 가등기를 경료하여 주었습니다. 변제기가 도래하였음에도 甲이 채무 원리금을 변제하지 못하자 乙은 가등기담보 등에 관한 법률에서 정한 청산절차에 따라 甲에게 담보권 실행을 통지하였고 그 후 2월의 청산기간이 경과하였습니다. 乙이 甲에게 정당하게 평가된 청산금을 지급하지 아니한 상태에서 甲이 채무 원리금 및 손해금을 乙에게 지급하고 채권담보의 목적으로 경료된 가등기의 말소를 청구하였습니다. 甲의 청구는 정당한가요?

A. 청산기간이 경과된 후에도 채무자가 피담보채무 전액 등을 지급하고 가등기의 말소를 구할 수 있는지 여부에 관하여 대법원 판례는, "채권자가 가등기담보권을 실행하여 그 담보목적부동산의 소유권을 취득하기 위하여 채무자에게 담보권 실행을 통지하고 2월의 청산기간이 경과한 후에도 채무자는 정당하게 평가된 청산금을 지급받을 때까지 목적부동산의 소유권이전등기 및 인도채무의 이행을 거절하면서 피담보채무 전액과 그 이자 및 손해금을 지급하고 그 채권담보의 목적으로 경료된 가등기의 말소를 청구할 수 있다."고 판시하였습니다(대법원 1994. 6. 28. 선고 94다3087 판결). 그러므로 사안의 경우 乙이 甲에게 담보권 실행을 통지하고 2월의 청산기간이 경과하였다 하더라도 甲이 정당하게 평가된 청산금을 지급받지 아니한 이상 甲은 A부동산의 소유권이전등기 및 인도채무의 이행을 거절하면서 채무 원리금 전액 및 손해금을 乙에게 지급하고 채권담보의 목적으로 경료된 A부동산에 대한 가등기의 말소를 청구할 수 있을 것으로 보입니다.

■ 원리금을 모두 변제한 경우 소유권이전등기의 말소를 청구할 수 있나요?

Q. 甲은 乙로부터 1억원을 변제기는 1년 후, 이자는 연 5%로 하여 차용하면서 채무의 담보를 위하여 실제로는 자신의 소유이나 丙 명의로 신탁하여 소유권이전등기를 마친 A부동산에 관하여 소유권이전청구권 보전의 가등기 및 이에 기한 소유권이전등기를 마쳐주었습니다. 변제기가 도래한 직후 甲이 채무 원리금을 모두 변제하였다면 乙에 대하여 A부동산에 대한 소유권이전등기의 말소를 청구할 수 있는가요?

A. 명의신탁자가 신탁부동산에 관하여 채무의 담보를 위하여 채권자 앞으로 소유권이전등기 등을 경료하여 준 경우 피담보채무의 변제 이후에 그 등기의 말소를 청구할 수 있는지 여부에 관하여 대법원 판례는, "채무자가 제3자명의로 신탁하여 소유권등기를 마친 부동산을 채권자에게 담보로 제공하고 채권자 명의로 가등기 및 이에 기한 소유권이전등기를 마쳤다가 그 피담보채무를 모두 변제함으로써 담보권이 소멸된 경우에, 채무자는 명의수탁자를 대위하여 위 부동산의 소유권에 터잡은 말소등기청구권을 행사할 수 있음은 물론, 담보설정계약의 당사자로서 담보권 소멸에 따른 원상회복으로 담보권자에게 담보물의 반환을 구할 수 있는 계약상 권리가 있으므로 이러한 계약상 권리에 터잡아 채권자에게 위 가등기등 담보권등기의 말소를 청구할 수 있다."고 판시하였습니다(대법원 1988. 9. 13. 선고 86다카1332 판결). 그러므로 사안의 경우 甲은 명의수탁자 丙을 대위하여 A부동산의 소유권에 터잡은 말소등기청구권을 乙에 대하여 행사할 수 있음은 물론, 담보설정계약의 당사자로서 담보권 소멸에 따른 원상회복으로서 담보권자 乙에게 담보물의 반환을 구할 수 있는 계약상 권리가 있으므로 이러한 계약상 권리에 터잡아 乙에게 A부동산에 대한 소유권이전등기의 말소를 청구할 수 있을 것으로 보입니다.

제2절 가등기에 기한 소유권 이전 본등기

1. 가등기에 기한 소유권 이전 본등기의 개념

가등기에 기한 소유권 이전 본등기란 가등기에 의해 순위가 보전되는 종국등기 즉 등기의 본래 효력을 완전히 발생시키는 등기를 말합니다.

2. 가등기에 기한 소유권 이전 본등기의 신청인

① 가등기에 기한 소유권 이전 본등기 시 등기권리자와 등기의무자는 다음과 같습니다.
  - 등기의무자: 소유 명의인인 가등기의무자
  - 등기권리자: 가등기권자
② 등기신청방법
  - 신청인 또는 그 대리인이 등기소에 출석해 신청정보 및 첨부정보를 적은 서면을 제출하는 방법(부동산등기법 제24조제1항제1호 본문). 다만, 대리인이 변호사(법무법인·법무법인(유한) 및 법무조합 포함)나 법무사(법무사법인 및 법무사법인(유한) 포함)인 경우에는 대법원규칙으로 정하는 사무원을 등기소에 출석하게 해 서면을 제출할 수 있습니다[부동산등기법 제24조제1항제1호 단서].
  - 전산정보처리조직을 이용해 신청정보 및 첨부정보를 보내는 방법(법원행정처장이 지정하는 등기유형으로 한정)[부동산등기법 제24조제1항제2호]

3. 가등기에 기한 소유권 이전 본등기 신청 시 제출서류

3-1. 시·군·구청을 통해 준비해야 하는 서류

3-1-1. 소유권을 증명하는 서면

① 토지대장등본 또는 임야대장등본
② 건축물대장등본

3-1-2. 신청인의 주소를 증명하는 서면

① 등기권리자와 등기의무자의 주민등록등(초)본 또는 주민등록증 사본

② 매도용 인감증명서

부동산 매수자란에 매수인의 성명(법인은 법인명), 주민등록번호(부동산등기용등록번호) 및 주소가 기재되어 있는 매도인의 부동산매도용 인감증명서(발행일로부터 3월 이내)를 첨부합니다.

③ 부동산거래계약신고필증(실거래가신고필증) 또는 검인

㉮ 매매예약에 인한 가등기에 기한 소유권 이전청구권 본등기를 신청할 경우는 매매계약에 의한 소유권 이전등기와 같습니다. 따라서 매매계약서에 검인신청인을 표시해 부동산의 소재지를 관할하는 시장·군수·구청장 또는 그 권한의 위임을 받은 자의 검인을 받아 관할등기소에 이를 제출해야 합니다(부동산등기 특별조치법 제3조제1항).

㉯ 매매예약서만 작성해 가등기를 신청한 경우 본등기 신청 시에는 매매계약서를 첨부해야 하므로 매매계약서를 다시 작성해야 합니다.

㉰ 그러나 매매예약서에 "본 매매완결일자는 00년 00월 00일로 하며 위 완결일자가 경과했을 경우 매매예약권리자의 매매완결의 의사표시가 없어도 당연히 매매가 완결된 것으로 본다."라는 문구가 있으면 별도로 매매계약서를 작성해 제출하지 않아도 됩니다.

㉱ 부동산 개업공인중개사 또는 거래당사자가 실거래가신고필증을 발급받은 경우에는 검인을 받은 것으로 봅니다(부동산 거래신고 등에 관한 법률 제3조제5항).

④ 농지취득자격증명원(해당자에 한함)

농지를 취득하려는 자는 농지 소재지를 관할하는 시장, 구청장, 읍장 또는 면장에게서 농지취득자격증명을 발급받아야 하므로(농지법 제8조제1항), 농지에 대한 가등기에 기한 소유권 이전청구권 본등기 시에도 농지취득자격증명원을 첨부해야 합니다.

⑤ 토지거래허가서(해당자에 한함)

㉮ 국토교통부장관 또는 특별시장·광역시장·특별자치시장·도지사·특별자치도지사(이하 "시·도지사"라 함)는 토지의 투기적인 거래가 성행하거나 지가(地價)가 급격히 상승하는 지역과 그러한 우려가 있는 지역으로서 「부동산 거래신고 등에 관한 법

률 시행령」 제7조제1항의 지역에 대해서는 다음의 구분에 따라 5년 이내의 기간을 정해 토지거래계약 허가구역으로 지정할 수 있습니다(부동산 거래신고 등에 관한 법률 제10조1항).

- 허가구역이 둘 이상의 시·도의 관할 구역에 걸쳐 있는 경우: 국토교통부장관이 지정

- 허가구역이 동일한 시·도 안의 일부지역인 경우: 시·도지사가 지정[다만, 국가 또는 「공공기관의 운영에 관한 법률」에 따른 공공기관이 관련법령에 따른 개발사업을 시행하여 해당 지역의 지가변동률 등이 인근 지역 또는 전국 평균에 비하여 급격히 상승하거나 상승할 우려가 있을 경우에는 국토교통부장관이 지정(부동산 거래신고 등에 관한 법률 시행령 제7조제2항)]

㉯ 허가구역에 있는 토지에 소유권·지상권을 설정하거나 이전하는 계약을 체결하려는 당사자는 공동으로 시장·군수 또는 구청장의 허가를 받아야 합니다(부동산 거래신고 등에 관한 법률 제11조제1항).

㉰ 다음에 기재한 순서대로 계약이 이루어진 경우 매매예약 가등기에 기한 본등기를 신청할 때 토지거래허가증을 제출해야 합니다.

- 매매예약 체결(토지에 대해 매매대금을 지급함과 동시에 매매예약완결의 의사표시를 한 것으로 간주하는 약정이 있음)

- 매매예약으로 인한 소유권 이전등기청구권 가등기 경료

- 매매예약 체결한 토지가 토지거래계약허가구역으로 지정

- 매매대금의 지급

- 토지거래계약허가구역으로 지정된 후 매매대금을 지급했으므로 토지거래허가증을 제출해야 합니다.

㉱ 농지에 대해 토지거래계약 허가를 받은 경우에는 농지취득자격증명을 받은 것으로 보므로, 농지에 대한 거래나 허가구역 내의 부동산 매매거래에 대해 토지거래허가서를 받았다면, 이를 가등기에 기한 소유권 이전청구권 본등기 시 첨부해야 합니다.

⑥ 취득세납부고지서(지방교육세 및 농어촌특별세 포함)

㉮ 취득세란 부동산의 취득 시 납부해야 하는 세금을 말합니다(지방세법 제7조제1항).

- 농지 외 부동산의 취득세: 부동산 가액 × 40/1,000(지방세법 제11조제1항제7호)

　　－ 농지의 취득세: 부동산 가액 × 30/1,000(지방세법 제11조제1항제7호)

　※ 부동산 가액은 실거래가신고필증 상의 매매금액과 같습니다. 다만, 신고가 없거
　　나 신고가액이 시가표준액에 미달하는 경우에는 시가표준액을 과세표준으로
　　합니다(지방세법 제10조제2항).

　ⓝ 지방교육세란 지방교육의 질적 향상에 필요한 지방교육재정의 확충에 소요되는
　　재원을 확보하기 위해 「지방세법」에 따른 취득세의 납부의무자에게 함께 부과되
　　는 세금을 말합니다(지방세법 제149조 및 제150조제1호).

　　－ 지방교육세: (부동산 가액× 20/1,000)× 20/100[지방세법 제151조제1항제1호]

　ⓓ 농어촌특별세란 농어업의 경쟁력강화와 농어촌산업기반시설의 확충 및 농어촌지
　　역 개발사업에 필요한 재원을 확보하기 위해 「지방세법」에 따른 취득세의 납부의
　　무자에게 함께 부과되는 세금을 말합니다(농어촌특별세법 제1조 및 제3조제5호).

　ⓡ 유상거래를 원인으로 감면을 받은 취득세에 대해 농어촌특별세의 적용세율은 일
　　반적인 경우의 적용세율과 다릅니다(농어촌특별세법 제5조제1항제1호).

　　－ 일반 농어촌특별세: 부동산 가액 × 2/100 × 10/100(농어촌특별세법 제5조제1
　　항제6호)

　　－ 감면 농어촌특별세: 감면세액 × 20/100(농어촌특별세법 제5조제1항제1호)

　※ 단, 서민주택(주거전용면적 85㎡이하) 및 농가주택(수도권 외의 도서지역이 아닌
　　읍 또는 면지역으로 1호 또는 1세대당 주거전용면적이 100㎡이하)에 대한 취득
　　세에 대해서는 농어촌특별세가 부과되지 않습니다(농어촌특별세법 제4조제11호).

　ⓜ 시, 군, 구청 세무과를 방문해 취득세납부고지서를 발부받고 세금을 은행에서
　　납부하면 됩니다.

3-2. 은행을 통해 준비해야 할 서류

3-2-1. 취득세영수필확인서

시·군·구청 세무과에서 취득세납부고지서를 받아와서 은행에 취득세, 지방교육세 및
농어촌특별세를 지불하면 취득세영수필확인서를 받을 수 있습니다.

3-2-2. 국민주택채권의 매입

① 국민주택채권이란 정부가 국민주택사업에 필요한 자금을 조달하기 위해 주택도시

기금의 부담으로 발행한 채권을 말합니다(주택도시기금법 제7조제1항).

② 소유권 이전청구권 가등기에 기한 본등기의 경우에도 국민주택채권을 매입해야 합
니다(주택도시기금법 제8조제1항제2호).

③ 국민주택채권의 최저매입금액은 1만원으로 합니다. 다만, 1만원 미만의 단수가 있
을 경우에 그 단수가 5천원 이상 1만원 미만인 때에는 이를 1만원으로 하고, 그
단수가 5천원 미만인 때에는 단수가 없는 것으로 합니다(주택도시기금법 시행령
별표 제4호).

④ 국민주택채권의 매입 후 매입자가 즉시매도를 원할 경우 은행(우리은행, 농협, 하
나은행, 중소기업은행, 신한은행)은 일정할인료(매일 변경, 은행에 확인해야 함)만
내도록 하고 채권발행번호가 기재된 영수증을 발급해 주고 있습니다.

3-2-3. 대한민국정부 수입인지의 구입

① 국내에서 재산에 관한 권리 등의 창설·이전 또는 변경에 관한 계약서나 이를 증명
하는 그 밖의 문서를 작성하는 자는 계약서에 기재된 거래금액이 1,000만원을 초
과하는 경우에는 그 문서에 대한 인지세를 납부할 의무가 있습니다(인지세법 제1
조제1항 및 제3조제1항).

② 다만, 주택의 소유권 이전에 관한 증서의 기재금액이 1억원 이하인 부동산에 대해
서는 인지세를 납부하지 않아도 됩니다(인지세법 제6조제5호).

③ 인지세는 과세문서에 「수입인지에 관한 법률」 제2조제1항에 따른 종이문서용 전자
수입인지를 붙여 납부합니다(인지세법 제8조제1항 본문).

④ 대한민국정부 수입인지는 가까운 은행(농협, 우체국, 신한은행 등)에서 구입할 수
있습니다.

⑤ 부동산등기와 관련해 납부해야 할 문서 및 세액은 다음과 같습니다(인지세법 제3
조제1항).

과 세 문 서	세 액
부동산 소유권 이전에 관한 증서	기재금액이 1천만원 초과 3천만원 이하인 경우: 2만원
	기재금액이 3천만원 초과 5천만원 이하인 경우: 4만원
	기재금액이 5천만원 초과 1억원 이하인 경우: 7만원
	기재금액이 1억원 초과 10억원 이하인 경우: 15만원
	기재금액이 10억원을 초과하는 경우: 35만원

3-2-4. 대법원등기 수입증지의 구입(등기신청 수수료)

① 등기를 하려는 사람은 수수료를 내야 합니다(부동산등기법 제22조제3항).

② 대법원등기 수입증지를 은행이나 등기소에서 매입을 해 이를 신청서에 붙이면 등기신청 수수료를 낸 것이 됩니다.

③ 대법원등기 수입증지는 등기소나 등기소 주변의 은행(농협, 우체국, 신한은행 등)에서 구입하실 수 있습니다.

④ 가등기에 기한 소유권 이전청구권 본등기 한 건당 대법원등기 수입증지
  - 서면방문신청: 15,000원
  - 전자표준양식신청(e-form양식으로 작성한 후 등기소 방문신청): 13,000원
  - 전자신청: 10,000원

⑤ 등기신청수수료의 납부는 그 수수료 상당액을 전자적 방법으로 납부하거나, 법원행정처장이 지정하는 금융기관에 현금으로 납부한 후 이를 증명하는 서면을 등기신청서에 첨부하여 제출하는 방법으로 합니다(등기사항증명서 등 수수료규칙 제6조제3항).

3-3. 매매 관련 서류

3-3-1. 매매계약서

등기원인을 증명하는 서류로 매매계약서를 제출합니다(부동산등기법 제34조제6호 및 제40조제1항제5호).

① 거래금액이 1,000만원을 초과하는 계약서에는 수입인지를 붙여야 하나, 1억원 이하인 주택일 경우에는 면제됩니다.

② 판결에 의한 경우 첨부서류
  - 판결에 의한 등기 신청의 경우에는 판결정본과 그 판결이 확정되었음을 증명하는 확정증명서를 첨부해야 합니다.
  - 조정에 갈음하는 결정정본 또는 화해권고결정정본을 첨부하는 경우에도 확정증명원을 첨부합니다.
  - 조정조서, 화해조서 또는 인낙조서를 등기원인증서로 제출하는 경우에는 확정증명원을 첨부하지 않아도 됩니다.

3-3-2. 매매목록(해당자에 한함)

거래부동산이 2개 이상인 경우 또는 거래부동산이 1개라 하더라도 여러 명의 매도인과 여러 명의 매수인 사이의 매매계약인 경우 매매목록을 작성해 등기소에 제공해야 합니다(부동산등기규칙 제124조제2항).

3-3-3. 위임장(해당자에 한함)

가등기에 기한 소유권 이전청구권 본등기는 등기의무자와 등기권리자가 공동으로 신청하거나 가등기권자가 가등기 설정자로부터 위임장을 받아 혼자서 등기소를 방문할 경우에는 인감도장을 날인한 위임장을 받아야 합니다.

3-3-4. 등기필정보 또는 등기필정보통지서

① 매도인인 등기의무자가 등기권리자로서 소유권에 관한 등기를 한 후 등기소로부터 받아서 가지고 있던 등기필정보를 등기소에 제공해야 합니다(부동산등기법 제50조제2항).

② 등기필정보의 제공방법
  - 방문신청의 경우: 등기필정보를 적은 서면(등기필정보통지서)를 교부하는 방법. 다만, 신청인이 등기신청서와 함께 등기필정보통지서 송부용 우편봉투를 제출한 경우에는 등기필정보통지서를 우편으로 송부합니다(부동산등기규칙 제107조제1항제1호).
  - 전자신청의 경우 : 전산정보처리조직을 이용하여 송신하는 방법(부동산등기규칙 제107조제1항제2호)

4. 가등기에 기한 소유권 이전 본등기 신청서 작성

4-1. 신청서 및 첨부서류

신청서, 취득세영수필확인서, 등기 수입증지, 위임장, 인감증명서, 주민등록표등(초)본, 대장등본, 매매예(계)약서, 부동산거래계약신고필증, 매매목록 등의 순으로 준비합니다.

4-2. 신청서 양식

[서식 예] 가등기에 기한 소유권 이전 본등기 신청서

<table>
<tr>
<td colspan="5" align="center">소유권이전본등기신청</td>
</tr>
<tr>
<td rowspan="2">접
수</td>
<td>년 월 일</td>
<td rowspan="2">처
리
인</td>
<td align="center">등기관 확인</td>
<td align="center">각종 통지</td>
</tr>
<tr>
<td>제   호</td>
<td></td>
<td></td>
</tr>
<tr>
<td colspan="5" align="center">① 부동산의 표시(거래신고일련번호/거래가액)</td>
</tr>
<tr>
<td colspan="5">
1. 서울특별시 서초구 서초동 100
      대 300㎡

2. 서울특별시 서초구 서초동 100
    [도로명주소] 서울특별시 서초구 서초대로 88길 10
    시멘트 벽돌조 슬래브지붕 2층 주택
       1층 100㎡
       2층 100㎡

    거래신고일련번호 : 12345-2006-4-1234560   거래가액 : 500,000,000원
              이   상
</td>
</tr>
<tr>
<td colspan="2">② 등기원인과 그 연월일</td>
<td colspan="3">2013년 5월 1일 매매</td>
</tr>
<tr>
<td colspan="2">③ 등 기 의 목 적</td>
<td colspan="3">소유권이전</td>
</tr>
<tr>
<td colspan="2">④ 가등기의 표시</td>
<td colspan="3">2008년 8월 1일 접수 제 21110 호로 등기된
소유권이전청구권 가등기</td>
</tr>
<tr>
<td colspan="2">⑤ 이 전 할 지 분</td>
<td colspan="3"></td>
</tr>
</table>

<table>
<tr>
<th>구분</th>
<th>성 명
(상호·명칭)</th>
<th>주민등록번호
(등기용등록번호)</th>
<th>주   소 (소 재 지)</th>
<th>지 분
(개인별)</th>
</tr>
<tr>
<td>⑥
등기
의무자</td>
<td>이 대 백</td>
<td>XXXXXX-XXXXXXX</td>
<td>서울특별시 서초구 서초
대로 88길 20 (서초동)</td>
<td></td>
</tr>
<tr>
<td>⑦
등기
권리자</td>
<td>김 갑 동</td>
<td>XXXXXX-XXXXXXX</td>
<td>서울특별시 중구 다동
길 96 (다동)</td>
<td></td>
</tr>
</table>

⑧ 시가표준액 및 국민주택채권매입금액		
부동산 표시	부동산별 시가표준액	부동산별 국민주택채권매입금액
1. 주 택	금 ○○,○○○,○○○원	금 ○○○,○○○ 원
2.	금 원	금 원
⑧ 국 민 주 택 채 권 매 입 총 액		금 ○○○,○○○ 원
⑧ 국 민 주 택 채 권 발 행 번 호		○ ○ ○
⑨ 취득세(등록면허세) 금○○○,○○○원	⑨ 지 방 교 육 세 금 ○○,○○○원	
	⑨ 농어촌특별세 금 ○○,○○○원	
⑩ 세 액 합 계	금 ○○○,○○○ 원	
⑪ 등 기 신 청 수 수 료	금 30,000 원	
	납부번호 : ○○-○○-○○○○○○○○-○	
	일괄납부 : 건 원	

⑫ 등기의무자의 등기필정보		
부동산고유번호	1102-2006-002095	
성명(명칭)	일련번호	비밀번호
이대백	Q77C-LO71-35J5	40-4636

⑬ 첨 부 서 면	
·매매계약서 1통	·인감증명서 또는 본인서명사실 확인서 1통
·등기필증 1통	·주민등록표등(초)본 각1통
·토지·건축물대장등본 각 1통	·부동산거래계약신고필증 1통
·취득세(등록면허세)영수필확인서 1통	·매매목록 통
·등기신청수수료 영수필확인서 1통	<기 타>

2013년   5월   1일

⑭ 위 신청인   이   대   백   ⑩   (전화 : 200-7766)
                 긴   갑   동   ⑩   (전화 : 300-7766)

(또는)위 대리인   (전화 :   )

서울중앙 지방법원   등기국 귀중

- 신청서 작성요령 -
1. 부동산표시란에 2개 이상의 부동산을 기재하는 경우에는 그 부동산의 일련번호를 기재
   하여야 합니다.
2. 신청인란 등 해당란에 기재할 여백이 없을 경우에는 별지를 이용합니다.

등기신청안내서 - 소유권이전본등기신청

■ 소유권이전본등기란

매매예약에 의하여 소유권이전청구권보전의 가등기를 한 후에 예약완결로 매매계약이 성립된 경우에 가등기에 기하여 하는 소유권이전의 본등기를 말하며, 이 신청에서는 가등기권리자를 등기권리자, 부동산 소유자를 등기의무자라 합니다.

■ 등기신청방법

① 공동신청

가등기권리자와 부동산 소유자가 본인임을 확인할 수 있는 주민등록증 등을 가지고 직접 등기소에 출석하여 공동으로 신청함이 원칙입니다.

② 단독신청

판결에 의한 등기신청인 경우에는 승소한 등기권리자 또는 등기의무자가 단독으로 신청할 수 있습니다.

③ 대리인에 의한 신청

등기신청은 반드시 신청인 본인이 하여야 하는 것은 아니고 대리인이 하여도 됩니다. 등기권리자 또는 등기의무자 일방이 상대방의 대리인이 되거나 쌍방이 제3자에게 위임하여 등기신청을 할 수 있으나, 변호사 또는 법무사가 아닌 자는 신청서의 작성이나 그 서류의 제출대행을 업(業)으로 할 수 없습니다.

■ 등기신청서 기재요령

※ 신청서는 한글과 아라비아 숫자로 기재합니다. 부동산의 표시란이나 신청인란 등이 부족할 경우에는 별지를 사용하고, 별지를 포함한 신청서의 각 장 사이에는 간인(신청서에 서명을 하였을 때에는 각 장마다 연결되는 서명)을 하여야 합니다.

① 부동산의 표시란

소유권이전청구권보전의 가등기가 되어 있는 부동산을 기재하되, 등기기록상 부동산의 표시와 일치하여야 합니다. 부동산이 토지(임야)인 경우에는 토지의 소재와 지번, 지목, 면적을, 건물인 경우에는 건물의 소재와 지번, 도로명주소(등기기록 표제부에 기록되어 있는 경우), 건물의 종류, 구조, 면적, 건물의 번호가 있는 때에는 그 번호, 부속건물이 있는 때에는 그 종류, 구조와 면적을 기재합니다. 부동산거래계약 신고필증에 기재된 거래신고일련번호와 거래가액을 기재합니다. 만일 등기기록과 토지(임야)·건축물대장의 부동산표시가 다른 때에는 먼저 부동산 표시변경(또는 경정)등기를 하여야 합니다

② 등기원인과 그 연월일란

등기원인은 " 매매 " 로, 연월일은 예약완결일(매매계약 성립일)을 기재합니다.

③ 등기의 목적란

" 소유권이전 " 이라고 기재합니다.

④ 가등기의 표시

본등기할 소유권이전청구권가등기의 접수연월일, 접수번호 등을 기재하여 본등기할 가등기를 특정합니다. (예 : "2008년 8월 1일 접수 제 21110 호로 등기된 소유권이전청구권 가등기")

⑤ 이전할 지분란

지분에 대한 가등기에 기한 본등기를 하는 경우에만 기재합니다.

(예) "○○○지분 전부", "○번 ○○○지분 ○분의 ○ 중 일부(○분의 ○)"

⑥ 등기의무자란

부동산 소유자의 성명, 주민등록번호, 주소를 기재하되, 등기기록상 소유자 표시와 일치하여야 합니다. 그러나 법인인 경우에는 상호(명칭), 본점(주사무소 소재지), 등기용등록번호 및 대표자의 성명과 주소를 기재하고, 법인 아닌 사단이나 재단인 경우에는 상호(명칭), 본점(주사무소 소재지), 등기용등록번호 및 대표자(관리인)의 성명, 주민등록번호, 주소를 각 기재합니다.

⑦ 등기권리자란

가등기권리자를 기재하는 란으로, 그 기재방법은 등기의무자란과 같습니다.

⑧ 시가표준액 및 국민주택채권매입금액, 국민주택채권매입총액란, 국민주택채권발행번호란

㉮ 부동산별 시가표준액란은 취득세(등록면허세)납부서(OCR용지)에 기재된 시가표준액을 기재하고 부동산별 국민주택채권매입금액란에는 시가표준액의 일정비율에 해당하는 국민주택채권매입금액을 기재합니다.

㉯ 부동산이 2개 이상인 경우에는 각 부동산별로 시가표준액 및 국민주택채권매입금액을 기재한 다음 국민주택채권 매입총액을 기재하여야 합니다.

㉰ 국민주택채권발행번호란에는 국민주택채권 매입시 국민주택채권사무취급기관에서 고지하는 채권발행번호를 기재하며, 하나의 신청사건에 하나의 채권발행번호를 기재하는 것이 원칙이며, 동일한 채권발행번호를 수 개 신청사건에 중복 기재할 수 없습니다.

⑨ 취득세(등록면허세)·지방교육세·농어촌특별세란

취득세(등록면허세)영수필확인서에 의하여 기재하며, 농어촌특별세는 납부액이 없는 경우 기재하지 않습니다.

⑩ 세액합계란

취득세(등록면허세)액, 지방교육세액, 농어촌특별세액의 합계를 기재합니다.

⑪ 등기신청수수료란

㉮ 부동산 1개당 15,000원의 등기신청수수료 납부액을 기재하며, 등기신청수수료를 은행 현금납부, 전자납부, 무인발급기 납부 등의 방법에 따라 납부한 후 등기신청서에 등기신청수수료 영수필확인서를 첨부하고 납부번호를 기재하여 제출합니다.

㉯ 여러 건의 등기신청에 대하여 수납금융기관에 현금으로 일괄납부하는 경우 첫 번째 등기신청서에 등기신청수수료 영수필확인서를 첨부하고 해당 등기신청수수료, 납부번호와 일괄납부 건수 및 일괄납부액을 기재하며, 나머지 신청서에는 해당 등기신청수수료와 전 사건에 일괄 납부한 취지를 기재합니다(일괄납부는 은행에 현금으로 납부하는 경우에만 가능함).

⑫ 등기의무자의 등기필정보란

㉮ 소유권 취득에 관한 등기를 완료하고 등기필정보를 교부받은 경우 그 등기필정보 상에 기재된 부동산 고유번호, 성명, 일련번호, 비밀번호를 각 기재(등기필정보를 제출하는 것이 아니며 한번 사용한 비밀번

호는 재사용을 못함)합니다. 다만 교부받은 등기필정보를 멸실한 경우에는 부동산등기법 제51조에 의하여 확인서면이나 확인조서 또는 공증서면 중 하나를 첨부합니다.

㉯ 등기신청서에 등기필증이나 확인서면 등을 첨부한 경우 이 란은 기재할 필요가 없습니다.

⑬ 첨부서면란

등기신청서에 첨부한 서면을 각 기재합니다.

⑭ 신청인등란

㉮ 등기의무자와 등기권리자의 성명 및 전화번호를 기재하고, 각자의 인장을 날인하되, 등기의무자는 그의 인감을 날인하거나 본인서명사실확인서에 기재한 서명을 합니다. 그러나 신청인이 법인 또는 법인 아닌 사단이나 재단인 경우에는 상호(명칭)와 대표자(관리인)의 자격 및 성명을 기재하고, 법인이 등기의무자인 때에는 등기소의 증명을 얻은 그 대표자의 인감, 법인 아닌 사단이나 재단인 경우에는 대표자(관리인)의 개인인감을 날인하거나 본인서명사실확인서에 기재한 서명을 합니다.

㉯ 대리인이 등기신청을 하는 경우에는 그 대리인의 성명, 주소, 전화번호를 기재하고 대리인의 인장을 날인 또는 서명을 합니다.

■ 등기신청서에 첨부할 서면
< 신청인 >

① 위임장

등기신청을 법무사 등 대리인에게 위임하는 경우에 첨부합니다.

② 등기필증

등기의무자의 소유권에 관한 등기필증으로서 등기의무자가 소유권 취득시 등기소로부터 교부받은 등기필증을 말합니다. 단, 소유권 취득의 등기를 완료하고 등기필정보를 교부받은 경우에는 신청서에 그 등기필정보 상에 기재된 부동산고유번호, 성명, 일련번호, 비밀번호를 각 기재(등기필정보를 제출하는 것이 아니며 한번 사용한 비밀번호는 재사용을 못함)함으로써 등기필증 첨부에 갈음합니다.

다만, 등기필증(등기필정보)을 멸실하여 첨부(기재)할 수 없는 경우에는 부동산등기법 제51조에 의하여 확인서면이나 확인조서 또는 공증서면 중 하나를 첨부합니다.

③ 매매계약서

계약으로 인한 소유권이전등기를 신청하는 경우에는 그 계약서에 기재된 거래금액이 1,000만원을 초과하는 경우에는 일정액의 정부수입인지를 붙여야 합니다.

④ 매매목록

거래신고의 대상이 되는 부동산이 2개 이상인 경우에 작성하고, 그 매매목록에는 거래가액과 목적 부동산을 기재합니다. 단, 거래되는 부동산이 1개라 하더라도 여러 사람의 매도인과 여러 사람의 매수인 사이의 매매계약인 경우에는 매매목록을 작성합니다.

< 시 · 구 · 군청, 읍 · 면 사무소, 동 주민센터 >

① 부동산거래계약신고필증

2006. 1. 1. 이후 작성된 매매계약서를 등기원인증서로 하여 소유권이전등기를 신청하는 경우에는 관할 관청이 발급한 거래계약신고필증을 첨부하여야 합니다.

제9장 가등기는 어떤 절차로 하나요? 451

② 취득세(등록면허세)영수필확인서

　　시장, 구청장, 군수 등으로부터 취득세(등록면허세)납부서(OCR용지)를 발급받아 납세지를 관할하는 해당 금융기관에 세금을 납부한 후 취득세(등록면허세)영수필확인서와 영수증을 교부받아 영수증은 본인이 보관하고 취득세(등록면허세)영수필확인서만 신청서의 취득세(등록면허세)액표시란의 좌측상단 여백에 첨부하거나, 또는 지방세인터넷납부시스템에서 출력한 시가표준액이 표시되어 있는 취득세(등록면허세)납부확인서를 첨부합니다.

③ 토지·임야·건축물대장등본

　　등기신청대상 부동산의 종류에 따라 토지(임야)대장등본, 건축물대장등본(각, 발행일로부터 3월 이내)을 첨부합니다.

④ 인감증명서 또는 본인서명사실확인서

　　부동산매수자란에 매수인의 성명(법인은 법인명), 주민등록번호(부동산등기용등록번호) 및 주소가 기재되어 있는 매도인의 부동산매도용 인감증명서(발행일로부터 3월 이내)를 첨부하거나, 인감증명을 갈음하여 『본인서명사실 확인 등에 관한 법률』에 따라 발급된 본인서명사실확인서를 첨부할 수 있습니다.

⑤ 주민등록표등(초)본

　　등기의무자 및 등기권리자의 주민등록표등본 또는 초본(각, 발행일로부터 3월 이내)을 첨부합니다.

< 대한민국법원 인터넷등기소, 금융기관 등 >

등기신청수수료

　　대한민국법원 인터넷등기소(http://www.iros.go.kr/PMainJ.jsp)를 이용하여 전자적인 방법(신용카드, 계좌이체, 선불형지급수단)으로 납부하고 출력한 등기신청수수료 영수필확인서를 첨부하거나, 법원행정처장이 지정하는 수납금융기관 또는 신청수수료 납부기능이 있는 무인발급기에 현금으로 납부한 후 발급받은 등기신청수수료 영수필확인서를 첨부합니다.

< 등기과 · 소 >

법인등기사항전부(일부)증명서

　　신청인이 법인인 경우에는 법인등기사항전부증명서 또는 법인등기사항일부증명서(각, 발행일로부터 3월 이내)를 첨부합니다.

< 기　　타 >

① 신청인이 재외국민이나 외국인 또는 법인 아닌 사단 또는 재단인 경우에는 신청서의 기재사항과 첨부서면이 다르거나 추가될 수 있으므로, "대법원 종합법률정보(http://glaw.scourt.go.kr)"의 규칙/예규/선례에서『외국인 및 재외국민의 국내 부동산 처분 등에 따른 등기신청절차, 등기예규 제1393호』및『법인 아닌 사단의 등기신청에 관한 업무처리지침, 등기예규 제1435호』등을 참고하시고, 기타 궁금한 사항은 변호사, 법무사 등 등기와 관련된 전문가나 등기과·소의 민원담당자에게 문의하시기 바랍니다.

② 제3자의 허가, 동의, 또는 승낙을 증명하는 서면 등, 즉 부동산이 농지인 경우에는 농지취득자격증명(시, 읍, 면사무소 발급), 토지거래허가구역인 경우에는 토지거래허가증(시, 군, 구청 발급) 등을 첨부하여야 합니다.

■ 등기신청서류 편철순서

신청서, 취득세(등록면허세)영수필확인서, 등기신청수수료 영수필확인서, 위임장, 인감증명서 또는 본인서명사실확인서, 주민등록표등(초)본, 토지·건축물대장등본, 매매계약서, 부동산거래계약신고필증, 매매목록, 등기필증 등의 순으로 편철해 주시면 업무처리에 편리합니다.

(등기선례)

■ 사해행위를 원인으로 가등기 및 본등기의 말소를 명하는 판결을 받았으나 일부 지분에 대하여 가압류등기가 경료된 경우

【선례요지】 갑 명의의 부동산에 대하여 을 등 수인 명의의 가등기 및 그 가등기에 기한 본등기가 경료된 후 을의 지분에 대하여 가압류등기가 경료되어 있는 상태에서, 병이 을 등 수인 전부를 상대로 사해행위로 인한 가등기 및 본등기 말소를 명하는 판결을 받아 그 판결에 의한 등기를 신청(이때 병은 갑을 대위하여 위 말소등기를 신청하여야 함)하기 위하여는, 신청서에 가압류채권자의 승낙서 또는 이에 대항할 수 있는 재판의 등본을 첨부하여야 할 것이며, 이를 첨부할 수 없을 경우에는 을의 지분을 제외한 나머지 권리자들의 지분만에 대하여 가등기 및 본등기의 말소를 신청할 수 있다.

〔1999. 3. 17. 등기 3402-288 질의회답〕

《해 설》

1. 채무자가 채권자를 해함을 알고 재산권을 목적으로 한 법률행위를 한 때에는 채권자는 그 취소 및 원상회복을 법원에 청구할 수 있는바(민법 제406조), 이를 채권자취소권 또는 사해행위취소권이라고 한다. 이는 채무자의 일반재산이 채무자의 법률행위에 의하여 부당하게 감소됨으로써 채무자의 변제자력이 부족하게 되는 경우에, 채권자가 일정한 요건하에서 그 법률행위를 취소하고 채무자로부터 이탈한 재산을 회복할 수 있는 권리이다.

사해행위취소의 법적 성질과 관련하여 판례(대법원 1967. 12. 26. 선고 67다 1839 판결, 대법원 1984. 11. 24.자 84마610 결정 등) 및 통설은 상대적 효력설을 취하고 있다. 이 견해에 의하면 사해행위취소권은 사해해위의 취소와 일탈된 재산의 반환을 청구하는 권리로서, 소송의 상대방은 수익자 또는 전득자이고 채무자는 피고적격을 갖지 않으며, 판결의 효력은 원고와 수익자 또는 전득자 사이에만 미친다고 한다. 즉 채권자가 어느 특정인을 상대방으로 하여 법률행위의 효력을 소멸시키고, 이에 의하여 채무자의 재산을 원상으로 회복하는 경우에 그 이외의 관련자와의 관계에 있어서는 그 법률행위를 그대로 유효한 상태로 놓아두더라도 취소권행사에 아무런 영향을 주지 않는다는 것이다.

이 선례는 사해행위로 인한 소유권이전등기를 말소하라는 판결을 받았으나, 판결 전에 말소의 대상인 소유권이전등기에 대하여 이미 가압류등기가 경료되어 있는 경우에, 사해행위취소의 상대적 효력과 관련하여 채권자가 위 소유권이전등기에 대한 말소등기를 신청하기 위하여는 가압류채권자의 승낙서 또는 이에 대항할 수 있는 재판의 등본을 첨부하여야 하는지에 대한 것이다.

2. 말소등기에 있어서 등기상 이해관계 있는 제3자

1) 부동산등기법 제171조 일반적으로 등기의 말소를 신청하는 경우에 그 말소에 대하여 등기상 이해관계 있는 제3자가 있는 때에는 신청서에 그 승낙서 또는 이에 대항할 수 있는 재판의 등본을 첨부하여야 하고 이 경우 제3자의 등기는 등기관이 직권으로 말소한다(법 제171조, 제172조 제2항). 여기에서 등기상 이해관계 있는 제3자라 함은 등기부 기재의 형식으로 보아 등기의 말소로 인하여 손해를 받을 우려가 있다고 일반적으로 인정되는 제3자를 말한다. 따라서 실체상 정당한 권리자라 하여도 등기부에 나타나지 않는 자는 등기상 이해관계 있는 제3자에 해당하지 않으며, 실체상 아무런 손해를 보지 않는 자도 등기형식상 손해를 볼 우려가 있는 자(예컨대 소유권이전등기의 말소등기에 있어 그 말소할 소유권에 터 잡은 근저당권자, 등기된 임차권자 등)는 여기에서 말하는 등기상 이해관계 있는 제3자에 해당한다.

따라서 사안과 같은 소유권이전등기의 말소등기에 있어 가압류채권자도 등기상 이해관계 있는 제3자에 해당하며, 우리 등기선례(1984. 9. 13. 등기 제391호)나 일본의 등기선례(소화 30. 12. 20. 민사갑2693호)도 이와 같은 취지이다. 한편 이에 관하여 직접 언급한 판례는 찾아볼 수 없으나, 대법원 1998. 11. 27. 선고 97다41103 판결은 "원인무효인 소유권이전등기 명의인을 채무자로 한 가압류등기와 그에 터 잡은 경매신청기입등기가 경료된 경우, 그 부동산의 소유자는 원인무효인 소유권이전등기의 말소를 위하여 이해관계에 있는 제3자인 가압류채권자를 상대로 하여 원인무효 등기의 말소에 대한 승낙을 청구할 수 있고"라고 하여 가압류채권자를 소유권말소등기에 대하여 등기상 이해관계 있는 제3자에 해당하는 것으로 보고 있다.

(2) 등기연속원칙과의 관계 부동산등기는 소유권보존등기를 출발점으로 하여 순차 소유권이전등기가 이루어지는 한편 각종 소유권에 대한 제한물권 또는 처분제한 등기는 이 소유권을 터 잡아 이루어지고, 제한물권에 대한 제한물권(예, 근저당권에 대한 질권)은 그 제한물권(근저당권)을 터 잡아 이루어지는 결과 결국 모든 등기는 소유권보존등기에 순차 연속적으로 연결되어 있다. 따라서 최종의 등기를 말소함이 없이 그 중간의 등기를 말소하면 위 연결이 끊어져 결국 근거가 없는 등기가 등기부상 남게 된다. 예컨대 갑, 을, 병 순차 소유권이전등기가 경료된 경우 병의 소유권이전등기를 말소함이 없이 을의 소유권이전등기를 말소하거나, 근저당권에 설정된 질권이 설정된 경우 질권설정등기를 말소함이 없이 근저당권을 말소하는 경우 위 병 명의의 소유권이전등기 또는 질권설정등기는 각 근거가 없는 등기로서 이러한 등기는 현행 부동산등기법 체계상 인정되지 않는다. 또한 현재 등기전산화작업이 진행 중인 바, 등기전산은 위 등기간의 연결을 바탕으로 전산적 논리조작을 통하여 각종 초본을 발행하고 있으나, 위 연결이 끊어진 등기는 전산적으로 논리조작을 할 수 없어 전산이기를 보류하고 있다.

3. 사해행위취소의 상대적 효력의 문제

(1) 사해행위취소의 상대적 효력과 등기상 이해관계 있는 제3자인지 여부

위에서 본 바와 같이, 민법 제406조의 규정에 의한 사해행위취소의 효력은 상대적이어서 소송에 참가하지 않은 채무자에게 미치지 않고, 채무자와 수익자 사이의 법률관계에 아무런 영향이 없으며, 취소의 효과로서의 원상회복도 채권자와 수익자 또는 전득자와의 상대적 관계에서만 발생할 뿐이고, 채무자가 직접 권리를 취득하지도 않는다(대법원 1990. 10. 30. 선고 89다카35421 판결).

그러나 실체법상 사해행위취소의 효력이 수익자 또는 전득자의 가압류채권자에게 미치지 않는다는 점과 가압류채권자가 소유권이전등기의 말소에 관하여 등기상 이해관계

있는 제3자에 해당하는지 여부는 엄격히 구분하여야 한다. 즉 앞에서 살펴본 바와 같이 소유권이전등기의 말소에 관하여 등기상 이해관계 있는 제3자에 해당하는지 여부는, 실체법상 법률행위의 무효·취소의 효력이 제3자에게도 효력을 미치는지 여부가 아니라, 오로지 등기부 기재의 형식으로 보아 소유권이전등기의 말소로 인하여 손해를 받을 우려가 있는지 여부를 기준으로 하여 판단하여야 한다.

한편 법률행위의 무효 또는 취소의 효력이 제3자에게도 효력을 미치는 절대적 효력을 가지게 되어 제3자가 승낙의무를 부담하는 경우에도, 말소등기를 신청하는 경우에는 그 제3자가 "등기상 이해관계 있는 제3자"가 되어 신청서에 그 승낙서 또는 이에 대항할 수 있는 재판의 등본을 첨부하여야 한다. 즉 말소등기를 신청하는 경우에 "등기상 이해관계 있는 제3자"의 승낙서 등을 첨부하는 것은 등기절차법적인 관점에서 판단하는 것이지, 실체법적인 관점에서 고려하는 것이 아닌 것이다.

그렇다면 하물며 법률행위의 무효 또는 취소의 효력이 제3자에게도 효력을 미치는 절대적 효력을 가지게 되어 제3자가 승낙의무를 부담하는 경우에도 그러한 제3자가 등기의 형식상 손해를 입을 염려가 있다고 인정되는 한 제3자의 승낙서 등을 첨부하여야 하는데, 법률행위의 무효 또는 취소의 효력이 제3자에게 효력을 미치지 않는 상대적 효력을 가지게 되어 제3자가 승낙의무를 부담하지 않는 경우에는 더더욱 제3자의 승낙이 없이는 말소등기를 할 수 없다고 하여야 할 것이다.

결론적으로 실체법상 사해행위취소의 효력이 수익자 또는 전득자의 가압류채권자에게 미치지 않는다고 하여 가압류채권자가 소유권이전등기의 말소에 관하여 등기상 이해관계 있는 제3자에 해당하지 않는다고 할 수는 없는 것이다.

(2) 사해행위취소의 원상회복의 방법 앞에서 본 바와 같이 말소대상인 소유권이전등기 이후에 그 말소에 대하여 등기상 이해관계 있는 제3자의 등기가 있는 때에는, 등기상 이해관계 있는 제3자의 승낙서 등이 없는 한 사해행위취소로 인한 소유권말소등기는 신청할 수 없다. 그렇다면 질의인이 주장하는 바와 같이 말소대상인 소유권이전등기 이후에 그 말소에 대하여 등기상 이해관계 있는 제3자의 등기가 있는 때에는 사해행위취소소송 자체를 제기할 실익이 없게 되어 사해행위취소의 소를 제기하지 않아야 하는가 하는 의문이 제기될 수 있다.

그러나 그러한 의문은 사해행위취소로 인한 원상회복의 방법으로는 무엇이 있는가 하는 문제와 등기상 이해관계 있는 제3자가 있는 경우에는 말소등기를 신청할 수 없는가 하는 문제를 혼동한 데에 기인한 것이라고 할 수 있다. 즉 사해행위취소로 인한 원상회복의 방법으로서 반드시 수익자 또는 전득자 명의의 등기의 말소만을 고집할 이유는 없고, 수익자 또는 전득자에서 채무자로의 소유권이전등기의 방법도 인정하여야 한다.1) 그리고 이는 판례도 인정하고 있는 방법이다. 즉 대법원 2000. 2. 25. 선고 99다53704 판결에 의하면, 사해행위취소소송에서 취소목적부동산의 등기명의를 수익자로부터 채무자 앞으로 복귀시키고자 하는 경우에, 그 등기의 말소를 구하는 외에 수익자를 상대로 채무자 앞으로 직접 소유권이전등기절차의 이행을 청구할 수 있다고 한다.

그러므로 말소대상인 소유권이전등기 이후에 그 말소에 대하여 등기상 이해관계 있는 제3자의 등기가 있는 때에는 사해행위취소로 인한 원상회복의 방법으로서 소유권말소등기는 불가능하므로, 수익자로부터 채무자 명의로의 소유권이전등기를 신청하여야 한다.

결론적으로 등기상 이해관계 있는 제3자의 승낙서 등이 없이도 말소등기를할 수 있는가 하는 문제는, 사해행위취소로 인한 원상회복의 방법으로서 말소등기만을 고집하여야 하는가 하는 문제와 그 차원을 서로 달리한다.

　따라서 말소대상인 소유권이전등기 이후에 그 말소에 대하여 등기상 이해관계 있는 제3자의 등기가 있는 경우에 소유권이전등기의 말소를 신청하는 때에는, 등기상 이해관계 있는 제3자의 승낙서 등을 첨부하여야 한다.

4. 사안의 검토　사해행위취소소송에서 소유권이전등기의 말소를 명하는 확정판결을 받았으나 그 말소대상인 소유권이전등기에 터 잡아 경료된 가압류등기가 있는 경우, 그 소유권이전등기의 말소신청과 관련하여 위 가압류등기는 말소할 권리를 목적으로 하는 제3자의 권리에 관한 등기에 해당하므로(법 제172조 제2항 참조), 위 가압류채권자는 그 소유권이전등기의 말소에 관하여 등기상 이해관계 있는 제3자라고 할 것이고, 따라서 그 소유권이전등기의 말소를 신청하기 위해서는 위 가압류채권자의 승낙서 또는 가압류채권자에게 대항할 수 있는 재판의 등본을 첨부하여야 한다(법 제171조).

　그리하여 소유권말소판결의 원고가 가압류채권자의 승낙서 또는 가압류채권자에게 대항할 수 있는 재판의 등본을 첨부하여 소유권이전등기의 말소를 신청한 경우에 등기관은 그 소유권이전등기를 말소함과 동시에 위 가압류등기를 직권으로 말소하게 되는바(법 제172조 제2항), 위와 같은 경우에 가압류등기는 말소하지 않고 그대로 둔 채 소유권이전등기만 말소할 수는 없다.

■ **가등기에 기한 본등기로 소유권 잃은 경우 유치권을 취득하나요?**

Q. 가등기가 되어 있는 부동산 소유권을 이전받은 자인 甲이 그 부동산에 필요비나 유익비를 지출하였는데 후에 가등기에 기한 본등기로 인해 乙이 본등기 명의자가 되었고, 그 특별승계인 丙이 현재 소유자 입니다. 이때 甲은 유치권을 취득하나요?

A. 가등기가 되어 있는 부동산 소유권을 이전받은 甲이 그 부동산에 대하여 필요비나 유익비를 지출한 것은 가등기에 의한 본등기가 경유됨으로써 가등기 이후의 저촉되는 등기라 하여 직권으로 말소를 당한 소유권이전등기의 명의자 甲과 본등기 명의자인 乙 내지 그 특별승계인인 丙과의 법률관계는 결과적으로 타인의 물건에 대하여 甲이 그 점유기간내에 비용을 투입한 것이 된다고 보는 것이 상당합니다(대법원 1976. 10. 26. 선고 76다2079 판결).

따라서, 사안의 경우 甲은 乙은 물론 丙에게 유치권을 주장할 수 있습니다.

■ **청산금을 지급한 후 가등기에 기한 본등기를 경료하려고 할 경우에 본등기를 청구할 수 있는가요?**

Q. 甲은 乙로부터 1억원을 변제기는 1연 후, 이자는 연 5%로 하여 차용하면서 채무의 담보를 위하여 乙 앞으로 시가 1억 5천만원의 A부동산에 관하여 소유권이전청구권보전의 가등기를 경료하여 주었습니다. 변제기가 도래하기 전에 甲은 A부동산을 丙에게 매도하고 소유권이전등기를 경료하여 주었습니다. 변제기가 도래하였음에도 甲이 채무 원리금을 변제하지 못하자 乙은 甲에게 가등기담보 등에 관한 법률에서 정한 청산절차에 따라 청산금 평가액을 통지하고 甲에게 청산금을 지급한 후 가등기에 기한 본등기를 경료하려고 합니다. 乙은 본등기를 청구할 수 있는가요?

A. 가등기담보 등에 관한 법률 소정의 청산통지를 받을 자의 범위에 관하여 대법원 판례는, "가등기담보 등에 관한 법률에 의하면 가등기담보권자가 담보권실행을 위하여 담보목적 부동산의 소유권을 취득하기 위하여는 그 채권의 변제기 후에 소정의 청산금 평가액 또는 청산금이 없다고 하는 뜻

을 채무자 등에게 통지하여야 하고, 이때의 채무자 등에는 채무자와 물상보증인뿐만 아니라 담보가등기 후 소유권을 취득한 제3취득자가 포함되는 것이므로, 위 통지는 이들 모두에게 하여야 하는 것으로서 채무자 등의 전부 또는 일부에 대하여 통지를 하지 않으면 청산기간이 진행할 수 없게 되고, 따라서 가등기담보권자는 그 후 적절한 청산금을 지급하였다 하더라도 가등기에 기한 본등기를 청구할 수 없으며, 양도담보의 경우에는 그 소유권을 취득할 수 없다."고 판시하였습니다(대법원 1995. 4. 28. 선고 94다36162 판결). 그러므로 사안의 경우 乙이 A부동산의 제3취득자인 丙에게 청산금 평가액 통지를 하지 아니한 이상 청산기간은 진행되지 아니하고, 乙이 甲에게 적절한 청산금을 지급하였다 하더라도 가등기에 기한 본등기를 청구할 수 없을 것으로 보입니다.

(관련판례)

가등기담보등에관한법률이 시행되기 전에 채권자가 채권담보의 목적으로 부동산에 가등기를 경료하였다가 그 후 변제기까지 변제를 받지 못하게 되어 위 가등기에 기한 소유권이전의 본등기를 경료한 경우에는 당사자들 사이에 채무자가 변제기에 피담보채무를 변제하지 아니하면 채권채무관계는 소멸하고 부동산의 소유권이 확정적으로 채권자에게 귀속된다는 명시의 특약이 없는 한, 그 본등기도 채권담보의 목적으로 경료된 것으로서 정산절차를 예정하고 있는 이른바 '약한 의미의 양도담보'가 된 것으로 보아야 한다. (대법원 2005. 7. 15. 선고 판결)

■ 가등기에 기한 본등기가 사후에 실체적 법률관계에 부합하는 등기로서 유효한 등기가 될 수 있는지요?

Q. 甲은 乙로부터 1억원을 변제기는 1연 후, 이자는 연 5%로 하여 차용하면서 채무의 담보를 위하여 乙 앞으로 시가 1억 5천만원의 A부동산에 관하여 소유권이전청구권보전의 가등기를 경료하여 주었습니다. 변제기가 도래하였음에도 甲이 채무 원리금을 변제하지 못하자 乙은 가등기담보 등에 관한 법률에서 정한 청산절차를 거치지 않고 A부동산에 대하여 가등기에 기한 본등기를 경료하였습니다. 甲이 위 법에서 정한 청산절차를 거치지 않고 본등기를 경료한 것에 대하여 문제삼자, 乙은 위 법에서 정한 절차에 따라 청산금의 평가액을 甲에게 통지한 후 甲에게 정당한 청산금을 지급하였습니다. 이 경우 乙이 경료한 본등기는 유효한 것인가요?

A. 가등기담보 등에 관한 법률 제3조 , 제4조의 각 규정에 위반하여 경료된 가등기에 기한 본등기가 사후에 실체적 법률관계에 부합하는 등기로서 유효한 등기가 될 수 있는지 여부에 대하여 대법원 판례는, "가등기담보 등에 관한 법률 제3조 , 제4조의 각 규정에 비추어 볼 때 그 각 규정을 위반하여 담보 가등기에 기한 본등기가 이루어진 경우에는 그 본등기는 무효라고 할 것이고, 설령 그와 같은 본등기가 가등기권리자와 채무자 사이에 이루어진 특약에 의하여 이루어졌다고 할지라도 만일 그 특약이 채무자에게 불리한 것으로서 무효라고 한다면 그 본등기는 여전히 무효일 뿐, 이른바 약한 의미의 양도담보로서 담보의 목적 내에서는 유효하다고 할 것이 아니고, 다만 가등기권리자가 가등기담보 등에 관한 법률 제3조, 제4조에 정한 절차에 따라 청산금의 평가액을 채무자 등에게 통지한 후 채무자에게 정당한 청산금을 지급하거나 지급할 청산금이 없는 경우에는 채무자가 그 통지를 받은 날로부터 2월의 청산기간이 경과하면 위 무효인 본등기는 실체적 법률관계에 부합하는 유효한 등기가 될 수 있다."고 판시하였습니다(대법원 2002. 12. 10. 선고 2002다42001 판결). 사안의 경우, 乙이 당초 가등기담보 등에 관한 법률에서 정한 청산절차를 거치지 않고 본등기를 경료하였다고 하더라도 사후적으로 위 법에서 정한 절차에 따라 청산금의 평가액을 甲에게 통지한 후 甲에게 정당한 청산금을 지급하였다면 무효인 본등기는 실체적 법률관계에 부합하는 유효한 등기가 될 수 있다고 할 것입니다.

■ 다른 이유로 소유권이전 받은 후 가등기에 기초한 본등기이행청구 가능한지요?

Q. 甲은 처인 乙에게 주택 및 대지를 명의신탁한 후 乙의 사업상 발생되는 채무로 인하여 그 부동산에 압류 등의 조치가 발생되는 것에 대비하여 甲을 가등기권리자로 하는 소유권이전등기청구권보전을 위한 가등기를 해두었는데, 가등기 후 丙 · 丁이 그 부동산에 가압류를 하였고, 그로 인하여 乙과의 불화도 잦아져 그 부동산에 대하여 명의신탁해지로 인한 소유권이전등기를 甲에게로 하였습니다. 그러나 위 소유권이전등기가 가등기에 기초한 본등기로 행해진 것이 아니고 별도의 등기가 행해짐으로 인하여 그 소유권이전등기는 丙 · 丁의 가압류 이후에 행해진 것으로서 丙 · 丁에게

대항할 수 없게 되었습니다. 이 경우 甲이 다시 가압류보다 선순위인 위 가등기에 기초한 본등기를 할 수는 없는지요?

A. 가등기에 의한 본등기의 순위에 관하여 부동산등기법에서 가등기에 의한 본등기를 한 경우 본등기의 순위는 가등기의 순위에 따른다고 규정하고 있으며(부동산등기법 제91조), 가등기에 의하여 보전되는 권리를 침해하는 가등기 이후 등기의 직권말소에 관하여, 등기관은 가등기에 의한 본등기를 하였을 때에는 대법원규칙으로 정하는 바에 따라 가등기 이후에 된 등기로서 가등기에 의하여 보전되는 권리를 침해하는 등기를 직권으로 말소하여야 하고(부동산등기법 제92조 제1항), 등기관이 제1항에 따라 가등기 이후의 등기를 말소하였을 때에는 지체 없이 그 사실을 말소된 권리의 등기명의인에게 통지하여야 한다고 규정하고 있습니다(부동산등기법 제92조 제2항). 그리고 혼동(混同)으로 인한 물권의 소멸에 관하여 민법에서 동일한 물건에 대한 소유권과 다른 물권이 동일한 사람에게 귀속한 때에는 다른 물권은 소멸하지만, 그 물권이 제3자의 권리의 목적이 된 때에는 소멸하지 아니한다고 규정하고 있으며(민법 제191조 제1항), 혼동의 요건과 효과에 관하여, 채권과 채무가 동일한 주체에 귀속한 때에는 채권은 소멸하나, 그 채권이 제3자의 권리의 목적인 때에는 그러하지 아니하다고 규정하고 있습니다(민법 제507조).

그런데 명의신탁자가 장차 소유권이전등기청구권보전을 위한 가등기를 마친 후 가등기와는 상관없이 소유권이전등기를 넘겨받은 경우, 가등기에 기초한 본등기청구권이 혼동으로 소멸되는지 판례를 보면, 채권은 채권과 채무가 동일한 주체에 귀속한 때에 한하여 혼동으로 소멸하는 것이 원칙이므로, 어느 특정의 물건에 관한 채권을 가지는 자가 그 물건의 소유자가 되었다는 사정만으로는 채권과 채무가 동일한 주체에 귀속한 경우에 해당한다고 할 수 없어 그 물건에 관한 채권이 혼동으로 소멸하는 것은 아닌데, 토지를 명의수탁자에게 명의신탁하고 장차의 소유권이전청구권보전을 위하여 자신의 명의로 가등기를 마친 명의신탁자가 명의수탁자에 대하여 가지는 가등기에 기초한 본등기청구권은 채권으로서, 명의신탁자가 명의수탁자를 상속하거나 명의수탁자의 가등기에 기초한 본등기절차이행의무를 인수하지 아니하는 이상, 명의신탁자가 가등기에 기초한 본등기절차에 의하지 아니하고 명의수탁자로부터 별도의 소유권이전등기를 받았다고 하여 혼동의 법리에 의하여 명의신탁자의 가등기에 기초한 본등기청구권이 소멸하는 것은 아니라고 하였으며, 부동산에 관한 소유권이전청구권보전을 위한 가등기 이후에 다른 가압류등기가 행해졌다면, 그 가등기에 기초한 본등기절차에 의하지 아니하고 별도로 가등기권자명의의 소유권이전등기가 되었다고 하여 가등기권리자와 의무자 사이의 가등기약정상 채무의 본래취지에 따른 이행이 종료되었다고 할 수는 없으니, 특별한 사정이 없는 한, 가등기권자는 가등기의무자에 대하여 그 가등기에 기초한 본등기절차이행을 청구할 수도 있다고 하였습니다(대법원 1995. 12. 26. 선고 95다29888 판결).

따라서 위 사안에 있어서도 丙·丁의 가압류가 있는 경우에는 甲이 위 부동산의 소유권이전등기를 받았다고 하여도 위 가등기가 혼동으로 소멸되었다고 할 수는 없을 것이며, 甲은 가등기에 기초한 본등기절차이행청구를 할 수 있을 것으로 보입니다. 그리고 가등기에 기초한 본등기가 행해지면 가등기 이후의 丙·丁의 가압류 및 甲의 소유권이전등기가 모두 직권말소될 것으로 보입니다.

참고로 위와 같이 가등기권자가 별도의 소유권이전등기를 이전받았더라도, 가등기 이후에 가등기된 목적물에 관하여 제3자 앞으로 처분제한등기가 되어 있거나 중간처분등기가 되어 있지 않고 가등기와 소유권이전등기의 등기원인도 실질상 동일하다면, 가등기의 원인이 된 가등기의무자의 소유권이전등기의무는 그 내용에 좇은 의무이행이 완료되었다 할 것이어서 가등기에 의하여 보전될 소유권이전등기청구권은 소멸되었다고 보아야 하므로, 가등기권자는 가등기의무자에 대하여 더 이상 그 가등기에 기한 본등기절차이행을 청구할 수 없는 것입니다(대법원 2007. 2. 22. 선고 2004다59546 판결).

■ **공동가등기권리자 중 1인만이 자신의 지분에 관하여 가등기에 기한 본등기를 할 수 있는지요?**

Q. 甲이 乙에게 돈을 대여하면서 담보 목적으로 乙 소유의 부동산 지분에 관하여 乙의 다른 채권자들과 공동명의로 매매예약을 체결하고 각자의 채권액 비율에 따라 지분을 특정하여 가등기를 마친 경우 甲이 단독으로 담보목적

물 자신의 지분에 에 관하여 가등기에 기한 본등기를 신청할 수 있는지요?

A. 종전 판례에 의하면 매매예약 완결권의 의사표시는 보전행위가 아니고 처분행위이며(대판 1985. 5. 28. 84다카2188), 매매예약완결권행사는 불가분채권이므로 복수의 가등기권자 전원이 불가분적으로 행사하여야 하기 때문에 가등기에 기한 본등기절차의 이행을 구하는 소의 제기 등은 반드시 그 복수채권자 전원이 하여야 되는 필요적 공동소송이어야 하며(대판 1987. 5. 26. 85다카2203), 그 결과로 가등기명의인과 본등기명의인은 일치해야 한다는 입장이므로(대판 1984. 6. 12. 83다카2280) 공동가등기권자 수인 중 1인만이 예약완결권 의사표시를 할 수 없었습니다.

하지만 판례가 변경되어 수인의 채권자가 공동으로 매매예약완결권을 가지는 관계인지 아니면 채권자 각자의 지분별로 별개의 독립적인 매매예약완결권을 가지는 관계인지는 매매예약의 내용에 따라야 하고, 매매예약에서 그러한 내용을 명시적으로 정하지 않은 경우에는 수인의 채권자가 공동으로 매매예약을 체결하게 된 동기 및 경위, 매매예약에 의하여 달성하려는 담보의 목적, 담보 관련 권리를 공동 행사하려는 의사의 유무, 채권자별 구체적인 지분권의 표시 여부 및 지분권의 비율과 피담보채권 비율의 일치 여부, 가등기담보권 설정의 관행 등을 종합적으로 고려하여 판단하여야 한다고 하였습니다.(대판 2012. 2. 16. 2010다82530 전원합의체)

따라서 위 사안의 경우 甲은 독립적인 매매예약완결권을 가지므로 단독으로 자신의 지분에 관하여 가등기담보 등에 관한 법률이 정한 청산절차를 이행한 후 소유권이전의 본등기절차이행청구를 할 수 있다고 할 것입니다.

제3절 소유권이전청구권 가등기의 말소등기

1. 소유권 이전청구권 가등기 말소등기의 개념

소유권 이전청구권 가등기 말소등기란 매매예약으로 인한 가등기를 한 경우 매매예약이 해제, 취소되거나 착오 등의 사유가 있을 경우 그 가등기를 말소하기 위해 하는 등기를 말합니다.

2. 소유권 이전청구권 가등기 말소등기의 원인

소유권 이전청구권 가등기는 다음과 같은 원인이 발생하면 말소등기를 해야 합니다.
- 혼동(민법 제191조제1항)
- 당사자 간의 합의해제(민법 제543조)
- 당사자 간의 약정소멸사유 발생(부동산등기법 제54조)
- 선순위의 담보권이나 가압류가 있는 상태에서 경매 등으로 목적부동산이 매각된 경우

3. 소유권 이전청구권 가등기 말소등기의 신청인

① 소유권 이전청구권 가등기 말소등기 시 등기권리자와 등기의무자는 다음과 같습니다.
  - 등기의무자: 가등기권자
  - 등기권리자: 가등기의무자, 가등기 후 소유권을 취득한 제3취득자
② 등기신청방법
  - 신청인 또는 그 대리인이 등기소에 출석해 신청정보 및 첨부정보를 적은 서면을 제출하는 방법(부동산등기법 제24조제1항제1호 본문). 다만, 대리인이 변호사(법무법인·법무법인(유한) 및 법무조합 포함)나 법무사(법무사법인 및 법무사법인(유한) 포함)인 경우에는 대법원규칙으로 정하는 사무원을 등기소에 출석하게 해 서면을 제출할 수 있습니다[부동산등기법 제24조제1항제1호 단서].
  - 전산정보처리조직을 이용해 신청정보 및 첨부정보를 보내는 방법(법원행정처장이

지정하는 등기유형으로 한정)[부동산등기법 제24조제1항제2호]

4. 소유권 이전청구권 가등기 말소등기 신청 시 제출서류

4-1. 시·군·구청을 통해 준비해야 하는 서류

① 등기의무자(가등기권자)의 인감증명서

② 등록면허세납부고지서(지방교육세 포함)

   ㉮ 등록면허세란 재산권과 그 밖의 권리의 설정·변경 또는 소멸에 관한 사항을 공부에 등기하거나 등록할 때 납부하는 세금을 말합니다(지방세법 제23조제1호).

     - 소유권 이전청구권 가등기 말소등기 시 등록면허세: 등기대상 1건 당 6,000원((지방세법 제28조제1항제1호마목)

   ㉯ 지방교육세란 지방교육의 질적 향상에 필요한 지방교육재정의 확충에 소요되는 재원을 확보하기 위해 「지방세법」에 따른 등록면허세의 납부의무자에게 함께 부과되는 세금을 말합니다(지방세법 제149조 및 제150조제1호).

     - 지방교육세: 등록면허세액 × 20%(지방세법 제151조제1항제2호)

   ㉰ 등록면허세를 납부하는 경우에는 농어촌특별세(조세특례제한법·관세법·지방세법 및 지방세특례제한법에 따라 감면받은 경우 제외)를 내지 않아도 됩니다.

   ㉱ 시, 군, 구청 세무과를 방문해 등록면허세납부고지서를 발부받고 세금을 은행에서 납부하면 됩니다.

4-2. 은행을 통해 준비해야 할 서류

① 등록면허세영수필확인서

   시·군·구청 세무과에서 등록면허세납부고지서를 발부받아온 후 은행에서 등록면허세 및 지방교육세를 지불하면 등록면허세영수필확인서를 받을 수 있습니다.

② 국민주택채권의 매입 불필요

   소유권 이전청구권 가등기 말소등기는 부동산보존등기, 이전등기, 저당권 설정등기 및 이전등기가 아니므로 국민주택채권을 매입하지 않아도 됩니다.

③ 대법원등기 수입증지의 구입(등기신청 수수료)

   - 등기를 하려는 사람은 수수료를 내야 합니다.

- 대법원등기 수입증지를 은행이나 등기소에서 매입을 해 이를 신청서에 붙이면 등기신청 수수료를 낸 것이 됩니다.
- 대법원등기 수입증지는 등기소나 등기소 주변의 은행(농협, 우체국, 신한은행 등)에서 구입하실 수 있습니다.
- 소유권 이전청구권 가등기 말소등기 한 건당 대법원등기 수입증지
  1) 서면방문신청: 3,000원
  2) 전자표준양식신청(e-form양식으로 작성한 후 등기소 방문신청): 2,000원
  3) 전자신청: 1,000원
- 등기신청수수료의 납부는 그 수수료 상당액을 전자적 방법으로 납부하거나, 법원행정처장이 지정하는 금융기관에 현금으로 납부한 후 이를 증명하는 서면을 등기신청서에 첨부하여 제출하는 방법으로 합니다(등기사항증명서 등 수수료규칙 제6조제3항).

4-3. 가등기 말소 관련 서류

① 해제증서(해제의 경우에 한함)

※ 판결에 의한 경우 첨부서류

- 판결에 의한 등기 신청의 경우에는 판결정본과 그 판결이 확정되었음을 증명하는 확정증명서를 첨부해야 합니다.
- 조정에 갈음하는 결정정본 또는 화해권고결정정본을 첨부하는 경우에도 확정증명원을 첨부합니다.
- 조정조서, 화해조서 또는 인낙조서를 등기원인증서로 제출하는 경우에는 확정증명원을 첨부하지 않아도 됩니다.

② 위임장(해당자에 한함)

소유권 이전청구권 가등기 말소등기는 등기의무자와 등기권리자가 공동으로 신청하거나 등기의무자 또는 등기권리자가 상대방으로부터 위임장을 받아 혼자 등기소를 방문해서 신청할 수 있습니다.

③ 등기필정보 또는 등기필정보통지서

㉮ 매도인인 등기의무자가 등기권리자로서 소유권에 관한 등기를 한 후 등기소로부터 받아서 가지고 있던 등기필정보를 등기소에 제공해야 합니다(부동산등기법

제50조제2항).

ⓑ 등기필정보의 제공방법

　- 방문신청의 경우 : 등기필정보를 적은 서면(등기필정보통지서)를 교부하는 방법. 다만, 신청인이 등기신청서와 함께 등기필정보통지서 송부용 우편봉투를 제출한 경우에는 등기필정보통지서를 우편으로 송부합니다(부동산등기규칙 제107조제1항제1호).

　- 전자신청의 경우 : 전산정보처리조직을 이용하여 송신하는 방법(부동산등기규칙 제107조제1항제2호)

5. 소유권 이전청구권 가등기 말소등기 신청서 작성

5-1. 신청서 및 첨부서류

신청서, 등록면허세영수필확인서, 등기 수입증지, 위임장, 인감증명서, 해제증서 등의 순으로 준비합니다.

5-2. 신청서 양식

[서식 예] 소유권 이전청구권 가등기 말소등기 신청서

			가등기말소등기신청	

접 수	년 월 일	처 리 인	등기관 확인	각종 통지
	제 호			

부동산의 표시
1. 서울특별시 서초구 서초동 100 　　　대 300m² 2. 서울특별시 서초구 서초동 100 　　[도로명주소] 서울특별시 서초구 서초대로 88길 10 　　시멘트 벽돌조 슬래브지붕 2층 주택 　　　　1층 100m² 　　　　2층 100m² 　　　　　　　이　　　　　　　　상

등기원인과 그 연월일	2014년 1월 2일 해제
등 기 의 목 적	소유권이전 청구권 가등기말소
말 소 할 등 기	2008년 8월 1일 접수 제12345호로 경료한 소유권이전청구권 가등기

구분	성 명 (상호·명칭)	주민등록번호 (등기용등록번호)	주 소 (소 재 지)	지 분 (개인별)
등기 의무자	이 대 백	XXXXXX-XXXXXXX	서울특별시 서초구 서초 대로 88길 20 (서초동)	
등기 권리자	김 갑 동	XXXXXX-XXXXXXX	서울특별시 중구 다동길 96 (다동)	

등 록 면 허 세	금	12,000	원
지 방 교 육 세	금	2,400	원
세 액 합 계	금	14,400	원

등 기 신 청 수 수 료	금	6,000	원
	납부번호 : ○○-○○-○○○○○○○○-○		
	일괄납부 : 건 원		

등기의무자의 등기필정보

부동산고유번호	1102-2006-002095	
성명(명칭)	일련번호	비밀번호
이대백	Q77C-L07I-35J5	40-4636

첨 부 서 면

·해제증서	1통	·등기필증	1통
·등록면허세영수필확인서	1통	·인감증명서 또는 본인서명사실 확인서	1통
·등기신청수수료 영수필확인서	1통	<기타>	

2014년 1월 2일

위 신청인   이   대   백   ㉑   (전화 : 200-7766)
              긴   갑   동   ㉑   (전화 : 300-7766)

(또는)위 대리인   (전화 :   )

서울중앙 지방법원   등기국 귀중

- 신청서 작성요령 -
1. 부동산표시란에 2개 이상의 부동산을 기재하는 경우에는 부동산의 일련번호를 기재하
   여야 합니다.
2. 신청인란등 해당란에 기재할 여백이 없을 경우에는 별지를 이용합니다.
3. 담당 등기관이 판단하여 위의 첨부서면 외에 추가적인 서면을 요구할 수 있습니다.

■ 채권담보의 목적으로 경료된 소유권이전등기의 가등기의 말소 청구는 정당한가요?

Q. 甲은 乙로부터 1억원을 변제기는 1년 후, 이자는 연 5%로 하여 차용하면서 채무의 담보를 위하여 乙 앞으로 시가 1억 5천만원의 A부동산에 관하여 소유권이전청구권보전의 가등기를 경료하여 주었습니다. 변제기가 도래하였음에도 甲이 채무 원리금을 변제하지 못하자 乙은 가등기담보 등에 관한 법률에서 정한 청산절차를 거쳐 A부동산에 대하여 가등기에 기한 본등기를 경료하려고 하였습니다. 그런데 甲이 乙로부터 청산금을 지급받기 전에 채무 원리금 전액을 乙에게 지급하고 채권담보의 목적으로 경료된 소유권이전등기의 가등기의 말소를 구하였습니다. 甲의 말소 청구는 정당한가요?

A. 가등기담보 등에 관한 법률 제11조에 의하면 채무자등은 청산금채권을 변제받을 때까지 그 채무액(반환할 때까지의 이자와 손해금을 포함한다)을 채권자에게 지급하고 그 채권담보의 목적으로 마친 소유권이전등기의 말소를 청구할 수 있습니다. 다만, 그 채무의 변제기가 지난 때부터 10년이 지나거나 선의의 제삼자가 소유권을 취득한 경우에는 그러하지 아니하다. 그러므로 사안의 경우 甲이 乙로부터 청산금을 지급받기 전에 甲이 乙에게 채무 원리금을 지급하고, 채무의 변제기가 지난 때부터 10년이 지나지 아니하였으며 선의의 제삼자가 A부동산에 대한 소유권을 취득한 경우가 아닌 한 甲은 A부동산에 대하여 경료된 乙의 소유권이전청구권보전의 가등기의 말소를 청구할 수 있을 것으로 보입니다.

■ 채무 원리금을 모두 변제하였다면 부동산에 대한 소유권이전등기의 말소를 청구할 수 있는가요?

Q. 甲은 乙로부터 1억원을 변제기는 1년 후, 이자는 연 5%로 하여 차용하면서 채무의 담보를 위하여 실제로는 자신의 소유이나 丙 명의로 신탁하여 소유권이전등기를 마친 A부동산에 관하여 소유권이전청구권 보전의 가등기 및 이에 기한 소유권이전등기를 마쳐주었습니다. 변제기가 도래한 직후 甲이 채무 원리금을 모두 변제하였다면 乙에 대하여 A부동산에 대한 소유권이전등기의 말소를 청구할 수 있는가요?

A. 명의신탁자가 신탁부동산에 관하여 채무의 담보를 위하여 채권자 앞으로 소
   유권이전등기 등을 경료하여 준 경우 피담보채무의 변제 이후에 그 등기의
   말소를 청구할 수 있는지 여부에 관하여 대법원 판례는, "채무자가 제3자명의
   로 신탁하여 소유권등기를 마친 부동산을 채권자에게 담보로 제공하고 채권
   자 명의로 가등기 및 이에 기한 소유권이전등기를 마쳤다가 그 피담보채무를
   모두 변제함으로써 담보권이 소멸된 경우에, 채무자는 명의수탁자를 대위하여
   위 부동산의 소유권에 터잡은 말소등기청구권을 행사할 수 있음은 물론, 담보
   설정계약의 당사자로서 담보권 소멸에 따른 원상회복으로 담보권자에게 담보
   물의 반환을 구할 수 있는 계약상 권리가 있으므로 이러한 계약상 권리에 터
   잡아 채권자에게 위 가등기등 담보권등기의 말소를 청구할 수 있다."고 판시
   하였습니다(대법원 1988. 9. 13. 선고 86다카1332 판결). 그러므로 사안의 경
   우 甲은 명의수탁자 丙을 대위하여 A부동산의 소유권에 터잡은 말소등기청구
   권을 乙에 대하여 행사할 수 있음은 물론, 담보설정계약의 당사자로서 담보권
   소멸에 따른 원상회복으로서 담보권자 乙에게 담보물의 반환을 구할 수 있는
   계약상 권리가 있으므로 이러한 계약상 권리에 터잡아 乙에게 A부동산에 대
   한 소유권이전등기의 말소를 청구할 수 있을 것으로 보입니다.

[서식 예] 부동산압류등기 말소절차 이행청구의 소(가등기후 압류된 경우)

소   장

원   고   ○○○ (주민등록번호)

　　　　　○○시 ○○구 ○○로 ○○(우편번호 ○○○-○○○)

　　　　　전화·휴대폰번호:

　　　　　팩스번호, 전자우편(e-mail)주소:

피   고   ◇◇시 ◇◇구

　　　　　◇◇시 ◇◇구 ◇◇로 ◇◇(우편번호 ○○○-○○○)

　　　　　대표자 구청장 ◆◆◆

　　　　　전화·휴대폰번호:

　　　　　팩스번호, 전자우편(e-mail)주소:

부동산압류등기말소절차이행청구의 소

청 구 취 지

1. 피고는 원고에게 별지목록 기재의 부동산에 관하여 ○○지방법원 ○○등기소 20○○.
   ○. ○. 접수 제○○○○호로 마쳐진 부동산압류등기의 말소등기절차를 이행하라.
2. 소송비용은 피고의 부담으로 한다.
라는 판결을 구합니다.

청 구 원 인

1. 원고는 20○○. ○. ○. 소외 ⊙◉⊙로부터 그의 소유인 별지목록 기재의 토지를 매수
   하기로 하고 매매대금 1억 5천만 원 가운데 계약금 및 중도금으로 금 1억 원을 지급
   하였습니다.
2. 또한, 별지목록 기재 토지의 지상에는 소외 ⊙◉⊙의 임차인 소외 ◆◆◆가 건축하여
   점유하고 있는 가건물이 있었으므로 소외 ⊙◉⊙가 그 가건물에서 소외 ◆◆◆를 퇴
   거시키고 위 가건물을 철거해줄 때 잔금 5천만 원을 지급하기로 하고, 별지목록 기재
   토지에는 원고를 가등기권리자로 하는 ○○지방법원 ○○등기소 20○○. ○. ○. 접
   수 제○○○호 소유권이전등기청구권가등기를 해두었습니다.
3. 그런데 그 뒤 소외 ⊙◉⊙의 지방세체납으로 인하여 별지목록 기재 토지에 대하여 피
   고가 ○○지방법원 ○○등기소 20○○. ○. ○. 접수 제○○○○호로 압류등기를 마
   쳤고, 그 뒤 원고는 위와 같은 잔금지급조건이 완성되어 별지목록 기재 토지에 대하여

가등기에 기한 소유권이전등기를 마쳤으나 피고가 마친 ○○지방법원 ○○등기소 20

○○. ○. ○. 접수 제○○○○호로 압류등기가 말소되지 않았습니다.

4. 그러므로 원고는 피고에 대하여 별지목록 기재의 부동산에 관하여 ○○지방법원 ○○

등기소 20○○. ○. ○. 접수 제○○○○호로 마쳐진 부동산압류등기의 말소를 구하

고자 이 사건 청구에 이른 것입니다.

입 증 방 법

　1. 갑 제1호증　　　　　　　　　　　부동산등기사항전부증명서

　1. 갑 제2호증　　　　　　　　　　　등기권리증

첨 부 서 류

　1. 위 입증방법　　　　　　　　　　각 1통

　1. 소장부본　　　　　　　　　　　　1통

　1. 송달료납부서　　　　　　　　　　1통

20○○.　○.　○.

위 원고　○○○　(서명 또는 날인)

○○지방법원　귀중

제10장

특수등기에는
어떤 종류가 있나요?

제10장 특수등기에는 어떤 종류가 있나요?

1. 강제경매와 관련된 등기

1-1. 강제경매 개시결정 등기

채권자가 채무자 소유 부동산의 환가를 위한 경매신청과 함께 채권을 증명하는 판결문과 같은 서류를 법원에 제출해 법원이 경매개시결정을 한 경우 법원이 등기소에 촉탁해 이루어지는 등기를 말합니다.

1-2. 강제경매 개시결정 말소등기

강제경매등기가 경매등기 전부터 또는 그 후에 어떠한 이유로 실체관계와 들어맞지 않게 된 경우 그 등기를 법률적으로 소멸시킬 목적으로 하는 등기를 말합니다.

1-3. 강제경매 경정등기

강제경매등기와 실체관계 사이의 불일치가 등기 전부터의 착오 또는 누락으로 인한 경우에 이를 시정할 목적으로 하는 등기를 말합니다.

1-4. 강제경매 변경등기

강제경매등기와 실체관계 사이의 불일치가 등기 후에 발생한 경우 이를 변경하는 등기를 말합니다.

1-5. 경락(競落)에 의한 소유권 이전등기

① 경매에서 최고가를 적어 낙찰 받은 사람은 그 매각 허가가 확정된 후 잔금을 납부하면 그때부터 소유자가 되고, 소유권 이전등기에 필요한 서류를 첨부하여 해당 경매 법원에 그 등기를 신청할 수 있습니다.

② 경락에 의한 소유권 이전등기는 해당 법원이 등기소에 촉탁해서 이루어집니다.

■ 강제경매에 의하여 제3자에게 소유권이전이 된 경우 위 가등기에 기한 본등기를 청구할 수 있는지요?

Q. 甲은 乙로부터 1억원을 변제기는 1년 후, 이자는 연 5%로 하여 차용하면서 채무의 담보를 위하여 乙 앞으로 시가 1억 5천만원의 A부동산에 관하여 소유권이전청구권보전의 가등기를 경료하여 주었습니다. 변제기가 도래하였음에도 甲이 채무 원리금을 변제하지 못하자 乙은 가등기담보 등에 관한 법률의 규정에 따른 청산절차를 거쳐 A부동산에 관하여 소유권이전의 본등기를 하려고 합니다. 그런데 乙이 청산절차를 진행하기 전에 A부동산에 대한 저당권자인 丙이 저당권에 기한 강제경매 신청을 하여 A부동산의 소유권이 丁에게 이전되었습니다. 이 경우 乙은 A부동산에 대한 가등기에 기한 본등기를 청구할 수 있는가요?

A. 가등기담보 등에 관한 법률의 규정에 따른 청산절차 진행 전에 신청된 강제경매에 의하여 제3자에게 소유권이전이 된 경우 가등기에 기한 본등기를 청구할 수 있는지 여부에 관하여 대법원 판례는, "가등기담보등에관한법률의 규정에 따른 청산절차 진행 전에 신청된 강제경매에 의하여 제3자에게 소유권이전이 된 이상 담보가등기 권자는 더 이상 위 가등기에 기한 본등기를 청구할 수 없다."고 판시한바 있습니다(대법원 1992. 2. 11. 선고 91다36932 판결). 그러므로 사안의 경우 乙이 청산절차를 진행하기 전에 신청된 강제경매에 의하여 丁에게 A부동산에 대한 소유권이 이전된 이상 담보가등기권자인 乙은 더 이상 위 가등기에 기한 본등기를 청구할 수 없을 것으로 보입니다.

■ 강제경매의 경우 관습상 법정지상권의 성립요건인 '토지와 지상 건물이 동일인에 속하였는지 여부'의 기준시점은 언제인가요?

Q. 丙은 乙 소유이던 토지 위에 건립되어 있던 건물에 丙명의로 소유권보존등기를 경료 하였고, 이 건물에 관하여 채권자를 위하여 가압류등기 및 강제경매개시결정이 각 경료 되었습니다. 저는 乙로부터 토지를 매수하여 소유권이전등기를 경료하고 丙으로부터 건물을 매수하여 소유권이전등기를

경료 하였으나, 이후 건물이 甲에게 매각되어 甲의 대금 완납 이후 甲 명의로 소유권이전등기가 경료 되었습니다. 이 경우 제가 건물에 대한 관습상 법정지상권을 취득하나요?

A. 토지와 건물이 동일한 소유자에게 속하였다가, 건물 또는 토지가 매매 기타 원인으로 인하여 양자의 소유자가 다르게 된 때, 당사자 사이에 그 건물을 철거하기로 하는 합의가 있었다는 등의 특별한 사정이 없으면, 건물 소유자는 토지소유자에 대하여 그 건물을 위한 관습법상 법정지상권을 취득하게 됩니다(대법원 1997. 1. 21. 선고 96다40080 판결).

강제경매의 목적이 된 토지 또는 그 지상 건물의 소유권이 강제경매로 인하여 그 절차상의 매수인에게 이전된 경우에 건물의 소유를 위한 관습상 법정지상권이 성립하는가 하는 문제에 있어서는 그 매수인이 소유권을 취득하는 매각대금의 완납시가 아니라 그 압류의 효력이 발생하는 때를 기준으로 하여 토지와 그 지상 건물이 동일인에 속하였는지 여부가 판단되어야 하는데, 이는 강제경매개시결정의 기입등기가 이루어져 압류의 효력이 발생한 후에 경매목적물의 소유권을 취득한 이른바 제3취득자는 그의 권리를 경매절차상의 매수인에게 대항하지 못하고, 나아가 그 명의로 경료된 소유권이전등기는 매수인이 인수하지 아니하는 부동산의 부담에 관한 기입에 해당하므로(민사집행법 제144조 제1항 제2호 참조) 그 매각대금이 완납되면 직권으로 그 말소가 촉탁되어야 하는 것이어서(대법원 2002. 8. 23. 선고 2000다29295 판결 등 참조), 결국 매각대금 완납 당시 소유자가 누구인지는 이 문제맥락에서 별다른 의미를 가질 수 없다는 점 등을 고려하여 보면 더욱 그러하다고 하고 있으며, 한편 강제경매개시결정 이전에 가압류가 있는 경우에는, 그 가압류가 강제경매개시결정으로 인하여 본압류로 이행되어 가압류집행이 본집행에 포섭됨으로써 당초부터 본집행이 있었던 것과 같은 효력이 있고, 따라서 경매의 목적이 된 부동산에 대하여 가압류가 있고 그것이 본압류로 이행되어 경매절차가 진행된 경우에는 애초 가압류가 효력을 발생하는 때를 기준으로 토지와 그 지상 건물이 동일인에 속하였는지 여부를 판단할 것이라고 하였습니다(대법원 2012. 10. 18. 선고 2010다52140 전원합의체 판결).

귀하의 경우 위 경매의 목적물인 이 사건 건물에 대하여는 이 사건 강제 경매개시결정 이전에 황산농업협동조합의 가압류가 있었고 그 후 그 가압류가 본압류로 이행하였으므로, 위 경매절차상의 매수인인 甲이 관습상 법정지상권을 취득하는지 하는 문제에 있어서 甲이 그 매각대금을 완납한 시점이 아니라 위 가압류가 효력을 발생한 시점을 기준으로 이 사건 토지와 그 지상의 이 사건 건물이 동일인에게 속하였는지를 판단하여야 할 것이며, 가압류의 효력 발생시 토지와 그 지상 건물의 소유자가 동일인이 아니었으므로 귀하에게는 건물의 소유를 위한 관습법상 법정지상권이 성립하지 않습니다.

2. 임의경매와 관련된 등기

2-1. 임의경매 개시결정 등기

저당권과 같은 담보권 실행을 위해 법원이 경매개시결정을 한 경우 촉탁으로 하는 등기를 말합니다.

2-2. 임의경매 개시결정 말소등기

임의경매등기에 대해 매각 등의 사유로 그 등기를 법률적으로 소멸시킬 목적으로 하는 등기를 말합니다.

2-3. 임의경매 경정등기

임의경매등기와 실체관계 사이의 불일치가 등기 전부터의 착오 또는 누락으로 인한 경우에 이를 시정할 목적으로 하는 등기를 말합니다.

2-4. 임의경매 변경등기

임의경매등기와 실체관계 사이의 불일치가 등기 후에 발생한 경우 이를 변경하는 등기를 말합니다.

■ 임의경매절차에서 등기부상의 기재를 믿고 부동산을 경락받아 점유한 경우, 경락인의 점유가 무과실의 점유에 해당하는지요?

Q. 제가 부동산에 대한 임의경매절차에서 등기부상의 기재를 신뢰하여 경매 목적 부동산이 등기명의인의 소유라고 믿고 그 부동산의 매수신고를 하여 경매법원으로부터 경락을 허가받아 부동산을 점유하게 된 경우에는, 무과실의 점유로 인정받을 수 있는지요?

A. 판례는 등기부취득시효의 요건으로서 점유자의 무과실에 관하여는 그 주장자에게 입증책임이 있으나, 등기부상 소유명의인과 매도인이 동일인인 경우에는 그를 소유자로 믿고 그 부동산을 매수한 자는 특별한 사정이 없는 한 과실 없는 점유자로 보아야 한다고 판시하고 있습니다(대법원 1995. 10. 12. 선고 95다22481 판결 , 1992. 2. 14. 선고 91다1172 판결 등 참조).

따라서, 부동산에 대한 임의경매절차에서 등기부상의 기재를 신뢰하여 경매 목적 부동산이 등기명의인의 소유라고 믿고 그 부동산의 매수신고를 하여 경매법원으로부터 경락을 허가받아 부동산을 점유하게 된 경우에는, 경락인이 그 부동산의 점유를 개시하게 된 데에는 과실이 없는 무과실의 점유로 인정받을 수 있습니다(대법원 1998. 1. 23. 선고 96다14326 판결).

3. 중간생략등기

3-1. 중간생략등기의 개념

① 중간생략등기란 부동산물권이 최초의 양도인으로부터 중간취득자에게, 중간취득자로부터 최종취득자에게 차례차례 이전되어야 함에도 그 중간취득자에의 등기를 생략하고 최초의 양도인으로부터 직접 최후의 취득자에게 이전하는 등기를 말합니다.

② 예컨대 A가 그의 소유 부동산을 B에게 매도하고, B는 자기 앞으로 이전등기를 하지 않은 채 그 부동산을 다시 C에게 매각한 경우 A로부터 직접 C에게 이전등기를 했다면, 이는 중간생략등기가 됩니다.

3-2. 중간생략등기에 대한 규제

① 부동산의 소유권을 이전받을 것을 내용으로 하는 계약을 체결한 자가 다음의 정해진 날 이후 그 부동산의 소유권을 다시 제3자에게 이전하는 계약이나 제3자에게 계약당사자의 지위를 이전하는 계약을 체결하고자 할 경우에는 그 제3자와 계약을 체결하기 전에 먼저 체결된 계약에 따라 소유권 이전등기를 신청해야 합니다(부동산등기 특별조치법 제2조제2항).

- 계약 당사자가 서로 대가적인 채무를 부담하는 경우 반대급부의 이행이 완료된 날
- 계약 당사자의 일방만이 채무를 부담하는 경우에는 그 계약의 효력이 발생한 날

② 부동산의 소유권 이전계약을 체결한 자가 위의 정해진 날 전에 그 부동산을 다시 제3자에게 이전하는 계약을 체결한 경우 다음의 기간 내에 먼저 체결된 계약에 따라 소유권 이전등기를 신청해야 합니다(부동산등기 특별조치법 제2조제3항).

- 먼저 체결된 계약의 반대급부의 이행이 완료된 날부터 60일 내
- 계약의 효력이 발생한 날부터 60일 내

③ 위반 시 제재

㉮ 다음의 목적으로 위 가. 또는 나.의 규정을 위반한 자에게는 3년 이하의 징역이나 1억원 이하의 벌금이 부과됩니다(부동산등기 특별조치법 제8조제1호).

- 조세부과를 면하려는 목적
- 다른 시점간의 가격변동에 따른 이득을 얻으려는 목적
- 소유권 등 권리변동을 규제하는 법령의 제한을 회피할 목적

㉯ 등기권리자가 상당한 사유 없이 부동산의 소유권 이전계약에 따른 등기 신청을 게을리하여 위 가. 또는 나.의 기한까지 하지 않은 경우에는 과태료가 부과됩니다(부동산등기 특별조치법 제11조제1항).

㉰ 다만, 등기권리자가 등기를 하도록 정해진 날로부터 3년 내에 소유권 이전등기를 신청하지 않은 경우 부동산 평가액의 100분의 30의 범위에서 과징금이 부과되는데, 이에 따라 과징금이 부과된 경우에는 과태료가 부과되지 않습니다(부동산 실권리자명의 등기에 관한 법률 제10조제1항).

3-3. 중간생략등기의 효력

3-3-1. 유효한 경우

① 중간생략등기는 조세포탈과 부동산투기 등을 방지하기 위해 「부동산특별조치법」으로 등기하지 않고 제3자에게 전매하는 행위를 일정 목적범위 내에서 형사처벌하도록 규정하고 있으나 이로써 순차 매도한 당사자 사이의 중간생략등기 합의에 관한 사법상 효력까지 무효로 한다는 취지는 아니므로 중간생략등기는 유효한 등기가 됩니다.

② 최종 양수인이 중간생략등기의 합의를 이유로 최초 양도인에게 직접 중간생략등기를 청구하기 위해서는 관계 당사자 전원의 의사합치가 필요하지만, 당사자 사이에 적법한 원인행위가 성립되어 일단 중간생략등기가 이루어졌다면 중간생략등기에 관한 합의가 없었다는 이유만으로는 중간생략등기가 무효라고 할 수는 없습니다.

③ 지방자치단체인 갑이 공동주택용지를 주택건설사업자 을에게 매도하고, 주택건설사업자 을이 자기 앞으로 이전등기를 함이 없이 집합건물을 신축해 분양한 후 위 토지에 대한 소유권 이전등기절차를 경료하지 않고 있어 분양자들이 대지사용권을 취득하지 못하고 있는 경우 갑으로부터 분양자들에게 직접 이전등기를 할 수 없습니다(부동산등기법 제60조제1항).

3-3-2. 무효인 경우

① 토지거래허가구역 내의 토지가 토지거래허가 없이 소유자인 최초 매도인으로부터 중간 매수인에게, 다시 중간 매수인으로부터 최종 매수인에게 순차로 매도되었다면 각 매매계약의 당사자는 각각의 매매계약에 관해 토지거래허가를 받아야 합니다.

② 설사 최종 매수인이 자신과 최초 매도인을 매매 당사자로 하는 토지거래허가를 받아 자신 앞으로 소유권 이전등기를 경료했다고 하더라도 중간 매수인이 토지거래허가를 받지 못했다면 이는 적법한 토지거래허가 없이 경료된 등기로서 무효입니다.

■ 중간생략등기청구의 요건은 무엇인지요?

Q. 甲과 乙 사이에 부동산 매매계약이 체결된 후 소유권 이전등기가 되기 전에 다시 乙이 丙과 매매계약을 체결하였습니다. 그러나 甲, 乙, 丙의 사이에 중간생략등기 합의가 있었던 것은 아닙니다. 이 경우 丙이 乙에게 직접 소유권이전등기 청구를 할 수 있을까요?

A. 위 사례와 같이 부동산물권이 최초의 양도인으로부터 중간취득자에게, 다시 중간취득자로부터 최후의 양수인에게 전전 이전되어야 할 경우에, 중간취득자 명의의 등기를 생략한 채 최초의 양도인으로부터 최후의 양수인에게 직접 행하여진 등기를 중간생략등기라고 합니다. 이와 관련하여, 대법원 판례는 위 관계당사자 전원의 의사합치가 있어야만 丙이 甲에게 직접 소유권이전등기를 청구할 수 있다고 보고 있습니다(대법원 2005. 9. 29. 선고 2003다40651 판결 등). 따라서, 甲, 乙, 丙 전원의 합의가 없다면, 乙의 동의가 있었더라도 丙은 甲을 상대로 직접 소유권이전등기를 청구할 수 없고, 乙을 대위하여 甲에 대하여 乙에게 소유권이전등기를 할 것을 청구할 수 있을 뿐입니다.

■ 이미 경료된 중간생략등기도 유효한 것인지요?

Q. 저는 채권자로 채무자 甲명의의 부동산에 근저당권을 설정하려던 중, 채무자 甲이 사망하였습니다. 상속인인 乙이 甲의 근저당권 설정의사를 알고 이를 설정해주는데 동의하여, 사망한 甲를 등기의무자로 한 근저당권설정등기를 하였는데, 이 등기도 유효한 것인지요?

A. 등기가 유효하려면 실질적으로 물권적 합의에 부합하여야 하고, 형식적으로는 부동산등기법이 정하는 절차상의 요건을 갖추어 적법하게 경료되어야 하나, 이 절차적 요건에 하자가 있는 경우에도 그것이 실체적 권리관계에 부합하는 경우에는 유효한 것으로 보고자 하며, 판례는 이에 대해 부동산의 소유권을 이전할 것을 목적으로 하는 계약이 있고 동계약당사자간에 등기청구권을 실현하는데 있어서 법률상하등의 지장이 없고 따라서 등기의 무자가 그 의무의 이행을 거절할 정당한 하등의 사유가 없는 경우에 양도인

이 동 계약에 터잡고 양수인으로 하여금 사실상 그 목적부동산에 대한 전면적인 지배를 취득케 하여 그로써 양도인에 대한 관계에 있어서는 양수인은 소유권의 개념으로서 통합되어 그의 실질적인 내용을 이룩하고 있는 것으로 되어 있는 사용, 수익, 처분 등의 모든 권능을 취득하였다고 할 수 있는 상태에 이르렀다면은 특별한 사정이 없는한 법적으로도 양도인과 양수인과의 이와 같은 실질적인 관계를 외면할 수 없는 것이라고 할 것이니 위와 같은상태에서 양 당사자간의 관계를 상대적으로 다투는데 있어서는 등기전이라고 하더라도 소유권은 실질적으로 양수인에게 옮겨져 있는 것으로 해도 무방하다할 것이며 등기가 위와 같은 양 당사자의 실질적인 관계에 상응하는 것이라면 동 등기가 등기의무자의 신청에 의하지 아니한 하자가 있다고 해서 이를 반드시 무효로 하지 않으면 안 될 이유가 있다고도 할 것이 아니므로 등기가 실체관계에 부합하여 유효하다고 할 때 위와 같은 경우까지를 이에 포함시켜 무방하다 할 것이다(등기가 양 당사자의 위와 같은 실질적인 관계에 부응하는 것이라면 그 등기는 의당 있어야 마땅한 등기라고 할 것이고 이와 같은 등기는 일반적으로 등기의무자의 의사에 터잡고 있는 것이라고 합니다.(대법원 1978. 8. 22. 선고 76다343 판결)

이와 같인 실체관계에 부합하는 등기를 유효하다고 보는 입장에서 대법원은 당사자 사이에 적법한 원인행위가 성립되어 중간생략등기가 이루어진 이상, 중간생략등기에 관한 합의가 없었다는 사유만으로는 그 소유권이전등기를 무효라고 볼 수 없다고 하고,(대법원 1967. 5. 30. 선고 67다588 판결) 사망자를 등기의무자로 하여 경유된 등기라도 그의 상속인들의 의사에 따라 이루어진 것이라면 실체상 권리관계에 합치되는 유효한 등기라고 합니다. (대법원 1964. 11. 24. 선고 64다685 판결)

이러한 판례에 태도를 볼 때, 상속인의 의사가 있으므로 위 등기도 유효라고 할 것입니다.

4. 중복등기

4-1. 중복등기의 개념

① 중복등기란 1필의 토지 또는 1동의 건물에 관해 1용지만 사용해야 함에도 불구하고 1개의 부동산에 2개 이상의 등기용지가 개설된 경우를 말합니다.

② 부동산에 이중으로 소유권 보존등기 신청을 한 경우 그 신청은 "사건이 등기할 것이 아닐 때"(부동산등기법 제29조제2호)에 해당해 각하됩니다.

4-2. 중복등기의 효력

① 동일 부동산에 경료된 각 소유권 보존등기가 그 부동산을 표상함에 부족함이 없는 것으로 인정되는 경우, 그 각 등기는 모두 공시의 효력을 가지게 되므로 뒤에 이루어진 소유권 보존등기는 중복등기에 해당해 선등기에 원인무효의 사유가 없는 한 원인무효가 됩니다(대법원 2002. 7. 12. 선고, 2001다16913 판결).

② 동일 부동산에 등기명의인을 달리해 중복된 소유권 보존등기가 마쳐진 후 중복된 소유권 보존등기에 터잡아 등기명의인을 달리한 소유권 이전등기가 각각 마쳐진 경우 각 등기의 효력은 소유권 이전등기의 선후에 의하여 판단할 것이 아니고, 그 소유권 이전등기의 바탕이 된 각 소유권 보존등기의 선후를 기준으로 판단해야 합니다. 이러한 법리는 위와 같은 중복된 등기부가 모두 멸실된 후 멸실 전의 등기를 회복시키는 중 회복된 소유권 이전등기가 중복된 경우에도 마찬가지로 적용됩니다(대법원 1998. 7. 14. 선고, 97다34693 판결).

■ 중복등기된 부동산에 대하여 매매를 원인으로 한 소유권이전등기를 청구할 수 있나요?

Q. 甲이 망인 乙로부터 그 소유인 부동산을 매수하고, 乙 명의로 소유권이전등기가 경료되어 있던 위 부동산에 대하여 甲 명의의 소유권보존등기를 경료한 경우, 甲은 乙의 상속인들을 상대로 위 부동산에 대하여 위 매매를 원인으로 한 소유권이전등기를 청구할 수 있나요?

A. 하나의 부동산에 대하여 등기명의인을 달리하는 중복된 소유권보존등기가 경료된 경우에는 먼저 이루어진 소유권보존등기가 원인무효가 되지 아니하는 한 뒤에 된 소유권보존등기는 비록 그 부동산의 매수인에 의하여 이

루어진 경우에도 일부동산 일용지주의를 채택하고 있는 부동산등기법 아래에서는 무효입니다(대법원 1990. 11. 27. 선고 87다453 판결 등 참조). 따라서 甲이 乙 명의의 소유권이전등기에 기하여 소유권이전등기를 경료하지 않고 소유권보존등기를 경료한 이상 뒤에 경료된 甲 명의의 소유권보존등기는 이중등기로서 무효라고 할 것이므로, 甲은 乙의 상속인들을 상대로 위 부동산에 관하여 위 매매를 원인으로 한 소유권이전등기를 청구할 이익이 있습니다.

■ 가등기권리자가 중복된 소유권보존등기의 말소를 구할 수 있는지요?

Q. 甲은 乙소유 밭(田) 1,322㎡에 관하여 소유권이전등기청구권보전을 위한 가등기를 설정 받은 가등기권자인데, 위 토지는 같은 지번으로 지목이 구거(溝渠)이고 지적도와 토지대장이 존재하지 아니한 丙명의의 소유권보존등기가 되어 있어 중복등기가 존재하는 상태입니다. 그러나 乙은 위와 같은 중복등기사실을 알면서도 丙의 소유권보존등기의 말소를 청구하지 않고 있습니다. 이 경우 甲이 가등기권자로서 직접 丙을 상대로 중복된 소유권보존등기의 말소를 청구할 수 있는지요?

A. 동일부동산에 관하여 등기명의인을 달리하여 중복된 소유권보존등기효력에 관한 판례를 보면, 동일부동산에 관하여 등기명의인을 달리하여 중복된 소유권보존등기가 마쳐진 경우에는 먼저 이루어진 소유권보존등기가 원인무효가 아닌 한 뒤에 된 소유권보존등기는 실체관계에 부합하더라도 1부동산 1등기용지주의(1부동산 1등기기록주의)의 법리에 비추어 무효라고 하였습니다(대법원 2008. 2. 14. 선고 2007다63690 판결). 그리고 가등기에 관하여 부동산등기법에서 가등기에 의한 본등기를 한 경우 본등기의 순위는 가등기의 순위에 따른다고 규정하고 있습니다(부동산등기법 제91조).
　그런데 가등기권리자가 무효인 중복소유권보존등기의 말소를 구할 수 있는지 판례를 보면, 가등기는 부동산등기법 제6조 제2항(현행 부동산등기법 제91조)의 규정에 의하여 그 본등기를 한 경우에 본등기의 순위를 가등기의 순위에 의하도록 하는 순위보전적 효력만이 있을 뿐이고, 가등기만으로는 아무런 실체법상 효력을 갖지 아니하고 그 본등기를 명하는 판결이 확

정된 경우라도 본등기를 마치기까지는 마찬가지이므로, 중복된 소유권보존
등기가 무효이더라도 가등기권리자는 그 말소를 청구할 권리가 없다고 하
였습니다(대법원 2001. 3. 23. 선고 2000다51285 판결).

따라서 위 사안에서도 甲은 가등기권자로서 직접 丙을 상대로 丙명의의
소유권보존등기말소청구를 할 수 없을 것으로 보입니다.

■ 중복된 보존등기와 부동산을 20년간 점유하여 취득시효가 완성되었다면 이 등기는
유효한 것인가요?

Q. 동일한 부동산에 대하여 서로 다른 등기명의인에 의해 소유권보존등기가
중복으로 되어 있습니다. 뒤의 보존등기에 기초해서 소유권이전등기를 마
친 사람이 그 부동산을 20년간 점유하여 취득시효가 완성되었다면 이 등
기는 유효한 것인가요?

A. 「동일한 부동산에 관하여 등기명의인을 달리하여 중복된 소유권보존등기
가 마쳐진 경우 선행 보존등기가 원인무효가 되지 않는 한 후행 보존등기
는 실체관계에 부합하는지에 관계없이 무효가 되며, 이러한 법리는 후행
보존등기 또는 그에 기하여 이루어진 소유권이전등기의 명의인이 당해 부
동산의 소유권을 원시취득한 경우에도 그대로 적용됩니다. 따라서 선행 보
존등기가 원인무효가 아니어서 후행 보존등기가 무효인 경우 후행 보존등
기에 기하여 소유권이전등기를 마친 사람이 그 부동산을 20년간 소유의
의사로 평온·공연하게 점유하여 점유취득시효가 완성되었더라도, 후행 보
존등기나 그에 기하여 이루어진 소유권이전등기가 실체관계에 부합한다는
이유로 유효로 될 수는 없다할 것입니다 (대법원 2011. 7. 14. 선고 2010
다107064 참조).

[서식 예] 소유권이전등기청구의 소(매매, 여러 명에게 차례로 이전청구)

소　　　　장

원　　고　　○○○ (주민등록번호)

　　　　　　○○시 ○○구 ○○길 ○○(우편번호 ○○○-○○○)

　　　　　　전화·휴대폰번호:

　　　　　　팩스번호, 전자우편(e-mail)주소:

피　　고　　1. ◇●◇ (주민등록번호)

　　　　　　　○○시 ○○구 ○○길 ○○(우편번호 ○○○-○○○)

　　　　　　　전화·휴대폰번호:

　　　　　　　팩스번호, 전자우편(e-mail)주소:

　　　　　　2. ◇①◇ (주민등록번호)

　　　　　　　○○시 ○○구 ○○길 ○○(우편번호 ○○○-○○○)

　　　　　　　등기부상 주소 ○○시 ○○구 ○○길 ○○

　　　　　　　전화·휴대폰번호:

　　　　　　　팩스번호, 전자우편(e-mail)주소:

　　　　　　3. ◇②◇ (주민등록번호)

　　　　　　　○○시 ○○구 ○○길 ○○(우편번호 ○○○-○○○)

　　　　　　　전화·휴대폰번호:

　　　　　　　팩스번호, 전자우편(e-mail)주소:

　　　　　　4. ◇③◇ (주민등록번호)

　　　　　　　○○시 ○○구 ○○길 ○○(우편번호 ○○○-○○○)

　　　　　　　전화·휴대폰번호:

　　　　　　　팩스번호, 전자우편(e-mail)주소:

　　　　　　5. ◇④◇ (주민등록번호)

　　　　　　　○○시 ○○구 ○○길 ○○(우편번호 ○○○-○○○)

　　　　　　　전화·휴대폰번호:

　　　　　　　팩스번호, 전자우편(e-mail)주소:

　　　　　　6. ◇⑤◇ (주민등록번호)

　　　　　　　○○시 ○○구 ○○길 ○○(우편번호 ○○○-○○○)

　　　　　　　전화·휴대폰번호:

　　　　　　　팩스번호, 전자우편(e-mail)주소:

　　　　　　7. ◇⑥◇ (주민등록번호)

○○시 ○○구 ○○길 ○○(우편번호 ○○○-○○○)

전화·휴대폰번호:

팩스번호, 전자우편(e-mail)주소:

8. ◆◆◆ (주민등록번호)

○○시 ○○구 ○○길 ○○(우편번호 ○○○-○○○)

전화·휴대폰번호:

팩스번호, 전자우편(e-mail)주소:

9. ◈◈◈ (주민등록번호)

○○시 ○○구 ○○길 ○○(우편번호 ○○○-○○○)

전화·휴대폰번호:

팩스번호, 전자우편(e-mail)주소:

소유권이전등기청구의 소

청 구 취 지

1. 피고 ◆◆◆에게, 별지목록 기재 부동산 중
 가. 피고 ◇●◇는 3/15지분에 관하여,
 나. 피고 ◇①◇, 피고 ◇②◇, 피고 ◇③◇, 피고 ◇④◇, 피고 ◇⑤◇, 피고 ◇⑥◇는
   각 2/15지분에 관하여 각 1973. 11. 13. 매매를 원인으로 한 소유권이전등기절차를 이
   행하고,
2. 피고 ◆◆◆는 피고 ◈◈◈에게 별지목록 기재 부동산에 관하여 1978. 11. 30. 매매
   를 원인으로 한 소유권이전등기절차를 이행하고,
3. 피고 ◈◈◈는 원고에게 별지목록 기재 부동산에 관하여 1982. 12. 29. 매매를 원인
   으로 한 소유권이전등기절차를 이행하라.
4. 소송비용은 피고들의 부담으로 한다.
라는 판결을 구합니다.

청 구 원 인

1. 피고 ◆◆◆는 1973. 11. 23. 소외 망 ⊙⊙⊙로부터 별지목록 기재 부동산(다음부터
   "이 사건 부동산"이라고 함)을 매수하였습니다
2. 당시 소외 망 ⊙⊙⊙는 이 사건 부동산을 비롯하여 주위의 대부분의 토지를 소유하고
   있었던 바, 그 소유권의 일부는 자신의 명의로 하고 있었으나 일부는 동생인 소외 ◎

◎◎ 명의로 하고 있었습니다. 그런데 소외 망 ⊙◉◉는 ○○ ○○군 ○○면 ○○리 ○○-2에서 분할된 이 사건 부동산에 관한 자신 명의의 진정한 등기의 존재를 알지 못한 채, 같은 리 ○○-3에서 분할된 것으로 잘못 등기된 원인무효의 소외 ◎◎◎ 명의의 등기를 진정한 등기로 알고 그에 터 잡아 피고 ◆◆◆ 명의의 소유권이전등기를 하여 주었습니다.

3. 그 뒤 피고 ◆◆◆는 이 사건 부동산을 경작하여 오다가 1978. 11. 30. 피고 ◈◈◈ 에게, 피고 ◈◈◈는 자신 명의의 등기를 하지 아니하고 1982. 12. 29. 원고에게 각 이 사건 부동산을 매도하였습니다.

4. 그리고 위 원인무효인 피고 ◆◆◆ 명의의 소유권이전등기에 터 잡아 1986. 8. 4. 원고 명의의 소유권이전등기가 되었습니다.

5. 한편, 소외 망 ⊙◉◉는 1991. 3. 27. 사망하여 피고 ◇●◇, 피고 ◇①◇, 피고 ◇②◇, 피고 ◇③◇, 피고 ◇④◇, 피고 ◇⑤◇, 피고 ◇⑥◇가 이 사건 부동산을 청구취지 기재 해당지분만큼씩 각 공동상속 하여 권리, 의무를 승계 하였습니다.

6. 그러므로 이 사건 부동산에 관하여 피고 ◇●◇, 피고 ◇①◇, 피고 ◇②◇, 피고 ◇③◇, 피고 ◇④◇, 피고 ◇⑤◇, 피고 ◇⑥◇는 청구취지 기재 각 해당지분만큼씩 피고 ◆◆◆에게, 피고 ◆◆◆는 피고 ◈◈◈에게, 피고 ◈◈◈는 원고에게 각 소유권이전등기를 하여 줄 의무가 있다고 할 것인데, 피고들은 현재 이를 거절하고 있습니다.

7. 그렇다면 원고는 이 사건 부동산이 원고 소유의 다른 토지와 함께 같은 리 249 토지로 환지 됨으로써 환지등기를 하기 위하여 소외 망 ⊙◉◉의 상속인들을 상대로 한 중복등기말소소송을 제기하여 재판이 진행되는 과정에서 자신 명의의 등기가 원인무효인 중복등기임을 발견하여 위 소송을 취하하고 피고들을 상대로 부득이 이 사건 소송을 제기하게 된 것입니다.

입 증 방 법

1. 갑 제1호증	제적등본
	(단, 2008. 1. 1. 이후 사망한 경우 기본증명서)
1. 갑 제2호증	상속관계를 획인할 수 있는 제적등본
	(또는, 가족관계등록사항에 관한 증명서)
1. 갑 제3호증의 1 내지 4	각 부동산등기사항증명서
1. 갑 제4호증의 1, 2	각 폐쇄등기부등본
1. 갑 제5호증의 1 내지 4	각 토지대장등본
1. 갑 제6호증	지적도등본

```
┌─────────────────────────────────────────────────────────┐
│                      첨 부 서 류                          │
│                                                          │
│        1. 위 입증방법                    각 1통           │
│        1. 소장부본                        9통            │
│        1. 송달료납부서                    1통            │
│                                                          │
│                    200 ○.   ○.   ○.                     │
│                    위 원고   ○○○   (서명 또는 날인)     │
│                                                          │
│                                                          │
│  ○○지방법원  귀중                                       │
└─────────────────────────────────────────────────────────┘
```

5. 명의신탁등기

5-1. 명의신탁등기의 개념

명의신탁약정이란 부동산에 관한 소유권이나 그 밖의 물권을 보유한 자 또는 사실상 취득하거나 취득하려고 하는 자(실권리자)가 타인과의 사이에서 대내적으로는 실권리자가 부동산에 관한 물권을 보유하고 그에 관한 등기(가등기 포함)는 그 타인의 명의로 하기로 하는 약정을 말합니다(부동산 실권리자명의 등기에 관한 법률 제2조제1호).

5-2. 명의신탁약정의 종류

① 등기명의신탁: 등기를 신청할 때 등기권리자 명의를 실권리자 명의로 하지 않고 타인명의로 하는 명의신탁약정

 - 3자 간의 등기명의신탁: A소유 부동산을 B가 매수하면서 C의 명의를 빌려 등기하기로 하는 약정

※ 명의신탁관계가 성립하기 위해 명의수탁자 앞으로 새로운 소유권 이전등기가 행해져야 하는 것은 아니므로, 부동산 소유자가 그 소유하는 부동산의 전부 또는 일부 지분에 관해 제3자(명의신탁자)를 위해 '대외적으로만' 보유하는 관계에 관한 약정(명의신탁약정)을 하는 경우에도 「부동산 실권리자명의 등기에 관한 법률」에서 정하는 명의신탁관계가 성립할 수 있습니다(대법원 2010. 2. 11. 선고, 2008다16899 판결).

　　- 2자 간의 등기명의신탁: A가 소유하던 부동산을 B의 명의로 가장해 매매·증여하여 명의를 신탁하는 약정

② 계약명의신탁: 부동산매매계약 등을 체결할 때 매수인 등의 명의를 돈을 내는 사람의 명의로 하지 않고 타인명의로 하는 명의신탁약정

5-3. 명의신탁등기의 효력

① 명의신탁약정 및 명의신탁약정에 따른 등기로 이루어진 부동산에 관한 물권변동도 무효가 됩니다(부동산 실권리자명의 등기에 관한 법률 제4조제1항 및 제2항 본문).

② 다만, 부동산에 관한 물권을 취득하기 위한 계약에서 명의수탁자가 어느 한쪽 당사자가 되고 상대방 당사자는 명의신탁약정이 있다는 사실을 알지 못한 경우에는 그렇지 않습니다(부동산 실권리자명의 등기에 관한 법률 제4조제2항 단서).

③ 무효인 명의신탁약정 및 명의신탁등기의 무효는 제3자에게 대항하지 못합니다(부동산 실권리자명의 등기에 관한 법률 제4조제3항).

5-4. 위반 시 제재

① 누구든지 부동산에 관한 물권을 명의신탁약정에 따라 명의수탁자의 명의로 등기해서는 안 되는데, 이를 위반한 경우 해당 부동산 가액의 100분의 30에 해당하는 금액의 범위에서 과징금이 부과됩니다(부동산 실권리자명의 등기에 관한 법률 제3조제1항 및 제5조제1항제1호).

② 과징금을 부과받은 자는 지체 없이 해당 부동산에 관한 물권을 자신의 명의로 등기해야 하는데, 이를 위반한 경우에는 경과 기간에 따라 다음과 같이 이행강제금이 부과됩니다(부동산 실권리자명의 등기에 관한 법률 제6조제1항 본문 및 제2항).

　- 과징금 부과일부터 1년이 지난 경우: 부동산평가액의 100분의 10에 해당하는 금액

　- 과징금 부과일부터 2년이 지난 경우: 부동산평가액의 100분의 20에 해당하는 금액

③ 다만, 부동산의 물권취득계약의 상대방 당사자가 명의신탁약정이 있다는 사실을 알지 못한 경우에는 그렇지 않으며, 자신의 명의로 등기할 수 없는 정당한 사유가 있는 경우에는 그 사유가 소멸된 후 지체 없이 자신의 명의로 등기해야 합니다(부동산 실권리자명의 등기에 관한 법률 제6조제1항 단서).

④ 부동산에 관한 물권을 명의신탁약정에 따라 명의수탁자의 명의로 등기한 자는 5

년 이하의 징역 또는 2억원 이하의 벌금이 부과됩니다(부동산 실권리자명의 등기에 관한 법률 제7조제1항제1호).

(등기선례)

■ 부동산실권리자명의등기에관한법률 제11조의 유예기간이 경과한 경우에도 명의신탁해지를 원인으로 하는 소유권이전등기를 신청할 수 있는지 여부

【선례요지】 부동산실권리자명의등기에관한법률이 시행되기 전 또는 같은 법 제11조가 정한 유예기간 중에 명의신탁해지를 원인으로 한 소유권이전등기청구의 소를 제기한 경우에는 그 확정판결이 있은 날로부터 1년 이내에 명의신탁해지를 등기원인으로 하는 소유권이전등기 등 실명등기를 하여야 하는바(같은 법 제11조 제4항), 위 기간 내에 명의신탁해지를 등기원인으로 하는 소유권이전등기 등 실명등기를 하지 않은 경우에는 기존의 명의신탁약정은 무효로 되므로(같은 법 제12조 제1항, 제4조 제1항), 비록 확정판결을 첨부한 경우에도 명의신탁자는 명의신탁약정이 유효함을 전제로 하여 명의신탁해지를 원인으로 하는 소유권이전등기를 신청할 수 없다.〔2001. 5. 17. 등기 3402-341 질의회답〕

『유사선례』1. 1996. 8. 19. 등기 3402- 642 질의회답, 선례요지집 Ⅴ 620 2. 1997. 10. 18. 등기 3402- 798 질의회답, 선례요지집 Ⅴ 629 3. 1998. 10. 16. 등기 3402-1030 질의회답, 선례요지집 Ⅴ 643

《해 설》

1. 이 선례는 질의인이 토지에 대한 매매계약을 체결한 후 질의인 명의로 소유권이전등기를 하지 않고 명의수탁자 명의로 소유권이전등기를 하고, 그 후 명의수탁자를 상대로 하여 명의신탁해지를 원인으로 하는 소유권이전등기절차의 이행을 명하는 판결을 받았으나, 위 확정판결이 있은 날부터 1년 이내에 명의신탁해지를 원인으로 하는 소유권이전등기를 신청하지 않은 경우, ①위 확정판결에 의하여 명의신탁해지를 원인으로 하는 소유권이전등기를 신청할 수 있는가, ②만약 그러한 등기를 신청할 수 없다면 이행강제금을 부과하는 것은 모순이 아닌가 하는 질의에 대한 회신이다.

2. 명의신탁의 효력 부동산실권리자명의등기에관한법률이 1995. 7. 1. 시행됨으로써 명의신탁약정은 무효로 되었고, 명의신탁약정에 따라 행하여진 등기에 의한 부동산에 관한 물권변동도 무효로 되었다(동법 제4조). 한편 기존의 명의신탁 약정에 의한 등기에 대해서는 동법 제11조가 정하는 유예기간 이내에 실명등기 등을 하여야 하고, 동법 시행 전 또는 유예기간 중에 부동산물권에 관한 쟁송이 법원에 제기된 경우에는 당해 쟁송에 관한 확정판결이 있은 날부터 1년 이내에 실명등기 등을 하여야 한다(동법 제11조). 위 유예기간 안에 실명등기 등을 하지 않은 경우, 그 기간이 경과한 날 이후의 명의신탁약정은 무효로 된다(동법 제12조 제1항, 제4조 제1항). 그리고 명의신탁약정에 따라 행하여진 등기에 의한 부동산에 관한 물권변동도 무효로 되지만, 부동산에 관한 물권을 취득하기 위한 계약에서 명의수탁자가 그 일방당사자가 되고 그 타방당사자는 명의신탁약정이 있다는 사실을 알지 못한 경우에는 그러하지 아니하다(동법 제12조 제1항, 제4조제2항).

3. 위 확정판결에 의하여 명의신탁해지를 원인으로 하는 소유권이전등기를 신청할 수 있는가? 앞에서 살펴본 바와 같이 부동산실권리자명의등기에관한법률 제11조가 정하는 유예기간이 경과한 경우에는 기존의 명의신탁약정은 무효로 되므로(동법 제12조 제1항,

제4조 제1항), 비록 확정판결을 첨부한 경우에도 명의신탁자는 명의신탁약정이 유효함을 전제로 하여 명의신탁해지를 원인으로 하는 소유권이전등기를 할 수 없다(대법원 1997. 5. 1.자 97마384 결정, 등기예규 제817호, 등기선례요지집 Ⅴ 643항, 620항, 629항 참조). 그리고 명의신탁자는 과징금과 이행강제금의 제재를 받게 된다(동법 제12조 제2항, 제5조, 제6조).

그러면 실명등기의 유예기간이 경과한 경우에 명의신탁자는 어떠한 방법으로 명의신탁자의 명의로 실명등기를 할 수 있는 것인가? 이하에서는 실명등기의 유예기간이 경과한 경우의 실명등기절차에 관하여 살펴 보기로 한다.

4. 실명등기의 유예기간이 경과한 경우의 실명등기절차

(1) 부동산에 관한 물권을 취득하기 위한 계약의 타방당사자가 명의신탁 약정이 있다는 사실을 알았던 경우 부동산에 관한 물권을 취득하기 위한 계약(예컨대 매매계약)의 타방당사자(즉 매도인)가 명의신탁약정이 있다는 사실을 알았던 경우에는 부동산실권리자명의등기에관한법률 제11조의 유예기간이 경과하면 기존의 명의신탁약정과 그에 의한 등기가 무효로 되므로, 명의신탁 부동산은 그 타방당사자인 매도인의 소유로 복귀하게 되고, 따라서 매도인은 명의수탁자에게 무효인 명의수탁자 명의의 등기의 말소를 구할 수 있게 된다.

한편 부동산실권리자명의등기에관한법률은 매도인과 명의신탁자 사이의 매매계약의 효력을 부정하는 규정을 두고 있지 아니하여 위 유예기간이 경과한 후에도 매도인과 명의신탁자 사이의 매매계약은 여전히 유효하므로, 명의신탁자는 위 매매계약에 기한 매도인에 대한 소유권이전등기청구권을 보전하기 위하여 매도인을 대위하여 명의수탁자에게 무효인 명의수탁자 명의의 등기의 말소를 구할 수 있다(대법원 1999. 9. 17. 선고 99다21738 판결). 그리고 명의신탁자는 매도인 원소유자를 상대로 매매를 원인으로 하는 소유권이전등기 를 신청할 수 있다(1997. 1. 8. 등기 3402-8 질의회답).이 경우에 명의신탁자는 앞에서 살펴본 바와 같이 과징금과 이행강제금의 제재를 받게 된다(동법 제12조 제2항, 제5조, 제6조).

(2) 부동산에 관한 물권을 취득하기 위한 계약에서 명의수탁자가 그 일방 당사자가 되고 그 타방당사자는 명의신탁약정이 있다는 사실을 알지 못한 경우 부동산에 관한 물권을 취득하기 위한 계약(예컨대 매매계약)에서 명의수탁자가 그 일방당사자가 되고 그 타방당사자(즉 매도인)는 명의신탁약정이 있다는 사실을 알지 못한 경우에는, 명의신탁약정에 따라 행하여진 등기에 의한 부동산에 관한 물권변동은 유효하고(부동산실권리자명의등기에관한법률 제12조 제2항, 제4조 제2항 단서), 한편 명의신탁자와 명의수탁자 사이의 명의신탁약정은 무효이므로, 결국 명의수탁자는 전소유인 매도인 뿐만 아니라 명의신탁자에 대한 관계에서도 유효하게 당해 부동산의 소유권을 취득하게 된다(대법원 2000. 3. 24. 선고 98도4347 판결).

그리하여 명의신탁자는 자신의 명의로 실명등기를 할 수 없게 되고, 이러한 경우에 명의신탁자는 명의수탁자를 상대로 하여 부당이득반환청구(민법 제741조 이하)를 할 수 있게 될 뿐이라는 것이 일반적인 견해이다.

한편 이 경우에도 명의신탁자는 과징금의 제재는 받겠지만(부동산실권리자 명의등기에관한법률 제12조 제2항, 제5조), 명의신탁자가 실명등기를 할 수 없으므로(동법 제4조 제2항 단서) 이행강제금의 제재는 받지 않는다(동법 제12조 제2항, 제6조 제1항 단서).

5. (1) 결론적으로 명의신탁해지를 원인으로 한 소유권이전등기는 부동산실권리자명의등기에관한법률 제11조가 정하는 유예기간 내에서만 신청할 수 있고, 실명등기의 유예기간

이 경과한 경우에는 명의신탁약정의 유효를 전제로 하여 명의신탁해지를 원인으로 하는 소유권이전등기를 신청할 수 없으며, 명의신탁자가 자신의 명의로 실명등기를 하기 위한 절차 및 이행강제금의 등의 부과 여부는 위에서 살펴본 바와 같이 부동산에 관한 물권을 취득하기 위한 계약의 타방당사자가 명의신탁약정이 있다는 사실을 알았는지 여부에 따라 달라진다.

(2) 그러나 이 사안의 질의취지는 명의신탁자가 명의신탁해지를 원인으로 하는 소유권이전등기를 신청할 수 있는지 여부에 대한 것이었고, 이행강제금 등의 부과 여부에 대한 것은 사법행정업무에 포함된다고 보기 어려우므로, 이행강 제금 등의 부과 여부에 대한 것은 회신내용에서 제외하였다.

■ 유예기간 경과 후 등기명의신탁 해지를 원인으로 소유권이전등기신청이 가능한지요?

Q. 저는 부동산 실권리자명의 등기에 관한 법률 시행 전 저의 토지를 甲에게 명의신탁하면서 매매를 원인으로 한 소유권이전등기를 해두었는데, 최근 甲과 협의하여 위 명의신탁관계를 해지하고 실제 소유자인 저에게 그 소유권을 이전하는 등기를 하려고 합니다. 이러한 소유권이전등기를 할 수 있는지요?

A. 「부동산 실권리자명의 등기에 관한 법률」이 시행되기 이전에 부동산명의신탁을 한 경우, 「부동산 실권리자명의 등기에 관한 법률」 제11조에 따라서 실명등기 등을 하여야 하였으며, 그 유예기간은 1996. 6. 30.까지였고, 다만 그 이전에 소송이 법원에 제기된 경우에는 확정판결이 있은 날로부터 1년 이내에 실명등기 등을 하여야 합니다. 그런데 「부동산 실권리자명의 등기에 관한 법률」 제6조 제1항 본문에서 과징금을 부과 받은 명의신탁자에 대하여 지체 없이 당해 부동산에 관한 물권을 자기명의로 등기하여야 한다고 규정하고 있으므로, 그 경우 명의신탁해지를 원인으로 하는 소유권이전등기가 가능한 것처럼 생각될 수도 있습니다.

그러나 「부동산 실권리자명의 등기에 관한 법률」에서 정한 유예기간경과 후, 명의신탁자가 명의신탁해지를 원인으로 하는 소유권이전등기를 청구할 수 있는지 판례를 보면, 부동산 실권리자명의 등기에 관한 법률 제11조, 제12조 제1항과 제4조의 규정에 의하면, 부동산 실권리자명의 등기에 관한 법률 시행 전에 명의신탁약정에 의하여 부동산에 관한 물권을 명의수탁자의 명의로 등기하도록 한 명의신탁자는 부동산 실권리자명의 등기에 관한 법률 제11조에서 정한 유예기간 이내에 실명등기 등을 하여야 하고, 유예기간이 경과한 날 이후부터 명의신탁약정과 그에 따라 행하여진 등기에 의한 부동 산에 관한 물권변동이 무효가 되므로, 명의신탁자는 더 이상 명의신탁해지를 원인으로 하는 소유권이전등기를 청구할 수 없다고 하였으며(대법원 2007. 6. 14. 선고 2005다5140 판결), 명의신탁해지를 원인으로 하는 명의신탁자의 부동산소유권이전등기신청은 그 신청취지자체에 의하여 법률상 허용될 수 없음이 명백한 경우로서 부동산등기법상의 '사건이 등기할 것이 아닌 때'에 해당하여 등기공무원은 이를 각하하여야 하고, 부동산 실권리자명의 등기에 관한 법률 제6조 제1항이 과징금을 부과 받은 명의신탁자에 대하여 지체 없 이 당해 부동산에 관한 물권을 자기명의로 등기하여야 한다고 규정하고 있 는 뜻은 명의신탁자에게 그러한 공법상의 의무를 부과하는 것에 불과하고, 그로써 기존의 명의신탁약정과 명의수탁자명의 등기가 무효로 되었음에도 불구하고, 명의신탁자에게 새삼스럽게 명의신탁약정을 원인으로 하여 직접 명의수탁자로부터 등기를 청구할 수 있도록 사법상의 권리를 창설하는 것이 라고 볼 수 없다고 하였습니다(대법원 1997. 5. 1. 자 97마384 결정).

그러므로 위 사안에서 귀하도 甲에게 명의신탁 하였던 부동산에 대하여 명의신탁해지를 원인으로 하는 소유권이전등기신청을 한다고 하여도 그 등기신청은 각하될 것으로 보입니다.

그렇다면 귀하가 위 부동산의 소유권을 되찾을 방법은 전혀 없는지 문제되 는데, 위와 같이 귀하와 甲사이의 등기명의신탁약정과 명의수탁자명의등기가 무효로 되어 위 부동산의 소유권은 귀하에게 귀속될 것이므로{이른바 2자간 (2者間) 등기명의신탁의 경우}, 甲이 동의한다면 귀하로부터 甲에게로 이전된 소유권이전등기 말소등기신청을 하여야 할 것이고, 甲이 그러한 말소등기에 협력해주지 않을 경우 귀하는 甲을 상대로 소유권을 근거로 한 방해배제청 구권을 행사하여 甲명의로의 소유권이전등기 말소를 청구할 수 있을 것으로 보입니다(민법 제214조). 또한, '진정한 등기명의의 회복을 위한 소유권이전 등기청구'는 이미 자기 앞으로 소유권을 표상하는 등기가 되어 있었거나 법 률에 의하여 소유권을 취득한 자가 진정한 등기명의를 회복하기 위한 방법 으로 현재의 등기명의인을 상대로 그 등기의 말소를 구하는 것에 갈음하여 허용되는 것으로서 그 법적 성질은 소유권에 기한 방해배제청구권이므로(대법원 2009. 4. 9. 선고 2006다30921 판결), 귀하는 甲을 상대로 진정한 등기 명의의 회복을 위한 소유권이전등기청구를 할 수 있을 것으로 보입니다. 즉, 귀하는 '명의신탁을 해지하겠으니 부동산을 돌려 달라'고 할 수는 없지만 '명의신탁이 무효이므로 본래의 내 소유물을 돌려 달라'고 하실 수는 있는 것이고, 그 방법으로 상대방의 이전등기를 말소해달라고 요구하거나 다시 나에게로 이전등기해달라고 요구하는 것이 모두 가능하다는 것입니다.

■ 매수부동산을 타인명의로 등기명의신탁 한 경우 명의신탁자 소유권회복방법이 없는 지요?

Q. 저는 부동산 실권리자명의 등기에 관한 법률의 시행 전에 친구인 乙로부터 대지 165㎡를 매수하면서 개인사정으로 甲명의를 빌려 소유권이전등기를 하였는데, 최근 제가 위 대지를 팔려고 하였으나 甲이 그 소유권이전등기에 협조하지 못하겠다고 합니다. 위 법률의 시행으로 명의신탁관계는 무효라고 들었는데, 이러한 경우 제가 대지의 소유권을 찾을 수 있는 방법이 없는지요?

A. 따른 등기로 이루어진 부동산에 관한 물권변동은 무효로 하지만, 부동산에 관한 물권을 취득하기 위한 계약에서 명의수탁자가 어느 한쪽 당사자가 되고 상대방 당사자는 명의신탁약정이 있다는 사실을 알지 못한 경우에는 그렇지 않다고 규정하고 있으며(같은 법 제4조 제2항), 이러한 무효는 제3자에게 대항하지 못한다고 규정하고 있습니다(같은 법 제4조 제3항).

　위 사안은 위 부동산매매계약 당사자는 귀하와 매도인인 乙이었고, 다만 소유권이전등기명의를 甲으로 한 경우로서, 이른바 3자간등기명의신탁으로 보입니다. 참고로 3자간등기명의신탁과 계약명의신탁의 구별기준에 관한 판례를 보면, 명의신탁약정이 3자간등기명의신탁인지, 계약명의신탁인지 구별은 계약당사자가 누구인가를 확정하는 문제로 귀결되는데, 계약명의자가 명의수탁자로 되어 있더라도 계약당사자를 명의신탁자로 볼 수 있다면 이는 3자간등기명의신탁이 되고, 따라서 계약명의자인 명의수탁자가 아니라 명의신탁자에게 계약에 따른 법률효과를 직접 귀속시킬 의도로 계약을 체결한 사정이 인정된다면 명의신탁자가 계약당사자라고 할 것이므로, 이 경우의 명의신탁관계는 3자간등기명의신탁으로 보아야 한다고 하였습니다

(대법원 2010. 10. 28. 선고 2010다52799 판결).

그런데 부동산 실권리자명의 등기에 관한 법률에서 정한 유예기간이 경과하여 명의신탁약정과 그에 따른 등기가 무효로 된 경우의 사법상 법률관계에 관한 판례를 보면, 이른바 3자간등기명의신탁의 경우 부동산 실권리자명의 등기에 관한 법률에 따라서 그 명의신탁약정과 그에 따른 등기가 무효로 되더라도 명의신탁자는 매도인에 대하여 매매계약에 기초한 소유권이전등기청구권을 보유하고 있어 그 유예기간경과로 그 등기명의를 보유하지 못하는 손해를 입었다고 볼 수 없고, 그처럼 명의신탁부동산의 소유권이 매도인에게 복귀한 마당에 명의신탁자가 무효인 등기의 명의인인 명의수탁자를 상대로 그 이전등기를 청구할 수도 없으므로, 결국 3자간등기명의신탁에 있어서 명의신탁자는 명의수탁자를 상대로 부당이득반환을 원인으로 한 소유권이전등기를 구할 수 없다고 하였으나(대법원 2009. 4. 9. 선고 2008다87723 판결), 부동산 실권리자명의 등기에 관한 법률에 따르면, 이른바 3자간등기명의신탁의 경우 같은 법에서 정한 유예기간경과에 의하여 기존명의신탁약정과 그에 의한 등기가 무효로 되고, 그 결과 명의신탁 된 부동산은 매도인소유로 복귀하므로, 매도인은 명의수탁자에게 무효인 그 명의등기의 말소를 구할 수 있게 되고, 한편 부동산 실권리자명의 등기에 관한 법률은 매도인과 명의신탁자 사이의 매매계약효력을 부정하는 규정을 두고 있지 아니하여 유예기간경과 후로도 매도인과 명의신탁자 사이의 매매계약은 여전히 유효하므로, 명의신탁자는 매도인에 대하여 매매계약에 기초한 소유권이전등기를 청구할 수 있고, 그 소유권이전등기청구권을 보전하기 위하여 매도인을 대위하여 명의수탁자에게 무효인 그 명의등기의 말소를 청구할 수도 있다고 하였습니다(대법원 2011. 9. 8. 선고 2009다49193,49209 판결).

따라서 귀하가 과징금 등 부동산 실권리자명의 등기에 관한 법률에 따른 제재를 받을 것인지는 별론으로 하고, 위 부동산을 귀하의 이름으로 등기하기 위해서는 매도인을 대위하여 甲을 상대로 무효인 甲명의의 등기의 말소를 청구하고, 아울러 매도인을 상대로 매매계약에 기초한 소유권이전등기청구를 하여야 할 것으로 보입니다. 다만, 위 대지가 甲으로부터 제3자에게 다시 소유권이 이전된 경우에는 그 제3자가 명의신탁인 사실을 알았든 몰랐든 관계없이 귀하가 위 소유권을 찾을 방법이 없을 것입니다(같은 법 제4조 제3항).

[서식 예] 소유권이전등기말소 등 청구의 소(명의신탁 무효인 경우)

소　　　장

원　　고　　○○○ (주민등록번호)

　　　　　　○○시 ○○구 ○○길 ○○(우편번호 ○○○-○○○)

　　　　　　전화·휴대폰번호:

　　　　　　팩스번호, 전자우편(e-mail)주소:

피　　고　　1. 김◇◇ (주민등록번호)

　　　　　　○○시 ○○구 ○○길 ○○(우편번호 ○○○-○○○)

　　　　　　전화·휴대폰번호:

　　　　　　팩스번호, 전자우편(e-mail)주소:

　　　　　　2. 이◇◇ (주민등록번호)

　　　　　　○○시 ○○구 ○○길 ○○(우편번호 ○○○-○○○)

　　　　　　전화·휴대폰번호:

　　　　　　팩스번호, 전자우편(e-mail)주소:

소유권이전등기말소 등 청구의 소

청 구 취 지

1. ○○시 ○○구 ○○동 ○○ 전 1,428㎡에 관하여,

　가. 피고 이◇◇는 피고 김◇◇에게 ○○지방법원 ○○○지원 ○○○등기소 19○○. ○○. ○○. 접수 제○○○호로 마친 소유권이전등기의 말소등기절차를 이행하고,

　나. 피고 김◇◇는 원고에게 19○○. ○. ○○. 매매를 원인으로 한 소유권이전등기절차를 이행하라.

2. 소송비용은 피고들의 부담으로 한다.

라는 판결을 구합니다.

청 구 원 인

1. 원고는 19○○. ○. ○○. 피고 김◇◇로부터 ○○시 ○○구 ○○동 ○○ 전 1,428㎡(다음부터 이 사건 부동산이라고만 함)를 금 112,000,000원에 매수하였으나, 피고 김◇◇와 합의하여 소유권이전등기는 친척인 피고 이◇◇ 명의로 하여 ○○지방법원

○○○지원 ○○○등기소 19○○. ○○. ○○. 접수 제○○○호로 소유권이전등기를 마쳤습니다.

2. 그런데 부동산실권리자명의등기에관한법률(다음부터 부동산실명법이라고만 함)에서 정한 유예기간이 경과하여 원고와 피고 이◇◇ 사이의 위 명의신탁약정과 그에 의한 위 소유권이전등기는 무효로 되었습니다. 그렇다면 명의신탁 된 이 사건 부동산은 매도인인 피고 김◇◇소유로 복귀한다고 할 것이고, 피고 김◇◇와 원고 사이의 위 매매계약은 여전히 유효하다고 할 것입니다.

3. 따라서 원고는 이 사건 부동산에 대하여 피고 김◇◇에 대한 소유권이전등기청구권을 보전하기 위하여 피고 김◇◇를 대위하여 명의수탁자인 피고 이◇◇명의의 소유권이전등기의 말소를 구하고, 또한 위 매매계약에 따라 피고 김◇◇에게 소유권이전등기절차의 이행을 구하고자 이 사건 청구에 이른 것입니다.

입 증 방 법

1. 갑 제1호증	등기사항전부증명서(토지)
1. 갑 제2호증	토지대장등본
1. 갑 제3호증	인증서
1. 갑 제4호증	합의각서
1. 갑 제5호증	처분금지가처분결정

첨 부 서 류

1. 위 입증방법	각 1통
1. 소장부본	2통
1. 송달료납부서	1통

20○○. ○. ○.

위 원고 ○○○ (서명 또는 날인)

○○지방법원 ○○지원 귀중

부록

-부동산 등기법
-부동산 등기 특별조치법
-부동산 실권리자명의 등기에 관한 법률

부동산등기법

[시행 2017.10.13.] [법률 제14901호, 2017.10.13., 일부]

제1장 총칙

제1조(목적) 이 법은 부동산등기(不動産登記)에 관한 사항을 규정함을 목적으로 한다.

제2조(정의) 이 법에서 사용하는 용어의 뜻은 다음과 같다.

1. "등기부"란 전산정보처리조직에 의하여 입력·처리된 등기정보자료를 대법원규칙으로 정하는 바에 따라 편성한 것을 말한다.

2. "등기부부본자료"(登記簿副本資料)란 등기부와 동일한 내용으로 보조기억장치에 기록된 자료를 말한다.

3. "등기기록"이란 1필의 토지 또는 1개의 건물에 관한 등기정보자료를 말한다.

4. "등기필정보"(登記畢情報)란 등기부에 새로운 권리자가 기록되는 경우에 그 권리자를 확인하기 위하여 제11조제1항에 따른 등기관이 작성한 정보를 말한다.

제3조(등기할 수 있는 권리 등) 등기는 부동산의 표시(表示)와 다음 각 호의 어느 하나에 해당하는 권리의 보존, 이전, 설정, 변경, 처분의 제한 또는 소멸에 대하여 한다.

1. 소유권(所有權)
2. 지상권(地上權)
3. 지역권(地役權)
4. 전세권(傳貰權)
5. 저당권(抵當權)
6. 권리질권(權利質權)
7. 채권담보권(債權擔保權)
8. 임차권(賃借權)

제4조(권리의 순위) ① 같은 부동산에 관하여 등기한 권리의 순위는 법률에 다른 규정이 없으면 등기한 순서에 따른다.

② 등기의 순서는 등기기록 중 같은 구(區)에서 한 등기 상호간에는 순위번호에 따르고, 다른 구에서 한 등기 상호간에는 접수번호에 따른다.

제5조(부기등기의 순위) 부기등기(附記登記)의 순위는 주등기(主登記)의 순위에 따른다. 다만, 같은 주등기에 관한 부기등기 상호간의 순위는 그 등기 순서에 따른다.

제6조(등기신청의 접수시기 및 등기의 효력발생시기) ① 등기신청은 대법원규칙으로 정하는 등기신청정보가 전산정보처리조직에 저장된 때 접수된 것으로 본다.

② 제11조제1항에 따른 등기관이 등기를 마친 경우 그 등기는 접수한 때부터 효력을 발생한다.

제2장 등기소와 등기관

제7조(관할 등기소) ① 등기사무는 부동산의 소재지를 관할하는 지방법원, 그 지원(支院) 또는 등기소(이하 "등기소"라 한다)에서 담당한다.

② 부동산이 여러 등기소의 관할구역에 걸쳐 있을 때에는 대법원규칙으로 정하는 바에 따라 각 등기소를 관할하는 상급법원의 장이 관할 등기소를 지정한다.

제8조(관할의 위임) 대법원장은 어느 등기소의 관할에 속하는 사무를 다른 등기소에 위임하게 할 수 있다.

제9조(관할의 변경) 어느 부동산의 소재지가 다른 등기소의 관할로 바뀌었을 때에는 종전의 관할 등기소는 전산정보처리조직을 이용하여 그 부동산에 관한 등기기록의 처리권한을 다른 등기소로 넘겨주는 조치를 하여야 한다.

제10조(등기사무의 정지) 대법원장은 등기소에서 등기사무를 정지하여야 하는 사유가 발생하면 기간을 정하여 등기사무의 정지를 명령할 수 있다.

제11조(등기사무의 처리) ① 등기사무는 등기소에 근무하는 법원서기관·등기사무관·등기주사 또는 등기주사보(법원사무관·법원주사 또는 법원주사보 중 2001년 12월 31일 이전에 시행한 채용시험에 합격하여 임용된 사람을 포함한다) 중에서 지방법원장(등기소의 사무를 지원장이 관장하는 경우에는 지원장을 말한다. 이하 같다)이 지정하는 자[이하 "등기관"(登記官)이라 한다]가 처리한다.

② 등기관은 등기사무를 전산정보처리조직을 이용하여 등기부에 등기사항을 기록하는 방식으로 처리하여야 한다.

③ 등기관은 접수번호의 순서에 따라 등기사무를 처리하여야 한다.

④ 등기관이 등기사무를 처리한 때에는 등기사무를 처리한 등기관이 누구인지 알 수 있는 조치를 하여야 한다.

제12조(등기관의 업무처리의 제한) ① 등기관은 자기, 배우자 또는 4촌 이내의 친족(이하 "배우자등"이라 한다)이 등기신청인인 때에는 그 등기소에서 소유권등기를 한 성년자로서 등기관의 배우자등이 아닌 자 2명 이상의 참여가 없으면 등기를 할 수 없다. 배우자등의 관계가 끝난 후에도 같다.

② 등기관은 제1항의 경우에 조서를 작성하여 참여인과 같이 기명날인 또는 서명을 하여야 한다.

제13조(재정보증) 법원행정처장은 등기관의 재정보증(財政保證)에 관한 사항을 정하여 운용할 수 있다.

제3장 등기부 등

제14조(등기부의 종류 등) ① 등기부는 토지등기부(土地登記簿)와 건물등기부(建物登記簿)로 구분

한다.

② 등기부는 영구(永久)히 보존하여야 한다.

③ 등기부는 대법원규칙으로 정하는 장소에 보관·관리하여야 하며, 전쟁·천재지변이나 그 밖에 이에 준하는 사태를 피하기 위한 경우 외에는 그 장소 밖으로 옮기지 못한다.

④ 등기부의 부속서류는 전쟁·천재지변이나 그 밖에 이에 준하는 사태를 피하기 위한 경우 외에는 등기소 밖으로 옮기지 못한다. 다만, 신청서나 그 밖의 부속서류에 대하여는 법원의 명령 또는 촉탁(囑託)이 있거나 법관이 발부한 영장에 의하여 압수하는 경우에는 그러하지 아니하다.

제15조(물적 편성주의) ① 등기부를 편성할 때에는 1필의 토지 또는 1개의 건물에 대하여 1개의 등기기록을 둔다. 다만, 1동의 건물을 구분한 건물에 있어서는 1동의 건물에 속하는 전부에 대하여 1개의 등기기록을 사용한다.

② 등기기록에는 부동산의 표시에 관한 사항을 기록하는 표제부와 소유권에 관한 사항을 기록하는 갑구(甲區) 및 소유권 외의 권리에 관한 사항을 기록하는 을구(乙區)를 둔다.

제16조(등기부부본자료의 작성) 등기관이 등기를 마쳤을 때에는 등기부부본자료를 작성하여야 한다.

제17조(등기부의 손상과 복구) ① 등기부의 전부 또는 일부가 손상되거나 손상될 염려가 있을 때에는 대법원장은 대법원규칙으로 정하는 바에 따라 등기부의 복구·손상방지 등 필요한 처분을 명령할 수 있다.

② 대법원장은 대법원규칙으로 정하는 바에 따라 제1항의 처분명령에 관한 권한을 법원행정처장 또는 지방법원장에게 위임할 수 있다.

제18조(부속서류의 손상 등 방지처분) ① 등기부의 부속서류가 손상·멸실(滅失)의 염려가 있을 때에는 대법원장은 그 방지를 위하여 필요한 처분을 명령할 수 있다.

② 제1항에 따른 처분명령에는 제17조제2항을 준용한다.

제19조(등기사항의 열람과 증명) ① 누구든지 수수료를 내고 대법원규칙으로 정하는 바에 따라 등기기록에 기록되어 있는 사항의 전부 또는 일부의 열람(閱覽)과 이를 증명하는 등기사항증명서의 발급을 청구할 수 있다. 다만, 등기기록의 부속서류에 대하여는 이해관계 있는 부분만 열람을 청구할 수 있다.

② 제1항에 따른 등기기록의 열람 및 등기사항증명서의 발급 청구는 관할 등기소가 아닌 등기소에 대하여도 할 수 있다.

③ 제1항에 따른 수수료의 금액과 면제의 범위는 대법원규칙으로 정한다.

제20조(등기기록의 폐쇄) ① 등기관이 등기기록에 등기된 사항을 새로운 등기기록에 옮겨 기록한 때에는 종전 등기기록을 폐쇄(閉鎖)하여야 한다.

② 폐쇄한 등기기록은 영구히 보존하여야 한다.

③ 폐쇄한 등기기록에 관하여는 제19조를 준용한다.

제21조(중복등기기록의 정리) ① 등기관이 같은 토지에 관하여 중복하여 마쳐진 등기기록을 발견한 경우에는 대법원규칙으로 정하는 바에 따라 중복등기기록 중 어느 하나의 등기기록을 폐쇄

하여야 한다.

② 제1항에 따라 폐쇄된 등기기록의 소유권의 등기명의인 또는 등기상 이해관계인은 대법원규칙으로 정하는 바에 따라 그 토지가 폐쇄된 등기기록의 소유권의 등기명의인의 소유임을 증명하여 폐쇄된 등기기록의 부활을 신청할 수 있다.

제4장 등기절차

제1절 총칙

제22조(신청주의) ① 등기는 당사자의 신청 또는 관공서의 촉탁에 따라 한다. 다만, 법률에 다른 규정이 있는 경우에는 그러하지 아니하다.

② 촉탁에 따른 등기절차는 법률에 다른 규정이 없는 경우에는 신청에 따른 등기에 관한 규정을 준용한다.

③ 등기를 하려고 하는 자는 대법원규칙으로 정하는 바에 따라 수수료를 내야 한다.

제23조(등기신청인) ① 등기는 법률에 다른 규정이 없는 경우에는 등기권리자(登記權利者)와 등기의무자(登記義務者)가 공동으로 신청한다.

② 소유권보존등기(所有權保存登記) 또는 소유권보존등기의 말소등기(抹消登記)는 등기명의인으로 될 자 또는 등기명의인이 단독으로 신청한다.

③ 상속, 법인의 합병, 그 밖에 대법원규칙으로 정하는 포괄승계에 따른 등기는 등기권리자가 단독으로 신청한다.

④ 판결에 의한 등기는 승소한 등기권리자 또는 등기의무자가 단독으로 신청한다.

⑤ 부동산표시의 변경이나 경정(更正)의 등기는 소유권의 등기명의인이 단독으로 신청한다.

⑥ 등기명의인표시의 변경이나 경정의 등기는 해당 권리의 등기명의인이 단독으로 신청한다.

⑦ 신탁재산에 속하는 부동산의 신탁등기는 수탁자(受託者)가 단독으로 신청한다. <신설 2013.5.28.>

⑧ 수탁자가 「신탁법」 제3조제5항에 따라 타인에게 신탁재산에 대하여 신탁을 설정하는 경우 해당 신탁재산에 속하는 부동산에 관한 권리이전등기에 대하여는 새로운 신탁의 수탁자를 등기권리자로 하고 원래 신탁의 수탁자를 등기의무자로 한다. 이 경우 해당 신탁재산에 속하는 부동산의 신탁등기는 제7항에 따라 새로운 신탁의 수탁자가 단독으로 신청한다. <신설 2013.5.28.>

제24조(등기신청의 방법) ① 등기는 다음 각 호의 어느 하나에 해당하는 방법으로 신청한다. <개정 2016.2.3.>

1. 신청인 또는 그 대리인(代理人)이 등기소에 출석하여 신청정보 및 첨부정보를 적은 서면을 제출하는 방법. 다만, 대리인이 변호사[법무법인, 법무법인(유한) 및 법무조합을 포함한다. 이하 같다]나 법무사[법무사법인 및 법무사법인(유한)을 포함한다. 이하 같다]인 경우에는 대법원규칙으로 정하는 사무원을 등기소에 출석하게 하여 그 서면을 제출할 수 있다.

2. 대법원규칙으로 정하는 바에 따라 전산정보처리조직을 이용하여 신청정보 및 첨부정보를 보내는 방법(법원행정처장이 지정하는 등기유형으로 한정한다)

② 신청인이 제공하여야 하는 신청정보 및 첨부정보는 대법원규칙으로 정한다.

제25조(신청정보의 제공방법) 등기의 신청은 1건당 1개의 부동산에 관한 신청정보를 제공하는 방법으로 하여야 한다. 다만, 등기목적과 등기원인이 동일하거나 그 밖에 대법원규칙으로 정하는 경우에는 같은 등기소의 관할 내에 있는 여러 개의 부동산에 관한 신청정보를 일괄하여 제공하는 방법으로 할 수 있다.

제26조(법인 아닌 사단 등의 등기신청) ① 종중(宗中), 문중(門中), 그 밖에 대표자나 관리인이 있는 법인 아닌 사단(社團)이나 재단(財團)에 속하는 부동산의 등기에 관하여는 그 사단이나 재단을 등기권리자 또는 등기의무자로 한다.

② 제1항의 등기는 그 사단이나 재단의 명의로 그 대표자나 관리인이 신청한다.

제27조(포괄승계인에 의한 등기신청) 등기원인이 발생한 후에 등기권리자 또는 등기의무자에 대하여 상속이나 그 밖의 포괄승계가 있는 경우에는 상속인이나 그 밖의 포괄승계인이 그 등기를 신청할 수 있다.

제28조(채권자대위권에 의한 등기신청) ① 채권자는 「민법」 제404조에 따라 채무자를 대위(代位)하여 등기를 신청할 수 있다.

② 등기관이 제1항 또는 다른 법령에 따른 대위신청에 의하여 등기를 할 때에는 대위자의 성명 또는 명칭, 주소 또는 사무소 소재지 및 대위원인을 기록하여야 한다.

제29조(신청의 각하) 등기관은 다음 각 호의 어느 하나에 해당하는 경우에만 이유를 적은 결정으로 신청을 각하(却下)하여야 한다. 다만, 신청의 잘못된 부분이 보정(補正)될 수 있는 경우로서 신청인이 등기관이 보정을 명한 날의 다음 날까지 그 잘못된 부분을 보정하였을 때에는 그러하지 아니하다.

1. 사건이 그 등기소의 관할이 아닌 경우
2. 사건이 등기할 것이 아닌 경우
3. 신청할 권한이 없는 자가 신청한 경우
4. 제24조제1항제1호에 따라 등기를 신청할 때에 당사자나 그 대리인이 출석하지 아니한 경우
5. 신청정보의 제공이 대법원규칙으로 정한 방식에 맞지 아니한 경우
6. 신청정보의 부동산 또는 등기의 목적인 권리의 표시가 등기기록과 일치하지 아니한 경우
7. 신청정보의 등기의무자의 표시가 등기기록과 일치하지 아니한 경우. 다만, 제27조에 따라 포괄승계인이 등기신청을 하는 경우는 제외한다.
8. 신청정보와 등기원인을 증명하는 정보가 일치하지 아니한 경우
9. 등기에 필요한 첨부정보를 제공하지 아니한 경우
10. 취득세(「지방세법」 제20조의2에 따라 분할납부하는 경우에는 등기하기 이전에 분할납부하여야 할 금액을 말한다), 등록면허세(등록에 대한 등록면허세만 해당한다) 또는 수수료를 내지 아니하거나 등기신청과 관련하여 다른 법률에 따라 부과된 의무를 이행하지 아니한 경우
11. 신청정보 또는 등기기록의 부동산의 표시가 토지대장 · 임야대장 또는 건축물대장과 일치하

지 아니한 경우

제30조(등기완료의 통지) 등기관이 등기를 마쳤을 때에는 대법원규칙으로 정하는 바에 따라 신청인 등에게 그 사실을 알려야 한다.

제31조(행정구역의 변경) 행정구역 또는 그 명칭이 변경되었을 때에는 등기기록에 기록된 행정구역 또는 그 명칭에 대하여 변경등기가 있는 것으로 본다.

제32조(등기의 경정) ① 등기관이 등기를 마친 후 그 등기에 착오(錯誤)나 빠진 부분이 있음을 발견하였을 때에는 지체 없이 그 사실을 등기권리자와 등기의무자에게 알려야 하고, 등기권리자와 등기의무자가 없는 경우에는 등기명의인에게 알려야 한다. 다만, 등기권리자, 등기의무자 또는 등기명의인이 각 2인 이상인 경우에는 그 중 1인에게 통지하면 된다.

② 등기관이 등기의 착오나 빠진 부분이 등기관의 잘못으로 인한 것임을 발견한 경우에는 지체 없이 그 등기를 직권으로 경정하여야 한다. 다만, 등기상 이해관계 있는 제3자가 있는 경우에는 제3자의 승낙이 있어야 한다.

③ 등기관이 제2항에 따라 경정등기를 하였을 때에는 그 사실을 등기권리자, 등기의무자 또는 등기명의인에게 알려야 한다. 이 경우 제1항 단서를 준용한다.

④ 채권자대위권에 의하여 등기가 마쳐진 때에는 제1항 및 제3항의 통지를 그 채권자에게도 하여야 한다. 이 경우 제1항 단서를 준용한다.

제33조(새 등기기록에의 이기) 등기기록에 기록된 사항이 많아 취급하기에 불편하게 되는 등 합리적 사유로 등기기록을 옮겨 기록할 필요가 있는 경우에 등기관은 현재 효력이 있는 등기만을 새로운 등기기록에 옮겨 기록할 수 있다.

제2절 표시에 관한 등기

제1관 토지의 표시에 관한 등기

제34조(등기사항) 등기관은 토지 등기기록의 표제부에 다음 각 호의 사항을 기록하여야 한다.

1. 표시번호
2. 접수연월일
3. 소재와 지번(地番)
4. 지목(地目)
5. 면적
6. 등기원인

제35조(변경등기의 신청) 토지의 분할, 합병이 있는 경우와 제34조의 등기사항에 변경이 있는 경우에는 그 토지 소유권의 등기명의인은 그 사실이 있는 때부터 1개월 이내에 그 등기를 신청하여야 한다.

제36조(직권에 의한 표시변경등기) ① 등기관이 지적(地籍)소관청으로부터 「공간정보의 구축 및 관리 등에 관한 법률」 제88조제3항의 통지를 받은 경우에 제35조의 기간 이내에 등기명의인으로부터 등기신청이 없을 때에는 그 통지서의 기재내용에 따른 변경의 등기를 직권으로 하여야 한다. <개정 2014.6.3.>

② 제1항의 등기를 하였을 때에는 등기관은 지체 없이 그 사실을 지적소관청과 소유권의 등기명의인에게 알려야 한다. 다만, 등기명의인이 2인 이상인 경우에는 그 중 1인에게 통지하면 된다.

제37조(합필 제한) ① 소유권·지상권·전세권·임차권 및 승역지(承役地: 편익제공지)에 하는 지역권의 등기 외의 권리에 관한 등기가 있는 토지에 대하여는 합필(合筆)의 등기를 할 수 없다. 다만, 모든 토지에 대하여 등기원인 및 그 연월일과 접수번호가 동일한 저당권에 관한 등기가 있는 경우에는 그러하지 아니하다.

② 등기관이 제1항을 위반한 등기의 신청을 각하하면 지체 없이 그 사유를 지적소관청에 알려야 한다.

제38조(합필의 특례) ① 「공간정보의 구축 및 관리 등에 관한 법률」에 따른 토지합병절차를 마친 후 합필등기(合筆登記)를 하기 전에 합병된 토지 중 어느 토지에 관하여 소유권이전등기가 된 경우라 하더라도 이해관계인의 승낙이 있으면 해당 토지의 소유권의 등기명의인들은 합필 후의 토지를 공유(共有)로 하는 합필등기를 신청할 수 있다. <개정 2014.6.3.>

② 「공간정보의 구축 및 관리 등에 관한 법률」에 따른 토지합병절차를 마친 후 합필등기를 하기 전에 합병된 토지 중 어느 토지에 관하여 제37조제1항에서 정한 합필등기의 제한 사유에 해당하는 권리에 관한 등기가 된 경우라 하더라도 이해관계인의 승낙이 있으면 해당 토지의 소유권의 등기명의인은 그 권리의 목적물을 합필 후의 토지에 관한 지분으로 하는 합필등기를 신청할 수 있다. 다만, 요역지(要役地: 편익필요지)에 하는 지역권의 등기가 있는 경우에는 합필 후의 토지 전체를 위한 지역권으로 하는 합필등기를 신청하여야 한다. <개정 2014.6.3.>

제39조(멸실등기의 신청) 토지가 멸실된 경우에는 그 토지 소유권의 등기명의인은 그 사실이 있는 때부터 1개월 이내에 그 등기를 신청하여야 한다.

제2관 건물의 표시에 관한 등기

제40조(등기사항) ① 등기관은 건물 등기기록의 표제부에 다음 각 호의 사항을 기록하여야 한다.

1. 표시번호

2. 접수연월일

3. 소재, 지번 및 건물번호. 다만, 같은 지번 위에 1개의 건물만 있는 경우에는 건물번호는 기록하지 아니한다.

4. 건물의 종류, 구조와 면적. 부속건물이 있는 경우에는 부속건물의 종류, 구조와 면적도 함께 기록한다.

5. 등기원인

6. 도면의 번호[같은 지번 위에 여러 개의 건물이 있는 경우와 「집합건물의 소유 및 관리에 관한 법률」 제2조제1호의 구분소유권(區分所有權)의 목적이 되는 건물(이하 "구분건물"이라 한다)인 경우로 한정한다]

② 등기할 건물이 구분건물(區分建物)인 경우에 등기관은 제1항제3호의 소재, 지번 및 건물번호 대신 1동 건물의 등기기록의 표제부에는 소재와 지번, 건물명칭 및 번호를 기록하고 전유부분의 등기기록의 표제부에는 건물번호를 기록하여야 한다.

③ 구분건물에 「집합건물의 소유 및 관리에 관한 법률」 제2조제6호의 대지사용권(垈地使用權)으로서 건물과 분리하여 처분할 수 없는 것[이하 "대지권"(垈地權)이라 한다]이 있는 경우에는 등기관은 제2항에 따라 기록하여야 할 사항 외에 1동 건물의 등기기록의 표제부에 대지권의 목적인 토지의 표시에 관한 사항을 기록하고 전유부분의 등기기록의 표제부에는 대지권의 표시에 관한 사항을 기록하여야 한다.

④ 등기관이 제3항에 따라 대지권등기를 하였을 때에는 직권으로 대지권의 목적인 토지의 등기기록에 소유권, 지상권, 전세권 또는 임차권이 대지권이라는 뜻을 기록하여야 한다.

제41조(변경등기의 신청) ① 건물의 분할, 구분, 합병이 있는 경우와 제40조의 등기사항에 변경이 있는 경우에는 그 건물 소유권의 등기명의인은 그 사실이 있는 때부터 1개월 이내에 그 등기를 신청하여야 한다.

② 구분건물로서 표시등기만 있는 건물에 관하여는 제65조 각 호의 어느 하나에 해당하는 자가 제1항의 등기를 신청하여야 한다.

③ 구분건물로서 그 대지권의 변경이나 소멸이 있는 경우에는 구분건물의 소유권의 등기명의인은 1동의 건물에 속하는 다른 구분건물의 소유권의 등기명의인을 대위하여 그 등기를 신청할 수 있다.

④ 건물이 구분건물인 경우에 그 건물의 등기기록 중 1동 표제부에 기록하는 등기사항에 관한 변경등기는 그 구분건물과 같은 1동의 건물에 속하는 다른 구분건물에 대하여도 변경등기로서의 효력이 있다.

제42조(합병 제한) ① 소유권·전세권 및 임차권의 등기 외의 권리에 관한 등기가 있는 건물에 관하여는 합병의 등기를 할 수 없다. 이 경우 제37조제1항 단서를 준용한다.

② 등기관이 제1항을 위반한 등기의 신청을 각하하면 지체 없이 그 사유를 건축물대장 소관청에 알려야 한다.

제43조(멸실등기의 신청) ① 건물이 멸실된 경우에는 그 건물 소유권의 등기명의인은 그 사실이 있는 때부터 1개월 이내에 그 등기를 신청하여야 한다. 이 경우 제41조제2항을 준용한다.

② 제1항의 경우 그 소유권의 등기명의인이 1개월 이내에 멸실등기를 신청하지 아니하면 그 건물대지의 소유자가 건물 소유권의 등기명의인을 대위하여 그 등기를 신청할 수 있다.

③ 구분건물로서 그 건물이 속하는 1동 전부가 멸실된 경우에는 그 구분건물의 소유권의 등기명의인은 1동의 건물에 속하는 다른 구분건물의 소유권의 등기명의인을 대위하여 1동 전부에 대한 멸실등기를 신청할 수 있다.

제44조(건물의 부존재) ① 존재하지 아니하는 건물에 대한 등기가 있을 때에는 그 소유권의 등기

명의인은 지체 없이 그 건물의 멸실등기를 신청하여야 한다.

② 그 건물 소유권의 등기명의인이 제1항에 따라 등기를 신청하지 아니하는 경우에는 제43조제2항을 준용한다.

③ 존재하지 아니하는 건물이 구분건물인 경우에는 제43조제3항을 준용한다.

제45조(등기상 이해관계인이 있는 건물의 멸실) ① 소유권 외의 권리가 등기되어 있는 건물에 대한 멸실등기의 신청이 있는 경우에 등기관은 그 권리의 등기명의인에게 1개월 이내의 기간을 정하여 그 기간까지 이의(異議)를 진술하지 아니하면 멸실등기를 한다는 뜻을 알려야 한다. 다만, 건축물대장에 건물멸실의 뜻이 기록되어 있거나 소유권 외의 권리의 등기명의인이 멸실등기에 동의한 경우에는 그러하지 아니하다.

② 제1항 본문의 경우에는 제58조제2항부터 제4항까지를 준용한다.

제46조(구분건물의 표시에 관한 등기) ① 1동의 건물에 속하는 구분건물 중 일부만에 관하여 소유권보존등기를 신청하는 경우에는 나머지 구분건물의 표시에 관한 등기를 동시에 신청하여야 한다.

② 제1항의 경우에 구분건물의 소유자는 1동에 속하는 다른 구분건물의 소유자를 대위하여 그 건물의 표시에 관한 등기를 신청할 수 있다.

③ 구분건물이 아닌 건물로 등기된 건물에 접속하여 구분건물을 신축한 경우에 그 신축건물의 소유권보존등기를 신청할 때에는 구분건물이 아닌 건물을 구분건물로 변경하는 건물의 표시변경등기를 동시에 신청하여야 한다. 이 경우 제2항을 준용한다.

제47조(규약상 공용부분의 등기와 규약폐지에 따른 등기) ① 「집합건물의 소유 및 관리에 관한 법률」 제3조제4항에 따른 공용부분(共用部分)이라는 뜻의 등기는 소유권의 등기명의인이 신청하여야 한다. 이 경우 공용부분인 건물에 소유권 외의 권리에 관한 등기가 있을 때에는 그 권리의 등기명의인의 승낙이 있어야 한다.

② 공용부분이라는 뜻을 정한 규약을 폐지한 경우에 공용부분의 취득자는 지체 없이 소유권보존등기를 신청하여야 한다.

제3절 권리에 관한 등기

제1관 통칙

제48조(등기사항) ① 등기관이 갑구 또는 을구에 권리에 관한 등기를 할 때에는 다음 각 호의 사항을 기록하여야 한다.

1. 순위번호
2. 등기목적
3. 접수연월일 및 접수번호
4. 등기원인 및 그 연월일
5. 권리자

② 제1항제5호의 권리자에 관한 사항을 기록할 때에는 권리자의 성명 또는 명칭 외에 주민등록번호 또는 부동산등기용등록번호와 주소 또는 사무소 소재지를 함께 기록하여야 한다.

③ 제26조에 따라 법인 아닌 사단이나 재단 명의의 등기를 할 때에는 그 대표자나 관리인의 성명, 주소 및 주민등록번호를 함께 기록하여야 한다.

④ 제1항제5호의 권리자가 2인 이상인 경우에는 권리자별 지분을 기록하여야 하고 등기할 권리가 합유(合有)인 때에는 그 뜻을 기록하여야 한다.

제49조(등록번호의 부여절차) ① 제48조제2항에 따른 부동산등기용등록번호(이하 "등록번호"라 한다)는 다음 각 호의 방법에 따라 부여한다. <개정 2013.3.23., 2014.3.18., 2015.7.24.>

1. 국가 · 지방자치단체 · 국제기관 및 외국정부의 등록번호는 국토교통부장관이 지정 · 고시한다.

2. 주민등록번호가 없는 재외국민의 등록번호는 대법원 소재지 관할 등기소의 등기관이 부여하고, 법인의 등록번호는 주된 사무소(회사의 경우에는 본점, 외국법인의 경우에는 국내에 최초로 설치 등기를 한 영업소나 사무소를 말한다) 소재지 관할 등기소의 등기관이 부여한다.

3. 법인 아닌 사단이나 재단 및 국내에 영업소나 사무소의 설치 등기를 하지 아니한 외국법인의 등록번호는 시장(「제주특별자치도 설치 및 국제자유도시 조성을 위한 특별법」 제10조제2항에 따른 행정시의 시장을 포함하며, 「지방자치법」 제3조제3항에 따라 자치구가 아닌 구를 두는 시의 시장은 제외한다), 군수 또는 구청장(자치구가 아닌 구의 구청장을 포함한다)이 부여한다.

4. 외국인의 등록번호는 체류지(국내에 체류지가 없는 경우에는 대법원 소재지에 체류지가 있는 것으로 본다)를 관할하는 지방출입국 · 외국인관서의 장이 부여한다.

② 제1항제2호에 따른 등록번호의 부여절차는 대법원규칙으로 정하고, 제1항제3호와 제4호에 따른 등록번호의 부여절차는 대통령령으로 정한다.

제50조(등기필정보) ① 등기관이 새로운 권리에 관한 등기를 마쳤을 때에는 등기필정보를 작성하여 등기권리자에게 통지하여야 한다. 다만, 다음 각 호의 어느 하나에 해당하는 경우에는 그러하지 아니하다.

1. 등기권리자가 등기필정보의 통지를 원하지 아니하는 경우

2. 국가 또는 지방자치단체가 등기권리자인 경우

3. 제1호 및 제2호에서 규정한 경우 외에 대법원규칙으로 정하는 경우

② 등기권리자와 등기의무자가 공동으로 권리에 관한 등기를 신청하는 경우에 신청인은 그 신청정보와 함께 제1항에 따라 통지받은 등기의무자의 등기필정보를 등기소에 제공하여야 한다. 승소한 등기의무자가 단독으로 권리에 관한 등기를 신청하는 경우에도 또한 같다.

제51조(등기필정보가 없는 경우) 제50조제2항의 경우에 등기의무자의 등기필정보가 없을 때에는 등기의무자 또는 그 법정대리인(이하 "등기의무자등"이라 한다)이 등기소에 출석하여 등기관으로부터 등기의무자등임을 확인받아야 한다. 다만, 등기신청인의 대리인(변호사나 법무사만을 말한다)이 등기의무자등으로부터 위임받았음을 확인한 경우 또는 신청서(위임에 의한 대리인이 신청하는 경우에는 그 권한을 증명하는 서면을 말한다) 중 등기의무자등의 작성부분에 관하여 공증(公證)을 받은 경우에는 그러하지 아니하다.

제52조(부기로 하는 등기) 등기관이 다음 각 호의 등기를 할 때에는 부기로 하여야 한다. 다만, 제5호의 등기는 등기상 이해관계 있는 제3자의 승낙이 없는 경우에는 그러하지 아니하다.

1. 등기명의인표시의 변경이나 경정의 등기
2. 소유권 외의 권리의 이전등기
3. 소유권 외의 권리를 목적으로 하는 권리에 관한 등기
4. 소유권 외의 권리에 대한 처분제한 등기
5. 권리의 변경이나 경정의 등기
6. 제53조의 환매특약등기
7. 제54조의 권리소멸약정등기
8. 제67조제1항 후단의 공유물 분할금지의 약정등기
9. 그 밖에 대법원규칙으로 정하는 등기

제53조(환매특약의 등기) 등기관이 환매특약의 등기를 할 때에는 다음 각 호의 사항을 기록하여야 한다. 다만, 제3호는 등기원인에 그 사항이 정하여져 있는 경우에만 기록한다.

1. 매수인이 지급한 대금
2. 매매비용
3. 환매기간

제54조(권리소멸약정의 등기) 등기원인에 권리의 소멸에 관한 약정이 있을 경우 신청인은 그 약정에 관한 등기를 신청할 수 있다.

제55조(사망 등으로 인한 권리의 소멸과 말소등기) 등기명의인인 사람의 사망 또는 법인의 해산으로 권리가 소멸한다는 약정이 등기되어 있는 경우에 사람의 사망 또는 법인의 해산으로 그 권리가 소멸하였을 때에는, 등기권리자는 그 사실을 증명하여 단독으로 해당 등기의 말소를 신청할 수 있다.

제56조(등기의무자의 소재불명과 말소등기) ① 등기권리자가 등기의무자의 소재불명으로 인하여 공동으로 등기의 말소를 신청할 수 없을 때에는 「민사소송법」에 따라 공시최고(公示催告)를 신청할 수 있다.

② 제1항의 경우에 제권판결(除權判決)이 있으면 등기권리자가 그 사실을 증명하여 단독으로 등기의 말소를 신청할 수 있다.

제57조(이해관계 있는 제3자가 있는 등기의 말소) ① 등기의 말소를 신청하는 경우에 그 말소에 대하여 등기상 이해관계 있는 제3자가 있을 때에는 제3자의 승낙이 있어야 한다.

② 제1항에 따라 등기를 말소할 때에는 등기상 이해관계 있는 제3자 명의의 등기는 등기관이 직권으로 말소한다.

제58조(직권에 의한 등기의 말소) ① 등기관이 등기를 마친 후 그 등기가 제29조제1호 또는 제2호에 해당된 것임을 발견하였을 때에는 등기권리자, 등기의무자와 등기상 이해관계 있는 제3자에게 1개월 이내의 기간을 정하여 그 기간에 이의를 진술하지 아니하면 등기를 말소한다는 뜻

을 통지하여야 한다.

② 제1항의 경우 통지를 받을 자의 주소 또는 거소(居所)를 알 수 없으면 제1항의 통지를 갈음하여 제1항의 기간 동안 등기소 게시장에 이를 게시하거나 대법원규칙으로 정하는 바에 따라 공고하여야 한다.

③ 등기관은 제1항의 말소에 관하여 이의를 진술한 자가 있으면 그 이의에 대한 결정을 하여야 한다.

④ 등기관은 제1항의 기간 이내에 이의를 진술한 자가 없거나 이의를 각하한 경우에는 제1항의 등기를 직권으로 말소하여야 한다.

제59조(말소등기의 회복) 말소된 등기의 회복(回復)을 신청하는 경우에 등기상 이해관계 있는 제3자가 있을 때에는 그 제3자의 승낙이 있어야 한다.

제60조(대지사용권의 취득) ① 구분건물을 신축한 자가 「집합건물의 소유 및 관리에 관한 법률」 제2조제6호의 대지사용권을 가지고 있는 경우에 대지권에 관한 등기를 하지 아니하고 구분건물에 관하여만 소유권이전등기를 마쳤을 때에는 현재의 구분건물의 소유명의인과 공동으로 대지사용권에 관한 이전등기를 신청할 수 있다.

② 구분건물을 신축하여 양도한 자가 그 건물의 대지사용권을 나중에 취득하여 이전하기로 약정한 경우에는 제1항을 준용한다.

③ 제1항 및 제2항에 따른 등기는 대지권에 관한 등기와 동시에 신청하여야 한다.

제61조(구분건물의 등기기록에 대지권등기가 되어 있는 경우) ① 대지권을 등기한 후에 한 건물의 권리에 관한 등기는 대지권에 대하여 동일한 등기로서 효력이 있다. 다만, 그 등기에 건물만에 관한 것이라는 뜻의 부기가 되어 있을 때에는 그러하지 아니하다.

② 제1항에 따라 대지권에 대한 등기로서의 효력이 있는 등기와 대지권의 목적인 토지의 등기기록 중 해당 구에 한 등기의 순서는 접수번호에 따른다.

③ 대지권이 등기된 구분건물의 등기기록에는 건물만에 관한 소유권이전등기 또는 저당권설정등기, 그 밖에 이와 관련이 있는 등기를 할 수 없다.

④ 토지의 소유권이 대지권인 경우에 대지권이라는 뜻의 등기가 되어 있는 토지의 등기기록에는 소유권이전등기, 저당권설정등기, 그 밖에 이와 관련이 있는 등기를 할 수 없다.

⑤ 지상권, 전세권 또는 임차권이 대지권인 경우에는 제4항을 준용한다.

제62조(소유권변경 사실의 통지) 등기관이 다음 각 호의 등기를 하였을 때에는 지체 없이 그 사실을 토지의 경우에는 지적소관청에, 건물의 경우에는 건축물대장 소관청에 각각 알려야 한다.

1. 소유권의 보존 또는 이전
2. 소유권의 등기명의인표시의 변경 또는 경정
3. 소유권의 변경 또는 경정
4. 소유권의 말소 또는 말소회복

제63조(과세자료의 제공) 등기관이 소유권의 보존 또는 이전의 등기[가등기(假登記)를 포함한다]를

하였을 때에는 대법원규칙으로 정하는 바에 따라 지체 없이 그 사실을 부동산 소재지 관할 세무서장에게 통지하여야 한다.

제2관 소유권에 관한 등기

제64조(소유권보존등기의 등기사항) 등기관이 소유권보존등기를 할 때에는 제48조제1항제4호에도 불구하고 등기원인과 그 연월일을 기록하지 아니한다.

제65조(소유권보존등기의 신청인) 미등기의 토지 또는 건물에 관한 소유권보존등기는 다음 각 호의 어느 하나에 해당하는 자가 신청할 수 있다.

1. 토지대장, 임야대장 또는 건축물대장에 최초의 소유자로 등록되어 있는 자 또는 그 상속인, 그 밖의 포괄승계인
2. 확정판결에 의하여 자기의 소유권을 증명하는 자
3. 수용(收用)으로 인하여 소유권을 취득하였음을 증명하는 자
4. 특별자치도지사, 시장, 군수 또는 구청장(자치구의 구청장을 말한다)의 확인에 의하여 자기의 소유권을 증명하는 자(건물의 경우로 한정한다)

제66조(미등기부동산의 처분제한의 등기와 직권보존) ① 등기관이 미등기부동산에 대하여 법원의 촉탁에 따라 소유권의 처분제한의 등기를 할 때에는 직권으로 소유권보존등기를 하고, 처분제한의 등기를 명하는 법원의 재판에 따라 소유권의 등기를 한다는 뜻을 기록하여야 한다.

② 등기관이 제1항에 따라 건물에 대한 소유권보존등기를 하는 경우에는 제65조를 적용하지 아니한다. 다만, 그 건물이 「건축법」상 사용승인을 받아야 할 건물임에도 사용승인을 받지 아니하였다면 그 사실을 표제부에 기록하여야 한다.

③ 제2항 단서에 따라 등기된 건물에 대하여 「건축법」상 사용승인이 이루어진 경우에는 그 건물 소유권의 등기명의인은 1개월 이내에 제2항 단서의 기록에 대한 말소등기를 신청하여야 한다.

제67조(소유권의 일부이전) ① 등기관이 소유권의 일부에 관한 이전등기를 할 때에는 이전되는 지분을 기록하여야 한다. 이 경우 등기원인에 「민법」 제268조제1항 단서의 약정이 있을 때에는 그 약정에 관한 사항도 기록하여야 한다.

② 제1항 후단의 약정의 변경등기는 공유자 전원이 공동으로 신청하여야 한다.

제68조(거래가액의 등기) 등기관이 「부동산 거래신고 등에 관한 법률」 제3조제1항에서 정하는 계약을 등기원인으로 한 소유권이전등기를 하는 경우에는 대법원규칙으로 정하는 바에 따라 거래가액을 기록한다. <개정 2015.7.24., 2016.1.19.>

제3관 용익권(用益權)에 관한 등기

제69조(지상권의 등기사항) 등기관이 지상권설정의 등기를 할 때에는 제48조에서 규정한 사항 외에 다음 각 호의 사항을 기록하여야 한다. 다만, 제3호부터 제5호까지는 등기원인에 그 약정이

있는 경우에만 기록한다.

1. 지상권설정의 목적
2. 범위
3. 존속기간
4. 지료와 지급시기
5. 「민법」 제289조의2제1항 후단의 약정
6. 지상권설정의 범위가 토지의 일부인 경우에는 그 부분을 표시한 도면의 번호

제70조(지역권의 등기사항) 등기관이 승역지의 등기기록에 지역권설정의 등기를 할 때에는 제48조 제1항제1호부터 제4호까지에서 규정한 사항 외에 다음 각 호의 사항을 기록하여야 한다. 다만, 제4호는 등기원인에 그 약정이 있는 경우에만 기록한다.

1. 지역권설정의 목적
2. 범위
3. 요역지
4. 「민법」 제292조제1항 단서, 제297조제1항 단서 또는 제298조의 약정
5. 승역지의 일부에 지역권설정의 등기를 할 때에는 그 부분을 표시한 도면의 번호

제71조(요역지지역권의 등기사항) ① 등기관이 승역지에 지역권설정의 등기를 하였을 때에는 직권으로 요역지의 등기기록에 다음 각 호의 사항을 기록하여야 한다.

1. 순위번호
2. 등기목적
3. 승역지
4. 지역권설정의 목적
5. 범위
6. 등기연월일

② 등기관은 요역지가 다른 등기소의 관할에 속하는 때에는 지체 없이 그 등기소에 승역지, 요역지, 지역권설정의 목적과 범위, 신청서의 접수연월일을 통지하여야 한다.

③ 제2항의 통지를 받은 등기소의 등기관은 지체 없이 요역지인 부동산의 등기기록에 제1항제1호부터 제5호까지의 사항, 그 통지의 접수연월일 및 그 접수번호를 기록하여야 한다.

④ 등기관이 지역권의 변경등기 또는 말소등기를 할 때에는 제2항 및 제3항을 준용한다.

제72조(전세권 등의 등기사항) ① 등기관이 전세권설정이나 전전세(轉傳貰)의 등기를 할 때에는 제48조에서 규정한 사항 외에 다음 각 호의 사항을 기록하여야 한다. 다만, 제3호부터 제5호까지는 등기원인에 그 약정이 있는 경우에만 기록한다.

1. 전세금 또는 전전세금
2. 범위
3. 존속기간
4. 위약금 또는 배상금

5. 「민법」 제306조 단서의 약정

6. 전세권설정이나 전전세의 범위가 부동산의 일부인 경우에는 그 부분을 표시한 도면의 번호

② 여러 개의 부동산에 관한 권리를 목적으로 하는 전세권설정의 등기를 하는 경우에는 제78조를 준용한다.

제73조(전세금반환채권의 일부양도에 따른 전세권 일부이전등기) ① 등기관이 전세금반환채권의 일부 양도를 원인으로 한 전세권 일부이전등기를 할 때에는 양도액을 기록한다.

② 제1항의 전세권 일부이전등기의 신청은 전세권의 존속기간의 만료 전에는 할 수 없다. 다만, 존속기간 만료 전이라도 해당 전세권이 소멸하였음을 증명하여 신청하는 경우에는 그러하지 아니하다.

제74조(임차권 등의 등기사항) 등기관이 임차권 설정 또는 임차물 전대(轉貸)의 등기를 할 때에는 제48조에서 규정한 사항 외에 다음 각 호의 사항을 기록하여야 한다. 다만, 제2호부터 제5호까지는 등기원인에 그 사항이 있는 경우에만 기록한다.

1. 차임(借賃)

2. 차임지급시기

3. 존속기간. 다만, 처분능력 또는 처분권한 없는 임대인에 의한 「민법」 제619조의 단기임대차인 경우에는 그 뜻도 기록한다.

4. 임차보증금

5. 임차권의 양도 또는 임차물의 전대에 대한 임대인의 동의

6. 임차권설정 또는 임차물전대의 범위가 부동산의 일부인 때에는 그 부분을 표시한 도면의 번호

제4관 담보권에 관한 등기

제75조(저당권의 등기사항) ① 등기관이 저당권설정의 등기를 할 때에는 제48조에서 규정한 사항 외에 다음 각 호의 사항을 기록하여야 한다. 다만, 제3호부터 제8호까지는 등기원인에 그 약정이 있는 경우에만 기록한다.

1. 채권액

2. 채무자의 성명 또는 명칭과 주소 또는 사무소 소재지

3. 변제기(辨濟期)

4. 이자 및 그 발생기·지급시기

5. 원본(元本) 또는 이자의 지급장소

6. 채무불이행(債務不履行)으로 인한 손해배상에 관한 약정

7. 「민법」 제358조 단서의 약정

8. 채권의 조건

② 등기관은 제1항의 저당권의 내용이 근저당권(根抵當權)인 경우에는 제48조에서 규정한 사항 외에 다음 각 호의 사항을 기록하여야 한다. 다만, 제3호 및 제4호는 등기원인에 그 약정이 있

는 경우에만 기록한다.

1. 채권의 최고액
2. 채무자의 성명 또는 명칭과 주소 또는 사무소 소재지
3. 「민법」 제358조 단서의 약정
4. 존속기간

제76조(저당권부채권에 대한 질권 등의 등기사항) ① 등기관이 「민법」 제348조에 따라 저당권부채권(抵當權附債權)에 대한 질권의 등기를 할 때에는 제48조에서 규정한 사항 외에 다음 각 호의 사항을 기록하여야 한다.

1. 채권액 또는 채권최고액
2. 채무자의 성명 또는 명칭과 주소 또는 사무소 소재지
3. 변제기와 이자의 약정이 있는 경우에는 그 내용

② 등기관이 「동산·채권 등의 담보에 관한 법률」 제37조에서 준용하는 「민법」 제348조에 따른 채권담보권의 등기를 할 때에는 제48조에서 정한 사항 외에 다음 각 호의 사항을 기록하여야 한다.

1. 채권액 또는 채권최고액
2. 채무자의 성명 또는 명칭과 주소 또는 사무소 소재지
3. 변제기와 이자의 약정이 있는 경우에는 그 내용

제77조(피담보채권이 금액을 목적으로 하지 아니하는 경우) 등기관이 일정한 금액을 목적으로 하지 아니하는 채권을 담보하기 위한 저당권설정의 등기를 할 때에는 그 채권의 평가액을 기록하여야 한다.

제78조(공동저당의 등기) ① 등기관이 동일한 채권에 관하여 여러 개의 부동산에 관한 권리를 목적으로 하는 저당권설정의 등기를 할 때에는 각 부동산의 등기기록에 그 부동산에 관한 권리가 다른 부동산에 관한 권리와 함께 저당권의 목적으로 제공된 뜻을 기록하여야 한다.

② 등기관은 제1항의 경우에 부동산이 5개 이상일 때에는 공동담보목록을 작성하여야 한다.

③ 제2항의 공동담보목록은 등기기록의 일부로 본다.

④ 등기관이 1개 또는 여러 개의 부동산에 관한 권리를 목적으로 하는 저당권설정의 등기를 한 후 동일한 채권에 대하여 다른 1개 또는 여러 개의 부동산에 관한 권리를 목적으로 하는 저당권설정의 등기를 할 때에는 그 등기와 종전의 등기에 각 부동산에 관한 권리가 함께 저당권의 목적으로 제공된 뜻을 기록하여야 한다. 이 경우 제2항 및 제3항을 준용한다.

⑤ 제4항의 경우 종전에 등기한 부동산이 다른 등기소의 관할에 속할 때에는 제71조제2항 및 제3항을 준용한다.

제79조(채권일부의 양도 또는 대위변제로 인한 저당권 일부이전등기의 등기사항) 등기관이 채권의 일부에 대한 양도 또는 대위변제(代位辨濟)로 인한 저당권 일부이전등기를 할 때에는 제48조에서 규정한 사항 외에 양도액 또는 변제액을 기록하여야 한다.

제80조(공동저당의 대위등기) ① 등기관이 「민법」 제368조제2항 후단의 대위등기를 할 때에는 제48조에서 규정한 사항 외에 다음 각 호의 사항을 기록하여야 한다.

1. 매각 부동산(소유권 외의 권리가 저당권의 목적일 때에는 그 권리를 말한다)
2. 매각대금
3. 선순위 저당권자가 변제받은 금액

② 제1항의 등기에는 제75조를 준용한다.

제5관 신탁에 관한 등기

제81조(신탁등기의 등기사항) ① 등기관이 신탁등기를 할 때에는 다음 각 호의 사항을 기록한 신탁원부(信託原簿)를 작성하고, 등기기록에는 제48조에서 규정한 사항 외에 그 신탁원부의 번호를 기록하여야 한다. <개정 2014.3.18.>

1. 위탁자(委託者), 수탁자 및 수익자(受益者)의 성명 및 주소(법인인 경우에는 그 명칭 및 사무소 소재지를 말한다)
2. 수익자를 지정하거나 변경할 수 있는 권한을 갖는 자를 정한 경우에는 그 자의 성명 및 주소(법인인 경우에는 그 명칭 및 사무소 소재지를 말한다)
3. 수익자를 지정하거나 변경할 방법을 정한 경우에는 그 방법
4. 수익권의 발생 또는 소멸에 관한 조건이 있는 경우에는 그 조건
5. 신탁관리인이 선임된 경우에는 신탁관리인의 성명 및 주소(법인인 경우에는 그 명칭 및 사무소 소재지를 말한다)
6. 수익자가 없는 특정의 목적을 위한 신탁인 경우에는 그 뜻
7. 「신탁법」 제3조제5항에 따라 수탁자가 타인에게 신탁을 설정하는 경우에는 그 뜻
8. 「신탁법」 제59조제1항에 따른 유언대용신탁인 경우에는 그 뜻
9. 「신탁법」 제60조에 따른 수익자연속신탁인 경우에는 그 뜻
10. 「신탁법」 제78조에 따른 수익증권발행신탁인 경우에는 그 뜻
11. 「공익신탁법」에 따른 공익신탁인 경우에는 그 뜻
12. 「신탁법」 제114조제1항에 따른 유한책임신탁인 경우에는 그 뜻
13. 신탁의 목적
14. 신탁재산의 관리, 처분, 운용, 개발, 그 밖에 신탁 목적의 달성을 위하여 필요한 방법
15. 신탁종료의 사유
16. 그 밖의 신탁 조항

② 제1항제5호, 제6호, 제10호 및 제11호의 사항에 관하여 등기를 할 때에는 수익자의 성명 및 주소를 기재하지 아니할 수 있다.

③ 제1항의 신탁원부는 등기기록의 일부로 본다.

[전문개정 2013.5.28.]

제82조(신탁등기의 신청방법) ① 신탁등기의 신청은 해당 부동산에 관한 권리의 설정등기, 보존등

기, 이전등기 또는 변경등기의 신청과 동시에 하여야 한다.

② 수익자나 위탁자는 수탁자를 대위하여 신탁등기를 신청할 수 있다. 이 경우 제1항은 적용하지 아니한다.

③ 제2항에 따른 대위등기의 신청에 관하여는 제28조제2항을 준용한다.

[전문개정 2013.5.28.]

제82조의2(신탁의 합병·분할 등에 따른 신탁등기의 신청) ① 신탁의 합병 또는 분할로 인하여 하나의 신탁재산에 속하는 부동산에 관한 권리가 다른 신탁의 신탁재산에 귀속되는 경우 신탁등기의 말소등기 및 새로운 신탁등기의 신청은 신탁의 합병 또는 분할로 인한 권리변경등기의 신청과 동시에 하여야 한다.

② 「신탁법」 제34조제1항제3호 및 같은 조 제2항에 따라 여러 개의 신탁을 인수한 수탁자가 하나의 신탁재산에 속하는 부동산에 관한 권리를 다른 신탁의 신탁재산에 귀속시키는 경우 신탁등기의 신청방법에 관하여는 제1항을 준용한다.

[본조신설 2013.5.28.]

제83조(수탁자의 임무 종료에 의한 등기) 다음 각 호의 어느 하나에 해당하여 수탁자의 임무가 종료된 경우 신수탁자는 단독으로 신탁재산에 속하는 부동산에 관한 권리이전등기를 신청할 수 있다. <개정 2014.3.18.>

1. 「신탁법」 제12조제1항 각 호의 어느 하나에 해당하여 수탁자의 임무가 종료된 경우

2. 「신탁법」 제16조제1항에 따라 수탁자를 해임한 경우

3. 「신탁법」 제16조제3항에 따라 법원이 수탁자를 해임한 경우

4. 「공익신탁법」 제27조에 따라 법무부장관이 직권으로 공익신탁의 수탁자를 해임한 경우

[전문개정 2013.5.28.]

제84조(수탁자가 여러 명인 경우) ① 수탁자가 여러 명인 경우 등기관은 신탁재산이 합유인 뜻을 기록하여야 한다.

② 여러 명의 수탁자 중 1인이 제83조 각 호의 어느 하나의 사유로 그 임무가 종료된 경우 다른 수탁자는 단독으로 권리변경등기를 신청할 수 있다. 이 경우 다른 수탁자가 여러 명일 때에는 그 전원이 공동으로 신청하여야 한다.

[전문개정 2013.5.28.]

제84조의2(신탁재산에 관한 등기신청의 특례) 다음 각 호의 어느 하나에 해당하는 경우 수탁자는 단독으로 해당 신탁재산에 속하는 부동산에 관한 권리변경등기를 신청할 수 있다.

1. 「신탁법」 제3조제1항제3호에 따라 신탁을 설정하는 경우

2. 「신탁법」 제34조제2항 각 호의 어느 하나에 해당하여 다음 각 목의 어느 하나의 행위를 하는 것이 허용된 경우

　가. 수탁자가 신탁재산에 속하는 부동산에 관한 권리를 고유재산에 귀속시키는 행위

　나. 수탁자가 고유재산에 속하는 부동산에 관한 권리를 신탁재산에 귀속시키는 행위

　다. 여러 개의 신탁을 인수한 수탁자가 하나의 신탁재산에 속하는 부동산에 관한 권리를 다

른 신탁의 신탁재산에 귀속시키는 행위

3. 「신탁법」 제90조 또는 제94조에 따라 수탁자가 신탁을 합병, 분할 또는 분할합병하는 경우
[본조신설 2013.5.28.]

제85조(촉탁에 의한 신탁변경등기) ① 법원은 다음 각 호의 어느 하나에 해당하는 재판을 한 경우 지체 없이 신탁원부 기록의 변경등기를 등기소에 촉탁하여야 한다.

1. 수탁자 해임의 재판
2. 신탁관리인의 선임 또는 해임의 재판
3. 신탁 변경의 재판

② 법무부장관은 다음 각 호의 어느 하나에 해당하는 경우 지체 없이 신탁원부 기록의 변경등기를 등기소에 촉탁하여야 한다. <개정 2014.3.18.>

1. 수탁자를 직권으로 해임한 경우
2. 신탁관리인을 직권으로 선임하거나 해임한 경우
3. 신탁내용의 변경을 명한 경우

③ 등기관이 제1항제1호 및 제2항제1호에 따라 법원 또는 주무관청의 촉탁에 의하여 수탁자 해임에 관한 신탁원부 기록의 변경등기를 하였을 때에는 직권으로 등기기록에 수탁자 해임의 뜻을 부기하여야 한다.
[전문개정 2013.5.28.]

제85조의2(직권에 의한 신탁변경등기) 등기관이 신탁재산에 속하는 부동산에 관한 권리에 대하여 다음 각 호의 어느 하나에 해당하는 등기를 할 경우 직권으로 그 부동산에 관한 신탁원부 기록의 변경등기를 하여야 한다.

1. 수탁자의 변경으로 인한 이전등기
2. 여러 명의 수탁자 중 1인의 임무 종료로 인한 변경등기
3. 수탁자인 등기명의인의 성명 및 주소(법인인 경우에는 그 명칭 및 사무소 소재지를 말한다)에 관한 변경등기 또는 경정등기
[본조신설 2013.5.28.]

제86조(신탁변경등기의 신청) 수탁자는 제85조 및 제85조의2에 해당하는 경우를 제외하고 제81조 제1항 각 호의 사항이 변경되었을 때에는 지체 없이 신탁원부 기록의 변경등기를 신청하여야 한다. <개정 2013.5.28.>

제87조(신탁등기의 말소) ① 신탁재산에 속한 권리가 이전, 변경 또는 소멸됨에 따라 신탁재산에 속하지 아니하게 된 경우 신탁등기의 말소신청은 신탁된 권리의 이전등기, 변경등기 또는 말소등기의 신청과 동시에 하여야 한다.

② 신탁종료로 인하여 신탁재산에 속한 권리가 이전 또는 소멸된 경우에는 제1항을 준용한다.

③ 신탁등기의 말소등기는 수탁자가 단독으로 신청할 수 있다.

④ 신탁등기의 말소등기의 신청에 관하여는 제82조제2항 및 제3항을 준용한다.
[전문개정 2013.5.28.]

제87조의2(담보권신탁에 관한 특례) ① 위탁자가 자기 또는 제3자 소유의 부동산에 채권자가 아닌 수탁자를 저당권자로 하여 설정한 저당권을 신탁재산으로 하고 채권자를 수익자로 지정한 신탁의 경우 등기관은 그 저당권에 의하여 담보되는 피담보채권이 여럿이고 각 피담보채권별로 제75조에 따른 등기사항이 다를 때에는 제75조에 따른 등기사항을 각 채권별로 구분하여 기록하여야 한다.

② 제1항에 따른 신탁의 신탁재산에 속하는 저당권에 의하여 담보되는 피담보채권이 이전되는 경우 수탁자는 신탁원부 기록의 변경등기를 신청하여야 한다.

③ 제1항에 따른 신탁의 신탁재산에 속하는 저당권의 이전등기를 하는 경우에는 제79조를 적용하지 아니한다.

[본조신설 2013.5.28.]

제87조의3(신탁재산관리인이 선임된 신탁의 등기) 「신탁법」 제17조제1항 또는 제18조제1항에 따라 신탁재산관리인이 선임된 신탁의 경우 제23조제7항·제8항, 제81조, 제82조, 제82조의2, 제84조제1항, 제84조의2, 제85조제1항·제2항, 제85조의2제3호, 제86조, 제87조 및 제87조의2를 적용할 때에는 "수탁자"는 "신탁재산관리인"으로 본다.

[본조신설 2013.5.28.]

제6관 가등기

제88조(가등기의 대상) 가등기는 제3조 각 호의 어느 하나에 해당하는 권리의 설정, 이전, 변경 또는 소멸의 청구권(請求權)을 보전(保全)하려는 때에 한다. 그 청구권이 시기부(始期附) 또는 정지조건부(停止條件附)일 경우나 그 밖에 장래에 확정될 것인 경우에도 같다.

제89조(가등기의 신청방법) 가등기권리자는 제23조제1항에도 불구하고 가등기의무자의 승낙이 있거나 가등기를 명하는 법원의 가처분명령(假處分命令)이 있을 때에는 단독으로 가등기를 신청할 수 있다.

제90조(가등기를 명하는 가처분명령) ① 제89조의 가등기를 명하는 가처분명령은 부동산의 소재지를 관할하는 지방법원이 가등기권리자의 신청으로 가등기 원인사실의 소명이 있는 경우에 할 수 있다.

② 제1항의 신청을 각하한 결정에 대하여는 즉시항고(卽時抗告)를 할 수 있다.

③ 제2항의 즉시항고에 관하여는 「비송사건절차법」을 준용한다.

제91조(가등기에 의한 본등기의 순위) 가등기에 의한 본등기(本登記)를 한 경우 본등기의 순위는 가등기의 순위에 따른다.

제92조(가등기에 의하여 보전되는 권리를 침해하는 가등기 이후 등기의 직권말소) ① 등기관은 가등기에 의한 본등기를 하였을 때에는 대법원규칙으로 정하는 바에 따라 가등기 이후에 된 등기로서 가등기에 의하여 보전되는 권리를 침해하는 등기를 직권으로 말소하여야 한다.

② 등기관이 제1항에 따라 가등기 이후의 등기를 말소하였을 때에는 지체 없이 그 사실을 말소된 권리의 등기명의인에게 통지하여야 한다.

제93조(가등기의 말소) ① 가등기명의인은 제23조제1항에도 불구하고 단독으로 가등기의 말소를 신청할 수 있다.

② 가등기의무자 또는 가등기에 관하여 등기상 이해관계 있는 자는 제23조제1항에도 불구하고 가등기명의인의 승낙을 받아 단독으로 가등기의 말소를 신청할 수 있다.

제7관 가처분에 관한 등기

제94조(가처분등기 이후의 등기의 말소) ① 「민사집행법」 제305조제3항에 따라 권리의 이전, 말소 또는 설정등기청구권을 보전하기 위한 처분금지가처분등기가 된 후 가처분채권자가 가처분채무자를 등기의무자로 하여 권리의 이전, 말소 또는 설정의 등기를 신청하는 경우에는, 대법원규칙으로 정하는 바에 따라 그 가처분등기 이후에 된 등기로서 가처분채권자의 권리를 침해하는 등기의 말소를 단독으로 신청할 수 있다.

② 등기관이 제1항의 신청에 따라 가처분등기 이후의 등기를 말소할 때에는 직권으로 그 가처분등기도 말소하여야 한다.

③ 등기관이 제1항의 신청에 따라 가처분등기 이후의 등기를 말소하였을 때에는 지체 없이 그 사실을 말소된 권리의 등기명의인에게 통지하여야 한다.

제95조(가처분에 따른 소유권 외의 권리 설정등기) 등기관이 제94조제1항에 따라 가처분채권자 명의의 소유권 외의 권리 설정등기를 할 때에는 그 등기가 가처분에 기초한 것이라는 뜻을 기록하여야 한다.

제8관 관공서가 촉탁하는 등기 등

제96조(관공서가 등기명의인 등을 갈음하여 촉탁할 수 있는 등기) 관공서가 체납처분(滯納處分)으로 인한 압류등기(押留登記)를 촉탁하는 경우에는 등기명의인 또는 상속인, 그 밖의 포괄승계인을 갈음하여 부동산의 표시, 등기명의인의 표시의 변경, 경정 또는 상속, 그 밖의 포괄승계로 인한 권리이전(權利移轉)의 등기를 함께 촉탁할 수 있다.

제97조(공매처분으로 인한 등기의 촉탁) 관공서가 공매처분(公賣處分)을 한 경우에 등기권리자의 청구를 받으면 지체 없이 다음 각 호의 등기를 등기소에 촉탁하여야 한다.

1. 공매처분으로 인한 권리이전의 등기
2. 공매처분으로 인하여 소멸한 권리등기(權利登記)의 말소
3. 체납처분에 관한 압류등기의 말소

제98조(관공서의 촉탁에 따른 등기) ① 국가 또는 지방자치단체가 등기권리자인 경우에는 국가 또는 지방자치단체는 등기의무자의 승낙을 받아 해당 등기를 지체 없이 등기소에 촉탁하여야 한다.

② 국가 또는 지방자치단체가 등기의무자인 경우에는 국가 또는 지방자치단체는 등기권리자의 청구에 따라 지체 없이 해당 등기를 등기소에 촉탁하여야 한다.

제99조(수용으로 인한 등기) ① 수용으로 인한 소유권이전등기는 제23조제1항에도 불구하고 등기권리자가 단독으로 신청할 수 있다.

② 등기권리자는 제1항의 신청을 하는 경우에 등기명의인이나 상속인, 그 밖의 포괄승계인을 갈음하여 부동산의 표시 또는 등기명의인의 표시의 변경, 경정 또는 상속, 그 밖의 포괄승계로 인한 소유권이전의 등기를 신청할 수 있다.

③ 국가 또는 지방자치단체가 제1항의 등기권리자인 경우에는 국가 또는 지방자치단체는 지체 없이 제1항과 제2항의 등기를 등기소에 촉탁하여야 한다.

④ 등기관이 제1항과 제3항에 따라 수용으로 인한 소유권이전등기를 하는 경우 그 부동산의 등기기록 중 소유권, 소유권 외의 권리, 그 밖의 처분제한에 관한 등기가 있으면 그 등기를 직권으로 말소하여야 한다. 다만, 그 부동산을 위하여 존재하는 지역권의 등기 또는 토지수용위원회의 재결(裁決)로써 존속(存續)이 인정된 권리의 등기는 그러하지 아니하다.

⑤ 부동산에 관한 소유권 외의 권리의 수용으로 인한 권리이전등기에 관하여는 제1항부터 제4항까지의 규정을 준용한다.

제5장 이의

제100조(이의신청과 그 관할) 등기관의 결정 또는 처분에 이의가 있는 자는 관할 지방법원에 이의신청을 할 수 있다.

제101조(이의절차) 이의의 신청은 대법원규칙으로 정하는 바에 따라 등기소에 이의신청서를 제출하는 방법으로 한다.

제102조(새로운 사실에 의한 이의 금지) 새로운 사실이나 새로운 증거방법을 근거로 이의신청을 할 수는 없다.

제103조(등기관의 조치) ① 등기관은 이의가 이유 있다고 인정하면 그에 해당하는 처분을 하여야 한다.

② 등기관은 이의가 이유 없다고 인정하면 이의신청일부터 3일 이내에 의견을 붙여 이의신청서를 관할 지방법원에 보내야 한다.

③ 등기를 마친 후에 이의신청이 있는 경우에는 3일 이내에 의견을 붙여 이의신청서를 관할 지방법원에 보내고 등기상 이해관계 있는 자에게 이의신청 사실을 알려야 한다.

제104조(집행 부정지) 이의에는 집행정지(執行停止)의 효력이 없다.

제105조(이의에 대한 결정과 항고) ① 관할 지방법원은 이의에 대하여 이유를 붙여 결정을 하여야 한다. 이 경우 이의가 이유 있다고 인정하면 등기관에게 그에 해당하는 처분을 명령하고 그 뜻을 이의신청인과 등기상 이해관계 있는 자에게 알려야 한다.

② 제1항의 결정에 대하여는 「비송사건절차법」에 따라 항고할 수 있다.

제106조(처분 전의 가등기 및 부기등기의 명령) 관할 지방법원은 이의신청에 대하여 결정하기 전에 등기관에게 가등기 또는 이의가 있다는 뜻의 부기등기를 명령할 수 있다.

제107조(관할 법원의 명령에 따른 등기) 등기관이 관할 지방법원의 명령에 따라 등기를 할 때에는 명령을 한 지방법원, 명령의 연월일, 명령에 따라 등기를 한다는 뜻과 등기의 연월일을 기록하여야 한다.

제108조(송달) 송달에 대하여는 「민사소송법」을 준용하고, 이의의 비용에 대하여는 「비송사건절차법」을 준용한다.

제6장 보칙

제109조(전산정보자료의 교환 등) ① 법원행정처장은 국가기관 또는 지방자치단체로부터 등기사무 처리와 관련된 전산정보자료를 제공받을 수 있다.

② 등기부에 기록된 등기정보자료를 이용하거나 활용하려는 자는 관계 중앙행정기관의 장의 심사를 거쳐 법원행정처장의 승인을 받아야 한다. 다만, 중앙행정기관의 장이 등기정보자료를 이용하거나 활용하려는 경우에는 법원행정처장과 협의하여야 하고, 협의가 성립되는 때에 그 승인을 받은 것으로 본다.

③ 등기정보자료의 이용 또는 활용과 그 사용료 등에 관하여 필요한 사항은 대법원규칙으로 정한다.

제110조(등기필정보의 안전확보) ① 등기관은 취급하는 등기필정보의 누설·멸실 또는 훼손의 방지와 그 밖에 등기필정보의 안전관리를 위하여 필요하고도 적절한 조치를 마련하여야 한다.

② 등기관과 그 밖에 등기소에서 부동산등기사무에 종사하는 사람이나 그 직에 있었던 사람은 그 직무로 인하여 알게 된 등기필정보의 작성이나 관리에 관한 비밀을 누설하여서는 아니 된다.

③ 누구든지 부실등기를 하도록 등기의 신청이나 촉탁에 제공할 목적으로 등기필정보를 취득하거나 그 사정을 알면서 등기필정보를 제공하여서는 아니 된다.

제111조(벌칙) 다음 각 호의 어느 하나에 해당하는 사람은 2년 이하의 징역 또는 1천만원 이하의 벌금에 처한다.

1. 제110조제2항을 위반하여 등기필정보의 작성이나 관리에 관한 비밀을 누설한 사람
2. 제110조제3항을 위반하여 등기필정보를 취득한 사람 또는 그 사정을 알면서 등기필정보를 제공한 사람
3. 부정하게 취득한 등기필정보를 제2호의 목적으로 보관한 사람

제112조 삭제 <2017.10.13.>

제113조(대법원규칙에의 위임) 이 법 시행에 필요한 사항은 대법원규칙으로 정한다.

부칙

<제14901호, 2017.10.13.>

제1조(시행일) 이 법은 공포한 날부터 시행한다.

제2조(과태료에 관한 경과조치) 이 법 시행 전의 행위에 대한 과태료의 적용에 있어서는 종전의
규정에 따른다.

부동산등기 특별조치법

[시행 2017.7.26.] [법률 제14839호, 2017.7.26., 타법개정]

제1조(목적) 이 법은 부동산거래에 대한 실체적권리관계에 부합하는 등기를 신청하도록 하기 위하여 부동산등기에 관한 특례등에 관한 사항을 정함으로써 건전한 부동산 거래질서를 확립함을 목적으로 한다.

제2조(소유권이전등기등 신청의무) ①부동산의 소유권이전을 내용으로 하는 계약을 체결한 자는 다음 각호의 1에 정하여진 날부터 60일 이내에 소유권이전등기를 신청하여야 한다. 다만, 그 계약이 취소·해제되거나 무효인 경우에는 그러하지 아니하다.

1. 계약의 당사자가 서로 대가적인 채무를 부담하는 경우에는 반대급부의 이행이 완료된 날
2. 계약당사자의 일방만이 채무를 부담하는 경우에는 그 계약의 효력이 발생한 날

②제1항의 경우에 부동산의 소유권을 이전받을 것을 내용으로 하는 계약을 체결한 자가 제1항 각호에 정하여진 날 이후 그 부동산에 대하여 다시 제3자와 소유권이전을 내용으로 하는 계약이나 제3자에게 계약당사자의 지위를 이전하는 계약을 체결하고자 할 때에는 그 제3자와 계약을 체결하기 전에 먼저 체결된 계약에 따라 소유권이전등기를 신청하여야 한다.

③제1항의 경우에 부동산의 소유권을 이전받을 것을 내용으로 하는 계약을 체결한 자가 제1항 각호에 정하여진 날 전에 그 부동산에 대하여 다시 제3자와 소유권이전을 내용으로 하는 계약을 체결한 때에는 먼저 체결된 계약의 반대급부의 이행이 완료되거나 계약의 효력이 발생한 날부터 60일 이내에 먼저 체결된 계약에 따라 소유권이전등기를 신청하여야 한다.

④국가·지방자치단체·한국토지주택공사·한국수자원공사 또는 토지구획정리조합(1999年 5月 1日 전에 조합설립의 인가를 받아 土地區劃整理事業의 施行者인 土地區劃整理事業法에 의한 土地區劃整理組合에 한한다)이 택지개발촉진법에 의한 택지개발사업, 토지구획정리사업법에 의한 토지구획정리사업 또는 산업입지및개발에관한법률에 의한 특수지역개발사업(住居施設用 土地에 한한다)의 시행자인 경우에 당해시행자와 부동산의 소유권을 이전받을 것을 내용으로 하는 계약을 최초로 체결한 자가 파산 기타 이와 유사한 사유로 소유권이전등기를 할 수 없는 때에는 지방자치단체의 조례로 정하는 자에 대하여 제2항 및 제3항의 규정을 적용하지 아니한다. <신설 1999.3.31., 2000.1.21., 2012.12.18.>

⑤소유권보존등기가 되어 있지 아니한 부동산에 대하여 소유권이전을 내용으로 하는 계약을 체결한 자는 다음 각호의 1에 정하여진 날부터 60일 이내에 소유권보존등기를 신청하여야 한다. <개정 2011.4.12.>

1. 「부동산등기법」 제65조에 따라 소유권보존등기를 신청할 수 있음에도 이를 하지 아니한 채 계약을 체결한 경우에는 그 계약을 체결한 날
2. 계약을 체결한 후에 「부동산등기법」 제65조에 따라 소유권보존등기를 신청할 수 있게 된 경우에는 소유권보존등기를 신청할 수 있게 된 날

제3조(계약서등의 검인에 대한 특례) ①계약을 원인으로 소유권이전등기를 신청할 때에는 다음 각

호의 사항이 기재된 계약서에 검인신청인을 표시하여 부동산의 소재지를 관할하는 시장(區가 設置되어 있는 市에 있어서는 區廳長)·군수(이하 "市長등" 이라 한다) 또는 그 권한의 위임을 받은 자의 검인을 받아 관할등기소에 이를 제출하여야 한다.

1. 당사자
2. 목적부동산
3. 계약연월일
4. 대금 및 그 지급일자등 지급에 관한 사항 또는 평가액 및 그 차액의 정산에 관한 사항
5. 부동산중개업자가 있을 때에는 부동산중개업자
6. 계약의 조건이나 기한이 있을 때에는 그 조건 또는 기한

②제1항의 경우에 등기원인을 증명하는 서면이 집행력 있는 판결서 또는 판결과 같은 효력을 갖는 조서(이하 "判決書등"이라 한다)인 때에는 판결서등에 제1항의 검인을 받아 제출하여야 한다.

③시장등 또는 그 권한의 위임을 받은 자가 제1항, 제2항 또는 제4조의 규정에 의한 검인을 한 때에는 그 계약서 또는 판결서등의 사본 2통을 작성하여 1통은 보관하고 1통은 부동산의 소재지를 관할하는 세무서장에게 송부하여야 한다.

④계약서등의 검인에 관하여 필요한 사항은 대법원규칙으로 정한다.

제4조(검인신청에 대한 특례) 부동산의 소유권을 이전받을 것을 내용으로 제2조제1항 각호의 계약을 체결한 자는 그 부동산에 대하여 다시 제3자와 소유권이전을 내용으로 하는 계약이나 제3자에게 계약당사자의 지위를 이전하는 계약을 체결하고자 할 때에는 먼저 체결된 계약의 계약서에 제3조의 규정에 의한 검인을 받아야 한다.

제5조(허가등에 대한 특례) ①등기원인에 대하여 행정관청의 허가, 동의 또는 승낙을 받을 것이 요구되는 때에는 소유권이전등기를 신청할 때에 그 허가, 동의 또는 승낙을 증명하는 서면을 제출하여야 한다. <개정 2011.4.12.>

②등기원인에 대하여 행정관청에 신고할 것이 요구되는 때에는 소유권이전등기를 신청할 때에 신고를 증명하는 서면을 제출하여야 한다.

제6조(등기원인 허위기재등의 금지) 제2조의 규정에 의하여 소유권이전등기를 신청하여야 할 자는 그 등기를 신청함에 있어서 등기신청서에 등기원인을 허위로 기재하여 신청하거나 소유권이전등기외의 등기를 신청하여서는 아니된다.

제7조 삭제 <1995.3.30.>

제8조(벌칙) 다음 각호의 1에 해당하는 자는 3년 이하의 징역이나 1억원 이하의 벌금에 처한다.
1. 조세부과를 면하려 하거나 다른 시점간의 가격변동에 따른 이득을 얻으려 하거나 소유권등 권리변동을 규제하는 법령의 제한을 회피할 목적으로 제2조제2항 또는 제3항의 규정에 위반한 때
2. 제6조의 규정에 위반한 때
3. 삭제 <1995.3.30.>

제9조(벌칙) 다음 각호의 1에 해당하는 자는 1년 이하의 징역이나 3천만원 이하의 벌금에 처한다.

1. 제8조제1호에 해당하지 아니한 자로서 제4조의 규정에 위반한 때

2. 삭제 <1995.3.30.>

제10조(양벌규정) 법인의 대표자나 법인 또는 개인의 대리인, 사용인, 그 밖의 종업원이 그 법인 또는 개인의 업무에 관하여 제8조 또는 제9조의 위반행위를 하면 그 행위자를 벌하는 외에 그 법인 또는 개인에게도 해당 조문의 벌금형을 과(科)한다. 다만, 법인 또는 개인이 그 위반행위를 방지하기 위하여 해당 업무에 관하여 상당한 주의와 감독을 게을리하지 아니한 경우에는 그러하지 아니하다.

[전문개정 2009.12.29.]

제11조(과태료) ①등기권리자가 상당한 사유없이 제2조 각항의 규정에 의한 등기신청을 해태한 때에는 그 해태한 날 당시의 부동산에 대하여 「지방세법」 제10조의 과세표준에 같은 법 제11조제1항의 표준세율(같은 법 제14조에 따라 조례로 세율을 달리 정하는 경우에는 그 세율을 말한다)에서 1천분의 20을 뺀 세율(같은 법 제11조제1항제8호의 경우에는 1천분의 20의 세율)을 적용하여 산출한 금액(같은 법 제13조제2항ㆍ제3항ㆍ제6항 또는 제7항에 해당하는 경우에는 그 금액의 100분의 300)의 5배 이하에 상당하는 금액의 과태료에 처한다. 다만, 부동산실권리자명의등기에관한법률 제10조제1항의 규정에 의하여 과징금을 부과한 경우에는 그러하지 아니하다. <개정 1995.3.30., 2010.3.31., 2010.12.27., 2014.1.1.>

②제1항의 규정에 의한 과태료의 금액을 정함에 있어서 해태기간, 해태사유, 목적부동산의 가액 등을 참작하여야 한다.

제12조(과태료의 부과ㆍ징수) ①제11조의 규정에 의한 과태료는 그 부동산의 소재지를 관할하는 시장등이 이를 부과ㆍ징수한다.

②제1항의 규정에 의하여 과태료를 부과할 때에는 그 위반행위를 조사ㆍ확인한 후 위반사실과 과태료의 금액을 서면으로 명시하여 이를 납부할 것을 과태료 처분대상자에게 통지하여야 한다.

③제2항의 규정에 의하여 통지를 할 때에는 미리 10일 이상의 기간을 정하여 과태료 처분대상자에게 구술 또는 서면에 의한 의견진술의 기회를 주어야 한다.

④제1항의 규정에 의한 과태료 처분에 불복이 있는 자는 제2항의 규정에 의한 통지를 받은 날부터 30일 이내에 시장등에게 이의를 제기할 수 있다.

⑤제1항의 규정에 의하여 시장등으로부터 과태료 처분을 받은 자가 제4항의 규정에 의하여 이의를 제기한 때에는 시장등은 지체없이 목적부동산의 소재지를 관할하는 지방법원 또는 지원에 그 사실을 통지하여야 하며 통지를 받은 지방법원 또는 지원은 비송사건절차법에 의한 과태료의 재판을 한다. 다만, 비송사건절차법 제248조 및 제250조중 검사에 관한 규정은 이를 적용하지 아니한다.

⑥제4항의 규정에 의한 기간내에 이의를 제기하지 아니하고 과태료를 납부하지 아니한 때에는 지방세 체납처분의 예에 의하여 이를 징수한다.

⑦등기관은 제11조의 규정에 의한 과태료에 처할 사유가 있다고 인정된 때에는 지체없이 목적

부동산의 소재지를 관할하는 시장등에게 이를 통지하여야 한다. <개정 1998.12.28.>

⑧과태료의 부과·징수에 관하여 필요한 사항은 행정안전부령으로 정한다. <개정 2014.11.19., 2017.7.26.>

부칙

<제14839호, 2017.7.26.>   (정부조직법)

제1조(시행일) ① 이 법은 공포한 날부터 시행한다. 다만, 부칙 제5조에 따라 개정되는 법률 중 이 법 시행 전에 공포되었으나 시행일이 도래하지 아니한 법률을 개정한 부분은 각각 해당 법률의 시행일부터 시행한다.

제2조부터 제6조까지 생략

부동산 실권리자명의 등기에 관한 법률
[시행 2017.1.7.] [법률 제13713호, 2016.1.6., 일부개정]

제1조(목적) 이 법은 부동산에 관한 소유권과 그 밖의 물권을 실체적 권리관계와 일치하도록 실권리자 명의(名義)로 등기하게 함으로써 부동산등기제도를 악용한 투기·탈세·탈법행위 등 반사회적 행위를 방지하고 부동산 거래의 정상화와 부동산 가격의 안정을 도모하여 국민경제의 건전한 발전에 이바지함을 목적으로 한다.
[전문개정 2010.3.31.]

제2조(정의) 이 법에서 사용하는 용어의 뜻은 다음과 같다.
  1. "명의신탁약정"(名義信託約定)이란 부동산에 관한 소유권이나 그 밖의 물권(이하 "부동산에 관한 물권"이라 한다)을 보유한 자 또는 사실상 취득하거나 취득하려고 하는 자[이하 "실권리자"(實權利者)라 한다]가 타인과의 사이에서 대내적으로는 실권리자가 부동산에 관한 물권을 보유하거나 보유하기로 하고 그에 관한 등기(가등기를 포함한다. 이하 같다)는 그 타인의 명의로 하기로 하는 약정[위임·위탁매매의 형식에 의하거나 추인(追認)에 의한 경우를 포함한다]을 말한다. 다만, 다음 각 목의 경우는 제외한다.
    가. 채무의 변제를 담보하기 위하여 채권자가 부동산에 관한 물권을 이전(移轉)받거나 가등기하는 경우
    나. 부동산의 위치와 면적을 특정하여 2인 이상이 구분소유하기로 하는 약정을 하고 그 구분소유자의 공유로 등기하는 경우
    다. 「신탁법」 또는 「자본시장과 금융투자업에 관한 법률」에 따른 신탁재산인 사실을 등기한 경우
  2. "명의신탁자"(名義信託者)란 명의신탁약정에 따라 자신의 부동산에 관한 물권을 타인의 명의로 등기하게 하는 실권리자를 말한다.
  3. "명의수탁자"(名義受託者)란 명의신탁약정에 따라 실권리자의 부동산에 관한 물권을 자신의 명의로 등기하는 자를 말한다.
  4. "실명등기"(實名登記)란 법률 제4944호 부동산실권리자명의등기에관한법률 시행 전에 명의신탁약정에 따라 명의수탁자의 명의로 등기된 부동산에 관한 물권을 법률 제4944호 부동산실권리자명의등기에관한법률 시행일 이후 명의신탁자의 명의로 등기하는 것을 말한다.
[전문개정 2010.3.31.]

제3조(실권리자명의 등기의무 등) ① 누구든지 부동산에 관한 물권을 명의신탁약정에 따라 명의수탁자의 명의로 등기하여서는 아니 된다.
② 채무의 변제를 담보하기 위하여 채권자가 부동산에 관한 물권을 이전받는 경우에는 채무자, 채권금액 및 채무변제를 위한 담보라는 뜻이 적힌 서면을 등기신청서와 함께 등기관에게 제출하여야 한다.
[전문개정 2010.3.31.]

제4조(명의신탁약정의 효력) ① 명의신탁약정은 무효로 한다.

② 명의신탁약정에 따른 등기로 이루어진 부동산에 관한 물권변동은 무효로 한다. 다만, 부동산에 관한 물권을 취득하기 위한 계약에서 명의수탁자가 어느 한쪽 당사자가 되고 상대방 당사자는 명의신탁약정이 있다는 사실을 알지 못한 경우에는 그러하지 아니하다.

③ 제1항 및 제2항의 무효는 제3자에게 대항하지 못한다.

[전문개정 2010.3.31.]

제5조(과징금) ① 다음 각 호의 어느 하나에 해당하는 자에게는 해당 부동산 가액(價額)의 100분의 30에 해당하는 금액의 범위에서 과징금을 부과한다.

1. 제3조제1항을 위반한 명의신탁자

2. 제3조제2항을 위반한 채권자 및 같은 항에 따른 서면에 채무자를 거짓으로 적어 제출하게 한 실채무자(實債務者)

② 제1항의 부동산 가액은 과징금을 부과하는 날 현재의 다음 각 호의 가액에 따른다. 다만, 제3조제1항 또는 제11조제1항을 위반한 자가 과징금을 부과받은 날 이미 명의신탁관계를 종료하였거나 실명등기를 하였을 때에는 명의신탁관계 종료 시점 또는 실명등기 시점의 부동산 가액으로 한다.

1. 소유권의 경우에는 「소득세법」 제99조에 따른 기준시가

2. 소유권 외의 물권의 경우에는 「상속세 및 증여세법」 제61조제5항 및 제66조에 따라 대통령령으로 정하는 방법으로 평가한 금액

③ 제1항에 따른 과징금의 부과기준은 제2항에 따른 부동산 가액(이하 "부동산평가액"이라 한다), 제3조를 위반한 기간, 조세를 포탈하거나 법령에 따른 제한을 회피할 목적으로 위반하였는지 여부 등을 고려하여 대통령령으로 정한다.

④ 제1항에 따른 과징금이 대통령령으로 정하는 금액을 초과하는 경우에는 그 초과하는 부분은 대통령령으로 정하는 바에 따라 물납(物納)할 수 있다.

⑤ 제1항에 따른 과징금은 해당 부동산의 소재지를 관할하는 특별자치도지사 · 특별자치시장 · 시장 · 군수 또는 구청장이 부과 · 징수한다. 이 경우 과징금은 위반사실이 확인된 후 지체 없이 부과하여야 한다. <개정 2016.1.6.>

⑥ 제1항에 따른 과징금을 납부기한까지 내지 아니하면 「지방세외수입금의 징수 등에 관한 법률」에 따라 징수한다. <개정 2013.8.6.>

⑦ 제1항에 따른 과징금의 부과 및 징수 등에 필요한 사항은 대통령령으로 정한다.

제5조의2(과징금 납부기한의 연장 및 분할 납부) ① 특별자치도지사 · 특별자치시장 · 시장 · 군수 또는 구청장은 제5조제1항에 따른 과징금을 부과받은 자(이하 이 조에서 "과징금 납부의무자"라 한다)가 과징금의 금액이 대통령령으로 정하는 기준을 초과하는 경우로서 다음 각 호의 어느 하나에 해당하여 과징금의 전액을 일시에 납부하기가 어렵다고 인정할 때에는 그 납부기한을 연장하거나 분할 납부하게 할 수 있다. 이 경우 필요하다고 인정할 때에는 대통령령으로 정하는 바에 따라 담보를 제공하게 할 수 있다.

1. 재해 또는 도난 등으로 재산에 현저한 손실을 입은 경우
2. 사업 여건의 악화로 사업이 중대한 위기에 처한 경우
3. 과징금을 일시에 내면 자금사정에 현저한 어려움이 예상되는 경우
4. 과징금 납부의무자 또는 동거 가족이 질병이나 중상해(重傷害)로 장기 치료가 필요한 경우
5. 그 밖에 제1호부터 제4호까지의 규정에 준하는 사유가 있는 경우

② 과징금 납부의무자가 제1항에 따른 과징금 납부기한의 연장 또는 분할 납부를 신청하려는 경우에는 과징금 납부를 통지받은 날부터 30일 이내에 특별자치도지사·특별자치시장·시장·군수 또는 구청장에게 신청하여야 한다.

③ 특별자치도지사·특별자치시장·시장·군수 또는 구청장은 제1항에 따라 납부기한이 연장되거나 분할 납부가 허용된 과징금 납부의무자가 다음 각 호의 어느 하나에 해당하게 된 때에는 그 납부기한의 연장 또는 분할 납부 결정을 취소하고 일시에 징수할 수 있다.

1. 납부기한의 연장 또는 분할 납부 결정된 과징금을 그 납부기한 내에 납부하지 아니한 때
2. 담보의 변경, 그 밖에 담보 보전에 필요한 특별자치도지사·특별자치시장·시장·군수 또는 구청장의 요구를 이행하지 아니한 때
3. 강제집행, 경매의 개시, 파산선고, 법인의 해산, 국세 또는 지방세의 체납처분을 받은 때 등 과징금의 전부 또는 잔여분을 징수할 수 없다고 인정되는 때

④ 제1항부터 제3항까지의 규정에 따른 과징금 납부기한의 연장, 분할 납부 또는 담보의 제공 등에 필요한 사항은 대통령령으로 정한다.
[본조신설 2016.1.6.]

제6조(이행강제금) ① 제5조제1항제1호에 따른 과징금을 부과받은 자는 지체 없이 해당 부동산에 관한 물권을 자신의 명의로 등기하여야 한다. 다만, 제4조제2항 단서에 해당하는 경우에는 그러하지 아니하며, 자신의 명의로 등기할 수 없는 정당한 사유가 있는 경우에는 그 사유가 소멸된 후 지체 없이 자신의 명의로 등기하여야 한다.

② 제1항을 위반한 자에 대하여는 과징금 부과일(제1항 단서 후단의 경우에는 등기할 수 없는 사유가 소멸한 때를 말한다)부터 1년이 지난 때에 부동산평가액의 100분의 10에 해당하는 금액을, 다시 1년이 지난 때에 부동산평가액의 100분의 20에 해당하는 금액을 각각 이행강제금으로 부과한다.

③ 이행강제금에 관하여는 제5조제4항부터 제7항까지의 규정을 준용한다.
[전문개정 2010.3.31.]

제7조(벌칙) ① 다음 각 호의 어느 하나에 해당하는 자는 5년 이하의 징역 또는 2억원 이하의 벌금에 처한다. <개정 2016.1.6.>

1. 제3조제1항을 위반한 명의신탁자
2. 제3조제2항을 위반한 채권자 및 같은 항에 따른 서면에 채무자를 거짓으로 적어 제출하게 한 실채무자

② 제3조제1항을 위반한 명의수탁자는 3년 이하의 징역 또는 1억원 이하의 벌금에 처한다. <개정 2016.1.6.>

③ 삭제 <2016.1.6.>

제8조(종중, 배우자 및 종교단체에 대한 특례) 다음 각 호의 어느 하나에 해당하는 경우로서 조세 포탈, 강제집행의 면탈(免脫) 또는 법령상 제한의 회피를 목적으로 하지 아니하는 경우에는 제4조부터 제7조까지 및 제12조제1항부터 제3항까지를 적용하지 아니한다. <개정 2013.7.12.>

1. 종중(宗中)이 보유한 부동산에 관한 물권을 종중(종중과 그 대표자를 같이 표시하여 등기한 경우를 포함한다) 외의 자의 명의로 등기한 경우
2. 배우자 명의로 부동산에 관한 물권을 등기한 경우
3. 종교단체의 명의로 그 산하 조직이 보유한 부동산에 관한 물권을 등기한 경우

제9조(조사 등) ① 특별자치도지사·특별자치시장·시장·군수 또는 구청장은 필요하다고 인정하는 경우에는 제3조, 제10조부터 제12조까지 및 제14조를 위반하였는지를 확인하기 위한 조사를 할 수 있다. <개정 2016.1.6.>

② 국세청장은 탈세 혐의가 있다고 인정하는 경우에는 제3조, 제10조부터 제12조까지 및 제14조를 위반하였는지를 확인하기 위한 조사를 할 수 있다.

③ 공무원이 그 직무를 수행할 때에 제3조, 제10조부터 제12조까지 및 제14조를 위반한 사실을 알게 된 경우에는 국세청장과 해당 부동산의 소재지를 관할하는 특별자치도지사·특별자치시장·시장·군수 또는 구청장에게 그 사실을 통보하여야 한다. <개정 2016.1.6.>

[전문개정 2010.3.31.]

제10조(장기미등기자에 대한 벌칙 등) ①「부동산등기 특별조치법」제2조제1항, 제11조 및 법률 제4244호 부동산등기특별조치법 부칙 제2조를 적용받는 자로서 다음 각 호의 어느 하나에 해당하는 날부터 3년 이내에 소유권이전등기를 신청하지 아니한 등기권리자(이하 "장기미등기자"라 한다)에게는 부동산평가액의 100분의 30의 범위에서 과징금(「부동산등기 특별조치법」제11조에 따른 과태료가 이미 부과된 경우에는 그 과태료에 상응하는 금액을 뺀 금액을 말한다)을 부과한다. 다만, 제4조제2항 본문 및 제12조제1항에 따라 등기의 효력이 발생하지 아니하여 새로 등기를 신청하여야 할 사유가 발생한 경우와 등기를 신청하지 못할 정당한 사유가 있는 경우에는 그러하지 아니하다.

1. 계약당사자가 서로 대가적(代價的)인 채무를 부담하는 경우에는 반대급부의 이행이 사실상 완료된 날
2. 계약당사자의 어느 한쪽만이 채무를 부담하는 경우에는 그 계약의 효력이 발생한 날

② 제1항에 따른 과징금의 부과기준은 부동산평가액, 소유권이전등기를 신청하지 아니한 기간, 조세를 포탈하거나 법령에 따른 제한을 회피할 목적으로 하였는지 여부, 「부동산등기 특별조치법」제11조에 따른 과태료가 부과되었는지 여부 등을 고려하여 대통령령으로 정한다.

③ 제1항의 과징금에 관하여는 제5조제4항부터 제7항까지 및 제5조의2를 준용한다. <개정 2016.1.6.>

④ 장기미등기자가 제1항에 따라 과징금을 부과받고도 소유권이전등기를 신청하지 아니하면 제6조제2항 및 제3항을 준용하여 이행강제금을 부과한다.

⑤ 장기미등기자(제1항 단서에 해당하는 자는 제외한다)는 5년 이하의 징역 또는 2억원 이하의

벌금에 처한다. <개정 2016.1.6.>

[전문개정 2010.3.31.]

제11조(기존 명의신탁약정에 따른 등기의 실명등기 등) ① 법률 제4944호 부동산실권리자명의등기에관한법률 시행 전에 명의신탁약정에 따라 부동산에 관한 물권을 명의수탁자의 명의로 등기하거나 등기하도록 한 명의신탁자(이하 "기존 명의신탁자"라 한다)는 법률 제4944호 부동산실권리자명의등기에관한법률 시행일부터 1년의 기간(이하 "유예기간"이라 한다) 이내에 실명등기하여야 한다. 다만, 공용징수, 판결, 경매 또는 그 밖에 법률에 따라 명의수탁자로부터 제3자에게 부동산에 관한 물권이 이전된 경우(상속에 의한 이전은 제외한다)와 종교단체, 향교 등이 조세 포탈, 강제집행의 면탈을 목적으로 하지 아니하고 명의신탁한 부동산으로서 대통령령으로 정하는 경우는 그러하지 아니하다.

② 다음 각 호의 어느 하나에 해당하는 경우에는 제1항에 따라 실명등기를 한 것으로 본다. <개정 2011.5.19., 2016.1.6.>

1. 기존 명의신탁자가 해당 부동산에 관한 물권에 대하여 매매나 그 밖의 처분행위를 하고 유예기간 이내에 그 처분행위로 인한 취득자에게 직접 등기를 이전한 경우

2. 기존 명의신탁자가 유예기간 이내에 다른 법률에 따라 해당 부동산의 소재지를 관할하는 특별자치도지사·특별자치시장·시장·군수 또는 구청장에게 매각을 위탁하거나 대통령령으로 정하는 바에 따라 「금융회사부실자산 등의 효율적 처리 및 한국자산관리공사의 설립에 관한 법률」에 따라 설립된 한국자산관리공사에 매각을 의뢰한 경우. 다만, 매각위탁 또는 매각의뢰를 철회한 경우에는 그러하지 아니하다.

③ 실권리자의 귀책사유 없이 다른 법률에 따라 제1항 및 제2항에 따른 실명등기 또는 매각처분 등을 할 수 없는 경우에는 그 사유가 소멸한 때부터 1년 이내에 실명등기 또는 매각처분 등을 하여야 한다.

④ 법률 제4944호 부동산실권리자명의등기에관한법률 시행 전 또는 유예기간 중에 부동산물권에 관한 쟁송이 법원에 제기된 경우에는 그 쟁송에 관한 확정판결(이와 동일한 효력이 있는 경우를 포함한다)이 있은 날부터 1년 이내에 제1항 및 제2항에 따른 실명등기 또는 매각처분 등을 하여야 한다.

[전문개정 2010.3.31.]

제12조(실명등기의무 위반의 효력 등) ① 제11조에 규정된 기간 이내에 실명등기 또는 매각처분 등을 하지 아니한 경우 그 기간이 지난 날 이후의 명의신탁약정 등의 효력에 관하여는 제4조를 적용한다.

② 제11조를 위반한 자에 대하여는 제3조제1항을 위반한 자에 준하여 제5조, 제5조의2 및 제6조를 적용한다. <개정 2016.1.6.>

③ 법률 제4944호 부동산실권리자명의등기에관한법률 시행 전에 명의신탁약정에 따른 등기를 한 사실이 없는 자가 제11조에 따른 실명등기를 가장하여 등기한 경우에는 5년 이하의 징역 또는 2억원 이하의 벌금에 처한다.

제12조의2(양벌규정) 법인 또는 단체의 대표자나 법인·단체 또는 개인의 대리인·사용인 및 그 밖의 종업원이 그 법인·단체 또는 개인의 업무에 관하여 제7조, 제10조제5항 또는 제12조제3

항의 위반행위를 하면 그 행위자를 벌하는 외에 그 법인·단체 또는 개인에게도 해당 조문의 벌금형을 과한다. 다만, 법인·단체 또는 개인이 그 위반행위를 방지하기 위하여 해당 업무에 관하여 상당한 주의와 감독을 게을리하지 아니한 경우에는 그러하지 아니하다.

[본조신설 2016.1.6.]

제13조(실명등기에 대한 조세부과의 특례) ① 제11조에 따라 실명등기를 한 부동산이 1건이고 그 가액이 5천만원 이하인 경우로서 다음 각 호의 어느 하나에 해당하는 경우에는 이미 면제되거나 적게 부과된 조세 또는 부과되지 아니한 조세는 추징(追徵)하지 아니한다. 이 경우 실명등기를 한 부동산의 범위 및 가액의 계산에 대하여는 대통령령으로 정한다.

  1. 종전의 「소득세법」(법률 제4803호로 개정되기 전의 법률을 말한다) 제5조제6호에 따라 명의신탁자 및 그와 생계를 같이 하는 1세대(世帶)가 법률 제4944호 부동산실권리자명의등기에관한법률 시행 전에 1세대1주택 양도에 따른 비과세를 받은 경우로서 실명등기로 인하여 해당 주택을 양도한 날에 비과세에 해당하지 아니하게 되는 경우

  2. 종전의 「상속세법」(법률 제5193호로 개정되기 전의 법률을 말한다) 제32조의2에 따라 명의자에게 법률 제4944호 부동산권리자명의등기에관한법률 시행 전에 납세의무가 성립된 증여세를 부과하는 경우

② 실명등기를 한 부동산이 비업무용 부동산에 해당하는 경우로서 유예기간(제11조제3항 및 제4항의 경우에는 그 사유가 소멸한 때부터 1년의 기간을 말한다) 종료 시까지 해당 법인의 고유업무에 직접 사용할 때에는 법률 제6312호 지방세법중개정법률 부칙 제10조에도 불구하고 종전의 「지방세법」(법률 제6312호로 개정되기 전의 법률을 말한다) 제112조제2항의 세율을 적용하지 아니한다.

제14조(기존 양도담보권자의 서면 제출 의무 등) ① 법률 제4944호 부동산실권리자명의등기에관한법률 시행 전에 채무의 변제를 담보하기 위하여 채권자가 부동산에 관한 물권을 이전받은 경우에는 법률 제4944호 부동산실권리자명의등기에관한법률 시행일부터 1년 이내에 채무자, 채권금액 및 채무변제를 위한 담보라는 뜻이 적힌 서면을 등기관에게 제출하여야 한다.

② 제1항을 위반한 채권자 및 제1항에 따른 서면에 채무자를 거짓으로 적어 제출하게 한 실채무자에 대하여는 해당 부동산평가액의 100분의 30의 범위에서 과징금을 부과한다.

③ 제2항에 따른 과징금의 부과기준은 부동산평가액, 제1항을 위반한 기간, 조세를 포탈하거나 법령에 따른 제한을 회피할 목적으로 위반하였는지 여부 등을 고려하여 대통령령으로 정한다.

④ 제2항에 따른 과징금에 관하여는 제5조제4항부터 제7항까지 및 제5조의2를 준용한다. <개정 2016.1.6.>

제15조 삭제 <1997.12.13.>

부칙

<제13713호, 2016.1.6.>

이 법은 공포 후 1년이 경과한 날부터 시행한다.

■ 편 저 김만기 ■

• 전(前) 서울지방법원민사과장
• 전(前) 고등법원종합민원실장

• 저서 : 자동차사고의 법률적 해법과 지식(공저)
　　　　법인등기실무
　　　　의료사고의료분쟁속시원하게해결해드립니다(공저)
　　　　채권채무 정석 요해
　　　　채무 소액소장 사례실무
　　　　이 정도도 모르면 대부업체 이용하지 마세요
　　　　나홀로 민사소송 개시에서 종결까지
　　　　나홀로 가압류 가처분 개시에서 종결까지
　　　　복잡한 이혼문제 쉽게해결하기!

혼자서도 해결할 수 있는
부동산등기 쉽게하는법
정가 28,000원

2018年 5月 20日 인쇄
2018年 5月 25日 발행
편　　저 : 김 만 기
발 행 인 : 김 현 호
발 행 처 : 법문 북스
공 급 처 : 법률미디어

1 5 2 - 0 5 0
서울 구로구 경인로 54길4
TEL : 2636-2911-2, FAX : 2636-3012
등록 : 1979년 8월 27일 제5-22호
Home : www.lawb.co.kr

| ISBN　978-89-7535-663-6 (93360)
| 이 도서의 국립중앙도서관 출판예정도서목록(CIP)은 서지정보유통지원시스템 홈페이지(http://seoji.nl.go.kr)와 국가
　자료공동목록시스템(http://www.nl.go.kr/kolisnet)에서 이용하실 수 있습니다. (CIP제어번호 : CIP2018015008)
| 파본은 교환해 드립니다.

부동산등기를 하는 데 있어 절차와 제출서류, 개념 및 신청인, 신청서 작성 등에 이르기까지 상세한 내용을 등기선례, 등기서식 및 상담사례를 관련판례와 함께 누구나 쉽게 이해할 수 있도록 엮었습니다.

93360

ISBN 978-89-7535-663-6

28,000원